경제사상의 흐름

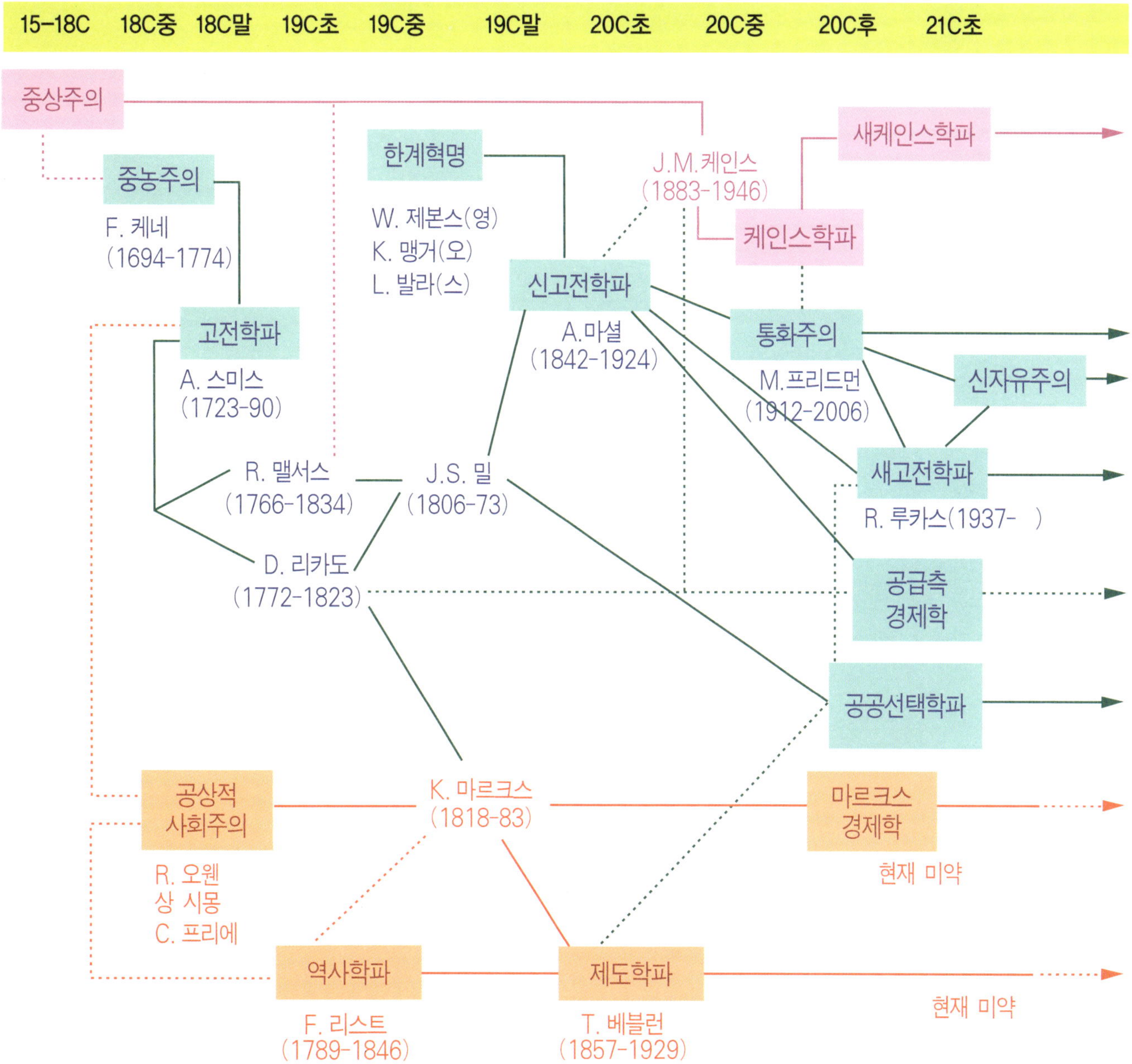

주 : 실선은 직접, 점선은 간접관계를 나타냄.
현재 경제사상은 크게 두 가지 체계로 나눌 수 있다.

1) 근대경제학 : 신고전학파에 입각한 경제사상으로 고전적(객관적) 가치학설인 노동가치설과 주관적 가치학설인 한계효용이론을 종합한 경제사상체계. 케인스학파, 통화주의, 새고전학파, 공급측 경제학, 공공선택학파 등.
   * 근대경제학은 다시 개입주의와 비개입주의(자유주의)의 두 가지 경제사상으로 구분할 수 있는데, 분홍색 상자는 개입 주의 경제사상, 초록색 상자는 자유주의 경제사상으로 비개입주의적 입장이다.
2) 마르크스경제학 : 노동가치설을 기초로 마르크스의 경제관에 입각한 경제사상. 미국에서 생성 발전한 제도학파는 마르크스학파에 다소 가까운 사상체계. 갈색 상자는 마르크스경제학과 그 아류학파이다.

제6판

경제학원론

안홍식

ECONOMICS

三英社

제6판 머리말

2003년 초판이 나온 이후 제5판에 이르기까지 주위의 교수님들과 학생들로부터 졸저에 대한 많은 격려와 조언을 받은 것을 감사드린다. 지난 몇 년간 제5판을 강의하면서 미진한 부분을 이번 제6판을 통해 정리할 수 있어 한결 마음이 가볍다. 제6판에서는 책을 새로이 집필한다는 마음으로 거시경제 부분을 세심하게 수정하는데 초점을 두었다. 또한 전반적인 수정과 함께 읽을거리와 연습문제를 보완하고 최근의 경제상황과 자료를 보강하는데 신경을 썼다.

나는 지난 30여년 경제학원론을 가르치면서 종종 학생들이 경제학을 이해하고 정복하는데 어려움을 겪고 있음을 느꼈다. 학생들이 경제학이 멋지고 재미있는 학문인 것을 깨닫는 데는 경제학원론과의 첫 만남이 매우 중요하다. 경제학은 쉬운 학문도 아니지만 그렇다고 다른 분야에 비해 더 어렵지도 않다. 경제학이 어렵다는 이야기는 아마도 이해해야 할 개념과 원리들이 많아서 공부 양이 많기 때문일 것이다. 나는 상당 수 학생들이 경제학을 완전히 정복하지 못하는 까닭이 경제학의 개념과 원리를 분명히 이해하지 않고 넘어가거나 전체적인 그림을 놓치고 있기 때문이라고 생각한다. 경제학 공부는 똑 부러진 개념과 원리에 대한 이해, 그리고 전체적인 그림을 그려야 한다.

누구나 그렇게 생각하듯이 좋은 교재란 체제가 잘 짜져야 하며 동시에 일관된 논리와 설명방법, 지나치게 쉽지도 그렇다고 너무 어렵지도 않아야 한다. 나는 이러한 목표를 달성하기 위해 각 장의 구성과 내용, 그래프, 읽을거리, 연습문제, 용어해설, 색인에 이르기까지 꼼꼼히 다듬었다. 가능하면 이해하기 쉽고 흥미를 유발할 수 있도록 노력했다. 그런 점에서 수리적 모형은 사용하지 않고 경제학의 기본원리와 체계, 즉 큰 그림을 제시하려 애썼다. 본서에 나오는 경제용어와 개념들은 모두 우리나라 학계와 각 기관에서 공식적으로 사용하는 것을 따랐다. 책이 크고 글자가 커서 독자들이 읽는데 답답하지 않을 것이라 생각한다.

경제학원론이 경제학의 모든 내용을 소개하는 방식으로 집필되는 것은 경제학의 핵심을 이해하는데 다소 걸림돌이 된다. 집필방식은 개념과 원리를 정리해서 전달하고, 현실 경제에 접목시키되 커다란 밑그림을 놓치지 않도록 했다. 설명이 길수록 이해해야 할 분량이 많아지기 때문에 나는 가급적 경제학의 원리와 내용을 요약하여 설명하고자 했다. 본서는 다소 분량이 많은 몇 개의 장을 제외하고는 주 당 2개장을 소화할 수 있으므로 한 학기용으로도 가능하다. 나름대로 판단하기에 이 책은 취업준비생이나 혼자 공부하는 분들에게도 유용할 것이다.

제6판 머리말

경제사상과 경제학자에 대한 이해와 관심은 경제학을 쉽고 재미있게 공부하는 데 도움이된다. 특히 거시경제학 분야는 경제사상에 대한 이해가 선행될 때 쉽다. 따라서 책의 앞부분인 제2장에 경제사상의 흐름을 소개하였고 본서는 여러 곳에서 경제학자와 그들의 경제사상에 대해 자주 언급하고 있다. 필자 나름대로의 경제문제를 보는 가치관이 있으나 가급적 진보적 입장과 보수적 입장 간의 어느 한쪽으로 치우치지 않고 균형을 유지하면서 논점을 전개했다. 본서의 체계는 경제학의 기초개념과 경제사상, 시장경제의 작동원리와 시장의 효율성, 시장의 실패, 기업과 산업조직, 그리고 거시경제의 기초와 경제성장, 거시경제 환경, 거시균형과 정책효과, 경제학파 간 경제안정화 논쟁으로 구성되어 있다. 경제발전과 국제경제학 분야는 따로 분리하지 않고 각 장에 분산, 포함시켰다.

경제학 공부는 연습문제를 많이 풀어보아야 이해도 빠르고 힘을 기를 수 있다. 각 장의 연습문제는 본문을 완전히 이해했는지 확인할 수 있도록 본문과 연계된 질문을 주로 만들었다. 가부를 묻는 문제도 있는데 이러한 문제풀이는 기본 개념과 원리에 대한 이해를 확실히 하도록 해준다. 본격적인 교과서로서는 다소 파격이랄 수 있는 인터넷강의실을 통해 들어온 학생들의 질문과 답변을 첨부한 'Q&A'는 경제학 공부의 청량제가 되어줄 것으로 믿는다. 본문의 내용과 관련되는 현실경제 이야기를 소개한 '현실경제 속으로'와 '읽을 거리', 알아두면 도움이 될 '쉬어 가는 코너'와 '알아두세요'도 사이사이에 넣었다. 중요한 용어는 본문 여백에서 다시 소개했고 그래프와 함께 설명도 덧붙임으로써 독자의 이해를 돕고자 했다. 매 장마다 복습과 연습을 통해 마지막 정리를 하도록 했다.

이 책이 나오기까지 격려해주신 이화의 선생님들께 감사드린다. 특히 이화여대의 정도성 교수, 김상택 교수, 홍기석 교수, 대구대학교 안현효 교수님께서는 본서의 여러 장을 읽고 좋은 지적을 해주셨다. 그 밖에 제6판의 원고정리를 위해 이화여대 경제학과 대학원생들의 수고가 많았다. 무엇보다 수업시간에 함께 공부하며 활발한 질문과 토론을 해주었던 학생들에게 고마움을 전한다. 도서출판 삼영사의 고성익 사장님, 출판과정에서 필자의 까다로운 요구사항을 잘 수용해주신 임진숙 과장님께 감사드린다. 제6판이 나오기까지 격려해준 아내 고영일에게 고마운 마음을 전하며 이제까지 지켜주신 하나님의 한결같은 은총에 감사드린다.

2019년 6월

坡州老屋에서 안 홍 식

Contents

이 책의 차례 |

PART 1. 경제학과 경제사상

Contents

Contents

PART 3. 소비자 선택이론

Contents

Contents

Contents

Contents

PART 8. 거시경제 환경

Contents

PART 9. 거시경제의 균형과 정책효과

Contents

1

경제학과 경제사상

다산 정약용
(1762-1836)

경제학은 사회과학이다. 사회과학이 인간과 사회에 대한 탐구라면 경제학은 인간과 경제사회에 대한 탐구라고 할 수 있다. 인류가 출현한 이래 경제문제야말로 인간의 끝없는 관심사였으며 해결해야 할 과제였다. 어떤 시대 어떤 나라는 경제문제를 잘 해결해왔으나 또 다른 시대 다른 나라는 경제문제를 효과적으로 다루지 못하고 실패하기도 했다. 제1장에서 '경제학이란 무엇인가?'를 살펴봄에 있어 희소성과 합리적 선택이라는 경제사회의 기본원리를 바탕으로 추구해야 할 가치인 효율과 공평 그리고 자유의 의의를 살펴보고자 한다. 여기에 더하여 경제학의 3대 핵심 아이디어인 '인간은 합리적이다.' '사람들은 경제적 유인에 반응한다.' 그리고 '최적 의사결정은 한계에서 결정된다.'는 기본인식을 살펴본다. 나아가 지난 수 백 년 동안 경제학자들의 끝없는 논쟁거리였던 시장과 정부의 역할에 대해 논의한다. 제2장에서는 인류의 경제적 인식체계가 어떻게 발전, 변화되어 오늘에 이르렀는지 살펴본다. 자유주의 경제사상이 어떻게 생성 발전해왔으며 마르크스 경제학의 이론체계 그리고 케인스에 의해 주장된 정부의 개입주의와 현대경제학의 흐름을 살펴본다. 이 책이 도입부에서 경제사상을 들고 나온 것은 경제사상의 흐름을 이해함으로써 오늘의 경제현상에 대한 정확한 진단과 해결방안이 도출될 수 있다고 믿기 때문이다.

Chapter 1

경제학이란 무엇인가

오늘 전 세계 뉴스의 대부분은 경제와 관련된 것으로 온통 뒤덮혀 있다. 우리 각자의 일상을 돌아볼 때 어느 누구도 경제문제로부터 자유로울 수 없음을 발견하게 된다. 우리는 개인, 기업 그리고 정부의 입장에서 나아가 국가 간의 관계에서 발생하는 경제적 문제를 어떻게 다루어 나가야 하는가? 어떻게 효과적으로 경제문제를 해결함으로써 보다 풍요로운 삶을 영위할 수 있는가? 경제학은 이러한 질문에 답하고자 하는 학문이며, 경제학을 배운다는 것은 이러한 질문에 답하기 위한 사고체계, 능력과 방법을 습득하는 과정이다.

누구나 원하는 것은 많으나 모두 가질 수는 없다. 세상에 공짜 점심은 없다. 우리의 경제생활은 결국 피할 수 없는 선택(choice)의 연속일 뿐인데, 경제학은 이 문제에 대해 '가장 탁월한 선택이 무엇인가?'를 가르쳐준다. 경제학은 최선의 경제적 선택을 위한 사고체계와 분석방법을 배우는 학문이기 때문이다. 이제 여러분은 경제학을 배우면서 여러분의 선택이 전보다 더 나아지는 것을 느끼게 될 것이다.

1.1 경제학 공부를 시작하며

2019년 초 우리나라를 흔들었던 정치경제적 이슈는 북한의 비핵화와 한반도 평화체제 구축. 최저임금 인상과 청년실업, 저출산 고령화, 미세먼지와 탈원전 논쟁이다. 2014년 세월호 사건 이후 국가개혁의 과제가 던져졌고, 경제개혁 역시 그 중 하나다. 이 모든 정치사회적 쟁점의 본질은 경제문제이다. 정치이슈, 사회문제 역시 경제현상의 한 투영일 뿐이다.

1961년 경제개발5개년계획을 시작으로 비약적인 성장을 이룬 한국경제는 1970년대 후반 이후 노동운동을 중심으로 한 사회변혁이 일어났는데, 이 역시 경제발전과정의 당연한 귀결이며 경제적 문제이다. 1997년 IMF사태를 거치며 한국사회의 소득불균등은 오히려 악화되었고 그 동안 한국사회를 지탱해주던 중간층이 엷어졌다. 21세기 경제적 논의의 중심이 사람답게 살자는 의식, 즉 복지논쟁으로 표출되는 것 또한 더 이상 피할 수 없는 일이다.

세계경제는 이미 글로벌경제로 이행한지 오래다. 2008년 미국의 써브프라임(sub-prime mortgage) 사태와 2011년 유로존(Euro zone) 재정위기, Brexit, 미중무역전쟁과 중국의 성장둔화로 글로벌경제는 위기와 도전에 직면하고 있다. 글로벌경제에 편입된 지 오랜 한국경제 역시 소용돌이를 피해갈 수는 없다

우리가 바라는 삶은 어떤 것인가? 경제개혁의 쟁점은 무엇이며, 이득과 손실은? 그리고 어느 계층, 어떤 산업이 이득을 보고 손해를 보는가? 피해구제를 포함한 국가 전체로의 득실과 대안은 무엇인가?

고령화 사회와 저출산 대책은? 대기업과 중소기업의 상생발전은? 교육시스템과 기술혁신은? 경기둔화와 청년실업은? 지구온난화와 환경, 미세먼지와 국민보건은? 조세제도와 무상복지 그리고 재정은? 4차 산업혁명 AI시대의 산업구조는? 글로벌경제 하의 수출과 자본이동은? 산적한 문제와 도전을 어떻게 명쾌하게 분석하고 대안을 제시할 것인가?

경제학 공부가 글로벌경제 하에서 궁극적으로 우리 삶의 질을 개선시키고 우리의 경제적 목표를 달성해나갈 방도와 대안을 제시해줄 것을 기대한다.

1.2 경제학의 3대 핵심 아이디어

경제학의 줄기는 크게 둘로 나눌 수 있다. 하나는 아담스미스 이래 시장경제에 기반을 두고 경제주체들의 최적화 행태를 분석하는 주류경제학의 입장이고 다른 하나는 시장보다 사회정치적 환경과 제도에 초점을 두고 접근하려는 마르크스경제학 같은 비주류경제학이 그것이다.

경제학이 본래 정답을 찾는 학문이 아니므로 어떤 입장에서 경제를 바라보는 것이 옳은가에 대해서는 논란이 있을 수 있다. 결국 어느 쪽이 현실경제를 더 정확히 설명하며 미래 경제사회를 위한 적절한 대안을 제시하는가 여부가 관건일 것이다. 시장이야말로 오늘의 경제현상을 가장 잘 반영하고 있다는 믿음은 대부분의 경제학 교재가 시장경제에 입각하여 이론을 전개하고 경제현상을 분석하는 것만 보아도 분명하다. 이 책 역시 그런 점에서 예외는 아니다.

시장에서 많은 경제주체가 행하고 있는 의사결정과정을 이론화하려면 경제주체의 경제적 행태에 대한 포괄적 가정이나 합의가 필요하다. 시장경제에 입각하여 경제문제를 접근한다고 할 때 많은 경제학자들은 다음 3가지 핵심 아이디어(ideas)에 동의하는데 주저하지 않는다. 첫째, **인간은 합리적이다**(People are rational). 둘째, **사람들은 경제적 인센티브(유인)에 반응한다**(People respond to economic incentives). 셋째, **최적 의사결정은 한계상황에서 이루어진다**(Optimal decisions are made at the margin).

(1) 인간은 합리적이다.

거의 모든 주류 경제학자들이 인간은 합리적이라는 가정에서 출발한다. 이러한 아이디어는 가정이라기보다 오히려 확신에 가깝다고 할 정도이다. 합리적이라는 의미가 모든 것을 알고 있거나 항상 최상의 결정을 내린다는 의미는 아니다. 인간이 합리적이라는 가정은 그들이 이용 가능한 정보를 모두 이용해 의사결정을 하고 있다는 의미이다. 보다 쉽게 말하면 어떤 의사결정을 할 때 그로 인한 이득과 비용을 따질 줄 알며 비용보다 이득이 많은 것을 선택한다는 것이다.

물론 항상 모든 사람들이 합리적으로 행동하는 것은 아닐 것이다. 아주 드물게 어떤 사람은 비합리적 행태를 보일 때도 있다. 그러나 합리성이야말로 사람들이 왜 그런 의사결정을 했는지에 대해 많은 것을 설명해줄 수 있다는 점에서 경제학이 기반을 두고 있는 핵심 아이디어 중의 하나이다. 인간이 합리적이라는 것을 잘 보여주는 개념으로 기회비용을 생각해보자.

① 합리성과 기회비용

기회비용(opportunity cost) 선택에 따라 포기한 것의 가치 중 가장 큰 가치

인간이 합리적이라는 핵심 아이디어를 쉽게 보여주는 개념이 바로 **'기회비용'**(opportunity cost)이다. 사람들은 누구나 원하는 모든 것을 갖고 싶은 욕망이 있으나 한정된 소득이라는 제약 하에 있기 때문에 선택하며 살 수밖에 없다.

모든 선택에는 대가가 있다. 선택 가능한 여럿 가운데 한 가지를 선택해야 할 경우 다른 것들은 포기해야 하는데 **'포기한 것의 가치 중 가장 큰 가치를 선택에 대한 기회비용'**이라고 한다. 여럿 중 하나를 선택해야만 할 경우 거의 모든 사람들이 선택에 따르는 기회비용이 적게 드는 것을 선택하는데 이러한 경제적 행태야말로 바로 인간이 합리적이라는 사실을 보여주는 것이다.

예를 들어 김씨의 1시간 책읽기 가치는 3만원, TV시청의 가치는 2만원, 산책으로 인한 가치는 1만원이라고 하자. 이제 김씨가 책읽기를 선택했다면 그 선택과 함께 포기해야하는 가치는 TV시청의 2만원과 산책가치 1만원이 된다. 이 두 가지 가운데 보다 가치가 큰 TV시청의 가치 2만원이 책읽기의 기회비용이다. 만일 그가 TV시청을 택했다면 이때의 기회비용은 책읽기의 가치인 3만원이 된다. 따라서 책읽기의 기회비용은 2만원인 반면 TV시청의 기회비용은 3만원이므로 김씨는 기회비용이 적은 책읽기를 선택하는 것이 유리한데 이러한 의사결정이 바로 인간이 합리적이라는 것을 입증해준다.

② 매몰비용

매몰비용(sunk cost) 일단 지출이 되면 더 이상 회수할 수 없는 비용

인간의 합리성을 보여주는 또 하나의 개념으로 **'매몰비용'**(sunk cost)이 있다. 매몰비용이란 **'일단 지출이 되면 더 이상 회수할 수 없는 비용'**을 말한다. 영화를 보기 위해 표를 산 후 시간이 남아 식당에 갔다가 그만 표를 잃고 말았다면 잃어버린 영화 값은 매몰비용인 것이다.

해외여행 중에 토속음식을 내놓는 식당에 들어가 음식을 주문했는데 자신의

입맛에 전혀 맞지 않는 일종의 혐오음식이 나오고 말았을 때 어떻게 해야 하는가? 음식 값이 아깝다고 전혀 먹고 싶지도 않은 음식을 먹어야 하는가? 주문한 음식 값은 음식을 먹지 않더라도 지불해야만 한다는 점에서 매몰비용이다. 따라서 음식을 먹을 것인가 혹은 먹지 않을 것인가의 문제는 음식이 입에 맞는가, 맞지 않는가의 문제일 뿐이다. 먹으면 괴로움만 더 하는 음식은 먹지 않는 것이 낫다. 인간은 합리적이기 때문에 매몰비용을 이해하고 있으므로 혐오음식을 먹지 않는 결정을 내리게 된다.

매몰비용을 기회기용과 연결시켜 보자. 음식을 먹을 경우의 기회비용은 음식 값+혐오감인 반면 음식을 먹지 않을 경우의 기회비용은 음식 값뿐이므로 기회비용이 적은 음식을 먹지 않는 결정이 합리적이다.

(2) 사람들은 경제적 유인에 반응한다.

사람들이 어떤 행동을 하는 데는 그만한 동기가 있기 마련이다. 종교적 신념이건 시샘이건 혹은 열정 때문이건 그 사람으로 하여금 그런 행동을 유발한 유인이 있다. 경제학자들은 **경제적 유인**(economic incentives)이야말로 사람들을 어떤 방향으로 움직이게 하는 강력한 동기라고 본다. 즉, 사람들은 경제적 유인이 주어지는 쪽으로 자신의 의사결정을 바꾼다는 것이다. 주택부금을 오래 부은 사람에게 청약 우선순위를 주는 주택정책은 정기예금 가입자를 주택부금 가입자로 전환시키는데 한몫했다. 최근 우리나라를 비롯한 유럽 각국의 출산장려정책도 따지고 보면 그 밑바탕에는 출산문제와 같이 지극히 사적인 의사결정마저도 경제적 유인에 반응한다고 믿기 때문이다.

경제적 유인(economic incentives)
어떤 특별한 행동(방향, 결정)을 하도록 동기를 부여하는 경제적 요인

다른 일례로 최근 많은 금융기관들이 점포방문 고객보다 인터넷금융 고객에게 우대금리를 제공하는 추세이다. 물론 은행의 정책 변경은 우대금리로 인한 비용증가보다 인터넷고객 증가로 인한 점포운영비 절감효과가 더 크기 때문일 것이다. 이러한 정책의 저변에는 사람들이 우대금리를 좇아 인터넷뱅킹으로 전환할 것이라는 즉 사람들이 경제적 유인에 반응한다는 것을 잘 알고 있기 때문이다.

(3) 최적 의사결정은 한계상황에서 이루어진다.

어떤 선택을 했을 때 추가되는 수입을 한계수입, 추가되는 비용을 한계비용이라고 하는데 이러한 한계수입이나 한계비용이 바로 '**한계상황**(at the margin)'

에서의 개념이다. 경제적 선택을 함에 있어 중요한 문제는 '선택을 할 것인가? 혹은 선택하지 않을 것인가?' 즉 '전부 아니면 전무'(all or nothing)의 문제라기보다는 선택한다면 '얼마나 선택할 것인가?'의 '부분'의 문제이다. 즉 '사과를 살 것인가?'의 문제라기보다 '사과를 몇 개 살 것인가?'의 문제이다.

예를 들어 사과가 맛이 있다고 계속 먹어야 하는 것이 아니라 한 개씩 먹을 때마다 얻게 되는 추가만족과 지불해야 하는 사과 값을 비교해야 한다는 것이다. 추가되는 만족보다 추가로 지불해야 하는 사과 값이 더 크다면 더 이상 사과를 먹어서는 안 된다는 것이다. 이와 같이 새로운 상황마다 이익과 비용을 비교하여 결정을 한다는 것이 바로 최적 의사결정은 한계상황에서 이루어진다는 의미이다.

연 400만대의 자동차를 생산하며 잘 나가는 자동차 회사가 오늘 결정할 사안은 자동차 생산을 할 것인가 말 것인가의 문제가 아니라 생산량을 늘릴 것인가 혹은 줄일 것인가의 문제이다. 이에 대한 의사결정은 한 대를 추가로 생산함에 따른 수입, 즉 한계수입과 한 대를 추가로 생산함에 따른 비용 즉 한계비용을 비교함으로써 이루어진다. 한계수입이 한계비용보다 크다면 생산을 늘리는 것이 이익이라는 결정원리는 바로 **'한계상황'**(at the margin)에서 이루어진 것이다.

앞의 예에서 1시간 동안 책읽기를 선택한 김씨는 책읽기를 끝낸 후 새로운 상황에 직면하게 된다. 그가 앞으로 1시간 동안 할 수 있는 일 역시 책읽기와 TV시청, 산책으로 전과 동일하다. 전 시간에 책읽기를 선택했다고 해서 이번에도 책읽기를 선택할 이유는 없다. 1시간이 지난 새로운 상황에서는 책읽기와 TV시청, 산책의 가치가 변했을 수도 있기 때문이다. 그러므로 새로운 상황에서 기회비용이 적은 일을 선택해야 한다. 1시간 더 책읽기를 선택할 것인가의 여부는 과거의 의사결정과 관계없이 바로 현재의 한계상황에서 각각의 기회비용을 비교하여 결정된다.

최적 의사결정이 한계상황에서 결정된다는 경제학의 핵심 아이디어를 앞서 살펴본 매몰비용과 연관시켜보자. 잃어버린 영화표(9,000원)는 매몰비용임은 이미 설명했다. 이 상황에서 표를 다시 사는 것이 합리적 결정인가 아닌가?의 결정은 영화보기의 가치와 영화 값 9,000원(18,000원이 아니다.)을 비교함으로써 내려질 문제이다. 경제분석은 경제적 이득과 관련 없는 감정개입을 배제하고 있음을 기억하자. 표를 다시 살 것인가의 문제는 잃어버린 영화표와는 상관 없는 새로운 상황(한계)에서의 의사결정 문제이다.

읽을거리 **프랑스의 출산인센티브 "워라밸 이뤄주고 출산·육아 돈 걱정 없게"**

프랑스는 1970년 2.3명으로 유럽에서 출산율이 가장 높은 나라 중 하나였다. 그러나 경제난에 따른 여성 경제활동인구 증가 등의 이유로 1990년 출산율은 1.71명으로 떨어졌다. 1970년대 말 대통령직속 '인구 및 가족정책 고등위원회'를 설치해 출산율을 올리는 데 총력을 기울이고 있다. 가족정책 예산에 연 1,200억 유로(약 157조원)를 쏟아 붓고 있다. 여성이 출산 후 1년 간 휴가를 다녀와도 돌아올 일자리를 보장하는 한편, 1년에 36일의 유급 휴가를 준다. 또 여성고용 촉진정책을 추구하는 한편 동일노동 동일임금 정책을 병행해 임금차별을 두지 않는다.

임신부터 출산까지 모든 의료비용을 100% 환급해주는 것은 물론 불임치료까지 100% 보험에서 부담한다. 임신 5개월부터 아이가 만 3세가 될 때까지 매달 지원금을 주고, 2명 이상의 자녀를 가진 경우 특별수당도 준다. 주거세 등 각종 세금공제 혜택도 준다. 탁아소·유치원도 모두 정부가 비용을 댄다. 프랑스 공교육은 유치원부터 대학까지 학비가 거의 들지 않기 때문에 출산부터 육아, 학업까지 모두 국가가 책임지는 셈이다.

중앙이코너미스트 2018.3.23에서 발췌

1.3 경제학의 기초 개념

1.3.1 경제학의 정의

경제학(economics) 무한한 인간의 욕구를 충족시키기 위해 희소한 자원을 활용하는 방법을 연구하는 사회과학

경제학(economics)은 "경제주체들이 무한한 인간의 욕구(unlimited needs)를 충족시키기 위해 희소한 자원(scarce resources)을 활용하여 ① 무슨 재화(What?)를 생산할 것인가, ② 자원을 어떻게 배분(How?)하여 생산할 것인가, ③ 생산된 재화를 경제주체 상호간에 어떻게 분배(For whom?)할 것인가를 연구하는 사회과학"이다.

(1) 경제주체

경제주체 소비와 생산활동을 수행하는 독립된 경제단위

경제주체란 **가계**(household), **기업**(firm), **정부**(government) 3자를 말하는데 이들은 소비는 물론 생산 활동도 동시에 수행하고 있는 독립된 경제단위이다. 여기서 독립된 경제단위라는 말은 독립적으로 경제적 의사결정을 해나가고 있는 단위라는 뜻이다.

전업주부나 전업학생은 가계의 구성원일 뿐 독자적 가계로 볼 수는 없다. 그들은 경제활동을 하고 동시에 가계 내에서 발언권은 있으나 의사결정은 어디까지나 가족 전체에게 속한 것이기 때문이다. 기업은 가계로부터 생산요소를 제공받아 재화를 생산, 판매하여 이윤을 취하는 경제단위이다. 정부 역시 가계와 기업으로부터 세금을 징수하거나 자체 사업을 통해 수입을 창출하고 이를 다시 소비하는 경제단위이다.

(2) 자원

생산요소(production factor) 재화를 생산하기 위한 자원, 토지(land), 자본(capital), 노동(labor)으로 구성

희소한 **자원**(資源)이란 생산에 사용되는 **생산요소**(production factor)로써 보통 **토지**(land), **자본**(capital), **노동**(labor) 세 가지를 말한다. 토지는 자연조건과 환경을 포함하는 개념으로 말 그대로 생산의 기초 공간이요 환경이다. 자본은 생산에 필요한 공장설비, 기계, 원자재 등을 말한다. 노동은 인간이 제공하는 에너지와 지식 등이며 여기에는 기업가의 경영도 포함된다.

(3) 재화

경제재(economic goods) 희소성이 있는 재화

자유재(free goods) 무한히 존재하므로 대가를 받을 수 없는 재화

재화(財貨)는 **희소성이 있는 경제재**(economic goods)와 **무한히 존재하므로 대가를 받을 수 없는 자유재**(free goods, 공짜재라고도 한다.)로 나눌 수 있는데 경제학의 연구 대상은 경제재에 국한된다. 경제재는 다시 형태가 있는 유형의 재화와 형태가 없는 무형의 재화로 나눌 수 있다. 유형의 재화는 의식주와 같은 옷, 자동차, 쌀, 주택 등 우리가 흔히 눈으로 볼 수 있는 재화가 이에 해당된다. 보통 무형의 재화를 용역 또는 서비스(service)라 부르는데 무형의 재화로는 교사의 교육서비스, 가수의 노래, 의사의 의료행위, 보험이나 정보제공 등에 이르기까지 종류가 점차 다양해지고 있고 그 비중도 높아지고 있다.

Q & A

Q 학생의 질문

오늘 수업 내용 중에 질문이 있는데요. 경제주체를 설명하시면서 "전업 주부는 경제주체가 아니다"라고 말씀하셨는데요. 제가 알기로는 '파출부'는 경제주체에 속하는데(생산도 하고 소비도 하니깐...), 그 일을 대신 하는 '주부'도 경제주체가 아닌가요?^^;; 궁금해서요...^^

A 안교수 답변

전업주부는 가계의 구성원일 뿐 독자적인 경제주체는 아닙니다. 경제주체는 경제활동을 통해 일정한 수입을 얻으며 소비를 하는 독립된 경제 단위입니다. 가계는 1인 가계일 수도 있고 전체 가족 구성원일 수도 있습니다. 여러분이 졸업 후 취직하고 부모님으로부터 독립하여 혼자 경제활동을 한다면 1인 가계, 1인 경제주체가 됩니다. 그러나 직장을 갖고 있더라도 부모와 같이 경제생활을 하고 있다면 가족 가계의 일원인 것입니다. 직업이 있는 아버지만 경제주체이고 전업주부나 자녀는 종속자라는 의미는 아닙니다. 가족 모두가 가계의 구성원으로서 경제주체인 것입니다.
파출부가 경제주체인가 아닌가는 문제의 초점을 벗어난 것입니다. 직업이 있는 사람은 경제주체이고 직업이 없는 사람은 경제주체가 아니라는 해석은 정확한 것이 아닙니다. 직업여부보다 독자적 경제활동을 하는가가 관점입니다. 가사도우미라 해도 남편과 같이 살면서 가정을 이루고 있으면 그 가정 전체가 가계로서 경제주체인 것입니다.

1.3.2 경제학의 3대 과제

경제학은 희소한 자원인 토지, 자본, 노동을 이용하여 무슨 재화를 얼마나 생산하며, 생산요소를 어떻게 배합하여, 즉 어떤 생산기술을 사용하여 생산하며, 생산된 재화를 각 경제주체 간에 어떻게 나눌 것인가를 연구하는 학문이다.

(1) 무엇을 생산할까?

여기서 무슨 재화를 생산할 것인가의 문제는 주어진 자원 하에서 쌀을 많이 생산할지 혹은 옷을 많이 생산할지 또는 교육서비스를 많이 생산할 것인지를 결정해야 한다는 것이다. 제한된 자원으로 원하는 모든 것을 생산할 수는 없기 때문에 각각의 재화를 얼마만큼씩 생산할 것인지를 결정해야 한다. 어떤 나라는 농축산물을 비교적 많이 생산하고 광공업 제품은 덜 생산하는가 하면 또 다른 나라는 관광서비스를 가장 많이 생산하는 경우도 있다.

(2) 어떤 생산방법으로 생산할까?

이제 쌀 100만석과 옷 10만 벌을 생산하기로 했다면 다음 문제는 '쌀과 옷을 어떤 방식으로 생산할 것인가?' 이다. 즉, 생산요소를 어떻게 배합하여 생산하느냐의 문제이다. '쌀을 생산할 때 인력을 많이 사용할 것인가 혹은 기계화 영농을 할 것인가?' 동시에 '옷을 생산할 공장부지는 얼마로 하며, 노동을 많이 투입할 것인가? 혹은 자본인 기계를 많이 투입할 것인가?'를 결정해야 한다. 노동이 많이 투입될수록 노동집약적(labor intensive) 생산방식이라고 하며 자본이 많이 투입될수록 자본집약적(capital intensive)이라고 한다.

노동집약적(labor intensive) 생산과정에 노동이 많이 투입되는 방식

자본집약적(capital intensive) 생산과정에 자본이 많이 투입되는 방식

(3) 어떻게 분배할까?

마지막으로 생산된 쌀과 옷으로 인해 얻어진 이득을 생산에 참여한 각 사람에게 어떻게 나누어 줄 것인가의 문제가 있다. 모든 사람에게 똑같이 나누어주는 방법, 각자가 기여한대로 나눠 갖는 방법, 정부의 적절한 개입을 통해 재분배하는 방법 등 여러 가지 방법이 있을 수 있다.

사유재산권을 인정하지 않는 공산주의는 생산에 참여한 각 사람의 기여도가 다르더라도 가급적 균등하게 배분하려는 입장이다. 공산주의와 반대로 사유재산권을 인정하고 시장경제를 추구하는 자본주의는 두 가지 경제체제로 크게 나눌 수 있다. 하나는 각자의 생산 기여도에 따라 그대로 배분하자는 극단적 자유주의이다. 다른 하나는 20세기 초에 대두된 것으로 능력대로 생산에 기여토록 한 후 정부가 조세제도 등을 통해 재분배에 개입하는 것이 옳다는 것으로 수정 자본주의라고도 부르는 혼합경제체제이다.

구소련과 동구권의 공산체제가 몰락한 후 현재 공산주의 경제체제를 유지하고 있는 나라는 북한과 쿠바 정도로 극히 소수에 불과하다. 대부분의 국가들은 정도의 차이는 있으나 혼합경제체제를 따르고 있다.

공산주의 사적 소유권을 부정하고 생산기여도가 다르더라도 가급적 균등하게 배분하려는 경제체제

극단적 자유주의 각자의 기여도에 따라 배분하는 경제체제

수정 자본주의 케인스가 제시한 것으로 자본주의체제를 유지하면서 자본주의의 모순점은 정부개입으로 수정하는 제도

혼합경제체제(mixed economy) 능력대로 생산에 기여토록 한 후 정부가 조세제도 등을 통해 재분배에 개입하는 경제체제

Q & A

학생의 질문

기회비용이 적은 것을 선택하라는 의미를 다시 설명해 주세요.

안교수 답변

어떤 상황에서 선택에 따른 기회비용이 얼마이며 무엇을 선택할 것인가의 문제는 상황이 어떻게 설정되어 있는가에 따라 다릅니다. 어떤 선택의 기회비용이란 선택으로 인해 포기해야하는 가치인데 예를 들어 포기한 것의 만족감, 포기한 수입, 선택으로 치러야 하는 비용 등 여러 가지가 있을 수 있습니다. 이제 어떤 것을 선택할 것인가의 문제는 선택으로 인한 수입과 선택으로 인한 기회비용을 모두 계산하여 가장 이익이 큰(비용이 적은) 것을 선택하게 되는 것입니다.

(1) 박양은 남은 3시간을 김군과 영화를 볼 것인지 아니면 아르바이트를 갈 것인지 선택해야 한다.

* 김군과 영화보기의 만족감: 20,000원 가치
기회비용: 알바수입 10,000원+영화값 9,000원=19,000원
김군과 영화보기의 이익: 1,000원 가치

* 알바 갈 경우의 수입: 10,000원
기회비용: 김군과 영화보기의 만족감 20,000원 − 영화값 9,000원=11,000원
알바의 이익: −1,000원

* 박양의 합리적 선택: 김군과 영화보기

(2) 취직을 할 것인가 자기 사업을 할 것인가의 선택문제

* 자기 사업의 수입: 월 500만원
자기 사업의 기회비용: 취직 시 월급 300+자기사업 월비용 300=600만원
자기사업의 이익: −100만원

* 취직의 수입: 월 300만원
취직의 기회비용: 자기사업 수입 500 − 자기사업 월비용 300=200만원
취직의 이익: 월 100만원

* 합리적 선택: 취직.

결론적으로 선택문제에서 기회비용만 있는 경우에는 선택의 기회비용만 비교해서 기회비용이 적게 드는 쪽으로 선택하면 됩니다. 그러나 기회비용뿐 아니라 선택에 따른 수입도 있는 경우에는 수입과 기회비용에서 이익을 비교하여 이익이 큰 쪽을 택하게 되는 것입니다.

1.3.3 경제학이 추구할 3대 가치

(1) 효율

효율(efficiency) 최소 노력으로 최대 성과를 얻는 것

희소한 자원을 이용해 최대의 성과(생산)를 얻고자 하는 경제활동에서 가장 중요한 가치 가운데 하나가 바로 '효율'(效率, efficiency)이다. 효율이란 최소 노력으로 최대 성과를 얻는 것을 의미하기 때문이다.

효율에는 크게 생산적 효율(productive efficiency)과 배분적 효율(allocative efficiency)이 있다. 생산적 효율이란 재화와 용역이 최소의 비용으로 생산되고 있는 상태를 의미하며 배분적 효율이란 소비자선호(consumer preferences), 즉 소비자가 원하는 것에 맞추어 생산이 이루어지는 상태를 가리킨다.

보통 생산자와 소비자가 자발적 거래(voluntary exchange)에 참여하여 그들 간에 완전경쟁이 이루어지는 시장이야말로 효율적이라고 한다. 이러한 시장에서는 궁극적으로 최소비용으로 생산이 이루어지고 동시에 생산과 소비자 선호가 일치하게 된다. 그렇지 않은 생산자는 시장에서 살아남을 수 없다.

효율은 앞서 경제학의 3대 과제 중 '어떤 재화(What)를 생산할 것인가?'의 문제와 '자원을 어떻게 활용(How)할 것인가?'의 문제와 연결되는 가치개념이다.

(2) 공평

경제문제를 다룸에 있어 추구해야 할 두 번째 가치개념은 '공평'(公平, equity)이다. 공평은 앞서 경제학 3대 과제 중 '어떻게 분배(For whom)할 것인가?'의 문제와 관련되는 가치개념이다. 효율만을 추구하다 보면 구성원간의 분배구조가 악화됨으로써 많은 사회경제적 문제를 일으키게 되며 이러한 문제는 결국 효율을 떨어뜨리는 역작용을 일으킬 수도 있다.

원래 공평이란 뜻의 'equity'가 문헌에 나타나기 시작한 것은 고대 그리스시대부터이다. 당시 'equity'란 용어는 법률조문이 시대정신이나 본질과 어긋날 때 법을 수정하는 원리로 사용되었다. 중세 영국에는 'Courts of equity'가 존재했는데 이 법원은 재산권, 상속문제, 상거래상의 분쟁을 전문으로 취급하는 특별법원이었다. 오늘날 주식을 'equity'라고 부르는 것도 이러한 어원상의 잔재가 남은 것이다.

공평의 의미는 쓰이는 곳에 따라 다르다. 어떤 사람들은 평등(equality)을 공평으로 삼기도 하고, 혹은 '그에게 속한 것을 그의 소유로 인정해주는 것'을 공평의 정의로 주장하는 사람도 있다. 경제학자들 간에도 자신의 가치관에 따라

공평의 정의가 다르다. 경제학자들 사이에서 받아들여지는 공평의 개념 중엔 **'누구도 남의 것을 부러워하지 않는 상태'**(Under it, no one envies another.)라는 것도 있다. 중산층이 두터워질수록 공평한 사회라는 주장도 있을 정도이다.

공평은 단순히 경제적 분배문제에만 국한되는 것은 아니며, 성별, 연령, 학력, 지역, 종교 등으로 인한 차별의 시정을 포함하는 개념이다.

(3) 자유

대부분의 교재에서 효율과 공평이라는 가치개념은 중요하게 다루는데 반해 **'자유'**(自由, freedom)라는 가치는 거의 언급하지 않고 있다. 그러나 아무리 효율이 높고 공평한 경제라 하더라도 그 속에서 살아가는 경제주체들이 자유롭지 못하다면 문제가 아닐 수 없다. 인간이 빵만으로 사는 것은 아니며 보다 자유로운 인간으로 사는 것도 동시에 보장되어야 한다. 인류의 경제사는 사실 부당한 정치, 사회, 문화, 종교적 권력으로부터 끊임없이 경제적 자유를 쟁취하는 과정이었다.

경제학에서 흔히 자유라는 가치개념은 효율로 이어지는 개념으로 받아들여져 따로 취급되지 못하는 측면도 있다. 시장이 자유로울수록 효율적이라는 주장이나, 자유로운 경쟁이 효율을 보장한다는 말이 바로 그렇다. 그러나 두 개념이 밀접하게 연관되어 있는 것은 사실이나 두 개념이 일치하는 것은 아니다.

독재국가나 저개발국가에서 그리고 독과점기업이 정치권력과 결탁하여 효율 극대화를 명분으로 개인의 경제적 자유와 권리를 억압하고 빼앗는 경우도 있다. 이렇게 주장된 효율은 실제로는 비효율인 경우도 많고 설혹 지금은 효율적일지 몰라도 장기적으로는 개인과 국민경제 전체에 해가 될 수도 있다. 먼저 효율을 추구하고 나서 나중에 자유를 돌려주겠다는 것은 받아들일 수 없는 주장이다.

공평이라는 명분으로 정부가 경제문제에 관여하여 개인의 경제적 자유를 억압하는 경우도 많다. 그러나 정부가 항상 최선의 도덕성을 지닌 것은 결코 아니다. 정부의 경제활동은 수많은 이해관계자에 의해 조정되는 정치적 산물이거나 정부 또한 이해당사자의 하나인 경우가 대부분이다. 우리는 지난 수 백 년 동안 정부의 경제적 개입은 개인의 이익과 자유에 얼마든지 반(反)할 수 있으며 국가경제발전을 위해서도 항상 당연시 되는 것이 아니라는 사실을 수없이 목도해 왔다.

사실 효율과 공평, 자유라는 가치개념은 서로 상충되는 개념이기도 하다. 어느 하나를 극대화하려면 다른 것들은 억제될 수밖에 없다는 점에서 그렇다. 그럼에도 불구하고 할 수만 있다면 세 가지 가치를 조화롭게 추구하는 것이 경제사회의 올바른 지향일 것이다.

1.4 시장과 정부

1.4.1 시장경제의 효율성

시장(market) 수많은 사람들과 수많은 기업, 그리고 수많은 재화들 간의 생산과 판매 및 분배를 효율적으로 해결하는 제도

인간사회는 수많은 사람들이 수많은 재화를 생산, 분배하면서 서로의 몫을 공평하게 나누기에는 너무 복잡하다. 이 문제를 효율적으로 해결할 마법사는 없는가? 인류는 단순하면서도 막강한 힘을 가진 시장(market)을 발명해냈다. 시장은 고통스럽고 복잡한 경제적 퍼즐을 단숨에 풀어 주었다. 시장이야말로 수많은 사람들과 수많은 기업, 그리고 수많은 재화들 간의 생산과 판매 및 분배를 순식간에 해결하는 마법사이다.

시장은 경제주체들이 서로 재화를 사고파는 조직화된 장소라고 정의할 수 있다. 조직화된 장소라고 해서 구체적인 공간을 갖고 있는 백화점이나 재래시장과 같이 눈에 보이는 시장만을 의미하는 것은 아니다. 시장의 개념에는 눈에 보이지 않는 인력시장이나 정보시장, 장외 금융시장이나 인터넷 쇼핑몰과 같은 비공간적 시장도 포함된다.

시장경제(market economy) 경제적 의사 결정과 거래가 시장을 통해 자유롭게 이루어지는 경제

가격기구(price mechanism) 자원의 효율적 배분이 이루어지도록 해주는 시장 메커니즘

모든 경제적 의사 결정과 거래가 시장을 통해 자유롭게 이루어지는 경제를 **시장경제**(market economy)라고 한다. 시장경제는 우리가 앞서 고민했던 '무슨 재화(What?)를 어떻게 생산(How?)하고 어떻게 배분(For whom?)할 것인가?'의 문제를 자연스럽게 해결해준다. 시장경제에서는 모든 재화의 가격은 시장의 수요와 공급에 의해 결정된다. 이러한 **가격기구**(price mechanism)의 작동이야말로 자원의 효율적 배분이 이루어지도록 해주는 장치이다. 가격기구는 바로 고전학파 경제학의 창시자인 아담 스미스(A. Smith, 1723–90)가 지칭한 시장 내의 **'보이지 않는 손'**(invisible hands)이었던 것이다.

1.4.2 명령경제

명령경제(command economy)
계획경제(planned economy)라고도 하는데 정부의 명령이 가격기구의 역할을 대신하는 경제체제

명령경제를 **계획경제**(centrally planned economy)라고도 하는데 정부의 명령이 시장이라는 가격기구의 역할을 대신하는 경제체제이다. 명령경제는 구소련과 같은 공산주의 국가에서 시행하는 경제체제로서 사유재산권을 인정하지 않고 국유화하며 경제적 성과나 효율보다는 국민 구성원 간의 분배구조에 중점을 두는 체제이다. 명령경제 하에서는 시장에서의 수요와 공급과는 상관없이 정부의 판단에 따라 필요한 생산물과 생산량을 정하며, 그에 따라 생산자원을 배분함으로써 효율적 자원 배분이 이루어지지 못하고 유휴자원이 발생하게 된다.

정부당국에 의해 임의로 결정된 가격은 시장과 소비자의 선호를 반영하지 못하고 왜곡되기 마련이다. 생산자 간에 경쟁이 없으므로 생산물의 품질은 떨어지는 한편 최소비용으로의 생산도 이루어지지 못한다. 능력에 따라 일하는 반면 필요에 따라 배급을 받는 명령경제체제는 근로의욕을 낮추고 생산성 저하를 피할 길이 없다. 비효율과 저생산성은 결국 저소득을 초래하고 삶의 질을 떨어뜨린다.

구소련과 주변 동구권의 공산주의 체제가 몰락한 근본요인도 알고 보면 그들이 시장을 너무 가볍게 보았다는 점이다. 시장은 모든 경제주체들이 자신의 이익을 위해 치열하게 경쟁하는 공간이며 동시에 괴력을 지녔으면서도 조화를 만들어내는 인류 최고의 발명품임을 간과했던 것이다. 공산주의 국가의 명령경제는 자본주의 국가의 시장경제와의 경쟁에서 패배하고 말았다. 오늘날 지구상에는 북한과 쿠바 정도가 아직도 중앙정부에 의한 계획경제를 답습하는 나라로 남아있다.

1.4.3 정부의 역할

시장경제를 옹호하는 자유주의 경제학자들은 시장 내의 가격기구가 자유롭게 작동할 때 효율이 극대화된다고 주장한다. 이들은 정부는 경제에 개입해서는 안 되며 시장기능에 자유롭게 맡겨둘 것을 주장한다. 이와 같이 시장을 중시하는 경제사상을 자유주의 혹은 정부개입을 반대한다는 뜻에서 **비개입주의**라고 한다.

시장의 실패(market failure) 시장에 맡길 경우 오히려 효율성이 극대화되지 못하는 상태.

케인스학파(Keynesian) 경제문제에 대해 적극적인 정부개입을 옹호하는 경제사상

그러나 현실 경제에서는 모든 것을 시장에만 맡겨두면 안 되는 경우도 종종 발생한다. 이를 **'시장의 실패'**(market failure)라고 한다. 1930년대 세계대공황과 함께 출현한 케인스는 시장의 실패란 일반적으로 일어나는 현상이며 따라서 정부가 적극적으로 나서서 이를 해결해야 한다고 주장했다. 정부의 경제적 역할을 중시하는 학파를 **케인스학파**(Keynesian)라고 부르는 까닭이다. 이들이 정부 개입을 옹호한다는 점에서 **개입주의**라고 부르기도 한다. 개입주의자들은 모든 것을 시장에만 맡겨두기보다는 정부가 적극적으로 시장에 개입해서 경기과열이나 경기침체, 물가불안, 실업, 소득 불평등, 독과점 등과 같은 문제를 해결해야 한다는 것이다.

자본주의 경제는 1930년대 세계대공황과 케인스혁명을 거치면서 정부개입을 옹호하는 쪽으로 선회했는데, 이를 **수정자본주의** 혹은 **혼합경제체제**(mixed economy)라고 한다. 즉, 경제문제에 있어 시장과 정부의 적절한 역할분담을 통해 자본주의 발전을 지속시키고 시장자본주의가 갖고 있는 폐해를 최소화하자는 것이다. 오늘날 대부분의 자본주의 국가들은 다소 정도의 차이는 있으나 시장과 정부의 적절한 역할분담을 인정하는 혼합경제체제를 따르고 있다.

사실 자본주의 경제는 지난 수세기 동안 몇 번의 변신을 거듭해왔다. 영국의 **칼레츠키**(Anatole Kaletsky, 1952–)는 아담 스미스로부터 시작된 자유방임적 자본주의를 흔히 1세대 자본주의로 보고 1930년대에 케인스혁명과 미국 루스벨트대통령의 뉴딜(New Deal)정책으로 대변되는 개입주의적 수정자본주의를 2세대 자본주의로 분류한다. 한편 자유주의의 극단적 형태로 1970년대 미국의 레이건대통령과 영국의 대처수상이 채택한 시장만능적 자본주의, 즉 **신자유주의**를 제3세대 자본주의로 취급한다. 신자유주의는 전 세계를 하나의 시장으로 보고 국경을 초월한 생산요소와 자본의 자유로운 이동을 옹호하는 시장만능적 경제사조이다. 칼레츠키는 최신작 **'자본주의 4.0'**에서 제4세대 자본주의시대가 시작되었음을 알리고 있다.

신자유주의 전 세계를 하나의 시장으로 보고 국경을 초월한 생산요소와 자본의 자유로운 이동을 옹호하는 시장만능적 경제사조

자본주의 4.0 칼레츠키가 쓴 책이름, 제4세대 자본주의를 의미

2014년 출판계를 뜨겁게 달군 **토마 피케티**(Thomas Piketty, 1971~)의 '21세기 자본'은 21세기 자본주의를 보는 극명한 시각차를 보여주었다. 우리나라가 완성해가야 하는 자본주의는 어떤 모습이어야 하는가?' 정부의 역할과 개입이 어디까지 허용되어야 하는가의 문제는 앞으로 이 책 전체를 통해 지속적으로 다루어진다.

쉬어가는 코너

'자본주의 4.0'

최근 부쩍 '자본주의 4.0'이라는 말이 사람들의 입에 회자되는데 이는 영국의 아나톨 칼레츠키(Anatole Kaletsky 1952-)가 쓴 책의 제목으로 2008년 세계금융위기 이후 자본주의의 미래에 대해 다루고 있다. 이는 자본주의 변천사를 소프트웨어 버전으로 보고 업그레이드된 버전4.0 자본주의, 즉 제4세대 자본주의를 빗댄 말이다. 그는 이 책에서 앞으로 나타날 4세대 자본주의는 수정자본주의도 아니고 신자유주의도 아닌 새로운 변신을 통해 발전해나갈 것으로 예측하고 있다. 최근 들어 우리나라에서도 많이 논의되기 시작하고 있는 4세대(?) 자본주의는 '따뜻한 자본주의'로 대변되고 있다. 이는 기업의 사회적 책임을 중요시 하는 입장으로 대기업과 중소기업이 공존하고 가진 자와 없는 자가 공생하는 자본주의를 지향하자는 것으로 긍정적 평가를 받을 만하다 하겠다.

읽을거리

피케티 '21세기 자본' vs 디턴 '위대한 탈출'

자본의 선악(善惡)은 있는가? 있다면 유토피아에 가까운가? 디스토피아에 가까운가?

자본주의에 대한 묵직한 이론적 접근으로 화제를 모은 토마 피케티 파리경제대 교수의 '21세기 자본'과 앵거스 디턴 프린스턴대 교수의 '위대한 탈출'은, 관점에 따라 자본의 얼굴이 달라질 수 있음을 두 책은 극명하게 대비해 보여준다.

피케티 교수가 바라보는 자본과 시장경제의 속성은 잿빛 괴물에 가깝다. 자본이 한 번 형성되면 생산 증가보다 더 빠르게 스스로를 재생산한다는 게 그의 핵심 주장이다. 그는 책에서 "민간자본 수익률이 소득과 생산의 성장률을 크게 웃돈다."고 지적한다.

한 마디로 자본주의 체제에서 돈이 돈을 버는 속도가 경제성장 속도보다 빠르다는 얘기다. 빈익빈 부익부는 심화되고, 양극화를 매개로 불평등의 간극은 갈수록 커진다. 소수의 '가진 자'들에게 강력한 세금을 거둬 인위적으로라도 분배해야 한다는 것이 그가 제시한 해법이다.

반면 디턴 교수의 '위대한 탈출'은 정반대 입장을 고수한다. 자본주의 시장경제의 성장이 장기적·총체적으로 인류의 발전을 이끌어 왔다는 경제학자의 굳은 믿음이 깔려있다. 책은 자본과 경제성장이 인류를 어떻게 빈곤과 궁핍의 열악한 삶에서 탈출시켰는지 집중 조명했다.

말하자면 절대적 관점과 상대적 관점의 차이로 읽힌다. 피케티 교수가 부(富)와 계층의 상대적 속성에 초점을 맞췄다면, 디턴 교수는 인류 발전의 큰 밑그림 속에서 자본과 경제성장의 절대적 역할을 강조했다.(하략)

[한경닷컴 김봉구 기자 2014.9.12]

1.5 경제학의 분류

1.5.1 미시경제학과 거시경제학

미시경제학(microeconomics) 개별 경제주체들의 합리적 선택과 개별 재화시장의 행태를 분석

거시경제학(macroeconomics) 국민경제 전체를 총체적으로 다루는 경제학의 분야

경제학은 크게 **미시경제학**(microeconomics)과 **거시경제학**(macroeconomics)으로 나눌 수 있다. 미시경제학은 개별 경제주체들의 합리적 선택과 개별 재화시장의 행태를 분석하는 반면 거시경제학은 국민경제 전체를 총체적으로 다룬다. 거시경제학이 좀 떨어진 거리에서 숲 전체를 보는 것이라면 미시경제학은 숲 속에 들어가서 숲의 상태를 자세히 살펴보는 것이라고 할 수 있다. 미시경제학에서는 개인과 가계의 효용극대화, 기업의 이윤극대화 및 판매가격과 산출량 결정 등의 세부사항이 관심거리이다.

반면 거시경제학에서는 왜 경기는 변동하는가? 국민총생산량의 결정원리, 실업과 인플레이션의 원인과 영향, 통화량과 이자율의 결정구조, 경기 안정화를 위한 정부의 거시경제정책 방안 등이 다루어진다. 미시경제와 거시경제의 구분은 학생들의 이해를 쉽게 하고 분석의 편의를 위한 것일 뿐 실제로 이 둘은 상호 유기적으로 관련되어 움직이고 있다.

1.5.2 실증경제학과 규범경제학

실증경제학(positive economics) 연구자의 주관적 가치판단을 배제한 채 경제현상을 존재하는 그대로 분석하는 것

규범경제학(normative economics) 연구자의 가치판단이 개입되는 경제분석

경제학을 가치판단이라는 다른 각도에서 분류해보면 **실증경제학**(positive economics)과 **규범경제학**(normative economics)으로 나눌 수 있다.

① 실증경제학이란 연구자의 주관적 가치판단을 배제한 채 경제현상을 존재하는 그대로 분석한다. 예를 들어 "통화량이 증가하면 물가가 오른다." 혹은 "통화량이 증가하면 총수요가 증가하여 국민소득이 오른다."는 분석을 내놓는 것은 실증경제학의 범주이다. 즉, 실증경제학은 경제분석의 결과 얻어진 사실만을 진술하는데 그친다.

② 규범경제학은 연구자의 가치판단이 개입되어 무엇이 나은 것인지를 따진

다. 예를 들어 통화량의 증가는 물가를 올려 인플레이션을 유발하는 반면 총수요를 증가시켜 국민소득을 증가시킨다는 실증적 분석에 대해 규범경제학은 이 시점에서 통화량의 증가가 바람직한 것인가 아닌가를 논한다.

부유층에 대해서는 세율을 인상시키는 반면 가난한 사람들에 대해서는 세율을 낮춘다면 국민경제는 어떠한 영향을 받을까? 즉, 빈부격차는 얼마나 줄어들고, 노동공급은 어떻게 변하며, 국민총생산은 어떻게 영향을 받을 것인가를 분석하는 것은 실증경제학의 범주인 반면, 그러한 분석결과를 놓고 이 시점에서 세율구조를 변경시키는 것이 좋은지, 안 좋은지를 결정하고자 하는 것은 규범경제학의 문제이다.

이 책에서 우리가 다루게 될 대부분의 내용은 실증경제학의 문제가 될 것이다. 이는 규범경제학적 인식이 덜 중요하기 때문이 아니라 규범경제학은 연구자의 주관적 가치판단을 전제로 하는 것이므로 이론화하여 공부하는 것이 어렵기 때문이다. 실증경제학은 효율이라는 가치개념에 보다 치우쳐서 분석하고 있는 반면 규범경제학은 공평과 자유라는 가치개념에 보다 가까이 있다.

1.5.3 경제학은 규칙성을 띤 학문인가?

경제학 이론서나 연구결과들이 실증경제학의 범주에 속하는 것이 대부분을 차지하다보니 경제학에 대한 몇 가지 오해가 있는 것도 같다. 경제학은 자연과학적 엄밀성과 규칙성을 가진 학문이라는 인식이 그 하나다. 결론부터 말하면 경제학은 규칙성을 띤 학문이 아니다. 경제학은 수십억의 인간들이 이 지구상에서 서로 경제적 이해를 다투고 있는 하나의 거대한 유기체를 분석하는 학문이다. 어느 것도 정형화된 것이 없으며 모든 것이 가변적인 상황에서 일어나는 일들을 분석하는 것이다. 그러므로 어떠한 경제행위나 결정도 독립적으로 이루어지는 것이 아니며 상호 영향을 주고받는 의존관계에 있다.

따라서 경제분석에 있어서는 실제 경제상황이 너무도 복잡하기 때문에 분석의 편의를 위해 직접 분석의 대상이 아닌 요소들은 제외해놓고 분석하게 되는데, 이를 **'많은 가변적 상황을 불변으로 가정'**(ceteris paribus, 혹은 other things being equal)한다고 말한다. 이러한 분석방법을 통해 일정한 가정 하에서 경제이론을 모형화하고 현실의 데이터를 수집해 검증을 하기도 하는 것이다.

ceteris paribus 많은 가변적 상황을 불변으로 가정한다는 것

경제학은 때때로 편의상 자연과학적 분석기법을 사용할 뿐 자연과학과는 다

른 학문체계에 속한다. 동일한 시간 동일한 경제상황에 대한 분석이라 하더라도 분석자의 가치관, 선입관, 분석방법에 따라 분석결과와 해석이 다를 수도 있고 그에 따라 정책조언도 달라진다. 분명한 것은 어떤 경제학자가 무슨 주장을 했다는 것일 뿐 그의 주장이 반드시 옳은 것은 아니라는 점이다. 즉, 경제학자의 주장은 오류도 있고 편견이 개입할 소지도 많다. 노벨 경제학상을 받은 2명의 경제학자가 어느 미국 대통령에게 한 가지 경제현안에 대해 서로 다른 정책자문을 했다는 이야기는 잘 알려진 사실이다.

오늘도 많은 경제학자들이 자신의 사상과 입장, 견해 그리고 옹호하고 싶은 그 무엇을 위해 새로운 이론을 주장하고 있다. 그들은 자신의 주장을 뒷받침하기 위해 현실데이터를 이용하여 검증하고 나름대로의 처방도 제시한다. 경제학자들의 연구나 분석이 학문적 객관성을 잃은 이기적·주관적 결과물이라는 것이 아니라 경제학이 인간과 사회문제를 다루는 사회과학이기에 어떤 것도 절대적으로 옳을 수는 없다는 점을 강조하는 것이다. 모름지기 경제학을 공부하는 사람의 기본인식은 계속 변하고 있는 인간과 사회에 초점을 맞추는 데서 출발해야 한다. 참고로 〈표 1-1〉에 역대 노벨경제학상 수상자 명단을 올려놓았다.

쉬어가는 코너

진화경제학이란?

진화경제학은 마르크스, 다윈, 레마르크, 베블런, 슘페터 같은 학자들로부터 이론적 단초를 찾을 수 있는 꽤나 오래된 이론이다. 20세기 말에 대두된 복잡계경제학(complexity economics)과 연계되면서 최근 이론화 작업이 빨라지고 있다. 특히 2008년 세계 금융위기와 함께 전통적 경제학의 허점이 드러나자 그에 대한 대안으로 주목받고 있다. 왜 효율적인 주체나 기업이 도태되는가? 왜 그렇게 효율적이라던 금융시장이 붕괴하였는가? 이런 질문에 대한 답은 경제란 살아있는 생명체이므로 생물학적 인간의 본성에 입각에서 분석해야 한다는 것이 기본인식이다.

진화경제학은 경제=생물과 같이 진화·발전하는 복잡한 학습-적응시스템으로 본다. 주류 경제학은 모든 인간을 '희소성'과 '합리적 선택'에 기반을 두고 이익을 극대화하는 판박이 인간으로 본다. 시장은 효율적이고 균형은 유지된다는 입장에 서있다. 이에 반해 진화경제학은 합리성과 효율성에 입각한 전통적 최적화 모형만으로는 현실경제를 설명할 수 없다고 본다. 기존이론은 과거경제를 분석하는 데는 도움이 될지 몰라도 살아 움직이는 생명체인 미래경제를 예측함에 있어서는 특히 취약하다고 주장한다. 따라서 경제연구와 분석이 현실성과 미래성을 담보하려면 인간행동과 사회현상을 규명하는 인접학문과 연계하여 이루어져야 한다는 입장이다.

진화경제학은 경제주체의 이질성과 그들이 만들어 내는 제도(관행)의 차이를 주목한다. 우월한 관행이 선택되는데 이것이 효율성과 일치하는 것이 아니다. 사람들은 우월한 유전자를 후천적으로 학습-적응해나간다. 돌연변이(혁신)도 일어난다. 인간은 최선이 아니면 차선을 찾을 줄도 알고 다수가 선택하면 효율성이 낮더라도 그 쪽으로 쏠리는 '경로 의존성'을 보인다. 반면에 더 효율적이라 하더라도 관행과 제도가 뒷받침되지 못하면 왕따되어 도태되기도 한다. 복수의 균형이 존재할 수 있고 또 효율적 상태로의 진화도 가능하지만 비효율적 균형이 그대로 고착될 수도 있다고 주장한다.

표 1-1 역대 노벨경제학상 수상자

횟수	연 도	수 상 자 (국적)
	2018	*William Nordhaus(USA), Paul Romer(USA)*
	2017	*Richard Thaler(USA)*
	2016	*Oliver Hart(United Kingdom, USA), Bengt Holmström(Finland)*
	2015	*Angus Deaton(United Kingdom, USA)*
	2014	*Jean Tirole(France)*
	2013	*Eugene F. Fama(USA), Lars Peter Hansen(USA), Robert J. Shiller(USA)*
	2012	*Alvin E. Roth (USA), Lloyd S. Shapley (USA)*
	2011	*Thomas J. Sargent (USA), Christopher A. Sims (USA)*
	2010	*Peter A. Diamond (USA), Dale T. Mortensen (USA), Christopher A. Pissarides (Cyprus)*
41th	2009	*Elinor Ostrom (USA), Oliver E. Williamson (USA)*
	2008	*Paul Krugman (USA)*
	2007	*Leonid Hurwicz (Poland, USA), Eric S. Maskin (USA), Roger B. Myerson (USA)*
	2006	*Edmund S. Phelps (USA)*
	2005	*Robert J. Aumann (Israel, USA), Thomas C. Schelling (USA)*
	2004	*Finn E. Kydland (Norway), Edward C. Prescott (USA)*
	2003	*Robert F. Engle (USA), Clive W.J. Granger (United Kingdom)*
	2002	*Daniel Kahneman (USA, Israel), Vernon L. Smith (USA)*
	2001	*George A. Akerlof (USA), A. Michael Spence (USA), Joseph E. Stiglitz (USA)*
	2000	*James T. Heckman (USA), Daniel L. McFadden (USA)*
31th	1999	*Robert A. Mundell (Canada)*
	1998	*Amartya Sen (India)*
	1997	*Robert C. Merton (USA), Myron S. Scholes (USA, Canada)*
	1996	*James A. Mirrlees (United Kingdom), William Vickrey (USA, Canada)*
	1995	*Robert E. Lucas Jr. (USA)*
	1994	*John C. Harsanyi (Hungary, USA), John F. Nash Jr. (USA), Reinhard Selten (Germany)*
	1993	*Robert W. Fogel (USA), Douglass C. North (USA)*
	1992	*Gary S. Becker (USA)*
	1991	*Ronald H. Coase (United Kingdom)*
	1990	*Harry M. Markowitz (USA), Merton H. Miller (USA), William F. Sharpe (USA)*
21th	1989	*Trygve Haavelmo (Norway)*
	1988	*Maurice Allais (France)*
	1987	*Robert M. Solow (USA)*
	1986	*James M. Buchanan Jr. (USA)*
	1985	*Franco Modigliani (Itlay)*
	1984	*Richard Stone (United Kingdom)*
	1983	*Gerard Debreu (France)*
	1982	*George J. Stigler (USA)*
	1981	*James Tobin (USA)*
	1980	*Lawrence R. Klein (USA)*
11th	1979	*Theodore W. Schultz (USA), Sir Arthur Lewis (Saint Lucia, United Kingdom)*
	1978	*Herbert A. Simon (USA)*
	1977	*Bertil Ohlin (Sweden), James E. Meade (United Kingdom)*
	1976	*Milton Friedman (USA)*
	1975	*Leonid Vitaliyevich Kantorovich (USSR), Tjalling C. Koopmans (Netherlands, USA)*
	1974	*Gunnar Myrdal (Sweden), Friedrich August von Hayek (United Kingdom, Austria)*
	1973	*Wassily Leontief (USSR, USA)*
	1972	*John R. Hicks (United Kingdom), Kenneth J. Arrow (USA)*
	1971	*Simon Kuznets (USA)*
	1970	*Paul A. Samuelson (USA)*
1st	1969	*Ragnar Frisch (Norway), Jan Tinbergen (Netherlands)*

복습과 연습

요 약

1. 시장 중심의 주류경제학은 희소성과 최적선택의 문제를 다룬다.
2. 경제주체란 독립적으로 경제적 의사결정을 해나가는 최소단위로 가계, 기업, 정부를 말한다.
3. 자원이란 생산에 사용되는 생산요소로서 보통 토지, 자본, 노동 세 가지를 말한다.
4. 재화는 경제재와 자유재(free goods)로 나뉘며 경제재는 유형의 재화와 무형의 서비스로 나눌 수 있다.
5. 경제학의 3대 과제는 '무슨 재화를 얼마나 생산하며, 생산요소를 어떻게 배합하며, 생산된 재화를 어떻게 나눌 것인가?'이다.
6. 경제학의 핵심 아이디어는 인간의 합리성, 경제적 유인에 대한 반응, 한계상황에서의 최적결정이다.
7. 기회비용은 '그 선택에 따라 포기해야하는 것의 가치 중 가장 큰 가치'이다.
8. 선택에 따른 기회비용이 적은 것을 택하는 것이 효율적이다.
9. 매몰비용이란 '일단 지출이 되면 더 이상 회수할 수 없는 비용'을 말한다.
10. 경제적 선택에 있어 중요한 것은 한계개념이다.
11. 경제학이 추구할 3대 가치는 효율, 공평, 자유라고 할 수 있다.
12. 효율을 통해서만 자유도 누릴 수 있다는 주장은 문제가 있다.
13. 정부의 경제적 개입은 개인의 이익과 자유에 얼마든지 반(反)할 수 있다.
14. 시장옹호론자들은 시장은 수많은 재화 간의 생산과 판매 및 분배를 순식간에 가장 효율적으로 해결하는 마법사라고 주장한다.
15. 시장 내의 가격기구는 자원의 효율적 배분이 이루어지도록 해주는 기능을 한다.
16. 명령경제 하에서는 정부에 의해 자원배분과 가격이 결정되므로 비효율과 왜곡이 발생한다.
17. 시장에서 자원의 효율적 배분이 이루어지지 못할 때 '시장의 실패'가 발생했다고 한다.
18. 미시경제학은 개별 경제주체들의 합리적 선택과 개별 재화시장의 행태를 분석하는 반면 거시경제학은 국민경제 전체를 총체적으로 다룬다.
19. 대부분의 국가가 시장과 정부의 역할이 적절히 조화된 형태의 혼합경제체제를 따르고 있다.
20. 실증경제학은 경제분석의 결과 얻어진 사실만을 진술하는데 반해 규범경제학은 연구자의 가치판단이 개입된다.
21. 경제학은 분석의 편의를 위해 직접 분석의 대상이 아닌 요소들은 제외해놓고 분석하는 경우가 많다.

중요개념

희소성	경제주체	생산요소	경제재
자유재	합리성	경제적 유인	보이지 않는 손
노동집약적	자본집약적	효율과 공평	기회비용
매몰비용	한계상황	시장경제	명령(계획)경제
시장의 실패	자유주의	수정자본주의	혼합경제체제
(비)개입주의	미시경제학	거시경제학	실증경제학
규범경제학	ceteris paribus	신자유주의	자본주의
공산주의	진화경제학	자본주의 4.0	

연습문제

I. 다음 물음에 O, X로 답하고 그 이유를 밝히시오.

1. 개인(1명)은 경제주체가 될 수 없다.
2. 합리적 선택이란 선택에 따르는 기회비용이 작은 것을 택하는 것이다.
3. 공평(equity)과 평등(equality)은 동의어이다.
4. 서울의 부동산 값 폭등을 해결하기 위해서는 보유세를 늘리는 등의 조세체계를 보완해야 한다는 주장은 규범경제학에 속한다.
5. 금리를 인상하면 주택수요가 감소하고 부동산 가격이 하락한다는 주장은 실증경제학에 속한다.
6. 경제학은 수학이나 통계학이 동원되고 모형을 설정하여 분석하는 경우가 많으므로 자연과학과 같은 규칙성의 학문이다.
7. 케인스는 시장에 전적으로 맡기면 시장의 실패가 일어나 오히려 비효율적으로 될 수 있으므로 정부의 시장개입을 옹호한 경제학자이다.
8. 두 경제학자가 어떤 경제상황에 대해 상이한 견해를 제시했다면 둘 중 하나는 맞는 주장이다.
9. 아이스크림을 2,000원 주고 사서 먹으려다 그만 떨어뜨려 못 먹게 되었다. 다시 하나를 사서 먹었는데 아이스크림 가격은 4,000원이다.
10. 아이돌그룹 BTS의 음악활동은 무형의 재화이다.
11. 케인스와 케인스학파는 경제문제에 정부가 개입할 것을 주장하는 개입주의적 입장이다.
12. 신자유주의는 자유주의를 한 국가안으로 끌어들여 제한적으로 시행할 것을 주장한다.
13. 개입주의는 거시경제학과 관련된 논점일 뿐 미시경제학에서는 별로 중요치 않다.

Ⅱ. 다음 물음에 답하시오.

1. 경제학에서 연구 대상으로 삼는 재화는?

2. 생산요소, 즉 자원의 세 가지는 무엇?

3. 매몰비용이란 무엇인가?

4. 경제학이 추구해야 할 가치는?

5. 효율을 위해 자유는 유보될 수 있는가?

6. 독점기업에 의한 시장지배, 환경오염, 매점매석 등과 같은 일이 발생하여 시장의 효율성이 발휘되지 못하는 것을 무엇이라 하는가?

7. 어떤 것을 선택함에 따라 포기해야 하는 것의 가치를 무엇이라고 하는가?

8. A는 일하러 가는 대신 영화 '그린 북'을 보려고 한다. 영화 값 9,000원, 일하는 대가 10,000원, 영화 보면서 먹는 팝콘 2,000원일 때 영화의 기회비용은? (함정이 있을 수 있다.)

9. 수연에게 만화책 보는 것의 가치는 5천원, 만화책 보는 값은 3천원이다. 준수와 영화 보는 가치와 영화 값은 각각 1만원과 7천원이다. 경제원론 공부는 비용 없이 6천원의 가치가 있고, 선재와의 데이트 가치는 2만원, 소요비용은 1만 5천원이다. 수연이 합리적 선택을 했을 경우 기회비용은?

10. 1년 전 A는 신제품 개발에 2억 원을 투자하였다. 그리고 앞으로 이 제품개발을 완성하는데 3억 원의 돈이 더 투입되어야 한다. 그런데 시장상황의 변화로 이 신제품으로 인한 예상 수입액은 1억 원이다. 따라서 A는 제품 개발을 중지하기로 했다면 매몰비용은 얼마인가?

    (1) 1억원　　(2) 2억원
    (3) 3억원　　(4) 5억원

11. '다른 조건이 일정하다면 혹은 다른 것들이 모두 불변이라고 하면'이란 뜻의 원어는?

12. 시장은 과연 인간이 발명한 것 중에서 가장 완벽한 기구인가?

13. 정부는 경제적 의사결정에 있어 객관적이고, 효율적이고, 도덕적인가?

14. 다음 중 진화 경제학적 사고라고 볼 수 없는 것은?
    (1) 시장경쟁에 의해서 기업들은 결국 비슷해지는 경향이 있지만 거기에는 한계가 존재한다.
    (2) 시장경쟁은 자연계의 적자생존과 비슷하다.
    (3) 합리성으로 설명 안 되는 경제현상이 많다.
    (4) 경제계나 경제 균형은 항상 보다 효율적인 상태로 진화한다.
    (5) 다른 사람이나 다른 기업이 현재의 전술이나 행동양식을 바꾸지 않는다면 나도 바꾸지 않는 것이 나을 때가 있다.

15. 영호는 국수집과 만두집 개업 중 선택하려고 한다. 국수집은 연 4000만원 비용에 7000만원의 수입이 예상되고, 만두집은 연 5000만원 비용에 9000만원의 수입이 예상된다. 폐업시 전액 회수 가능한 초기 투자액은 5,000만원, 금리가 연 10%일 때 영호의 합리적 선택에 따른 그 때의 기회비용은 얼마인가?

    ① 4,000만원　② 5,100만원　③ 1억원
    ④ 2,500만원　⑤ 4,500만원

Chapter 2

경제사상의 흐름

경제문제에 대한 인류의 인식은 인류역사와 함께 시작되었다. 인간의 생존문제에 대한 해결책은 각 시대마다 달랐으나 인류는 단순히 생존 자체만을 해결해온 것이 아니라 경제적 삶의 양과 질에 있어 지속적인 발전을 이룩해 왔다. 이러한 발전의 원동력은 무엇이었으며 인류의 지적인식은 이를 어떻게 해석해 왔는가? 위대한 경제사상가들은 어떤 주장과 이론체계를 제시하며 서로 논쟁을 주고 받았는가? 경제사상은 시간의 흐름에 따라 어떻게 변화, 분화, 통합, 발전되어 오늘에 이르렀는가? 경제사상의 흐름을 공부하면서 오늘 우리가 처한 경제현실의 문제를 해결할 수 있는 통찰력을 얻을 수 있다.

2.1 고전학파 이전

[그림 2-1]은 경제사상의 흐름을 시대별로, 사상가별 관련정도에 따라 도식화한 것이다. 표에서 실선은 직접적으로 영향을 주고받은 관계이며, 점선은 간접적으로 영향을 받은 것을 나타낸다.

2.1.1 중세의 경제관

경제학자 **헤일브로너**(R. Heilbroner, 1919-2005)는 1953년 출간된 저서(The Worldly Philosophers)에서 중세를 지탱한 3가지 힘은 **종교**(금욕), **권력**(채찍), **관습**(전통)이라고 규정했다. 이 시기에도 공간적 의미의 시장(market)은 존재했으나 아직 시장기구(market mechanism)는 작동하지 않았다. 당시에는 이기심에 의한 경쟁과 이윤의 개념도 확고히 도입되지 못했다. 이자를 받고 돈을 빌려주는 행위도 금지되었다. 제조업자와 상인들의 조합(guild)이 있어 새로운 제품의 출현도 허용치 않았다.

일례로 단추길드는 금속으로만 단추를 만들도록 제한해놓고 있었다. 어떤 단추제조업자가 창의력을 발휘하여 천으로 단추를 만들어 팔았는데 시장에서 폭발적 인기를 얻게 되었다. 그러나 곧 단추길드의 고발에 의해 천단추 제조업자는 처벌을 받았고 천단추의 착용도 금지되었다. 이러한 에피소드는 당시 시장기구가 작동하지 못한 반면 종교와 권력, 관습만이 시장을 지배하고 있었음을 말해준다.

2.1.2 중상주의

중상주의(Mercantilism) 상업을 중시한 15-18세기의 경제사상

중상주의(重商主義, Mercantilism)는 15~18세기 동안 유럽을 풍미했던 주도적 경제사상이었다. 중상주의는 국부(國富)를 금, 은, 보석의 양으로 인식했다. 당

시는 금본위제도시대였으므로 국부의 증진을 위한 금은의 확보라면 외국과의 무역을 통해 무역차액(수출－수입)을 획득하는 것이 지름길이었다. 그러므로 중상주의는 수출을 많이 하는 대신 수입은 적게 함으로써 무역흑자를 내고 그 대금을 금은으로 돌려받는 것이 국부를 증진시키는 첩경이라고 생각했다. 따라서 중상주의는 상업이야말로 국력증진의 기본적 산업이며 이를 위해서는 정부의 지원과 통제가 필요하다고 주장했다.

중상주의의 무역정책은 수입을 억제하는 **보호무역주의**였으며 동시에 수출(해외수요)을 촉진하기 위하여 정부가 적극 지원하는 체제였다. 중상주의는 상업만을 중시했다는 점에서 그 인식의 한계가 있으며 국제무역을 무역 당사국 모두에게 이득이 되는 것으로 인식하지 못하고 단순히 **영합게임**(zero sum game)으로 인식하여 보호주의를 강조하는 오류도 범했다. 또한 금은의 양을 국부로 파악함으로써 국가의 부와 개인의 부를 혼동하였다.

영합게임(zero sum game) 합하면 제로가 된다는 의미로 한쪽이 이득을 보면 상대방은 손해를 본다는 것

그러나 중상주의는 공급(생산)뿐 아니라 수요(해외시장개척을 통한 수요 증대)가 중요하다는 점을 인식한 최초의 경제사상이었다. 수요를 중시한 중상주의적 관점은 훗날 대공황을 경험했을 때 케인스(John M. Keynes)의 정부개입주의 사상에 큰 영향을 끼쳤다. 중상주의는 제2차 세계대전 후 개발도상국의 경제발전전략으로 채용되기도 했다. 홍콩, 싱가포르, 대만 그리고 1960년대 이후 우리나라의 경제발전전략 역시 해외무역을 통한 성장의 추구라는 점에서 중상주의와 맥을 같이 하고 있다.

읽을거리 **Tulipmania**

17세기 네덜란드의 튤립 열풍은 자본주의 사회에서 발생한 투기와 거품의 첫 사례로 꼽힌다.

튤립의 원산지는 중앙아시아 지방인데 유럽으로 전해진 시기는 16세기 중엽이다. 당시 네덜란드는 중상주의 사상과 타고난 해상 지배력으로 동인도회사를 설치하는 등 세계 최강대국으로 부상하였다. 해외무역을 통해 많은 부를 축적한 상인들은 부를 과시하는 수단으로 저택을 짓고, 그 정원에 값비싼 식물을 심으면서 튤립은 부와 상류 사회의 상징이 되었다. 이 꽃은 수요에 비해 공급이 턱없이 부족하자 곧 투기대상이 되었다. 1636년 말에서 1637년 1월 사이에 튤립투기는 절정에 달하였다. 희귀성과 색상의 변화에 따라 어떤 튤립은 심지어 같은 무게의 금보다 수백 배 더 비쌀 정도였다고 한다. 1637년 2월 초 튤립거래가 갑자기 멎어버렸고, 이 현상은 며칠 사이에 네덜란드 전체로 퍼져 튤립 가격은 100분의 1 이하로 폭락하였다. 당시 유럽 최대의 무역조직이었던 네덜란드 동인도회사가 투자했던 금액이 650만 길더였는데, 튤립투기의 절정기였던 1년 동안 거래된 튤립 매상은 무려 1000만 길더 이상이었다고 한다.

그림 2-1

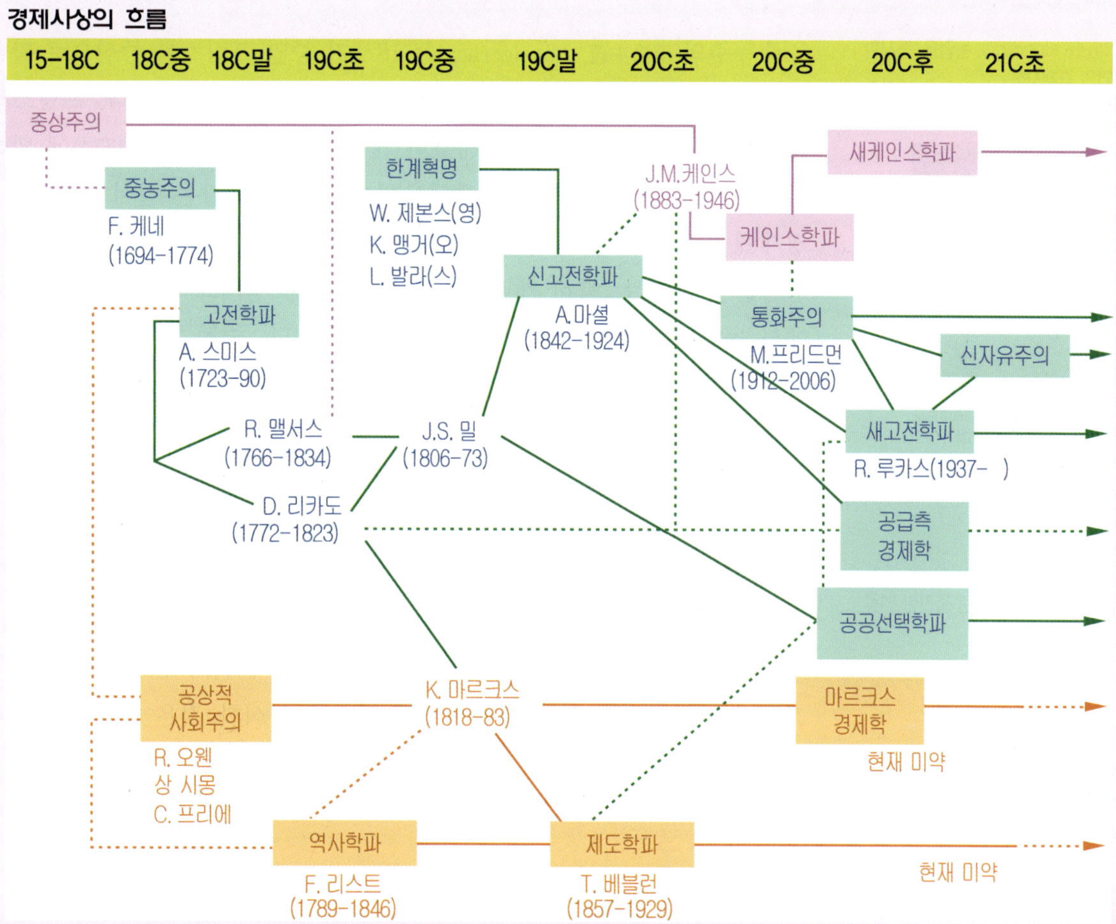

주: 실선은 직접, 점선은 간접관계를 나타냄.
현재 경제사상은 크게 두 가지 체계로 나눌 수 있다.

1) 근대경제학 : 신고전학파에 입각한 경제사상으로 고전적(객관적) 가치학설인 노동가치설과 주관적 가치학설인 한계효용이론을 종합한 경제사상체계. 케인스학파, 통화주의, 새고전학파, 공급측 경제학, 공공선택학파 등.
   * 근대경제학은 다시 개입주의와 비개입주의(자유주의)의 두 가지 경제사상으로 구분할 수 있는데, 분홍색 상자는 개입주의 경제사상, 초록색 상자는 자유주의 경제사상으로 비개입주의적 입장이다.
2) 마르크스경제학 : 노동가치설을 기초로 마르크스의 경제관에 입각한 경제사상. 미국에서 생성 발전한 제도학파는 마르크스학파에 다소 가까운 사상체계. 갈색 상자는 마르크스경제학과 그 아류학파이다.

2.1.3 중농주의

중농주의(Physiocracy) 농업을 중시한 18C 중엽의 경제사상

케네(Francois Quesnay, 1694-1774)

경제표(Tableau Economique) 중농주의 창시자 케네가 1758년 출간한 인류 최초의 경제학 저서

중농주의(重農主義, Physiocracy)는 18세기 중엽 프랑스를 중심으로 활발히 일어났던 경제사상으로 본래의 뜻은 "자연의 통치"라는 의미이다. 프랑스의 루이 15세가 통치하던 시절 궁정의사였던 **케네**(F. Quesnay, 1694~1774)에 의해 제창되었다. 중농주의는 **"인간의 경제사회에도 자연과 같은 질서가 있다. 정부는 경제에 간섭하지 말고 자연 질서에 순응하듯 자유롭게 내버려두라."**는 자유방임을 주장했다. 특히 케네는 1758년 출간된 '경제표'(le tableau économique)에서 농업노동만이 가치를 창출한다고 주장했다. 중농주의는 중상주의에 반대하여 정부간섭이 아닌 자유방임 그리고 상업(유통)이 아닌 생산(농업)을 주장하였다.

중농주의의 공헌은 경제문제에 있어 자유를 중요시하고 처음으로 자유주의 경제사상을 제기함으로써 뒤에 올 아담 스미스의 고전학파 사상에 빛을 비췄다는 점이다. 그들의 또 다른 공헌은 경제 순환과정에서 가치의 창출을 규명하려고 함으로써 훗날 고전학파의 노동가치설의 단초를 제공했다는 점이다. 한편 중농주의가 상업보다 생산을 중요시했다는 것은 발전적 인식이라 할 수 있으나 그들이 가치를 창출하는 생산으로 농업만을 인식한 것은 한계라 하겠다.

2.2 고전학파

고전학파(Classical) 18세기 중엽 영국을 중심으로 한 자유방임 경제사상

18세기 중엽 **고전학파**(古典學派, Classical)가 출현하기 직전의 유럽 경제 상황은 봉건제도가 붕괴되고, 종교개혁이 이루어졌으며, 산업혁명이 전개되는 시기였다. 이 시기에는 자연스럽게 시장기구가 작동하기 시작했고 이윤의 개념도 확립되었으며 부의 축적도 정당화되고 있었다. 다만 경제원리를 명쾌하게 밝혀 줄 새로운 경제사상이 아직 제시되지 못하고 있었을 뿐이다. 그러나 이 문제에 대한 명쾌한 해답을 제시할 경제학자가 출현하는 것은 사실 시간 문제였다.

2.2.1 아담스미스(Adam Smith, 1723-90)

(1) 스미스의 국부론

스미스(Smith) 경제사상 이기심에 따라 자유롭게 경쟁하면 경제는 조화롭게 발전한다는 자유주의 경제사상

스미스(Adam Smith, 1723-90)

스미스 경제사상의 요체는 "이기심에 따라 자유롭게 경쟁하면 시장기구내의 보이지 않는 손(invisible hands)에 이끌려 경제는 조화롭게 발전한다. 따라서 정부는 경제에 간섭하지 말고 자유롭게 내버려두라."는 자유주의 경제사상이다. 아담 스미스의 자유주의 경제사상은 그가 프랑스의 중농주의자 케네의 영향을 받은 후 12년에 걸쳐 집필하여 1776년 출간한 불후의 명저 '국부론'(國富論, An Inquiry into the Nature and Causes of the Wealth of Nation)에 잘 나타나 있다.

스미스는 "국부의 증진은 중상주의가 인식했던 것처럼 금은의 축적이나 중농주의가 주장한 것처럼 농업생산에 있는 것이 아니라 노동의 양과 질을 향상시킴에 있다. 노동의 양과 질을 향상시키는 문제는 인간 본성에 충실할 때 자연히 이루어진다."고 주장하였다.

(2) 스미스가 본 인간본성

스미스는 인간 본성을 두 가지로 보았다. 하나는 '교환성향'이고 다른 하나는 '현상타개의 욕망'이 그것이다.

① 교환성향

교환성향 누구나 자신의 재주와 능력에 꼭 맞는 일에 전념하여 최대의 이익을 얻으려는 본성

교환성향이란 '인간은 누구나 자신의 재주와 능력에 꼭 맞는 일에 전념하여 최대의 이익을 얻으려는 본성'이 있다는 것이다. 스미스는 이러한 본성에 의해 분업과 전문화가 촉진되며 따라서 노동의 질이 향상된다고 보았다. 과연 그런가? 훗날 마르크스(K. Marx)에 의해 비판받을 때까지 당시 아무도 스미스의 교환성향에 대해 의문을 제기하지 않았다. 오늘날 우리 주변을 돌아보라. 자신의 재주와 능력에 꼭 맞는 일에 전념하여 최대의 이익을 얻고 있는 사람이 몇 %나 되겠는가?

② 현상타개의 욕망

현상타개의 욕망 누구나 전보다 낫게 살고 싶어 하는 본성

현상타개의 욕망은 '인간은 누구나 전보다 낫게 살고 싶어 하는 본성'이 있기 때문에 저축을 통한 자본축적을 하고자 하며 이러한 자본축적은 새로운 투

자로 이어지고 이는 고용을 늘려 노동의 양을 증가시킨다는 것이다. 따라서 정부는 인간본성에 간섭하지 말고 자유롭게 놓아두라는 것이다.

(3) 스미스의 자동발전과정

이제 아담 스미스가 주장하는 바와 같이 '자유방임주의 경제에서 어떻게 한 나라 경제가 자동적인 발전을 이루어 가는지' 그 과정을 구체적으로 살펴보자.

스미스에게 있어서는 자본을 축적한 자본가야말로 자동적인 경제발전의 구심점이다. 시장에서 자유롭게 경쟁하고 있는 자본가는 자본을 축적하면 다른 사람보다 많은 이윤을 추구하기 위해 생산규모를 확장하고 새로운 노동자를 고용한다. 고용이 많아지면서 임금은 **생존임금**(subsistence wage)보다 높게 상승하게 되는데, 이러한 임금상승은 자본가의 이윤을 잠식하므로 자본축적을 정지시킬 수 있다. 여기서 생존임금이란 **노동자가 전과 동일한 노동량을 공급할 수 있는 에너지를 재충전할 수 있을 정도의 임금수준**을 말한다.

생존임금(subsistence wage) 노동자가 전과 동일한 노동량을 공급할 수 있는 에너지를 재충전할 수 있을 정도의 임금수준

그러나 아담 스미스의 자동적 발전원리에는 신묘한(?) 돌파구가 있다. 임금이 생존임금을 상회하는 수준으로 상승함으로 노동자의 생활수준이 향상되고 영양이 좋아져 질병으로 인한 사망률이 낮아지고 평균수명은 길어진다. 이러한 상황은 인구를 증가시키고 노동공급량을 증가시킨다. 노동공급이 증가함에 따라 초과노동이 발생하므로 임금은 종전과 같은 생존임금으로 환원되고 자본가는 계속 이윤을 획득하고 자본축적을 달성할 수 있게 된다. 이러한 확장과정이 계속 되풀이되면서 한 나라의 경제는 자동적으로 발전을 실현하게 된다.

여러분은 아담 스미스의 자유로운 자동 발전과정에 어떠한 의문점도 없는가? 그러한 의문은 후에 소개할 리카도(D. Ricardo)와 마르크스로부터 제기된다.

2.2.2 맬서스(Thomas R. Malthus, 1766-1834)

맬서스는 영국국교의 목사였으나 경제문제에 보다 관심이 많았다. 당시 영국 대부분의 국민들은 아담 스미스의 국부론이 천명한 자동발전 메커니즘에도 불구하고 매우 빈곤했다. 맬서스는 아담 스미스의 낙관적 자동발전론에 커다란 회의를 품었다. 그는 1798년 익명으로 출간한 '인구론'(Essay on the Principle of Population)에서 식량의 증가는 산술급수적(1, 2, 3, 4, 5…)인 반면 인구는 기

맬서스(Thomas R. Malthus, 1766-1834)

하급수적(1, 2, 4, 8, 16…)으로 증가할 것이라고 경고했다.

맬서스는 경제사회는 스미스가 주장한 것과 같은 자동발전과정을 실현하는 것이 아니라 불어난 인구를 먹이지 못하고 종국에는 넘쳐나는 인구문제로 멸망할 것이라는 비관론을 제시함으로써 온 유럽을 공포에 떨게 했다. 맬서스는 해결책으로 산아제한, 조혼금지, 금욕, 무료급식 폐지, 자선행위 축소 등 당시로서는 차마 입에 담을 수도 없는 처방을 제시하였다.

맬서스의 공포는 한편으로는 인구증가보다 더 급속한 발전을 이룩하게 될 과학문명의 발전과 기술혁신을 당시에는 인식하지 못했기 때문이기도 했다. 다른 한편으로는 잘못된 통계에 입각함으로써 과장된 면도 있고 경제원리에 입각한 논리성도 부족한 것이 사실이다. 아담 스미스의 자동적인 발전과정에 대한 경제논리에 입각한 비관론은 리카도에게서 빛을 발했다.

2.2.3 리카도(David Ricardo, 1772-1823)

(1) 리카도의 지적(知的) 비관론

영국의 부유한 자본가요 진보적 하원의원이었던 리카도는 1817년 출간한 '정치경제학 및 조세원리'(The Principles of Political Economy and Taxation)에서 아담 스미스의 자동발전과정은 실현될 수 없다는 비관론을 내놓았다.

리카도(David Ricardo, 1772-1823)

리카도에 따르면 자유로운 경쟁을 통해 이윤을 획득하여 자본을 축적한 자본가는 더 많은 이윤추구를 위해 생산규모를 확장하고 새로운 노동자를 고용한다. 이제 고용의 증가는 임금을 생존임금 이상으로 상승시키고 임금의 상승은 이윤을 잠식함으로써 자본축적을 정지시킬 수 있음을 주장하는 것까지는 아담 스미스와 같다. 임금의 상승은 노동자의 생활수준을 향상시키고 영양을 좋게 함으로써 사망률을 낮추고 평균수명을 늘려 노동공급량을 늘린다는 것도 스미스와 동일하다.

아담 스미스는 노동공급량의 증가는 임금을 종전과 같은 생존임금 수준으로 환원시킬 것이며 따라서 자본가는 다시 이윤을 확보하고 자본축적은 되풀이된다고 주장한 반면 리카도는 노동공급량의 증가에도 불구하고 임금은 종전과 같은 임금수준으로 환원되지 않는다고 주장한다.

(2) 차액지대설

리카도는 맬서스의 인구론의 영향을 받아 식량은 산술급수적으로 증가하는 반면 인구는 기하급수적으로 증가한다는 명제로부터 문제를 풀어나간다.

즉, 인구가 증가함에 따라 식량이 부족하게 되고 식량가격이 상승하게 된다. 이제 생존임금을 곡물 한 부대에 해당하는 값이라고 하자. 식량부족에 따라 곡물 한 부대가격이 9만원에서 10만원으로 올랐다고 하자. 곡물가격의 상승으로 생존임금수준은 종전의 9만원에서 10만원으로 상승한다. 생존임금이 1만원 올랐다지만 곡물 한 부대 가격도 올랐으므로 노동자의 생활수준은 종전과 다름이 없다. 반면 생존임금이 상승함에 따라 자본가는 이윤을 잠식당하게 된다.

한편 토지를 보유하고 있는 지주(地主)들은 곡물 가격이 상승함에 따라 종전에는 버려두었던 비옥도가 낮은 **한계지**(marginal land)를 경작할 수 있게 된다. 이제 종전에 9만원의 비용으로 곡물 한 부대를 생산하던 비옥도 2급의 토지는 곡물 생산비(9만원)와 곡물 가격(10만원)의 차액인 1만원의 지대(rent)를 얻고 비옥도 1급지를 소유하고 있는 지주는 지대 2만원을 얻게 된다. 이를 **차액지대**라 부른다.

한계지(marginal land) 경작되는 토지 중 가장 비옥도가 낮아 지대가 제로인 토지

차액지대 비옥도에 따른 토지 간의 지대 차

그림 2-2

리카도의 차액지대설

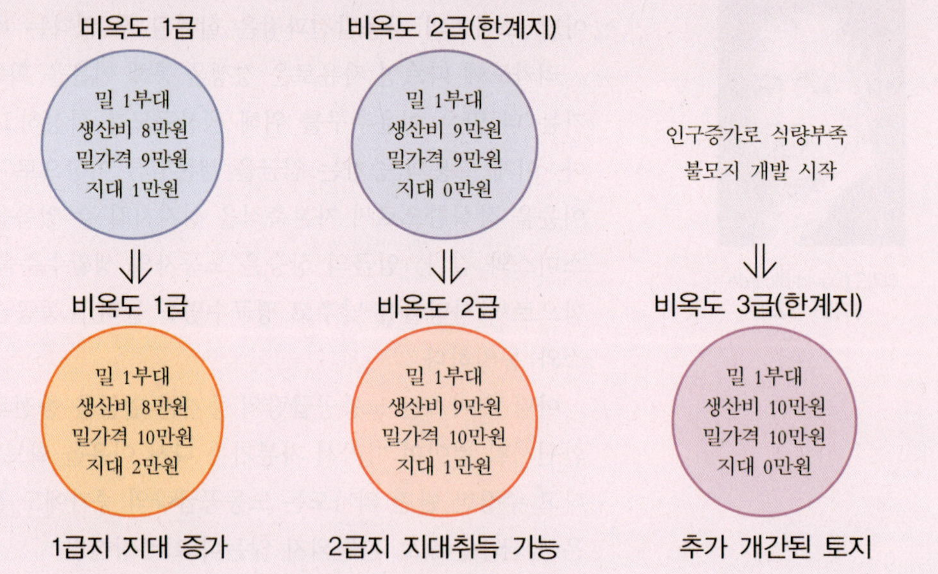

이와 같이 경제가 확장되면 될수록 인구 증가로 인한 식량부족은 식량가격을 상승시키고 식량가격의 상승은 종전에는 버려두었던 덜 비옥한 토지를 경작하도록 한다. 덜 비옥한 토지가 경작될수록 보다 비옥한 토지의 지대는 상승한다. **결국 경제발전과 함께 인구가 증가하고 인구증가는 식량가격을 상승시켜 임금이 상승하므로 노동자는 생존임금에 머무는 반면 자본가는 이윤을 얻지 못하고 모든 잉여는 지주의 지대로 귀속되고 만다.**

(3) 지주의 승리와 자본주의 정체론

리카도는 지주계층은 불어나는 지대를 쌓아두기만 할 뿐 산업투자로 환원하지 않는 소비계층으로 단정했다. 그러므로 이윤배분의 승자가 지주계급인 이상 자본축적을 생명으로 하는 자본주의적 경제발전은 정체될 수밖에 없다고 주장했다.

리카도는 경제발전의 구심점인 자본가계층이 계속 이윤을 확보할 수 있도록 하기 위해서는 해외로부터 자유로운 곡물의 수입이 필수적이라고 주장한다. 값싼 곡물의 수입은 국내 곡물 가격을 낮춰 생존임금액을 낮추며 그 결과 자본가는 이윤을 확보할 수 있기 때문이다. 곡물의 자유로운 수입은 당시 영국 사회와 의회를 지배하고 있던 지주 계급으로서는 결코 받아들일 수 없는 것이었다.

곡물법(corn law) 1815~46년간 영국이 시행한 수입곡물에 대한 규제법으로 지주의 이익을 대변

곡물의 자유로운 수입을 제한하는 곡물법(corn law)이 폐지된 것은 리카도 사후 26년이나 지난 1849년이었다. 기나긴 지주와 자본가간의 주도권 다툼에서 비로소 자본가가 승리하고 지주계층은 몰락함으로써 자본주의 경제가 꽃피기 시작하는 순간이었다. 이제 앞으로 전개될 필연적 갈등구조는 산업자본주의 사회에서의 자본가와 노동자 간의 대립 외에 또 무엇이 남아 있겠는가?

2.2.4 밀(John S. Mill, 1806-73)

19세기 초부터 19세기 중엽에 이르는 영국사회는 산업화가 진전되면서 농민층이 분해되어 도시의 공장 노동자로 유입되는 대 혼란에 빠졌다. 수천 년 동안의 농업사회에서 전혀 새로운 산업사회가 전개되기 시작한 것이다. 산업화의 진전에 따라 자본가와 노동자 간의 빈부격차는 더욱 심화되었으며 자본가와 노동자 간의 대립도 격화되고 있었다. 아담 스미스의 자본주의 경제에 대한 낙관

밀 (John Stuart Mill, 1806-73)

적 자동발전과정과는 달리 맬서스적 공포와 리카도적 지적(知的) 불안이 내재한 가운데 자본주의 사회의 발전에 대한 강한 의구심이 팽배해 있었다.

고전학파 경제학을 총 정리한 인물로 평가받는 밀은 당시 팽배했던 자본주의 사회에 대한 의구심을 긍정적 관점에서 해결하려고 했다. 밀은 1848년 발표한 '경제학원리'(The Principles of Political Economy)에서 경제문제를 생산의 문제와 분배의 문제로 구분하여 접근하였다.

① 생산문제

생산에 있어서는 고전학파의 전통에 입각하여 자유경쟁을 통한 생산의 효율성을 높이고 기술혁신을 유도함으로써 생산을 극대화 해나간다는 것이다. 즉, 자유경쟁을 통해 노력한 만큼 보상을 하는 철저한 성과주의(meritocracy)를 도입할 것을 지지했다. 이러한 성과주의는 자본가는 물론 노동자에게도 생산성을 높이도록 유도할 것이며 새로운 기술의 창출에도 기여함으로써 폭발적인 생산증대가 가능하다는 것이다.

성과주의(meritocracy) 생산성을 높이기 위한 성과에 따른 보상제도

② 분배문제

밀에 따르면 자본주의 사회의 빈부격차 문제와 자본가와 노동자 간의 대립은 분배구조를 개혁함으로써 해결할 수 있다. 밀은 조세제도와 토지소유제도 등을 개혁함으로써 계급간의 경제적 불균형을 해결할 수 있다고 보았다. 부유층에 중과세하는 한편 저소득층에 대해서는 보조금을 지급하고 개인에 대한 토지소유상한제를 도입하는 등 개혁적인 분배정책을 주장했다. 사실 밀의 이러한 분배정책은 당시로서는 지나치게 과격한 주장이라고 인식되었으며 지배계층으로부터 냉대를 받고 시행되지 못했다.

생산증대를 통한 자본주의적 발전과 분배제도 개선을 통한 자본주의 내부의 갈등해결 방안은 밀이 그러한 주장을 내놓은 지 100년이 지나서야 빛을 발했다. 오늘날 대부분의 자본주의 국가들이 밀의 주장을 받아들여 자본주의 경제의 효율성을 통한 발전을 추구하는 동시에 적절한 분배정책을 통해 자본주의 내부의 계층 간 갈등을 해결함으로써 두 마리 토끼를 잡고 있기 때문이다.

2.3 산업사회의 대안(代案)들

2.3.1 공상적 사회주의

공상적 사회주의(Utopian Socialism)
재산의 공유를 통해 이상적 공동체사회를 실현하고자 하는 온건한 사회주의

19세기 초 자본주의 사회의 운명에 대해 수많은 고뇌를 하면서도 결론은 비관적으로 흐른 일단의 지적 그룹이 출현하기 시작했다. 마르크스는 초기 온건파 행동주의자들을 **공상적 사회주의자**(Utopian Socialist)라고 불렀다. 그들은 아담 스미스 이후 전 유럽을 풍미하고 있던 이기심과 경쟁에 의한 이익추구와 같은 자본주의 사회의 핵심원리에 근본적으로 회의를 품었다.

오웬(R. Owen, 1771-1858), **상 시몽**(Saint Simon, 1760-1825), **푸리에**(C. Fourier, 1772-1837)가 바로 그들이다. 이들은 이기심은 인간을 타락시킨다고 인식하고 모든 소유의 공유화를 주장했다. 이러한 이상을 증명해 보이기라도 하듯 이들은 제각기 다른 지역에서 공동으로 일하면서 모든 것을 공유하는 공동부락을 설립하여 이상적 공동체사회를 실현해 보고자 했으나 결국은 모두 실패로 끝났다. 이들의 이상은 높았으나 현실세계는 그렇게 이상적이지만은 않았나 보다.

2.3.2 마르크스(Karl Marx, 1818-83)

마르크스
(Karl Marx, 1818-83)

1848년 **엥겔스**(Friedrich Engels, 1820-95)와 공산당선언을 발표한 후 런던에서 외롭게 망명생활을 하던 마르크스는 1867년 망명지 런던에서 **'자본론'**(Das Kapital) 1권을 발표하였다. 자본론 2, 3권은 마르크스 사후 오랜 친구 엥겔스에 의해 출간된다. 마르크스 사상은 철학, 정치학, 사회학, 법학 등 광범위하게 걸쳐 있지만 이 책에서는 경제학자 마르크스, 그 가운데서도 마르크스의 자본주의 붕괴론을 중심으로 살펴보고자 한다.

마르크스의 자본주의 비판은 아담 스미스와 리카도의 저술은 물론 그 당시 수많은 저작을 탐독한 후 이루어진 것임은 말할 필요조차 없을 것이다. 따라서

마르크스 경제학의 출발점은 아담 스미스의 자본주의 경제의 낙관적 자동발전 과정을 비판함으로써 시작될 수밖에 없다. 마르크스는 자본주의 경제의 발전은 아담 스미스가 주장하듯이 인간본성에 충실함으로써 이루어지는 것이 아니며 자본주의 경제 하에서 개인은 단지 그 경제구조가 필요로 하는 일정한 기능의 담당자일 뿐이라고 본다. 마르크스는 이윤을 추구하는 자본주의 사회는 그 내부에 필연적으로 자기 파멸의 맹아(seed)를 키우고 있음을 증명하고자 했다.

불변자본(constant capital) 공장부지, 기계설비 및 원자재 같은 생산수단

가변자본(variable capital) 마르크스의 경우 인간의 노동

잉여가치(surplus value) 노동자가 생산한 가치에서 노동자에게 지불한 임금가치를 제한 나머지

잉여가치율(m) 잉여가치(S)/가변자본(V)로 착취율이라고도 한다.

마르크스는 **투자자본**(K)을 **불변자본**(C)과 **가변자본**(V)으로 나누었는데 여기서 불변자본은 생산수단, 즉 공장부지, 기계설비 및 원자재 등이며 가변자본은 인간의 노동을 말한다. 즉, K=C+V이다. 일회의 생산과정에서 생산된 상품의 가치(W)는 일회의 생산과정에서 소모된 불변자본의 가치(d)와 가변자본(V) 및 잉여가치(S)로 구성된다. 즉, W=d+V+S이다. 마르크스에 있어서 잉여가치는 가변자본인 노동에 의해서만 창출된다고 본다. 잉여가치(S)는 간단히 **'잉여가치=노동자가 생산한 가치－노동자에게 지불한 임금가치'**로 정의할 수 있다.

마르크스는 잉여가치는 상품생산에 참여한 노동자의 몫이므로 마땅히 노동자에게 돌려져야 한다고 주장한다. 자본가의 이윤은 노동자 몫이어야 할 잉여가치를 빼앗은 것이며 이는 노동자에 대한 착취라고 본다. 여기서 잉여가치율(m) 혹은 착취율은 잉여가치율(m)=잉여가치(S)/가변자본(V)으로 나타낼 수 있다.

(1) 마르크스의 자본주의 붕괴론

이제 마르크스가 말하는 자본주의 붕괴과정을 한번 따라가 보자. 자본주의 사회의 자본가는 인격화된 자본에 불과하므로 그는 자본의 본질인 잉여가치를 추구하려는 충동만을 갖고 있다. 잉여가치를 더 많이 획득하기 위해 자본가들 간의 경쟁은 심화되고 경쟁에서 이기기 위해 더 많은 투자를 하게 된다. 투자확대가 고용을 증가시킨다는 점은 아담 스미스의 분석과 동일하다.

고용증대는 임금인상을 불러일으킨다. 스미스는 임금상승은 생활수준을 향상시켜 인구증가를 유발하므로 임금은 생존임금으로 환원된다고 주장한 바 있다. 여러분은 이 논쟁에 대한 리카도의 주장을 돌이켜 보기 바란다. 마르크스는 스미스의 이러한 분석을 동물적 논리라고 비판하고 경멸하기까지 했다.

① 노동을 기계로 대체

마르크스는 자신의 분석은 동물적 논리가 아닌 과학적 논리라고 주장한다.

고용이 증가하여 임금이 상승하면 자본가는 더 이상 고용을 증가시키지 않고 노동을 기계로 대체한다는 것이다. (부라보! 명쾌한 분석이 아닐 수 없다. 그러나 기계 가격은 오르지 않는 것인가?) 문제는 앞서 살펴 본대로 '기계는 잉여가치를 낳지 못 한다.'는 점이다. 마르크스에 따르면 '노동만이 잉여가치를 낳는다.' (아뿔싸! 이 점은 후에 비판받을 것이다.)

② 자본의 유기적 구성 고도화

자본의 유기적 구성 불변자본(C) / {불변자본(C)+가변자본(V)}

임금상승으로 노동이 기계로 대체되면 자본의 유기적 구성이 고도화된다. 여기서 자본의 유기적 구성은 '불변자본(C)/{(불변자본(C)+가변자본(V)}'을 말한다. 즉, 노동이 기계로 대체되면서 C는 커지고 V는 작아지므로 자본의 유기적 구성은 1을 향해 증가하게 된다.

③ 이윤율 저하

이윤율(r) 잉여가치(S)/투자자본(K)

결국 총투자자본 중에서 잉여가치를 낳는 가변자본(노동)의 비중이 작아짐에 따라 이윤율이 저하된다. 이윤율(r)=잉여가치(S)/투자자본(K)이기 때문이다.

그러나 이러한 주장에 대해서 자본가 측은 가변자본(노동)의 비중이 작아지더라도 잉여가치를 크게 하는 방법이 있다는 반론을 제시하기도 한다. 즉, 노동자가 실제 생산한 가치를 크게 하거나 노동자에게 지불하는 임금가치를 작게 하면 된다는 것이다. 실제 생산한 가치를 크게 하기 위해서는 노동시간을 연장하는 방법과 노동 강도를 높이는 방법이 있다. 노동자에게 지불하는 임금가치를 작게 하려면 임금재의 단위가치를 낮추면 된다. 임금재의 단위가치를 낮춘다는 것은 간단히 설명하면 생필품의 단가를 인하하는 것이다. 생필품 가격이 인하되면 자본가가 노동자에게 지불할 생존임금액을 낮출 수 있기 때문이다.

생필품의 생산단가를 낮추기 위해서는 대량생산을 하는 것이 유리하므로 노동을 기계로 대체하는 생산방식이 가속화 된다. 동시에 자본가의 잉여가치를 크게 하려는 시도는 노동환경을 악화시키고 노동자의 단결과 저항을 불러일으키게 된다.

④ 자본집중

자본집중 자본주의 발전과 함께 도산하는 소기업을 흡수하면서 거대기업화되는 것

이윤율이 저하되면 자본이 적고 시장 지배력이 적은 힘없는 소규모 기업이 먼저 도산한다. 중규모 기업과 대기업은 이때 소규모 기업을 흡수 합병하면서

기계를 값싸게 인수하고 소규모 기업의 시장을 흡수하여 수명을 연장한다. 그러나 결국 동일한 과정이 반복되지 않을 수 없으므로 결국은 중규모 기업이 도산하게 된다. 중규모 기업을 흡수한 대기업은 수명을 연장하면서 거대기업화되는데 이를 **자본집중**이라고 한다.

⑤ 산업예비군과 빈곤의 심화

거대기업은 상품생산에 있어 대량생산이 가능하여 엄청난 생산물을 쏟아낸다. 반면 거대기업은 많은 노동자를 고용할 필요가 없으므로 사회 전반에 실업자가 만연하게 되는데 이를 **산업예비군**이라 불렀다. 결국 대규모 산업예비군은 소득이 없어 구매력을 잃게 되고 빈곤의 심화가 일어난다. 산업사회는 과잉생산, 과소소비로 말미암아 '공황'이 일어나고 동시에 실업자의 '폭동'에 의해 자본주의 사회는 그 정점에서 붕괴된다는 주장이다.

산업예비군(industrial reserve army)
노동을 줄이고 자본집약적 생산이 심화되면서 나타나는 실업

(2) 자본주의 붕괴론에 대한 평가

마르크스의 자본주의 붕괴론은 그 후 엄청난 파괴력으로 인류 사회에 영향을 미쳤으나 자본주의 사회는 그의 예언대로 붕괴된 것이 아니라 오히려 눈부신 성장을 이룩했다. 실제로 지난 150여 년 동안 노동자의 실질임금은 지속적으로 상승했다. 자본의 유기적 구성이 고도화되었으나 기업의 평균 이윤율은 저하되지 않았다. 산업화의 진전에 따라 대기업이 점차 그 비중을 높여가기는 했으나 실업은 증대되지 않았고 빈곤의 심화 현상도 분배정책을 통해 해결되어 왔다.

자유와 경쟁 속에서 개인의 역량이 극대화되고 또한 눈부신 과학의 발달로 자본주의 사회는 상상을 초월하는 경제적 풍요를 이끌어냈고 이러한 풍요는 결국 자본주의 내부의 갈등과 불평등 구조를 해결하면서 지속적인 발전을 이룩했다. 인간의 이기심과 경제적 자유의 숨겨진 힘을 올바로 인식하지 못했던 공산주의 국가들의 명령경제체제는 낮은 경제적 성과로 인해 해체의 과정을 밟고 있다. 평등한 빈곤은 인간이 소망하는 종착점은 아니었다. 자본주의는 마르크스의 붕괴론으로부터 도전을 받고 비로소 자신을 개혁함으로써 살아남았다.

마르크스는 150년 전 혼돈 중의 자본주의 경제를 바라보면서 개인이 인격적 주체가 아닌 그 사회가 필요로 하는 객체로서 소외되는 것을 보았고 그에 대해 분노했다. 150년 전 마르크스의 경제 분석은 250년 전 아담 스미스의 분석이 오늘날 우리의 경제사회를 모두 해석하지 못하는 것과 동일한 한계를 갖고 있

다. 그럼에도 불구하고 아담 스미스의 사상이 오늘을 사는 우리에게 새로운 인식의 장을 제공하듯이 마르크스의 이론은 전 세계적으로 엄청난 지적 영향을 끼쳤으며, 새로운 역사관과 시각에서 세상을 보는 눈을 제공함으로써 오늘날에도 의미하는 바가 많다.

Q & A

Q

학생의 질문

노동만이 잉여가치를 낳는다? 잉여가치설에서요... 마르크스 경제론에서 질문입니다. 교수님께서... 마르크스 자본주의 붕괴론에서 노동만이 잉여가치를 창출하고, 기계는 잉여가치를 창출할 수 없어서... 잉여가치가 점점 줄어들게 되고, 자본가의 잉여가치 증대를 위한 두 가지 방법을 가르쳐 주셨잖아요. 그런데 왜 노동만이 잉여가치를 창출하는지.. 이해가 가지 않습니다. 이게 이해가 가지 않으니, 뒷부분도 혼동이 되더군요. ^_^ 너무 당연한 얘기인데... 저만 이해가 안 되는 건 아니죠? 쫌 갈켜주세요~

A

안교수 답변

학생들의 질문과 토론 중에 마르크스가 말한 노동만이 잉여가치를 창조한다는 주장에 대해 논의가 많군요.

어떤 이론이든 일정한 가정 하에 성립되는 것입니다. 마르크스의 이론은 그 나름대로의 일정한 가정과 인식에 입각해 있습니다. 마르크스는 사람이 주제였습니다. 주인으로서의 인간, 경제의 주체로서의 인간을 원했습니다. 당시 자본주의 사회는 그렇지 못했고 따라서 붕괴한다고 보는 것입니다.

그는 인간이 생명체이듯 인간경제를 하나의 유기체(살아있는, organic)로 보고자 했으며 고정(불변자본)된 것은 죽은 것(mechanic)이므로 가치를 창출할 수 없다고 생각했습니다. 이러한 가정과 인식하에서 세워진 그의 이론은 그의 가정을 받아들이면서 본다면 어쩌면 당연하고 논리정연 합니다.

이제 잉여가치의 정의를 생각해보세요. 잉여가치는 노동자가 생산한 가치에서 노동자에게 지불된 임금가치를 뺀 것이므로 원천적으로 기계는 잉여가치를 낳지 못하는 것으로 설정되고 있습니다.

잉여가치가 생산과정에서 창출된다는 주장이 우선 문제입니다. 잉여가치든 이윤이든 그것은 생산과정이라는 공급뿐만 아니라 소비, 판매라는 수요에 의해서도 영향을 받습니다. 따라서 문제의 초점은 잉여가치가 생성된 후 그 분배가 문제라고 생각합니다. 마르크스는 잉여가치가 생산과정에서 창출된다고 보았으므로 노동자의 몫이라고 주장하나 그것은 동시에 자본과 고용을 통해 투자, 생산, 판매를 주도한 자본가의 몫이기도 합니다. 문제는 이들이 어떻게 창출된 가치를 나누느냐에 있지요. 누구나 서로 많이 차지하려고 하겠지요. 결국 서로의 힘과 사회적 질서, 법 등이 그 배분을 결정하게 되는 것입니다.

기계도 잉여가치를 창출한다고 보는 인식도 있습니다. 그 이면에는 잉여가치란 그러한 투자결정을 내려 이익을 얻게 만든 기업가의 경영과 모험에 대한 대가로 보아야 한다는 인식이 있는 것이지요. 지금은 노동만이 잉여가치를 창출하고 따라서 노동자가 그것을 다 차지해야한다고 믿는 사람은 별로 없습니다.

2.3.3 역사학파

19세기 초 영국은 자본주의 경제의 길을 걸으며 공업화를 달성하면서 세계 경제의 중심지 역할을 하기 시작했으나 농업국이었던 독일의 사정은 후진성을 면치 못했다. 독일이 영국의 원료 공급지가 되고 영국의 상품시장으로 전락할 것을 우려한 **리스트**(Friedrich List, 1789–1846)는 1841년 발간된 '정치경제학의 국민적 체계'(Das nationale System der politischen Oekonomie)를 통해 당시 독일에 적합한 경제이론을 제시하고자 하였다. 이러한 일단의 독일 경제학자들의 인식을 역사학파라 한다.

역사학파 19세기 중반–20세기 초 독일에서 풍미한 국가의 경제적 개입과 보호무역주의를 옹호한 경제사조

유치산업 현재는 비교열위에 있으나 시간이 지나면 비교우위로 전환할 수 있는 산업

역사학파(歷史學派)는 실용성, 역사성, 개별성, 보수성, 국가주의를 강조하며 국가의 경제적 개입과 간섭을 옹호하였다. 역사학파는 사상체계라기보다는 당시 독일경제의 발전을 위한 정책방안의 이론적 뒷받침을 한 것으로 볼 수 있다. 역사학파는 **유치산업**(infant industry)의 보호를 주장하는 보호주의 무역이론 그 중에서도 관세동맹이론에 있어 탁월한 공헌을 했다.

2.4 근대경제학의 성립과 발전

2.4.1 한계혁명

자본주의 경제의 운명에 대한 고전학파 경제학자들과 마르크스 경제학자들 간의 논쟁이 불붙고 있던 19세기 내내 일단의 경제학자들에 의한 조용한 혁명이 진행되고 있었다.

한계혁명(marginal revolution) 한계 개념을 통해 새로운 경제분석 틀을 제시한 혁명

조용한 혁명이란 서서히 시간을 두고 일어났으나 경제학의 발전에 끼친 그 영향력에 있어서는 혁명과도 같았음을 의미한다. 이 시기의 이론적 성과를 그들의 분석원리를 따서 우리는 **'한계혁명'**(marginal revolution)이라고 부른다.

한계혁명이 가능했던 배경에는 19세기 유럽 경제는 빈부격차와 같은 문제에도 불구하고 노동생산성이 꾸준히 증가했고 경제도 지속적으로 성장했기 때문이다. 모든 계급의 생활수준이 향상되면서 자유경제와 자본주의 사회에 대한 신뢰가 커졌고 그에 대한 연구가 활발해졌다.

비슷한 시기에 각기 다른 나라에서 세 사람의 경제학자가 출현하였다. 영국 케임브리지 학파의 제본스(W. Stanley Jevons, 1832-1882), 오스트리아 학파의 멩거(Carl Menger, 1840-1921), 스위스 로잔 학파의 발라(Leon Walras, 1834-1910)가 그들이다. 이들은 1870년대 전혀 왕래가 없었음에도 당시의 주류 이론인 고전학파나 역사학파 그리고 마르크스 학파의 '객관적 가치학설'을 부정하고 '주관적 가치설'인 '한계효용이론'(Theory of marginal utility)을 제창하면서 한계효용학파를 형성하였다.

객관적 가치학설 고전학파나 역사학파, 마르크스학파의 가치이론으로 노동가치설에 입각

주관적 가치설 한계효용이론에 입각한 가치이론

객관적 가치학설은 재화의 가치는 노동가치설에 입각하여 재화에 내재된 노동의 객관적이고 절대적인 가치에서 찾아야 한다고 주장하며 공급측면만을 보았다. 이에 반해 한계효용학파는 재화의 가치는 수요자 개인의 한계효용에서 찾아야 한다고 주장했다. 즉, 이들은 가치란 희소한 재화와 무한한 인간욕망간의 관계 속에서 한계효용에 따라 주관적으로 결정되는 것으로 보았고 수요측면을 주목하였다.

2.4.2 신고전학파

신고전학파(Neoclassical) 고전학파의 원리에 한계효용이론을 접목시켜 시장균형을 제시한 경제사조로 마셜에 의해 완성됨

케임브리지학파의 마셜(Alfred Marshall, 1842-1924)은 1890년 '경제학원리'(Principles of Economics)를 출간하면서 고전학파 경제학을 새롭게 재구성하여 신고전학파(Neoclassical)를 완성하였다. 한계효용학파가 고전학파 이론을 비판한 것과 달리 마셜은 두 이론의 통합을 시도하였다. 마셜에서 출발하는 근대경제학의 체계는 소비자와 생산자 혹은 수요자와 공급자로 구분되며 가격은 시장에서의 수요와 공급에 의해 결정되는 세계이다. 마셜에 이르러 고전학파의 공급중심의 객관적 가치와 한계효용학파의 수요중심의 주관적 가치가 통합되고 있는 것이다. 신고전학파는 시장균형을 제시하면서 시간개념을 도입해 단기균형과 장기균형을 구분하는 업적도 쌓았다.

이러한 근대경제학의 체계는 오늘날 경제이론에 거의 그대로 적용되고 있다. 이들은 경제는 자율적 조절능력을 갖고 있으므로 정부는 간섭하지 말 것을 주장하면서 자유와 경쟁을 중시하였다. 자유와 경쟁을 보장하면 경제사회는 내부적 효율성에 의해 완전고용을 달성하면서 장기적 발전과정을 밟는다는 믿음에 있어서는 고전학파와 다를 바 없었다.

2.4.3 신고전학파 비판 : 제도학파

제도학파(Institutional School) 독일 역사학파의 영향을 받아 개인의 경제활동을 규제하는 제도와 제도의 진화에 대한 연구를 중시한 경제사조

19세기 후반 경제학계에 또 하나의 이단아가 출현했으니 그는 **베블런**(Thorstein Veblen, 1857–1929)이다. 베블런은 1899년 출간된 '유한계급론'(The Theory of the Leisure Class)에서 자본주의 경제와 상류층 사회의 비합리성을 풍자하면서 고전학파 경제학의 공리주의적 인식의 피상성을 비판하였다. **제도학파**의 중심 인물인 베블런은 경제는 신고전학파의 이론체계와 같이 자연적 경제법칙에 의해 이루어지는 것이 아니라 인간본능(소유, 지배, 약탈본능)과 사회제도(법, 규범, 토지, 조세, 금융제도 등)에 의해 지배된다고 주장했다. 따라서 이러한 인간본능과 사회제도에 대한 연구가 선행되고 이와 함께 올바른 사회제도가 확립되고 개혁되어야 한다고 주장했다.

제도학파 경제학자 **헨리 조지**(Henry George, 1839–97)는 모든 세금을 토지에 대한 단일세, 즉 토지가치세(land value tax)로 할 것을 주장하고 토지공개념을 옹호한 바 있다.

2.4.4 20세기 경제 사상

(1) 케인스, 케인스학파, 새케인스학파

1929년 **세계대공황**(The Great Depression)의 발발은 자본주의 특히 신고전학파의 완전고용 하의 장기 발전과정에 대한 커다란 회의를 불러 일으켰다. **케인스**(John M. Keynes, 1883–1946)는 1936년 '고용, 이자 및 화폐에 관한 일반이론'(The General Theory of Employment, Interest, and Money, 줄여서 일반이론이라고 부른다.)을 출간하면서 경제학의 새로운 바람을 몰고 왔다. 이를 보통 **케인

케인스혁명(Keynesian revolution) 1936년 케인스의 일반이론에 입각한 경제사상의 변혁

새케인스학파(New Keynesian) 20C 후반 통화주의와 새고전학파의 케인스학파에 대한 도전에 응전함으로써 형성된 케인스주의

자유주의(Liberalism) 정부의 시장개입에 반대하여 시장에 대한 신뢰와 경제적 자유를 옹호하는 경제사상

공공선택학파(Public Choice School) 개인의 자유와 적절한 정부활동에 대한 엄밀한 입헌적 제도의 확립을 주장하는 경제사조

스혁명이라고 부른다.

케인스는 자본주의 경제는 성장이 지속될수록 생산에 비해 유효수요가 부족해 경기침체를 겪게 된다고 주장했다. 그러므로 경제안정화를 위해서는 정부의 적극적 개입이 필요하다고 주장했는데 이러한 **개입주의를 케인스학파**(Keynesian)라고 부른다. 20세기 후반 통화주의와 새고전학파의 케인스학파에 대한 도전에 응전함으로써 형성된 **새케인스학파**(New Keynesian)도 정부개입을 옹호한다는 점에서는 케인스학파와 동일하다. 오늘날 대부분의 경제학자나 경제정책당국은 케인스의 개입주의를 받아들이는데 주저하지 않는다.

(2) 비개입주의 : 자유주의

정부에 의한 지나친 시장개입에 대한 반발로 시장에 대한 신뢰와 경제적 자유를 옹호하는 **자유주의** 경제사상이 강력히 등장하였는데 이들을 **비개입주의**라고도 부른다. 자유주의는 1974년 노벨경제학상을 받은 오스트리아 태생의 **하이에크**(F. von Hayek, 1899–1992)를 중심으로 20세기 중반부터 다시 형성되기 시작했다. 하이에크는 1944년 출간된 '예종의 길'(The Road to Serfdom)에서 어떤 형태의 정부개입이라도 이는 또다시 인간을 예속의 길로 인도하는 것이라고 주장하며 강력히 반대했다.

케인스학파에 대한 반발로 20세기 후반에 등장한 자유주의를 옹호하는 비개입주의로는 1976년 노벨경제학상 수상자인 **프리드먼**(Milton Friedman, 1912–2006)이 제창한 **통화주의**(Monetarism)와 1995년 노벨경제학상 수상자인 **루카스**(R. E. Lucas Jr. 1937–)로 대표되는 합리적 기대이론을 접목한 **새고전학파**(New Classical), 수요보다 공급측 요인을 중시한 **공급측경제학**(Supply Side Economics) 등이 있다. 그리고 20세기말 대두된 극단적 국제적 자유주의 사조인 신자유주의도 있다. 이들은 아담 스미스 이후 고전학파에 사상적 뿌리를 두고 자유주의 경제사상을 다시 부활하고자 했다. 비개입주의는 정부의 시장개입이 경제혼란의 원인이며 정부개입은 민간경제의 자기조절능력을 손상시킬 뿐이라고 주장한다.

그 밖의 비개입주의로는 아담 스미스와 밀에 역사적 뿌리를 두고 **슘페터**(Joseph A. Schumpeter, 1883–1950)에 의해 큰 영향을 받은 **뷰캐넌**(J. M. Buchanan Jr., 1919–2013)의 **공공선택학파**(Public Choice School)가 있는데, 이들은 개인주의에 입각하여 개인의 자유를 무엇보다 우선한다. 1986년 노벨경

제학상 수상자 뷰캐넌은 1975년에 출간된 '자유의 한계'(The Limits of Liberty)에서 개인의 자유를 보장받기 위해서는 어쩔 수 없이 정부라는 보호자(수호국가)가 필요하다는데 동의한다. 다만 정치나 정부의 기능 역시 경찰국가가 아닌 하나의 비즈니스로서 생산과 소비를 하는 경제활동(생산국가)으로 간주한다.

문제는 정치와 정부의 의사결정이 도덕적이고, 개인의 자유와 이익에 부합하는 쪽으로 움직이고 있는가이다. 공공선택학파는 그렇지 않다고 주장한다. 정부란 케인스가 생각했던 것처럼 경제문제에 관해 그렇게 거대한 힘을 가져도 좋을 만큼 효율적이지도, 객관적이지도, 정의롭지도 않다는 것이다. 특히 정부의 경제활동이 정치적 압력에 굴복하지 않고 현명하게 이루어질 수 있다는 주장을 믿지 않는다. **'정부의 실패'**(government failure)가 있다는 것이다. 정치와 정부의 경제적 선택 그리고 정치가와 행정가 모두 개인적·경제적 사익(私益)을 위해 움직인다는 것이다. 정치 행위 그 자체가 경제적 이해관계의 드러난 투영일 뿐이라는 사실에 입각하고 있다. 따라서 공공선택학파는 개인의 자유와 적절한 정부활동에 대한 엄밀한 입헌적 제도의 확립이 필수적이라고 주장한다.

정부의 실패(government failure)
정부의 시장개입이 오히려 자원의 효율적 배분을 해친다는 것

누구의 주장이 옳은가? 케인스학파의 개입주의인가? 아니면 자유주의인가? 케인스학파의 이론체계가 현실 경제를 보다 잘 설명한 시기도 있고 자유주의가 환영을 받았던 시절도 있었다. 어느 것이 옳고 그르냐의 문제가 아니라 어떤 경제환경 하에 처해 있는가, 각자가 어떤 입장에서 현실경제를 보느냐에 따라 달라진다. 한 가지 경제사상이 영원히 인간의 경제적 사고체계를 지배할 수는 없다. 경제 환경의 변화와 함께 현실 경제를 해석하고 적용하려는 새로운 이론이 계속 나타날 것이다. 그럼에도 불구하고 합리성을 바탕으로 한 시장과 자유, 효율과 공평, 정부의 적절한 개입이라는 중심축은 크게 흔들리지 않을 것이다.

Q & A

Q **학생의 질문**

어디부터 어디까지가 고전학파인가요? 신고전학파는 고전학파인가요? 아닌가요?

A **안교수 답변**

아담 스미스부터 밀(J. S. Mill)까지를 고전학파로 보고 한계혁명을 거친 후 마셜에 의해 완성된 체계를 신고전학파라고 합니다. 그러나 케인스는 자신의 이론이 나오기 전의 경제이론을 모두 고전학파로 통칭했습니다. 결국 케인스적 입장에서 보면 신고전학파는 고전학파에 포함되는 것이죠.

복습과 연습

요 약

1. 중상주의는 공급(생산)뿐 아니라 수요(해외시장개척을 통한 수요 증대)가 중요하다는 점을 인식한 경제사상이다.
2. 중농주의는 경제 순환과정에서 가치의 창출을 규명하려고 함으로써 훗날 고전학파의 노동가치설의 단초를 제공했다.
3. 스미스 경제사상은 이기심에 따라 자유롭게 경쟁하면 시장기구내의 보이지 않는 손에 이끌려 경제는 조화롭게 발전한다고 생각한다.
4. 스미스는 교환성향에 의해 분업과 전문화가 촉진되며 노동의 질이 향상된다고 보았다.
5. 스미스의 현상타개의 욕망은 자본축적과 고용을 늘리는 원동력이다.
6. 스미스의 자동발전과정에는 임금상승이 인구를 증가시키므로 임금을 다시 종전과 같은 생존임금으로 환원시키는 메커니즘이 숨어 있다.
7. 리카도는 인구증가로 곡물가격이 증가하면 생존임금이 상승하므로 자본축적은 정체된다고 본다.
8. 밀은 생산증대를 통한 자본주의적 발전과 분배제도 개선을 통한 자본주의 내부의 갈등해결방안을 제시했다.
9. 잉여가치는 '노동자가 생산한 가치－노동자에게 지불한 임금가치'로 정의할 수 있다.
10. 마르크스는 임금이 상승하면 노동을 기계로 대체하는데, 기계는 잉여가치를 낳지 못하는 것이 자본주의 붕괴의 초점이라고 보았다.
11. 역사학파는 실용성, 역사성, 개별성, 국가주의, 보수성을 강조하며 국가의 경제적 개입과 간섭을 옹호하였다.
12. 객관적 가치학설이 재화의 가격은 투입된 노동의 양과 질에 따라 결정된다고 보았다면 한계효용학파의 주관적 가치학설은 재화의 가격은 수요자의 주관적 한계효용에 의해 결정되어야 한다는 것이다.
13. 마셜은 경제주체를 소비자와 생산자 혹은 수요자와 공급자로 구분하고 가격은 시장의 수요와 공급에 의해 결정되는 것으로 체계화했다.
14. 베블런은 경제는 자연적 경제법칙에 의해 이루어지는 것이 아니라 인간본능과 사회제도에 의해 지배된다고 본다.
15. 케인스는 자본주의 경제는 성장이 지속될수록 생산에 비해 유효수요가 부족해 경기침체를 겪게 되므로 정부의 적극적 개입이 필요하다고 주장했다.
16. 자유주의 경제사상에 입각한 비개입주의는 정부개입은 민간경제의 자기조절능력을 손상시킬 뿐이라고 주장한다.
17. 개인의 자유를 중시하는 공공선택학파는 정부란 경제문제에 관해 그렇게 거대한 힘을 가져도 좋을 만큼 효율적이지도 객관적이지도 정의롭지도 않다고 본다.

중요개념

중상주의	중농주의	고전학파	교환성향
현상타개의 욕망	보이지 않는 손	생존임금	차액지대
곡물법	한계지	공상적 사회주의	잉여가치
착취율	자본의 유기적구성	잉여가치율	이윤율 저하
자본집중	산업예비군	역사학파	보호무역, 유치산업
객관적 가치설	주관적 가치설	한계혁명	신고전학파
개입주의	비개입주의	제도학파	케인스학파
새케인스학파	자유주의	통화주의	새고전학파
공공선택학파	공급측 경제학	신자유주의	토지가치세(land value tax)

연습문제

Ⅰ. 다음 물음에 O, X로 답하고 그 이유를 밝히시오.

1. 중상주의는 수출과 수입 모두를 증가시키는 해외무역을 장려했다.
2. 중농주의 경제사상은 경제를 자연 질서에 따라 자유롭게 내버려두라는 점에서 자유주의 경제사상으로 통한다.
3. 아담 스미스의 자동적인 경제발전론에서는 임금수준이 생존임금을 넘어 계속 머물더라도 자본가는 이윤축적을 할 수 있다고 주장한다.
4. 아담 스미스와 마찬가지로 리카도 역시 생존임금은 원래 수준으로 환원된다.
5. 리카도에 있어 폐쇄경제구조에서의 최후 승리자는 지주이다.
6. 리카도는 곡물가격이 상승하면 생존임금도 상승하고 그에 따라 이윤은 지주에게로 돌아갈 것이므로 자본주의 발전을 위해서는 곡물의 자유무역을 옹호하였다.
7. 케인스는 자신의 일반이론 이전의 경제이론을 세의 법칙을 따른다는 점에서 고전학파로 분류하였다.
8. "장기에 우리 모두 죽는다."(In the long-run, we are all dead.)며 경기침체 시 정부의 시장개입을 강조한 사람은 루스벨트 대통령이다.
9. 하이에크는 자유주의 경제사상가이다.
10. 역사학파는 국제무역, 그 중에서도 보호주의에 입각한 관세동맹이론에 기여했다.
11. 마르크스 이론에서 노동이 자본으로 대체되면 잉여가치의 절대액도 감소한다.

12. 스미스, 리카도는 물론 마르크스 역시 투하된 노동가치, 즉 노동가치설에 입각한 객관적 가치설인데 반해 한계효용학파는 주관적 가치설이다.

13. 케인스는 정부의 적극적인 시장개입을 통한 유효수요의 창출을 주장하였다. 수요창출을 위해 정부개입을 긍정적으로 보았다는 점에서 중상주의와 상통한다.

14. 정부의 시장개입에 반대하여 시장에 대한 신뢰와 경제적 자유를 옹호하는 자유주의는 정부가 시장에 개입했을 때 정부실패가 일어날 수 있다고 한다.

15. 신고전학파는 시장균형의 개념과 시간개념을 통해 단기균형과 장기균형을 구분했다.

16. 토지가치세를 주장한 사람은 제도학파의 베블런이다.

Ⅱ. 다음 물음에 답하시오.

1. 중농주의 사상의 창시자라 할 수 있는 케네의 저작은?

2. 아담 스미스는 시장 내의 가격기구와 같은 기능을 담당하는 것을 무엇이라고 불렀나?

3. 노동의 질을 높이는 인간의 본성을 아담 스미스는 무엇이라 불렀나?

4. 아담 스미스는 경제문제를 낙관적으로 보았는가? 혹은 비관적으로 보았는가?

5. 맬서스가 리카도의 생존임금이론과 차액지대설에 끼친 영향은 무엇인가?

6. 리카도에 있어 경제발전에 따라 생존임금 자체가 오르는데 왜 노동자의 생활수준은 향상되지 않는가?

7. 리카도의 차액지대설을 설명하시오.

8. 1급지와 한계지의 생산비가 각각 10만원과 13만원이다. 한계지의 지대는?
(1) 13만원 (2) 10만원 (3) 3만원
(4) 0원 (5) 알 수 없다.

9. 밀은 자본주의의 위기를 해결하기 위해 어떠한 처방을 제시했는가?

10. 마르크스가 주장한 잉여가치의 정의를 간략히 말해보시오.

11. 오늘 하루 10만원 가치의 일을 한 노동자가 퇴근하며 6만원의 일당을 받았다면 이때 잉여가치는 얼마인가?
(1) 6만원 (2) 10만원
(3) 4만원 (4) 0원

12. 마르크스의 자본주의 붕괴론을 비판하시오.

13. 한계효용학파의 가치학설은 그 전과 어떻게 다른가?

14. 신고전학파의 가치학설을 설명하라.

15. 20세기 중반 이후 경제사상을 개입주의와 비개입주의로 나누어 보시오.

16. 공공선택학파는 개인의 자유를 위해 정부는 필요하다고 인정하면서, 정부의 무엇을 중시하는가?

17. '자유의 한계'라는 저작을 통해 개인의 자유를 위해 정부가 필요하지만 정부의 기능은 생산국가로서 엄밀히 규제되어야 한다는 주장을 한 사람은?
(1) 프리드먼 (2) 하이에크 (3) 베블런
(4) 케인스 (5) 뷰캐넌

2

시장의 수요와 공급

스미스
(Adam Smith, 1723-90)

고전학파의 스미스는 시장의 '보이지 않는 손'에 이끌리어 경제는 조화롭게 발전한다고 생각했다. 뒤를 이어 신고전학파는 자유로운 시장의 수요와 공급에 의해 가격과 수량이 결정될 때 사회적 후생은 극대화된다고 보았다. 이들이 생각한 시장은 완전한 시장, 흠이 없는 시장이었다. 제2편 제3장에서는 시장의 수요와 공급 그리고 균형을 통해 시장경제의 가격 결정원리를 살펴보고 제4장에서는 수요, 공급의 탄력성을 분석하고 그에 따른 응용 사례들을 논의한다. 신고전학파의 시장 메커니즘에 입각한 경제원리는 이 책의 3편과 4편에 걸쳐 더 깊이 있게 논의될 것이다. 그러나 시장은 불완전하고 때로는 왜곡되기도 한다. 시장의 실패와 그에 대한 정책대안은 제5편과 제6편에 걸쳐 다루어질 것이다.

Chapter 3

수요와 공급, 균형

재화의 가격은 어떻게 결정되는 것인가? 왜 시장에서 가격은 오르고 때로는 내리는가? 가격결정 메커니즘의 이해는 경제학 공부의 핵심이다. 고전학파는 물론 마르크스도 가격을 투하된 노동가치에 의해 결정된다는 객관적 가치설인 노동가치설을 지지했다. 그 후 한계효용학파는 재화의 가치는 사람들이 느끼는 한계효용에 의해 결정되어야 한다는 주관적 가치설인 효용가치설을 주장했다.

신고전학파를 통해 고전학파를 계승, 완성한 마셜은 가치는 시장에서의 수요와 공급에 의해 결정되는 시장가격으로 표현될 수밖에 없다고 주장하며, 기존의 가치이론을 시장의 수요공급원리로 통합하였다.

인기있는 영화나 공연은 표를 구하기가 어렵다. 꼭 보려면 웃돈을 얹어주고 암시장에서 사야할지도 모른다. 반면 배추농사가 너무 잘되면 농민들은 오히려 수심에 싸인다. 왜 없어서는 안 되는 물은 값이 싸고 없어도 살 수 있는 다이아몬드는 값이 비싼가?

왜 재화를 생산하여 판매하는 사람들은 가격을 더 높이지 않는가? 이러한 문제들은 수요와 공급을 이해하면 쉽게 풀린다. 수요와 공급은 무엇이며 어떻게 결정되는가? 수요곡선과 공급곡선의 기울기와 곡선의 이동은 무엇에 의해 영향을 받는가? 나아가 균형의 개념을 살펴보고 균형과 안정 간의 관계에 대해 논의한다.

3.1 수요

3.1.1 수요의 정의

수요(需要, demand) 소비자가 일정기간 동안 재화를 구매하고자 하는 욕구

유량(flow) 일정한 기간 동안의 변화량

저량(stock) 일정한 시점에서 측정한 양

유효수요(effective demand) 실현 가능성이 있는 구매욕구 혹은 구매력 있는 사람들의 욕구

수요(需要, demand)란 '소비자가 일정기간 동안 재화를 구매하고자 하는 욕구'라고 정의할 수 있다.

여기서 수요는 '일정기간 동안'의 욕구이므로 **'유량'**(flow)의 개념이다. 유량이란 일정한 기간을 기준으로 그 변화된 양을 측정하는 것으로 예를 들면 수도꼭지를 틀었을 때 1분 동안 흘러나온 물의 양과 같은 것이다. 유량의 반대 개념으로 **'저량'**(stock)이 있는데 이는 '일정한 시점의 양'을 잰 것으로 예를 들면 현재 시점에서의 물통에 있는 물의 양을 말한다. 즉 저량은 시간의 흐름이 없는 한 순간에 존재하는 양을 의미한다. 또 다른 예로서는 어떤 학생이 9월 한 달 동안 지출한 용돈의 액수는 유량인 반면 이 시각 현재 그 학생의 지갑 속에 있는 돈의 양은 저량이다.

수요는 '실현된 욕구'를 의미하는 것이 아니라 '의도된 욕구'를 뜻한다. 즉, '9월 한 달 동안의 자동차 수요'라고 말할 때 그 의미는 9월 한 달 동안 소비자들이 자동차를 얼마나 구매하고자 하는가를 나타내는 것일 뿐 실제로 구매한 양을 뜻하는 것은 아니다. 물론 여기서 의도된 구매라는 의미는 **유효수요**(effective demand), 즉 '실현 가능성이 있는 구매욕구' 혹은 '구매력이 있는 사람들의 욕구'를 뜻한다.

3.1.2 수요의 결정요인

수요와 조금 구별하여 '수요량'이라는 개념이 있는데, 수요량은 주어진 가격에서 소비자가 구매하고자 하는 재화의 양이라고 정의할 수 있다. 수요와 수요량은 특별히 구별하지 않고 혼용하기도 하지만 '수요의 변화'와 '수요량의 변화'

의 뜻으로 사용할 때는 구별하여 사용한다. 즉, 재화의 가격변화에 따른 수요변화는 **'수요량의 변화'**라고 부르는 반면 재화가격 이외의 요인들의 변화에 대한 수요변화는 **'수요의 변화'**라고 한다. 이제 재화에 대한 수요를 결정하는 요인에는 어떤 것이 있는지 살펴보자.

수요량의 변화 재화의 가격변화에 따른 수요변화

수요의 변화 재화가격 이외의 요인들의 변화에 대한 수요변화

① 해당 재화의 가격

해당 재화의 가격이 하락(상승)하면 그 재화에 대한 수요량은 일반적으로 증가(감소)한다. 가격이 하락(상승)하면 수요량이 증가(감소)하는 현상을 수요의 법칙이라고 한다. 그러나 수요의 법칙이 항상 모든 사람, 모든 재화에 대해 성립하는 것은 아니다. 수요의 법칙에도 예외가 있는데, 즉 사람에 따라서는 가격이 하락(상승)했음에도 수요량을 감소(증가)시키는 재화가 있다. 이러한 재화를 발견자인 영국의 경제학자 **기픈**(R. Giffen, 1837-1910)의 이름을 좇아 **'기픈재'**라고 부른다.

기픈재(Giffen good) 가격이 하락(상승)했음에도 수요량이 감소(증가)하는 재화

쉬어가는 코너

노노스족 [nonos族]

로고는 없애고, 브랜드는 숨긴다

노노스란 '노 로고(No Logo)', '노 디자인(No Design)'을 줄인 말이다. 이제는 선명한 브랜드 로고가 새겨진 명품 가방을 평균 3초마다 조우할 수 있을 만큼 명품이 흔하다. 노노스족은 누구나 들고 다니는 명품 로그로는 더 이상 자신의 스타일을 충족시킬 수 없다는 생각에서 드러난 브랜드에 집착하기보다는 내실을 중시하는 소비 계층이다. 노노스족은 일반인들에게는 생소한 상품의 로고를 선호하고 디자인이 겉으로 드러나지 않는 제품을 즐긴다. 이들은 일반화된 명품 브랜드 대신 아예 브랜드 로고를 없애고 디자인을 차별화한 노노스 제품을 선택한다. 이러한 가치관이 라이프 스타일에도 투영되어 자신만의 정신적 가치를 추구하고 삶의 질을 높이고자 하는 소비자들이 바로 노노스족이다. 노노스족에 대해서는 이런 긍정적 시각 외에도 명품이면서도 브랜드를 숨긴 알짜배기 명품을 추구하는 남과 차별화 하려는 부유층을 지칭하는 부정적 시각도 있다.

Q & A

학생의 질문

가격이 오를수록 수요량이 증가하는 그런 재화, 즉 기픈재에 대해 말씀하셨는데 어떤 것들이 있는지 궁금해요.

안교수 답변

기픈재는 주관적인 재화입니다. 학생이 생각할 때 가격이 내리면(오르면) 수요량을 줄이고(늘리고) 싶은 재화가 있나요? 있다면 그 재화가 학생에게 있어 기픈재입니다. 내겐 그런 재화가 잘 안 떠오르는군요. 과거 기픈은 아일랜드에서 감자의 가격과 수요량에 있어 그런 현상을 목격하고 그러한 재화를 기픈재라고 불렀으나 그 예가 오늘 우리 각자에게도 그대로 적용되지는 않겠죠?

최근에 값이 비싸다는 이유로 졸부들이 마구 산다는 수입명품의 경우는 보통 '베블런재'라고 합니다. 기픈재와 베블런재는 비슷한 개념이긴 하지만 근본적인 차이점은 기픈재는 수요법칙과 관련한 경제학적 개념임에 반해 베블런재는 수요법칙보다는 과시, 심리적 소비행태에서 탄생한 다소 사회경제적 개념입니다. 기픈재는 무조건 비싸기 때문에 사는 것이 아니고 전에 사던 재화가 가격이 올랐을(내렸을) 경우 더(덜) 산다는 것으로 수요법칙의 예외 개념입니다. 베블런재는 베블런족이 추구하는 재화라는 의미일텐데, 전에 샀던 안 샀던 무조건 비싼 재화를 좇는 비뚤어진 과시욕을 빗댄 말입니다. 기픈재는 반드시 사치품일 필요도 없습니다.

② 다른 재화의 가격

대체재(substitutes) 한 재화의 가격이 상승할 때 다른 재화의 수요가 증가하는 경우 두 재화 간의 관계

보완재(complements) 한 재화의 가격이 상승할 때 다른 재화의 수요가 감소하는 경우 두 재화 간의 관계

X재 가격이 변할 때 Y재 수요가 변할 수 있다. 쇠고기와 돼지고기처럼 두 재화가 서로 **'대체재'**(substitutes)일 경우 쇠고기 가격이 상승하면 쇠고기 수요량이 줄어들게 되고 따라서 대체재인 돼지고기 수요는 증가한다. 한편 컴퓨터와 소프트웨어처럼 두 재화가 **'보완재'**(complements)라면 컴퓨터 가격의 하락은 컴퓨터 수요량을 증가시킬 것이므로 소프트웨어의 수요도 증가하게 된다.

③ 소득 수준

정상재(normal good) 소득이 증가할 때 수요가 증가하는 재화

열등재(inferior good) 소득이 증가할 때 수요가 감소하는 재화

소비자의 소득 수준이 변하면 재화에 대한 수요도 변한다. 보통 소득이 증가하면 재화에 대한 수요가 증가하게 마련인데 이러한 재화를 **'정상재'**(normal good)라고 한다. 그러나 소득증가에 따라 모든 재화의 수요가 증가하는 것은 아니며 어떤 재화는 오히려 수요가 감소하기도 하는데 이런 재화를 **'열등재'**(inferior good)라고 한다. 어떤 사람이 소득이 증가할 때 버스이용을 줄이고 택시를 더 탄다면 버스는 그 사람에게 있어서 열등재이다. 그러나 버스가 모든 소비자에게 열등재가 되는 것은 아니다. 열등재이냐 아니냐의 문제는 개별 소

비자에 따라 다르며 일률적으로 적용되는 것이 아님을 명심해야 한다.

④ 소비자의 취향

소비자의 취향(taste)이 바뀌면 재화의 수요도 변한다. 예를 들어 사람들이 단독주택보다 아파트를 선호하면 아파트 수요는 증가하게 될 것이다.

⑤ 미래에 대한 기대

미래에 대한 기대는 현재 수요에 영향을 미친다. 취직이 되어 다음 달부터 출근을 하는 사람은 이번 달부터 재화수요를 증가시킬 것이다. 아직 소득이 증가하지 않았으나 미래에 대한 기대가 오늘의 수요를 증가시키는 것이다.

3.1.3 수요곡선

(1) A씨의 수요곡선도출

수요곡선(demand curve) 재화의 가격과 수요량의 관계를 나타내는 곡선

수요란 원래 소비자 개개인의 주관적 욕구이므로 외부 조건이 동일하다 하더라도 사람마다 다르다. 소비자마다 수요곡선이 다른 것은 물론이다.

〈표 3-1〉은 컵라면을 몹시 좋아하는 A씨의 컵라면 수요를 보여주고 있다. A씨는 컵라면 한 개 값이 600원이면 1주일에 12개를 사겠다는 생각을 갖고 있다. 만일 값이 800원으로 오른다면 그의 수요량은 7개로 감소한다. 값이 1,000원으로 오르면 수요량은 4개가 되고, 값이 1,200원이 되면 수요량은 2개로 줄어든다. 값이 1,400원이면 주당 1개밖에는 살 생각이 없고 1,800원의 가격에서는 하나도 소비할 생각이 없다.

〈표 3-1〉에 나타난 A씨의 컵라면 수요를 가격(종축)과 수요량(횡축)의 평면 위에 그래프로 나타낸 것이 [그림 3-1]에서 보는 A씨의 컵라면 수요곡선이다. 곡선의 기울기가 우하향한다는 것은 두 변수 간의 관계가 음(-)이라는 것을 의미한다. 즉, 가격이 상승하면 수요량은 감소하고 가격이 하락하면 수요량이 증가한다는 것이다. A씨의 컵라면 수요곡선은 수요의 법칙을 만족하고 있는데, 이는 컵라면이 A씨에게 있어 기픈재가 아니라는 사실을 알려준다.

표 3-1 A씨의 컵라면 수요

컵라면 가격(원)	컵라면 수요량
600	12
800	7
1,000	4
1,200	2
1,400	1
1,800	0

그림 3-1

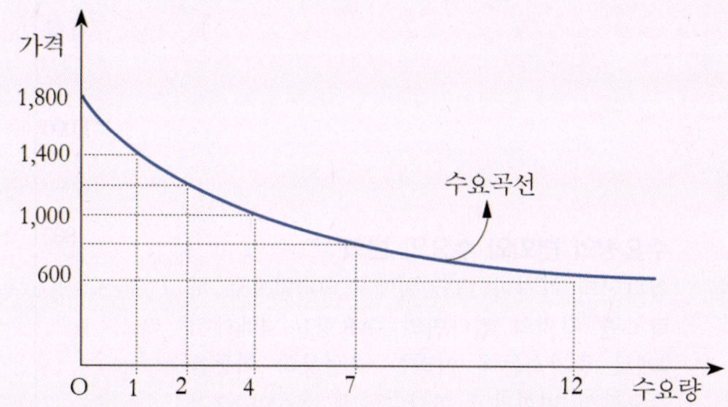

A씨의 컵라면 수요곡선
수요곡선은 각 가격에서 소비자의 수요량을 나타내는 것으로 일반적으로 우하향한다. 수요곡선의 모양은 소비자에 따라 다르다.

(2) 수요량의 변화와 곡선의 기울기

이제 A씨의 컵라면 수요곡선을 살펴보면 컵라면 가격이 하락할 때 수요량은 곡선을 따라 내려가면서 증가하는 것을 알 수 있다. 이와 같이 해당 재화의 가격변동에 따른 수요곡선 위의 이동을 '수요량의 변화'라고 부른다.

[그림 3-2]에서 컵라면 가격이 1,000원에서 800원으로 하락하면 4개이던 수요량은 수요곡선을 따라 이동하여 7개로 증가하는데 이와 같이 R점에서 S점으로의 이동이 바로 수요량의 변화이다(여기서 혹은 앞으로도 그렇지만 수요곡선이 직선으로 그려진 것은 편의상 그런 것이고 곡선으로 보면 된다.).

수요곡선은 가격(종축)과 수요량(횡축)의 평면 위에 그려진다. 여기서 수요곡선의 기울기는 가격의 변화를 수요량의 변화로 나눈 값으로 [그림 3-2]에서는 −(ST/RT)으로 나타낼 수 있다. 수요곡선이 완만한가, 가파른가 하는 문제는 종축의 가격변화에 대해 횡축의 수요량 변화의 민감도에 의존한다. 가격변화(변화율이 아니다.)에 대해 수요량의 변화(변화율이 아니다.)가 민감할수록 곡선은 완만하고 기울기(절대값)는 작다. 반대로 가격변화에 대해 수요량의 변화가 민감하지 않을수록 수요곡선은 가파르게 그려지고, 기울기(절대값)는 크다.

그림 3-2

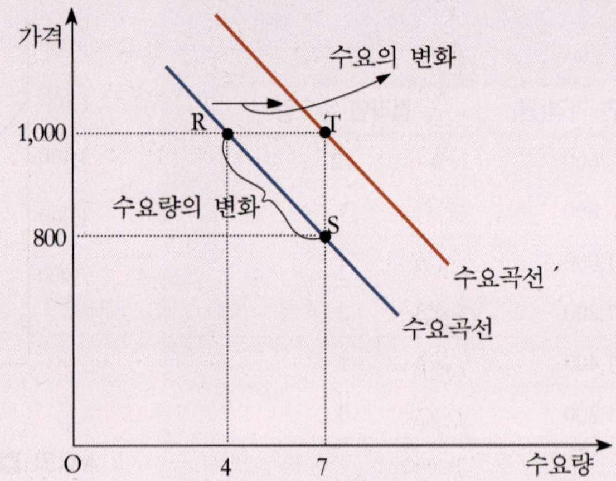

수요량의 변화와 수요의 변화

컵라면의 가격이 1,000원에서 800원으로 하락하면 김씨의 컵라면의 수요량은 4개에서 7개로 증가하는데 이러한 곡선상의 이동을 수요량의 변화라고 한다. 반면 소득이 증가한 경우 수요곡선이 밖으로 RT만큼 평행이동하는데 이를 수요의 변화라고 한다.

(3) 수요의 변화와 곡선의 이동

사실 여러분이 앞서 살펴보았듯이 컵라면의 수요에 영향을 미치는 변수로는 컵라면의 가격뿐 아니라 다른 재화의 가격이나, 소득, 취향, 기대 등이 있다.

수요곡선의 그래프에서 종축과 횡축을 나타내는 변수들인 가격과 수요량과의 관계는 수요곡선의 기울기를 구성한다. 반면 그 외의 변수들은 수요곡선 자체를 평행이동시키는 기능을 한다. 예를 들어 대체재의 가격이 상승하면 수요곡선은 밖(우측)으로 평행이동한다. 반대로 보완재의 가격이 상승하면 수요곡선은 안쪽으로 평행이동한다. 같은 이치로 소득의 증가(감소)는 수요곡선을 밖(안)으로 평행이동시킨다. 곡선의 이동은 '수요의 변화'를 나타내는 것으로 곡선상의 이동인 '수요량의 변화'와는 구별하여야 한다. [그림 3-2]에서 보듯이 A씨의 소득이 증가함에 따라 수요곡선이 R점에서 T점으로 우측으로 3단위만큼 평행이동했다. 이러한 3단위 변화가 바로 '수요의 변화'이다.

(4) 시장 수요곡선

앞에서 A씨의 컵라면에 대한 수요곡선을 도출했다. 그러나 시장에는 A씨 외에도 수많은 컵라면 수요자가 존재한다. 이제 분석을 단순화하기 위해 시장내에 컵라면 수요자는 B씨와 C씨까지 총 3명이라고 하자. 〈표 3-2〉는 A, B, C 세 사람의 컵라면 수요와 그 합으로 이루어진 시장수요를 보여준다.

표 3-2 컬라면의 시장수요

가격	A 수요량	B 수요량	C 수요량	시장 수요량
600	12	20	6	38
800	7	10	5	22
1,000	4	7	3	14
1,200	2	3	1	6
1,400	1	2	0	3
1,800	0	1	0	1

그림 3-3

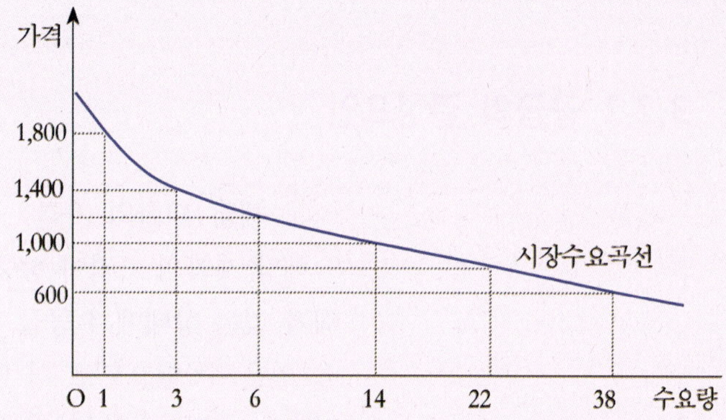

컵라면의 시장수요곡선

시장수요곡선은 개별 소비자의 수요곡선을 수평으로 합하여 그려진다.

컵라면의 시장수요곡선은 [그림 3-3]에서 보듯이 개별 소비자의 수요곡선들을 수평으로 합하여(aggregate) 얻을 수 있다. 시장 수요곡선의 기울기와 곡선의 이동은 개별 소비자의 수요곡선에서 살펴본 것과 동일하다. 앞서 설명하였듯이 컵라면 가격의 변화는 수요곡선 위의 이동을 통해 수요량의 변화를 일으키고 그 외 요인들의 변화는 수요곡선을 좌우로 이동시킴으로써 수요의 변화를 초래한다.

3.2 공급

3.2.1 공급의 정의

공급(supply) 생산자가 일정기간 동안 재화를 판매하고자 하는 욕구

공급(供給, supply)은 '생산자가 일정기간 동안 재화를 판매하고자 하는 욕구'이다. 공급 역시 일정한 기간을 기준으로 하여 측정된 유량이며 실현된 판매량

이 아니라 의도하는 판매량이다.

3.2.2 공급의 결정요인

① 해당 재화의 가격

해당 재화의 가격이 상승(하락)하면 공급량은 증가(감소)한다. 다른 조건의 변화가 없는 상태에서 공급 재화의 가격이 상승하면 생산자는 전보다 많은 이익을 얻을 수 있으므로 더 많은 양을 생산하고자 할 것이다. 이와 같이 가격이 상승(감소)하면 공급량이 증가(감소)하는 것을 공급의 법칙이라고 한다.

② 다른 재화의 가격

다른 재화 Y의 가격이 상승하면 Y재의 생산자는 더 많은 생산요소를 고용하여 Y재의 생산을 늘리려고 한다. 그러므로 한정된 생산요소의 제약 하에서 가격이 불변인 X재의 생산자는 충분한 생산요소를 확보할 수 없게 되고 X재의 공급은 감소한다.

③ 생산요소의 가격

임금이나 원자재 값과 같은 생산요소 가격의 변동은 공급에 큰 영향을 미친다. 예를 들어 임금이 상승하면 생산비용이 상승하므로 채산성이 떨어져 공급이 줄어든다. 생산요소의 가격이 지나치게 상승하면 더 이상 수지를 맞출 수 없어 생산을 중단할 수도 있을 것이다.

④ 기술개발(기술혁신, 기술변화)

새로운 기술의 개발은 생산비용을 절감시킴으로써 생산자의 이득을 증가시킨다. 따라서 생산자는 공급을 늘리게 된다.

⑤ 미래에 대한 기대

기업이 미래 경제상황을 낙관적으로 예상할 경우 미리 생산해두고자 할 것이므로 공급이 증가한다.

⑥ 시장 내 참여기업 수

시장의 규모가 일정할 때 시장 내 참여기업 수가 많아질수록 개별기업의 공급은 감소한다.

3.2.3 공급곡선

(1) 개별 공급곡선

공급곡선(supply curve) 재화의 가격과 공급량의 관계를 나타내는 곡선

이제 컵라면 가격을 제외한 여타의 요인들은 변하지 않는다고 가정하고 개별 공급자 D씨의 컵라면 가격과 공급량 간의 관계를 살펴보자. 〈표 3-3〉은 컵라면 가격이 상승할 때 공급자 D씨의 공급량 변화를 보여준다. 공급자 D씨는 컵라면 가격이 600원에서 시작하여 1,800원까지 상승함에 따라 공급량을 2개에서 15개로 늘리려고 한다.

〈표 3-3〉을 그래프로 나타낸 것이 [그림 3-4]이다.

[그림 3-4]에서 보듯이 D씨의 컵라면 공급곡선은 우상향의 기울기를 갖는다. 우상향의 기울기는 가격과 공급량이 양(+)의 관계를 갖고 있음을 의미한다. 물론 공급곡선의 기울기가 가파른가, 완만한가 하는 문제는 가격변화에 대한 공급량변화의 민감성과 관련이 있다.

표 3-3 D씨의 컵라면 공급

컵라면 가격	컵라면 공급량
600	2
800	3
1,000	5
1,200	9
1,400	11
1,800	15

그림 3-4

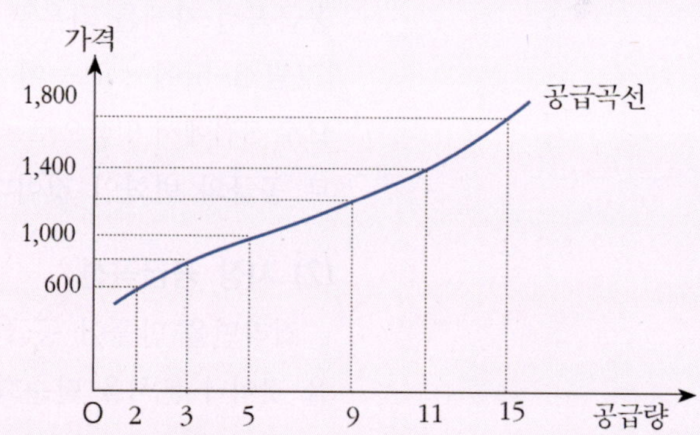

D씨의 컵라면 공급곡선

공급곡선은 각 가격에서 생산자가 공급하기를 원하는 양을 나타내는 것이다. 생산자는 가격이 오를수록 더 팔고 싶어할 것이므로 공급곡선은 일반적으로 우상향한다. 공급곡선의 모양은 생산자에 따라 다르다.

그림 3-5

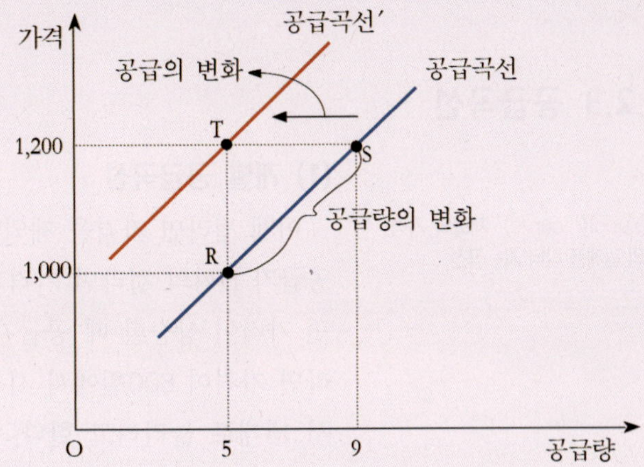

공급량의 변화와 공급의 변화
컵라면의 시장가격이 1,000원에서 1,200원으로 올랐다면 생산자는 공급량을 5개에서 9개까지 늘린다. 이러한 곡선상의 이동을 공급량의 변화라고 한다. 반면 임금상승은 공급곡선을 안으로 TS만큼 평행이동시키고 1,200원의 가격에서 공급은 9개에서 5개로 감소한다. 이를 공급의 변화라고 한다.

수요곡선에서와 마찬가지로 컵라면 가격이 변할 때 컵라면의 공급량은 **공급곡선 위를 따라 이동**하는데 이를 **'공급량의 변화'**라고 한다. [그림 3-5]에서 컵라면 가격이 1,000원에서 1,200원으로 상승하면 D씨의 컵라면 공급은 R점에서 S점으로 이동하여 공급량은 5개에서 9개로 증가하는데 이를 공급량의 변화라고 한다. 반면 생산요소 가격의 변동, 기술개발 등 다른 요인들의 변동은 공급곡선 자체를 좌우로 이동시킴으로써 **'공급의 변화'**를 초래한다. 예를 들어 [그림 3-5]에서 보듯이 임금의 상승은 생산비용을 증가시켜 채산성이 악화되므로 S점에서 T점으로 이동하면서 공급 감소를 일으키는데 이러한 변화가 바로 공급의 변화인 것이다.

(2) 시장 공급곡선

컵라면을 만들어 공급하는 사람은 D씨뿐 아니라 시장 내에 여러 사람이 있을 것이나 분석을 단순화하기 위하여 시장 내 공급자가 E, F씨 등 총 3명이라고 하자. 〈표 3-4〉는 이 세 사람의 컵라면 공급과 시장공급을 나타낸다.

이제 컵라면의 시장 공급곡선은 개별 공급자의 공급곡선들을 수평으로 합하여 얻을 수 있다. [그림 3-6]은 세 공급자의 개별 공급곡선을 수평으로 더함으로써 시장 공급곡선이 도출되는 것을 보여준다.

표 3-4 컬라면의 시장공급

가격	D 공급량	E 공급량	F 공급량	시장 공급량
600	2	1	1	4
800	3	2	2	7
1,000	5	5	4	14
1,200	9	8	6	23
1,400	11	10	7	28
1,800	15	11	9	35

그림 3-6

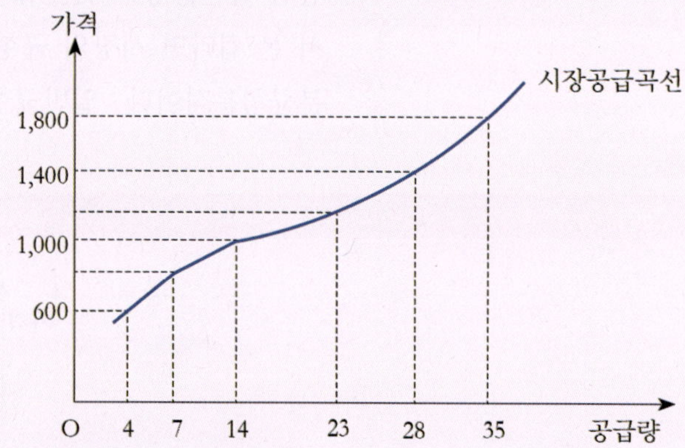

컬라면의 시장 공급곡선
시장공급곡선은 개별 공급자의 공급곡선을 수평으로 합하여 그려진다.

3.3 균형, 균형가격, 균형량

3.3.1 균형의 정의

균형(均衡, equilibrium) 더 이상 다른 상태로 변화할 이유가 없는 상태

부분균형분석 분석 대상을 제외한 다른 것은 불변으로 가정하고 분석하는 것.

균형(均衡, equilibrium)이란 '더 이상 다른 상태로 변화할 이유가 없는 상태'라고 정의할 수 있다. 시장에서 수요와 공급이 일치하는 상태도 균형이다.

컵라면 시장의 균형은 시장수요곡선과 시장공급곡선이 만나는 점 E에서 달성된다. [그림 3-7]에서 보듯이 우리가 찾던 재화의 가격은 시장에서의 수요와 공급이 만나는 점, 균형에서 결정되며 이때 1,000원을 균형가격이라고 하며 14개를 균형(거래)량이라고 한다.

균형을 찾는 방법은 **부분균형분석**(partial equilibrium analysis)과 **일반균형분석**(general equilibrium analysis)이 있다. 부분균형분석은 분석대상이 되는 시

일반균형분석 경제 내 모든 시장을 가변적으로 놓고 균형을 찾는 것.

장을 제외한 다른 시장은 불변(ceteris paribus)으로 가정하고 분석하는 것이다. 반면 일반균형분석은 경제 내 모든 시장의 균형을 총체적으로 찾는 것이다. 앞서 본 컵라면 시장의 균형은 다른 시장은 불변으로 놓고 분석하는 것이므로 부분균형분석이다. 일반균형분석은 경제원론의 범위를 벗어나므로 생략한다.

그림 3-7

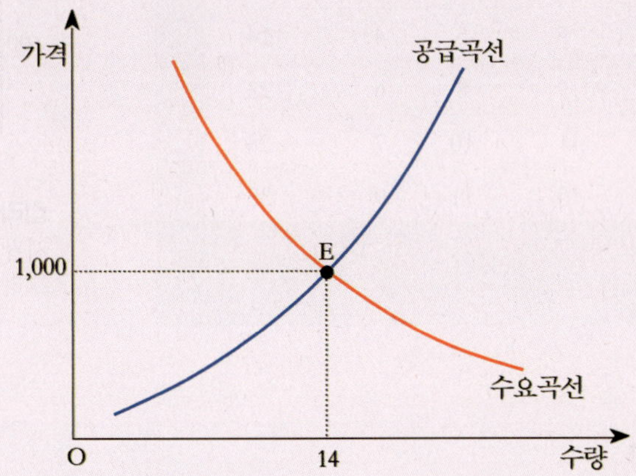

컵라면 시장의 균형
시장균형이란 시장수요와 시장공급이 일치하는 것을 말하는데 그림에서 시장수요곡선과 시장공급곡선이 만나는 곳이 균형점이다. 균형점 E에서의 가격 1,000원이 균형가격이고 그때 거래량 14가 균형량이다.

혼동하지 마세요!

덤벙댕이 새롬이는 요즘 경제학 공부에 재미를 붙였다. 새롬이는 나영이를 불러 문제풀이를 하기로 했다.

문제 : '사과의 대체재인 배 가격이 오르면 사과 시장의 균형은 어떻게 이동하는지 그래프로 설명하시오.'

새롬이의 풀이 : 배가격의 상승은 배의 수요량을 감소시키고 대신 대체재인 사과의 수요를 증가시킨다. 그러므로 사과 수요곡선은 밖으로(D_0에서 D_1으로) 이동한다. 사과 수요의 상승으로 사과 값이 오르고 사과 값의 상승은 사과 수요를 감소시키므로 사과 수요곡선은 다시 안으로(D_1에서 D_2로) 이동하고 결국 C점에서 균형을 이룬다.

나영이의 풀이: 네 풀이에서 수요곡선의 첫 번째 이동은 맞지만 두 번째 이동은 틀렸어. 너는 수요량의 변화와 수요의 변화를 혼동하고 있구나. 배 가격이 오르면 대체재인 사과 수요가 증가하고 사과의 수요곡선이 밖으로 이동하여 균형점은 B점으로 이동하는 거야.

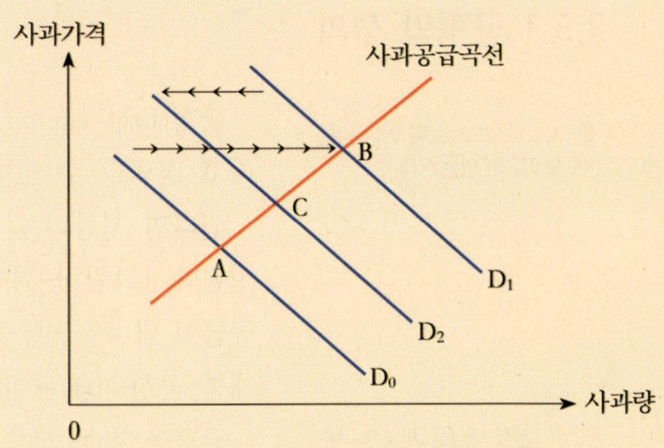

Q & A

학생의 질문

"농산물의 풍작으로 가격이 폭락했다는 것은 가격의 변동이 공급에 영향을 준 것이 아니고 기후 등의 조건으로 공급량의 변동이 가격에 영향을 준 것이다."라는 설명에서 잘못된 것은 무엇인가요? 제 생각엔 맞는거 같은데……

안교수 답변

학생은 수요, 공급곡선의 이동으로 발생하는 수요, 공급의 변화와 가격변화에 따라 수요, 공급곡선상의 이동인 수요량과 공급량의 변화 간의 차이를 혼동하고 있군요. 수요와 공급에 의해 가격이 결정되고, 가격이 변할 때 수요곡선과 공급곡선을 따라 수요량과 공급량이 변합니다. 그러므로 풍작으로(공급곡선이 밖으로 이동하여) 공급이 증가하면 초과공급상태가 됨에 따라서 가격이 폭락한 것이며 공급량의 증가 때문에 가격이 하락한 것은 아닙니다. 가격이 폭락하면 수요량은 증가하고 공급량은 감소하므로 초과공급이 해소되고 시장은 다시 균형에 놓입니다.

생각하는 코너: 꽃게 가격의 경제학

우리나라 사람이라면 거의 누구나 꽃게를 좋아한다. 꽃게 매운탕도 좋고 특히 간장 게장은 별미다. 물론 경제적 여유만 있다면 큼직한 놈 몇 마리를 찜통에 쪄 먹으면 맛이 그만이다. 그런데 철 따라 달라지는 꽃게 가격은 얼핏 경제학 원리에 맞지 않는 것처럼 보인다. 가을철엔 여름철보다 꽃게 수요가 훨씬 많은데 비해 꽃게 가격은 오히려 가을철이 훨씬 싸다. 수요가 많은데 가격은 더 싸다? 얼핏 이상한 것 같지만 가격은 수요에 의해서만 결정되는 것이 아니라 수요와 공급에 의해서 결정된다는 사실을 되새기면 간단히 풀 수 있는 문제이다. 여름철은 꽃게의 산란기이기 때문에 꽃게잡이가 금지되어 공급이 달려 가격이 오르는 반면 금어기가 풀린 가을철에는 꽃게 공급이 많아져 가격이 하락하기 때문이다.

비슷한 문제로 미국의 경매시장에서 미국 노예해방의 아버지인 링컨 대통령의 편지보다 링컨을 암살한 부스(J. W. Booth)의 편지가 훨씬 높은 가격에 낙찰되는 일이 발생했다. 링컨의 편지에 대한 수요가 훨씬 많았음에도 불구하고 왜 이런 일이 벌어졌을까? 링컨의 편지는 그 양이 많은 반면 암살자의 편지는 그 양이 아주 적었기 때문이다. 가격은 수요뿐 아니라 공급에 의해서도 영향을 받는다는 사실을 기억하자. 그래프로 보면 다음과 같다.

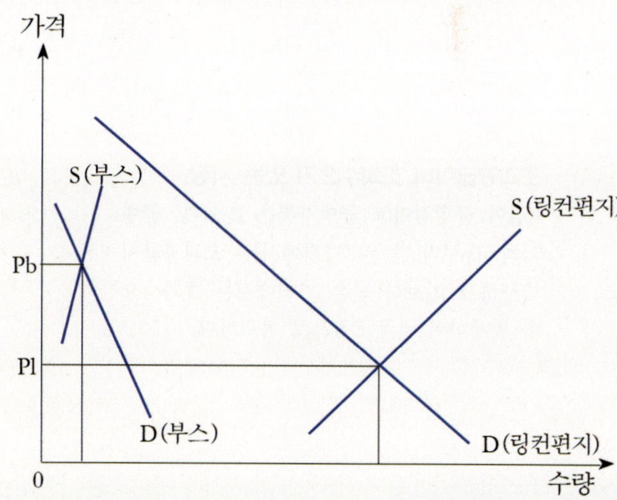

3.3.2 균형의 이탈과 복귀

[그림 3-8]에서 보듯이 시장가격이 균형가격(P_0)보다 높은 P_1일 때에는 시장의 공급량이 수요량보다 많으므로 RS만큼의 초과공급이 발생한다. 이때 시장가격은 하락하고 가격이 하락함에 따라 수요량은 증가하는 반면 공급량은 감소하므로 초과공급은 해소되고 시장은 원래 균형점 E로 복귀한다. 반대로 시장가격이 균형가격보다 낮은 P_2일 때에는 시장에는 TU만큼의 초과수요가 발생하게 되고 시장가격은 오르게 된다. 시장가격이 오르면 공급량은 증가하고 수요량은 감소하여 초과수요는 해소되고 시장은 원래의 균형점 E로 복귀한다.

갑자기 임금이 상승했다면 시장 균형은 어떻게 변할까? [그림 3-9]에서 보듯이 임금의 상승은 생산요소 가격의 상승이므로 공급곡선을 안(좌측)으로 이동시킨다. 그 결과 E_1에서 새로운 균형이 이루어지며 결과적으로 균형가격은 P_1로 상승하고 균형거래량 Q_1로 감소하게 된다.

그림 3-8

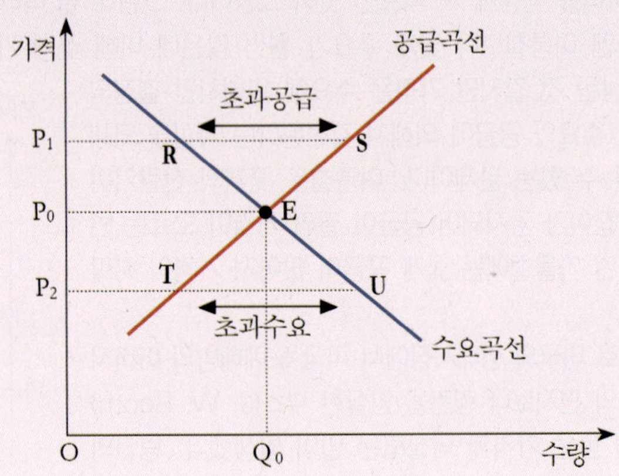

초과공급이나 초과수요가 있는 시장

E점이 균형점이고 균형가격은 P_0이다. 균형가격 P_0보다 높은 가격에서는 초과공급이 발생하고 P_0보다 낮은 가격에서는 초과수요가 발생하여 결국 E점으로 복귀한다.

그림 3-9

임금상승에 따른 균형점의 이동

노사협상 결과 임금상승이 결정되었다고 하자. 임금상승은 생산비용의 증가를 초래하므로 생산자는 생산량을 줄이게 되고 공급곡선은 안으로 이동한다. 새로운 균형점은 E_1이 되는데 가격은 상승하고 거래량은 감소한다.

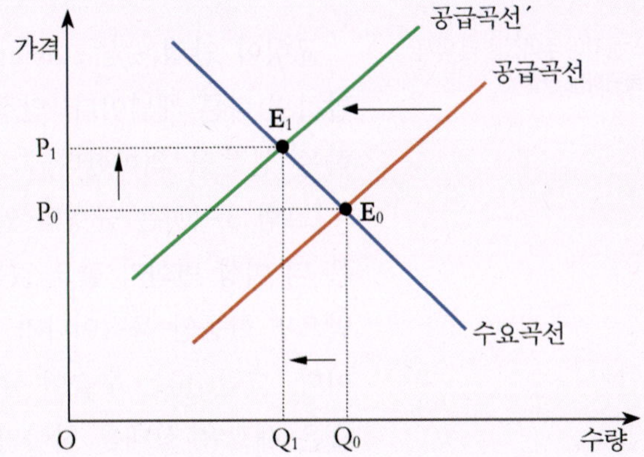

수요와 공급의 변동에 따른 균형가격과 균형거래량의 변화를 요약하면 〈표 3-5〉와 같다. 각자 그래프를 통해 〈표 3-5〉의 내용을 점검하기 바란다. 공급증가는 공급곡선을 우측으로 이동시키고, 공급감소는 좌측이동이다. 수요곡선도 마찬가지이다.

표 3-5
수요와 공급의 변동이 균형에 미치는 영향

	공급 불변	공급 증가	공급 감소
수요 불변	가 격: 불 변 균형량: 불 변	가 격: 하 락 균형량: 증 가	가 격: 상 승 균형량: 감 소
수요 증가	가 격: 상 승 균형량: 증 가	가 격: 불분명 균형량: 증 가	가 격: 상 승 균형량: 불분명
수요 감소	가 격: 하 락 균형량: 감 소	가 격: 하 락 균형량: 불분명	가 격: 불분명 균형량: 감 소

3.3.3 균형과 안정

안정(stability) 충격이 주어졌을 때 다시 원래의 상태로 복귀하는 성질

균형이 **안정**(安定, stability)과 연관이 있는 개념인 것은 사실이지만 정확히 말하면 다른 개념이다. 안정이란 '충격이 주어졌을 때 다시 원래의 상태로 복귀하는 성질'을 의미한다.

[그림 3-10]은 균형과 안정의 개념을 잘 보여주고 있다. 그림 (a)에서 구슬은 더 이상 변화가 필요 없는 상태로서 균형 상태인 동시에 어떤 물리적 충격을 받으면 한동안 움직이다가 결국은 원래 자리로 돌아와 정지하게 되므로 안정적이다. 그림 (b)는 구슬이 굴러떨어지고 있는 상태를 정지시켜 본 것이다. 이 구슬은 새로운 상태를 찾아가고 있다는 점에서 균형이 아니며 또한 궁극적으로 현재의 상태로 복귀할 수 없다는 점에서 안정도 아니다. 마지막으로 그림 (c)는 더 이상 변화를 요구치 않는 동일한 힘과 힘이 마주선 상태이므로 균형이다. 그러나 물리적 충격을 받으면 원래의 위치로 복귀하지 못한다는 점에서 안정은 아니다.

앞에서 살펴 본 [그림 3-7]의 컵라면 시장에서의 균형점은 안정적 균형점이다. 즉, 시장가격이 어떤 이유에서든지 일시적으로 균형가격보다 높아졌다면 시장은 초과공급 상태에 놓이게 되고 공급자는 자신의 공급량을 다 팔 수 없게 된다. 결국 공급자는 가격을 낮추게 되고 시장가격은 다시 균형가격으로 복귀할 것이기 때문이다.

그림 3-10

균형과 안정
균형은 수요와 공급이 일치하는 상태이고 안정은 충격이 주어졌을 때 원래 상태로 돌아갈 수 있는 것을 말한다. 균형에는 안정적인 균형과 불안정한 균형이 있다.

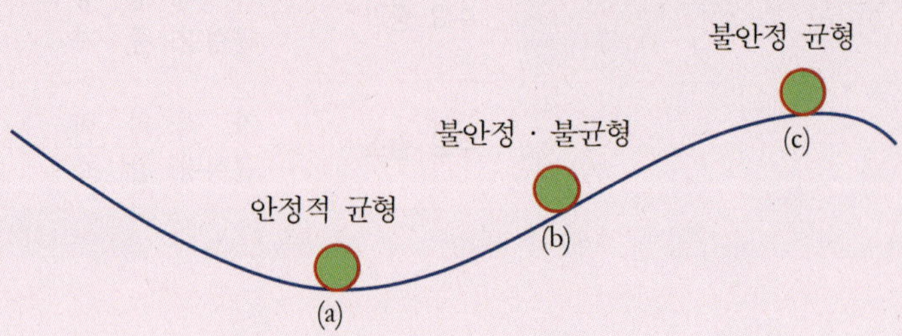

복수균형(multiple equilibria) 균형이 여러 개 발생하는 것

[그림 3-11]은 **복수균형**(multiple equilibria)과 안정성여부를 보여준다. 복수균형을 예시하기 위해 외환의 수요곡선은 우하향하는 직선모양으로 그려져 있고 공급곡선은 굴절형태로 그려져 있다. 수요와 공급이 일치하는 균형은 모두 세 개로 A, B, C가 균형이다. 이 가운데 B점만 안정적인 균형이고 A와 C는 불안정한 균형이다. 여기서는 초과수요나 초과공급과 같은 불균형이 발생했을 때 가격이 조정기능을 담당하고 있는데 이러한 가격조정메커니즘을 발라적 조정(Walrasian adjustment)이라 부른다. 반면 불균형이 발생했을 때 수량조정에 의해 균형으로 회복되는 조정메커니즘은 마셜적 조정메커니즘이라고 한다. 마셜적 수량조정메커니즘에 대해서는 생략한다.

균형점에서 안정성 여부를 확인하기 위해서는 수평의 보조선을 그어 보면 된다. [그림 3-11]에서 ab와 ef는 초과수요이므로 환율이 상승하게 되는 반면 cd와 gh는 초과공급 상태이므로 환율이 하락한다. 따라서 A, C점을 이탈할 경우 다시 A, C점으로 회복되지 못하는 반면 B점에서는 이탈하더라도 다시 B점으로 돌아오는 것을 알 수 있다.

그림 3-11

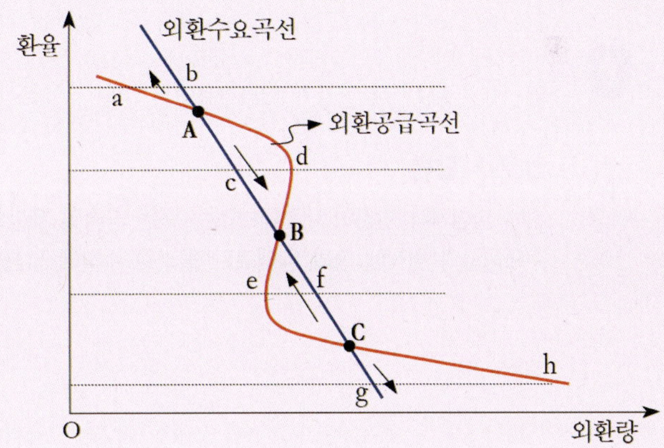

복수의 균형과 안정성

시장에서는 수요곡선과 공급곡선의 형태에 따라 복수의 균형이 발생할 수도 있다. 복수의 균형이 발생했을 때 안정적균형도 있고 불안정한 균형도 있다.

Q & A

학생의 질문

균형이 없는 상태를 생각해 봤는데요,
수요곡선과 공급곡선이 만나지 않으면 될 것 같은데요.
실제로 그런 경우가 있나요? 불균형이면서 안정적인 상태도 있나요?
(당연히 없을 것 같지만... 그래도 혹시나 해서요.. 질문다운 질문인지 모르겠네요..)

안교수 답변

균형일 때 안정여부를 논하게 됩니다. 다만 균형이 없는 경우는 얼마든지 있습니다.
우리가 그래프로 분석할 때, 드문 경우이지만 수요, 공급곡선이 평면 위에서는 만나지 않고 원점 밖, 아래 어디선가 만난다면 균형이 없겠지요?
그래프 분석이 아닌 경우, 예를 들어 과점기업 간의 비협조적 경쟁인 경우에는 균형이 존재하지 않는 경우가 종종 있답니다.
주로 거시경제학에서 언급되는 것이지만 불균형이론도 있습니다. 불균형이론은 시장에 의해 균형이 달성되지 않고 계속 불균형인채 변해간다는 것입니다. 우리는 불균형상태의 어느 한 시점을 포착하는 것 뿐이죠. 보통 고전학파나 신고전학파는 균형이론체계 안에서 경제분석을 하는 반면 케인스이론가들 중 일부는 불균형이론에 관심을 기울이기도 합니다.

학생의 질문

왜 시내 중심가나 한강이 내려다보이는 곳의 아파트는 임대료가 비쌀까요?

안교수 답변

시내 중심가나 한강이 내려다보이는 곳은 공급이 제한되어 있지만 그에 비해 수요는 많죠. 즉, 초과수요 상태이므로 수요공급의 원칙에 따라 임대료가 올라갈 수밖에 없습니다.

복습과 연습

요 약

1. 수요란 '소비자가 일정기간 동안 재화를 구매하고자 하는 욕구'로 '유량'(flow)의 개념이다.
2. 유량이란 일정한 기간을 기준으로 그 변화된 양을 의미하고, 저량은 시간의 흐름이 없는 한 순간에 존재하는 양을 의미한다.
3. 재화의 가격변화에 따른 수요변화는 '수요량의 변화'라고 하고 재화가격 이외의 변화에 대한 수요변화는 '수요의 변화'라고 한다.
4. 가격이 하락(상승)하면 수요량이 증가(감소)하는 현상을 수요의 법칙이라고 한다.
5. 가격이 하락(상승)했음에도 수요량이 감소(증가)되는 재화를 '기픈재'라고 한다.
6. 소득이 증가할 때 수요가 증가하는 재화를 '정상재'라고 하고 소득증가에 따라 오히려 수요가 감소하는 재화를 '열등재'라고 부른다.
7. 수요곡선은 일반적으로 우하향하는 곡선임에 반해 공급곡선은 우상향의 형태를 갖는다.
8. 공급은 '생산자가 일정기간 동안 재화를 판매하고자 하는 욕구'로 유량개념이며 실현된 판매량이 아니라 의도하는 판매량이다.
9. 생산요소 가격의 상승은 생산비용을 상승시키므로 공급을 줄인다.
10. 공급가격의 변화는 '공급량의 변화'를 일으키나 생산요소 가격의 변동, 기술개발 등 다른 조건의 변화는 '공급의 변화'를 초래한다.
11. 균형이란 '더 이상 다른 상태로 변화할 이유가 없는 상태'이다.
12. 안정이란 '충격이 주어졌을 때 다시 원래의 상태로 복귀하는 성질'을 의미한다.

중요개념

수요와 공급	유량과 저량	대체재	보완재
수요량의 변화	곡선상의 이동	수요의 변화	곡선의 이동
정상재	열등재	기픈재	노노스족
베블런족	균형과 안정	수요곡선	공급곡선
복수균형			

연습문제

Ⅰ. 다음 물음에 O, X로 답하고 그 이유를 밝히시오.

1. 다른 재화의 가격이 변함에 따라 해당재화의 수요가 변하는 경우 이는 수요곡선상의 변화로 나타난다.
2. X재의 가격이 상승할 때 Y재의 수요가 증가한다면 두 재화는 서로 보완재이다.
3. 가격이 내렸는데도 수요량이 감소하는 재화는 기픈재이고 소득이 증가했는데도 수요가 감소하는 재화는 열등재이다.
4. 수요와 공급은 모두 일정기간 동안의 스톡을 나타낸다.
5. 소득이 증가하면 재화의 수요는 언제나 증가한다.
6. 전체 시장수요곡선은 개별 수요자의 수요곡선을 수직으로 합하여 그려진다.
7. 우하향하는 수요곡선과 우상향 공급곡선을 가진 X재 시장이 균형에 있다. 이제 신기술이 개발되었다면 균형가격은 상승한다.
8. 김치냉장고 시장에서 원자재 가격이 상승하는 한편 소득수준이 증가했다면 균형가격이 어떻게 변할지 불분명하다.
9. 시장이 균형에 놓여있다면 안정적이다.
10. 대체재의 가격이 상승하면 수요곡선은 밖으로 이동한다.
11. 한정된 자원이라는 제약 하에서 X재 가격이 상승하면 Y재 공급곡선은 안으로 이동한다.
12. 재화시장에서 재화의 수요곡선과 공급곡선은 가격과 소득의 평면 위에 그려진다.
13. 시장이 불균형에 있을 때 가격이 조정됨으로써 균형을 회복하는 것을 발라적 조정메커니즘이라고 하고 수량조정을 통해 균형을 회복하는 것은 마셜적 조정메커니즘이라고 한다.

Ⅱ. 다음 물음에 답하시오.

1. 유량과 저량을 구별하라.
2. 수요량의 변화와 수요의 변화를 구별하라.
3. 기픈재와 열등재는 어떻게 다른가?
4. 임금이 상승하면 기업의 공급곡선은 어떻게 이동하는가?
5. 현재 어떤 재화에 대해 초과수요가 발생하고 있다면 무슨 일이 일어날 것 같은가?

(1) 초과공급이 발생한다.
(2) 가격이 상승한다.
(3) 수요량이 증가한다.
(4) 균형거래량이 감소한다.

6. 쇠고기와 돼지고기는 서로 대체재이다. 이제 돼지고기 가격과 소득이 동시에 상승했다면 쇠고기 수요는 어떻게 변하는가? 쇠고기는 정상재이다.

7. 어느 재화의 시장에서 노동자의 임금과 소비자의 소득이 동시에 상승하였다면 그 재화의 균형가격과 균형생산량은 어떻게 변하는가?

8. 재화 A의 수요곡선을 왼쪽으로 움직이게 하는 것은?
(1) 재화 A를 소비하는 소비자의 수 증가
(2) 재화 A가격의 상승
(3) 보완재 C의 가격 하락
(4) 재화 A가 열등재일 때, 소득의 증가
(5) 대체재 B의 가격 상승

9. 어떤 시장에서 동일한 수요함수 $Q=-P+10$을 갖는 2인의 수요자와 동일한 공급함수 $Q=2P-5$를 갖는 2인의 공급자가 있다고 하자. 시장의 균형가격과 균형거래량은?

10. X재와 Y재는 서로 보완재이고 X재와 Z재는 서로 대체재이다. X재의 가격이 상승할 때 나타나는 현상은? X, Y, Z 재화 모두 정상재이다.
(1) Y재와 Z재의 가격이 모두 하락한다.
(2) Y재와 Z재의 가격이 모두 상승한다.
(3) Y재의 가격은 하락하고 Z재의 가격은 상승한다.
(4) Y재의 가격은 상승하고 Z재의 가격은 하락한다.
(5) Y재와 Z재의 가격은 모두 불변이다.

11. 경제적 측면에서 유류 소비를 줄이는 가장 효율적인 방안은?
(1) 국내 유류가격 상승
(2) 차량 홀짝제 운행
(3) 매주 하루 자동차 운행을 금지
(4) 국적기의 운행편수를 감축한다.
(5) 주4일 근무제로 출퇴근을 줄인다.

12. 다음 중 사과의 수요곡선을 이동시킬 것 같지 않는 요인은?
(1) 소득변동 (2) 기술개발
(3) 대체재 가격 (4) 소비 취향의 변화

13. 자동차 산업에 있어 자동차가격의 상승은 자동차 공급곡선을 밖으로 이동시킬 것이다.(○, ×)

14. 도심의 유료주차장이 변두리 지역의 유료주차장보다 주차료가 비싼 이유로 적절치 못한 것은?
(1) 초과주차수요
(2) 주차 면 부족
(3) 높은 토지 임대료
(4) 도심 주차장의 독점적 지위

Chapter 4

탄력성과 그 응용

여러분은 3장에서 균형가격과 균형거래량은 수요와 공급에 의해 결정된다는 사실을 알았다. 공급이 증가하면 균형거래량은 증가하지만 동시에 균형가격은 하락하는 것도 알았다. 공급이 증가할 때 공급자의 총 수입액은 증가할 것인가? 혹은 감소할 것인가? 직장인들이 즐겨 찾는 식당의 주인이 음식값을 올릴 경우 손님이 줄어들고 판매량도 감소하겠지만 식당의 총수입은 어떻게 되는가? 이러한 질문에 답하기 위해서는 '탄력성'(elasticity)에 대해 알아야 한다. 탄력성이란 '어떤 변화가 발생했을 때 그에 대한 반응도'라고 정의할 수 있다. 경제학에서 흔히 다루어지는 탄력성으로는 수요의 가격탄력성, 수요의 소득탄력성, 수요의 교차탄력성, 공급의 가격탄력성 등이 있다.

4.1 수요의 가격탄력성

수요의 가격탄력성(price elasticity of demand) 가격변화에 대한 수요량의 변화를 나타내는 지표로 수요량의 변화율을 가격변화율로 나눈 값

수요의 법칙에 따르면 가격이 하락(증가)할 때 수요량은 증가(감소)한다. 이때 수요량이 얼마나 민감하게 반응하느냐 하는 것이 **수요의 가격탄력성**(price elasticity of demand)이다. 가격변화에 대한 수요량의 변화가 크면 탄력적이라고 하고 반대로 수요량의 변화가 미미하면 비탄력적이라고 한다. 가격변화율과 수요량의 변화율이 동일할 경우 단위 탄력적이라고 한다. 수요의 법칙이 성립하지 않는 기픈재는 수요의 가격탄력성이 음으로 나타난다.

4.1.1 수요의 가격탄력성에 영향을 주는 요인

수요와 마찬가지로 수요의 가격탄력성도 개개인의 주관적 취향에 따라 다르다. 그러나 일반적으로 수요의 가격탄력성에 영향을 주는 요인으로 다음과 같은 것들이 있다.

① 필수품과 사치품

필수품(necessities) 수요의 가격탄력성이 작은 재화

필수품(necessities)은 가격이 오르(내리)더라도 수요량이 크게 줄어들(늘)지 않을 것이므로 수요의 가격탄력성이 작다. 예를 들어 식료품이나 난방연료 같은 생필품이나 담배나 술 같은 기호품, 환자의 병원이용 등의 경우는 필수적인 것이므로 수요의 가격탄력성은 작다. 반면 귀금속이나 고급자동차, 고급식당 등 생활하는데 필수적인 것이 아닌 **사치품**(luxuries)은 가격변화에 대해 수요량의 변화가 민감할 것이므로 수요의 가격탄력성이 크다.

사치품(luxuries) 수요의 가격탄력성이 큰 재화

② 대체재의 유무

재화의 수요는 대체재가 존재하느냐 여부와 밀접하게 관련된다. 대체재가 존재할 경우 소비자는 대체재로 바꿀 수 있기 때문이다. 쇠고기 수요의 가격탄력성은 돼지고기라는 대체재가 존재하므로 비교적 크다. 여기에는 재화로서의 대체재뿐 아니라 지역적 대체성도 포함된다. 예를 들어 대도시 내 주유소들이 가

솔린 가격을 인상한 반면 주변 위성도시 주유소들은 가솔린 값의 변동이 없다면 대도시 주유소의 가솔린 판매량은 크게 감소할 것이다. 그것은 가까운 지역에 대체할 주유소가 있기 때문이다. 반면 외딴 시골 마을에 있는 주유소의 가솔린가격 인상은 수요량을 크게 감소시키지는 않을 것이다.

③ 시간의 장·단기 여부

고려되는 시간이 길수록 수요의 가격탄력성은 크다. 그 이유는 시간이 길수록 대체재의 발견이나 취향의 변화 등이 일어나 가격변화에 반응을 나타내게 되기 때문이다. 가솔린 가격의 상승은 처음에는 소비량을 크게 감소시키지 않으나 시간이 흐름에 따라 대체 연료의 개발, 경차 선호, 대중교통 이용 증가, 직장 근처로의 이사 등 가솔린 소비를 줄이는 쪽으로 반응하게 된다.

4.1.2 수요의 가격탄력성 계산

이제 수요의 가격탄력성을 어떻게 계산하는지 살펴보자. 수요의 가격탄력성은 가격변화율에 대한 수요량의 변화율로서 계산식은 다음과 같다.

$$\text{수요의 가격탄력성}(e_p) = -\frac{\text{수요량의 변화율}(\%)}{\text{가격변화율}(\%)} \tag{4.1}$$

위 식에서 음(−) 부호를 앞에 붙인 것은 수요의 가격탄력성을 양(+)의 값으로 표현하는 관례에 따른 것이다. 즉, 수요의 법칙에 따라 가격이 상승하는 경우 수요량은 감소하므로 수요의 가격탄력성은 음(−)으로 계산되는데 이를 양(+)의 값으로 표현하기 위해 미리 앞에다 음(−) 부호를 붙인다. 따라서 수요의 법칙의 예외인 기픈재의 경우 수요의 가격탄력성이 음으로 나타날 수밖에 없다. 수요의 가격탄력성은 구하는 방식에 따라 호탄력성과 점탄력성으로 나눌 수 있다.

(1) 호탄력성

호탄력성 곡선 위 두 점 간의 탄력성

호탄력성이란 두 점 사이의 탄력성을 구하는 것인데 여기에는 매우 골치 아

그림 4-1

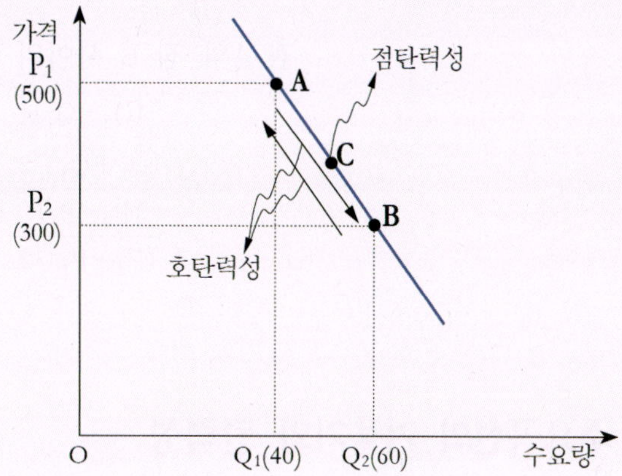

호탄력성과 점탄력성

호탄력성은 A에서 B로 측정하느냐 혹은 B에서 A로 측정하느냐에 따라 달라진다. 따라서 AB의 중간점 C에서 탄력성을 측정하는 방법이 흔히 사용되는데 이를 점탄력성이라고 한다.

픈 문제가 내재하고 있다. 예를 들어 [그림 4-1]의 점 A(P_1, Q_1)=(500, 40)와 점 B(P_2, Q_2)=(300, 60) 사이의 호탄력성을 구할 경우 '점 A에서 점 B로 변할 때의 탄력성이냐? 혹은 점 B에서 점 A로 변할 때의 탄력성이냐?'에 따라 탄력성의 값이 달라지기 때문이다.

점 A에서 점 B로 변할 경우 호탄력성

$$= -\frac{(Q_1 - Q_2)/Q_1}{(P_1 - P_2)/P_1} = -\frac{(40-60)/40}{(500-300)/500} = 1.25$$

점 B에서 점 A로 변할 경우 호탄력성

$$= -\frac{(Q_2 - Q_1)/Q_2}{(P_2 - P_1)/P_2} = -\frac{(60-40)/60}{(300-500)/300} = 0.5$$

(2) 점탄력성

점탄력성(point elasticity) 곡선 위 한 점에서의 탄력성

점탄력성이란 호탄력성의 문제를 회피하기 위한 것으로 두 점 사이의 중간점을 택하여 탄력성을 계산하는 방식이다. 점탄력성을 이용하면 어느 방향에서 변하든지 동일한 탄력성을 얻을 수 있기 때문에 별도의 호탄력성을 구하라는

말이 없을 경우 두 점 사이의 탄력성은 점탄력성을 의미하는 것으로 봐도 좋다.

점 A와 점 B 사이의 점탄력성

$$= -\frac{\dfrac{(Q_2 - Q_1)}{(Q_2 + Q_1)/2}}{\dfrac{(P_2 - P_1)}{(P_2 + P_1)/2}} = -\frac{\dfrac{(60 - 40)}{(60 + 40)/2}}{\dfrac{(300 - 500)}{(300 + 500)/2}} = 0.8$$

4.1.3 수요곡선의 기울기와 탄력성

수요곡선은 가격이 변할 때 수요량의 변화를 보여주는 곡선이다. 따라서 수요곡선의 기울기와 탄력성 간에는 밀접한 관계가 있다. 그렇다 하더라도 수요곡선의 기울기와 곡선의 탄력성이 동일한 것은 물론 아니다. 수요곡선의 기울기는 곡선상의 두 점간의 '변화량'의 비율인 반면 곡선의 탄력성은 곡선상의 두 점 간의 '변화율'의 비율이기 때문이다. 이제 앞의 [그림 4-1]에서 가격이 P_1에서 P_2로 변했을 때 수요량이 Q_1에서 Q_2로 변한 경우 수요곡선의 기울기와 호탄력성 간의 관계는 다음과 같이 나타낼 수 있다.

$$e_p = -\frac{(Q_1 - Q_2)/Q_1}{(P_1 - P_2)/P_1} = -\frac{(Q_1 - Q_2)}{(P_1 - P_2)} \times \frac{P_1}{Q_1}$$

$$= -\text{두 점 AB 간의 기울기의 역수} \times \frac{P_1}{Q_1}$$

기울기가 완만할수록 기울기의 절대 값이 작으므로 역수의 절대 값은 커진다. 기울기가 완만할수록 탄력성이 크고 반대로 기울기가 가파를수록 비탄력적으로 되는 것이지만, 호탄력성의 크기가 기울기의 크기에 의해서만 결정되는 것은 아니다. 왜냐하면 수요곡선의 호탄력성은 기울기의 역수뿐 아니라 출발점에서의 가격을 수요량으로 나눈 값(P_1/Q_1)에도 영향을 받기 때문이다.

그림 4-2

원점에 대해 볼록한 직각쌍곡선의 탄력성
원점에 대해 볼록한 직각쌍곡선의 경우 곡선 위 어느 곳에서나 탄력성은 1이다. A점은 기울기가 가파른데 비해 가격을 수요량으로 나눈 값이 크다. 반면 B점은 기울기가 완만한데 비해 가격을 수요량으로 나눈 값이 작은 것을 볼 수 있다.

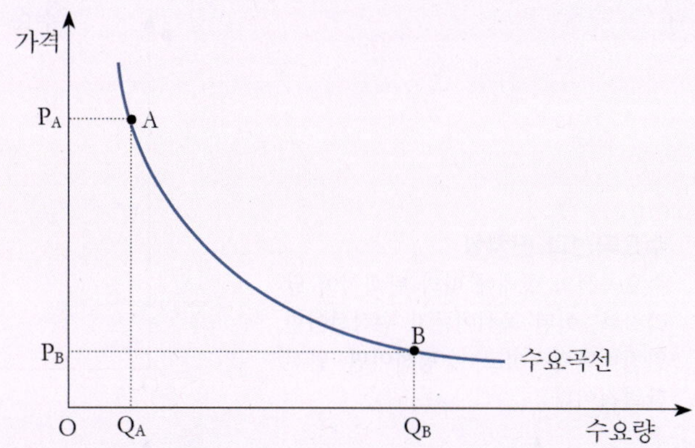

이제 [그림 4-2]를 이용해 수요곡선 위 한 점에서의 점탄력성을 살펴보자. 수요곡선은 말 그대로 곡선이 일반적이다. 따라서 곡선 위 한 점에서의 점탄력성은 **그 점에서의 접선의 기울기의 역수와 그 점에서의 (가격/수량)을 곱한 것**으로 나타낼 수 있다.

즉, 곡선인 수요곡선 위 임의의 점 A(P_A, Q_A)에서의 수요의 가격탄력성

$e_p = -$A점에서의 접선의 기울기의 역수 $\times$ (P_A/Q_A)이다.

[그림 4-2]에서 보는 것처럼 원점에 대해 볼록한 직각쌍곡선인 수요곡선이라면 곡선의 왼쪽 위 A점의 탄력성과 곡선의 오른쪽 아래 B점의 탄력성은 1로 같다. 그 이유는 A점에서 접선의 기울기(절대값)가 크므로 그 역수는 작다. 그러나 A점에서 가격을 수요량으로 나눈 값 $\frac{OP_A}{OQ_A}$은 크다. B점에서는 접선의 기울기(절대값)가 작으므로 그 역수는 큰 반면 B점에서의 가격을 수요량으로 나눈 값 $\frac{OP_B}{OQ_B}$는 작기 때문이다.

[그림 4-3]에는 수요곡선의 형태에 따른 곡선의 탄력성을 보여 주고 있다.

그림 (a)는 완전 비탄력적 수요곡선으로 이 곡선의 탄력성은 제로(0)이다. 그림 (a)의 기울기는 무한한 값이므로 그 역수는 제로(0)이며 결국 탄력성은 어느 지점에서나 제로가 되는 것이다. 그림 (b)는 기울기가 제로이므로 그 역수는 무한한 값이다. 그러므로 그림 (b)는 무한 탄력적인 수요곡선이 된다. 그림 (c)는 어느 지점에서나 탄력성이 1인 직각쌍곡선으로 **단위 탄력적**(unit elasticity)이

그림 4-3

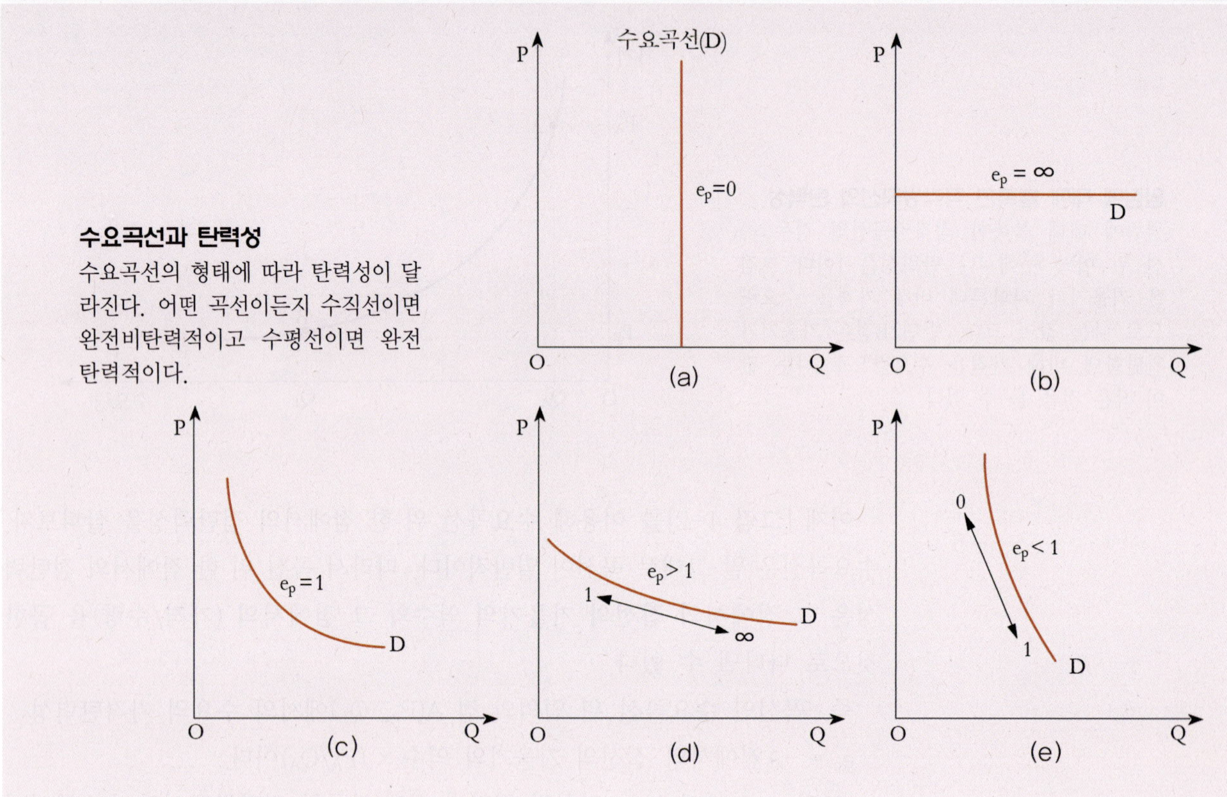

수요곡선과 탄력성

수요곡선의 형태에 따라 탄력성이 달라진다. 어떤 곡선이든지 수직선이면 완전비탄력적이고 수평선이면 완전탄력적이다.

라 한다. 그림 (d)는 탄력성이 1보다 크므로 탄력적인 수요곡선이다. 물론 (d)의 경우 왼쪽 위로 갈수록 탄력성이 1에 접근하고 오른쪽 아래로 내려올수록 무한대에 접근한다. 그림 (e)는 어느 지점에서나 탄력성이 1보다 작으므로 비탄력적인 수요곡선이나 왼쪽 위로 갈수록 0에 접근하고 오른쪽 아래로 갈수록 1에 접근한다.

4.1.4 수요의 가격탄력성과 총수입

새 학기 들어서자 학교 앞 분식점 주인이 분식 값을 10% 인상했다고 하자. 그 식당의 수입액(매출액)은 증가할까? 혹은 감소할까? 이에 대한 대답은 그 분식점 메뉴에 대한 소비자들의 수요의 가격탄력성에 따라 달라진다. 총 수입액은 분식 가격과 판매량의 곱으로 계산된다. 가격 인상은 총수입을 증가시키는 쪽으로 작용하지만 수요량 감소는 총수입을 낮추는 쪽으로 작용하기 때문에 어떤 요인이 더 크게 작용하느냐에 따라 총 수입액이 달라진다.

만일 수요의 가격탄력성이 1보다 크다면, 즉 가격 10% 상승에 비해 수요량의 감소는 10%보다 크므로 총수입액은 감소한다. 반대로 수요의 가격탄력성이 1보다 작다면, 즉 가격 10% 상승에 대해 수요량의 감소는 10%보다 작으므로 총수입액은 전보다 증가한다. 물론 탄력성이 1이라면 가격 상승률과 수요량 감소율이 동일하므로 총수입액은 변하지 않는다.

따라서 판매자가 '물건 값을 올릴 것인가, 내릴 것인가?'를 결정할 때 가장 먼저 생각해 보아야 할 사항은 자신의 재화에 대한 소비자들의 가격탄력성이 1보다 큰지 혹은 작은지 알아야 한다. 어떤 재화의 수요의 가격 탄력성을 측정하기 위해서는 그 재화에 대한 소비자의 취향, 경쟁업소의 유무, 대체재의 존재 등 철저한 시장 분석이 필요하다.

Q & A

Q 학생의 질문

수요의 가격탄력성과 총수입에서요.. 가격 탄력성이 1일 경우 가격이 오르면 총수입이 불변한다고 하셨는데.. 가령 예를 들어 300원하는 과자가 400원으로 올라서 수요가 30명에서 20명으로 준 경우에요..(제가 생각한 예임당..예가 적절치 않아도 이해하시길..) 수요의 가격탄력성은 1이 되는데요.. (맞죠? 아니면 제가 오늘 수업을 이해 못한 겁니당,..^^;;) 그럴 경우 가격이 오르기 전에는 9,000원이라는 총수입이 있고 가격이 오른 뒤에는 8,000원의 총수입이 있는 결과가 되는데요, 총수입이 불변이라니.. 총수입이라는 것의 의미가 이윤의 의미이기 때문인가요?

A 안교수 답변

학생은 호탄력성으로 계산했군요. 호탄력성은 위에서 아래로 혹은 아래서 위로 계산할 때 그 값이 달라집니다. 탄력성과 총수입의 관계뿐 아니라 곡선의 탄력성을 나타낼 경우 그것은 일반적으로 점탄력성을 말하는 것입니다. 점탄력성을 이용해 다시 예시해 볼게요. 가격이 300원에서 400원으로 올랐을 때 수요량이 80개에서 60개로 감소한 경우 점탄력성 $= -\dfrac{(80-60)/70}{(300-400)/350} = \dfrac{20/70}{-100/350} = 1$이며 가격변동 전후의 총수입은 300원×80=24,000원과 400원×60개=24,000원으로 동일합니다.

4.1.5 직선인 수요곡선의 점탄력성

수요곡선이 직선일 경우에는 수요곡선 위 어느 점에서나 기울기가 같다. 앞의 탄력성과 직선의 기울기 간의 관계를 나타내는 식을 직선인 수요곡선에 적용해 보자.

$$\text{직선인 수요곡선상의 임의의 점 A에서 탄력성} = -(\text{직선인 수요곡선 기울기의 역수}) \times \frac{\text{A점의 가격}}{\text{A점의 수요량}}$$

이 관계식에서 직선인 수요곡선의 기울기는 어느 지점에서나 동일한 반면 임의의 점 A의 위치는 계속 변하고 있음을 유의하기 바란다. [그림 4-4]는 직선인 수요곡선의 탄력성을 보여주고 있다. 이 수요곡선의 기울기는 $-\frac{1}{2}$이다. 그러므로 이 수요곡선 위 임의의 점 A에서의

$$\text{탄력성} = -(\text{기울기의 역수}) \times \frac{\text{A점의 가격}}{\text{A점의 수요량}} = 2 \times \frac{\text{A점의 가격}}{\text{A점의 수요량}}$$

으로 계산된다. 임의의 점 A가 직선인 수요곡선의 중간 지점이라면 탄력성은 1이다. 그러나 수요곡선의 중간 지점보다 위에 위치한 점의 탄력성은 위로 가면 갈수록 1보다 커지는 반면 중간 지점 아래로 위치가 내려가면 갈수록 탄력성은 1보다 점점 더 작아진다. 이는 수요곡선을 따라 위에서 아래로 이동할수록 기울기의 역수는 일정한 반면 $\frac{\text{가격}}{\text{수요량}}$의 값은 작아지기 때문이다.

직선인 수요곡선의 경우 탄력성과 총수입 간의 관계를 살펴보자. 수요곡선의 중간점 A에서 총수입이 극대가 되며 중간점에서 위쪽으로 혹은 아래로 이동하면 할수록 총수입은 점점 감소한다. 이는 중간점 위의 부분은 탄력성이 1보다 크기 때문에 가격상승률에 비해 수요량의 감소율이 더 크기 때문이며, 동시에 중간점 아래 부분은 탄력성이 1보다 작기 때문에 가격하락률에 비해 수요량 증가율이 작기 때문이다.

그림 4-4

직선인 수요곡선의 점탄력성

특수한 경우로 수요곡선이 직선인 경우 수요곡선의 중간점에서는 탄력성이 1이 되고 그 위쪽은 탄력적, 그 아래쪽은 비탄력적이 된다. 중간점, 즉 탄력성이 1인 점 A에서 총수입이 최대가 된다.
A점에서의 수입은 100×50원 = 5,000원.
임의의 점 B와 C점의 수입은
B : 40×80원=3,200원
C : 120×40원=4,800원

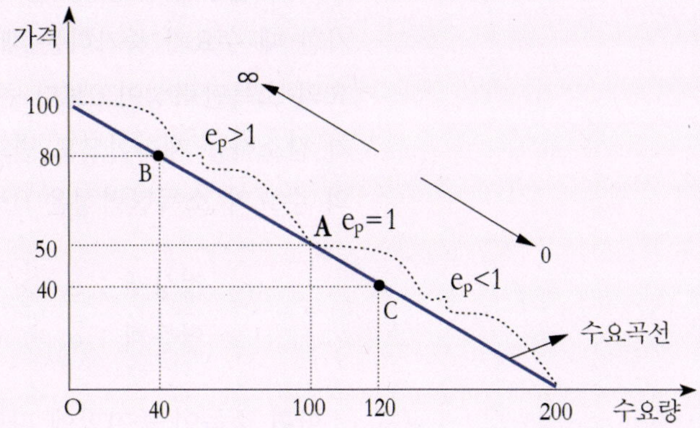

4.2 수요의 소득탄력성과 교차탄력성

4.2.1 수요의 소득탄력성

수요의 소득탄력성(income elasticity of demand) 소득변화에 대한 수요의 변화를 나타내는 지표로 수요의 변화율을 소득변화율로 나눈 값

소득의 변화에 대한 수요의 변화를 나타내는 것을 **수요의 소득탄력성**(income elasticity of demand)이라고 한다.

$$\text{수요의 소득탄력성}(e_y) = \frac{\text{수요의 변화율}(\%)}{\text{소득변화율}(\%)} \tag{4.2}$$

예를 들어 소득이 10% 상승했을 때 식료품에 대한 수요는 5%밖에 증가하지 않았다면 식료품수요의 소득탄력성은 $\frac{1}{2}$이 된다.

소득이 증가할 때 그 재화에 대한 수요가 증가하는 재화를 **정상재**라고 하며 반대로 소득이 증가했음에도 불구하고 전보다 수요가 감소하는 재화를 **열등재**

라고 부른다는 것은 이미 앞에서 살펴본 바 있다.

이제 열등재와 정상재를 탄력성의 개념으로 설명해보자. 정상재는 소득이 증가할 때 수요가 증가하는 재화이므로 변화의 방향이 같다. 따라서 정상재는 수요의 소득탄력성이 0보다 큰 양수이다. 반면 열등재는 소득이 증가할 때 수요가 감소하는 재화이므로 변화의 방향이 반대임을 알 수 있다. 그러므로 열등재의 수요의 소득탄력성은 0보다 작은 음수이다.

정상재 : $e_y > 0$
열등재 : $e_y < 0$

엥겔의 법칙(Engel's law) 소득이 증가함에 따라 식료품에 대한 절대 지출액은 증가하나 소득 중 식료품 지출액이 차지하는 비중은 감소한다는 것

한편 소득이 증가함에 따라 식료품에 대한 절대 지출액은 증가하나 소득 중 식료품 지출액이 차지하는 비중이 감소하는 것을 **엥겔의 법칙**(Engel's law)이라고 한다. 엥겔의 법칙이 성립한다고 할 때 식료품 수요의 소득탄력성은 0보다는 크지만 1보다는 작다. 즉 정상재 중에서도 식료품과 같은 생활필수품은 소득증가율보다 수요의 증가율이 크지 않으므로 수요의 소득탄력성은 비탄력적이다. 한편 사치품의 경우에서 보듯이 소득증가율보다 수요의 증가율이 더 높은 재화는 수요의 소득탄력성이 1보다 커서 탄력적이 된다.

엥겔의 법칙에서 보듯이 경제성장이 진행되면서 국민소득이 증가하면 사람들의 소비 행태는 생필품보다는 사치품 쪽으로 수요가 점점 몰리게 된다. 따라서 경제성장과 함께 수요의 소득탄력성이 작은 제품은 쇠퇴하는 반면 자동차, 고급의류, 여가, 외식산업 등 수요의 소득탄력성이 큰 산업은 성장하게 된다.

4.2.2 수요의 교차탄력성

수요의 교차탄력성(cross elasticity of demand) 한 재화의 가격이 변할 때 연관재의 수요가 어떻게 변하는가를 나타내는 지표로 연관재 수요의 변화율을 한 재화의 가격변화율로 나눈 값

다른 재화의 가격이 변할 때 해당 재화의 수요가 변하는 것은 이미 살펴본 바 있다. 이러한 연관재 간의 관계를 탄력성의 개념으로 나타낸 것이 **수요의 교차탄력성**(cross elasticity of demand)이다.

$$\text{수요의 교차탄력성}(e_c) = \frac{\text{해당재화(X재)의 수요변화율(\%)}}{\text{다른재화(Y재)의 가격변화율(\%)}} \qquad (4.3)$$

수요의 교차탄력성이 0보다 크면 두 재화는 대체재이다. 반면 수요의 교차탄력성이 0보다 작아 음(−)이면 두 재화는 보완재임을 알 수 있다. 예를 들어 쇠고기 가격이 10% 상승했을 때 돼지고기 수요가 5% 증가했다면 두 재화 간의 교차탄력성은 0.5이며 두 재화는 대체재이다.

대체재 : $e_c > 0$
보완재 : $e_c < 0$

4.3 공급의 가격탄력성

4.3.1 공급의 가격탄력성과 결정요인

공급의 가격탄력성(price elasticity of supply) 재화의 가격이 변할 때 그 재화의 공급량이 얼마나 민감하게 반응하는가를 나타내는 지표로 공급량의 변화율을 가격변화율로 나눈 값

가격이 상승할 때 공급량이 증가하는 것을 공급의 법칙이라고 한다. 이제 어느 재화의 가격이 변할 때 그 재화의 공급량이 얼마나 민감하게 반응하는가를 나타내는 것이 **공급의 가격탄력성**(price elasticity of supply)인데 줄여서 공급탄력성이라고 부르기도 한다. 가격의 변화율보다 공급량의 변화율이 크면 탄력적이라고 하며 반대로 가격의 변화율보다 공급량의 변화율이 작으면 비탄력적이라고 한다. 가격의 변화율과 공급량의 변화율이 동일할 경우 단위 탄력적이라고 한다.

공급의 가격탄력성을 결정하는 요인은 다음과 같다.

첫째, 공급자들이 생산량을 얼마나 신축적으로 조절할 수 있느냐가 가장 중요하다. 농산물의 경우 이용 가능한 토지면적에 제한이 있고 파종시기와 수확시기가 있다는 점에서 가격변화에 대해 상당히 비탄력적임을 알 수 있다.

둘째, 분석기간이 길수록 공급의 가격탄력성은 커진다. 분석기간이 길수록 가격변화에 대해 공급량을 조절하기가 용이하기 때문이다. 예를 들어 가격이 상승하는 경우 분석기간이 길면 신규기업이 진입하거나 기존 기업의 시설확장이 보다 용이하므로 공급량의 증가가 더 크게 일어날 수 있기 때문이다.

4.3.2 공급의 가격탄력성 계산

이제 공급의 가격탄력성을 어떻게 계산하는지 살펴보자. 공급의 가격탄력성은 가격변화율에 대한 공급량의 변화율로서 계산식은 다음과 같다.

$$공급의\ 가격탄력성(e_s) = \frac{공급량의\ 변화율(\%)}{가격의\ 변화율(\%)} \tag{4.4}$$

공급의 가격탄력성을 계산함에 있어서도 수요의 가격탄력성에서와 마찬가지로 호탄력성과 점탄력성이 있는데 여기서는 점탄력성을 중심으로 살펴보자.

예를 들어 자동차 가격이 950만원에서 1,050만원 사이에서 변할 때 자동차 공급량이 9만대에서 11만대 사이로 변한다면 공급의 가격탄력성은 점탄력성의 계산식을 이용하면 다음과 같다.

$$가격변화율 = \frac{(1,050-950)}{1,000} \times 100\% = 10\%$$

$$공급량의\ 변화율 = \frac{(11만-9만)}{10만} \times 100\% = 20\%$$

$$따라서\ 공급의\ 가격탄력성은\ \frac{20\%}{10\%} = 2.0이다.$$

4.3.3 공급곡선과 탄력성

공급곡선은 가격이 변할 때 공급량의 변화를 나타낸다. 따라서 공급곡선의 형태를 결정하는 기울기와 공급탄력성 간에는 밀접한 관계가 있다. 그렇다 하더라도 공급곡선의 기울기와 공급곡선의 탄력성의 크기가 동일한 것은 물론 아니다. 공급곡선의 기울기는 곡선상의 두 점 간의 '변화량'의 비율인 반면 곡선의 탄력성은 곡선상의 두 점 간의 '변화율'의 비율이기 때문이다. 이제 공급곡선의 기울기와 탄력성 간의 관계는 [그림 4-5]를 통해 다음과 같이 나타낼 수 있다.

그림 4-5

공급곡선의 점탄력성

공급곡선 위의 두 점 AB간의 점탄력성은 공급곡선의 연장선이 횡축의 연장선과 만나는 곳이 T라고 할 때 TE/OE가 된다. 공급곡선 위의 어느 점에서 탄력성을 측정하느냐에 따라 탄력성이 다르다. 공급곡선의 왼쪽 아래로 내려올수록 TO는 일정하나 OE가 작아지므로 탄력성은 커진다. 반대로 공급곡선의 오른쪽 위로 올라갈수록 TO는 일정하나 OE가 커지므로 탄력성은 작아진다.

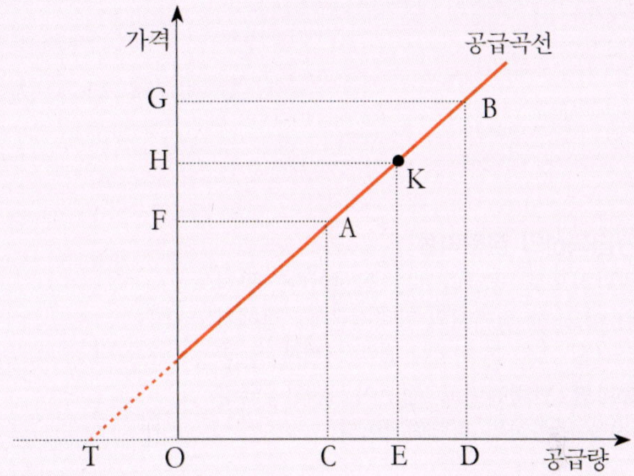

점 A와 점 B 사이의 점탄력성

$$= \frac{(OD-OC)/OE}{(OG-OF)/OH} = \frac{(OD-OC)}{(OG-OF)} \times \frac{OH}{OE} = \frac{CD}{GF} \times \frac{OH}{OE}$$

$$= (\text{두 점 AB간의 기울기의 역수}) \times \frac{\text{두 점간의 중간 가격}}{\text{두 점간의 중간 공급량}}$$

$$= \frac{TE}{OH} \times \frac{OH}{OE} = \frac{TE}{OE}$$

[그림 4-5]에서 보는 것처럼 공급곡선 위의 어떤 점에서의 점탄력성은 그 점에서의 접선의 연장선이 횡축(공급량 축)과 만나는 점을 T라고 할 때 $\frac{TE}{OE}$의 값이 되는 것을 알 수 있다. 접선의 기울기가 완만할수록 기울기가 작으며 역수는 커진다. 그러므로 기울기가 완만할수록 탄력적인 공급곡선이 되며 반대로 기울기가 가파를수록 비탄력적인 공급곡선이 되는 것이지만, 탄력성의 크기가 기울기에 의해서만 결정되는 것은 아니다.

공급곡선의 탄력성을 판별하는 문제는 공급곡선이 직선인가 혹은 곡선인가에 따라 크게 다르다. 곡선인 공급곡선의 경우에는 곡선 위 어느 위치에서 측정하느냐에 따라 탄력적일 수도 있고 비탄력적일 수도 있다. [그림 4-6]에서 보듯이 곡선 위 어느 위치에 있느냐에 따라 접선의 기울기가 다르며 그 점에서

그림 4-6

공급곡선의 점탄력성
일반적으로 공급곡선은 곡선이다. 곡선 위 어느 한 점에서의 탄력성은 그 점에서 접선을 그은 후 접선이 종축(가격축)을 관통하면 탄력적이고 접선이 횡축(공급량축)을 관통하면 비탄력적이다.

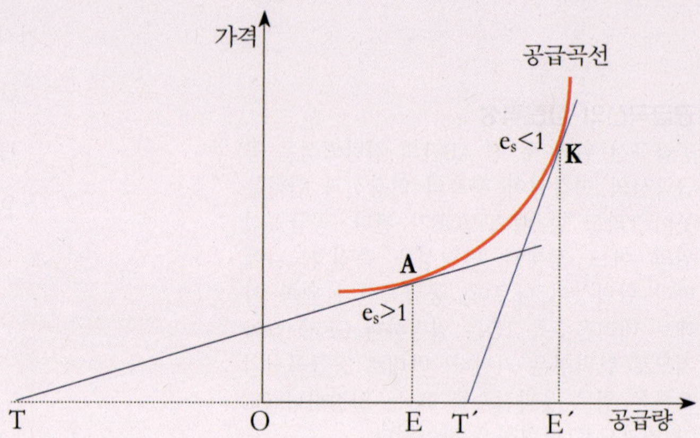

의 가격, 수요량의 값도 달라지기 때문이다. 공급곡선 위 A점에서는 $\frac{TE}{OE}>1$이므로 탄력적인 반면, K점에서는 접선의 기울기가 크므로 $\frac{T'E'}{OE'}<1$ 이 되어 비탄력적이다. 이러한 형태의 공급곡선은 흔히 생산시설 규모가 확정되어 있는 제조업에서 볼 수 있다. 제조업의 경우 가격이 낮은 수준에 머물다 오르기 시작하면 공급자는 공장 가동률을 높임으로써 공급량을 증가시킬 것이므로 공급의 가격탄력성이 큰 반면 가격이 이미 높이 올라있는 상태에서의 가격상승은 이미 공장 가동률이 높은 상태이므로 더 이상 공급량을 증가시키는 것이 쉽지 않기 때문에 탄력성이 낮은 것이다.

4.3.4 직선인 공급곡선의 탄력성

이제 공급곡선이 직선인 경우의 탄력성을 판별하는 문제를 생각해보자. [그림 4-7]에는 직선인 공급곡선 5개가 그려져 있다.

그림 (a)는 수직선인 공급곡선으로 가격탄력성은 곡선 위 어느 곳에서나 제로(0)이다. 이러한 공급곡선은 완전 비탄력적 공급곡선이다. 그림 (b)는 수평인 공급곡선으로 가격변화에 대한 공급량의 변화는 어느 점에서나 무한하므로 탄

그림 4-7

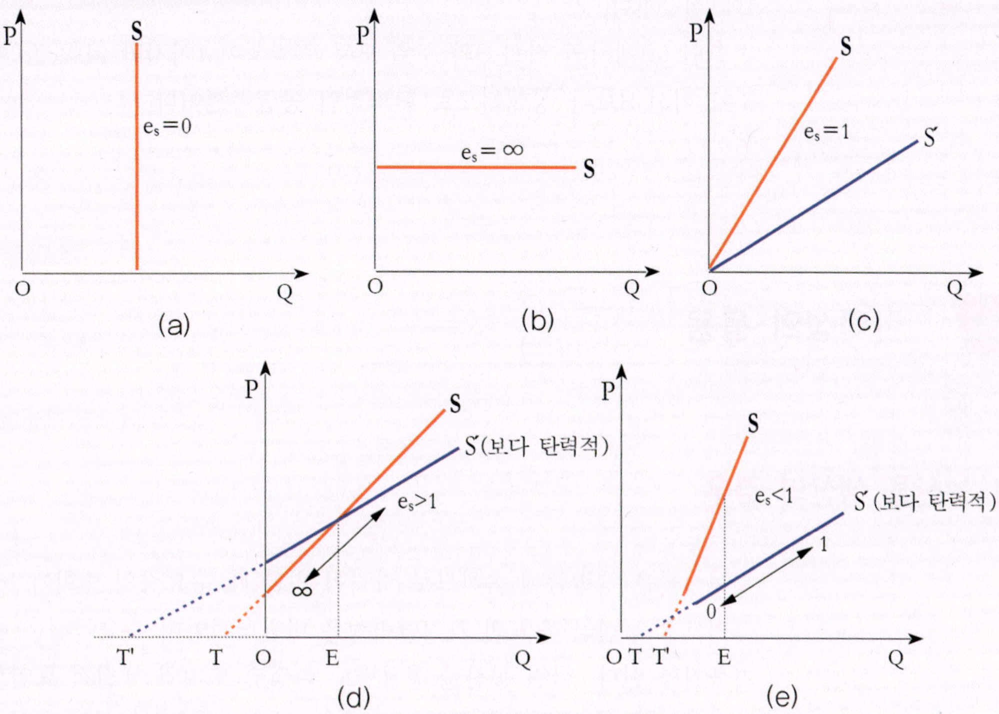

직선인 공급곡선의 탄력성

사실 직선인 공급곡선의 탄력성 역시 일반적인 공급탄력성의 계산원리와 동일하다. 각자 분석해보기 바란다. 다만 그림(d)와 (e)에서 직선 위 어느 점에서 탄력성을 재느냐에 따라 그 크기가 다르다. (d)에서 왼쪽 아래로 내려올수록 ∞에 가까워지고 오른쪽 위로 올라갈수록 1에 가까이 간다. 그림 (e)에서는 왼쪽 아래로 내려올수록 0에 근접하고 오른쪽 위로 올라갈수록 1에 가깝다.

력성은 무한하다. 그림 (c)는 원점을 지나는 직선으로 이러한 공급곡선은 직선 위 어느 점에서나 탄력성이 1이며 단위 탄력적이라고 한다. 그림 (d)에서 공급곡선은 종축(가격축)을 절단하고 있는데, 이 직선은 $\frac{TE}{OE}$와 $\frac{T'E}{OE}$가 1보다 크므로 탄력적인 공급곡선이다. 물론 이 경우에도 직선 위 어느 위치에서 탄력성을 측정하느냐에 따라 탄력성이 달라지는데 왼쪽 아래로 내려갈수록 탄력성이 무한대에 접근하는 반면 오른쪽 위로 갈수록 탄력성은 1에 근접한다. 마지막으로 그림 (e)는 공급곡선이 횡축(공급량축)을 절단하는 모습인데, 이 직선의 공급탄력성은 $\frac{TE}{OE}$와 $\frac{T'E}{OE}$가 0과 1 사이의 값이므로 비탄력적이다. 그림 (e)의 공급곡선은 왼쪽 아래로 내려갈수록 탄력성이 0에 가까워지고 오른쪽 위로 갈수록 1에 접근한다.

그림 (c)에서의 직선 S와 S′은 모두 탄력성이 1이지만 (d)와 (e)에서는 직선 S′이 직선 S보다 상대적으로 탄력적인 공급곡선이다.

4.4 탄력성의 응용

4.4.1 농산물 생산의 경우

농산물은 생필품에 속하므로 가격이 변할 때 수요량의 변화가 비교적 적다. 그러므로 농산물 수요의 가격탄력성은 비탄력적이며 수요곡선은 매우 가파른 기울기를 띈다. 한편 농산물 공급량도 한정된 토지와 계절적 요인으로 인하여 가격변화에 대해 크게 반응을 나타낼 수 없다. 따라서 농산물 공급의 가격탄력성 역시 매우 낮으며 공급곡선은 가파른 기울기를 나타낸다.

[그림 4-8]은 농산물의 수요곡선과 공급곡선을 나타낸다. 이제 작황이 좋아 농산물 공급이 급증했다고 하면 공급곡선은 밖으로 평행 이동한다. 이때 농산물 가격은 P_1에서 P_2로 폭락하고 거래량은 Q_1에서 Q_2로 조금 증가한다. 수입감소분(□P_2P_1AC)이 수입증가분(□Q_1CBQ_2)보다 크므로 농민들의 총수입은 오히려 감소하게 된다. 농민들은 생산을 잘 해놓고도 손실을 보게 된다.

반대로 가뭄이나 홍수 등으로 작황이 나빠 농산물 생산이 격감했다면 공급곡선은 안으로 평행 이동한다. 결과적으로 농산물 가격은 폭등하고 농민들의 총수입액은 오히려 증가하게 될 것이다. 여러분은 배추 농사가 대풍이었을 때 농민들이 오히려 배추를 캐지도 않은 채 밭을 갈아엎는 광경을 본 적이 있을 것이다. 농산물의 작황이 좋을수록 소비자에게는 이득이 되지만 농민들에게는 오히려 손해가 되는 이유는 농산물의 수요곡선과 공급곡선이 매우 비탄력적이기 때문이다.

그림 4-8

배추 풍작과 농민소득 악화
수요곡선과 공급곡선이 모두 비탄력적일 때 풍작으로 공급곡선이 밖으로 이동하면 새로운 균형점은 B점이 된다. B점은 A점에 비해 가격하락폭은 크나 수량 증가폭이 좁아 농민의 총수입은 풍작으로 오히려 감소한다.

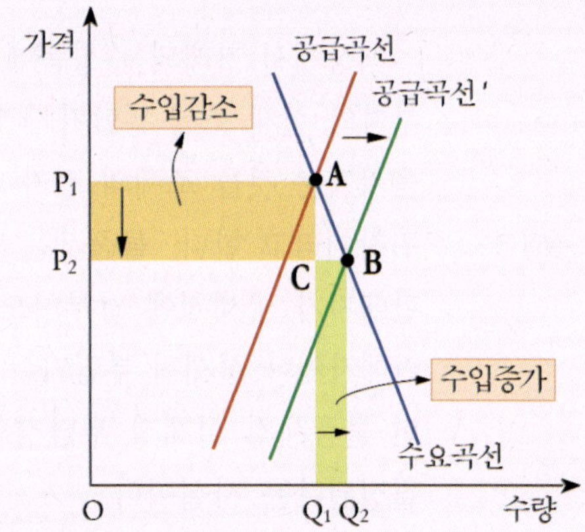

Q & A

학생의 질문

배추 작황이 너무 좋으면 캐지도 않고 버린다고 하셨는데 그래도 캐서 파는 것이 이익 아닌가요? 아니면 가난한 사람들에게 나눠주는 것이 낫지 않나요?

안교수 답변

두 가지 이유에서 밭을 갈아엎는 것으로 생각됩니다. 하나는 배추값이 너무 폭락해서 배추 캐는 비용이 배추 값만도 못한 경우라면 굳이 캘 필요가 없겠지요. 다른 경우는 배추 값이 캐는 비용보다는 높더라도 배추를 캐서 공급하면 시장에서 배추 값이 더 떨어질 것이기 때문에 농민들이 서로 협의하여 일정량을 버리는 경우도 있겠습니다. 가난한 사람들에게 나누어 주는 것은 자원의 낭비를 막는다는 점에서 좋은 일이지만 그렇게 배추가 공급되면 결국 배추 값이 떨어지므로 농민들은 제값을 못 받는다는 문제가 있습니다(농민과 어려운 이웃 모두를 돕는 방법은 자선단체에서 배추를 구입하여 가난한 사람에게 나눠주는 것이 한 방법이겠네요.).

4.4.2 조세부담의 귀착

조세의 귀착(tax incidence) 실질 적으로 조세부담을 지는 것

시장에서 거래되는 상품에 대해 조세가 부과되면 일반적으로 외견상 조세 납부자와 실제 조세 부담자가 일치하지 않는다. 조세부담이 소비자와 공급자에게 옮겨지는 것을 조세의 전가라 하고 전가되어 실제로 부담을 지는 것을 조세의 귀착이라고 한다. 물품세는 상품이 판매될 때 판매가격에 포함하여 징수한 후 판매자가 국세청에 납부하도록 되어 있다. 때문에 물품세의 형식적 납부자는 판매자이나 실제적 부담자는 소비자라고 생각하기 쉽다. 그러나 엄밀히 분석하면 물품세의 실제적 부담정도는 소비자와 공급자의 수요, 공급탄력성에 의해 결정된다는 사실이다.

(1) 물품세 귀착 Ⅰ : 탄력적 수요와 비탄력적 공급

이제 재화의 판매가격에 물품세가 부과되었을 때 수요곡선과 공급곡선의 탄력성 정도에 따라 소비자와 공급자 중 누구에게 더 많이 물품세가 전가되어 귀착되는지 살펴보자. [그림 4-9]에는 매우 비탄력적인 공급곡선과 매우 탄력적인 수요곡선이 그려져 있다. 이러한 탄력성을 지닌 재화의 예로는 귀금속이나 값비싼 과일 등을 들 수 있겠다. 귀금속이나 값비싼 과일은 공급이 제한되어

그림 4-9

물품세 귀착 Ⅰ: 탄력적 수요와 비탄력적 공급
수요곡선이 탄력적이라는 것은 소비자들이 가격변화에 민감하다는 것을 의미한다. 따라서 물품세부과로 가격이 상승하면 소비량이 크게 줄어든다. 결과적으로 물품세는 주로 생산자가 부담하게 되고 소비자의 부담은 적다.

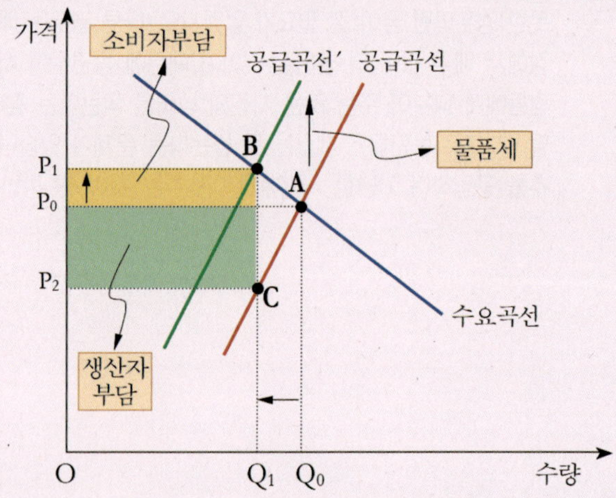

있으므로 공급곡선은 비탄력적인 반면 사치품에 속하므로 수요의 가격탄력성은 매우 클 것이기 때문이다.

이 재화의 판매가격에 일정비율의 물품세가 부과되었다고 하자. 물품세의 부과는 판매가격을 인상시키므로 생산비용의 상승과 같은 효과가 있다. 따라서 공급곡선은 물품세 부과액 BC만큼 위로 평행 이동한다. 공급곡선의 상향 이동으로 새로운 균형점은 B로 이동한다. 새로운 균형점 B에서 가격은 P_1이 된다. 그러나 P_1은 소비자가 지불하는 구입가격인 반면 생산자가 실제로 지급받는 판매수입은 P_2에 불과하다. 왜냐하면 P_1P_2의 금액은 단위당 조세(BC와 같다)로 정부의 수입이 되기 때문이다. 그러므로 단위당 물품세 P_1P_2 중에서 소비자가 부담한 몫은 P_0P_1으로 매우 작은 반면 생산자가 부담한 몫은 P_0P_2로 상당히 큰 것을 알 수 있다.

이와 같이 소비자의 조세부담이 생산자에 비해 작은 까닭은 수요곡선이 탄력적이므로 소비자들은 조세부과에 대해 수요를 신축적으로 감축시키면서 대응할 수 있는 반면 생산자는 공급곡선이 비탄력적이므로 조세 부과에 대해 신축적으로 대응할 수 없기 때문이다.

Q & A

Q 학생의 질문

조세의 귀착에서요. 균형상태에 있는 수요공급 곡선에서 세금이 부과되면 공급곡선이 왜 위쪽으로 이동하는지 잘 모르겠어요. 균형가격에 세금을 처음 부과한건지, 세금을 올린 건지도 모르겠고, 헷갈려요.

A 안교수 답변

재화에 물품세를 부과하면 공급자가 판매 후 물품세를 정부에 납부하게 됩니다. 공급자는 자신의 생산비에 물품세를 더해서 공급하게 되므로 공급곡선이 단위당 세금만큼 위쪽(왼쪽)으로 이동합니다. 위에서 예를 든 것은 재화에 처음 물품세를 부과한 경우입니다. 그러나 기존의 물품세가 이미 부과된 상태에서 물품세를 인상한 경우라 해도 내용은 같습니다.

(2) 물품세 귀착 II : 비탄력적 수요와 탄력적 공급

이제 비탄력적 수요곡선과 탄력적 공급곡선을 가진 재화의 경우 물품세를 부과했을 때 소비자와 생산자간에 조세가 어떻게 전가되는지 살펴보자. [그림 4-10]과 같은 탄력성을 가진 재화로는 담배나 술 같은 기호품이 여기에 해당된다. 예를 들어 담배 소비를 억제할 목적으로 담배가격에 일정비율의 물품세를 BC만큼 부과했다면 담배 공급곡선은 물품세 부과액만큼 상향 이동한다. 새로운 균형점 B에서 소비자와 생산자간의 물품세 전가 정도를 살펴보면 소비자 부담액은 P_0P_1임에 비해 생산자 부담은 P_0P_2로 소비자 부담이 훨씬 크다. 물론 그 까닭은 소비자의 수요의 가격탄력성이 비탄력적이므로 물품세로 인한 가격 상승을 거의 떠안을 수밖에 없기 때문이다.

그림 4-10

물품세 귀착 II: 비탄력적 수요와 탄력적 공급

수요곡선이 비탄력적이라는 것은 소비자들이 가격변화에 둔감하다는 것을 의미한다. 따라서 물품세부과로 가격이 상승하더라도 소비량을 크게 줄이지 않는다. 결과적으로 물품세는 주로 소비자가 떠안게 되고 생산자의 부담은 적다.

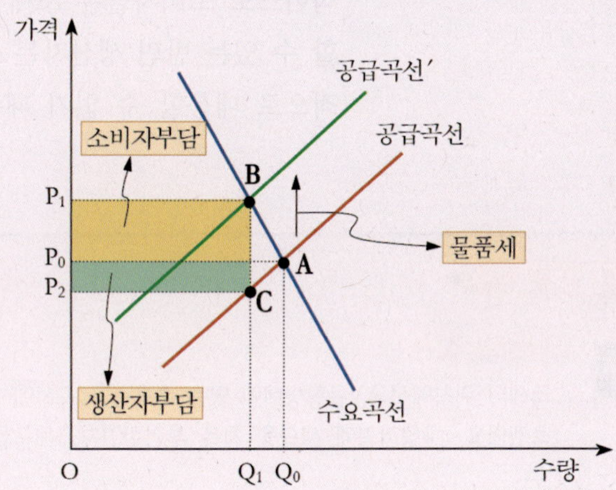

복습과 연습

요 약

1. 탄력성이란 '어떤 변화가 발생했을 때 그에 대한 반응도'인데, 수요의 가격탄력성, 수요의 소득탄력성, 수요의 교차탄력성, 공급의 가격탄력성이 있다.

2. 탄력성이 1보다 크면 탄력적이라고 하고 1이면 단위 탄력적, 그리고 1보다 작으면 비탄력적이라고 한다.

3. 필수품은 수요의 가격탄력성이 작고 사치품은 수요의 가격탄력성이 크다. 또 대체재가 많을수록 탄력성이 크다.

4. 장기적으로 수요의 가격탄력성은 탄력적으로 변한다. 그 이유는 시간이 길수록 대체재의 발견이나 취향의 변화 등이 일어나기 때문이다.

5. 호탄력성은 점 A에서 점 B로 변할 때의 탄력성이냐 혹은 점 B에서 점 A로 변할 때의 탄력성이냐에 따라 탄력성의 값이 달라진다.

6. 점탄력성이란 두 점 사이의 중간점을 택하여 탄력성을 계산하는 방식이다.

7. 수요곡선 위 임의의 점에서의 수요의 가격탄력성은 그 점에서의 접선의 기울기와 그 점에서의 (가격, 수요량)의 값과 관련이 있다.

8. 기울기가 완만할수록 탄력적인 수요곡선이 되며 반대로 기울기가 가파를수록 비탄력적인 수요곡선이 되는 것이지만 탄력성의 크기가 기울기에 의해서만 결정되는 것은 아니다.

9. 수요의 가격탄력성이 1보다 크다면 재화가격의 상승은 총수입액을 감소시킨다.

10. 직선인 수요곡선의 경우 수요곡선의 중간점에서 총수입이 극대가 되며 중간점에서 위쪽으로 혹은 아래로 이동할수록 총수입은 감소한다.

11. 정상재는 수요의 소득탄력성이 0보다 큰 재화이며 열등재는 수요의 소득탄력성이 음인 재화이다.

12. 수요의 교차탄력성이 0보다 크면 두 재화는 대체재이고 수요의 교차탄력성이 음(−)이면 두 재화는 보완재이다.

13. 원점을 지나는 직선형태의 공급곡선은 직선 위 어느 점에서나 탄력성이 1이며 단위탄력적이다.

14. 수요곡선이 탄력적이고 공급곡선은 비탄력적일 경우 물품세 부과는 공급자가 많이 부담하게 된다.

중요개념

탄력성	수요의 가격탄력성	호탄력성	점탄력성
소득탄력성	교차탄력성	공급의 가격탄력성	조세의 전가
조세의 귀착	엥겔의 법칙		

연습문제

Ⅰ. 다음 물음에 O, X로 답하고 그 이유를 밝히시오.

1. 필수품은 수요의 가격탄력성이 작은 반면 사치품은 크다.
2. 가격이 5% 상승했을 때 그 재화의 수요량이 10% 감소했다면 수요의 가격탄력성은 1/2이다.
3. 수요곡선의 탄력성은 일반적으로 수요곡선 위 어느 위치에서 측정하는가에 따라 달라진다.
4. 수요의 가격탄력성이 탄력적인 경우 재화가격을 인상하면 총 수입액(매출액)은 증가한다.
5. 직선인 수요곡선에서는 수요의 가격탄력성이 1일 때 총수입이 극대화 된다.
6. 소득이 증가함에 따라 식료품에 대한 절대 지출액은 증가하나 소득 중 식료품 지출액이 차지하는 비중은 감소한다는 엥겔의 법칙이 성립한다면 그 재화는 열등재이다.
7. A재화의 가격이 3% 상승했을 때 B재화의 수요가 6% 감소했다면 수요의 교차탄력성은 2이며 두 재화는 보완재이다.
8. 공급곡선의 한 쪽 끝이 원점을 지나는 경우 그 곡선의 형태가 직선이건 곡선이건 상관없이 항상 공급의 가격탄력성이 1이다.
9. 열등재인 경우 수요의 가격탄력성은 음(−)이다.
10. 수요와 공급의 탄력성이 장기와 단기에 있어 다른 이유는 기간이 길수록 사람들이 적응하기 힘들고 또 대체재 개발이 어려워지기 때문이다.
11. 수요곡선이나 공급곡선이나 수평선인 경우 탄력성은 무한하다.
12. 횡축을 관통하는 직선인 공급곡선은 비탄력적이다.
13. 수요곡선과 공급곡선이 모두 비탄력적인 고추가 풍작이 되었을 때 가격의 하락폭은 수요의 증가폭보다 훨씬 크기 때문에 고추를 생산한 농민의 수입은 오히려 감소할 것이다.

Ⅱ. 다음 물음에 답하시오.

1. 수요곡선 위의 두 점 A와 B를 생각해보라. 점 A는 가격이 100원일 때 수요량 1,000이며 점 B는 가격이 300원일 때 수요량이 500이다. 이제 점 A에서 B로 변할 때 수요의 가격탄력성을 계산하라.

2. 1번 문제에서 B에서 A로 변할 경우의 호탄력성은 얼마인가?

3. 2, 3번 문제에서 점탄력성을 구하면 얼마인가?

4. A재의 가격이 2,000원에서 2,040원으로 인상되자 B재의 수요가 100개에서 96개로 감소하였다. 이 경우 수요의 교차탄력성을 구하여라.
   (1) −1 (2) 1 (3) −2
   (4) 2 (5) −1/2

5. 가격이 9,000원에서 11,000원으로 인상될 때 공급량은 19,000에서 21,000으로 증가했다. 이때 공급의 가격탄력성은 점탄력성으로 얼마인가?

6. 공급곡선이 P=1+2Q일 때 생산량이 8인 점에서의 공급의 가격탄력성을 구하여라.

7. 어떤 가정은 소득이 10% 증가하자 시내버스에 대한 이용을 5% 줄이기로 했다. 이 가정의 시내버스 수요의 소득탄력성은 얼마인가?

8. 수요곡선은 탄력적인 반면 공급곡선은 비탄력적이라면 물품세 부과의 부담은 소비자와 공급자, 정부 가운데 누가 더 많이 부담하게 되는가?

9. 다음 중 탄력성에 대한 설명으로 틀린 것은?
   (1) 두 상품과의 관계를 판명하기 위해 소득탄력성을 이용하는 것이 좋다.
   (2) 필수품인지 사치품인지 판명하기 위해서 가격탄력성을 사용할 수 있다.
   (3) 열등재의 소득탄력성은 음이다.
   (4) 맥주회사가 소주회사를 인수해도 좋을지를 판단하는 데에는 교차탄력성이 딱이다.
   (5) 농산물은 단기에 공급의 가격탄력성이 낮아 수요변동 시 가격 변동이 크다.

10. 신입직원 A는 소득이 2,000만원에서 2,400만원으로 상승하자 평소 20개 먹던 햄버거를 30개 먹는다면 A의 수요의 소득탄력성은 얼마인가?
   (1) 5/2 (2) 4 (3) 6/5
   (4) 3/2 (5) 2

11. 수요곡선 위 점 A의 좌표는 P=8, Q=4이다. A 점에서의 접선의 기울기가 −2라면 점 A에서 수요의 가격탄력성은?
   (1) 1 (2) 4
   (3) 2 (4) 알 수 없다.
   (5) −2

12. 라면가게는 가격을 10% 할인한 반면 빵집은 가격을 10% 인상하였다. 이 두 가게가 총수입을 증대시킬 수 있으려면 각각 수요의 가격탄력성이 어떠해야 하는가?
   (1) 라면집과 빵집 모두 탄력적
   (2) 라면집은 탄력적, 빵집은 비탄력적
   (3) 라면집은 비탄력적, 빵집은 탄력적
   (4) 라면집과 빵집 모두 비탄력적

3

소비자 선택이론

마셜
(Alfred Marshall, 1842-1924)

수많은 재화 가운데 소비자는 자신의 소득으로 어떠한 재화들을 구입하는 것이 가장 유리한가? 합리적 소비가가 최적화를 추구하는 의사결정과정은 어떠한가? 여기에는 크게 두 가지 접근이 있다. 5장은 한계효용이론에 따라 효용을 극대화하는 소비자선택을 분석한 것이고, 6장은 무차별곡선을 이용하여 소비자선택을 분석하는데 결론은 제5장 한계효용이론에서의 의사결정과 동일함을 보여준다. 제6장에서는 소득효과와 대체효과 및 가격효과 간의 관계를 규명하고 몇 가지 사례를 고찰해 본다.

Chapter 5

한계효용이론과 소비자 선택

19세기의 100년을 풍미했던 한계효용이론은 가히 경제학의 혁명이라고 부를만하다. 한계효용이론의 출현으로 경제학의 분석은 기존의 공급중심의 노동가치에서 수요중심의 효용가치로 그 틀이 바뀌었기 때문이다. 한계혁명을 거친 후 경제학은 수요와 공급이 균형을 이루는 근대경제학으로 새롭게 태어났다. 여기서는 한계효용이론에 입각하여 소비자 선택을 분석해보자.

소비자는 주어진 예산제약 하에서 어떻게 재화를 구매하는 것이 효용을 극대화 하는 것인가? 한계효용이론의 문제점은 무엇이며, 한계효용이론은 경제학과 실제의 경제생활에 어떻게 활용되고 있는가?

5.1 효 용

5.1.1 효용의 정의

효용(utility) 재화나 서비스로부터 얻는 만족감

효용(utility)이란 공리주의 창시자 벤담(J. Bentham, 1748-1832)에 의해 처음 주장된 개념으로 '재화나 서비스로부터 얻는 만족감'이라고 정의할 수 있다. 동일한 양의 동일한 재화라 하더라도 사람에 따라 그로부터 얻는 만족감이 다를 것이다. 예를 들어 사과를 몹시 좋아하는 사람이 있는가 하면 사과를 별로 좋아하지 않는 사람도 있다. 그러므로 효용은 개인에 따라 서로 다르다는 점에서 주관적 개념이라고 하겠다.

비효용재 효용을 감소시키는 재화

거의 모든 재화나 서비스가 소비하는(소유한) 사람의 효용을 증가시키는 효용재이지만 어떤 재화의 소비는 오히려 효용을 감소시키는 비효용재인 경우도 있다. 예를 들어 공장에서 방류된 폐수나 자동차가 뿜어낸 매연이 섞인 대기, 공사장 소음, 음식물 쓰레기 등은 오히려 효용을 감소시키는 비효용재이다.

5.1.2 기수적 효용과 서수적 효용

기수적(cardinal) 효용 효용을 절대적 크기로 수량화하여 셀 수 있다는 입장

서수적(ordinal) 효용 효용의 절대적 크기를 측정할 수는 없고 순서를 매겨 상대적 크기를 비교할 수 있다고 보는 입장

경제학에서는 효용을 두 가지 상반된 관점에서 보고 있다. 하나는 효용은 하나, 둘, 셋, 넷 등으로 셀 수 있다는 관점에서 접근하는 것이고 다른 하나는 효용은 셀 수는 없고 다만 우열을 비교하여 순서를 매길 수 있을 뿐이라는 관점에서 접근한다. 효용을 절대적 크기로 수량화하여 셀 수 있다는 입장을 기수적(cardinal) 효용이론이라고 하고, 절대적 크기를 측정할 수는 없고 순서를 매겨 상대적 크기를 비교할 수 있다고 보는 입장을 서수적(ordinal) 효용이론이라고 한다.

지금 우리가 살펴보는 제5장의 한계효용이론은 기수적 효용이론에 입각하여 이론을 전개하는 반면 제6장의 무차별곡선이론은 서수적 효용에 입각하여 설명하고 있다.

5.2 한계효용

5.2.1 한계효용의 정의

한계효용(marginal utility) 어떤 재화의 소비를 한 단위씩 증가시켜 나갈 때 추가되는 소비 단위로부터 얻게되는 추가효용

한계효용(marginal utility)은 독일의 경제학자 **고센**(H. H. Gossen, 1810–58)에 의해 최초로 주장되었는데 '어떤 재화의 소비를 한 단위씩 증가시켜 나갈 때 추가되는 소비 단위로부터 얻게 되는 추가효용'으로 정의할 수 있다.

예를 들어 김씨가 사과 한 개를 먹었을 때 얻는 효용이 1,000이라고 하자. 이제 김씨가 사과를 하나씩 더 먹을 때 효용이 어떻게 되는가? 두 번째 사과로부터 얻게 되는 효용은 900이고 세 번째로 먹은 사과는 700의 효용을 주고 네 번째 사과는 효용이 400이라고 하자. 김씨가 배에 대해 느끼는 효용도 사과와 같이 생각해 볼 수 있다. 〈표 5-1〉은 김씨가 사과와 배를 먹을 때 총효용과 한계효용의 변화를 보여주고 있다.

표 5-1
김씨의 사과와 배의 총효용과 한계효용

사과량	총효용	한계효용	배량	총효용	한계효용
0	0		0	0	
1	1,000	1,000	1	1,200	1,200
2	1,900	900	2	2,000	800
3	2,600	700	3	2,300	300
4	3,000	400	4	2,400	100
5	3,200	200	5	2,420	20
6	3,300	100	6	2,420	0
7	3,350	50			
8	3,350	0			

5.2.2 한계효용 체감의 법칙

한계효용체감의 법칙(law of diminishing marginal utility) 재화의 소비를 증가시켜 나갈 때 한계효용이 점점 감소하는 현상

〈표 5-1〉에서 보듯이 소비를 증가시켜 나갈 때 한계효용이 점점 감소하는 것을 볼 수 있다. 이와 같은 현상을 **'한계효용체감의 법칙'**(law of diminishing marginal utility)이라고 하는데, 이 법칙을 주장한 학자의 이름을 좇아 '고센의 제1법칙'이라고도 부른다. 어떤 재화든지 소비하면 할수록 만족감이 떨어지는 것은 당연할 것이다. 사과의 소비량이 증가할 때 추가로 먹는 사과의 맛은 전보다 크지 않을 것이다.

한계효용체감의 법칙은 매우 유용한 원리이다. 만일 한계효용이 체증한다면 어떻게 될까? 만일 어떤 사람이 사과를 먹을수록 효용이 자꾸 증가한다면 그 사람은 사과를 계속 먹어야만 하는데 결국은 배탈이 나서 큰일을 당할 수밖에 없다. 다행히 경제학에서는 합리적 인간은 어떤 재화의 양이 증가할 때 추가되는 단위의 가치를 더 작게 생각하는 한계효용체감의 법칙의 지배를 받는다고 본다.

5.2.3 한계효용과 총효용

재화의 양이 증가할 때 추가되는 재화로 인한 효용, 즉 한계효용은 감소하지만 한계효용이 양(+)의 값인 이상 총효용은 계속 증가한다. 총효용은 재화의 양이 증가함에 따라 증가하다가 한계효용이 제로(0)가 되는 점에서 최대가 된다. 총효용이 최대가 되는 점을 **포만점**(saturation point)이라고 한다. 한계효용이 음(−)이 되면 총효용이 감소하기 시작한다. [그림 5-1]은 〈표 5-1〉에서 사과의 경우만 그래프로 옮겨 한계효용곡선과 총효용곡선 간의 관계를 나타낸 것이다.

김씨가 사과를 먹는 행위에서는 한계효용이 음이 될 수도 있겠지만 한계효용이 음(−)인 영역은 비경제적 영역이므로 경제학의 취급대상이 아니다. 그러므로 양이 늘어날수록 한계효용이 체감하면서 횡축에 접근하는 형태가 되는 것이 일반적인 한계효용곡선의 모양이라고 하겠다.

그림 5-1

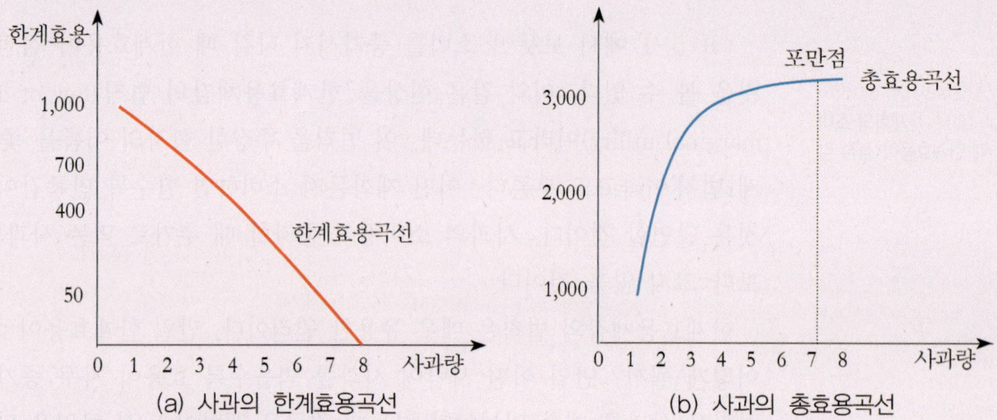

사과의 한계효용곡선과 총효용곡선
김씨가 사과의 소비를 늘려감에 따라 사과의 한계효용이 감소하므로 사과의 한계효용곡선은 우하향한다. 총효용은 한계효용의 누적합이므로 한계효용이 양(+)인 이상 계속 증가한다.

5.3 한계효용이론과 소비자 균형

소비자균형이란 소비자가 주어진 소득으로 어떤 재화를 얼마만큼 구매하여 소비하는 것이 자신의 효용을 극대화하는 것인가를 분석하는 것이다. 물론 여기서 말하는 소비자균형은 소비자 전체의 균형을 찾는 것은 아니다. 개별 소비자마다 재화에 대한 효용이 주관적이므로 소비자균형이란 개별 소비자의 균형을 살피는 것이 된다. 두 사람이 동일한 액수의 소득을 갖고 있더라도 모든 재화에 대한 효용이 두 사람 간에 동일하지 않다면 한 소비자의 균형이 다른 소비자의 균형이 될 이유는 전혀 없을 것이다.

5.3.1 예산제약

예산제약(budget constraint) 경제적 의사결정은 현재 자신이 갖고 있는 예산범위 내에서 이루어져야 한다는 제약

소비자균형을 분석하기 위해서는 먼저 개별 소비자가 직면하는 **예산제약**(budget constraint)을 살펴보아야 한다. 이제 어떤 소비자 김씨는 소득 I를 갖고 X재와 Y재 두 재화를 소비한다고 하자. 소비자 김씨가 직면하는 예산제약식은 다음과 같다. 소비자 김씨가 구입한 두 재화의 총 구매액은 자신의 소득을 넘을 수 없다는 예산제약 하에서 김씨는 효용극대화를 추구해야 한다.

$$P_x \times X + P_y \times Y \leq I \tag{5.1}$$

예를 들어 소비자 김씨의 소득은 8,000원이고 그때 사과 가격은 1,000원, 배 가격은 2,000원이라고 하자. 〈표 5-2〉는 8,000원의 소득으로 김씨가 구매할 수 있는 사과와 배의 조합을 보여준다.

표 5-2
예산제약 하의 구매 조합

구 매 조 합	구 매 총 액	예 산
배4, 사과0	4×2,000=8,000	8,000
배3, 사과2	3×2,000+2×1,000=8,000	8,000
배2, 사과4	2×2,000+4×1,000=8,000	8,000
배1, 사과6	1×2,000+6×1,000=8,000	8,000
배0, 사과8	8×1,000=8,000	8,000

5.3.2 한계효용균등의 법칙

한계효용균등의 법칙 효용을 극대화하기 위해서는 화폐 1단위의 한계효용이 모든 재화에 있어 동일해야 한다는 것

한계효용이론에서 예산제약 하의 소비자는 어떤 구매 전략을 따를 때 자신의 효용을 극대화 할 수 있는가? 결론부터 말하면 고센은 화폐 1단위의 한계효용이 모든 재화에 있어 동일하도록 구매하면 된다고 주장한 바 있다. 이를 **'한계효용균등의 법칙'**이라고 하며 **'고센의 제2법칙'**이라고도 한다.

어떤 재화 한 단위의 추가구매가 자신에게 아무리 큰 추가효용, 즉 한계효용

을 안겨준다 하더라도 예산제약에 놓여 있는 소비자로서는 그 재화의 가격 역시 구매 결정의 중요한 요소일 수밖에 없다. 그러므로 결국 가격대비 한계효용이 재화 구매의 결정요소가 된다. 각 재화의 한계효용을 각 재화의 가격으로 나눈 값이 모든 재화에 있어 동일할 때, 다른 말로 표현하면 화폐 1단위의 한계효용이 모든 재화에 있어 동일할 때 효용극대화를 달성하게 된다. 그러므로 X, Y 두 재화가 있을 때 식 (5.1)의 예산제약 하에서 소비자균형조건은

$$\frac{MU_x}{P_x} = \frac{MU_y}{P_y} \tag{5.2}$$

이 된다. 식 (5.1)과 (5.2)를 A, B, ... X, Y, Z 재화로 확장하면 소비자균형은 다음 조건 하에서 달성된다.

$$P_a \times A + P_b \times B + \cdots + P_x \times X + P_y \times Y + P_z \times Z \leq I \qquad (5.1)'$$

$$\frac{MU_a}{P_a} = \frac{MU_b}{P_b} = \cdots = \frac{MU_x}{P_x} = \frac{MU_y}{P_y} = \frac{MU_z}{P_z} \qquad (5.2)'$$

Q & A

학생의 질문

한계효용이론에서요. 화폐 한 단위의 한계효용이 균등하도록 소비해야 한다.. 이렇게 말씀하신 거 같은데...도무지 무슨 말인지 이해가 가지 않아서요.. 혹시 잘 아시는 분 설명 부탁드립니다.

어느 학생의 답변

화폐 한 단위의 한계효용이 모든 재화에 있어 균등할 때 소비자는 최대의 만족을 얻을 수 있다고 하셨잖아요. 저도 그게 무슨 말일까.. 머리를 막 굴려 봤는데요~

x재와 y재의 화폐 한 단위의 한계효용이 다르다면 소비자는 둘 중 한계효용이 더 큰 쪽을 더 사게 되겠죠. 같은 값이면 더 큰 만족을 주는 걸 살테니까요.

예를 들어, 그것이 x재라고 해보면.. y재보다는 x재를 더 사겠죠?

그런데 계속 x재만 사다 보면 한계효용체감의 법칙에 따라 x재의 한계효용이 작아지고, 계속해서 그러다보면 상대적으로 y재의 한계효용이 커지잖아요.. 그럼 다시 y재를 더 사게 되고.. 이런 식으로 계속 왔다 갔다 할 때 소비자들은 둘 중에 "어느 특정 상품에 돈을 너무 쓰는 것은 아닌지, 그 돈을 다른 어느 상품에 쓸 경우 더 큰 만족을 얻을 수 있지 않을까?"에 대해 항상 고심한다고 '죽은 경제학자의 살아있는 아이디어'라는 책에 나와 있어요.~^^

x재와 y재의 한계효용을 재가면서 더 사고 덜 사고 하다보면 둘의 화폐 한 단위의 한계효용이 똑같아질 때가 있겠죠.

> 소비자는 이렇게 될 때까지 소비 패턴을 바꾸게 되요.
> 그때 소비자는 어느 쪽을 택해도 동일한 만족을 얻을 수 있으니까요.
> 그래서 소비자가 화폐 한 단위의 한계효용이 균형을 이룰 때 얻는 만족이 최대가 되는 게 아닐까 하는 생각입니다..
> 제 나름대로 개념파악을 위해 생각해 본 거라 정확도는 떨어지는데..-_-;; 도움이 됐으면 좋겠네요~

[그림 5-2]는 X재와 Y재의 가격대비 한계효용을 서로 대비시킨 것이다. 그래프에서 X재는 O_x를 원점으로 그려져 있고 Y재는 O_y를 원점으로 180°돌려놓은 것이다. 재화의 가격은 소비가 증가하더라도 변하지 않는다고 가정하자. 두 곡선은 모두 우하향하는 형태로 그려져 있는데, 이는 한계효용은 소비 증가와 함께 체감하기 때문이다. 두 곡선이 만나는 점 A에서 두 재화의 가격대비 한계효용이 동일하며 그 점에서 효용이 극대화된다. 균형에서 X재는 O_xQ_0만큼 구매하고 Y재는 O_yQ_0만큼 구매한다.

만일 X재를 O_xQ_1만큼 구매하고 Y재를 O_yQ_1량만큼 구매하였다면 어떻게 될까? 균형점 A에서 두 재화의 화폐단위당 누적효용은 □O_xFAQ_0+□O_yGAQ_0에 비해서 Q_1을 지나는 구매조합의 화폐단위당 누적효용은 □O_xFBQ_1+□O_yGCQ_1이다. 두 경우의 화폐단위당 누적효용을 비교하면 한계효용균등의 법칙이 성립하는 A점에서의 화폐단위당 누적효용이 △ABC만큼 큰 것을 알 수 있다. 그러

그림 5-2

효용극대화원리의 도식화

Y재는 O_y점을 원점으로 그린 것이다. 화폐 1단위의 한계효용이 두 재화에 있어 동일한 점 A에서 효용이 극대화되고 X재는 O_xQ만큼 소비하고 Y재는 O_yQ만큼 소비하게 된다. 만일 X재를 O_xQ_1만큼 소비하고 Y재를 O_yQ_1만큼 소비한다면 △ABC만큼 효용의 감소가 발생한다.

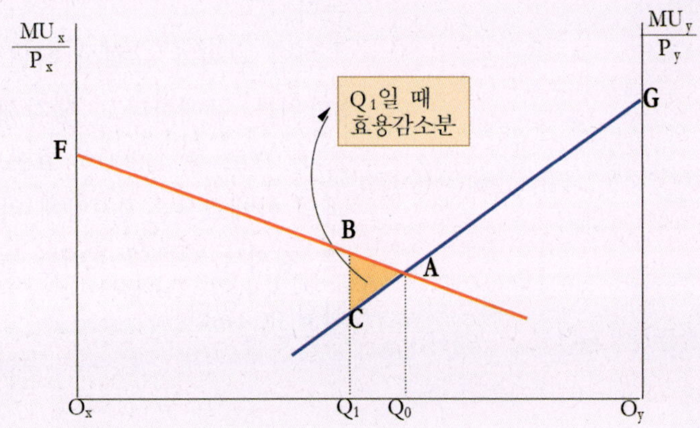

표 5-3
한계효용균등화와 소비자균형

사과량	총효용	$MU_{사과}$	$P_{사과}$	$MU_{사과}/P_{사과}$	배량	총효용	$MU_{배}$	$P_{배}$	$MU_{배}/P_{배}$
1	1,000	1,000	1,000	1	1	1,200	1,200	2,000	0.6
2	1,900	900	1,000	0.9	2	2,000	800	2,000	0.4
3	2,600	700	1,000	0.7	3	2,300	300	2,000	0.15
4	3,000	400	1,000	0.4	4	2,400	100	2,000	0.05
5	3,200	200	1,000	0.2	5	2,420	20	2,000	0.01
6	3,300	100	1,000	0.1	6	2,420	0	2,000	0
7	3,350	50	1,000	0.05					
8	3,350	0	1,000	0					

므로 Q_1에서는 X재의 구매를 증가시키고 Y재 구매는 감소시킬수록 화폐단위당 누적효용이 증가한다.

보다 구체적인 사례로, 앞서 〈표 5-1〉에서 살펴보았던 김씨의 사과와 배의 한계효용을 이용하여 한계효용균등의 법칙이 성립할 때 소비자 효용이 극대화되는 것을 살펴보자. 〈표 5-3〉은 사과와 배의 가격대비 한계효용과 예산제약을 동시에 나타낸 것이다. 이제 소비자 균형은 사과 4단위, 배 2단위를 구매할 때 달성된다. 왜냐하면 그 때의 총 구매금액은 8,000원으로 예산제약을 만족하고 있으며 두 재화의 가격대비 한계효용이 0.4로 동일하기 때문이다. 균형에서의 총효용은 사과 3,000과 배 2,000이므로 합계 5,000의 효용을 얻는다.

만일 김씨가 균형이 아닌 임의의 다른 조합 예를 들어 사과 2단위와 배 3단위를 구매한다고 생각해보자. 이때 김씨의 총효용은 사과 1,900, 배 2,300으로 총 4,200의 효용밖에 얻지 못함을 알 수 있다. 이때 가격대비 사과의 한계효용은 0.9임에 비해 배의 가격대비 한계효용은 0.15에 불과하다. 즉, 김씨는 사과의 소비를 늘리는 대신 배의 소비를 줄임으로써 효용을 증가시킬 수 있다.

Q & A

학생의 질문

저기요.. 두 재화의 가격과 한계효용간의 비율이 $MU_a/P_a > MU_b/P_b$라면 소비자균형을 위해 B재 소비량을 어떻게 조절해야 하나?에서 잘 이해가 안 되는데요... 한 쪽이 크고 다른 한 쪽이 작으면... 서로 같게 만들 때 최적화 되는 게 아니었나요??? 궁금합니다.. 좀 알려주세요....(수업시간에 더 집중해서 들었어야 했는데..ㅠ.ㅠ;;죄송)

안교수 답변

한계효용균등의 법칙을 이용해 화폐 한 단위당 한계효용이 같도록 만들어야죠. 재화 A가 재화 B보다 화폐 1단위당 한계효용이 크죠. A재 구입이 더 좋은 것이므로 A는 구입을 늘리고 B는 소비를 줄여야겠죠. A재 구입이 증가하면서 한계효용체감의 법칙에 따라 $\frac{MU_a}{P_a}$는 작아지고 반대로 B재는 $\frac{MU_b}{P_b}$가 커지게 됩니다. 결국 $\frac{MU_a}{P_a} = \frac{MU_b}{P_b}$가 될 때 효용이 최대가 되고 균형에 다다르게 됩니다.

5.3.3 한계효용균등의 법칙 비판

한계효용균등의 법칙은 효용의 절대적 크기를 측정할 수 있다는 효용의 기수적 가측성에 입각하고 있으나 효용은 주관적 · 심리적 요인에 의해 영향을 받고 있으므로 효용의 가측성 가정은 문제라는 비판이 있다.

동시에 한계효용균등의 법칙은 화폐의 한계효용이 일정하다는 가정 하에서 성립하는 것이다. 만일 화폐의 한계효용이 다른 재화와 마찬가지로 체감한다면 한계효용균등의 법칙은 성립하지 않을 것이다. 예를 들어 화폐의 한계효용이 체감한다면 돈을 쓸 때마다 화폐 한 단위의 한계효용이 변한다. 즉, 어떤 사람이 100만원을 보유하고 있을 때 화폐 한 단위의 한계효용과 10만원을 지출한 후 90만원이 남았을 때의 화폐 한 단위의 한계효용은 다르다. 그러므로 한계효용균등의 법칙에서 화폐 한 단위의 한계효용이 모든 재화에 있어 동일하게 되도록 재화를 구매한다는 소비자선택원리는 화폐의 한계효용이 체감할 경우 성립할 수 없다는 한계가 있다.

5.4 한계효용이론의 응용

5.4.1 수요곡선의 도출

한계효용이론으로부터 개별소비자의 수요곡선과 시장수요곡선을 도출할 수 있다. 분석을 단순화하기 위해 화폐 한 단위의 한계효용을 1이라고 가정하면 식 (5.2)의 한계효용균등의 법칙에서

$$\frac{MU_a}{P_a} = \frac{MU_b}{P_b} = \cdots = \frac{MU_x}{P_x} = \frac{MU_y}{P_y} = \frac{MU_z}{P_z} = 1 \text{이 된다.}$$

그러므로 X재에 한정해서 보면 $MU_x = P_x$이다. 이제 A씨의 X재에 대한 수요곡선은 X재에 대한 한계효용곡선으로부터 도출할 수 있다. [그림 5-3]의 (a)와 (b)는 A씨의 X재에 대한 한계효용곡선과 수요곡선을 보여준다.

그림 5-3

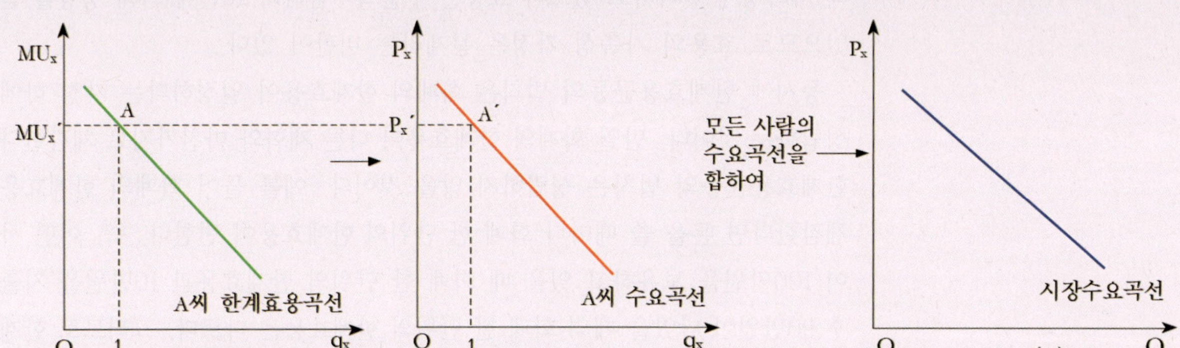

개별 한계효용곡선으로부터 시장수요곡선의 도출
그림 (a)는 A씨의 한계효용곡선이다. 만일 화폐 1단위의 한계효용이 1이라면 한계효용균등의 법칙에 따라 $MU_x = P_x$ 이므로 A씨의 한계효용곡선은 A씨의 수요곡선이 된다. 개별수요곡선을 총합하면 시장수요곡선을 도출할 수 있다.

A씨의 X재에 대한 한계효용은 한계효용체감의 법칙에 따라 X재의 양이 증가함에 따라 감소하는데 $MU_x = P_x$이므로 한계효용곡선이 바로 A씨의 수요곡선이 된다. A씨뿐 아니라 시장 내 모든 수요자의 X재 수요곡선을 합하면 [그림 5-3] (c)에서 보듯이 X재의 시장 수요곡선을 얻을 수 있다. 여기서 A씨의 한계효용곡선의 모양은 A씨의 취향을 반영한 것일 뿐 별 다른 뜻은 없다. 다른 사람들은 원점에 대해 볼록(오목)한 한계효용곡선을 가질 수도 있고 그 경우 수요곡선은 볼록(오목)할 것이다. 시장 수요곡선이 곡선이 아닌 직선으로 그려진 것도 편의상 그렇게 그린 것뿐이다.

Q & A

Q 학생의 질문

수요곡선의 도출에서요....
화폐 한 단위의 한계효용이 1일 때만 수요곡선이 도출되는 건가요?
아시는 분 제발 답변 부탁드립니당~~~

A 안교수 답변

수요곡선을 도출함에 있어 화폐 한 단위의 한계효용이 1일 필요는 없습니다. 만일 2라고 한다면 개별 한계효용곡선은 화폐 한 단위의 한계효용이 1일 때보다 2배의 위치로 그려지게 되지만, 개별수요곡선은 전과 동일합니다. 즉, 화폐 한 단위 한계효용의 절대적 크기는 수요곡선의 형태에 영향을 미치지 않습니다.

5.4.2 가치의 역설

가치의 역설(paradox of value) 재화의 필수성과 재화의 가격 간의 불일치

물은 우리 인간생활에 있어 없어서는 안 되는 필수적인 재화임에 반해 그 값이 매우 싸다. 반면에 다이아몬드는 인간의 삶에 꼭 필요한 재화가 아님에도 그 값은 엄청나게 비싸다. 이러한 역설을 **'가치의 역설'**(paradox of value)이라고 부르는데 그리스의 철학자 플라톤(Platon, BC 427-347)도 이 역설에 대한 해답을 제시해보고자 했으나 성공하지 못했다.

경제학의 아버지라고 불리는 아담 스미스는 다음과 같이 가치의 역설을 해명

스미스의 역설 재화에는 사용가치와 교환가치라는 두 가지 가치가 내재되어 있는데, 재화의 가격은 교환가치로 결정된다는 설명

하려고 시도했다. 재화에는 사용가치와 교환가치라는 두 가지 가치가 내재되어 있다. 물은 사용가치는 높으나 그 양이 많으므로 교환가치는 낮다. 반면 다이아몬드는 사용가치는 낮으나 그 양이 적으므로 교환가치는 높다. 스미스는 재화 가격은 교환가치에 의해 결정되므로 물은 가격이 낮고 다이아몬드는 가격이 높다고 설명했다. 스미스의 설명은 명쾌한 답변이 못되었기에 사람들은 **'스미스의 역설'**(Smith's paradox)이라고 불렀다.

후일 한계효용학파는 스미스의 역설을 한계효용을 이용, 해명하고자 했다. 한계효용학파는 사용가치는 총효용을 의미하며 교환가치는 한계효용이라고 할 때 물은 총효용은 높지만 그 양이 많으므로 한계효용체감의 법칙에 따라 한계효용은 매우 낮다. 가격은 한계효용에 의해 결정되므로 물은 값이 싸고 반대로 다이아몬드는 비쌀 수밖에 없다는 설명이다. 이를 한계효용균등의 법칙을 이용하여 풀이하면 다음과 같다.

$$\frac{\text{물의 한계효용}}{\text{물가격}} = \frac{\text{다이아몬드의 한계효용}}{\text{다이아몬드가격}} = \text{화폐 1단위의 한계효용}$$

$$\text{물가격} = \frac{1}{(\text{화폐 1단위의 한계효용})} \times (\text{물의 한계효용})$$

$$\text{다이아몬드가격} = \frac{1}{(\text{화폐 1단위의 한계효용})} \times (\text{다이아몬드의 한계효용})$$

화폐 1단위의 한계효용이 일정하다고 가정할 때 물은 한계효용이 작으므로 가격이 낮고 다이아몬드는 한계효용이 크므로 가격이 높다는 설명이다.

많은 천재들을 괴롭혀온 가치의 역설은 마침내 마셜에 의해 완성된 신고전학파의 가격결정원리로 명쾌하게 해명되었다. [그림 5-4]에서 물의 수요는 다이아몬드 수요보다 훨씬 많지만 물의 공급량은 거의 무한한데 비해 다이아몬드 공급량은 매우 적다. 따라서 물의 수요곡선과 공급곡선을 D_w, S_w라 하고 다이아몬드의 수요, 공급곡선을 D_d, S_d라고 할 때 두 재화의 균형가격은 P_d, P_w로 다이아몬드가 훨씬 비싸다. 결국 가격은 수요와 공급에 의해 결정된다는 너무도 평범한 진리 속에 해답이 있었던 것이다.

그림 5-4

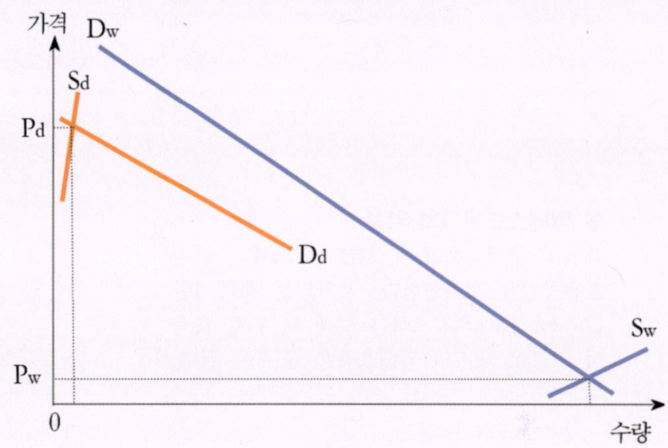

수요 · 공급으로 풀어낸 가치의 역설
물의 수요가 다이아몬드보다 훨씬 많지만 그 공급량이 워낙 많으므로 균형가격은 매우 낮다.

5.4.3 성 페테스브르그의 역설

성 페테스브르그 수도원의 수도사는 사람들에게 동전을 던져 앞면이 나오면 자신이 동전 한 닢을 상대방에게 주고 반대로 뒷면이 나오면 상대방이 자신에게 동전 한 닢을 내놓는 내기를 걸었다. 동전의 앞면과 뒷면이 나올 확률이 각각 50%이므로 기대손익은 제로임에도 대부분의 사람들이 내기에 응하지 않았는데 이를 **'성 페테스브르그의 역설'**(St. Petesburg's paradox)이라고 한다.

그 후 200년이 지나 한계효용학파의 창시자 중 한 사람인 오스트리아의 **멩거**(C. Menger, 1840–1921)는 화폐의 한계효용이 체감할 경우 내기로 인한 기대효용은 음(−)이 되므로 내기에 응하는 것은 손해라고 설명했다. 현재 동전 10닢을 갖고 있는 사람이 내기에 응한다고 하자. [그림 5-5]에서 보듯이 내기에 졌을 때 잃게 될 효용은 10번째 동전의 한계효용 □ABCD임에 비해 내기에 이겼을 경우 얻게 될 효용은 추가되는 11번째 동전의 한계효용인 □CDEF이다.

그림과 같이 화폐의 한계효용이 체감한다고 할 때 □ABCD>□CDEF이므로 내기에 응했을 때 기대효용은 음(−)이 됨을 알 수 있다.

그림 5-5

성 페테스브르그의 역설

화폐의 한계효용이 체감한다면 화폐의 한계효용곡선은 우하향한다. 추가되는 화폐 1단위의 효용보다 감소하는 화폐 1단위의 효용이 크므로 내기의 기대효용은 음(-)이 된다.

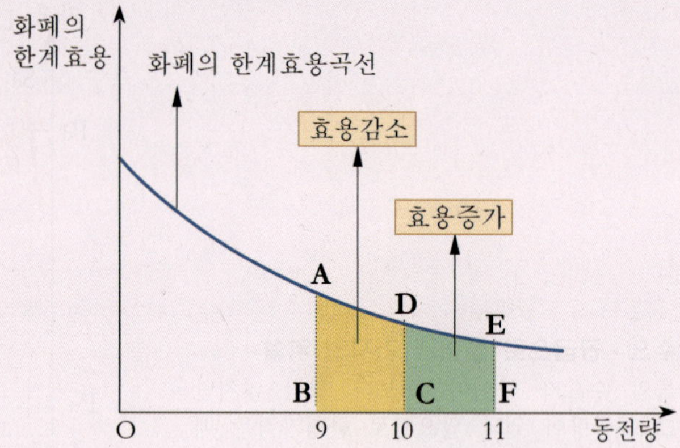

5.4.4 음료수자판기와 신문자판기

우리가 흔히 거리에서 만나게 되는 무인 음료수자판기와 무인 신문자판기는 그 구조가 다르다. 음료수자판기는 복잡한 구조로 되어 있고 설치비용도 만만치 않아 보이는 반면 신문자판기는 아주 간단한 개폐구조를 갖고 있다. 음료수자판기는 돈을 투입하면 음료수 하나만 배출구로 떨어진다. 반면 신문자판기는 동전을 넣으면 잠금장치가 풀려 구매자 스스로 신문을 꺼내도록 되어 있다. 왜 개폐구조가 다른가?

한계효용이론으로 설명해보자. 음료수의 경우 자신의 냉장고에 두고 마실 수도 있기 때문에 추가되는 음료수의 한계효용이 높다. 잠금장치를 풀고 꺼내가도록 하면 아마도 여러 개를 꺼내갈 가능성이 있다. 신문의 경우 추가 부수의 한계효용은 거의 제로이다. 신문은 2부를 볼 필요가 없기 때문이다. 따라서 잠금장치를 풀고 꺼내가도록 하더라도 한 부밖에는 꺼내지 않을 것이므로 비용을 많이 들여 복잡한 장치를 설치할 필요가 없는 것이다.

Q 왜 한국의 올림픽 금메달리스트는 2연패를 달성하기 어려운가?

A 금메달리스트로서의 연금, 포상금, 광고수입을 많이 확보했으므로 4년간의 각고 끝에 2연패를 했을 경우 추가되는 화폐의 한계효용이 그다지 크지 않다. 화폐의 한계효용이 체감하는 경우 더욱 그렇다. 성공 여부도 불확실한 올림픽 2연패에 도전하는 것보다는 다른 일을 하는 것이 이익이다. 이는 국민들의 여망을 외면한 것일 수 있으나 선수 개인의 효용극대화라는 측면에서는 합리적 결정인 것이다.

5.4.5 기대효용이론과 보험

갑의 소득은 100만원이며 갑이 병에 걸릴 확률은 1/2이다. 갑이 병에 걸렸을 때 치료비용이 20만원이라고 할 때 만약 갑이 보험에 든다면 치료비 전액을 지원받을 수 있다. 보험료는 병에 걸릴 확률과 치료비용의 곱에 의해 10만원으로 책정되어 있다. 효용극대화 원리에 따를 경우 위험기피자(risk averter)인 갑은 보험에 가입하는 것이 유리한가 아니면 불리한가? 위험기피자에게 있어 화폐의 한계효용은 체감하므로 아래 [그림 5-6]에서 보듯이 소득이 많을수록 기대효용이 체감하는 모양이 된다. 따라서 갑의 보험가입에 따른 효용은 U(90)이고 미가입일 경우 효용은 U(80)x1/2+U(100)x1/2이다. 따라서 보험가입 시 효용이 AB만큼 더 큰 것을 알 수 있다. 만일 갑이 위험중립자(risk neutral)라면 보험에 가입하나 안하나 무차별하고 만일 위험선호자(risk lover)라면 가입하지 않는 쪽이 효용이 크다.

그림 5-6

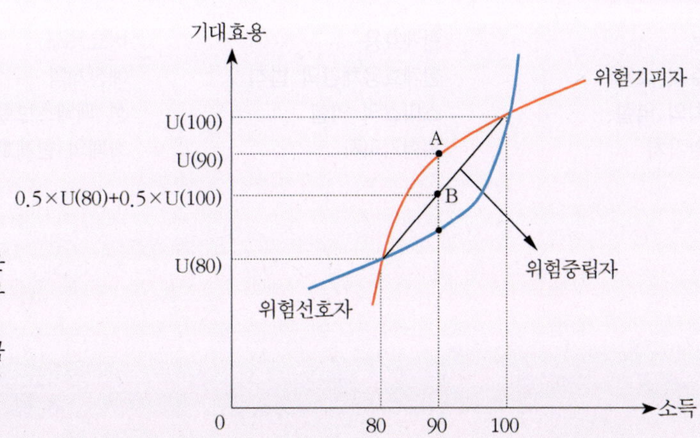

보험가입과 기대효용
위험기피자가 보험에 가입했을 경우 효용은 U(90)인 반면 보험에 가입하지 않았을 경우의 효용은 0.5×U(80)+0.5×U(100)이다. 위험기피자는 보험에 가입하는 것이 AB만큼 효용이 크다.

복습과 연습

요 약

1. 효용이란 '재화나 서비스로부터 얻는 만족감'인데 개인에 따라 서로 다르다는 점에서 주관적 개념이다.
2. 공장에서 방류된 폐수나 자동차가 뿜어낸 매연이 섞인 대기, 공사장 소음, 음식물 쓰레기 등은 오히려 효용을 감소시키는 비효용재이다.
3. 효용을 절대적 크기로 수량화하여 셀 수 있다는 입장을 기수적 효용이론이라고 하고 다만 순서를 매겨 상대적 크기를 비교할 수 있다고 보는 입장을 서수적 효용이론이라고 한다.
4. 소비를 증가시켜 나갈 때 한계효용이 점점 감소하는 현상을 '한계효용체감의 법칙'이라고 한다.
5. '한계효용균등의 법칙'이란 주어진 예산제약 하에서 화폐 1단위의 한계효용이 모든 재화에 있어 동일하도록 구매하는 것이다.
6. 한계효용균등의 법칙에 대한 비판은 효용의 가측성 가정과 화폐의 한계효용이 일정하다는 가정에 대한 것이다.
7. 물은 다이아몬드보다 수요가 많지만 그 양이 워낙 많으므로 가격이 낮은 반면 다이아몬드는 수요는 적지만 그 양이 워낙 희귀하기 때문에 수요·공급원리에 의해 가격이 비싸다.
8. 위험기피자는 보험에 가입하는 것이 효용을 증가시킬 수 있다.

중요개념

효용	한계효용	비효용재	기수적 효용
서수적 효용	한계효용체감의 법칙	예산제약	한계효용균등의 법칙
가치의 역설	스미스의 역설	성 페테스브르그의 역설	사용가치
교환가치	위험기피자	화폐의 한계효용	기대효용

연습문제

1. 총효용은 한계효용의 누적 합이므로 한계효용이 양(+)인 구간에서는 증가한다.

2. 한계효용균등의 법칙이란 효용을 극대화하기 위해서는 한계효용이 모든 재화에 있어 동일해야 한다는 것이다.

3. 총효용은 증가하나 그 증가율이 감소하고 있다면 한계효용은 어떻게 변할까?

4. 한계효용이 양(+)일 때 재화의 소비량을 늘려갈수록 총효용은 어떻게 변하는가?

5. 한계효용이 체감한다면 수요곡선의 기울기는 어떻게 되나?

6. 소비량과 그에 따른 한계효용이 다음과 같다면 총효용이 극대화되는 소비량은 얼마인가? 3단위를 소비할 경우 총효용은 얼마인가?

소비량	1	2	3	4	5	6
한계효용	10	7	3	1	−1	−4

7. 주스는 한 병에 1천원, 생수는 한 병에 500원이다. 주스의 한계효용은 한 병째 3, 두 병째 2, 세 병째 1이고 생수는 1.5, 1, 0.5, 0.25이다. 이 사람의 소득이 3,000원이라면 주스와 생수를 각각 얼마씩 소비하는 것이 효용을 극대화할까?

8. 두 재화의 가격과 한계효용간의 비율이 $\frac{MU_a}{P_a} > \frac{MU_b}{P_b}$라면 소비자균형을 위해 두 재화의 소비량을 어떻게 조절해야 하나?

9. 화폐 한 단위의 한계효용이 1이라고 하자. 두 번째 소비의 한계효용은 4이고 세 번째 소비의 한계효용은 3이라고 하자. 가격 3과 4 사이에서 수요곡선의 기울기는 얼마인가?

10. 사람들이 당첨확률이 $\frac{1}{2}$인 내기에 응하지 않는다면 그 이유는 무엇인가?

11. 어떤 재화의 소비를 증가해갈 때 추가효용이 감소하는 현상을 무엇이라 하는가?

12. 슈퍼에서 박씨는 사과 4개, 배 3개를 바구니에 담았다. 5번째 사과와 4번째 배의 한계효용이 100과 150이고 사과와 배의 가격이 개당 각각 1000원과 2000원이라면 예산 여유가 있는 박씨는 어느 과일을 먼저 바구니에 담는 것이 합리적인가?
   (1) 둘 다 동일하다. (2) 사과
   (3) 배 (4) 알 수 없다.

13. 물과 다이아몬드의 가치의 역설에 관한 설명 중 옳은 것은?
   (1) 재화의 시장가격은 그 재화 소비로부터의 총효용이 결정한다.
   (2) 다이아몬드는 사치재이고 물은 필수재이므로 발생하는 현상이다.
   (3) 물과 다이아몬드의 역설은 합리적 의사결정의 결과이다.
   (4) 다이아몬드의 수요의 가격탄력성이 물보다 더 크기 때문에 발생하는 현상이다.

Chapter 6

무차별곡선이론과 소비자 선택

이탈리아 경제학자 파레토(V. Pareto, 1848-1923)는 1900년 효용의 절대적 크기를 셀 수 없다 하더라도 다만 효용의 크기를 비교할 수 있다면, 즉 서수적 효용에서도 한계효용이론과 동일한 소비자균형을 도출할 수 있음을 밝혔다. 파레토의 분석은 무차별곡선을 이용한다고 해서 무차별곡선이론이라고 부른다.

무차별곡선을 이용하여 예산제약 하의 소비자 균형을 도출해보자. 무차별곡선을 통한 소비자 선택은 앞서 살펴 본 한계효용이론 하의 소비자 선택과 동일한 결과를 준다. 무차별곡선이론을 이용한 가격효과와 대체효과, 소득효과 간의 관계와 이를 이용한 경제분석 예를 살펴보자.

6.1 무차별곡선이론

6.1.1 무차별곡선의 정의

무차별곡선(indifference curve)
동일한 만족을 주는 재화 꾸러미의 조합을 연결한 선

'무차별곡선'(indifference curve)이란 '동일한 만족을 주는 재화 꾸러미의 조합을 연결한 선'으로 정의할 수 있다. 예를 들어 영호는 영화 관람과 먹방순례라는 두 재화를 선호한다고 하자. 영호는 자신이 좋아하는 영화 7편과 1번의 먹방순례라는 꾸러미로부터 얼마간의 만족을 얻고 있다. 영화 5편과 먹방순례 2번으로 구성된 꾸러미 역시 영호에게 동일한 만족을 준다. 이때 영화 7편과 먹방 1번의 꾸러미는 영화 5편과 먹방 2번을 담은 꾸러미와 무차별하다고 말한다. 영호가 동일한 만족을 얻을 수 있는 또 다른 꾸러미의 조합으로는 (영화 4편, 먹방 3번), (영화 3편, 먹방 4번), 그리고 (영화 2편, 먹방 6번) 등이 있다고 할 때 이러한 두 재화의 꾸러미를 연결한 선이 영호의 무차별곡선이다.

그림 6-1

영호의 무차별곡선
영호에게 동일한 만족을 주는 먹방순례와 영화 관람의 꾸러미를 연결한 선이 무차별곡선인데 일반적으로 우하향하는 모양이다. 무차별곡선의 형태는 사람마다 다르다.

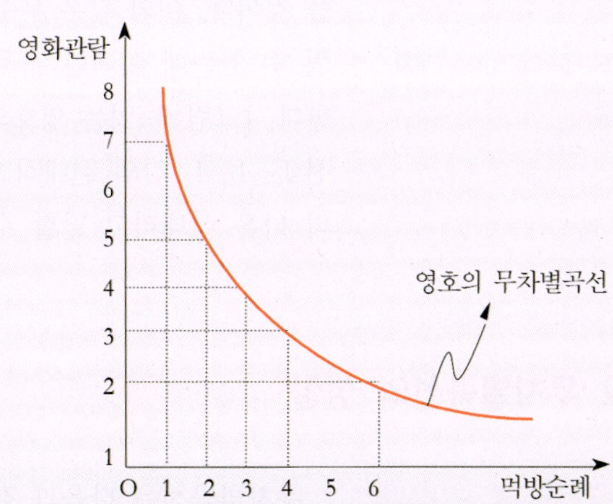

그림 6-2

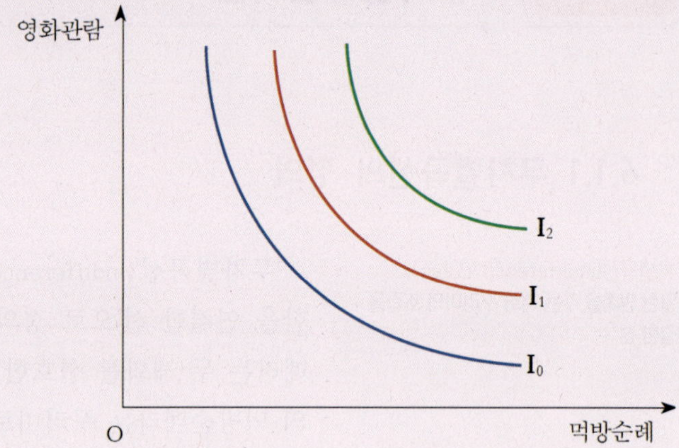

영호의 무차별지도
지도의 등고선과 같이 무차별곡선으로 이루어진 무차별지도를 그릴 수 있다. 오른쪽 위의 무차별곡선일수록 효용증가를 나타낸다.

[그림 6-1]은 영호의 영화 관람과 먹방순례에 대한 무차별곡선이다. 개별 소비자의 재화에 대한 선호(preference)가 다르면 무차별곡선의 형태도 다르다. 어떤 사람은 영화 보는 것을 음식먹기보다 좋아하는가 하면 다른 사람은 반대일 수도 있다. 두 사람이 모두 영화 보는 것을 더 좋아하더라도 좋아하는 정도가 다르면 그들의 무차별곡선은 서로 다르다.

무차별지도(indifference map) 무차별곡선의 모음

영화 관람과 먹방순례로부터 영호가 얻을 수 있는 만족의 수준은 무수히 많을 것이다. 이와 같은 무수한 만족수준에 따라 상이한 무차별곡선을 무수히 그릴 수 있는데 이러한 무차별곡선의 모음을 **무차별지도**(indifference map)라고 한다. [그림 6-2]는 영호의 두 재화에 대한 무차별지도이다. 여기서 무차별곡선 I_0, I_1, I_2 간의 절대적 비교는 불가능하며 다만 보다 상위의 무차별 곡선이 더 나은 상태라고 말할 수 있을 뿐이다.

6.1.2 무차별곡선의 성질

무차별곡선은 다음과 같은 4가지 성질을 갖고 있다.

■ 성질 1 : 무차별곡선은 우하향한다.

두 재화가 모두 만족을 주는 효용재일 경우 무차별곡선은 우하향하게 된다. [그림 6-1]에서 보듯이 한 재화의 소비량이 감소할 때 동일한 만족을 얻기 위해서는 다른 재화의 소비량은 증가해야 한다. 그러므로 무차별곡선은 우하향한다. 만일 한 재화는 효용재임에 반해 다른 재화는 소비할수록 만족을 감소시키는 비효용재라면 무차별곡선은 우상향한다.

■ 성질 2 : 보다 상위의 무차별곡선이 보다 높은 만족을 준다.

두 재화가 모두 효용재라고 할 때 보다 상위에 위치한 무차별곡선일수록 더 많은 양의 재화꾸러미로 구성되어 있으므로 보다 높은 만족을 주는 것은 당연하다. [그림 6-2]에 그려져 있는 무차별곡선들의 만족의 크기는 $I_2 > I_1 > I_0$이다

■ 성질 3 : 무차별곡선은 서로 교차하지 않는다.

무차별곡선이 서로 교차할 경우 모순에 빠지게 된다. 이를 증명하기 위해 [그림 6-3]에서 보듯이 두 무차별곡선이 점 A에서 서로 교차했다고 가정하자. 점 A와 점 B는 동일한 무차별곡선(I) 위에 있으므로 무차별곡선의 정의에 의

그림 6-3

무차별곡선은 서로 교차하지 않는다.

무차별곡선이 교차한다면 모순에 빠지게 된다. 점 A와 점 B는 동일한 무차별곡선(I) 위에 있으므로 동일한 만족을 준다. 동시에 점 A와 점 C 역시 동일한 무차별곡선(I′) 위에 있으므로 만족의 수준이 같다. 그러나 점 B는 점 C보다 두 재화를 모두 더 많이 소비하는 점이므로 보다 큰 만족을 준다는 점에서 모순이다.

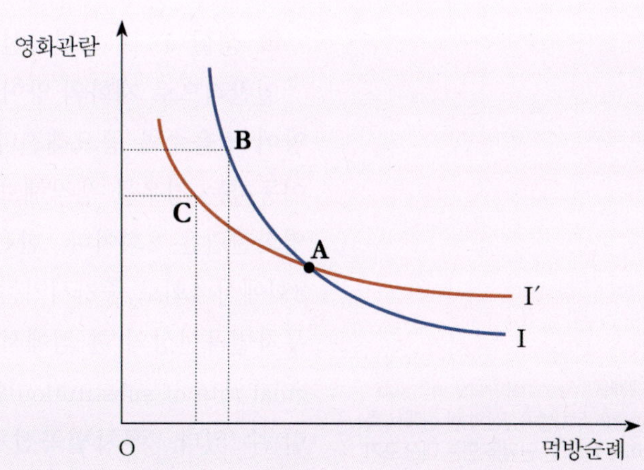

그림 6-4

원점에 대해 볼록한 무차별곡선

AB에서 무차별곡선의 기울기의 절대값은 2인데, CD에서는 기울기의 절대값이 1로 줄어든다. 오른쪽 아래로 이동할수록 무차별곡선의 기울기의 절대값이 줄어드는데 이를 한계대체율체감이라고 한다. 한계대체율이 체감할 경우 무차별곡선은 원점에 대해 볼록하다.

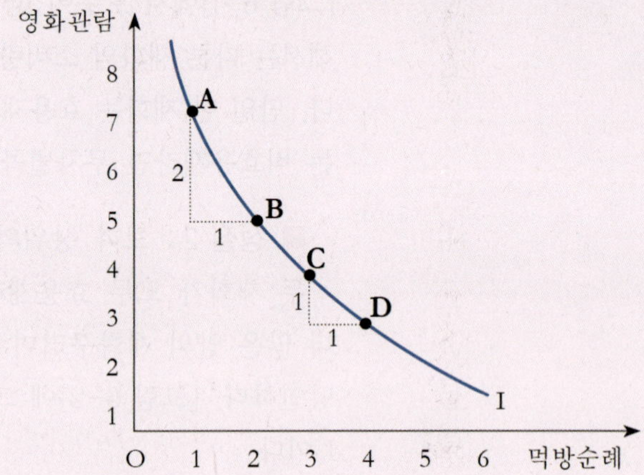

하여 서로 동일한 만족을 준다. 동시에 점 A와 점 C 역시 동일한 무차별곡선(I') 위에 있으므로 만족의 수준이 같다. 그렇다면 점 B와 점 C의 만족도 동일해야 할 것이다. 그러나 점 B는 점 C보다 두 재화를 모두 더 많이 소비하는 점이므로 보다 큰 만족을 준다. 그러므로 무차별곡선이 교차하면 논리적 모순에 빠진다.

■ 성질 4 : 무차별곡선은 원점에 대해 볼록하다.

일반적으로 재화의 양이 많을수록 그 재화의 중요성은 작아지는 반면 재화의 양이 적을수록 중요해진다. [그림 6-4]에서 무차별곡선 위 점 A에서 점 B로 이동하는 경우를 생각해보자. 먹방순례를 1회 증가시키는 대신 포기해야 하는 영화관람은 2회이다. 한편 점 C에서 점 D로 이동하는 경우에는 먹방순례를 3회에서 4회로 증가시키는 대신 포기해야 하는 영화관람은 1회이다. 이와 같이 무차별곡선상의 한 점에서 측정한 두 재화 간의 대체비율을 **'한계대체율'**(marginal rate of substitution)이라고 한다. 여기서 한계대체율은 다음과 같이 정의할 수 있다. **'무차별곡선 위 한 점에서의 한계대체율은 그 점에서의 접선의 기울기에 (−1)을 곱한 값'**이다. 먹방순례 횟수가 많아질수록 추가되는 먹방순

한계대체율(marginal rate of substitution) 무차별곡선상의 한 점에서 측정한 어느 재화 한 단위를 얻는 대신 포기해도 좋은 다른 재화의 양

한계대체율 체감의 법칙 무차별곡선 위에서 어느 재화의 소비를 한 단위씩 늘려갈 때 포기해도 좋은 다른 재화의 양이 점점 감소하는 것

례의 가치는 낮아지는 반면 포기해야 하는 영화관람의 가치는 상승하므로 그 교환비율은 점점 작아진다. 이것을 **'한계대체율 체감의 법칙'**이라고 한다. 그림 [그림 6-4]에서 보듯이 한계대체율이 체감하는 무차별곡선은 원점에 대해 **'볼록한'**(convex) 형태가 된다.

만일 한계대체율이 체증한다면 어떻게 될까? 한계대체율 체증은 양이 많아지는 재화가 더 중요해지는 반면 양이 줄어드는 재화는 덜 중요해질 때 발생한다. 이런 경우는 재화에 대한 선호체계가 비합리적인(irrational) 사람에게서나 일어날 수 있는 현상이다. 한계대체율이 체증한다면 무차별곡선은 원점에 대해 **'오목한'**(concave) 형태가 된다.

6.1.3 특수한 무차별곡선

일반적으로 무차별곡선은 원점에 대해 볼록한 우하향 곡선이다. 그러나 특수한 형태의 무차별곡선도 있다. [그림 6-5]는 특수한 형태의 무차별곡선들을 보여준다.

그림 6-5

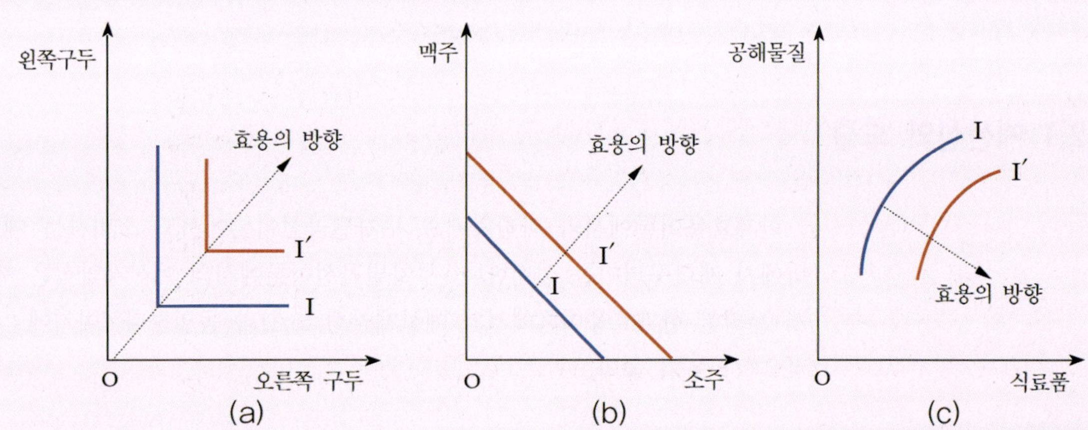

특수한 형태의 무차별곡선
그림 (a)는 한계대체율이 제로인 경우이고 그림 (b)는 완전대체적인 경우이다. 그림 (c)는 한 재화가 비효용재인 경우의 무차별곡선인데 효용증가의 방향은 오른쪽 아래가 된다.

그림 (a)는 원점에 대해 직각인 무차별곡선으로 이때 두 재화는 완전 보완재이다. 이러한 무차별곡선의 예로 오른쪽 구두와 왼쪽 구두가 있다. 구두는 양쪽이 모두 있을 때 만족하는 것이므로, 구두 오른짝이 아무리 많아도 왼짝이 하나뿐이라면 구두 한 켤레의 만족밖에는 주지 못한다. 이때 두 재화 간의 한계대체율은 제로이다.

그림 (b)는 두 재화가 완전대체적일 때의 무차별곡선이다. 즉, 술이라면 종류를 가리지 않고 좋아하는 사람이 있다고 하자. 그에게 있어 소주와 맥주는 완전대체재이다. **완전대체재 간의 한계대체율은 어느 점에서나 일정(1이 아니다.)하므로 무차별곡선은 우하향의 직선이 된다.**

그림 (c)는 우상향하는 무차별곡선을 보여준다. 여기서 한 재화는 소비를 증가시킬수록 만족이 증가하는 효용재인 반면 다른 재화는 소비가 증가할수록 만족이 감소하는 비효용재이다. 비효용재의 예로는 쓰레기나 공해물질을 들 수 있다. 그림 (a), (b), (c)에서 무차별곡선 I′가 I보다 큰 만족을 준다.

6.2 예산선

6.2.1 예산선의 도출

한계효용이론에서와 마찬가지로 무차별곡선이론에서도 소비자는 예산제약하에서 재화꾸러미를 선택한다. 무차별곡선이론에서의 예산제약식은 제5장에서 논의한 한계효용이론에서의 예산제약식 (5.1)과 동일하다. 여기에 식 (6.1)로 다시 옮겨 놓자.

$$P_x \times X + P_y \times Y \leq I \tag{6.1}$$

식 (6.1)을 Y에 대해 풀면 예산선의 방정식을 얻을 수 있다. 즉,

그림 6-6

영호의 예산선

예산선은 주어진 예산으로 구입할 수 있는 두 재화의 조합을 연결한 선이다. 선 밖의 점 C는 주어진 예산으로는 구입할 수 없고 반대로 선 안의 점 D는 주어진 예산을 모두 사용하지 않는 점이므로 최적선택의 대상이 아니다.

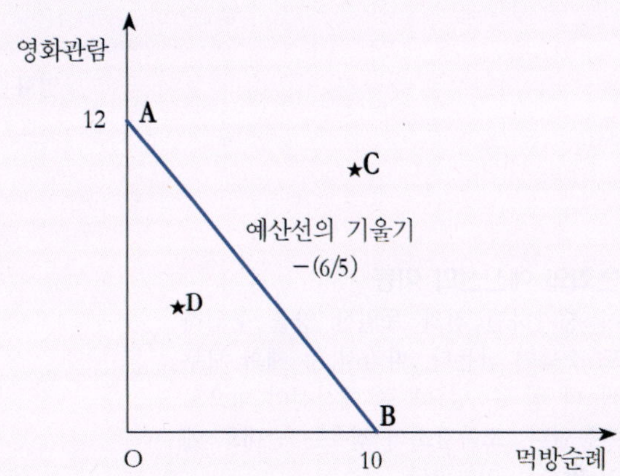

$Y = -(\frac{P_x}{P_y})X + \frac{I}{P_y}$가 된다. 여기서 $-(\frac{P_x}{P_y})$는 예산선의 기울기이며 $\frac{I}{P_y}$는 Y 절편이다.

이제 영화관람은 10,000원, 먹방은 12,000원이며 영호의 예산은 120,000원이라고 하자. [그림 6-6]은 영호의 예산제약식 10,000원×(영화)+12,000원×(먹방)≤120,000원을 그래프로 나타낸 것인데 선분 AB를 **예산선**(budget line) 혹은 **가격선**(price line)이라고 부른다. 예산선의 기울기는 두 재화의 상대가격으로부터 즉,

예산선(budget line) 가격선(price line)이라고도 한다. 주어진 예산으로 구입할 수 있는 재화들의 조합을 연결한 선

$$-\frac{\text{먹방 가격}}{\text{영화 가격}} = -\frac{12{,}000}{10{,}000} = -(6/5)\text{이 된다.}$$

예산선 밖의 점 C는 주어진 소득수준으로는 얻을 수 없는 점이다. 또 예산선 내부의 점 D 역시 주어진 소득을 모두 사용하지 않고 남긴 상태이므로 소비자 선택의 대상이 아니다. 그러므로 예산선 AB 위의 어느 점이 소비자의 만족을 극대화하는 점이 된다.

그림 6-7

소득변화와 예산선의 이동
소득이 증가하면 전과 동일한 양을 구입하고서도 소득이 남는다. 따라서 두 재화 모두 조금씩 더 살 수 있으므로 예산선이 밖으로 평행이동한다. 소득감소의 경우는 반대로 예산선이 안으로 이동한다.

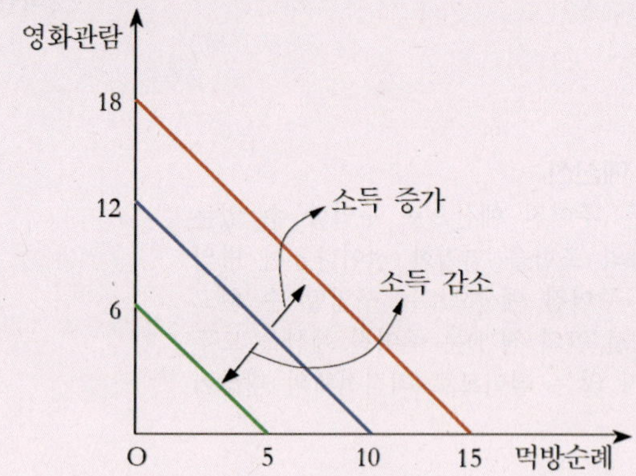

6.2.2 예산선의 이동

예산선은 소득이 변하거나 재화의 가격이 변할 경우 이동한다.

① 소득의 변화

영호의 소득이랄 수 있는 용돈 중 영화와 먹방에 쓸 수 있는 돈이 12만원에서 18만원으로 증가했다면 영호는 영화관람 횟수를 더 늘릴 수도 있고 먹방을 더 갈 수도 있다. 그러므로 영호의 예산선은 [그림 6-7]에서 보듯이 밖으로 평행이동한다. 예산선이 평행이동하는 이유는 두 재화의 가격비율은 바뀌지 않았기 때문이다. 반대로 영호의 소득인 용돈이 감소한다면 영호의 예산선은 안으로 평행이동한다.

② 재화가격의 변화

두 재화 중 먹방가격이 12,000원에서 8천원으로 내렸을 때 영호가 자신의 소득 12만원을 먹방에 모두 소비한다면 이제는 15번의 먹방순례를 할 수 있다. 영화가격은 변동이 없으므로 최대 소비량은 12개 그대로이다. 그러므로 영호의 예산선은 [그림 6-8]의 (a)에서 보듯이 영화관람을 중심으로 부채꼴 모양으로

그림 6-8

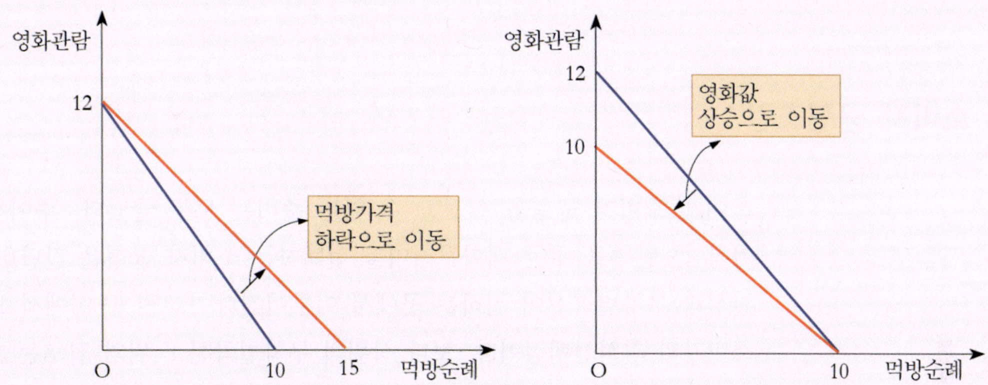

(a) 먹방가격 하락 (b) 영화가격 상승

재화가격의 변화와 예산선의 이동

먹방가격의 하락은 모든 예산을 먹방순례에 소비할 경우 먹방 횟수를 전보다 증가시킬 수 있으므로 예산선은 아래쪽이 부채꼴로 벌어진다. 영화가격 상승의 경우는 반대로 해석하면 된다.

벌어진다. 만일 먹방가격이 올랐다면 영화관람을 중심으로 부채꼴모양으로 좁혀진다. 한편 먹방가격은 변동이 없을 때 영화관람 가격이 10,000원에서 12,000원으로 상승했다면 [그림 6-8]의 (b)에서 보듯이 먹방순례를 중심으로 안으로 좁혀든다.

만일 두 재화의 가격이 모두 변한다면 어떻게 되는가? 두 재화의 가격이 같은 비율로 하락한다면 두 재화의 상대가격이 변하지 않으므로 예산선의 기울기는 변하지 않고 예산선은 밖으로 평행이동한다. 이는 소득의 증가와 동일한 효과이다. 반대로 두 재화의 가격이 같은 비율로 상승한다면 예산선은 안으로 평행이동하며 소득감소의 경우와 동일한 효과이다.

물론 두 재화의 가격이 서로 다른 비율로 하락하거나 또는 상승할 경우에는 예산선의 기울기가 바뀌면서 이동하게 된다. 두 재화의 가격이 다른 비율로 바뀔 때 예산선의 이동을 각자 그래프를 이용해 그려보기 바란다.

6.3 소비자 균형

6.3.1 소비자 균형조건

이제 소비자 균형을 결정할 수 있는 준비는 모두 끝났다. 주어진 예산으로 가장 큰 만족을 주는 재화꾸러미를 선택하는 소비자 균형은 간단히 말하면 예산선과 무차별곡선이 접하는 곳에서 이루어진다. [그림 6-9]에서 보는 점 E가 소비자의 최적선택점이다. 보다 상위의 무차별곡선 I′ 위의 점 A는 현재의 소득으로는 얻을 수 없는 점이다.

최적점 E가 예산선 위의 다른 어떤 점보다 나은 점임을 증명하기 위해서는 예산선 위의 임의의 한 점 B를 정하고 점 E에서의 효용이 점 B에서의 효용보다 크다는 것을 보이면 된다. B점은 예산선 위의 점이긴 하지만 B점을 지나는 무차별곡선 I″은 최적점 E의 무차별곡선 I보다 하위에 있다. 그러므로 점 E가 소비자가 택할 수 있는 최적점이 된다.

그림 6-9

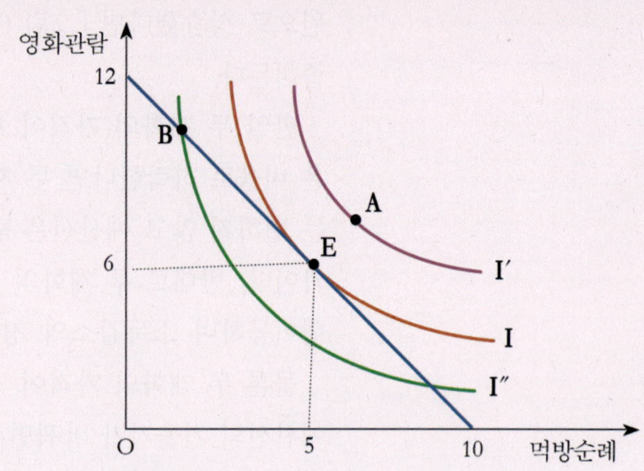

소비자의 최적선택

소비자 균형은 무차별곡선이 예산선과 접하는 곳에서 이루어진다. 임의의 B점은 주어진 예산을 모두 지출하면서도 보다 낮은 무차별곡선 I″에 속하므로 균형점 E보다 못한 점이다.

6.3.2 한계효용이론과 무차별곡선이론 간의 관계

우하향하는 무차별곡선상의 임의의 점 A에서 X재 한 단위를 얻는 대신 포기해야 하는 Y재의 양으로 나타낸 한계대체율(MRS_{xy}^{A})은 그 점에서 두 재화의 한계효용의 비율로 나타낼 수 있다. 왜냐하면 두 재화를 교환할 경우 그 점에서 각 재화의 한계효용을 비교하여 교환비율을 결정할 것이기 때문이다.

예를 들어 A점에서 X재의 한계효용 $MU_x^a = 8$이고 Y재의 한계효용 $MU_y^a = 4$일 때 A점에서 X재 한 단위를 증가시키는 대신 포기해도 좋은 Y재는

$$\frac{MU_x^a}{MU_y^a} = \frac{8}{4} = 2\text{이다.}$$

무차별곡선 위 A점에서의 Y재를 X재로서의 한계대체율은

$$MRS_{xy}^{A} = \frac{MU_x^a}{MU_y^a}\text{이 된다.}$$

MU_x^a, MU_y^a : 점 A에서 X재와 Y재의 한계효용

[그림 6-9]의 소비자균형 E에서 예산선과 무차별곡선이 접하고 있으므로 예산선의 기울기와 E점에서의 접선의 기울기가 같다. 이제 예산선의 기울기는 두 재화의 상대가격이므로 $-(\frac{P_x}{P_y})$이다. 무차별곡선 위 한 점에서의 한계대체율은 그 점에서의 접선의 기울기에 (−1)을 곱한 값으로 정의되고 있으므로 소비자 균형점 E에서는 다음과 같은 관계가 성립한다.

$$MRS_{xy}^{E} = \frac{MU_x^e}{MU_y^e} = -\left[-(\frac{P_x}{P_y})\right] \qquad (6.2)$$

식 (6.2)의 양변에 $(\frac{MU_y^e}{P_x})$을 곱해주고 정리하면 다음과 같다.

$$\frac{MU_x^e}{P_x} = \frac{MU_y^e}{P_y} \qquad (6.3)$$

식 (6.3)은 바로 제5장 한계효용이론에서의 한계효용균등의 법칙이 성립하는 식 (5.2)와 동일한 조건임을 알 수 있다. 이러한 사실은 한계효용이론을 통하여

소비자 균형을 분석하든 무차별곡선이론을 이용하여 분석하든 그 균형조건은 동일하다는 것을 입증한다.

6.3.3 모서리 해

모서리 해(corner solution) 예산선의 끝점에서 발생한 소비자균형

소비자 균형은 항상 예산선과 무차별곡선이 접하는 예산선의 중간지점 부근에서 성립하는가? 반드시 그렇지는 않다. 소비자의 두 재화에 대한 선호체계가 어떤가에 따라 예산선의 끝점에서 소비자 균형이 이루어질 수도 있는데, 이러한 독특한 균형을 **'모서리 해'**(corner solution)라고 한다. 모서리 해는 무차별곡선과 예산선이 **'접한 것이 아니라 만난 것'**이므로 앞서 살펴보았던 식 (6.3)의 조건이 성립하지 않음에도 불구하고 소비자 만족이 극대화되는 예외적 균형이다.

[그림 6-10]은 모서리 해의 경우를 보여주고 있다. 그림 (a)는 소비자의 선호가 영화보다 먹방에 쏠리는 경우의 소비자균형임에 반해 그림 (b)는 반대로 소비자의 선호가 영화로 쏠리는 영화마니아의 경우이다.

그림 6-10

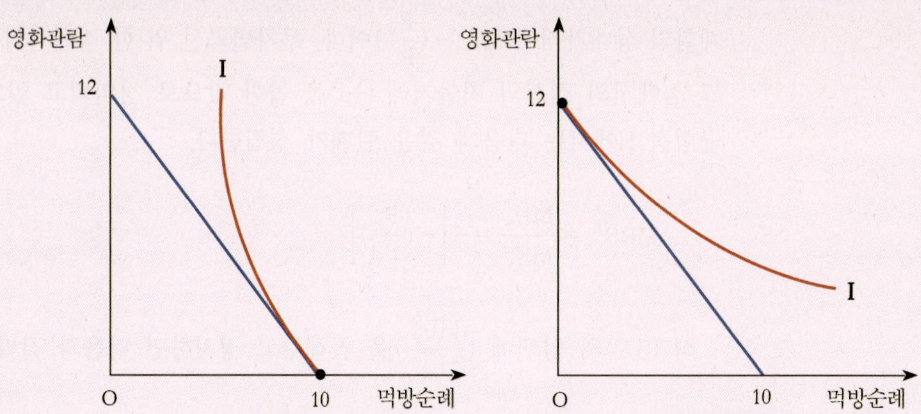

(a) 먹방만 소비 (b) 영화만 소비

모서리 해

사람마다 재화에 대한 선호체계가 다르다. (b)에서 보듯이 영화만 좋아하는 사람은 매우 완만한 기울기의 무차별곡선을 갖게 되고 예산선의 왼쪽 끝점과 만나 균형을 이룬다. 이 사람은 자신의 소득으로 영화만 본다.

탐구코너

급량권과 현금보조

정부나 자선기관 등에서 빈곤 가정 김씨에게 경제적 지원을 할 때, 식료품을 살 수 있는 급량권(food stamp)과 현금보조방법 중 김씨 입장에서는 어느 방법이 더 큰 만족을 주는가?

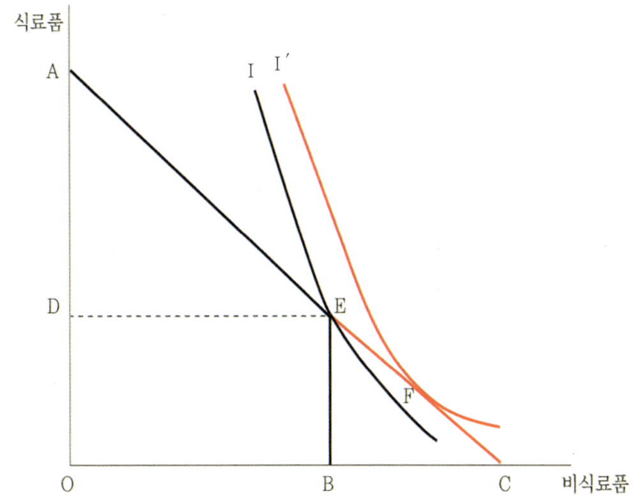

(1) 급량권 지급방법 : 그래프에서 OD는 급량권으로 살 수 있는 식료품량이고, DA는 김씨가 소득을 모두 식료품 구입에 사용할 경우 살 수 있는 식료품량이다. DE(OB)는 김씨가 자신의 소득을 모두 비식료품 구입에 사용할 경우 구입할 수 있는 비식료품량이다. 그러므로 급량권지급방식의 경우 김씨의 예산선은 AEB가 된다.

(2) 현금보조방법 : 김씨는 이제 현금보조금을 모두 비식료품 구입에 사용할 수도 있으므로 예산선은 직선인 AEC가 된다.

(3) 균형 : 김씨가 OD 이상의 식료품을 구입하는 경우에는 무차별곡선과 예산선의 접점이 AE 위에 놓이므로 두 방법은 무차별하다(그래프에 그려지지는 않음). 그러나 OD보다 적은 양의 식료품을 구입하고자 한다면 얘기가 달라진다. 그래프에서 보듯이 급량권지급방법의 균형은 I와 예산선 AEB가 만나는 E점(모서리해)이 되는 반면 현금보조방법의 균형은 I′와 AEC가 접하는 점 F이므로 현금보조방법이 더 높은 무차별곡선 위에 있다. 직관적으로 해석한다면 급량권은 식료품만 구입해야 하는 제약이 있는 반면 현금은 식료품과 비식료품을 모두 살수 있다는 점에서 융통성이 있으므로 유리한 것이다.

그림 6-11

소비의 대체효과
동일한 무차별곡선 I에서 상대가격이 AB에서 CD로 변했을 때 균형점은 E에서 E'으로 변한다. X재 가격이 상대적으로 싸졌을 때 X재 소비량의 증가를 대체효과라고 한다.

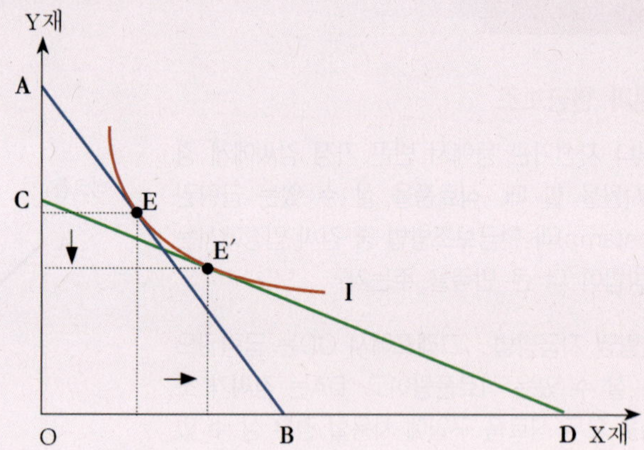

6.4 무차별곡선이론의 응용

6.4.1 대체효과

대체효과(substitution effect) 동일한 무차별곡선 위에서 상대가격의 변동에 따른 소비량의 변화

두 재화 간의 상대가격이 변하면 동일한 무차별곡선 위에서의 소비자 균형점도 달라진다. [그림 6-11]에서 동일한 만족을 주는 무차별곡선 I에서 예산선이 AB일 때 소비자 균형은 E점이다. 그러나 두 재화 간의 상대가격이 예산선 CD로 변한다면 소비자 균형은 E′이 된다. 즉, X재 가격이 종전보다 상대적으로 싸다면 효용극대화를 추구하는 소비자는 상대적으로 비싸진 Y재 소비를 줄이고 상대적으로 싸진 X재 소비를 늘리는 것이 유리하기 때문이다. 이것을 **대체효과**(substitution effect)라고 한다. 동일한 무차별곡선 하에서 상대적으로 가격이 싸진 재화를 더 소비할 것이므로 소비량의 증감으로 본 대체효과는 항상 양(+, 가격이 싸진 재화의 소비량 증가)이다.

그림 6-12

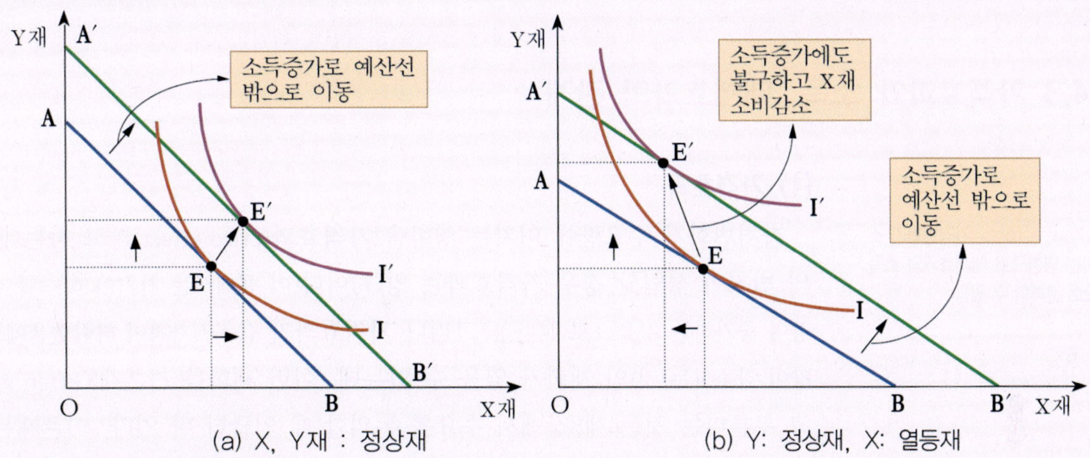

정상재와 열등재의 소득효과

소득이 증가하면 예산선은 밖으로 수평 이동한다. 소득증가와 함께 재화의 소비량이 증가하면 정상재, 감소하면 열등재이다.

6.4.2 소득효과

소득효과(income effect) 소득 변화에 따른 소비량의 변화

소득이 변함에 따라 소비자 균형 역시 변한다. 소득 변화에 따른 소비량의 변화를 **소득효과**(income effect)라고 한다. [그림 6-12]는 소득효과를 보여준다. 소득이 증가할 때 소비량이 증가하는 재화를 정상재라고 한다. 정상재의 소득효과는 양(+)이다. 그러나 소득이 증가했음에도 불구하고 오히려 소비가 감소하는 소득효과가 음(−)인 재화가 있을 수 있는데, 이런 재화를 열등재(inferior good)라고 한다는 것은 이미 앞에서 살펴본 바 있다. [그림 6-12] (a)에서 소득증가에 따라 X, Y재 모두 소비가 증가했음으로 두 재화 모두 정상재이다. 그러나 그림 (b)에서는 Y재는 정상재이나 X재는 소득효과가 음(−)이므로 열등재이다.

소득소비곡선(ICC) 소득이 변할 때 소비자 균형점이 지나는 궤적을 나타낸 선

[그림 6-12]에서 균형점의 이동을 잇는 EE′선의 연장선을 **소득소비곡선**(ICC, income consumption curve)이라고 한다. 그림 (a)에서 보는 것처럼 ICC가 양(+)의 방향으로 진행하면 두 재화 모두 정상재이다. 그림 (b)에서 보는 것처

럼 ICC가 음(-)의 방향으로 진행하면 소비가 감소하는 재화는 열등재이다.

6.4.3 가격효과와 소득, 대체효과의 관계

(1) 가격효과

가격효과(price effect) 가격변화가 소비량에 미치는 영향으로 대체효과와 소득효과의 합으로 분해할 수 있음

가격변화가 수요량에 미치는 영향을 **가격효과**(price effect)라고 하는데, 수요의 법칙이 성립할 경우 가격효과는 양(+)이다(이 책에서는 가격이 하락할 때 수요량이 증가하는 것을 +로 본다.). 그러나 가격효과가 음(-, 가격이 하락했음에도 수요량이 감소하는 것)인 재화가 있을 수 있는데, 이런 재화를 기픈재(Giffen good)라고 부른다는 것은 제3장에서 수요를 논의할 때 언급한 바 있다. 기픈재는 열등재에 포함되나 열등재는 기픈재에 속하지 않는다. 즉, 열등재 중에서 특히 열등성이 심한 재화만이 기픈재이다. 기픈재의 수요곡선은 우상향의 곡선이 되고 수요의 법칙이 성립하지 않는다.

(2) 가격효과와 소득, 대체효과의 관계

무차별곡선을 이용하여 가격효과와 대체효과 및 소득효과 간의 관계를 살펴보자. 이들 간의 관계는 정상재, 열등재 및 기픈재 간의 관계를 좀 더 분명히 알려준다. 결론부터 말하면 러시아의 수리통계학자이자 경제학자인 슬루츠키(E. Slutsky, 1880-1948)는 **'가격효과는 대체효과와 소득효과의 합'**이라는 슬루츠키방정식을 도출해냈다. [그림 6-13]은 X재가 정상재인 경우와 기픈재인 경우를 비교하여 보여준다.

[그림 6-13]에서 원래 균형점은 예산선 AB와 무차별곡선 I가 접하는 점 E이다. 이제 X재 가격이 하락하여 예산선이 AC로 변했다고 하자. 새로운 균형은 예산선 AC와 무차별곡선 I′이 접하는 E′이 된다. 이때 E에서 E′으로의 변화를 가격효과라고 한다. X재가 정상재일 때 그림 (a)에서 가격효과는 ee′만큼의 X재 소비증가(+)로 나타난다. 반면 X재가 기픈재일 경우 그림 (b)에서 가격효과는 ee′만큼의 X재 소비감소(-)로 나타난다.

이제 가격효과를 대체효과와 소득효과로 나누어 보자. X재 가격의 하락은 소비자에게 두 가지 측면에서 영향을 준다. ① 가격하락에 따라 상대가격이 변

했다는 사실과, ② 가격하락으로 소비자가 전보다 더 많은 재화를 소비할 수 있게 되었다는 사실이다. 상대가격의 변화로 인한 대체효과는 동일한 만족을 주는 무차별곡선상에서의 이동으로 나타낼 수 있는데, [그림 6-13]에서 E에서 E″으로의 이동을 의미한다. 즉, X재 가격이 상대적으로 싸졌으므로 Y재를 X재로 대체하는 것이다. 이때 대체효과는 항상 양(+)이다. 여기서 A′C′선은 AC선을 무차별곡선 I와 접할 때까지 평행이동한 것으로 보조선이다.

또 변화된 상대가격에서의 소득효과는 [그림 6-13]에서 E″에서 E′으로의 이동으로 표시되고 있다. 즉, X재 가격이 하락했으므로 전과 동일한 만족을 주는 점 E″에서는 약간의 예산이 남게 되는데 이것이 소득효과의 원천이다.

X재가 정상재인 그림(a)에서 가격효과 ee′(+)는 대체효과 ee″(+)와 소득효과 e″e′(+)의 합이다. X재가 열등재이면서 기픈재인 그림(b)에서 가격효과 ee′ (−)은 대체효과 ee″(+)와 소득효과 e″e′(−)의 합이다. 가격효과, 대체효과, 소득효과 간의 관계를 정상재, 열등재, 기픈재와 연관시켜 보면 다음과 같다.

정상재 : 가격효과(+) = 대체효과(+) + 소득효과(+)
열등재 : 가격효과(+) = 대체효과(+) + 소득효과(−),
대체효과 > 소득효과의 절대값
기픈재 : 가격효과(−) = 대체효과(+) + 소득효과(−),
대체효과 < 소득효과의 절대값

(3) 가격소비곡선

가격소비곡선(PCC) 가격이 변할 때 소비자 균형점의 이동경로를 보여주는 선

가격이 변할 때 소비자 균형점의 이동경로를 보여주는 선을 가격소비곡선(PCC, price consumption curve)이라고 한다. [그림 6-13] (a)와 (b)에서 EE′를 연결하는 선이 PCC이다. 그림 (a)에서 보듯이 PCC가 양(+)의 방향으로 진행하면 두 재화 모두 기픈재가 아니다. 그러나 그림 (b)에서 보듯이 PCC가 음(−)의 방향으로 진행하면 가격이 하락한 재화는 기픈재가 된다.

그림 6-13

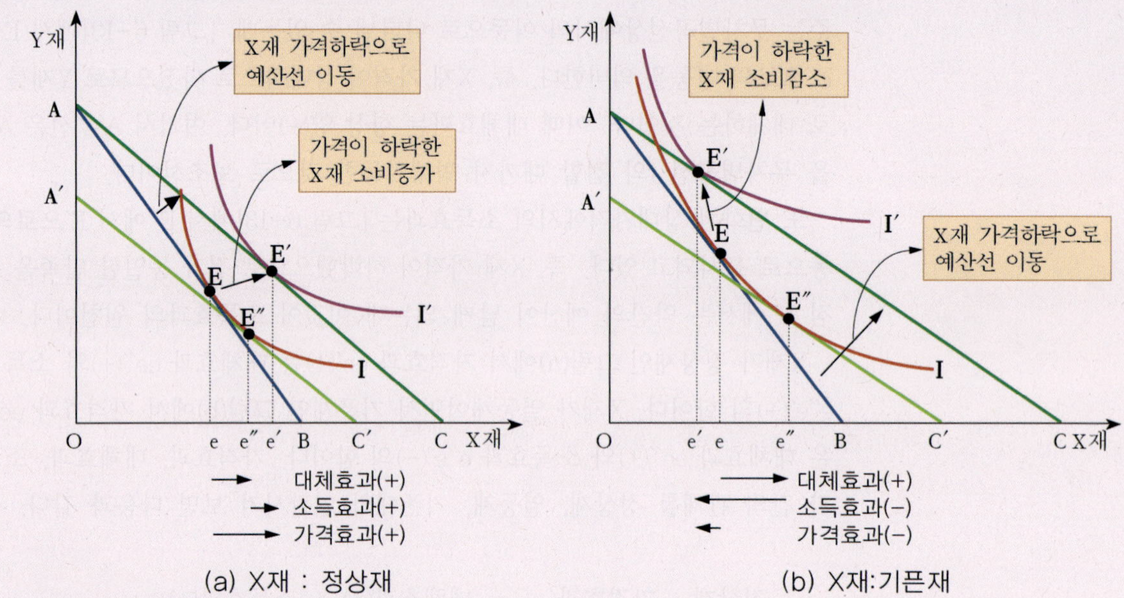

가격효과와 대체, 소득효과 간의 관계
가격효과는 대체효과와 소득효과의 합으로 분해할 수 있다. 기픈재의 경우 가격효과가 음(-)이다.

6.4.4 두 가지 사례연구

(1) 임금과 노동공급 : 후방굴절 노동공급곡선

임금이 상승하면 노동공급은 어떻게 변하는가? 사람들은 주어진 하루 24시간을 노동과 여가(leisure) 간에 적절히 배분하며 살고 있다. 임금이 상승하면 여가의 기회비용이 커지므로(Leisure is more expensive.) 노동자는 상대적으로 비싸진 여가를 덜 사고 대신 노동공급을 증가시키는데 이를 대체효과라 한다. 반면 임금의 상승은 종전과 동일한 노동공급을 하더라도 전보다 높은 소득을 안겨준다. 증가된 소득으로 전보다 많은 재화를 구입하게 되는데 다른 재화와 함께 여가의 구입도 늘리게 된다. 그러므로 임금상승은 노동공급을 감소시키는 효과도 있는데 이것이 소득효과이다.

[그림 6-14] (a)는 임금이 W_0에서 W_1로 상승할 때 노동과 여가 간의 시간 배분이 어떻게 변하는지 보여준다. 임금이 상승하면 예산선은 위 부분이 부채꼴 모양으로 펼쳐진다. 노동공급이 A점에서 B점으로 이동하여 노동공급이 8시간에서 14시간으로 증가한 것은 대체효과 때문이다. 한편 B점에서 C점으로 이동하여 노동공급이 14시간에서 11시간으로 감소한 것은 소득효과를 나타낸다. (여기서 임금상승으로 소득이 증가했을 때 여가는 10시간에서 13시간으로 증가했으므로 여가는 정상재이다.) 그러므로 대체효과가 소득효과보다 크면 노동공급은 증가하나 반대로 대체효과가 소득효과보다 작다면 노동공급은 감소한다.

그림 6-14

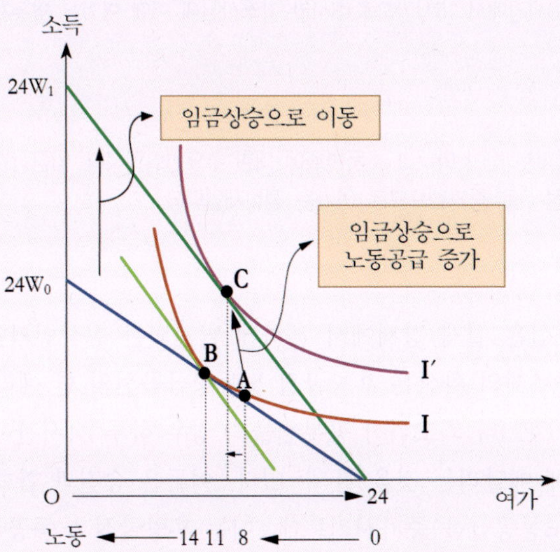

(a) A씨의 노동과 여가 배분

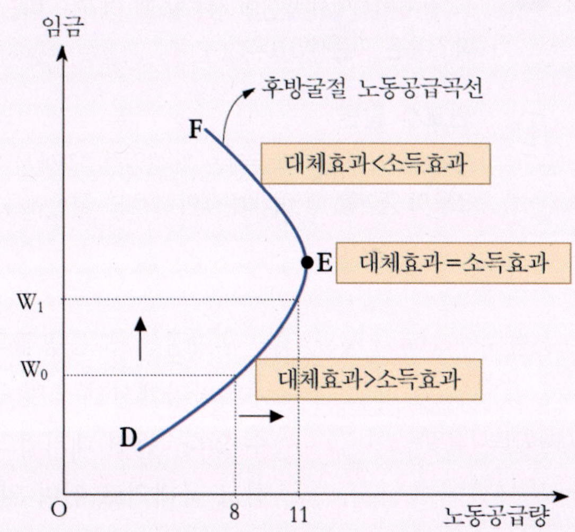

(b) A씨의 노동공급곡선

후방굴절 노동공급곡선
임금이 상승하면 노동공급을 증가시키는 대체효과와 노동공급을 감소시키는 소득효과가 동시에 발생한다. 대체효과가 클 경우 우상향 노동공급곡선이 되고, 소득효과가 대체효과보다 클 경우 노동공급곡선은 후방굴절하는 형태가 된다.

[그림 6-14] (b)에서 보듯이 임금수준이 낮은 상태에서는 대체효과가 소득효과보다 크고 노동공급곡선은 우상향한다. 그러나 임금이 상승할수록 사람들은 소득보다는 여가를 그리워하게 될 것이므로 증가된 소득으로 전보다 더 많은 여가를 구입하게 되어 소득효과가 대체효과보다 커지고 노동공급곡선은 후방굴절한다. [그림 6-14] (b)에서 DE구간은 노동공급의 임금탄력성이 0보다 크다. E점은 노동공급의 임금탄력성이 0이 되는 곳이다. EF구간은 노동공급의 임금탄력성이 0보다 작다.

Q & A

학생의 질문

[그림 6-14]에서 임금이 상승할 때 여가는 결국 16시간에서 13시간으로 3시간 감소하는데 이때 여가는 열등재인가요? 혹은 기픈재인가요?

안교수 답변

열등재인가 아닌가의 문제는 가격(임금)효과에서 살피는 것이 아니라 소득변화에 대한 수요변화입니다. 임금상승으로 소득이 증가할 때 여가에 대한 소비도 점 B에서 점 C로 증가했으므로 여가는 정상재입니다.

후방굴절 노동공급곡선(backward bending labor supply curve) 임금이 상승할 때 노동공급이 감소하는 것으로 소득효과가 대체효과보다 클 경우 발생.

후방굴절 노동공급곡선은 실제 경제에서 흔하게 발견되는 현상인가? 최근 우리나라에서 주 5일 근무제의 확산은 후방굴절 노동공급곡선의 한 예라고 할 수 있다. 반면 대기업의 CEO나 최고위직 공무원들의 경우 하루 24시간이 짧다 하고 국내외로 뛰며 일에 매달리는 것을 볼 수 있다. 이들은 승진과 함께 임금이 오를수록 여가보다 노동공급을 증가시키는데, 이는 후방굴절 노동공급곡선의 존재를 부정하는 것으로 예외적 행태로 볼 수 있다. 이를 어떻게 설명할 수 있는가? 고위직일수록 성취욕과 명예를 더 중시하는 성향이 있기 때문에 임금이 오르더라도 노동공급을 줄이지 않으려 하기 때문이다.

(2) 금리와 저축 간의 관계

이제 금리와 저축 혹은 금리와 소비 간의 관계를 살펴보자. 금리가 낮을수록 저축이 감소하는가? 즉, 금리가 낮을수록 소비는 증가하는가? 박씨는 은퇴 후 노년기를 대비하여 저축을 하고 있다. 이제 금리가 하락하면 현재 소비의 기회비용이 작아지므로 현재 소비를 증가시키게 되는데 이를 대체효과라고 한다. 반면 금리하락은 수입(income)감소를 초래하므로 재화에 대한 현재 소비와 미래 소비를 모두 감소시키는 효과가 있는데 이를 소득효과라고 한다.

금리하락이 저축과 소비에 미치는 영향은 대체효과와 소득효과의 크기에 달렸다. 대체효과가 크면 저축이 감소하고 소비는 증가한다. 반대로 소득효과가 크면 저축은 증가하고 소비는 감소한다. 이 문제는 21장과 23장의 거시경제분석에서 '금리인하정책은 소비지출에 어떤 영향을 미치는가?'에 대한 하나의 답을 제시해줄 것이다.

6.5 신고전학파 소비자 균형이론의 한계

한계효용이론이나 무차별곡선이론에 의해 분석되고 있는 신고전학파의 소비자균형이론은 소비행동의 외부효과(externality)를 무시하고 있다는 비판을 받고 있다. 비판자들은 개별 소비자가 재화를 소비할 때 얻는 효용은 그 재화의 소비로부터 얻게 되는 효용뿐 아니라 다른 사람과의 관계에서도 영향을 받는다는 사실을 지적한다. 이를 소비의 외부효과라고 한다.

제도학파 경제학자인 베블런(T. Veblen, 1857-1929)은 어떤 사람이 다이아몬드를 구입하는 것은 다이아몬드의 효용 때문이 아니라 단지 그것이 비싸기 때문에 남에게 자랑하려는 의도에서 구입한다고 주장했다. 베블런은 이를 과시효과(conspicuous effect)라고 불렀다. 듀젠베리(J. S. Duesenberry, 1918-2009)는 소비행태로써 전시효과(demonstration effect)를 주장했다. 전시효과란 소비자는 자신이 속한 계층(class)과 동일한 수준의 소비를 하려는 심리가 있다는 것

과시효과(conspicuous effect) 비싸기 때문에 남에게 자랑하려는 의도에서 구입하는 것

전시효과(demonstration effect) 자신도 같은 계층에 속하는 사람임을 나타내려는 의도에서 소비결정을 한다는 것

스놉효과(snob effect, 속물효과) 남과 차별하려는 동기에서 튀는 소비를 하는 것.

의존효과(dependence effect) 소비는 소비자와 생산자 간의 상호의존관계에 영향을 받는다는 것

이다. 즉, 자신도 같은 계층에 속하는 사람임을 나타내려는 의도에서 소비결정을 한다는 것이다. 다른 사람이 하는 것을 따라가려는 성향인 **편승효과**(bandwagon effect)도 일종의 전시효과라고 할 수 있다. 남과 차별하려는 동기에서 튀는 소비를 하는 **스놉효과**(snob effect, **속물효과**라고도 한다)도 있다. 과시효과는 자랑하려는 의도라면 스놉효과는 차별하려는 의도인데 둘다 명품을 쫓는 점은 같다. 이 밖에 신고전학파의 소비자균형이론에 비판적인 소비의 외부효과로는 제도학파 최후의 경제학자로 일컬어지는 **갤브레이스**(J. K. Galbraith, 1908-2006)의 **의존효과**(dependence effect)를 꼽을 수 있다. 의존효과란 소비는 소비자와 생산자 간의 상호의존관계, 예를 들어 광고 등에 영향을 받는다는 것이다.

왜 우리는 도서관에서 도서를 무단반출하지 않는가? 신고전학파는 책의 효용이 무단반출에 따른 위험의 비용보다 작기 때문이라고 분석할 것이다. 과연 그런가? '당신은 왜 아직도 결혼생활을 지속하는가?'라는 질문에 신고전학파의 분석은 결혼생활이 이혼보다 효용이 더 크기 때문이라고 분석할 지도 모른다. 그래서 일찍이 아일랜드의 시인이며 극작가인 **오스카 와일드**(Oscar Wilde, 1854-1900)는 '경제학자란 모든 것의 가격을 다 알고 있으나 그 진정한 가치는 모르는 자들'이라고 혹평했던 것인가!

최근 대두되고 있는 진화경제학(1장 쉬어가는 코너 : 진화경제학이란? 참조) 역시 인간의 합리적 선택에 기반을 둔 신고전학파의 최적화 원리와 균형이론을 비판한다. 신고전학파 이론이 옳다면 왜 가장 효율적이라는 금융시장이 붕괴되고 왜 주변에서 2류가 1류를 넘어서는 일이 종종 일어나는가? 진화경제학은 실제로 개별 경제주체들이 모두 동일한 유전자를 갖고 있지 않다고 본다. 선택을 함에 있어서도 효율보다 사회경제적 관행과 제도가 더 중요하다. 경제주체는 우월한 유전자를 가진 주체를 따라 배우고 적응하며 생존한다. 이런 상황 하에서 경제는 균형에 이르지 못하고 최선이 아닌 차선이 선택될 수도 있다고 본다.

한계가 있음에도 불구하고 이 책 역시 큰 흐름은 신고전학파의 분석원리에 따라 전개하고 있음은 어쩔 수 없다. 그 것은 신고전학파의 원리가 무조건 옳기 때문이 아니라 그나마 총체적인 틀에서 많은 것을 분석할 수 있다는 장점이 있기 때문이다.

쉬어가는 코너 국제유가, 생산(공급)이 결정하는 구조

국제유가가 25일(현지시간) 상승했다. 뉴욕상업거래소(NYMEX)에서 거래된 9월 인도분 서부텍사스산 원유(WTI) 가격은 전날보다 배럴당 78센트(1.1%) 상승한 69.30달러에 마감했다. 런던 ICE 선물거래소의 브렌트유 9월물도 49센트(0.7%) 오른 73.93달러를 기록했다.

국제유가 역시 수요와 공급에 의해 결정되는 것이지만 단기적으로는 공급의 영향이 절대적인 공급결정 구조이다. 원유 수요는 전세계 산업 및 에너지 구조와 맞물려 있어 단기적으로 크게 변할 수 없다. 반면 원유생산은 중동 등 산유국의 정치적 사태, 석유카르텔인 OPEC의 생산량 감축, 미국 셰일오일 생산량에 따라 단기에도 크게 변동할 수 있다. 2017년 셰일오일 생산의 기술혁신으로 생산비가 대폭 낮아지면서 유가결정권은 미국에게로 넘어간 상태이다. 결국 사우디를 주축으로한 OPEC+는 유가하락을 막기 위해 1일 180만 배럴의 감산에 합의하였다. 반면 러시아는 미국의 영향력을 견제하기 위해 OPEC+와 러시아가 증산을 통한 유가하락으로 셰일오일의 경쟁력을 무너뜨리자고 주장한다. 사우디 입장에서는 추가 유가하락은 유가수입 감소로 재정파탄의 위험이 있고 미국의 셰일오일 생산원가는 앞으로도 더 낮아질 것이므로 러시아의 증산을 통한 유가전쟁에 동의할 수 없는 것이다,

최근 유가상승은 세계 최대 원유매장량을 가진 베네수엘라의 원유 공급 차질도 한 몫을 했다. 국제통화기금(IMF)은 베네수엘라의 물가상승률이 100만%에 달할 것이라고 예상하며 원유공급 차질이 지속될 것으로 전망했다. 로이터통신은 "베네수엘라의 원유생산은 지난 6월 30년간 최저치인 하루 150만 배럴까지 줄었다"고 언급했다.

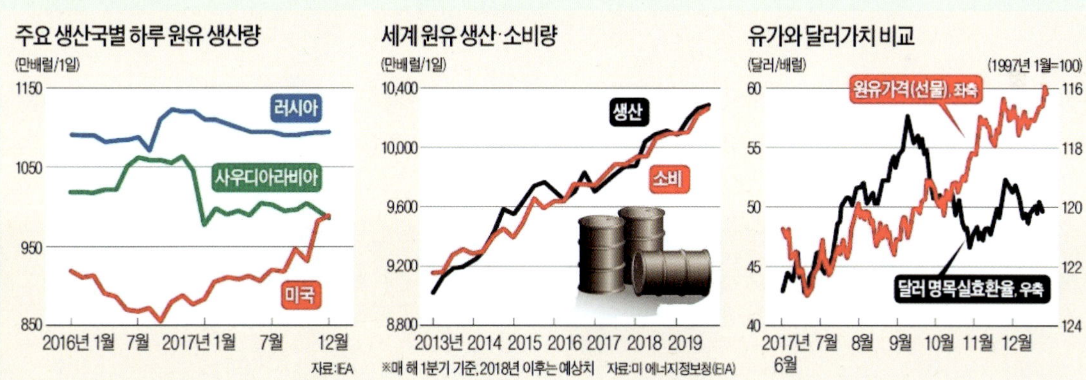

2019년 7월 13일자 동아일보에 의하면 2018년부터 트럼프 대통령의 이란산 원유수입규제조치로 이란산 원유수출이 급감하면서 주요 원유수입국들은 보다 안전한 미국산 원유를 수입하는 쪽으로 수입선을 바꾸고 있다. 이에 따라 미국의 세일원유 생산과 수출이 대폭 증가하고 있다. 2018년 미국의 원유생산량은 하루 1,531만 배럴로 사우디아라비아의 1,228만 배럴과 러시아의 1,143만 배럴을 훨씬 넘었다.

속물효과(俗物效果, snob effect)

다수의 소비자가 구매하는 제품을 꺼리는 소비현상을 뜻하는 경제용어로, 남들이 구입하기 어려운 값비싼 상품을 보면 오히려 사고 싶어 하는 속물근성에서 유래한다. 소비자가 제품을 구매할 때 자신은 남과 다르다는 생각을 갖는 것이 마치 백로 같다고 하여 백로효과(白鷺效果) 혹은 스놉효과라고도 한다.

속물효과처럼 특정 상품에 대한 어떤 사람의 수요가 다른 사람들의 수요에 의해 영향을 받는 것을 네트워크효과(network effect)라고 하는데 이는 1950년 미국의 하비 라이벤스타인(Harvey Leibenstein, 1922~1994)이 발표한 경제이론이다. 명품브랜드 소비에서 흔한 현상으로, 특정 상품을 소비하는 사람이 많아질수록 그 상품에 대한 수요는 줄어들고, 값이 오르면 오히려 매수심리가 올라간다. 이는 상품을 소비하는 사람이 많아질수록 수요도 증가하는 밴드왜건효과[band wagon effect, 악대차효과(樂隊車效果) 혹은 편승효과]와는 반대되는 개념이다.

[출처] 네이버 백과사전

복습과 연습

요 약

1. 무차별곡선(indifference curve)은 '동일한 만족을 주는 재화 꾸러미의 조합을 연결한 선'이다.
2. 무차별곡선이론은 주관적 소비자 선택이론이므로 사람마다 무차별곡선이 다르다.
3. 한계대체율이 체감하는 무차별곡선은 원점에 대해 '볼록한' 형태가 된다.
4. 완전 보완재의 한계대체율은 제로이고, 두 재화가 완전 대체적이면 무차별곡선은 직선이다.
5. 효용재와 비효용재로 구성한 무차별곡선은 우상향한다.
6. 한계효용이론에서와 마찬가지로 무차별이론에서도 소비자는 예산제약 하에서 재화꾸러미를 선택한다.
7. 소득이 증가하면 예산선은 밖으로 이동하고 한 재화의 가격이 하락하면 부채꼴 모양으로 밖으로 이동한다.
8. 무차별곡선이론의 소비자균형은 일반적으로 예산선과 무차별곡선이 접하는 곳에서 이루어진다.
9. 한계효용이론을 이용하든 무차별곡선이론을 이용하여 분석하든 그 소비자균형은 동일하다.
10. 소비자의 두 재화에 대한 선호체계에 따라 예산선의 끝 점에서 균형이 이루어질 수도 있는데 이러한 균형을 '모서리 해'라고 한다.
11. 소득소비곡선은 소득변화에 따른 균형점의 이동을 나타낸 선이다.
12. 가격소비곡선은 가격변화에 따른 균형점의 이동을 나타낸 선이다.
13. 대체효과란 소비자가 동일한 무차별곡선 하에서 상대적으로 비싸진 재화의 소비를 줄이고 상대적으로 싸진 재화의 소비를 늘리는 것을 말한다.
14. 가격의 하락으로 ① 상대가격이 변하며, ② 소비자가 전보다 더 많은 재화를 소비할 수 있게 된다.
15. 가격효과는 대체효과와 소득효과의 합으로 나타낼 수 있다.
16. 임금이 상승할 때 노동공급이 오히려 줄어드는 구간이 발생할 수 있는데 이를 후방굴절 노동공급곡선이라고 한다. 후방굴절 노동공급곡선은 우하향한다.
17. 신고전학파의 소비자균형이론은 소비행동의 외부효과를 무시하고 있다는 비판을 받는다.
18. 소비행동의 외부효과로는 과시효과, 전시효과, 편승효과(밴드왜건효과), 스놉효과, 의존효과 등이 있다.

중요개념

무차별곡선	무차별지도	한계대체율 체감	예산선
볼록한 곡선	모서리 해	소득소비곡선	가격소비곡선
대체효과	소득효과	가격효과	소비행동의 외부효과
과시효과	전시효과	편승효과	스놉효과
의존효과	후방굴절노동공급곡선		

연습문제

Ⅰ. 다음 물음에 O, X로 답하고 그 이유를 밝히시오.

1. 무차별곡선 위의 효용은 절대적 크기로 측정할 수는 없다.
2. 한계대체율이 체증하는 무차별곡선은 원점에 대해 '오목한'(concave) 형태가 된다.
3. 두 재화 간의 한계대체율이 0이라면 두 재화는 서로 보완관계이다.
4. 두 재화 중 한 재화가 비효용재라면 상위의 무차별곡선이 보다 큰 효용을 준다.(종축이 비효용재)
5. 완전 대체적 무차별곡선인 경우 예산선과 기울기가 다르다면 모서리해가 발생한다.
6. 기픈재는 항상 열등재이나 열등재는 기픈재에 속하지 않는다.
7. 소득이 증가하면 예산선이 밖으로 평행이동한다.
8. 두 재화의 가격이 동일한 비율로 감소한다면 예산선은 안으로 평행이동한다.
9. 열등재는 대체효과의 양의 효과보다 소득효과의 음의 효과가 더 큰 재화이다.
10. 가격효과가 음으로 나타나는 것은 대체효과는 항상 양이나 소득효과의 열등성이 지나치게 크게 나타나기 때문이다.
11. 신고전학파 소비자균형의 한계는 소비의 외부효과를 간과하고 있다는 점이다.
12. 과시효과는 자랑하려는 동기라면 스놉효과는 남과 차별하려는 의도에서 나타나는 성향이다.
13. 전시효과와 편승효과는 왕따를 피하려는 성향에서 행동한다는 점에서 비슷하다고 할 수 있다.
14. 임금이 상승할 때 노동공급이 증가했다면 여가는 감소한 것이므로 여가는 열등재가 된다.

Ⅱ. 다음 물음에 답하시오.

1. 무차별곡선이 서로 교차할 수 없는 이유는?

2. 한계대체율이 체감한다는 의미를 설명하라.

3. 한계대체율 체감의 법칙이 성립할 때 공해물질과 식료품의 두 재화간의 무차별곡선을 그려라.

4. 예산선은 Y=−2X+40이고 무차별곡선은 기울기 −3의 직선이다. 소비자효용을 극대화하는 X재(횡축 재화)와 Y재의 구매조합을 구하시오.

5. 한 재화가 열등재일 때 소득증가에 따른 소비자 균형의 이동을 보여라.

6. 가격효과가 대체효과와 소득효과의 합이 되는 것을 그래프로 보여라.

7. 비싼 명품이기 때문에 구입한 사람에게 명품은 어떤 재화라고 할 수 있나?
   (1) 베블런재 (2) 기픈재
   (3) 열등재 (4) 갤브레이스재

8. 대중들이 구매하는 제품은 싫고 남과 차별되는 값비싼 것을 보면 오히려 더 사고 싶다. 명품 과시욕과도 같은 이런 소비행태는?
   (1) 스놉효과 (2) 밴드왜건 효과
   (3) 스톡홀름 증후군 (4) 전시효과
   (5) 의존효과

9. A는 사과주스 한 잔과 당근주스 한 잔은 서로 바꾸어 마셔도 동일한 만족을 얻는 반면, B는 사과주스와 당근주스는 반드시 1:1로 섞어 마셔야 만족한다. 다음 설명 중 옳은 것은? 〈2009 감평〉
   (1) A에게 당근주스와 사과주스는 완전 보완재이다.
   (2) A에게 당근주스와 사과주스의 한계대체율은 1이다.
   (3) A의 무차별곡선은 수평이다.
   (4) B의 무차별곡선은 수평이다.
   (5) B에게 당근주스와 사과주스의 한계대체율은 −1이다.

10. A 씨의 명목소득은 7%, 정상재인 X재와 Y재 가격은 각각 6%, 2% 증가했다면 예산선의 변화는?

11. 송이는 라면과 우동을 파는 포장마차를 개업했다. 그런데 불경기가 되면서 우동은 판매량이 줄고 라면은 늘었다. 이때 라면과 우동의 관계에 대한 설명 중 잘못된 것은?
   (1) 라면은 열등재이다.
   (2) 라면과 우동은 대체관계에 있다.
   (3) 라면은 기펜재가 될 가능성이 있다.
   (4) 라면과 우동은 대체관계이므로 우동도 열등재이다.
   (5) 라면 가격을 올리면 우동 수요는 늘어날 것이다.

12. 현정이의 두 재화 X, Y의 예산선은 Y=−X+100이고, 무차별곡선은 Y=−2X+U이다. U는 현정의 효용수준이라면 현정의 최대효용은?

4

시장경제의 효율성

리카도
(David Ricardo, 1772-1823)

오늘날 사람들은 이미 상호의존적(inter-dependent) 교환경제(exchange economy)에서 살아가고 있다. 교환경제의 중심에는 시장이 있다. 자유주의 경제사상은 시장을 통한 자유로운 교환이 사회적 후생을 극대화할 수 있다고 주장해 왔다. 제7장에서는 교환경제가 자급자족경제보다 유리한 이유를 단순한 모형을 통해 분석한다. 특히 비교우위설에 입각하여 비교우위가 있는 재화에 특화하여 생산한 후 상호교환을 하는 것이 자급자족 경제보다 사회적 후생을 증가시킬 수 있음을 살펴본다. 나아가 자유로운 교역과 보호주의 간의 논쟁을 살펴보자. 제8장에서는 자유로운 시장경제야말로 사회적 후생을 극대화하는 효율적 체제라는 주장을 살펴본다. 그리고 정부의 시장개입이 사회적 후생을 어떻게 감소시키는지도 분석한다.

Chapter 7

교환경제의 이득

자신이나 주변을 돌아보면 소비하는 거의 모든 재화가 다른 사람이 생산한 것이다. 누구나 단 하루를 생존하기 위해서도 만나본 적도 없고 알지도 못하는 사람이 생산한 재화를 소비해야 하는 상호의존적 교환경제에서 살고 있다.

상호의존적 교환경제는 사람들이 서로 교역을 하고 있다는 것을 의미한다. 사람들은 왜 자급자족하지 않고 교역을 하면서 사는가? 아담 스미스가 인간의 교환성향에서 주장했듯이 자기가 가장 잘 할 수 있는 일에 전념하여 생산물을 얻은 후 다른 사람과 교환하는 것이 자급자족의 경우보다 유리하기 때문이다. 교환경제가 자급자족 경제보다 교역 당사자 상호 간에 이득이 된다는 것을 확인해보자. 그리고 자유무역과 보호주의 간의 논점을 살펴보자.

7.1 자급자족 경제

자급자족 경제(autarky) 모든 경제적 욕구를 스스로 해결하는 경제

1719년 **다니엘 디포**(Daniel Defoe, 1660-1731)가 발표한 '로빈슨 크루소'는 열대의 무인도에서 28년을 살아온 한 영국인의 이야기다. 항해 중이던 로빈슨 크루소는 폭풍우를 만나 표류한 끝에 절해고도에 상륙하여 홀로 살게 된다. 그는 모든 것을 혼자서 해결해야 하는 **자급자족 경제**(autarky)를 꾸려갈 수밖에 없다. 로빈슨 크루소는 오랜 세월이 흐른 후 섬에서 살던 흑인 '후라이데이'를 만나게 된다. 그들은 서로의 존재를 모른 체 따로따로 자급자족 경제를 살았다.

섬에서 크루소와 후라이데이가 생산할 수 있는 재화는 물고기와 야생 양딸기 밖에 없다고 하자. 두 사람은 주당 40시간 일하고 나머지 시간은 휴식을 취한다. 크루소의 노동 생산성은 물고기 1마리 잡는데 2시간이 소요되고 양딸기 1바구니 채취하는데 1시간이 소요된다. 반면 후라이데이는 크루소보다 훨씬 기술이 좋고 물고기나 양딸기가 많은 곳을 알고 있어 물고기 1마리를 잡는데 1/3시간이 소요되고 양딸기 1바구니 채취에는 1/2시간이 걸린다. 〈표 7-1〉은 두 사람의 재화 1단위당 소요노동시간과 주당 생산량을 보여준다.

생산가능곡선(production possibility curve) 주어진 생산요소와 기술을 이용하여 최대한으로 생산할 수 있는 산출물의 조합을 나타내는 곡선

두 사람의 자급자족 경제 하의 생산과 소비를 알아보기 쉽도록 '생산가능곡선'(production possibility curve)을 이용하자. 생산가능곡선은 주어진 생산요소와 기술을 이용하여 최대한으로 생산할 수 있는 산출물의 조합을 나타내는 곡선이다. 여기서 생산요소는 노동이며 산출물은 물고기와 양딸기이다.

표 7-1
재화 1단위당 소요노동시간

	물고기(마리)	양딸기(바구니)
크루소	2 (20)	1 (40)
후라이데이	1/3 (120)	1/2 (80)

( ) 내는 주당 40시간의 생산량

그림 7-1

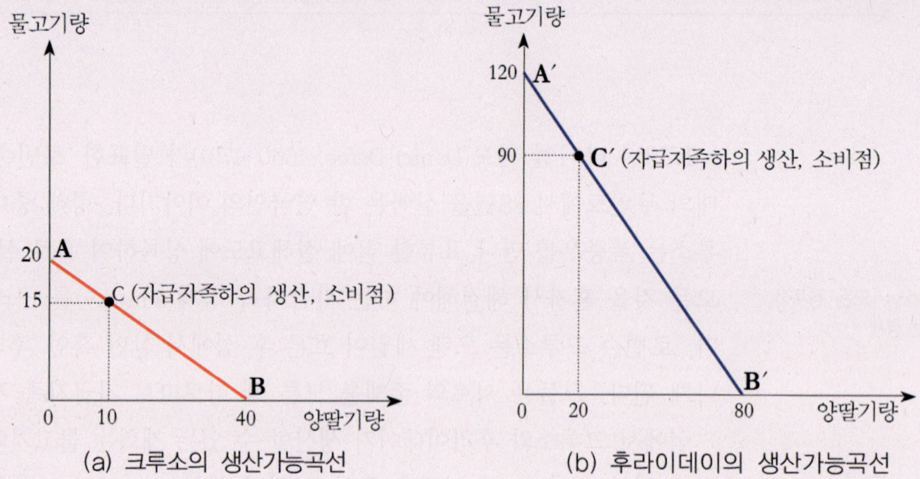

생산가능곡선

그림 (a)는 크루소가 주당 40시간을 일한다고 할 때의 생산가능곡선이다. C점은 임의로 정한 자급자족 경제 하에서 크루소의 생산, 소비점이다. 그림 (b)는 후라이데이의 생산가능곡선이다. 여기서 생산가능곡선은 편의상 직선으로 그려졌는데 이는 두 재화에 있어 한계기회비용(marginal opportunity cost)이 일정함을 가정하는 것이다.

크루소가 주당 40시간을 모두 물고기 잡는데 사용한다면 [그림 7-1] (a)의 점 A에서 생산하고 물고기 20마리를 잡을 수 있으나 양딸기는 하나도 채취하지 못한다. 반대로 크루소가 40시간을 모두 양딸기 채취에 사용한다면, 그는 물고기는 한 마리도 잡지 못하는 대신 40바구니의 양딸기를 얻을 수 있는데 이는 B점이다. AB를 연결한 선이 크루소의 생산가능곡선인데 주어진 조건 하에서 크루소가 생산할 수 있는 물고기와 양딸기의 조합을 나타내는 선이다. 곡선 밖은 시간제약 때문에 얻을 수 없는 점이며 곡선 내부는 생산가능하지만 주어진 시간을 다 활용하지 않고 있으므로 비효율적인 영역이다.

후라이데이의 생산가능곡선은 어떠한가? 후라이데이가 주당 40시간을 모두 물고기 잡는데 사용한다면 물고기 120마리를 잡는 대신 양딸기는 하나도 채취하지 못한다. 이는 [그림 7-1] (b)의 점 A′으로 표시되고 있다. 반면 후라이데이가 모든 시간을 양딸기 채취에 사용한다면 그는 물고기는 한 마리도 못 잡는 대신 양딸기는 80바구니 채취할 수 있는데 이러한 생산점은 [그림 7-1] (b)의 점 B′이다. 선분 A′B′는 후라이데이의 생산가능곡선이 된다. 물론 후라이데이가 주당 40시간을 물고기 잡는 일과 양딸기 채취에 적절히 배분한다면 그의 생산점은 선분 A′B′ 위의 어느 한 점이 된다.

자급자족 경제 하에서 크루소는 물고기 잡는 일에 30시간, 양딸기 채취에 10시간을 사용하여 주당 물고기 15마리와 양딸기 10바구니를 생산하여 근근히 살았다. 그의 생산점이자 동시에 소비점은 [그림 7-1] (a)의 점 C이다. 후라이데이 역시 물고기 잡는데 30시간을 소비하고 양딸기 채취에는 나머지 10시간을 투입함으로써 물고기 90마리와 양딸기 20바구니를 생산하며 살았는데 이는 [그림 7-1] (b)의 점 C′이다.

이제 이들이 만나서 상호의존적 교환경제생활을 한다면 그들의 생산량은 각각 어떻게 변할 것이며 교역의 결과 그들의 소비수준은 어떻게 변하는가? 교환경제는 두 사람에게 더 나은 소비수준을 안겨주는가?

탐구코너

원점에 대해 오목한 생산가능곡선

교재 본문에서의 생산가능곡선은 설명을 단순화하기 위해 직선으로 그려졌는데 이는 노동의 한계생산성이 생산량에 상관없이 일정하다고 가정했기 때문이다. 사실 이는 예외적인 가정으로 노동의 한계생산성이 체감한다면 생산가능곡선은 원점에 대해 오목한 (concave) 형태를 취한다.

이 경우 두 재화 간의 한계생산전환율(marginal rate of product transformation)은 일정하지 않고 옆의 그림에서 보듯이 체증한다. 한계생산전환율이란 크루소가 양딸기 생산을 한 단위 늘리는 대신 포기해야 하는 물고기양을 말하는데 이는 한계기회비용체증이라고 말할 수 있다. 교재의 [그림 7-1(a)]에서는 한계생산전환율이 1/2로 일정하다.

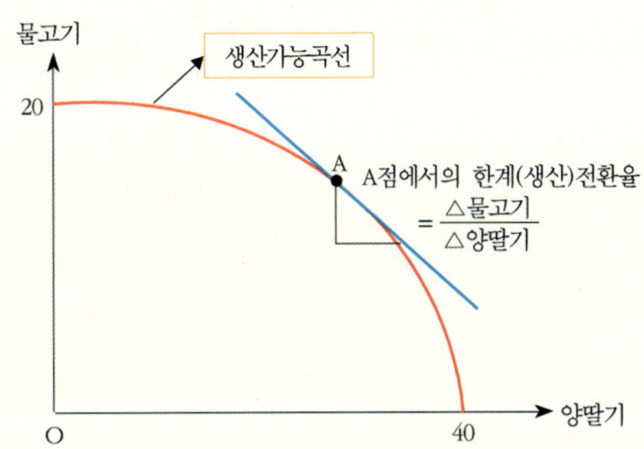

한계생산전환율이 체증할 경우 크루소의 생산가능곡선

7.2 교역의 이득

7.2.1 절대우위

절대우위(absolute advantage) 노동생산성의 절대적 크기가 큰 경우

아담 스미스는 자유무역을 옹호하면서 양국 간의 교역은 각국의 해당 재화생산에 있어 각국의 노동생산성의 절대적 크기를 비교하여 노동생산성이 큰 나라가 그 재화를 수출하고 생산성이 낮은 나라는 그 재화를 수입한다고 주장했는데 이를 **'절대우위'**(absolute advantage)라고 한다.

위의 크루소와 후라이데이의 예에서 보면 후라이데이가 크루소보다 물고기 생산은 물론 양딸기 채취에서도 노동생산성이 높다. 후라이데이는 물고기 1마리를 잡는데 1/3시간밖에 소요되지 않는 반면 크루소는 물고기 1마리 잡는데 2시간이나 소요된다. 물고기 잡는 일에 있어 후라이데이의 생산성은 크루소보다 6배나 높다. 동일한 분석으로 양딸기 채취에서도 후라이데이의 노동생산성은 크루소보다 2배나 높다.

아담 스미스의 절대우위설에 따르면 후라이데이의 절대적 생산성이 두 재화에 있어 모두 높으므로 후라이데이는 두 재화를 모두 수출(판매)하는 반면 크루소는 어떤 재화도 팔 수 없다. 이러한 일이 과연 가능한가? 크루소가 두 재화 모두 수입(구입)해야 한다면 무엇으로 그 대가를 치를 수 있는가? 결국 절대우위설에 의하면 두 사람 간의 교역은 이루어질 수 없다는 결론에 이른다. 과연 그런가? 이 문제에 대한 명쾌한 해답은 리카도로부터 나왔다.

7.2.2 비교우위

비교우위(comparative advantage) 한 나라가 두 재화의 생산성에 있어 절대적 열위에 있더라도 상대적으로 생산성이 덜 나쁜 재화에 대해 가지게 되는 우위

리카도는 아담 스미스의 절대우위설을 비판하면서 한 나라가 두 재화 모두 절대적 열위에 있더라도 상대적 개념으로 보면 반드시 한 재화는 **'비교우위'**(comparative advantage)가 있음을 지적했다. 리카도는 각국은 비교우위 상품을 수출하고 비교열위 상품을 수입함으로써 양국 모두 무역이득(gains from trade)

을 얻을 수 있음을 보였다. 이를 비교우위설이라 한다.

후라이데이는 두 재화 생산에 있어 모두 절대우위에 있으나 물고기 잡기는 6배나 생산성이 높은데 비해 양딸기 채집은 2배밖에 생산성이 높지 않으므로 물고기 잡는 일을 상대적으로 더 잘한다. 따라서 물고기 잡는 일에 비교우위가 있다. 반대로 크루소는 두 재화 모두 절대열위에 있으나 양딸기 채집에 있어 상대적으로 비교우위가 있다.

7.2.3 기회비용으로 나타낸 비교우위

기회비용이란 선택의 대가로 포기해야 하는 것의 가치이다. 기회비용의 개념을 이용하면 비교우위를 보다 분명히 파악할 수 있다. 크루소가 물고기 1마리를 잡기 위해서는 2시간 동안의 양딸기 채취를 포기해야 하므로 물고기 1마리 생산에 따른 기회비용은 양딸기 2바구니가 된다. 반대로 양딸기 1바구니 채취에 따른 기회비용은 물고기 1/2마리가 된다.

후라이데이는 물고기 1마리를 잡기 위해 1/3시간 동안의 양딸기 채취를 포기해야 한다. 후라이데이가 1시간에 2바구니의 양딸기를 채취할 수 있으므로 1/3시간 동안에는 2/3바구니의 양딸기를 채취할 수 있다. 그러므로 후라이데이에게 있어 물고기 1마리의 기회비용은 양딸기 2/3바구니이다. 반대로 양딸기 1바구니 채취의 기회비용은 물고기 3/2마리가 된다. 이러한 기회비용은 〈표 7-2〉에 정리되어 있다.

표 7-2
물고기와 양딸기의 기회비용

	물고기 1마리	양딸기 1바구니
크루소	양딸기 2바구니	물고기 1/2마리
후라이데이	양딸기 2/3바구니	물고기 3/2마리

두 생산자 간에 누가 비교우위가 있느냐의 문제는 '**누가 더 낮은 기회비용으로 생산하느냐**'의 문제와 동일하다. 물고기 1마리를 생산하는 기회비용은 후라이데이가 양딸기 2/3바구니임에 비해 크루소의 기회비용은 양딸기 2바구니이므로 후라이데이의 기회비용이 낮다. 따라서 후라이데이가 물고기 생산에 있어 비교우위가 있다. 마찬가지로 양딸기 생산에 있어서는 크루소의 기회비용이 물고기 1/2마리임에 비해 후라이데이는 3/2마리이므로 크루소가 비교우위에 있다.

기회비용을 이용해 살펴보면 한 사람이 두 재화의 비교우위를 동시에 점할 수 없음을 분명히 알 수 있다. 한 재화의 기회비용은 다른 재화 기회비용의 역수이기 때문에 한 재화에 비교우위에 있다면 다른 재화는 반드시 비교열위에 놓일 수밖에 없다.

7.2.4 교역의 이득

특화(specialization) 비교우위에 있는 재화를 집중적으로 생산하는 것

리카도의 비교우위설에 따르면 각국은 자국이 비교우위에 있는 재화에 특화(specialization)하여 생산하고 그 재화를 수출하는 한편 비교열위에 있는 재화는 수입함으로써 양국 모두 교역의 이득을 얻을 수 있다. 이제 크루소는 비교우위가 있는 양딸기 채취에 특화하여 주당 40바구니를 생산한다. 반면 후라이데이는 비교우위가 있는 물고기잡이에 특화하여 주당 120마리를 잡는다.

이제 이들이 두 재화를 교환비율 1:1로 교환하기로 합의하였다고 하자. 사실 교환량과 교환비율이 얼마가 되느냐는 두 사람의 협상력에 따라 결정될 것이다. 크루소는 25바구니의 양딸기를 후라이데이에게 주는 대신 25마리의 물고기를 받았다. 교역 후 크루소의 소비점은 물고기 25마리와 양딸기 15바구니가 된다. 한편 후라이데이의 소비점은 물고기 95마리와 양딸기 25바구니가 된다. 교역후 소비점과 교역전 자급자족 경제 하의 소비점을 비교해 보면 크루소는 물고기 10마리와 양딸기 5바구니를 더 소비할 수 있게 된 반면 후라이데이는 물고기 5마리와 양딸기 5바구니를 더 소비하는 이득을 얻는다.

[그림 7-2] (a)와 (b)는 교역에 참여한 두 사람 모두 자신의 생산가능곡선 밖에서 소비를 함으로써 교역의 이득이 발생했음을 보여준다.

그림 7-2

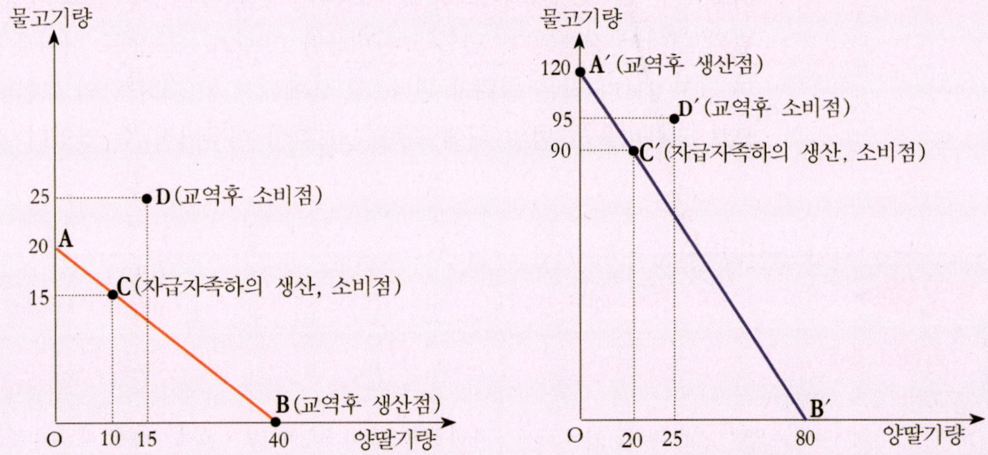

(a) 크루소 (b) 후라이데이

교역 전후의 생산과 소비변화

그림 (a)에서 크루소는 비교우위가 있는 양딸기를 주당 40바구니 생산하고 그림 (b)에서 후라이데이는 물고기 120마리를 잡는다. 1:1로 25단위씩 교환한다면 두 사람의 소비점은 D, D'이 되어 자급자족 하의 소비점 C, C' 보다 많아 두 사람 모두 교역의 이득을 얻는다.

7.3 교환비율의 범위

두 재화 간의 교환비율은 어떻게 결정되는가? 두 사람 중 어느 하나라도 교역 후 소비수준이 교역 전의 소비수준보다 높지 않다면 교환에 응하지 않을 것이다. 앞의 예에서 교역이 이루어지기 위한 두 재화의 교환비율의 범위는 〈표 7-2〉에 있는 기회비용을 이용해 쉽게 알아낼 수 있다. 크루소는 양딸기 1바구니를 주는 대신 기회비용인 물고기 1/2마리보다 많은 물고기를 얻을 수 있을 때 교환에 응한다. 그렇지 않다면 자신이 스스로 물고기를 잡는 편이 낫기 때문이다. 반면 후라이데이는 양딸기 1바구니를 받는 대신 기회비용인 물고기

3/2마리보다 적게 지불할 때 교환에 응한다. 그렇지 않으면 자신이 직접 양딸기를 따는 게 낫다. 그러므로 두 재화의 교환비율은 1/2〈물고기/양딸기〈3/2의 범위 내에서 결정된다. 만일 교환비율을 (양딸기/물고기)로 나타낼 경우 2/3보다 크고 2보다 작은 범위가 된다. 앞의 예에서 두 재화 간의 교환비율이 1:1이므로 교환비율의 범위 내에 속하고 교환이 이루어질 수 있었던 것이다.

Q & A

Q 학생의 질문

교환비율의 범위에서

...... 후라이데이는 양딸기 1바구니를 받는 대신 기회비용인 물고기 3/2마리보다 적게 지불할 때 교환에 응한다......

이 부분이 왜 이렇게 이해가 안 되는 걸까요..ㅡ.ㅡa

크루소가 자신이 양딸기를 생산하는데 발생하는 기회비용보다 더 많은 물고기를 받기를 원하는 것까지는 이해가 되거든요.. 산수하구 국어능력이 모자란가 봐요..

누가 이해하셨으면 설명 좀 부탁드려요~

A 어느 학생의 답변

기회비용표에 의하면 후라이데이는 양딸기 1바구니 생산하는 것과 물고기 3/2마리 생산하는 것이 같습니다.(노동 소요시간이 같습니다.)

다시 말해, 후라이데이가 양딸기 1바구니를 생산한다면 물고기 3/2마리를 포기해야하는 거죠. (그 시간에 둘 다 생산은 못하니까요.)

이때, 후라이데이가 양딸기 1바구니를 크루소에게서 받고 물고기를 3/2마리보다 많이 주어야 한다면, 쉽게 말해, 주는 게 (물고기) 받는 것(양딸기)보다 많아지니까 손해가 됩니다.

그럴바엔 차라리 교역 안하고 스스로 양딸기 생산하는게 낫죠.

이제 이것을 거꾸로 말하면, 양딸기 1바구니 받는 대신 물고기 3/2마리보다 적게 주어야 후라이데이에게는 이득이 되는 겁니다.

제가 말이 너무 뒤죽박죽이죠?

^^;; 그래도 조금이나마 도움이 되셨길..................ㅡㅡ;;

7.4 자유무역과 보호주의

7.4.1 자유무역의 효율성

국제분업론 리카도의 비교우위설에 입각하여 각국은 비교우위가 있는 재화에 특화하자는 이론

크루소의 예는 국제무역에 그대로 적용할 수 있다. 자유무역원리는 아담 스미스의 자유경제사상과 리카도의 비교우위설에 입각한 **국제분업론**에 기초를 두고 발전해왔다. 현재 대부분의 경제학자들은 비교우위에 입각한 자유무역이 교역당사국 모두에게 이익이 된다는 사실에는 이의가 없다. 자유무역 옹호론자들은 비교우위 산업에 특화하는 대신 비교열위 산업은 점차 퇴출하는 것이 이득이라고 주장할 정도이다.

그러나 지난 수세기 동안 실제로 자유무역환경이 조성된 시기는 극히 최근의 일이다. 제2차 세계대전 후 각국은 본격적으로 자유무역의 이득을 누리기 위한 세계 무역질서 구축에 나서기 시작했다. 1947년 자유무역을 촉진하기 위해 **'관세 및 무역에 관한 일반협정'**(GATT, The General Agreement on Tariffs and Trade)을 설치한 이래 1995년 우루과이라운드를 통한 **세계무역기구**(WTO, World Trade Organization) 출범에 이르기까지 지속적으로 자유무역체제는 확대되어왔다.

그럼에도 불구하고 각국은 자국시장을 보호하려는 보호주의정책으로 회귀하려는 욕구를 동시에 가지고 있는 것이 현실이다. 왜 이런 이율배반적인 현상이 발생하는가? 문제는 한 나라의 경제정책이 전적으로 경제적 이익만을 고려하여 결정되는 것은 아니기 때문이다. 자유무역이 국가 전체로는 이익이 된다 할지라도 자유무역으로 인해 손해를 보는 사람들이 있기 마련이고, 그들의 의견과 반발을 무시할 수 없는 것이 정치경제적 현실이기 때문이다. 그 밖에도 보호주의를 옹호하는 논리는 더 있다.

7.4.2 보호주의의 논리

비록 비교우위설이 상당한 이론적 타당성이 있으나 모든 나라 모든 산업에 대해 일률적으로 적용하는 것은 무리이다. 과거 독일의 역사학파는 비교우위설

보호주의(protectionism) 자국시장을 보호하기 위해 무역제한조치를 취하는 입장

유치산업(infant industry) 현재는 비교열위에 있으나 시간이 지나면 비교우위로 전환할 수 있는 산업

을 비판하고 독일의 부흥을 위해서는 보호주의를 시행해야 한다고 주장한 바 있다. 한 산업이 현재는 비교열위에 있다하더라도 시간이 지남에 따라 경쟁력을 회복하고 비교우위산업으로 전환할 수도 있으므로 장기적으로는 유치산업(infant industry)을 보호하는 것이 유리할 수 있다는 것이다.

무역제한정책을 옹호하는 사람들은 외국상품의 수입은 그 분야에서 일하는 자국민의 일자리를 빼앗는다는 사실을 지적한다. 만일 품질에 비해 상대적으로 값싼 외국 제품이 자유롭게 수입된다면 국내 생산자는 큰 타격을 받게 되고 국내 노동자들은 일자리를 잃게 될 것이다. 따라서 자국의 일자리 확보를 위해 수입을 규제해야 한다는 주장이다. 그러나 무역제한조치가 보호를 받는 생산자에게는 유리한 정책이지만 비싼 값으로 낮은 품질의 재화를 소비해야 하는 소비자의 입장에서는 불합리한 정책인 것 또한 사실이다.

한편 농업이나 국방, 에너지와 같이 국가안보나 생존과 직결되는 산업이나 교육, 문화, 예술과 같이 민족의 혼이 담긴 산업의 경우 단순히 비교우위만으로 산업의 존폐를 판단할 수는 없다. 우리나라에서 국내 영화산업을 보호하기 위해 '스크린 쿼터제'를 시행하는 것이 한 예이다.

7.4.3 최근 국제무역의 양상

최근 국제무역 환경은 상대국에 대해서는 개방을 요구하되 자국은 가능한 한 자국 산업과 일자리 보호를 위해 개방을 늦추는 이중적 양상을 띠고 있다. 보호주의 양상도 전통적 관세장벽이나 수입할당(quota)보다 상호주의(reciprocity)를 표방한 보호주의 색채가 두드러진다. 즉, 상대국이 보호정책을 풀면 그에 상응하여 자국도 무역규제를 풀되 상대국이 보호조치를 취하면 그에 상응하는 보복조치를 취하는 상호주의를 기반으로 한다는 점이다. 이러한 상호주의는 사실상 선진국 특히 미국을 중심으로 강하게 형성되어 있는데 일종의 힘의 논리라고 말할 수 있다.

반덤핑관세(anti dumping duties) 덤핑으로 수입국의 해당산업이 피해를 볼 경우 수입국이 덤핑마진에 해당하는 관세를 부과하는 것

상계관세(countervailing duties) 수출국 정부의 수출품에 대한 보조금 지급을 상쇄시키기 위해서 수입국이 보조금에 해당하는 관세를 부과하는 것

상호주의에 입각한 보복적 수입규제조치로 반덤핑관세(anti dumping duties)와 상계관세(countervailing duties)가 있다. 덤핑이란 수출국이 국내시장과 해외시장을 분리하여 국내시장보다 낮은 가격으로 수출하는 가격차별정책을 말한다. 반덤핑관세는 덤핑으로 수입국의 해당산업이 피해를 볼 경우 수입국이

쉬어가는 코너

카르타고와 리비아의 교역

교역은 인류의 역사만큼 오래되었다. 사람들은 저마다 다른 기술과 조건을 지녔으므로 서로 교환하면 모두가 이익이라는 사실을 쉽게 발견하면서 교역은 시작됐다. 헤로도토스(Herodotus)의 〈역사〉에 나오는 한 구절을 보자.

"카르타고인은 적대적인 리비아인과도 교역했는데 그 방식이 매우 특이했다. 리비아 해안에 도착한 카르타고 선원들은 아무도 없는 해안에 상품을 하역하고 배로 철수한 다음 연기로 신호를 보낸다. 연기 신호를 본 리비아인은 해안에 나와 상품을 검사하고 대가로 합당하다고 생각한 양의 황금을 두고 숲속으로 철수한다. 리비아인의 철수를 확인한 카르타고인은 다시 상륙해 황금을 살펴보고 상품의 대가로 합당하다고 판단하면 황금을 가지고 철수한다. 만약 부족하다고 생각하면 상품과 황금을 그대로 두고 다시 배로 돌아가 기다리면서 무언의 흥정을 계속한다."

카르타고인과 리비아인은 만나면 칼을 빼들고 싸우는 사이였지만 리비아인이 상품만 가지고 달아나거나 카르타고인이 황금만 챙겨 달아나는 일은 없었다고 한다. 이는 결국 양 국민들이 상대방의 재산을 빼앗아 얻는 이익보다 교역의 이익이 크다는 것을 확실히 인식했음을 의미한다. 교역이 거래에 참여한 모두에게 이득을 준다는 것이 바로 리카도의 비교우위론이다.

덤핑마진만큼의 관세를 부과하는 것이다. 한편 상계관세는 수출국 정부의 수출품에 대한 보조금 지급을 상쇄시키기 위해서 수입국이 보조금만큼 관세를 부과하는 것이다.

최근에는 세계 각국이 경쟁적으로 지역 간 또는 2국 간 자유무역협정(FTA, Free Trade Agreements)을 체결하고 있다. 유럽의 많은 나라들은 자유무역을 넘어 경제통합을 실현하였고 마침내 단일통화 유로(Euro)마저 탄생시켰다. 미국과 캐나다. 멕시코 등과의 북미자유무역협정(NAFTA)이나 동남아시아 국가들의 경제협력체인 아세안(ASEAN), 일부 북유럽국가들의 자유무역협정인 EFTA 등 지역간 자유무역과 경제통합을 위한 협정이 이미 실행 중에 있다.

2019년에는 일본주도하에 태평양연안 11개국이 '포괄적이고 점진적인 환태평양동반자협정(CPTPP)'을 출범시켰고 중국주도하의 '역내 포괄적 경제동반자협정(RCEP)'도 막바지 협상을 마치고 속도를 내고 있다. 우리나라는 아직 두 협정에 참여여부를 결정하지 못하고 숙고중이나 RCEP참여는 불가피할 것으로 보인다.

우리나라의 세계 각국과의 FTA체결 상황은 〈표 7-3〉에 정리되어 있다. 2018년 11월 현재 우리나라는 미국을 포함 16개지역과 협정이 발효, 타결되었다. 우여곡절 끝에 2012년 발효된 한미 FTA와 2014년 후반기에 체결된 중국과의 FTA로 우리나라의 무역규모는 큰 폭으로 증가하였다. 관세가 철폐되는 공산품 관련 산업은 큰 폭의 혜택을 본 반면 중소상공인과 농민들은 피해를 받을 것으로 보여 보전대책이 필요하다. 현재 협상이 진행 중인 지역은 한・중・일 간 3국 FTA를 비롯한 8개지역이다. 말레이시아를 비롯한 여러 나라와는 FTA 협정체결을 위한 공동연구를 진행 중에 있다.

이러한 지역 내 자유무역협정은 점진적 관세철폐를 통해 역내무역을 확대시킨다는 점에서는 긍정적이지만 역외국에 대해서는 차별함으로써 역외무역을 감소시킨다는 부정적 측면도 갖고 있다.

표 7-3
우리나라의 FTA 체결상황

(2018년 11월 현재)

진행상황	지역 수	국 명
발효(타결)	16	미국, 칠레, 싱가포르, EFTA, ASEAN, 인도, EU, 페루, 터키, 콜롬비아, 뉴질랜드, 호주, 캐나다, 중국, 베트남, 중미 6국
협상 중	8	멕시코, GCC, 인도네시아, RCEP, 한중일 3국, MERCOSUR, 이스라엘, 에콰도르

7.5 우리나라의 무역

부존자원이 적고 국토면적에 비해 인구가 많은 우리나라는 1960년대 경제개발 5개년 계획을 실시하면서 수출주도형 공업화전략으로 근대화를 향한 시동을 걸었다. 우리나라가 비교우위에 있는 질 높은 노동력을 이용한 노동집약적 공산품을 중심으로 해외시장 개척을 통한 경제개발을 시작한 것이다.

1964년 1억 달러 수출을 달성한 이후, 1971년 10억 달러, 1977년 100억 달러, 1995년 1,000억 달러, 2004년 2,000억 달러 수출을 달성했다. 이후 우리나라 수출은 가속페달을 밟은 듯 2006년 3,000억 달러, 2008년 4,000억 달러 그리고 마침내 2011년 5,000억 달러 수출을 달성했다.

2018년 우리나라의 무역규모(수출+수입)는 2년 연속 1조 달러를 넘어서 전 세계 8위의 무역대국이 되었다. 2017년 우리나라 수출은 5,737억 달러로 세계 6위이다. 〈표 7-4〉는 1조 달러의 무역규모를 달성한 국가들의 무역(수출+수입) 1,000억 달러에서 1조 달러에 이르기까지 소요된 기간을 보여준다.

표 7-4 무역 1조달러 달성국가와 소요기간

국가	미국	독일	일본	프랑스	이탈리아	네덜란드	영국	중국	한국
1,000억 달러 달성연도	1972	1973	1974	1975	1976	1977	1978	1988	1988
1조 달러 달성연도	1992	1998	2004	2006	2006	2007	2007	2004	2011
소요기간(년)	20	25	30	31	30	30	29	16	23

무역의존도 (수출액+수입액)을 국민총소득(GNI)으로 나눈 비율.

우리나라 무역구조의 특징은 지역별 편중이 다소 높다는 점과 무역의존도가 빠르게 증가하고 있다는 점이다. 우리나라의 무역은 미국, 중국, 일본에 편중된 구조를 갖고 있다. 동시에 국민총소득(GNI)대비 수출액+수입액의 비율을 나타내는 무역의존도 역시 OECD국가 대비 매우 높다.

무역의존도의 높고 빠른 증가는 우리나라 수출품의 국제경쟁력이 크게 향상되고 있고, 자유무역협정에 따른 무역환경 개선 등에 그 원인이 있다. 다만 높은 무역의존도는 국제경제환경의 변화에 따라 우리 경제가 크게 영향을 받는다는 점에서 우려되는 면도 있다. 참고로 미국, 일본, 중국 등 무역대국들은 내수시장의 규모가 크기 때문에 무역의존도가 우리나라보다 훨씬 작으나 특이하게도 독일은 우리와 비슷한 수준이다.

쉬어가는 코너 고꾸라진 세계 "교역량 줄었다."

미국과 중국 간 무역 전쟁 등 보호무역주의 확산과 세계적 경기악화 등으로 글로벌 교역량이 축소되면서 한국과 중국, 일본 등 10대 수출대국의 수출액이 지난해 12월을 전후해 줄줄이 감소세로 돌아섰다. 국제통화기금(IMF)은 지난 1월 올해 세계경제성장률 전망치를 3.5%로 하향 조정했다. 전문가들은 글로벌 교역량 둔화는 이제 시작에 불과하며 미국경기 고점 논란, 국제유가 하락에 따른 신흥국 경기침체 등으로 그 폭이 더 커질 것이라고 내다본다.

6일 세계무역기구(WTO)에 따르면 지난해 12월 한국의 수출액은 483억7900만 달러로 전년 동월 대비 1.3% 감소한 데 이어 1월 수출액도 463억5000만 달러로 지난해 1월보다 5.8% 줄었다. 2년 3개월 만에 수출이 두달 연속 감소한 것은 전체 한국 수출의 20% 가량을 차지하는 반도체 단가하락 등 국내 주력품목 수출이 급감한 데다 세계교역량 둔화 흐름이 본격화하고 있기 때문이라는 분석이 나온다. 특히 최대 교역 상대국인 중국으로의 수출액은 작년 11월부터 3개월 연속 줄었다. 반도체·일반 기계·석유제품 · 무선통신기기 부진으로 대중 수출 감소율은 3.1%, 14.0%, 19.1%로 확대되는 추세다.

중국도 수출동력이 떨어졌다. 미 · 중 무역분쟁 등으로 중국의 지난해 12월 수출액은 전년 동월대비 4.4% 감소한 2,212억 4,900만달러에 머물렀다. 중국수출이 감소세로 전환한 것은 지난해 3월 이후 처음이다. 일본의 12월 수출도 3.2% 줄었다. 11월(-0.2%)에 이어 두 달 연속 감소했다. 지난해 7월 3.9%에서 지난해 10월 3.7%로 하향조정한 뒤 3개월 만에 또다시 0.2%포인트 떨어뜨린 것이다.

주요 수출대국의 11월 수출도 감소세로 돌아섰다. 10대 수출대국 중 3위인 독일(-3.3%), 4위인 일본(-0.2%), 7위인 프랑스(-0.6%), 8위인 이탈리아(-2.2%), 9위인 홍콩(-1.1%), 10위인 영국(-0.01%) 등 6개국의 수출이 11월 일제히 마이너스로 돌아섰다.

12월 수출액은 아시아 국가들만 집계된 가운데, 10대 수출대국 중에는 한국과 중국이 마이너스로 전환했다. 아울러 15위 싱가포르(-4.1%)가 감소세로 돌아섰고 17위 대만은 11월(-3.4%)에 이어 12월(-3.0%)도 마이너스였다. 전 세계 수출액과 수입액을 더한 교역액은 2015년 전년보다 11.8% 줄며 2009년(-22.5%) 이후 6년 만에 가장 크게 감소했으며 2016년에도 2.5% 줄어들어 2년 연속 뒷걸음질했다. 하지만 2017년 10.7% 늘었고 지난해 들어서도 10월까지는 전년 대비 11.9% 증가세를 이어갔지만, 11월부터는 주요 수출대국 대다수가 마이너스로 돌아서는 양상이다. 국제통화기금(IMF)은 지난 1월 올해 세계경제성장률 전망치를 3.5%로 하향 조정했다. 지난해 7월 3.9%에서 지난해 10월 3.7%로 하향조정한 뒤 3개월 만에 또다시 0.2%포인트 떨어뜨린 것이다. 세계경기 고점이 2018~2019년에서 2017년으로 앞당겨져 하강국면에 진입하고 있는 것으로 분석됐다.

디지털 타임스 예진수 선임기자 2019.2.6.

복습과 연습

요 약

1. 교환경제가 자급자족의 경우보다 교역 당사자 상호 간에 이득이 된다.
2. 생산가능곡선은 주어진 생산요소와 기술을 이용하여 최대한으로 생산할 수 있는 산출물의 조합을 나타내는 곡선이다.
3. 아담 스미스는 각국 간의 어떤 재화생산에 있어 노동생산성의 절대적 크기가 큰 나라가 그 재화를 수출하고 생산성이 낮은 나라는 그 재화를 수입한다고 주장하였는데 이를 절대우위라고 한다.
4. 리카도는 각국은 비교우위 상품을 수출하고 비교열위 상품을 수입함으로써 양국 모두 무역이득을 얻을 수 있음을 보였다.
5. 두 생산자 간에 누가 비교우위가 있느냐의 문제는 누가 더 낮은 기회비용으로 생산하느냐의 문제와 동일하다.
6. 리카도의 비교우위설에 따르면 각국은 자국이 비교우위에 있는 재화에 특화하여 생산, 수출하고 비교열위에 있는 재화는 수입함으로써 양국 모두 교역의 이득을 얻을 수 있다.
7. 교역이 이루어지기 위해서는 교환비율이 일정범위 내에 있어야 한다.
8. 지난 수세기 동안 실제로 자유무역환경이 조성된 시기는 극히 최근의 일로 제2차 세계대전 후부터 시작되었다고 할 수 있다.
9. 유치산업보호를 주장하는 논리는 유치산업이 현재는 비교열위에 있다하더라도 시간이 지남에 따라 경쟁력을 회복하고 비교우위산업으로 전환할 수 있기 때문이다.
10. 최근 국제무역 환경은 상대국에 대해서는 개방을 요구하고 자국은 가능한 한 개방을 늦추려는 이중성을 보이기도 한다.
11. 지역 내 자유무역협정은 역내국 간의 무역을 확대시킨다는 점에서는 자유무역에 기여하는 것이지만 역외국에 대해서는 차별한다는 점에서 자유무역에 반하는 이중성을 갖고 있다.
12. 최근 국제무역환경은 지역간, 2국간 자유무역협정을 추진하는 쪽으로 나아가고 있다.
13. 보호주의를 옹호하는 이면에는 자국민의 일자리를 지키겠다는 명분도 강한 것이 사실이다.
14. 우리나라는 무역의존도가 높고 특정국가에 대한 무역편중도 높은 편이다. 이러한 무역구조의 특징은 특정국가나 국제무역환경이 악화되었을 때 우리 경제가 직접적인 영향을 받는다는 점에서 우려되는 측면도 있다.

중요개념

생산가능곡선	한계(생산)전환율	절대우위	비교우위
교역의 이득	교환비율	자유무역	보호무역
유치산업	GATT	WTO	상호주의
자유무역협정(FTA)	반덤핑관세	상계관세	CPTPP
무역의존도	RCEP		

연습문제

Ⅰ. 한국의 콩과 직물 1단위 생산에 필요한 소요노동시간은 각각 2시간, 1시간 이다. 한편 미국은 콩과 직물 생산의 소요노동시간이 각각 1/2시간, 4/5시간이다. 이러한 사실을 기초로 다음 문제에 답하시오.

1. 주당 40시간 일한다고 할 때 두 나라의 재화 1단위당 소요노동 시간표를 구성하라.
2. 두 나라의 절대우위와 비교우위를 판정하라.
3. 이제 비교우위에 입각하여 교역을 한다면 각국은 어느 재화에 특화하여 주당 몇 단위를 생산하는가?
4. 두 나라의 두 재화에 대한 기회 비용표를 구성하라.
5. 이제 교역 전 한국의 생산, 소비점이 콩 15단위 직물 10단위였고, 미국의 교역 전 생산, 소비점은 콩 40단위, 직물 25단위였다. 만일 콩과 직물의 교환비율을 1:1로 양국 간에 교역이 발생하여 콩과 직물을 각각 27단위씩 교환했다고 하자. 교역 후 양국의 이득은 얼마인가?
6. 기회비용을 통해 분석해보면 한국과 미국 간에 교역이 일어나기 위해서는 콩 1단위에 대한 직물의 교환비율이 어떤 범위 내에 있어야 하는가?

Ⅱ. 다음 물음에 답하시오.

1. 절대우위와 비교우위를 구별하시오.
2. 시간이 지나면 비교우위를 확보할 수 있을 것으로 판단되어 보호할 가치가 있는 산업을 무엇이라 하는가?

3. 자유무역이 교역당사국의 사회적 후생을 증가시킴에도 불구하고 왜 각국은 무역제한정책을 사용하는가?
4. 최근 국제무역 환경은 어떻게 변하고 있는가?
5. 생산가능곡선이 원점에 대해 오목하다면 이는 노동과 같은 생산요소의 한계생산성이 어떻기 때문인가?
6. 어떤 나라가 두 재화만을 생산한다고 할 때, 두 재화 간의 한계생산 전환율이 체증한다면 생산가능곡선은 원점에 대해 어떤 형태를 취하는가?

Ⅲ. 다음 물음에 O, X로 답하고 그 이유를 밝히시오.

1. 2가지 재화생산에 있어 한국이 일본보다 모두 절대우위에 있다면 국제무역은 발생하지 않는다.
2. 비교우위이론에서 비교우위의 결정요인은 국가 간 요소부존도의 차이이다.
3. 비교우위이론을 보면 비교우위가 있는 재화생산에 특화하여 교역을 하면 교역당사국 모두 무역의 이익을 얻을 수 있다.
4. 자유무역을 통해 한 나라가 수출국이 되면 사회후생이 증가하지만, 만약 한 나라가 수입국이 되면 비교우위를 잃었다는 의미이므로 교역 이후 사회후생의 증가를 기대하기가 어렵다.
5. 재화를 생산함에 있어 노동의 한계생산성이 체감한다면 두 재화 간의 한계생산전환율은 일정하게 된다.
6. 교환비율이 일정 범위를 벗어나더라도 비교우위가 있는 한 교역은 일어난다. 다만 교역의 이익을 한 쪽이 모두 가져간다.
7. WTO체제는 공산품은 물론 농산물과 서비스 부문까지 개방하도록 하고 있으나 무역 분쟁조정권도 갖고 있다.
8. FTA는 WTO체제가 추진하고 있는 핵심 사안이다.
9. 생산가능곡선이 원점에 대해 오목하다면 노동의 한계생산성은 체감함을 알 수 있다.
10. 미국, 한국, 벨기에를 무역의존도 크기로 배열하면 미국<벨기에<한국이다.
11. 한미 FTA가 발효됨으로써 국내 산업 중 자동차, 자동차 부품, 가전, 섬유류가 관세의 즉각 철폐로 가장 많은 수혜를 받을 것으로 예상된다. 반면 중소상공인과 농산물의 경우 피해가 예상된다.
12. 최근 일본 주도 하에 출범한 CPTPP에는 아시아와 유럽 주요국이 모두 참여하고 있다.

Chapter 8

시장의 효율성과 응용

8.1 소비자잉여

8.2 생산자잉여

8.3 시장의 효율성

8.4 정부의 시장개입과 후생감소

우리는 이미 자유로운 시장경제야말로 가장 효율적이라는 사실을 알고 있다. 시장은 가격기구의 작동으로 수요와 공급을 일치시키고 그 결과 자원의 효율적 배분이 이루어지도록 해주기 때문이다. 자원의 효율적 배분의 의미는 균형에서 사회적 후생(social welfare)이 극대화된다는 것이다.

이제 우리는 보다 구체적으로 수요와 공급이 일치하는 시장균형에서의 소비자와 생산자가 얻게 되는 이득을 분석하고 시장균형에서 사회적 후생이 극대화된다는 사실을 확인해보자.

정부는 가격상한제, 최저임금제, 조세, 보조금지급 등을 통해 시장에 개입하기도 하고 국제무역에 있어 관세부과나 수입할당(quota) 조치를 취함으로써 개입하기도 한다. 시장에 대한 정부의 간섭이 사회적 후생에 어떠한 영향을 미치는지 살펴보자.

8.1 소비자잉여

신고전학파 경제학을 완성한 **알프레드 마셜**(A. Marshall, 1842-1924)은 **'소비자잉여'**(consumer surplus)를 다음과 같이 정의했다.

> 소비자잉여 : 자신이 지불할 용의가 있었던 금액보다 더 낮은 가격에서 재화를 구매한 소비자가 얻게 되는 이득

요약하면 '소비자잉여=소비자가 지불해도 좋다고 생각한 금액-실제로 지불한 금액'이다. 소비자잉여를 보다 자세히 이해하기 위하여 바둑판의 수요를 이용해 살펴보자. 여러분이 이미 알고 있듯이 바둑판 가격이 하락함에 따라 소비자들의 바둑판 수요량은 증가한다. 즉, 가격이 낮을수록 더 많은 사람들이 바둑판을 구매할 용의가 있다는 것이다.

바둑판은 나무의 재질에 따라 값이 1~2만원짜리부터 억대를 호가하는 바둑판까지 있다. 극상품으로는 비자나무 바둑판을 치는데 비자나무는 그 특유의 향과 부드럽고 탄력적인 재질로 유명하다. 비자나무판은 바둑돌을 세게 놓으면 돌 놓은 자리가 약간 들어갔다가 시간이 지나면 원 상태로 복원된다고 한다.

이제 막 바둑에 취미가 붙은 네 사람의 경우를 예로 들어보자.

이들은 모두 바둑판을 장만할 생각을 갖고 있다. 김씨는 바둑판 1조에 대해 5만원까지는 지불할 용의가 있다. 한편 이씨는 바둑판 1조에 대해 4만원까지는 지불할 용의가 있다. 박씨는 바둑판 1조에 대해 3만원까지 지불할 용의가 있다. 마지막으로 비교적 경제사정이 안 좋은 최씨는 바둑판 1조에 2만원까지는 지불할 용의가 있다고 하자.

〈표 8-1〉은 가격이 변할 때 수요량의 변화를 보여주고 있다. 바둑판 1조 가격이 5만원보다 높으면 아무리 바둑 애호가라고는 하지만 네 사람 가운데 어떤 사람도 바둑판을 구입할 용의가 없다. 그러나 바둑판 가격이 조금 낮아져 5만원이라면 김씨는 바둑판 1조를 구입하고자 한다. 만일 가격이 4만원이라면 이

표 8-1
바둑판 가격과 수요량

가 격	구 매 자	수요량
5만원보다 높다	없음	0
5만원	김씨	1
4만원	김, 이씨	2
3만원	김, 이, 박씨	3
2만원	김, 이, 박, 최씨	4

씨도 1조를 구입할 용의가 있다. 가격 4만원에서 바둑판 수요량은 김씨와 새로 구입하고자 하는 이씨를 합하여 2조이다. 바둑판 가격이 더 낮아져 3만원이라면 박씨도 1조를 구입할 의사가 있으므로 수요량은 3조로 증가한다. 만일 가격이 2만원이라면 최씨도 1조를 구입하고자 하며 총수요량은 4조가 된다. 이와 같이 가격이 낮아질수록 지불용의 금액이 낮은 소비자들도 구입에 참여하게 되므로 수요량이 증가한다.

[그림 8-1]은 〈표 8-1〉로부터 유도한 바둑판의 수요곡선과 소비자잉여를 보여준다. 가격이 5만원일 때 수요량은 김씨의 1조뿐이다. 이때 김씨의 소비자잉여는 제로이다. 왜냐하면 김씨가 지불할 용의가 있는 금액과 실제 지불한 금액(시장가격)이 동일하기 때문이다. 가격이 4만원일 때 소비자 김씨의 소비자잉여

그림 8-1

바둑판 가격과 소비자잉여

바둑판 가격이 하락하면 종전 가격에서도 구입할 용의가 있는 소비자는 이익을 보게 된다. 이것이 소비자잉여다. 소비자잉여는 가격이 하락할수록 더 커진다. 5만원의 지불용의가 있는 소비자는 가격이 2만원이 되면 3만원의 소비자잉여를 얻는다.

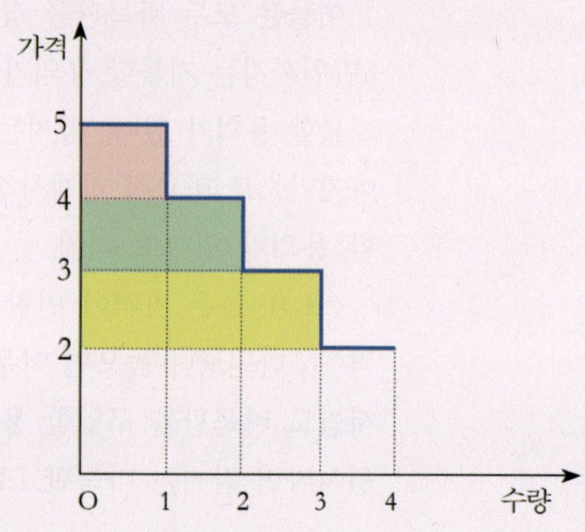

그림 8-2

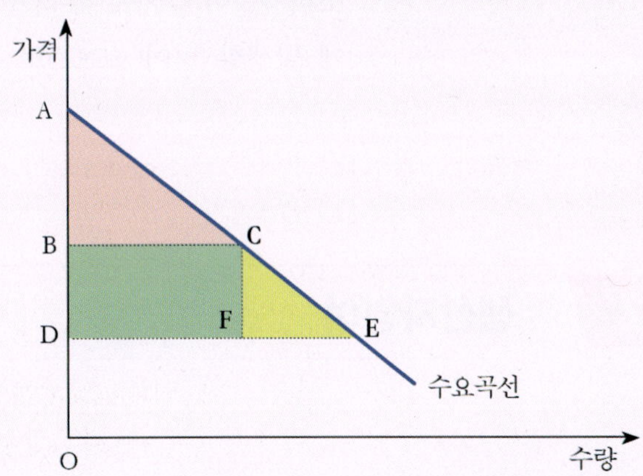

가격변화와 소비자잉여
가격 B에서 소비자잉여는 △ABC이다. 가격이 D로 하락하면 소비자잉여는 △ADE로 증가한다. 소비자잉여의 증가분은 기존의 구입의사가 있던 소비자들이 추가로 누리게 된 잉여 □BCDF와 새로이 구매에 참여한 소비자에게 발생한 잉여 △CEF로 나눌 수 있다.

는 1만원이 된다. 왜냐하면 김씨는 5만원까지도 지불할 생각이 있었는데 4만원에 구입할 수 있기 때문이다. 아직 이씨는 소비자잉여를 누리지 못한다. 가격이 3만원이라면 김씨의 소비자잉여는 2만원으로 증가하고 이씨의 소비자잉여도 이제는 1만원이 된다. 물론 박씨의 소비자잉여는 제로(0)이다. 총 소비자잉여는 3만원이다. 가격이 2만원일 때 김씨의 소비자잉여는 3만원이며, 이씨의 소비자잉여는 2만원, 박씨의 소비자잉여는 1만원이 되고 물론 최씨의 잉여는 제로(0)이다. 총 소비자잉여는 네 사람의 소비자잉여의 총합인 6만원이 된다.

이상의 논의에서 다음과 같은 결론을 얻을 수 있다. 개별 소비자들의 소비자잉여를 합한 총 소비자잉여는 수요곡선과 시장가격에 의해 둘러싸인 면적으로 나타낼 수 있다. 동시에 가격이 낮을수록 기존 구매자들의 소비자잉여가 증가하므로 총 잉여도 증가하게 되는데 이는 수요곡선과 가격 사이의 면적이 확장되는 것으로 알 수 있다.

이제 논의를 보다 일반적인 시장으로 확장하여 보자. [그림 8-2]에는 일반적인 우하향 수요곡선이 그려져 있다. 가격수준에 따른 소비자잉여를 살펴보면 가격이 A일 때 소비자잉여는 제로이다. 그러나 가격수준이 B로 낮아지면 소비자잉여는 △ABC가 된다. 왜냐하면 소비자잉여는 수요곡선과 가격수준으로 둘러싸인 면적이기 때문이다. 소비자잉여를 나타내는 삼각형을 **마셜의 삼각형**(Marshall's Triangle)이라고 부른다. 이제 가격수준이 더 낮아지면 소비자잉여

마셜의 삼각형 수요곡선과 시장가격에 의해 이루어진 소비자잉여를 나타내는 삼각형

는 △ADE로 증가함을 알 수 있다. 이때 증가된 소비자잉여(□BCDE)는 당초의 소비자들이 추가로 누리게 된 잉여(□BCDF)와 새로이 구매에 참여한 소비자에게 발생한 잉여(△CEF)로 나눌 수 있다.

8.2 생산자잉여

생산자잉여(producer surplus)는 여러모로 소비자잉여와 흡사하다.

> 생산자잉여 : 생산자가 재화를 공급하며 실제로 받은 금액에서 받아야 한다고 생각한 최소한의 금액을 뺀 나머지

소비자잉여와 마찬가지로 생산자잉여도 공급자마다 잉여의 크기가 다를 수 있다. 생산자잉여의 정의에서 '생산자가 재화를 공급하며 실제로 받은 금액'은 시장 판매가격을 의미하는 것이므로 같은 품질의 재화인 경우 모든 공급자에게 있어 동일하다. 그렇다면 생산자잉여의 차이는 '받아야 한다고 생각한 최소한의 금액'이 공급자마다 다르기 때문일 것이다. 공급자들이 받아야 한다고 생각하는 최소한의 금액이 서로 다른 이유는 무엇 때문인가? 그것은 공급자마다 생산조건이 달라 생산비용에 차이가 있기 때문이다. 어떤 생산자가 다른 생산자보다 우수한 생산시설과 입지조건, 충분한 원료를 확보하고 있다면 그는 다른 생산자보다 낮은 비용으로 생산할 수 있다. 따라서 그는 보다 낮은 금액을 받고도 재화를 공급할 용의가 있는 반면 불리한 비용조건을 갖고 있는 공급자들은 보다 높은 금액을 받아야 생산할 수 있다.

생산자잉여를 구체적으로 살펴보기 위해 〈표 8-2〉에서 보듯이 바둑판의 생산비 조건이 각각 다른 네 목공장을 생각해보자. 제작속도, 자재조달, 자금사정 등 여러 측면에서 유리한 조건을 갖고 있는 제일목공장은 바둑판 1조의 생산비가 1만5천원이다. 그러므로 제일목공장은 최소한 1조당 1만5천원 이상은

표 8-2
바둑판 가격과 공급량

가 격	공 급 자	공급량
1만원 미만	없음	0
1.5만원	제일	1
1.7만원	제일, 한국	2
1.8만원	제일, 한국, 대한	3
2만원	제일, 한국, 대한, 중앙	4

받아야 바둑판을 생산하여 공급할 용의가 있다. 반면에 비용조건이 조금 못한 한국목공장은 생산원가가 1만7천원이다. 그러므로 한국목공장은 최소한 1조당 1만7천원은 받아야 바둑판을 생산, 공급할 수 있다. 한편 대한목공장과 중앙목공장의 생산원가는 각각 1만8천원과 2만원이다. 그러므로 대한목공장은 1조당 1만8천원, 중앙목공장은 2만원 이상을 받아야 바둑판을 생산하여 공급할 수 있다.

[그림 8-3]은 가격변화에 따른 공급량 변화를 나타내는 공급곡선과 생산자 잉여를 보여준다. 만일 시장가격이 1만5천원이라면 제일목공장만이 바둑판을 1조 생산하여 공급하게 된다. 만일 시장가격이 1만7천원이라면 제일목공장 외에 한국목공장도 바둑판을 생산, 공급하게 된다. 가격이 1만7천원이므로 제일

그림 8-3

바둑판 가격과 생산자잉여
바둑판 가격이 상승하면 종전 가격에서도 판매할 용의가 있는 생산자는 이익을 보게 된다. 이것이 생산자잉여다. 생산자잉여는 가격이 상승할수록 더 커진다. 1.5만원에서도 공급할 용의가 있는 생산자는 가격이 2만원이 되면 5천원의 생산자잉여를 얻는다.

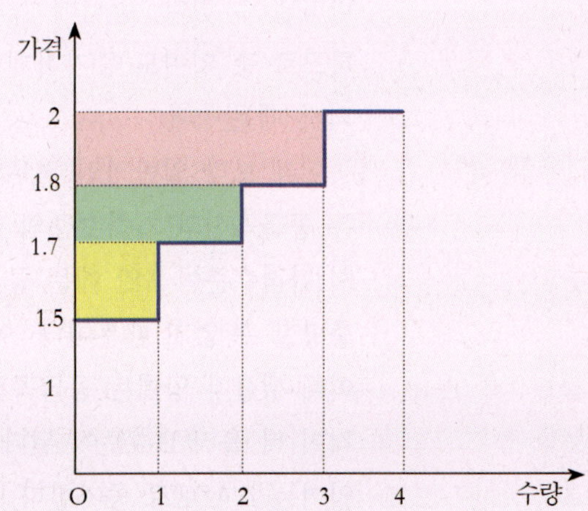

그림 8-4

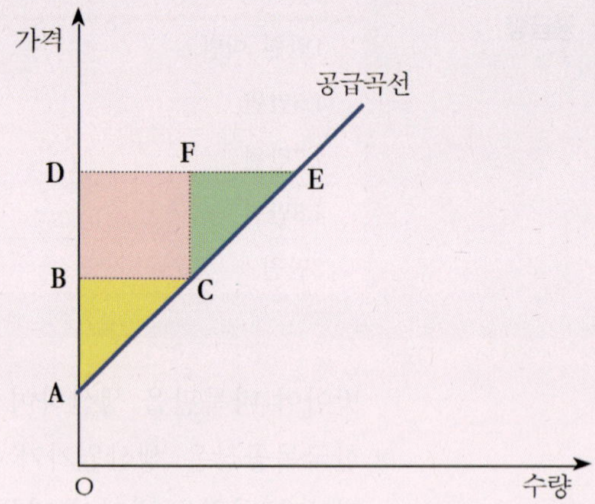

가격변화와 생산자잉여

가격 B에서 생산자잉여는 △ABC이다. 가격이 D로 상승하면 생산자잉여는 △ADE로 증가한다. 생산자잉여의 증가분은 기존의 판매 의사가 있던 생산자들이 추가로 누리게 된 잉여 □BCDF와 새로이 판매에 참여한 생산자에게 발생한 잉여 △CEF로 나눌 수 있다.

목공장은 2천원의 생산자잉여를 얻는다. 한국목공장의 생산자잉여는 제로이다. 만일 가격이 1만8천원이라면 제일, 한국뿐 아니라 대한목공장도 1조를 생산, 공급하게 된다. 이제 제일목공장의 생산자잉여는 3천원으로 증가하고 한국목공장도 1천원의 생산자잉여를 얻는다. 가격이 2만원이라면 중앙목공장도 1조를 공급하고, 제일, 한국, 대한의 생산자잉여는 각각 5천원, 3천원, 2천원이 되며 중앙목공장의 생산자잉여는 제로이다.

이상의 논의에서 다음과 같은 결론을 얻을 수 있다. 개별 공급자들의 생산자잉여를 합한 총 생산자잉여는 공급곡선과 시장가격에 의해 둘러싸인 면적으로 나타낼 수 있다. 동시에 가격이 오를수록 기존 공급자들의 생산자잉여가 증가하므로 총 잉여도 증가하게 되는데 이는 공급곡선과 가격 사이의 면적이 확장되기 때문이다.

이제 보다 일반적인 경우의 생산자잉여를 살펴보자. [그림 8-4]는 우상향하는 공급곡선과 가격수준의 변화에 따른 생산자잉여를 보여준다. [그림 8-4]에서 가격수준이 A일 때는 공급이 제로이다. 가격 A에서는 공급자의 생산비용도 충당할 수 없기 때문이다. 이제 가격이 B가 된다면 BC만큼의 공급이 일어나며 이때 생산자 잉여는 공급곡선과 가격에 의해 둘러싸인 부분 △ABC가 된다. 가격이 더 올라 D수준이 된다면 공급량은 더 증가하여 DE가 되고, 이때 생산자잉여는 △ADE로 증가한다. 가격이 B에서 D로 상승할 때 추가되는 생산자잉여를 둘로 나누어 볼 수 있다. 하나는 가격 상승에 따른 기존 공급자의 생산자잉여의 증가(□BDFC)이고 다른 하나는 가격상승에 따라 신규 공급자가 누리게 되는 생산자잉여(△CFE)이다.

8.3 시장의 효율성

8.3.1 파레토 최적

사회적 후생(social welfare) 소비자잉여와 생산자잉여의 합

파레토 최적(Pareto optimum) 시장 효율성 판정기준의 하나. 다른 사람의 후생을 빼앗지 않고는 나의 후생을 증가시킬 수 없는 상태

이제 여러분은 왜 시장경제가 명령경제나 정부의 시장개입의 경우보다 효율적인지 살펴볼 때가 되었다. **효율성**을 논하려면 효율적 상태란 어떤 상태를 뜻하는지 정의되어야 한다.

일반적으로 후생경제학적 분석에서 효율성의 개념은 **사회적 후생**(social welfare)이 극대화되는 것을 의미한다. 여기서 사회적 후생이란 사회 구성원 개개인의 이득의 총합을 의미한다. 이 책에서의 효율성은 후생경제학적 입장에서의 효율성을 의미한다. 따라서 사회적 후생이 극대화 될 때를 효율적이라고 정의한다. 보통 경제학적 개념으로 말하면 **파레토 최적**(Pareto optimum)인 상태를 말한다. 파레토 최적상태란 '**다른 사람의 후생을 빼앗지 않고는 나의 후생을 증가시킬 수 없는 상태**'이다.

8.3.2 시장균형의 효율성

이제 우리가 증명해 보여야 하는 것은 '시장의 수요와 공급이 일치하는 시장균형점에서 사회적 후생이 과연 극대화되는가?'이다. 앞에서 우리는 수요곡선과 공급곡선을 이용해 소비자잉여와 생산자잉여를 각각 분석하였다. 이제 시장의 수요와 공급을 통합하여 사회 전체의 총잉여를 살펴보자. [그림 8-5]는 시

그림 8-5

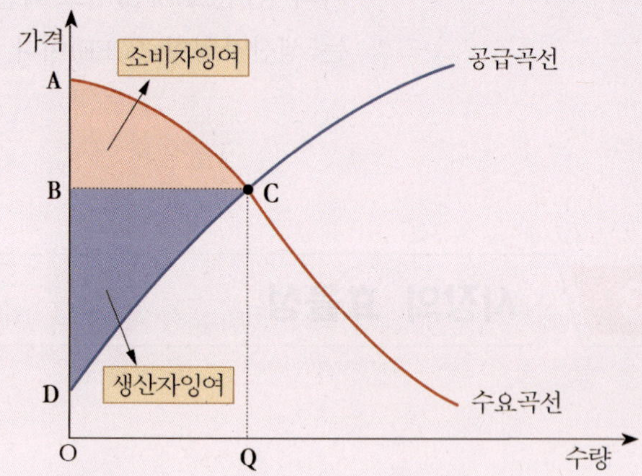

시장의 균형과 총잉여

시장수요곡선과 시장공급곡선이 만나는 점 C에서 균형이 달성된다. 이때 소비자잉여는 △ABC이며, 생산자잉여는 △DBC, 총잉여는 △DAC이다.

장의 수요와 공급이 일치하여 균형이 달성되었을 때의 소비자잉여와 생산자 잉여의 총합을 보여준다.

시장의 수요와 공급은 가격 B, 거래량 Q인 점 C에서 균형을 이루고 있다고 하자. 소비자잉여는 균형가격과 수요곡선으로 둘러싸인 부분이므로 △ABC가 된다. 한편 생산자잉여는 균형가격과 공급곡선으로 둘러싸인 부분이므로 △DBC이다. 사회 전체의 총잉여, 즉 사회적 후생은 소비자잉여와 생산자잉여의 합이며 그래프상에서는 △DAC이다. 총잉여(△DAC)를 [그림 8-5]를 이용하여 수요곡선과 공급곡선으로 표현해보면 의미가 보다 분명해진다.

사회적 후생(△DAC) = 소비자잉여(△ABC) + 생산자잉여(△DBC)
= {소비자가 지불해도 좋다고 생각한 금액(□OACQ)
− 소비자가 실제로 지불한 금액(□OBCQ)}
+ {생산자가 재화를 공급하며 실제로 받은 금액(□OBCQ)
− 공급자가 받아야 한다고 생각한 최소한의 금액(□ODCQ)}

위 식에서 소비자가 실제로 지불한 금액과 생산자가 실제로 받은 금액은 동일하므로 서로 상쇄할 수 있다. 그러므로 사회적 후생은 다음과 같이 정리된다.

그림 8-6

시장균형과 효율성

만일 Q_1만큼 생산이 이루어졌다면 그때 사회적 후생은 □DAEF가 되어 시장균형량 Q_0에서의 사회적 후생보다 △ECF만큼 작다. 그러므로 자유로운 시장균형 C에서 사회적 후생이 극대화되며 따라서 시장이야말로 가장 효율적이라는 명제가 성립한다.

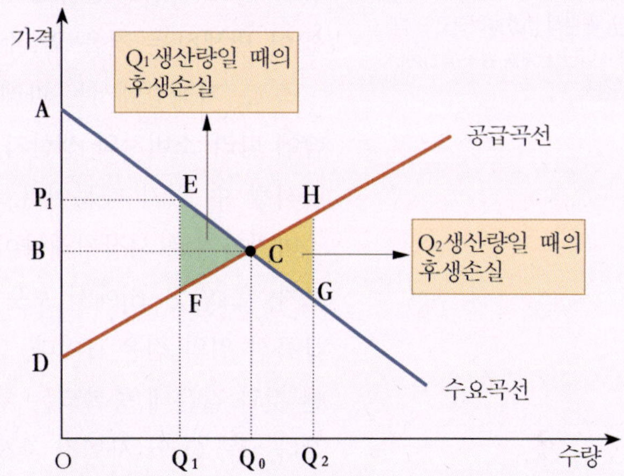

사회적 후생(△DAC)
= 소비자가 지불해도 좋다고 생각한 금액(□OACQ)
− 공급자가 받아야 한다고 생각한 최소한의 금액(□ODCQ)

여기서 매 단위 재화에 대해 소비자가 지불해도 좋다고 생각한 금액은 소비자의 재화에 대한 가치를 나타내며 수요곡선의 높이로 표현된다. 또한 매 단위 재화에 대해 공급자가 받아야 한다고 생각한 최소한의 금액은 생산비용을 의미하며 이는 공급곡선의 높이로 표현되고 있다. 그러므로 매 재화에 대해 소비자가 느끼는 가치가 생산비용보다 높으면 사회적 후생은 증가하게 된다.

균형점 C에서 사회적 총잉여, 다른 말로 사회적 후생이 극대화되고 있는가? 이 문제에 답하기 위해서는 C점에서의 사회적 후생과 C점이 아닌 다른 점에서의 사회적 후생을 상호 비교하면 된다. [그림 8-6]은 자유로운 시장에서의 균형점 C가 왜 사회적 후생을 극대화하는 점이며 효율적인지를 보여준다. 만일 시장거래량이 어떤 이유에서든지 Q_0보다 조금 낮은 수준인 Q_1에서 결정되었다고 하자. 시장거래량이 Q_1일 때 사회적 후생은 □$OAEQ_1$에서 □$ODFQ_1$을 뺀 □DAEF이다. 아무런 제약이 없는 자유로운 시장에서의 균형점 C의 사회적 후생은 △DAC이므로 거래량이 Q_1일 때의 사회적 후생은 자유로운 시장균형의 경후생손실(deadweight loss) 자중손실, 과잉부담, 배분적 비효율이라고도 함. 파레토 최적이 아닌 균형일 경우 발생하는 비효율, 후생감소.

우보다 △FEC만큼 작다. 이상의 설명을 일반화하면 자유로운 시장균형점 C의 왼편 어느 지점도 C점보다 사회적 **후생손실**(deadweight loss, 자중손실, 사중손실)이 발생하는 것을 알 수 있다.

즉 Q_1 거래량에서는 파레토최적이 달성되지 못하고 있다. Q_1에서 Q_0로 이동함에 따라 소비자와 생산자 모두 다른 사람의 후생을 빼앗지 않고도 후생을 증가시킬 수 있기 때문이다.

마찬가지로 시장거래량이 Q_0보다 조금 큰 Q_2일 때의 사회적 후생을 측정해보자. [그림 8-6]에서 보듯이 거래량이 Q_2일 때 수요곡선 위의 점은 G이고 공급곡선 위의 점은 H이다. Q_2에서의 사회적 후생은 □OAGQ_2에서 □ODHQ_2를 뺀 것과 같은데 중복되는 부분을 상쇄하고 나면 △ADC에서 △CHG를 뺀 것과 같다. 즉, Q_2의 사회적 후생은 Q_0보다 △CHG만큼 후생손실이 발생하고 따라서 파레토 최적이 아니다. 결론적으로 거래량이 Q_0보다 작을수록 혹은 클수록 사회적 후생은 점점 작아지는 것을 알 수 있다. 이상의 논의를 통해 자유로운 시장균형이야말로 사회적 후생을 극대화하는 파레토 최적임을 입증한다.

여기서 시장균형이 효율적이라고 하더라도 반드시 바람직한 상태라는 것을 의미하지는 않는다. 어떤 상태가 바람직하냐, 혹은 바람직하지 않느냐의 문제는 효율 이외에도 공평이나 자유의 개념까지를 포함하여 살펴야 하기 때문이다. 파레토 최적의 개념은 효율성의 판정기준일 뿐 공평이나 자유의 판정기준은 아니라는 얘기다.

8.4 정부의 시장개입과 후생감소

8.4.1 가격상한제의 경우

한 나라의 물가수준이 지속적으로 오르는 현상을 인플레이션이라고 하는데 인플레이션은 여러 가지 해악을 끼치므로 어느 나라나 인플레이션을 억제하기 위해 많은 노력을 기울인다. 일상생활에서 흔히 경험하는 일이지만 철도요금이

그림 8-7

택시요금 상한제의 경우
규제없는 택시서비스시장의 균형은 E점이고 이때의 사회적 후생은 △ABE이다. 택시요금이 P_1로 규제되고 있다면 시장에서는 Q_1Q_2만큼의 초과수요가 발생하고 사회적 후생은 □ABCD가 되어 자유로운 시장에서보다 △DCE만큼 감소한다.

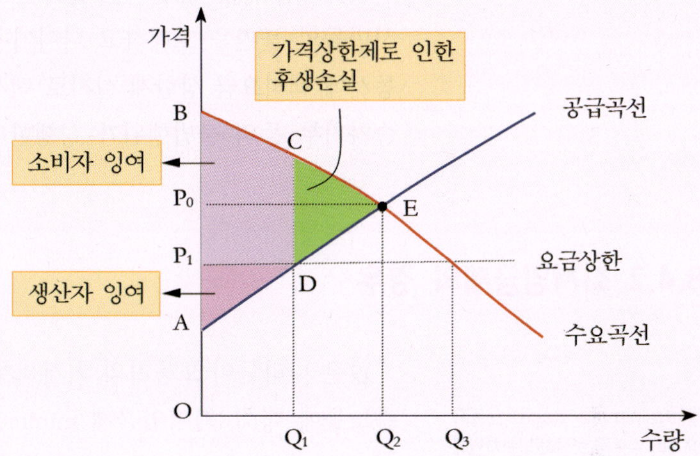

나 전기, 상하수도요금 같은 공공요금의 인상은 정부에 의해 규제를 받는다. 또한 시내버스나 택시요금 등도 가격통제 대상이 된다.

그 밖에도 물가에 영향을 많이 미치는 각급 학교의 수업료나 병원의 진료수가, 주택이나 상가임대료 등도 가격통제(price control)의 대상이 되고 있다. 자유로운 시장의 수요와 공급에 의해 가격이 결정되지 못하고 정부의 시장 개입에 의한 '**가격상한제**'(price ceiling)가 이루어질 경우 균형점과 사회적 후생은 어떻게 변하는지 살펴보자.

가격상한제(price ceiling) 재화의 가격을 시장청산가격보다 낮게 규제하는 것

[그림 8-7]은 정부의 택시요금 규제가 사회적 후생에 어떤 영향을 주는지 보여준다. 정부가 택시요금을 규제하지 않고 시장의 수요 공급에 의해 자유롭게 결정되도록 할 경우 균형점은 E점이다. 이때의 사회적 후생은 △ABE이다. 만일 정부가 물가억제를 이유로 택시요금을 균형가격보다 낮은 P_1로 규제했다고 하자. 택시요금이 P_1이라면 택시회사는 택시서비스의 공급량을 Q_1수준으로 낮추게 되는 반면 시민들의 택시서비스 수요량은 Q_3수준이 되어 시장에서는 Q_1Q_3만큼의 초과수요가 발생한다. 결국 시민들은 Q_1Q_3만큼의 택시서비스를 제공받지 못하여 택시 잡기가 어렵게 된다. 가격상한제의 실시로 소비자잉여는 □P_1BCD가 되며 생산자잉여는 △AP_1D가 된다. 소비자잉여와 생산자잉여의 합인 사회적 후생은 □ABCD가 되어 자유시장의 균형에서보다 △DCE만큼 후생

손실(deadweight loss)이 발생한다.

택시요금 상한제 실시는 물가를 억제하는 효과는 있으나 택시서비스를 줄여 시민들의 불편을 초래하고 나아가 사회적 후생을 감소시킨다는 단점이 있다. 동시에 택시요금 상한제 실시로 택시 잡기가 어려워지면 합승강요나 웃돈요구, 승차거부 등의 불법행위가 성행한다는 또 다른 부작용이 있다.

8.4.2 최저임금제의 경우

최저임금제(minimum wage) 노동자의 최저생계비 수준을 보장하려는 차원에서 시장청산임금보다 임금을 높게 책정하는 제도

많은 나라들이 노동자의 최저생계비 수준을 보장하려는 차원에서 비숙련 단순노동에 대해 '**최저임금제**'(minimum wage)를 실시하고 있다. 우리나라도 몇 년 전부터 최저임금제를 도입, 실시하고 있다. 고용노동부는 2019.1.1 – 2019. 12.31 기간 중 최저임금액을 2018년(시간당 7,530원)보다 10.9% 인상한 시간당 8,350원, 일급(8시간) 66,800원으로 결정 발표한 바 있다. [그림 8-8]은 최저임금제가 실시되고 있는 비숙련 노동시장에서의 사회적 후생을 분석하고 있다.

노동시장이 노동의 수요와 공급에 따라 자유롭게 움직인다면 균형은 E점에서 이루어지고 그때 시장청산임금은 W_0수준이 될 것이다. 이때의 사회적 후생

그림 8-8

최저임금제와 사회적 후생

노동시장에 규제가 없다면 균형은 E점이 되고 시장청산임금은 W_0수준이 된다. 이때 사회적 후생은 △ABE이다. 최저임금이 W_1으로 책정되면 초과 노동공급으로 CF만큼의 실업이 발생한다. 최저임금제 하에서 사회적 후생은 □ABCD가 되어 자유로운 노동시장에서의 사회적 후생보다 △DCE만큼 후생손실이 있다.

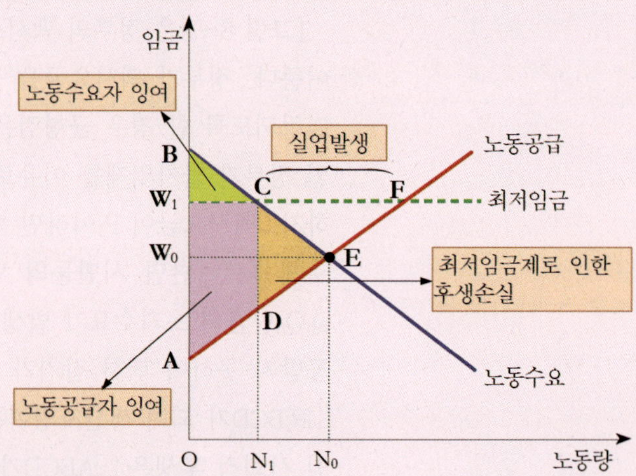

은 △ABE이다. 만일 정부에 의해서 최저임금제가 실시되어 임금수준이 시장청산임금보다 높게 W_1로 책정되었다고 하자. W_1의 임금수준에서는 초과 노동공급이 발생하고 CF만큼의 실업이 발생한다. 최저임금제 하에서 사회적 후생은 □ABCD가 되어 자유로운 노동시장에서의 경우보다 △DCE만큼 후생손실이 발생하는 것을 알 수 있다.

최저임금제도의 시행에 대해서 경제학자들 사이에는 두 가지 견해가 대립되고 있다. 최저임금제를 옹호하는 입장에서는 비숙련 노동자들의 소득지원 차원에서 당연한 제도라는 주장이다. 반대론자들은 최저임금제의 시행은 저소득 노동자들의 실업률을 증가시킨다는 점에서 오히려 바람직하지 않다고 주장한다. 즉, 최저임금제로 실직을 당하는 사람들은 시간제 근로자나 10대와 같은 비숙련 노동자들이 대부분이다. 이들의 경우 가계의 주 소득자가 아니므로 소득보전보다는 취업기회의 확대가 더 필요하다는 점에서 최저임금제는 오히려 그들에게 불리한 제도라고 지적한다.

Q & A

Q

학생의 질문

최저임금제를 실시하고자 할 때 정부가 최저임금을 시장청산임금보다 낮게 정해도 실업자가 증가하는 건 맞는 거 아닌가요? 일하지 않는 사람들이 생기는 거니깐.

A

어느 학생의 답변

최저임금을 시장청산임금보다 높게 정했을 때 실업이 발생합니다. 만일 시장청산임금보다 최저임금을 낮게 정해도 결국 임금은 시장청산임금으로 올라가고 말겠지요. 최저임금제란 그 이하로 지급하지 말라는 제도일 뿐 그 이상 지급하는 것은 아무 문제가 없으니까요. 실제로 최저임금제는 최저임금을 시장청산임금보다 높게 설정했을 때만 의미가 있습니다.

Q

학생의 질문

최저임금제를 실시했을 때요.. 노동수요자의 잉여는 감소하는데 노동공급자의 잉여는 어떻게 되나요? 증가하나요? 아님 오히려 감소하나요??

A

안교수 답변

최저임금제 실시에 따른 노동공급자의 잉여는 노동수요곡선의 탄력성에 따라 달라집니다. 노동수요곡선이 탄력적일수록 노동공급자의 잉여가 감소합니다. 반대로 노동수요곡선이 비탄력적일수록 노동공급자의 잉여가 증가합니다.

8.4.3 조세와 보조금지급의 경우

(1) 조세부과의 경제적 효과

제5장에서 탄력성의 응용을 다룰 때 조세가 소비자와 생산자 간에 어떻게 분담되는지 살펴본 바 있다. 여기서는 조세부과가 사회적 후생에 어떤 영향을 미치는지 살펴보기로 하자. 어떤 재화의 판매가격에 일정률의 조세가 부과되었다고 하자. 조세부과는 생산비용의 증가와 동일한 효과를 미치므로 공급곡선을 조세액만큼 위쪽으로 평행이동시킨다. [그림 8-9]는 조세가 부과된 시장의 수요, 공급곡선을 보여준다. 조세부과 전의 사회적 후생은 △ABE이다.

이제 조세부과로 공급곡선이 위쪽으로 이동하면 새로운 균형점은 C가 되고 이때 가격은 P_1로 상승하고 거래량은 Q_1로 감소한다. 소비자가 지불한 가격 중에서 조세액 CD를 빼고 나면 공급자가 실제로 수령하는 단위당 수입은 OP_2에 불과하다. 조세부과 후 소비자잉여는 $\triangle P_1BC$가 되고, 생산자잉여는 $\triangle AP_2D$가 된다. 조세부과로 정부가 얻게 되는 조세수입액은 $\square P_2P_1CD$이다. 그러므로 조세부과 후 사회적 잉여는 소비자잉여+생산자잉여+정부조세수입의 합이므로 □ABCD가 된다. 조세부과 후 사회적 후생과 조세부과 전 사회적 후생을 비교해 보면 조세부과로 △DCE만큼의 후생손실이 발생했음을 알 수 있다.

그림 8-9

조세부과의 경제적효과

조세부과로 공급곡선이 위쪽으로 이동하면 새로운 균형점은 C가 되고 이때 가격은 P_1으로 상승하고 거래량은 Q_1으로 감소한다. 조세부과 후 사회적 잉여는 소비자잉여+생산자잉여+정부조세수입의 합이므로 □ABCD가 된다. 조세부과 후 사회적 후생이 △DCE만큼 감소했다.

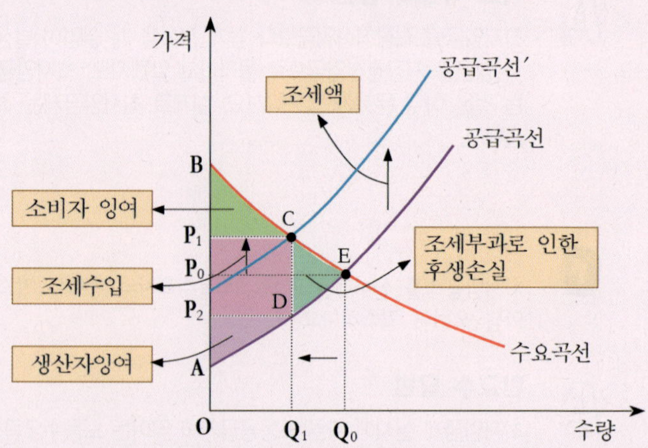

조세부과는 조세가 부과되고 있는 재화만을 떼어놓고 본다면 사회적 후생을 감소시키기 때문에 비효율적인 정책임에 틀림없으나, 조세부과가 잘못된 정책이라는 것을 입증하는 것은 아니다. 조세부과의 해당 재화시장 내에서의 경제적 비효율에도 불구하고 전 세계 모든 나라에서 조세를 징수하는 이유는 이렇게 거두어들인 조세수입을 정부가 효과적으로 사용함으로써 국민전체의 후생에 기여하기 때문이다. 따라서 '조세부과가 국민 경제 전체로서의 후생에 어떤 영향을 미치는가?'는 또 다른 문제이다.

Q & A

Q 학생의 질문

기호품이나 생필품에 대한 물품세 인상정책은 소비자가 조세부담을 가지게 된다고 생각하여 소비자잉여는 감소해도, 생산자 잉여는 그대로 아닌가요? 생산자 잉여는 왜 감소하는 건가요?

A 어느 학생의 답변

물품세가 부과되면 생산자는 소비자가 지불한 가격 중에서 물품세를 뺀 나머지만을 실제로 받게 되는 거예요. 그래프를 그려보면 금방 이해할 수 있을 거라 생각해요^^ 여기서의 이슈는 조세를 소비자와 생산자가 얼마씩 부담하느냐의 문제가 아니고 조세부과의 사회적 후생효과라고 생각하고요.

Q 학생의 질문

조세의 귀착에서요. 균형상태에 있는 수요, 공급곡선에서 세금이 부과되면 공급곡선이 왜 위쪽으로 이동하는지 가르쳐주세요. 세금을 처음으로 부과한 경우와 기존의 세금을 올린 경우에 있어 공급곡선의 위쪽 이동은 동일한가요?

A 어느 학생의 답변

제4장 끝부분에서 교수님이 답변해주신걸 다시 옮길게요.

"재화에 물품세를 부과하면 공급자가 판매 후 물품세를 정부에 납부하게 됩니다. 공급자는 자신의 생산비에다 물품세를 더해서 공급하게 되므로 공급곡선이 단위당 세금만큼 위쪽(왼쪽)으로 이동합니다.

위의 예는 재화에 처음 물품세를 부과한 경우입니다. 그러나 기존의 물품세가 이미 부과된 상태에서 물품세를 인상한 경우라 해도 내용은 같습니다. 다만 세금인상에 따른 사회적 후생의 추가 손실을 다루겠지요."

Q 학생의 질문

요즘 물가실명제란 말이 있던데 뭔가요?

A 어느 학생의 답변

금융실명제처럼 각각의 가격관리대상품목마다 담당공무원의 실명을 걸고 관리책임을 맡기자는 것이예요.

그림 8-10

보조금 지급의 경제적효과
보조금 지급 전의 사회적 후생은 △ABE이다. 수요곡선은 보조금 액수(CD)만큼 위쪽으로 이동한다. 보조금 지급 후 새로운 균형점은 C이다. 공급자는 OP_1의 가격으로 Q_1량을 판매하고 생산자잉여는 □P_0P_1CE(=△AP_1C−△AP_0E)만큼 증가한다. 소비자는 수요가격 P_2에서 Q_1량을 구매하는 것이므로 소비자잉여는 □P_2P_0ED(=△P_2BD−△P_0BE)만큼 증가한다. 그러나 보조금 액수 □P_2P_1CD를 제하면 사회전체의 후생은 △ECD만큼 감소한다.

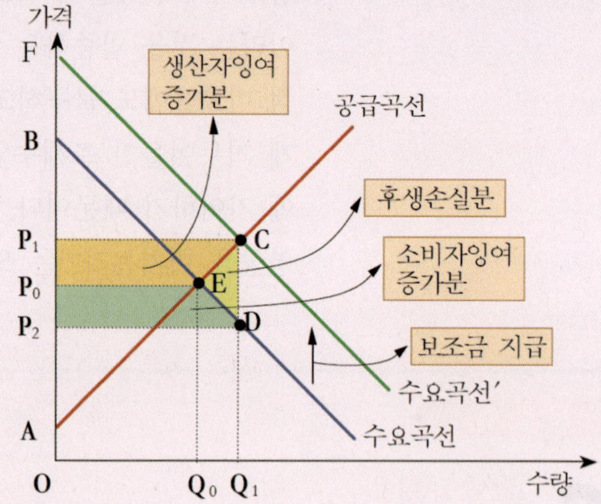

(2) 보조금 지급의 문제

정부가 어떤 재화의 소비를 장려하기 위해 1단위를 소비할 때마다 일정액의 보조금을 소비자에게 지급한다고 할 때 사회적 후생은 증가할까 혹은 감소할까? 소비에 대해 보조금을 지급하는 예로서 온 국민의 정보화사업을 앞당기기 위해 가구당 PC구입에 대해 일정액을 보조해준다든지 혹은 불량주택 개량사업을 조속히 실현하는 차원에서 주택보수에 대해 일정액의 보조금을 지급하는 경우를 생각할 수 있다.

[그림 8-10]은 보조금 지급의 경제적 효과를 보여준다. 정부가 온 국민의 정보화를 앞당기기 위해 PC구입 시 일정액의 보조금을 지급한다고 하자. 보조금 지급 전의 사회적 후생은 △ABE이다. 보조금 지급 후의 변화를 살펴보자. 보조금 지급으로 소비자들의 PC수요는 증가하고 수요곡선은 우측(위쪽)으로 이동한다. 이때 수요곡선 위쪽으로의 이동 폭은 보조금 액수(CD)의 크기와 동일하다. 보조금 지급 후 새로운 균형점은 C이다. 공급자는 OP_1의 가격으로 Q_1량을 판매한다. 따라서 생산자잉여는 □P_0P_1CE(=△AP_1C−△AP_0E)만큼 증가한 것을 알 수 있다.

소비자는 P_1의 가격을 지불하지만 동시에 정부로부터 CD의 보조금을 받으므로 실제 수요가격은 P_2이다. 따라서 소비자는 수요가격 P_2에서 Q_1량을 구매하는 것과 같다.

이제 소비자잉여의 변화를 살펴보자. 보조금 지급 후 소비자잉여는 □ P_2P_0ED(=△P_2BD−△P_0BE)만큼 증가함을 알 수 있다(보조금 지급 후 소비자잉여 △P_1FC는 △P_2DB와 합동임에 유의할 필요가 있다). 사회 전체의 후생은 어떻게 변했는가?

사회적 후생 변화 = (생산자잉여 증가+소비자잉여 증가)−보조금총액
= (□P_0P_1CE+□P_2P_0ED)−□P_2P_1CD
= −△ECD

이므로 보조금지급은 사회적 후생손실로 나타나는 것을 알 수 있다.

8.4.4 관세부과효과

제7장에서 여러분은 교역의 결과 교역 전보다 더 많은 재화를 소비할 수 있게 됨으로써 교역의 이득이 있음을 보았다. 이제 후생경제학적 분석방법을 통해 교역의 이득을 살펴보고 수입관세가 부과되었을 때 사회적 후생이 어떻게 감소하는지 보도록 하자. [그림 8-11]에는 우리나라 자동차의 수요곡선과 공급곡선이 그려져 있다.

교역이 이루어지기 전의 국내 자동차 시장의 균형점은 E점이다. E점에서 자동차의 국내가격은 P_0이며 국내거래량은 Q_0이다. 교역 전 사회적 후생은 △ABE이다. 이제 자동차 시장이 개방되어 자유로운 교역이 이루어졌다고 하자. 자동차의 국제가격이 국내가격보다 낮은 OP_1이라면 자유교역으로 국내 자동차 가격은 국제가격으로 수렴되고 새로운 균형점은 D점이 된다. 자유교역 하의 사회적 후생은 소비자잉여 △P_1BD와 생산자잉여 △AP_1C의 합인 □ABDC이다. 여기서 국내 자동차생산량은 OQ_1이고 Q_1Q_1'은 자유무역으로 인한 자동차 수입량이다. 교역 후 사회적 후생을 교역 전 후생과 비교해 보면 교역 후 후생이 △CED만큼 증가했음을 알 수 있다. 즉, 교역이 이루어짐에 따라 값싼 외국 자동차가 수입됨으로써 소비자잉여가 증가하는 반면 생산자잉여는 감소한다. 그러나 사회 전체로의 후생은 증가한다.

그림 8-11

자동차 산업의 교역이득과 관세효과

수입품에 대한 관세부과는 수입가격을 상승시킴으로 수입량을 감소시킨다. 수입가격의 상승과 수입량의 감소는 사회적 후생을 감소시킨다. 관세부과 후 사회적 후생의 순손실은 △CFH+△IGD가 된다. 관세부과는 결국 국민경제를 자유무역에서 자급자족경제쪽으로 복귀시키는 역할을 한다.

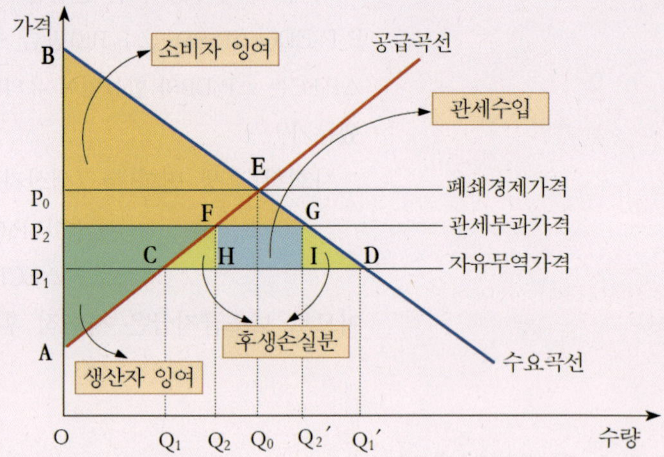

이제 국내 자동차 산업을 보호하기 위해 수입자동차에 대해 일정률의 관세(tariffs)를 부과한다면 사회적 후생은 어떻게 변할까? 정부가 수입자동차에 대해 P_1P_2의 관세를 부과했다고 하자. 관세부과로 수입가격이 오르면 국내 자동차가격은 국제가격 P_1보다 P_1P_2만큼 높은 P_2가 된다. 가격 P_2에서 국내 자동차 소비량은 Q_2'이 되는데, 이는 국내생산량 Q_2와 수입량 Q_2Q_2'를 합한 양이다.

관세부과 후 가격 P_2에서의 사회적 후생은 소비자잉여 $\triangle P_2BG$와 생산자잉여 $\triangle AP_2F$ 외에 정부의 관세수입(□HFGI)의 합으로 나타낼 수 있다. 그러므로 관세부과 후 사회적 후생과 관세부과 전 후생을 비교해 보면 관세부과 후 △CFH+△IGD만큼 사회적 후생의 손실이 발생했음을 알 수 있다. 관세부과의 경제적 효과는 자유무역의 경우보다 단기적으로 사회적 후생을 감소시키는 것이 사실이나 국내 자동차산업의 보호로 인해 장래 발생할지도 모를 이득을 생각할 때 일률적으로 말하기는 어렵다.

복습과 연습

요 약

1. 시장 내 가격기구의 작동으로 자원의 효율적 배분이 이루어진다. 자원의 효율적 배분의 의미는 균형에서 사회적 후생이 극대화된다는 것이다.
2. 소비자잉여는 자신이 지불할 용의가 있었던 금액보다 더 낮은 가격에서 재화를 구매한 소비자가 얻게 되는 이득이다.
3. 개별 소비자들의 소비자잉여를 합한 총 소비자잉여는 수요곡선과 시장가격에 의해 둘러싸인 삼각형 면적이다. 이 삼각형을 마셜의 삼각형이라고 부른다.
4. 가격이 하락할수록 기존 구매자들의 소비자잉여가 증가하므로 총소비자잉여도 증가한다.
5. 생산자잉여는 생산자가 재화를 공급하며 실제로 받은 금액에서 받아야 한다고 생각한 최소한의 금액을 뺀 나머지이다.
6. 공급자마다 생산시설과 입지조건, 원료확보 등에 있어 차이가 있으므로 생산비 조건이 달라진다.
7. 생산자잉여는 공급곡선과 시장가격에 의해 둘러싸인 면적으로 나타낼 수 있다. 동시에 가격이 오를수록 기존 공급자들의 생산자잉여가 증가하므로 총잉여도 증가하게 된다.
8. 후생경제학적 분석에서 효율성의 개념은 사회적 후생이 극대화되는 것으로 파레토 최적이 달성된 상태라고 할 수 있다. 여기서 사회적 후생이란 사회 구성원 개개인의 이득의 총합을 의미한다.
9. 효율적인 상태가 반드시 바람직한 상태라는 것을 의미하지는 않는다. 어떤 상태가 바람직하냐 혹은 바람직하지 않느냐의 문제는 효율 이외에도 공평이나 자유의 개념까지를 포함하여 살펴야 하기 때문이다.
10. 정부의 시장개입은 해당 시장만을 놓고 볼 때 사회적 후생을 감소시킨다. 파레토 최적을 달성하지 못한다.
11. 조세부과는 조세가 부과되고 있는 재화만을 떼어놓고 본다면 사회적 후생을 감소시키는 정책이나 조세부과의 국민 경제적 의의와는 별개 문제이다.
12. 관세부과를 통해 자국산업을 보호하는 정책은 그 산업만 놓고 볼 때는 사회적 후생을 감소시킨다. 그러나 관세부과로 자국 산업을 보호하는 것은 장래 발생할 이득을 생각할 때 일률적으로 판단하기는 곤란하다.

중요개념

시장 효율성	사회적 후생	소비자잉여	마셜의 삼각형
생산자잉여	후생경제학	최저임금제	관세부과 효과
정부개입	가격상한제	파레토최적	후생손실(deadweight loss)

연습문제

Ⅰ. 다음 물음에 O, X로 답하고 그 이유를 밝히시오.

1. 시장의 수요와 공급에 의해 균형이 이루어지고 있을 때 소비자잉여는 균형거래량과 수요곡선에 의해 둘러싸인 면적이다.

2. 생산비 조건이 유리한 생산자일수록 생산자잉여는 커진다.

3. 최저임금제를 실시하고자 할 때 정부가 최저임금을 시장의 균형임금보다 낮게 정했다면 실업자만 증가시킬 뿐이다.

4. 정부가 물가상승을 막기 위해 시장가격보다 일정 수준 낮게 가격을 정하도록 했다면(price ceiling) 사회 전체의 후생은 감소하지만 생산자잉여는 증가할 수 있다.

5. 담배와 같은 기호품이나 생필품에 대한 물품세 인상정책은 소비자잉여를 크게 감소시킬 뿐 아니라 생산자 잉여도 감소시킨다.

6. 사람들의 취향이 그 재화 쪽으로 더 쏠리게 됨으로써 수요의 증가가 발생한 경우 생산자잉여는 물론 소비자잉여도 증가한다.

7. 조세를 부과할 경우 사회적 후생이 감소하는 이유는 조세부과로 균형거래량이 줄어들고 균형가격은 상승되기 때문이다.

8. 최저임금제 실시는 실업을 증가시켜 사회적 후생은 감소시키지만 노동수요자인 기업의 잉여를 증가시키는 측면은 있다.

9. 어떤 재화의 가격이 하락하면 이미 그 재화를 사고자 한 사람들의 소비자잉여는 더 커진다.

10. 어떤 재화시장에서 원유가격이 폭등하여 생산원가가 상승했다고 할 때 소비자잉여와 생산자잉여의 증감 여부는 분명히 알 수 없다.

11. 시장균형에서 사회적 후생이 극대화된다는 것은 소비자잉여와 생산자잉여의 합이 극대화된다는 것과 같은 의미이다.

12. 관세부과가격이 자유무역가격과 폐쇄경제가격 사이에 있을 때 사회적 후생의 크기는 자유무역>폐쇄경제>관세부과이다.

13. 파레토 최적은 효율적 상태일 뿐 공평한 상태를 보장하지는 않는다.

Ⅱ. 다음 물음에 답하시오.

1. 정부가 컴퓨터 구입에 보조금을 주기로 했다. 일어나지 않을 일은?
   (1) 소비자잉여 증가 (2) 컴퓨터 판매량 증가
   (3) 생산자잉여 감소 (4) 사회적 후생감소

2. 빈곤층에 대한 지원으로 정부가 가구당 월 20만원 상당의 식량구입권을 제공하는 정책과 20만원의 현금지원정책 간의 사회적 후생을 직관적으로 비교해보라.

3. 정부가 물가폭등 상황을 맞아 가격통제 정책을 시행한다면 초래할 것 같은 결과는?
   (1) 품목에 따라서 암시장이 생길 것이다.
   (2) 악덕기업의 폭리추구를 방지할 것이다.
   (3) 공급이 모자라는 품목을 증산하도록 유인을 제공한다.
   (4) 물가안정과 원활한 공급이 보장될 것이다.
   (5) 좋은 제품을 개발하려는 의욕을 촉진한다.

4. 최근 공유경제란 말이 핫이슈가 되고 있다. 공유경제가 사회 전체로의 후생을 증가시킬 수 있다면 왜 그런가?

5. 정부가 A재에 대해 부과한 조세수입을 생산자와 소비자에게 모두 되돌려주면 생산자와 소비자의 후생은 조세부과 이전과 같다.

6. 재화 A의 수요곡선은 $P=8-2Q$, 공급곡선은 $P=2+Q$이다. 균형가격과 소비자잉여의 크기는 얼마인가?

7. 빵 값이 1,000원일 때 4사람이 지불하려는 가격이 아래와 같다면 총 소비자잉여는?

A	2,000원
B	1,500원
C	800원
D	1,000원

8. 재화 A의 수요곡선은 $Q_d=-P+10$, 공급곡선은 $Q_S=P-2$일 때 시장 생산량이 5라면 파레토 최적상태인가? 아닐 경우 후생손실의 크기는?

5

시장실패와 정부개입

코스
(Ronald H. Coase, 1910-2013)

제4편에서 자유로운 시장경제야말로 파레토 최적, 즉 자원의 효율적 배분을 달성하고 그 결과 사회적 후생을 극대화한다는 사실을 살펴보았다. 그러나 경우에 따라서는 시장에 맡겨놓으면 오히려 자원의 효율적 배분이 이루어지지 않고 사회적 후생도 극대화되지 않는 상황이 발생할 수도 있다. 이러한 경우를 시장의 실패(market failure)라고 한다. 시장의 실패가 일어나는 경우로는 외부효과, 공공재, 공유자원, 비대칭적 정보, 독과점 등이 있다. 9장에서는 외부효과를, 10장에서는 공공재, 공유자원, 비대칭적 정보를 다룬다. 독점과 과점은 제6편 기업행동과 산업조직에서 다루어질 것이다.

Chapter 9

외부효과

시장의 실패가 일어나는 경우로 외부효과가 있다.

외부효과가 발생할 경우 거래의 비용과 편익이 시장가격에 의해 완전히 반영되지 않고 제3자에게 전가되는 문제가 발생한다. 따라서 시장에 맡겨두기만 할 경우 사회적으로 바람직한 수준의 생산량이 공급되지 않고 너무 많거나 너무 적게 공급되는 문제가 발생한다. 소비의 경우도 마찬가지 효과가 발생한다. 즉, 파레토 최적상태가 달성되지 못하게 된다. 결국 외부효과의 발생은 정부의 시장개입을 정당화 해준다는 주장이 제기된다.

외부효과는 긍정적인 효과도 있는 반면 부정적인 효과도 있다. 특히 환경오염과 같은 외부효과가 최근에는 매우 중요한 문제로 부각되고 있다. 여기서는 외부효과의 정의와 외부효과가 발생했을 때 사회적 후생의 변화 그리고 외부효과를 해결하는 방안을 차례로 논의한다.

9.1 외부효과의 정의

외부효과(externality) 한 사람의 행위가 제3자의 경제적 후생에 영향을 미치는 것

외부불경제(external diseconomy) 한 사람의 행위가 제3자의 경제적 후생을 낮추는 경우

외부경제(external economy) 한 사람의 행위가 제3자의 경제적 후생을 증가시키는 경우

외부효과란 '한 사람의 행위가 제3자의 경제적 후생에 영향을 미치는 것'을 의미한다. 이때 제3자의 경제적 후생을 낮추는 행위일 경우 **외부불경제**(external diseconomy)라고 하고, 제3자의 경제적 후생을 증가시키는 행위일 경우 **외부경제**(external economy)라고 한다. 여기서 '제3자의 경제적 후생을 낮춘다.'는 의미는 '제3자에게 자신의 비용의 일부를 떠넘긴다.'는 것을 말한다. 외부불경제로 제3자에게 떠넘기는 비용을 외부비용이라 하고, 외부경제가 발생했을 때 제3자가 누리게 되는 편익을 외부편익이라고 한다. 외부불경제는 **부정적 외부효과**라고도 하고 외부경제는 **긍정적 외부효과**라고 한다.

행위가 생산과정에서 발생하느냐 혹은 소비과정에서 발생하느냐에 따라 생산의 외부효과와 소비의 외부효과로 나눈다. 생산의 외부경제로는 과수원의 과일 생산이 주변의 양봉업자에 미치는 효과나 새로운 기술혁신이 주변 산업에 미치는 영향 등이 있다. 생산의 외부불경제로는 폐수를 방류하는 공장이 주변 양식장에 미치는 효과나 영업용 자동차의 배기가스 배출이 시민들의 건강에 미치는 영향, 아파트 건설사가 층간 소음방지공사를 소홀히 함으로써 입주자들이 소음공해로 당하는 피해 등을 꼽을 수 있다.

반면에 소비의 외부불경제로는 음주운전의 제3자에 대한 피해나 애완견의 소음으로 인한 주민 피해, 흡연으로 인한 제3자의 피해, 옆집의 피아노 소리로 인한 피해 등이 있다. 소비의 외부경제로는 교육소비가 사회에 미치는 긍정적 효과, 세제사용 감소의 환경보호 효과, 자가용 대신 대중교통수단 이용이 대기오염을 감소시키는 긍정적 효과를 생각할 수 있다.

외부효과가 발생했을 때 그에 상응한 조치가 없다면 시장은 사적 이익을 극대화하는 방향에서 균형을 찾는다. 즉, 사적수요곡선과 사적공급곡선이 만나는 점에서 생산을 하려고 한다. 그러나 외부효과가 발생했으므로 더 이상 사적 균형이 최적점이 될 수 없다. 사회수요곡선과 사회공급곡선이 만나는 즉 사회적 한계편익이 사회적 한계비용과 일치하는 점이 최적점이 된다. 따라서 어떻게 사적 균형점을 사회적 균형점으로 옮아가도록 할 수 있느냐가 관건이다.

9.2 외부효과와 사회적 후생

9.2.1 생산의 외부효과

(1) 생산의 외부불경제

생산의 외부불경제 생산으로 인해 제3자에게 외부비용을 발생시키는 경우

생산의 외부불경제가 발생하면 생산자의 사적비용 외에 제3자에게 **외부비용**을 발생시킨다. 따라서 외부불경제 하에서는 사회 전체가 치르는 비용인 사회적비용이 사적비용보다 크게 된다.

생산의 외부불경제 : 사회적비용 = 사적비용+외부비용

생산의 외부불경제가 발생했을 때 이를 무시한 채 결정된 균형점은 더 이상 사회적 후생을 극대화시키지 못한다는 사실을 그래프로 살펴보자. [그림 9-1]은 염료시장의 균형을 보여준다. 수요곡선은 소비자가 염료소비로부터 누리는 사적한계편익을 나타내는 곡선인데 사회적한계편익이기도 하다. 생산의 외부비용이 발생했으므로 공급곡선은 사회적한계비용과 사적한계비용을 나타내는 두 가지 곡선으로 나누어진다. A점은 외부불경제를 고려하지 않았을 경우의 사적 균형이다.

수요곡선 위 각 점에서의 높이는 그 점에서의 한계편익을 나타내고 공급곡선 위 각 점에서의 높이는 그 점에서의 한계비용을 나타낸다. 나아가 수요곡선 아래 면적은 편익을, 공급곡선 아래 면적은 비용을 나타낸다.

이제 염료회사가 폐수를 무단 방류하고 있다고 하자. 외부불경제가 발생했으므로 사회적비용은 염료공장의 실제 생산비용인 사적비용 외에 제3자가 받는 피해인 외부비용을 합한 것이 된다. 따라서 외부불경제 하에서 사회적한계비용을 나타내는 사회공급곡선은 사적한계비용을 나타내는 사적공급곡선보다 단위당 외부비용(EA)만큼 위에 위치한다.

이제 외부비용을 고려하지 않고 결정된 A점이 왜 사회적 후생을 극대화하지 못하는지 확인해 보자. A점에서 사회적한계편익이 사회적한계비용보다 작으므로 후생의 손실이 있다. A점의 생산량 Q_1을 B점의 생산량 Q_2로 축소할수록 후

그림 9-1

생산의 외부불경제와 최적생산량
생산의 외부불경제가 발생하면 외부비용만큼 공급곡선이 위로 이동한다. 외부불경제를 무시하고 Q_1량을 생산할 경우 △BEA만큼 사회적 후생이 감소한다. 따라서 사회적 최적 생산량인 Q_2로 낮추도록 정부가 개입을 해야 한다.

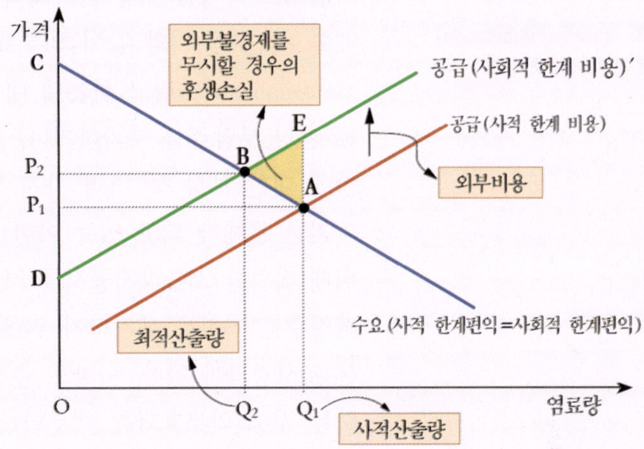

생의 손실이 줄어든다. 그러므로 사회적 후생을 극대화하는 최적점은 사회적한계편익이 사회적한계비용과 같아지는 B점이며 최적생산량은 Q_2이다.

보다 쉽게 이해하기 위해서 다음과 같이 설명해보자. A점의 생산량 Q_1에서의 사회적 편익의 총합은 수요곡선 아래 면적이므로 □$OCAQ_1$이다. A점에서의 사회적비용의 총합은 사회적 한계비용을 나타내는 사회적 공급곡선 아래 면적인 □$ODEQ_1$이다. 생산량 Q_1에서의 사회적 후생은 □$OCAQ_1$－□$ODEQ_1$＝△DCB－△BEA이므로 생산량 Q_2에서의 사회적 후생 △DCB(＝□$OCBQ_2$－□$ODBQ_2$)보다 △BEA만큼 후생손실이 발생함을 알 수 있다. 그러므로 외부불경제가 발생할 때 사적균형인 A점은 더 이상 파레토 최적점이 아니며 B점이 사회적 후생을 극대화하는 파레토 최적점이 된다.

이상의 설명을 요약하면 외부불경제가 발생했을 때 이를 규제하지 않고 시장에 그대로 맡겨두면 염료회사는 사적이익을 극대화 하는 A점에서 Q_1량을 생산하려고 한다. 그러나 A점에서 사회적 후생은 극대화되지 않는다. 왜냐하면 사회적 후생은 염료 관계자들만의 후생이 아니라 제3자로써 외부비용을 부담하고 있는 사람들의 후생까지를 포함해야 하기 때문이다. 외부비용을 포함할 경우 사회적으로 보다 바람직한 생산량은 Q_2이며 이때 최적점은 B점이다.

즉, 외부불경제를 일으키는 기업이 있을 때 아무런 규제도 없다면 그 기업은

외부효과의 내부화(internalization) 외부효과를 해결하려는 조치

사회적 최적량보다 더 많은 양을 생산한다. 그렇다면 외부비용을 발생시키는 기업으로 하여금 어떻게 사회적 후생을 극대화하는 최적점에서 생산하도록 규제할 것인가? 이와 같이 외부효과를 해결하려는 조치를 **외부효과의 '내부화'**(internalization)라고 하는데 내부화 방안으로는 오염을 배출하는 생산자에 대해 환경 부담금을 부과하거나, 폐수정화시설 설치를 의무화하거나, 피해 양식장에 대한 보상 등 여러 가지 방법이 있을 수 있다.

최근 문제가 되고 있는 아파트 층간 소음문제도 건설사가 건축비를 줄이기 위해 적절한 소음방지공사를 하지 않기 때문에 발생하는 것이다. 층간 소음을 적정수준 이하로 유지하기 위해서는 평당 5만원 정도 추가공사비가 소요된다는 조사결과가 있다. 아파트 층간 소음을 적정수준 이하로 규제하는 법을 시행하는 것도 외부효과를 내부화하는 방안이라 하겠다.

(2) 생산의 외부경제

생산의 외부경제 생산으로 제3자에게 외부편익을 발생시키는 경우

생산의 외부경제란 생산 활동과 함께 제3자에게 **외부편익**을 발생시키는 것을 말한다. 따라서 생산의 외부경제 하에서는 사회가 치르는 비용인 사회적비용이 생산자가 부담한 사적비용보다 작다.

생산의 외부경제 : 사회적비용 = 사적비용 − 외부편익

이제 생산의 외부경제가 발생했을 때 자유로운 시장의 균형이 더 이상 사회적 후생을 극대화하지 않는다는 사실을 그래프로 살펴보자. [그림 9-2]는 과수원의 과일생산에 대한 시장수요와 공급을 보여주고 있다. 여기서 수요곡선의 한 점은 그 점에서 소비자가 누리는 사적한계편익을 나타내며 공급곡선은 과일생산의 사적한계비용을 나타내는 곡선이다. 점 A는 외부경제를 고려하지 않았을 경우의 균형점이다.

그러나 사실 과수원의 생산은 제3자인 양봉업자에게 외부경제를 발생시키고 있으므로 사회적비용은 과수원의 실제 생산비용인 사적비용에서 제3자인 양봉업자가 얻는 외부편익을 뺀 비용이 된다. 따라서 외부경제 하의 사회적 한계비용을 나타내는 공급곡선은 사적한계비용만을 나타내는 공급곡선보다 양봉업자의 단위당 외부편익(AE)만큼 아래쪽에 위치한다.

이제 외부경제가 있을 때 A점이 왜 사회적 후생을 극대화하지 못하는지 알

그림 9-2

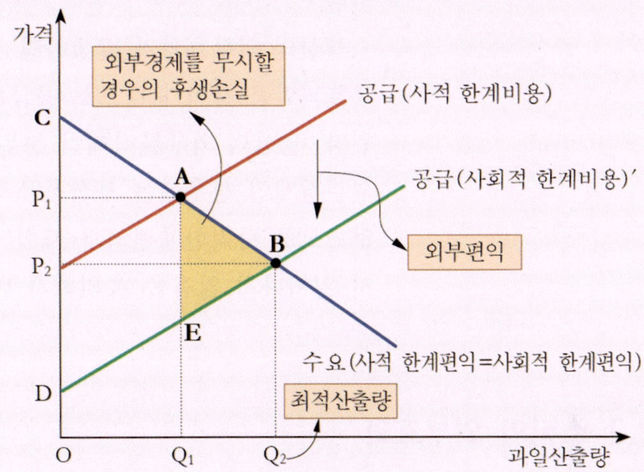

생산의 외부경제와 최적생산량
생산의 외부경제가 발생하면 외부편익이 발생하므로 사회적 비용이 감소한다. 외부경제 하의 최적점은 B점이다. 외부경제를 무시하고 종전 생산량 Q_1을 생산하면 △EAB만큼의 후생의 순손실이 있다.

아보자. A점에서 사회적한계편익은 사회적한계비용보다 AE만큼 크므로 A점의 생산량 Q_1을 B점의 Q_2로 증가시킴에 따라 후생이 증가한다. 사회적 후생을 극대화하는 최적점은 사회적한계편익과 사회적한계비용이 일치하는 점 B에서 Q_2만큼 생산할 때 달성된다. 생산량 Q_1에서의 사회적 후생은 □DCAE(=□OCAQ$_1$−□ODEQ$_1$)와 같은 반면 생산량 Q_2에서의 사회적 후생은 △DCB(=□OCBQ$_2$−□ODBQ$_2$)이므로 B점에서 △EAB만큼 크다.

이상의 설명을 요약하면 외부경제가 발생했음에도 불구하고 이를 무시하고 시장에만 맡겨두면 과수원은 A점에서 Q_1만을 생산, 공급하려고 한다. 그러나 A점은 사적 후생을 극대화하는 점일 뿐 사회적 후생을 극대화 하지 못한다. 사회적으로 보다 바람직한 생산량은 Q_2이며 최적점은 B점이다. 외부경제가 발생했음에도 시장에만 맡겨두면 생산자는 사회적 최적량보다 더 적게 생산한다. 생산자의 입장에서 볼 때 사적한계비용과 사적한계편익이 일치하는 점(A)이 자신에게는 가장 유리하기 때문이다. 그러나 사회적 후생의 관점에서는 제3자의 후생까지를 포함한 사회적편익이 사회적비용과 일치하는 B점에서 후생이 극대화되는 것이다. 그렇다면 과수원 주인으로 하여금 어떻게 사회적 최적점에서 생산하도록 유도할 것인가? 외부경제를 내부화 방안으로는 과수원 주인에게 생산 보조금을 지급한다든지, 세금을 경감한다든지, 과수원과 양봉업자 간의 협의에 의해 양봉업자가 수익의 일부를 제공한다든지 하는 방안이 있을 수 있다.

생산의 외부효과가 발생하면 사적한계비용과 사회적한계비용이 단위당 외부효과만큼 차이가 나므로 공급곡선이 사회공급곡선과 사적공급곡선으로 나뉜다. 생산의 외부불경제인 경우 사회공급곡선이 사적공급곡선 위에 놓이고 외부경제인 경우에는 사회공급곡선이 아래 위치한다. 반면 수요측은 영향이 없으므로 사적한계편익과 사회적 한계편익이 동일하고 수요곡선의 분할 역시 일어나지 않음을 유의하기 바란다.

9.2.2 소비의 외부효과

(1) 소비의 외부불경제

소비의 외부불경제 소비로 제3자에게 외부비용을 발생시키는 경우

흡연은 제3자에게 간접흡연을 일으켜 외부비용을 초래한다. 따라서 사회적 편익이 사적편익보다 작다.

소비의 외부불경제 : 사회적편익 = 사적편익 − 외부비용

외부비용을 발생시키는 소비는 적절하게 규제하지 않으면 사회적으로 바람직한 소비량보다 더 많은 소비가 일어난다. 소비의 외부불경제가 발생함에도 불구하고 규제하지 않을 경우 왜 사회적 후생이 극대화되지 못하는지 그래프를 통해 살펴보자.

[그림 9-3]에는 규제가 없을 때 담배의 수요곡선과 공급곡선이 그려져 있다. 소비의 외부불경제로 외부비용이 발생하므로 사회적 한계편익을 나타내는 수요곡선은 사적한계편익을 나타내는 수요곡선보다 외부비용(AC)만큼 아래 위치하게 된다. 외부불경제를 고려하지 않았을 경우의 시장 균형점은 A점이다.

A점에서의 사회적 후생은 사회적편익□OECQ$_1$(사적편익□OFAQ$_1$−외부비용□EFAC)−사회적비용□ODAQ$_1$인 △DEB−△BAC이다. A점에서의 사회적 후생을 소비자잉여와 생산자잉여의 개념으로 나타내면 소비자잉여(△P$_1$FA)+생산자잉여(△DP$_1$A) − 외부비용(□EFAC)으로 역시 △DEB − △BAC임을 알 수 있다. 그러나 외부비용을 내부화하여 소비자로 하여금 소비를 줄이도록 규제할 경우의

그림 9-3

소비의 외부불경제 : 담배 소비

소비의 외부불경제 하에서는 외부비용이 발생하므로 사회적 편익이 감소한다. 외부불경제 하에서 최적 소비점은 B이다. 외부불경제를 무시하고 종전 소비량 Q_1에서 소비하면 △BAC만큼 후생의 순손실이 있다.

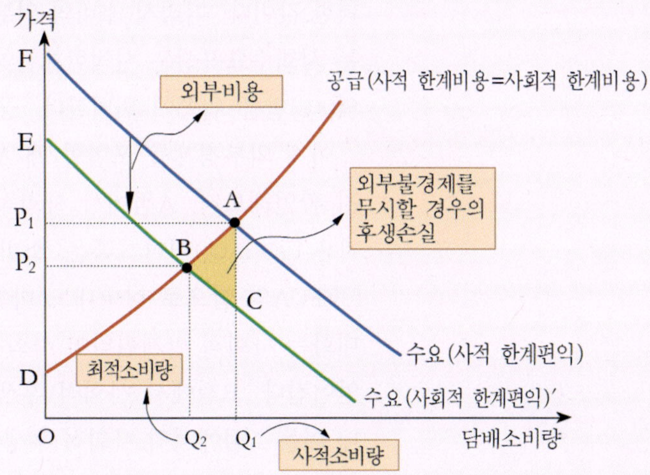

균형점 B에서의 사회적 후생은 소비자잉여(△P_2EB) + 생산자잉여(△DP_2B)의 합인 △DEB이다. 즉, 외부효과를 내부화 함으로써 사회적 후생을 △BAC만큼 증가시킬 수 있다. 내부화를 위해서는 어떤 방안이 있을 수 있는가? 담배 값을 인상하거나 공공장소에서의 흡연을 규제하는 정책이 담배 소비의 외부효과를 내부화하는 방법일 수 있다.

(2) 소비의 외부경제

나 홀로 자가용 출퇴근 대신 대중교통수단을 이용하는 것은 공기오염을 감소시킴으로 제3자에게 외부편익을 제공한다.

소비의 외부경제 : 사회적편익 = 사적편익+외부편익

소비의 외부경제 소비로 제3자에게 외부편익을 발생시키는 경우

소비의 외부경제가 발생했을 때 자유로운 시장의 균형이 더 이상 사회적 후생을 극대화시키지 못한다는 사실을 그래프를 이용해 살펴보자. [그림 9-4]는 대중교통수단에 대한 시장수요와 공급을 보여주고 있다. 점 A는 외부경제를 고려하지 않은 사적한계비용이 사적한계편익과 만나는 사적균형점이다.

대중교통수단의 이용은 대기오염을 줄임으로써 제3자에게 외부편익을 발생시킨다. 그러므로 사회적 편익은 소비자의 사적편익에 제3자가 얻는 외부편익을 더한 값이다. 따라서 소비의 외부경제를 포함할 경우 사회적 한계편익을 나타내는 사회수요곡선은 사적한계편익을 나타내는 사적수요곡선보다 단위당 외부편익(AC)만큼 위쪽에 위치한다. 공급은 사회공급곡선과 사적공급곡선이 같다.

이제 외부경제를 포함할 때 A점이 왜 사회적 후생을 극대화하는 점이 아닌지 확인해보자. A점에서 사회적 후생은 □DFCA(=사회적편익 □OFCQ_1−사회적비용 □ODAQ_1)이다. 혹은 소비자잉여△P_1EA+생산자잉여△DP_1A+외부편익□EFCA의 합으로 나타내도 마찬가지로 □DFCA를 얻는다. 사회적 후생의 극대화는 사회적 한계편익이 사회적 한계비용과 만나는 B점에서 Q_2를 소비할 때 얻어진다. B점에서 사회적 후생은 소비자잉여(△P_2FB)+생산자잉여(△DP_2B)인데 이는 A점에서의 사회적 후생(□DFCA)보다 △ACB만큼 크다. 그러므로 대중교통수단에 대한 소비를 B점까지 증가시킬 때 사회적 후생이 극대화되는 것을 알 수 있다. 최적점인 B점으로 어떻게 이동할 수 있는가? 대중교통수단 이용을 장려하는 방안으로는 이용승객에 대한 요금보조, 시설개선 자금지원, 대중교통 환승체제 구축 등의 정책을 생각할 수 있을 것이다.

그림 9-4

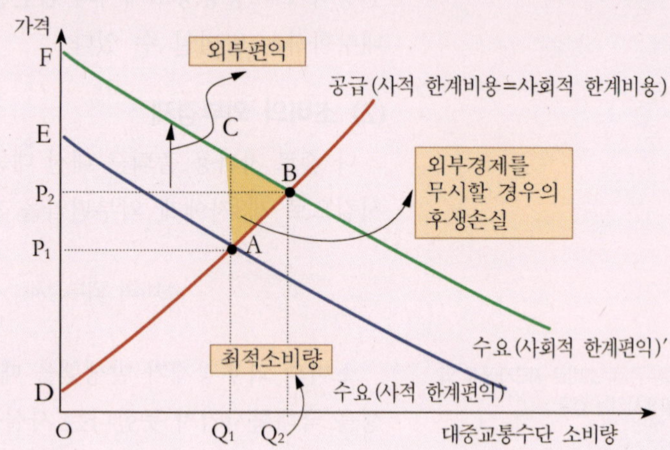

소비의 외부경제 : 대중교통수단 이용
대중교통수단의 이용은 도심교통혼잡의 해소와 공해배출의 감소로 외부편익을 가져다주므로 사회적 편익곡선이 위로 이동한다. 정부는 대중교통이용에 대해 보조금을 줌으로써 소비를 B점, 즉 Q_2까지 늘릴 필요가 있다. Q_1에서는 △ACB만큼 후생의 손실이 있다.

소비의 외부효과가 발생하면 수요곡선은 사적수요곡선과 사회수요곡선으로 나누어진다. 소비의 외부불경제인 경우 사회수요곡선이 단위당 외부비용만큼 아래 위치하고 외부경제인 경우에는 단위당 외부편익만큼 위에 위치한다. 이때 생산의 경우에만 반응하는 공급곡선은 한 가지로 동일하다.

9.3 외부효과의 내부화

외부효과가 발생했음에도 이를 무시한다면 시장균형점은 더 이상 사회적 후생을 극대화하는 점이 될 수 없고 시장실패가 발생한다. 그렇다면 외부효과로 시장의 실패가 발생했을 때 어떻게 하면 사회적 후생을 극대화할 수 있는가? 사회적 후생의 극대화는 외부효과를 내부화함으로써 가능하다. 문제는 '어떤 방법으로 내부화할 것인가?'이다.

내부화 방안으로는 크게 두 가지가 있다. 하나는 민간에 그 해결을 맡기는 사적대응 방법이고 다른 하나는 정부개입을 통해 해결하는 방법이다. 민간에 맡기자는 주장은 관련 당사자들 간의 협상으로도 외부효과로 인한 비효율을 제거할 수 있다는 의미이다.

9.3.1 사적 대응

(1) 정서적 대응

외부불경제가 발생할 경우 이를 내부화하기 위해서 사회적 규범, 도덕, 시민단체의 감시활동 등의 방법에 의존할 수도 있다. 반면 외부경제가 발생하는 경우에 대해서는 이를 장려하기 위한 표창이나 자선(charity)유도 등의 방법이 있다.

(2) 사업영역의 다각화

외부경제가 발생하는 경우 사업영역의 다각화를 이룩함으로써 당사자가 외부편익의 수혜자가 되는 것도 내부화 방안이 될 수 있다. 예를 들어 과수원 주인이 양봉업을 겸업하는 것과 같은 사업 다각화를 생각할 수 있다.

(3) 이해당사자 간의 협상

1991년 노벨경제학상 수상자인 영국 태생의 미국 법경제학자 코스(R. H. Coase, 1910-2013)는 외부효과를 내부화하는 방안과 관련하여 '코스정리'(Coase Theorem)를 발표한 바 있다.

> 코스정리 : 이해 당사자 간의 자발적인 협상을 통해 외부효과를 내부화함으로써 외부효과로 인한 비효율을 제거할 수 있다는 이론.

코스는 외부효과는 당사자 간의 상호성을 띄고 있는 것이므로 정부가 개입하여 어느 일방의 손을 들어주는 것은 사회적 후생의 관점에서 볼 때 합리적인 결말이 아니라고 본다. 시장기능을 통해 얼마든지 합리적 결말을 얻을 수 있다는 입장이다.

예를 들어 폐수를 방출하는 염료회사와 주변 양식장 사이의 갈등에 대해 정부가 폐수방출을 규제하거나 염료회사가 폐업을 하도록 조치하는 것은 외부효과로 인해 발생한 시장실패를 해결하는 합리적 방법이 아니며 동시에 사회적 후생을 극대화하는 결정이 아닐 수 있다는 것이다. 그보다는 이해당사자들인 염료회사와 주변 양식장 간의 협상을 통해 적절한 피해보상을 함으로써 문제를 해결하는 것이 사회적으로 보다 바람직하다는 것이다.

다른 예를 들어 보자. 시끄럽게 짖어대는 애완견을 기르는 견사랑씨와 그로 인한 피해를 주장하는 옆집 주민 피해자씨 간의 다툼이 있다고 하자. 이때 피해자씨가 애완견을 치우도록 요구할 법적 권리가 있는 경우에도 당사자 간의 합의를 통해 외부효과를 내부화하는 것이 법적 권리를 앞세워 애완견을 무조건 치우도록 하는 것보다 사회적 후생을 증가시킬 수 있다. 견사랑씨의 애완견으로 인한 즐거움이 100만원이고 피해자씨의 피해수준이 70만원이라면 견사랑씨가 피해자씨에게 70만원 이상 100만원 미만을 지급하는 선에서 애완견을 계속 기르는 것이 두 사람 모두에게 유리한 결말이 된다. 만일 견사랑씨의 애완견으로 인한 즐거움이 70만원 미만이라면 견사랑씨는 애완견을 기르지 못하고 치워야 한다. 즉, 정부가 개입해서 법에 따라 애완견을 치우도록 명령하는 것보다 나은 결말이 가능하다.

이제 견사랑씨가 애완견을 기를 수 있는 법적 권리를 갖고 있다고 하면 어떻게 되는가? 견사랑씨의 애완견으로 인한 즐거움의 가치는 100만원이고 애완견

소음으로 인한 피해자씨의 정신적 피해액은 70만원이라고 하자. 이 경우에도 견사랑씨는 피해자씨에게 70만원 이상 100만원 미만을 지불하는 선에서 협상을 타결할 수 있다. 만일 견사랑씨의 애완견으로 인한 즐거움이, 예를 들어 50만원이라면 어떻게 되는가? 이때는 피해자씨가 견사랑씨에게 50만원 이상 70만원 미만의 금액을 제시하고 애완견을 치우도록 요청할 경우 두 사람 간의 합리적 결말이 가능하다.

코스에 따르면 외부효과가 발생했을 때 관련 당사자 간의 자발적 협상(법정소송을 포함)을 통해 효율적으로 외부효과를 내부화 할 수 있으며 이러한 시장기능을 통한 결말은 정부의 개입을 통한 직접규제보다 효율적이라는 주장이다. 즉, 코스는 정부는 외부효과에 대해 시장기능을 통한 당사자 간의 자발적 협상이 원만히 이루어지도록 도와주는데 그쳐야 한다고 본다. 이러한 인식은 정부의 개입과 규제가 초래할 또 다른 비효율을 우려하기 때문이다.

그러나 코스정리 그 자체도 문제점이 많다. 코스정리의 문제점으로 ① 이해당사자가 누구인지 정확한 판별이 어렵다. ② 이해 당사자의 수효가 적어야 한다. 이해 당사자가 많을수록 협상을 성공시키기 어렵기 때문이다. ③ 협상에 따르는 비용이 적게 들어야 한다. 협상을 성공적으로 끌어내기 위해 많은 비용이 소요된다면 오히려 사회적 후생을 감소시킬 수도 있기 때문이다.

9.3.2 정부개입

외부불경제가 발생하여 제3자에게 외부비용을 초래하는 경우 사회적 후생이 감소하므로 이를 규제할 필요가 있다. 정부가 오염배출과 같은 외부불경제를 규제하는 방법으로는 직접규제와 간접규제가 있다. 직접규제는 오염배출 기업에 대한 개별규제인 반면 간접규제는 국가 전체로 오염총량을 정해놓고 총량을 규제하는 방식이다.

(1) 직접규제

정부는 오염 배출허용량을 법으로 정하거나 정화시설 설치를 의무화하는 등의 직접규제방식을 시행하기도 한다. 그러나 이러한 직접규제 방식은 오염 배출량을 통제하는 데는 효과적이나 그에 따르는 비용과 문제점도 많다. 즉, 정부의 직접규제가 성공적이기 위해서는 각 산업의 특성과 오염방지에 관한 환경기술에 대해 정부당국의 전문적 지식과 감시체제가 필수적으로 요구되는데, 실제로 정부의 이러한 능력에는 예산과 인력 등 한계가 있기 때문이다.

(2) 간접규제 Ⅰ: 피구세

오염배출량을 규제하는 간접 방법 중의 하나로 오염배출량에 대해 배출부과금을 부과하는 방식이 있는데 이를 영국의 경제학자 피구(A. C. Pigou, 1877-1959)의 이름을 좇아 '**피구세**'라고 한다. 피구세의 이점으로는 외부효과를 내부화함으로써 사회적 후생을 증가시키는 동시에 정부수입도 증가시킬 수 있다는 점이다.

피구세(Pigouvian tax) 외부불경제가 발생했을 때 자원의 최적배분을 달성하기 위해 부과하는 조세. 외부경제의 경우에는 피구보조금(Pigouvian subsidy)이 있음

우리는 앞서 제8장에서 외부효과가 발생하지 않고 있는 정상적 경제 상태에서는 정부의 조세부과가 오히려 사회적 후생을 감소시킨다는 것을 배웠다. 그러나 여기서는 외부효과가 발생하여 시장의 실패가 일어난 경우이므로 이를 해결하기 위한 배출부과금의 부과이므로 후생을 증가시킨다는 사실을 유의하기 바란다.

또한 피구세와 같은 배출부과금은 직접규제보다도 오염배출량 축소에 있어 효율적이다. 왜냐하면 직접규제는 오염 배출허용량에 도달할 때까지 배출량을 줄이려 하지 않는 반면 피구세의 경우에는 배출량이 적을수록 더 적은 부과금을 납부하는 것이므로 배출량을 줄이는 쪽으로 유도할 수 있기 때문이다. 한편 외부경제가 발생하는 경우 정부의 보조금 지급은 피구세의 경우와 방향만 반대일 뿐 분석은 동일하다.

(3) 간접규제 Ⅱ : 오염배출권 판매

오염배출권 판매는 오염배출량 규제에 있어서는 피구세와 비슷하다. 그러나 피구세의 경우 오염배출권 판매에 비해 두 가지 점에서 불리한 제도라고 말할 수 있다. 첫째, 정부가 오염 수요곡선을 정확히 파악하지 못할 경우 원하는 오염배출량 수준을 달성해주는 피구세율을 찾기 어렵다는 문제가 있다. 둘째, 오염 수요가 변동할 때마다 적절한 피구세율을 찾아내어 세율을 변경해주어야만 한다는 번거로움이 있다. 반대로 오염배출권 판매는 오염 배출허용량만큼의 배출권을 판매하는 것으로 그만이다. 피구세의 문제였던 오염수요곡선의 식별과 오염수요의 변동에 따른 문제는 모두 배출권시장에서의 배출권가격의 변동으로 해결된다는 장점이 있다.

이상의 자세한 내용을 [그림 9-5]를 통해 살펴보기로 하자. 그림 (a)는 피구세,

그림 9-5

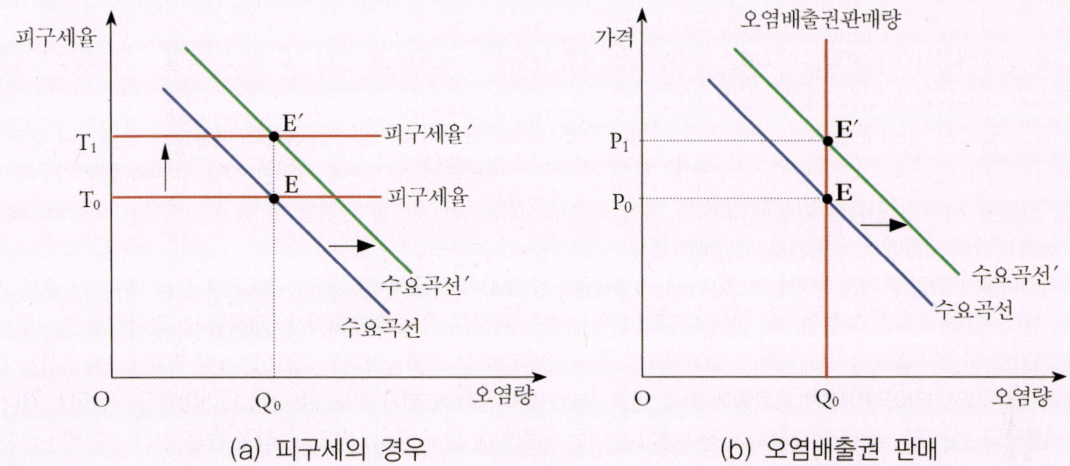

피구세와 오염배출권의 비교
피구세의 경우 오염수요곡선을 모르면 적절한 세율을 정할 수 없다는 문제가 있다. 오염배출권판매의 경우에는 오염수요곡선을 모르거나 오염수요곡선이 변하더라도 오염배출권 가격이 변함으로써 조정해준다.

그림 (b)는 오염배출권 판매의 경우이다. 이제 정부는 오염배출량을 Q_0 수준으로 규제하고자 한다. 피구세의 경우 정부가 오염 수요곡선을 정확히 알지 못할 경우 피구세율을 결정하기 어려운 반면 오염배출권의 경우에는 정부가 오염수요를 모르더라도 아무 문제가 없다. 또 피구세의 경우 오염 수요곡선이 상향 이동한다면 오염배출량을 Q_0 수준으로 유지하기 위해서는 피구세율을 T_1로 변경해야 한다. 반면 오염배출권 판매의 경우에는 오염 수요곡선이 상향 이동하더라도 오염배출권의 시장가격이 인상될 뿐 정부의 추가 조치가 필요치 않다는 장점이 있다.

오염배출권제도 중 현재 전 세계적으로 시행되고 있는 것은 탄소배출권 거래제도이다. 1992년 브라질의 리우데자네이루에서 지구정상회의가 열린 이후 1997년 일본의 교토컨퍼런스에서 지구 온난화를 막기 위한 교토의정서(Kyoto Protocol)가 채택되었다. 2005년 교토의정서가 발효되어 2012년까지 각국은 온실가스 의무감축비율을 적용받기 시작했다. 미국 등 일부국가는 아직 교토의정서 비준을 미루고 있다.

읽을거리 탄소배출권 거래와 온실가스 감축

2005년 2월 교토의정서가 발효되고 2006년 유럽연합(EU)과 뉴질랜드, 스위스를 중심으로 런던, 독일, 노르웨이 거래소를 통해 배출권 거래제가 도입되면서 탄소배출권시장이 열렸다.

탄소배출권(CER, Certified Emission Reduction)이란 당초 감축목표보다 더 많이 온실가스 배출량을 줄이거나 청정개발체제(CDM, Clean Development Mechanism) 사업을 통해 온실가스 배출량을 줄이는데 기여한 것을 유엔의 담당기구가 확인하여 인증한 것을 말한다. 유엔이 인증한 배출권(CER)을 가진 측은 시장에서 이 권리를 판매할 수 있고 감축목표 이상의 배출을 해야 하는 측은 배출권 거래시장에서 배출권을 매입해야 한다.

2012년 거래량은 110억 톤까지 증가했고 2011년 거래대금도 1,000억 유로에 이르렀다. 2008년 톤당 배출권가격은 27유로까지 치솟기도 했다. 그러나 유럽 재정위기와 함께 유럽의 탄소배출권 시장은 크게 위축되었다. 재정위기, 경기침체 등으로 배출권을 사두려는 투자자의 발길이 뜸해졌기 때문이다. 2011년초 톤당 13유로이던 배출권가격은 2015년 1월 현재 6.7유로까지 하락했다.

교토의정서 1차 공약기간이 2012년 종료됨에 따라 향후 사업전망이 불투명해진 것도 한 가지 요인이었다. 즉 EU, 캐나다, 일본 등은 주요 개도국과 선진국이 함께 의무감축에 참여해야 한다는 입장임에 반해 중국, 인도, 브라질 등은 선진국은 의무감축, 개도국은 자발적 감축을 주장하고 있고 미국은 비준을 미루고 있기 때문이다.

2014년 말 현재 배출권거래제의 적용비율은 10%에도 못 미치고 있는 실정이다. 2014년 11월 세계 최대의 오염배출국인 미국(전세계 온실가스 배출의 15% 배출)과 중국(28.6% 배출)의 경우 미국은 2025년까지 2005년 수준의 26~28%를 줄이기로 했고 중국은 2030년 이후 온실가스배출을 늘리지 않겠다고 합의한 바 있다.

교토의정서 1차 의무감축대상국에서 제외되었던 우리나라(1.9% 배출)는 2013년부터 탄소배출권 거래제를 시행하겠다고 했으나 산업계의 반발로 2015년 1월 12일 부산거래소를 통해 첫거래가 이루어졌다. 첫날 5건의 거래에 1,190t의 거래가 성립했고 t당 거래가격은 8,640원이었다.

세계 배출권거래시장 규모

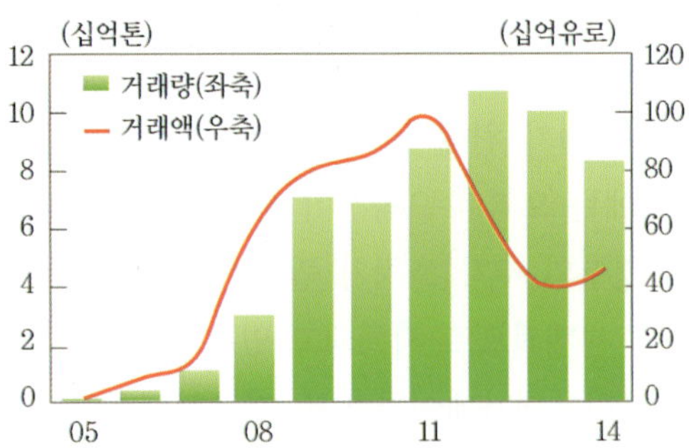

자료 : Bloomberg New Energy Finance

배출권거래제의 적용비율

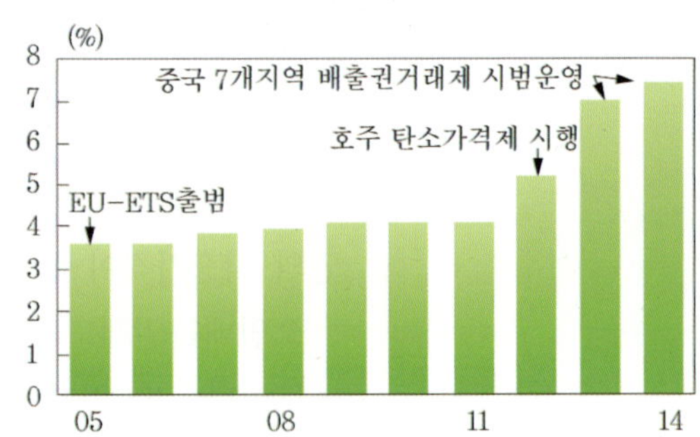

자료 : World Bank

복습과 연습

요 약

1. 시장에 맡겨놓으면 오히려 자원의 효율적 배분이 이루어지지 않는 경우를 시장의 실패라고 한다.
2. 시장의 실패가 일어나는 경우로는 외부효과, 공공재, 공유자원, 비대칭 정보, 독과점 등이 있다.
3. 외부효과란 '한 사람의 행위가 제3자의 경제적 후생에 영향을 미치는 것'을 의미한다. 이때 제3자의 경제적 후생을 낮추는 행위일 경우 외부불경제라고 하고, 제3자의 경제적 후생을 증가시키는 행위일 경우 외부경제라고 한다.
4. 생산의 외부불경제 : 사회적비용＝사적비용＋외부비용
5. 외부불경제가 발생했을 때 외부효과를 무시한 채 결정된 시장의 균형점은 더 이상 사회적 후생을 극대화하지 못한다.
6. 수요곡선은 한계편익을 나타내고 공급곡선은 한계비용을 나타낸다.
7. 생산의 외부효과가 발생하면 공급곡선이 사적공급곡선과 사회공급곡선으로 나누어지고 소비의 외부효과인 경우에는 수요곡선이 두 개로 나누어진다.
8. 생산의 외부경제를 내부화하는 방안으로는 생산보조금을 지급하거나 세금을 경감하는 생산장려정책이 있을 수 있다.
9. 외부비용을 발생시키는 소비는 적절하게 규제하지 않으면 사회적으로 바람직한 소비량보다 더 많은 소비가 일어난다.
10. 외부효과의 내부화 방안으로는 민간에 그 해결을 맡기는 방법과 정부가 맡아서 해결하는 방법이 있다.
11. 코스정리는 법적권리가 누구에게 있든지 상관없이 이해 당사자 간의 자발적인 협상을 통해 외부효과를 내부화함으로써 외부효과로 인한 비효율을 제거할 수 있다는 이론.
12. 코스정리의 문제점으로 이해 당사자의 판별, 이해 당사자의 수효, 협상비용 등이 있다.
13. 오염 배출량을 규제하는 간접 방법으로 오염배출량에 대해 조세를 부과하는 방식이 있는데 이를 '피구세'라고 한다.
14. 오염배출권 판매는 피구세에 비해 오염수요곡선을 몰라도 된다는 점과 오염수요변화에 따라 세율을 조정할 필요가 없다는 점에서 유리하다.

중요개념

시장의 실패	외부효과	외부경제	외부불경제
생산의 외부효과	소비의 외부효과	외부비용	사회적 한계비용
외부편익	사회적 한계편익	내부화	코스정리
피구세	오염배출권	탄소배출권(CER)	교토의정서

연습문제

I. 다음 물음에 O, X로 답하고 그 이유를 밝히시오.

1. 외부효과가 있을 경우 사회적 후생은 사회적 편익과 사회적비용을 비교함으로써 구해진다.
2. 외부효과가 발생했을 때 이를 무시하고 얻어진 시장균형은 사회적후생을 극대화하지 못한다.
3. 생산과정에서 제3자에게 외부비용을 발생시키는 경우 외부불경제라고 하며 사회적비용이 사적비용보다 크다.
4. 생산의 외부불경제가 발생했을 때 규제하지 않을 경우 생산자의 시장 생산량은 사회적 최적생산량보다 크다.
5. 생산의 외부불경제가 발생했을 때 사회적 후생을 극대화시키기 위해 정부가 생산을 규제하면 가격은 상승할 것이다.
6. 생산의 외부경제가 발생했다. 외부효과를 무시할 경우의 생산량 수준에서 보면 사회적 한계편익(사적한계편익)이 사회적한계비용보다 작다.
7. 생산의 외부효과가 발생했을 때 외부효과를 내부화한 사회적 최적점에서의 사회적 후생은 외부효과를 무시한 경우의 균형점에서의 사회적 후생보다 크다.
8. 소비의 외부불경제가 발생하면 사회적한계비용은 사적한계비용보다 아래에 위치하게 된다.
9. 술 소비가 부정적 외부효과를 일으킨다고 하자. 정부가 술 소비를 억제하는 조치를 취했다면 술 소비량과 사회적 후생은 모두 감소한다.
10. 소비의 외부효과가 긍정적으로 발생하고 있을 때 사회적 한계편익을 나타내는 곡선은 사적한계편익을 나타내는 수요곡선보다 단위당 외부편익만큼 아래쪽에 위치한다.
11. 대기업들이 주력사업과 관련이 있는 분야의 기업을 자회사나 계열사로 거느리는 이유도 외부효과를 내부화하려는 의도로 볼 수 있다.
12. 부정적 외부효과에 대해 피구세를 부과하면 사회적 후생도 증가되면서 정부수입도 증가한다.

13. 오염배출업체에 대해 배출량을 직접규제하는 방식이 피구세를 부과하는 것보다 훨씬 많은 배출량 감소를 이끌어 낼 수 있다.

14. 코스정리에 따르면 법적권리를 누가 갖고 있든지 관계없이 이해당사자 간의 협상으로 문제를 해결할 수 있다.

15. 오염을 배출하는 정유산업의 사적 수요곡선 : $Q_d = -2p+28$, 사적 공급곡선 : $Q_S = p-2$일 때 오염으로 인한 생산단위당 외부비용이 3이라고 하자. 정부규제가 없을 때 균형점을 구하고 그 때의 후생손실은 얼마인가? 정부규제 후 사회적 최적점은?

Ⅱ. 다음 물음에 답하시오.

1. 피아노 소음으로 피해를 호소하는 이웃이 있다. 피아노 연습으로 인한 가치는 100만원, 이웃의 피해액은 80만원이라고 하자. 이 학생의 집과 피해 이웃 간의 자발적 협상은 어떤 결말인가?

2. 피구세가 직접규제보다 나은 점은 무엇인가?

3. 피구세가 오염배출권 판매에 비해 불리한 것은 무엇 때문인가?

4. 어떤 재화의 생산에 외부경제로 인한 비효율이 존재할 때 다른 조건이 동일하다는 가정 하에서 정부는 어떤 조치를 통하여 효율성을 높일 수 있는가? 〈2004 행시〉
   (1) 과다생산을 시정하기 위해 조세부과.
   (2) 과소생산을 시정하기 위해 보조금 지급.
   (3) 과다생산을 시정하기 위해 보조금지급.
   (4) 과소생산을 시정하기 위해 배출부과금 부과.
   (5) 적정수준으로 생산되므로 정부는 개입하지 않아야 한다.

5. 정부가 오염수요곡선을 모를 때 사회적으로 적절 한 오염배출량을 규제하는 효과적인 방안은?
   (1) 직접규제로 오염배출규제
   (2) 오염저감 기업에 대해 보조금지급
   (3) 배출부과금제도로 오염저감 유도
   (4) 배출권 거래제도로 오염저감의 배분을 유도
   (5) 시장의 조정기능에 맡김

6. 외부효과로 인한 비효율적 자원배분을 개선하는 방법으로 적절하지 않은 것은? 〈2005 CPA〉
   (1) 정부가 교육기관에 보조금을 지급하거나 민간인이 교육기관에 기부금을 낸다.
   (2) 양(+)의 외부효과를 초래하는 새로운 기술에 대해 특허권을 제공함으로써 기술 개발자에게 법적으로 유효한 재산권을 인정해준다.
   (3) 과수원과 양봉업자의 경우에서와 같이 외부효과를 주고받는 두 기업이 합병을 한다.
   (4) 외부효과에 관련된 당사자가 많고 거래비용이 클 경우에는 정부가 개입하지 않고 자발적인 협상을 하도록 한다.
   (5) 정부가 오염배출권을 경매로 팔고, 오염 배출 기업들 사이에 이를 거래할 수 있게 한다.

Chapter 10

공공재, 공유자원, 비대칭적 정보

시장의 실패를 일으키는 것 중에서 10장에서는 공공재, 공유자원, 비대칭적 정보(불완전 정보)의 경우를 살펴본다.

여기서는 공공재의 정의와 공공재가 왜 시장의 실패를 일으키는가? 그리고 공공재 공급의 문제점은 무엇인가? 공공재로 인한 시장실패는 어떻게 해결할 수 있는지 살펴본다. 또한 공유자원으로 인한 시장실패와 그 해결책은 무엇인가?

지금까지 우리는 완전한 정보하에서의 시장을 상정해왔다. 그러나 최근 경제학은 비대칭적 정보(불완전정보)하에서 일어나는 수많은 경제현상을 경험하고 있다. 따라서 비대칭적 정보하에서 시장은 어떻게 실패하며 그 해결책은 무엇인지 논의할 필요가 있다. 비대칭적 정보는 크게 역선택과 주인 대리인 문제로 나누어 살펴보게 된다.

10.1 공공재

10.1.1 공공재란 무엇인가?

(1) 공공재의 두 가지 성질

공공재(public goods) 비배제성과 비경합성을 동시에 갖고 있는 재화

공공재(public goods, 公共財)는 긍정적인 외부효과가 발생하는 재화이다. 즉, 공공재의 생산은 제3자에게 큰 외부편익을 발생시킨다. 공공재란 다음과 같은 두 가지 성질을 동시에 갖고 있는 재화로 정의한다.

① 비배제성

비배제성(non exclusiveness) 어느 누구도 그 재화에 대해 배타적 소유권을 주장할 수 없는 성질

비배제성(non exclusiveness)이란 어느 누구도 그 재화에 대해 배타적 소유권을 주장할 수 없는 성질을 말한다. 이러한 성질을 가진 재화는 대가를 치르지 않고도 누구나 소비에 참여할 수 있다. 왜냐하면 만일 대가를 치르지 않은 사람을 소비에서 배제하려면 많은 비용이 들기 때문이다. 비배제성을 가진 재화의 예로는 국방이나 치안, 무료도로, 공중파 방송, 외딴 섬의 등대가 있다.

② 비경합성

비경합성(non rivalry) 소비자의 수효가 아무리 증가해도 1인당 소비량이 줄어들지 않는 성질

비경합성(non rivalry)이란 소비자의 수효가 아무리 증가해도 1인당 소비량이 줄어들지 않는 성질을 말한다. 즉, 어느 한 사람이 추가로 소비에 참여해도 다른 사람의 소비량이 감소하지 않는 성질이다. 생필품과 같은 재화는 소비자의 수가 증가함에 따라 1인당 소비량이 줄어든다. 그러나 국방, 방송수신, 혼잡하지 않는 무료도로, 공중파 방송, 등대 등과 같이 비경합성 재화는 소비자의 수가 증가해도 소비량이 동일하다.

위의 두 가지 성질을 모두 갖고 있는 재화가 공공재이다. 공공재의 예로는 국방이나 혼잡하지 않은 무료도로, 공중파 방송, 외딴 섬의 등대 등이 있다. 국방의 경우 어느 누구나 국방서비스의 혜택을 누릴 수 있으며, 국방서비스의 소비자가 한 사람 더 늘었다고 해서 다른 사람의 국방서비스가 줄어들지도 않는다는 점에서 공공재이다. 공중파 방송의 경우 누구나 채널을 돌려 소비할 수 있고 소비자의 수가 증가해도 소비량이 줄어들지 않는다. 외딴 섬의 등대를 보자. 어느 누구도 지나가는 선박이 등대서비스를 소비하는 것을 막을 수 없다.

동시에 지나는 선박의 수가 증가했다고 해서 다른 선박의 등대서비스 소비가 줄어들지 않는다. 혼잡하지 않은 무료도로는 무료이므로 누구나 이용할 수 있고 혼잡하지 않으므로 경합성도 없다는 점에서 공공재이다.

(2) 정부가 공급한다고 모두 공공재는 아니다.

흔히 대부분의 공공재는 정부가 공급하고 있기 때문에 정부가 공급하는 재화는 모두 공공재라고 생각하기 쉬운데 전혀 그렇지 않다. 정부는 공공재도 공급하지만 사적재(private goods)도 공급한다. 우리가 흔히 공공재로 생각하기 쉬운 교육이나 의료서비스도 공공재적인 특성이 없는 것은 아니지만 그보다는 사적 재로서의 성질을 훨씬 더 많이 갖고 있다. 실제로 우리나라의 경우 교육이나 의료서비스는 상당한 대가를 치러야만 소비에 참여할 수 있다는 점에서 공공재와는 성격이 다르다. 의무교육이나 극빈자에 대한 정부의 의료서비스 같은 것도 한 사람이 추가로 소비에 참여하면 나의 소비량이 영향을 받는다는 점에서 공공재로 보기 어렵다.

사적재(private goods) 배제성이나 경합성이 있는 재화

케이블TV나 위성방송은 경합성은 없으나 배제성(수신료나 수신장치 부담 등)이 있으므로 공공재가 아니다. 정부가 운영하는 유료 고속도로 역시 배제성이 있으므로 공공재는 아니다. 같은 등대라 해도 관광지로 개발된 항구 끝에 세워진 등대의 경우도 공공재와는 성격이 다르다. 비록 이 등대가 지방정부 예산으로 설립되었을지라도 관광객에게 유료로 개방되고 있다면 지나는 선박에게는 공공재일지 몰라도 관광객에게는 공공재가 아니라 사적재인 것이다. 왜냐하면 요금을 지불해야 올라갈 수 있기에 배제성이 있으며 많은 사람이 올라갈 수 없다는 점에서 경합성도 있기 때문이다.

10.1.2 공공재의 가격

(1) 무임승차문제

공공재는 비배제성, 비경합성을 지닌 재화이기 때문에 아무도 대가를 치르지 않고 또 제지를 받지도 않고 소비에 참여할 수 있다. 즉, 누구나 공공재 소비에 있어서는 '무임승차'(free ride)를 할 수 있고 그래서 당연히 무임승차하려고 한다. 공공재의 공급자가 무임승차를 막으려 한다면 공급자는 엄청난 감시, 감독

무임승차(free ride) 대가를 치르지 않고 또 제지를 받지도 않고 소비에 참여하는 것

비용을 지불해야 하기 때문에 현실적으로 무임승차를 막을 방도가 없다. 어느 자유 시민을 국방서비스에서 배제하는 일이 얼마나 어려운 일인가? 그러므로 공공재의 공급을 시장에 맡겨두면 생산의 대가를 받을 수 없기 때문에 아무도 생산하려 하지 않는다.

공공재는 외부편익을 크게 발생시키는 재화이므로 사회적 후생의 관점에서 본다면 그 생산은 꼭 필요한 것이다. 그러므로 공공재의 생산과 공급은 흔히 정부가 세금을 거두어 제공하게 된다.

(2) 후생경제학적 관점

사실 교량과 같은 공공재의 무임승차 문제는 한쪽을 막고 통행료를 징수함으로써 쉽게 해결할 수도 있다. 그러나 국민 전체의 사회적 후생이 클수록 좋은 상태라고 생각하는 후생 경제학적 관점에서 본다면 공공재인 도로나 교량에 대해서는 통행료를 징수하지 않는 것이 사회적 후생을 증가시키는 것이다.

왜 그런가? 교량은 완공까지는 건설비가 많이 들어가지만 완공된 후에는 통행인의 이용에 따른 추가비용은 거의 없는 재화이다. 후생경제학적 관점에서는 **'교량서비스(교량건설이 아니다.)의 가격이 그 서비스를 이용하기 위한 추가비용과 같을 때 사회적 후생이 극대화 된다'**고 한다. 그렇다면 어떤 사람이 도로나 교량을 추가로 이용할 때 이에 따른 추가비용이 제로라면 교량서비스의 가격 역시 제로가 되어야 한다. 그러므로 후생경제학의 관점에서는 공공재인 도로나 교량에 대해 통행료를 징수하는 대신 조세를 걷어 건설한 후 무료로 이용하도록 하는 것이 사회적 후생을 극대화하는 길이라고 주장한다.

또 다른 예를 들어 보자. 정부예산으로 외딴 섬에 등대가 건설되었다고 하자. 이제 선박 한 척이 추가로 지나갈 때 등대서비스(등대 건설비가 아니다.)의 추가 생산비용은 제로이므로 사회적 후생의 관점에서 등대서비스의 가격도 제로가 되어야 한다는 것이다. 즉, 지나가는 선박에 대해 등대서비스 요금을 받는 것은 기술적으로도 어렵겠지만 설사 가능하다 하더라도 요금을 받지 않는 것이 사회적 후생을 증가시키는 일이라는 것이다. 왜냐하면 그 시간에 선박이 지나가든 지나가지 않든 등대서비스는 제공되는 것이므로 그 시간 지나는 선박으로 인한 추가 생산비용은 제로이다. 추가 비용을 발생시키지 않았으므로 값을 요구하지 않는 것이 당연하고 그럴 때 사회적 후생이 극대화되기 때문이다.

10.1.3 적정 공공재 공급량과 비효율

일반 재화의 경우 자유로운 시장의 수요와 공급에 의해서 균형가격과 균형거래량이 결정되고 그때 사회적 후생이 극대화되므로 효율적임을 우리는 잘 알고 있다. 그러나 공공재의 경우에는 아무도 생산하려 하지 않음으로 부득이 정부가 생산, 공급할 수밖에 없는데, 정부는 어떤 방법으로 적정 공급량을 결정할 수 있는가?

비용편익분석(cost benefit analysis)
비용과 편익을 비교하여 편익이 클 경우 채택하는 의사결정방식

어떤 공공재를 얼마나 생산할 것인지를 결정함에 있어 정부는 생산비용과 생산 후 소비자의 편익을 비교하여 편익이 클 경우 생산을 결정하는 '**비용편익분석**'(cost benefit analysis)을 흔히 사용한다. 비용편익분석에서 공공재의 생산비용은 비교적 정확히 파악할 수 있으나 소비자들이 얻는 편익은 흔히 왜곡되기 쉽다는데 문제가 있다.

예를 들어 안보를 최우선으로 생각하는 집단은 국방이라는 재화를 더 많이 생산하기를 바랄 것이므로 국방의 편익을 과대 포장하는 경향이 있다. 반대로 사회환경여건의 개선이나 사회복지를 확대하는데 더 관심이 많은 집단은 국방의 편익은 과소평가하는 반면 의무교육 확대나 생활환경 개선, 대중교통 확충 등의 편익에 대해서는 과대 포장을 할 것이다.

또 다른 예를 들어보자. 지방공항을 건설할 것인가? 혹은 어느 지역의 도로나 교량을 확충할 것인가?의 논쟁에서 공사비용은 쉽게 파악이 되는 반면 그로 인한 편익은 종종 경제성 분석보다 정치·사회적으로 결정되는 경우가 많다. 분명히 편익이 적어 경제성이 없음에도 불구하고 정치적 이해관계로 사업결정이 내려지는 경우가 있다는 것이다. 따라서 공공재 공급량은 이해당사자들의 다툼에 따라 과잉 공급되기도 하고 과소 공급되기도 함으로써 비효율이 발생할 여지가 있다.

10.2 공유자원

10.2.1 공유자원의 정의

공유자원(common resources) 배제성은 없지만 경합성은 있는 재화.

공유자원(common resources)이란 '배제성은 없지만 경합성은 있는 재화'를 말한다. 공유자원의 예로는 혼잡한 무료도로, 산, 강, 바다 같은 자연환경, 바다 속 물고기, 참새 떼, 들꽃 등과 같은 야생 동식물 등이 있다.

여기서 말하는 공유자원의 개념에 대해 미리 정의를 해두는 것이 앞으로의 이해에 도움이 되리라 생각한다. 여기서 말하는 공유자원이란 여러 사람이 공동으로 소유하는 재화뿐 아니라 공동으로 사용하는 공용재의 의미를 포함하는 개념으로 사용되고 있다. 그러므로 공유자원은 '소유권'뿐 아니라 '공동사용권'을 포함하는 개념이다.

여기서 말하는 공유자원은 규제가 없다면 누구나 마음대로 사용할 수 있는 재화를 의미한다. 그러나 그 양은 제한이 있어서 한 사람이 많이 사용하면 다른 사람이 사용할 양이 줄어드는 경합성이 있는 재화이다.

10.2.2 공유자원의 문제점

공유자원의 문제점을 가장 극적으로 설명해 준 것은 미국의 생태학자 하딘(G. Hardin, 1915–2003)의 논문 '공유지의 비극'(Tragedy of the Commons, 1968)이었다. 소를 기르는 농가들로 둘러싸인 넓은 목초지를 가진 마을이 있다. 이 목초지는 지역 농민 누구나 이용할 수 있는 땅으로 그야말로 하늘이 준 축복의 땅이다. 이제 개별 농민들의 이해(farmer's interest)는 자신의 소를 한 마리라도 더 목초지에 집어넣어 더 많은 풀을 먼저 먹이는 일이다. 왜냐하면 누구나 이용할 수 있는 목초지이므로 남의 소보다 자신의 소가 먼저 먹는 것이 유리하기 때문이다. 그러므로 마을 사람들은 서로 더 많은 소를 목초지에 넣어 풀을 뜯게 했는데, 그 결과 목초지가 황폐해져서 더 이상 어느 누구도 소를 기를 수 없게 되었다는 이야기이다. 목초지가 공유자원이기 때문에 벌어진 비극이다.

공유자원은 경합성이 있으므로 한 사람이 그 재화를 소비해버리면 다른 사람은 그만큼 소비할 수 없다. 공유자원은 배제성이 없으므로 누구라도 소비에 참여할 수 있기 때문에 서로 먼저 소비할 유인을 갖게 되고 그 결과 과잉소비가 벌어져 고갈되는 것이다. 유명한 약수터를 생각해 보라. 약수가 좋다고 하면 너도나도 몰려가 결국은 고갈되고 오염되는 경우를 종종 본다. 약효가 있다는 야생동물이 쉽게 멸종되는 이유도 야생동물이 공유자원이기 때문에 누구나 먼저 잡으려는 사적 이해가 앞서기 때문이다. 내가 잡지 않으면 다른 사람이 잡을 것이고 그러면 나만 손해를 보는 것이기 때문이다.

이러한 사적 이해는 경제학적으로는 그 자체가 잘못된 것은 아니다. 경제학에서는 인간은 자신에게 가장 유리하도록 행동하게 되어 있으며 그러한 행태는 합리성(rationality)이란 이름으로 옹호되기까지 한다. 여러분은 혼잡한 시내도로에서 조금이라도 빨리 가려고 끼워들기나 갓길 운행을 하는 차들로 인해 도로가 더 혼잡해지는 경우를 보았을 것이다. 혼잡한 도로 역시 공유자원이기 때문에 이런 일이 발생하는 것이다. 실제로 아무런 규제도 하지 않는다면 갓길로 달리다 슬쩍 끼어든 차가 목적지에 빨리 도착하고 결국 이익을 보게 될 것이다. 아무런 규제가 없는 상황에서는 누구라도 교통규칙을 무시할 유인(incentive)을 갖게 된다. 안타깝게도 경제학은 도덕 과목이 아니다.

10.2.3 공유자원 문제의 해결방안

공유자원은 경합성이 있어 한 사람이 소비를 하면 다른 사람이 소비할 양이 줄어드는 성질을 갖고 있으므로 부정적 외부효과를 발생시키는 재화이다. 따라서 규제하지 않으면 사회적으로 바람직한 소비수준보다 더 많은 소비가 일어나 과잉소비로 인한 공유자원의 오염과 고갈이 발생한다. 그렇다면 공유자원의 문제는 어떻게 해결할 수 있는가? 앞서 제9장의 외부효과에서 살펴보았듯이 외부효과를 내부화함으로써 이 문제를 해결할 수 있다. 공유자원의 문제는 기본적으로 소비의 배제성이 없어 누구라도 소비에 참여할 수 있기 때문에 발생하는 것이므로 소비에 참여하는 규칙을 확립함으로써 외부효과를 내부화하면 된다.

쉬어가는 코너 **동물원 역사**

최초의 동물원은 동양에서는 중국에서 기원전 1,100년, 서양에서는 이집트에서 기원전 1,500년 전부터 있었다는 기록이 있으며 그 당시에는 왕과 귀족의 정원에서 동물을 사육하였는데 동물은 주로 사냥에서 포획해왔다. 중세시대에는 써커스 등을 통한 유람식 동물원에서 동물을 소개하였다. 오늘날과 같은 동물원이 생겨나기 시작한 것은 1828년 영국의 런던동물원이 최초이다. 설립당시 런던동물원은 일반인에게 개방되지 않고 과학자들의 동물연구를 위한 동물원이었다. 1848년부터 일반인에게 개방되어 오늘날의 동물원이 되었다.

우리나라 최초의 동물원은 1907년(조선 순종) 일제가 창경궁을 훼손하여 만든 창경원 동물원인데 도쿄, 북경동물원에 이어 아시아 세 번째 동물원으로 개장되었다. 전 세계적으로 약 1,000여개의 동물원이 있으며 우리나라에는 수족관을 포함하여 약 14곳이 있다. 세계 최대의 동물원은 112종의 멸종위험에 처한 동물(threatened species)을 포함하여 650종 이상을 보유하고 있는 런던동물원으로 시설규모나 보유 동물 수에 있어 세계 최고이다. 최근 호주에서는 관람객이 케이지(cage)에 들어가고 동물들은 자연 그대로 생활하는 동물원이 개장했다. 케이지 근처로 동물들이 접근하지 않으면 동물을 볼 수가 없는 것이다.

(1) 재산권 설정

재산권을 분명히 설정하는 방법은 공유자원을 사적재로 전환시켜 타인으로부터 자신의 재산권을 보호함으로써 공유자원의 고갈을 막자는 것이다. 이러한 예로는 개인 농장에서 야생동물을 상업적으로 사육하도록 허용하는 조치를 생각할 수 있다. 시장에서 야생동물에 대한 수요가 많아져 값이 오를수록 더 많은 사육농가가 생길 것이며 야생동물은 멸종위기에서 벗어나게 될 것이다.

아프리카 야생 코끼리는 멸종 위기에 시달리지만 인도나 태국의 사육 코끼리는 멸종되지 않고 오히려 개체수가 증가하고 있는 것을 보아도 잘 알 수 있을 것이다. 미국에서 들소가 야생동물이었을 때에는 거의 멸종 위기까지 갔으나 농장에서 사육하면서부터 최근에는 들소고기 햄버거도 팔고 있을 정도가 되었다. 물론 이러한 재산권 설정정책이 야생동물의 멸종을 막아줄 수는 있겠지만 '사육된 동물이 야생동물일 수 있느냐?'는 회의는 남는다.

(2) 사용료 부과

공유자원 소비에 대해 사용료를 부과하여 소비를 억제시키는 방안도 생각할 수 있다. 국립공원이나 유명 피서지에 대한 입장료 징수도 소극적 의미에서 공유자원인 국립공원이나 유명 피서지의 혼잡과 오염을 막기 위한 방안이다. 많은 나라들이 야생동물 보호 차원에서 낚시나 사냥을 할 경우 면허를 구입하도록 하고 있다. 깨끗한 공기나 맑은 물 역시 공유자원에 속하므로 보존하지 않으면 곧 오염되고 만다. 배기가스 허용 기준을 넘는 차량이나 공장에 대해 과태료나 오염 배출세를 부과하는 것도 공기나 물과 같은 공유자원의 과잉소비를 막는 효과가 있다. 혼잡한 도로에 통행료를 징수함으로써 차량진입을 줄이고 우회도로를 이용하도록 유도하는 것도 마찬가지 이유이다.

(3) 동기 부여

자연보호지역의 주민들이 숲을 훼손하고 그 자리에 작물을 심어 생계를 유지하는 경우가 있다. 법으로 규제를 한다 하더라도 주민들에겐 삶이 걸린 문제여서 근절하기도 쉽지 않다.

이럴 경우 원주민들에게 자신들의 자연경관을 보호할 동기부여를 하는 것이 자연훼손을 막는 방법이 된다. 자연보호지역을 관광지화 하여 관광객에게 특산품을 판매하여 생활하도록 유도함으로써 환경파괴를 막을 수 있다. 아마존강 지역이나 세계자연경관 지역에서 원주민들이 농업이 아닌 특산품 판매로 생계를 꾸려나가는 것을 흔히 볼 수 있게 된 것은 바로 공유자원의 고갈을 막으려는 조치의 하나이다.

(4) 법적 규제

공유자원의 과잉소비를 막고 보존하기 위해 법적 조치를 취하는 것도 한 가지 방안이다. 국립공원보호법이나 천연기념물보호법 등이 좋은 예이다. 대부분의 나라에서도 오염방지법을 정해 오염배출을 규제하고 있으며, 국제적으로도 1992년 리우 지구정상회의에서 합의한 기후변화협약에 따라 2005년 교토의정서가 발효되어 시행되고 있다. 또한 CITES(멸종위기에 처한 야생동식물종의 국제거래에 관한 협약)를 통해 멸종위기의 야생동식물을 보존하려는 노력을 하고 있다.

알아 두세요

CITES란 무엇인가?

CITES는 『멸종위기에 처한 야생동식물종의 국제거래에 관한 협약』으로서, 멸종위기에 처한 야생동식물이 국제거래를 통하여 과도하게 포획・채취되는 것을 방지하고자 1973년 채택되었으며, 2000년 11월 현재 미국, 일본, 영국, 호주 등 152개 국가가 CITES에 가입하여 당사국으로서 협약 이행에 노력하고 있으며 우리나라는 1993년에 가입하였다. 현재 3만여 종의 야생동식물이 CITES에 적용되어 국외로 반출 또는 국내로 반입하고자 하는 경우 정부의 허가를 받아야 하며, 이들 3만여 종의 야생동식물 중 800여종은 멸종위기의 정도가 극심하여 비상업적 용도에 한하여 국가 간 거래가 허용된다.

10.3 비대칭적 정보

여러분은 생각조차 안했을지 모르지만 우리는 지금까지 수요자와 공급자가 모두 완전한 정보를 갖고 있다는 가정 하에서 시장의 균형과 효율성을 전개해 왔다. 그러나 현실은 전혀 그렇지 않다. 아무도 미래에 무슨 일이 일어날지 정확히 예측할 수 없다. 사람들이 비대칭적(불완전) 정보를 갖고 최적화를 하고 있는 것이 현실이라면 무엇이 달라져야 하는가? 지금까지 완전정보 하에 전개된 이론과 분석은 비현실적 가정에 입각했으므로 무가치한 것인가? 그런 것은 아니다. 비대칭적 정보 하의 바람직하지 못한 결과를 규명하고 그 해결책을 밝혀내는 것이 중요하다는 얘기이다.

비대칭적 정보 하에서의 시장분석은 미국의 경제학자 **조지 애컬로프**(George A. Akerlof, 1940-)의 1970년 논문 '중고차시장'(The Market for Lemons)에서 시작되어 눈부신 발전을 이룩했다. 2001년 노벨경제학상은 비대칭적 정보 하에서의 시장분석이라는 탁월한 업적을 낸 3명의 경제학자에게 돌아갔다. 그들은 애컬로프와 **스펜스**(Michael Spence, 1943-), **스티글리츠**(Joseph Stiglitz, 1943-)이다.

10.3.1 정보란 무엇인가?

많은 전문가들이 내일의 주식가격이나 다음 주의 환율을 예측하려고 하지만 아무도 정확히 맞추지 못한다. 자신이 소비하는 재화에 대해서도 정확한 정보를 갖지 못하는 경우가 많다. 자신이 고용한 노동자에 대해서도 외견상 드러난 정보 외에는 그의 성격이나 업무능력, 과거경력 등 많은 것을 알지 못한다.

정보도 일반 재화와 같이 많을수록 좋은 반면 얻으려면 그만큼 비용이 소요된다. 정보획득비용은 자신이 스스로 정보를 얻기 위해 소비하는 비용일 수도 있고 정보제공자로부터 정보를 구입하는 대가일 수도 있다.

우리가 일괄적으로 정보라고 이야기하고 있지만 사실 정보의 내용에 따라 각각 다른 재화이다. 예를 들어 재화의 품질정보와 노동자의 성격정보, 미래 가격에 대한 예상정보 등은 서로 다른 재화이다. 또한 정보의 가치는 사람에 따라 크게 다르다. 어떤 사람에게는 중요하고 유익한 정보가 다른 사람에게는 아무런 가치도 없는 경우가 흔하다.

침대를 구매하려는 예비신부는 가구점 침대에 누워보고 나서 구입할 것이다. 그러나 정보는 침대처럼 품질(내용)을 확인하고 구입할 수가 없다. 정보란 구입한 후에야 그 정보의 진위를 확인할 수 있기 때문이다. 만일 정보제공자가 정보의 정확한 가치를 미리 확인시켜주고 판매한다면 소비자의 입장에서는 이미 확인한 내용을 구입할 이유가 없을 것이기 때문이다.

비대칭적 정보(asymmetric information) 거래 쌍방 간의 정보량에 차이가 있는 경우

정보로 인해 특히 문제가 되는 것은 비대칭적 정보가 존재하는 경우이다. **비대칭적 정보**(asymmetric information)란 거래당사자 중 한 쪽은 정보가 있는데(많은데) 다른 쪽은 정보가 없는(적은) 경우를 말한다. 비대칭적 정보의 문제는 크게 '**역선택**'(adverse selection)과 '**주인-대리인 문제**'(principal-agent problem)로 인한 '**도덕적 해이**'(moral hazard)로 나누어 볼 수 있다.

여기서 역선택과 도덕적 해이의 근본적인 구분은 역선택은 정보를 덜 가진 쪽이 원하는 선택을 하지 못하는 것이고, 도덕적 해이는 정보를 더 많이 가진 쪽이 비대칭적 정보를 이용해 이득을 취하는 것이다. 시간 개념으로 보면 일반적으로 역선택은 거래가 성립하기 이전에 발생하는데 반해 도덕적 해이는 거래가 성사된 이후에 발생한다는 특징이 있다.

10.3.2 비대칭적 정보와 역선택

역선택(adverse selection) 거래 상대방에 대한 정보가 없을(부족 할) 때 바람직하지 않은 상대방과 거래하게 되는 현상

(1) 역선택의 정의와 사례

역선택이란 '**거래 상대방에 대한 정보가 없을(부족 할) 때 바람직하지 않은 상대방과 거래하게 되는 현상**'을 말한다.

중고자동차 시장을 통해 역선택을 설명해보자. 중고차 판매상은 가게에 나와 있는 중고차의 사고경력과 현재 상태에 대해 많은 정보를 갖고 있으나 중고차를 사려는 사람은 중고차에 대해 거의 정보가 없다. 따라서 중고차를 사려는 사람은 중고차는 문제가 많은 차일 것이라는 생각을 갖고 시장을 찾는다. 그러므로 문제가 없는 차를 팔려고 하는 사람은 중고차 시장보다 주변의 친한 사람에게 차를 팔려는 유인이 발생한다. 결국 중고차 시장에는 문제가 있는 자동차들이 나올 가능성이 높고 구매자는 겉은 좋아 보이지만 실제로는 상태가 나쁜 차를 구매할 가능성이 높다. 즉, 구매자는 역선택을 할 가능성이 높은 것이다.

생명보험 회사는 보험가입자의 건강상태에 대해 잘 알지 못한다. 반면에 생명보험에 가입하는 사람은 자신의 건강상태를 잘 알고 있다. 대체로 자신의 건강에 문제가 있다고 생각하는 사람일수록 더 생명보험에 가입하고자 할 것이다. 생명보험 회사의 입장에서 볼 때 가입했으면 하고 바라는 건강한 사람은 별로 가입하지 않고 건강에 이상이 있는 원치 않는 사람은 많이 가입하는 역선택의 문제에 직면한다.

신입직원 채용에 있어 인사담당자가 신입직원 지원자에 대한 불완전한 정보로 좋은 자원자를 탈락시키고 그보다 못한 지원자를 합격시키는 것도 역선택의 예라고 할 수 있다. 맞선을 보고 결혼한 신혼부부들이 부부싸움을 하면서 당신이 이런 사람인줄 알았다면 절대로 결혼하지 않았을 거라는 말을 하는 경우 또한 역선택의 사례라고 하겠다.

(2) 역선택에 대한 대책

거래자는 어떻게 역선택을 피할 수 있을까? 역선택으로 인한 손해를 피하는 방법은 크게 두 가지가 있다. 하나는 거래상대방으로 하여금 자신이 가진 정보를 드러내도록 유도하는 것이고 다른 하나는 계약이나 사회적 평판을 보고 거래하는 것이다.

① 신호발송과 선별

거래 상대방이 자신의 정보를 스스로 드러내도록 하려면 정보를 드러내지 않을 경우 불이익을 받도록 하는 것이다. 예를 들어 중고차 시장의 경우 구매자는 '중고차의 성능은 나쁘다.'고 단정하고 낮은 구매가격을 제시하는 것이다. 만일 그 차가 정상적인 차라면 판매상은 중고차의 정비기록, 품질보증서, 애프터서비스 등의 정보를 제공하겠지만, 그 차가 비정상적인 상태라면 판매상은 그 같은 보증서를 쉽게 내놓지 못할 것이기 때문이다. 생명보험의 경우 보험료를 평균보험료보다 높게 책정한 후 건강진단서를 제시하는 가입자에 대해서는 보험료를 인하해주는 방법도 역선택을 피하는 방법이다.

신호발송(signaling) 거래상대방이 자신의 정보를 스스로 드러내는 것

선별(screening) 신호를 보고 거래상대방을 판별하는 것

거래상대방이 자신의 정보를 스스로 드러내는 것을 '**신호발송**'(signaling)이라고 하며, 신호를 보고 거래상대방을 판별하는 것을 '**선별**'(screening)이라고 한다. 생명보험의 경우 건강진단서나 중고차 시장에서의 품질보증서, 노동시장에서의 학력과 경력 등은 모두 신호발송 행위이다. 기업은 자신의 제품에 대한 정보를 제공하기 위해 광고를 통해 신호를 발송하기도 한다.

② 계약에 의한 해결

거래상대방에 대해 불완전한 정보를 갖고 있어 역선택의 위험이 있다면 계약에 의한 거래를 하는 것도 하나의 해결책이다. 계약서에 품질 이상이 있을 경우 환불을 요구할 수 있다는 조항을 넣고, 노동시장의 경우 단기 고용계약을 맺은 후 업무실적을 평가하여 정식 고용계약을 체결하는 것이다.

그러나 어떤 계약도 우발적인 상황에 대비한 예외조항이 있게 마련이므로 계약을 너무 믿는 것은 금물이다. 즉, 환불규정이 있다 해도 환불에 응하지 않아도 되는 예외규정이 계약서 어딘가에 들어가 있을 수도 있다. 또한 환불을 받기 위한 소요비용이 큰 경우 계약은 부분적인 해결책인 셈이다.

③ 평판에 의한 해결

좋은 기업일수록 좋은 제품을 공급한다는 점에 착안하여 사회적 **평판**(reputation)이 높은 기업의 제품을 구입하는 것도 역선택을 해결하는 방법일 수 있다. 좋은 평판을 가진 기업은 공들여 쌓은 평판을 유지하기 위해 더욱 좋은 제품을 생산하는데 심혈을 기울일 것이기 때문이다. 예를 들어 어떤 기업이 평판이 높아 기업의 **상표가치**(brand value)가 매우 크다고 하자. 이 기업은 자신의 상표가치를 잃지 않기 위해서라도 불량품을 공급할 리가 없다.

낯선 도시를 여행하다가 하루 밤을 묵어야 할 경우 여행자가 그 지역 숙박업소에 대한 정보가 없다면 숙박비보다 훨씬 못한 시설과 서비스를 제공받을 역선택의 위험이 있다. 이와 같은 경우 여행자는 비싼 숙박업소나 전국적으로 알려진 숙박업소를 찾으면 낭패볼 가능성이 낮다. 그러한 숙박업소는 자신의 평판이나 브랜드가치를 유지하기 위해 비교적 가격에 맞는 시설과 서비스를 제공할 것이기 때문이다.

평판과 관련하여 생각해볼 문제가 있다. 비대칭적 정보 하에서는 기업이 판매가격을 낮추어도 수요량이 증가하지 않을 수도 있다는 사실이다. 제품의 품질에 대한 정보가 불완전할 경우 소비자들은 가격으로 품질을 평가하는 경향이 있으므로 가격이 쌀수록 품질이나 평판이 나쁜 제품으로 생각하고 수요를 줄이기 때문이다. 백화점 매장에서 어떤 상표의 옷은 재고가 많이 남았더라도 값을 내리지 않는 것을 볼 수 있다. 그 이유는 값을 내리면 품질이 낮은 제품으로 평가되어 오히려 소비자를 쫓아버린다는 사실을 잘 알기 때문이다.

최근 정부는 음식점의 가격표를 옥외에 게시하도록 유도하고 있다. '옥외가격표시제'는 소비자들이 역선택을 피하는데 도움을 줄 것 같다.

Q & A

Q 학생의 질문

어떤 자동차회사가 5년 100,000마일 보증을 내걸고 차를 판촉하고 있는 것은 일종의 신호발송행위라는 말에 대해 의문이 있어서요. 저는 5년 100,000마일 보증이라는 것이 5년 동안 100,000마일 달릴 동안에 자동차에 문제가 생기면 회사 측에서 무상으로 자동차를 수리해주는 것이라고 생각을 했거든요. 그런 경우, 역선택을 막기 위해 '계약'이라는 수단을 사용한 것이 아닌가요? 신호발송행위란 상대방이 스스로 자신의 정보를 드러내는 것을 말하는 것이잖아요.

A 어느 학생의 답변

여기서 역선택의 위험이 있는 것은 자동차회사가 아니라 소비자입니다. 제품에 대한 정보가 없는 쪽은 기업이 아니라 소비자이니까요. 그러니까 소비자들은 자동차회사가 발송하는 신호(5년 10만마일 보증)를 보고, 거래상대방을 판별하는 '선별'행위를 통해서 구매를 결정하게 되는 것이지요;; 설명이 잘 되었나 모르겠네요;; (여러분 각자 좀 더 나은 답변을 해보시길)

10.3.3 비대칭적 정보와 도덕적 해이

(1) 주인-대리인 문제

사람들은 상호의존적 관계를 맺으며 살아간다. 주주들은 전문 경영인을 선출하여 회사의 운영을 맡긴다. 사장은 근로자를 고용하여 업무처리를 맡긴다. 일을 맡기는 사람을 주인(principal)이라고 하고 일을 맡은 사람을 대리인(agent)이라고 한다. 일단 고용계약이 이루어지면 대리인은 주인이 자신의 행동을 완전히 감독하지 않는 한 자신의 이해를 우선으로 일을 처리하려는 '**도덕적 해이**'(moral hazard)에 빠진다. 문제는 이를 주인은 잘 모른다는데 초점이 있다. 이러한 주인과 대리인 간의 비대칭적 정보로 인해 발생하는 문제가 '**주인－대리인 문제**'인데 이것이 문제가 되는 것은 바로 정보를 더 많이 가진 대리인이 비대칭적 정보를 이용해 이득을 취하려는 도덕적 해이 때문이다.

주인-대리인 문제(principal-agent problem) 주인과 대리인 간의 비대칭적 정보로 인해 발생하는 문제

(2) 도덕적 해이

도덕적 해이란 '**정보우위 상태의 대리인이 정보부족 상태의 주인의 이해와는 달리 자신의 이해에 우선하여 일하는 행태**'를 말하는 것으로 주인－대리인 문제의 핵심적 개념이다. 도덕적 해이는 도덕적으로 지탄받아 마땅한 것처럼 보이지만 사실은 대리인의 합리적 선택의 결과이며 경제학의 기본 원리와도 부합되는 행동이다. 합리적 인간이라면 누구라도 주어진 제약 하에서 최대의 이익을 얻고자 할 것이기 때문이다.

도덕적 해이(moral hazard) 대리인이 주인의 이해와는 달리 자신의 이해에 우선하여 일하는 행태

만일 주인이 자신의 행동을 완벽하게 감시하고 있다면 대리인은 물론 주인의 이익을 위해 일할 것이다. 그렇지 않으면 일자리를 잃게 될 것이기 때문이다. 그러나 현실에서는 주인이 대리인의 행동을 완벽하게 감시할 수도 없고 대리인이 어떻게 행동하는지에 대해서도 불완전한 정보밖에 없는 경우가 대부분이다. 이러한 정보비대칭성을 알고 있는 대리인의 입장에서는 주인의 이익보다는 자신의 이익을 우선하는 쪽으로 일하는 것이 합리적 선택인 것이다.

(3) 도덕적 해이 사례

① 주주와 전문경영인

자본주의 경제가 발달한 나라일수록 회사의 주주들은 전문경영인을 선정하여 회사 운영을 맡기는 경우가 많다. 주주들은 전문경영인이 주주들의 이익을 위해 일해주기를 바라고 회사 운영을 맡긴다. 그러나 일단 회사경영을 맡은 전문경영인은 주주의 이익보다 자신의 이익을 위해 일하려는 유인을 갖게 된다.

왜냐하면 경영인이 열심히 일할 경우 주주들은 배당금의 형태로 보상을 받지만 월급을 받는 경영인의 입장에서는 자신이 노력한 만큼 보상을 받는 것이 아니므로 열심히 일할 유인이 충분치 않다. 그러므로 경영인은 기업 이윤을 극대화함으로써 주주에게 보다 많은 배당금을 돌려주는 것보다, 회사의 매출액을극대화하려는 사적 유인을 갖게 된다. 배당률이 높은 소규모 기업보다는 배당률은 낮더라도 규모가 큰 회사의 경영인이 보수나 사회적 영향력에 있어서 더 유리하기 때문이다.

② 고용주와 노동자

고용주와 근로자의 관계에 있어서도 주인-대리인 문제로 인한 도덕적 해이가 발생한다. 일단 고용계약이 성립되면 근로자는 고용주 모르게 업무를 태만히 하고, 이직을 생각하거나 자신의 사적 이해를 우선하면서 노동을 제공하려는 도덕적 해이에 빠지게 된다. 고용주가 감독을 소홀히 하는 경우 작업을 게을리 하거나 사적인 일을 처리하는 데 시간을 쓰는 것이 자신에게 유리하기 때문이다.

③ 자동차보험회사와 보험가입자

자동차보험에 가입한 사람은 자동차보험에 가입하지 않았을 때보다 자동차를 운행함에 있어 주의를 덜 한다. 보험에 가입한 이상 조심 운전을 하기보다 과속을 하는 경향이 많다. 왜냐하면 보험에 가입했으므로 사고가 나더라도 보험회사가 보상을 해주기 때문에 큰 사고가 아닌 이상 별달리 주의할 필요를 못 느끼기 때문이다. 이러한 보험가입자의 도덕적 해이는 보험회사의 수익에 부정적 영향을 미치게 될 것이다.

Q & A

학생의 질문

도덕적 해이에서 전문경영인은 사적 이익을 위해 매출증대를 목표로 일하는 반면 주주들의 이해는 이윤증가에 있다고 하던데.. 매출과 이윤은 정확히 무슨 차이가 있죠? 대충 차이는 있을 거 같은데..뭔지..

안교수 답변

경제학에서 매출은 수입(revenue)이라고도 하는데 가격×판매량을 뜻합니다. 이윤은 수입에서 비용을 빼고 남은 것입니다.

④ 공산권 국가와 국민

1980년대 구소련을 비롯한 동유럽의 공산권이 붕괴된 이유를 설명하는 이론 중 하나는 당시 공산권 사회의 도덕적 해이를 지적하기도 한다. 즉, 공산권 사회는 '능력에 따라 일하고 필요에 따라 받는다.'는 슬로건이 말하듯이 평등한 분배를 추구하다보니 대부분의 국민들이 공동 작업장에서 열심히 일해야 할 이유를 찾지 못하고 도덕적 해이에 빠졌다는 것이다. 어찌됐든 국가로부터 지급받는 보수가 거의 비슷하므로 감시가 소홀하면 가능한 한 자신의 사적 이익에 우선하려는 유인에 빠진다. 도덕적 해이는 집단농장의 단위 면적당 농작물 수확량은 적은 반면 자기 집 텃밭의 단위 면적당 수확량이 왜 많은지를 설명해준다.

⑤ 아기부모와 보모

맞벌이 부부가 아이를 보모(nanny, baby sitter)에게 맡겼을 때 보모는 아이와 자주 놀아주기보다는 아이 혼자 놀도록 내버려두거나 많은 시간을 TV 앞에 앉혀 놓는 경우가 있는데, 이 역시 주인-대리인 문제로 인한 도덕적 해이라 할 수 있다. 아이와 많이 놀아주는 것이 아이와 아이 부모에게는 좋은 일이지만 보모의 합리적 선택은 부모의 감시가 없는 한 자신의 시간을 더 갖는 것이 유리하기 때문이다.

(4) 도덕적 해이에 대한 해결책

① 소유권의 이전

주인-대리인 문제를 해결하는 방법 가운데 하나는 주주인 주인이 각 경영자에게 현재의 사업부문을 분할 매각하는 것이다. 이제 소유권을 갖게 된 경영자는 자신의 소유가 된 회사를 위해 일할 유인을 갖게 될 것이다.

기업 확장에 따라 신주를 발행할 경우 사원에게 일정량을 우선 배정함으로써 '우리사주'를 확대하는 것도 피고용자로 하여금 자신도 기업의 주인이라는 인식을 심어주어 도덕적 해이를 방지하는 효과가 있다. 최근 기업 내 각 부문을 독립채산제를 통한 팀제로 운영하고 있는 것도 주인-대리인 문제를 해결하는데 도움이 된다.

② 성과금 제도 : 스톡옵션과 보너스

스톡옵션(stock option) 기업이 자사 임직원에게 자사 주식의 일정량을 액면가 또는 시세보다 훨씬 낮은 가격으로 매입할 수 있는 권리를 부여하는 제도. 자사 주식 매입선택권이라고도 함

성과금을 지급하는 유인제도를 사용함으로써 주인-대리인 문제로 인한 도덕적 해이를 해결할 수 있다. 성과금의 예로는 스톡옵션(stock option)의 제공이나 보너스(bonus) 지급 등을 들 수 있다. 스톡옵션을 배정받은 경영인이나 사원은 자신의 스톡옵션 가치를 최대한 증대시키기 위하여 기업의 주식가격을 높이는 쪽으로 일함으로써 주주의 이익을 대변할 것이기 때문이다.

일부에서는 스톡옵션의 제공 또한 전문경영인의 사적 이해로 활용되는 면이 많다고 비판하고 있다. 즉, 스톡옵션의 책정 또한 전문경영인에 의해 선임된 외부 전문가와 회사의 간부들에 의해 결정되는 것이므로 스톡옵션제도야 말로 전문경영인의 수익만을 늘려주는 수단일 뿐이라고 비판하기도 한다.

Q & A

Q 학생의 질문

스톡옵션(stock option)에 대해 자세히 알고 싶어요.

A 안교수 답변

기업이 자사 임직원에게 자사 주식의 일정량을 액면가 또는 시세보다 훨씬 낮은 가격으로 매입할 수 있는 권리를 부여하는 제도입니다. 흔히 '자사 주식 매입선택권'이라고 하지요. 기업경영이 성공하여 주가가 상승하면 스톡옵션을 받은 임직원은 상당한 차익을 남길 수 있게 됩니다. 스톡옵션은 해당 임직원이 열심히 일하도록 유도한다는 점에서 효과적인 능률급제도로서 현재 새로운 경영전략의 하나로 인식되고 있답니다.

③ 기초공제, 감독

도덕적 해이를 회피하는 방법으로 흔히 사용되는 것이 기초공제제도이다. 기초공제(initial deduction)란 예를 들어 자동차보험이나 화재보험 같은 손해보험의 경우 사고가 나면 본인이 일정부분을 부담해야 하는 제도를 말한다. 대리인이 주인의 이해에 반하여 행동하지 못하도록 감시나 작업감독(monitoring)을 철저히 하는 것도 도덕적 해이를 줄이는 방편이 된다. 공산국가에서 완장을 찬 감독관이 노동자들의 작업을 감시, 감독하는 것이나 공장이나 매장에 CCTV를 설치하여 감시하는 것 등이 예이다.

④ 효율임금

도덕적 해이를 방지하기 위한 방편으로 효율임금을 지급하는 것이 있다. 효율임금에 관해서는 다음 10.3.4에서 따로 설명하기로 한다.

10.3.4 비대칭적 정보와 효율임금

(1) 효율임금의 정의

다른 재화와 마찬가지로 완전경쟁하의 자유로운 노동시장이라면 임금은 노동의 수요와 공급에 의해 결정된다. 그러나 일부 기업은 시장청산임금보다 높은 임금을 지급하기도 한다. 기업의 이윤극대화 원리에 따라 시장청산임금보다 높게 지급하는 임금을 '효율임금'(efficiency wage)이라고 한다.

효율임금(efficiency wage) 기업의 이윤극대화 임금으로 시장청산임금보다 높음

(2) 효율임금과 이윤극대화

기업이 시장청산임금보다 높은 임금을 지급해야 할 법적 제도적 의무가 없는데도 고임금을 지급하고 있다면 무슨 이유인가? 결론부터 말하면 효율임금수준이 바로 기업의 이윤을 극대화해주는 임금수준이기 때문이다. 왜 임금을 많이 주는 것이 기업에게 이익이 되는가? 기업의 입장에서는 노동자의 수가 중요한 것이 아니라 그들의 노동이 얼마나 효율적이냐가 더 중요하다. 노동의 효율은 실질임금수준에 의해 결정되는데 노동효율을 극대화하는 임금을 지불하는 것이 기업에게 유리하기 때문이다.

그림 10-1

무태업조건과 효율임금

시장청산임금은 노동수요와 노동공급이 일치하는 W_0이다. 그러나 기업의 이윤극대화 임금인 효율임금은 W_1로 W_0보다 높다. 노동시장은 N_1N_F만큼의 비자발적 실업이 발생한다.

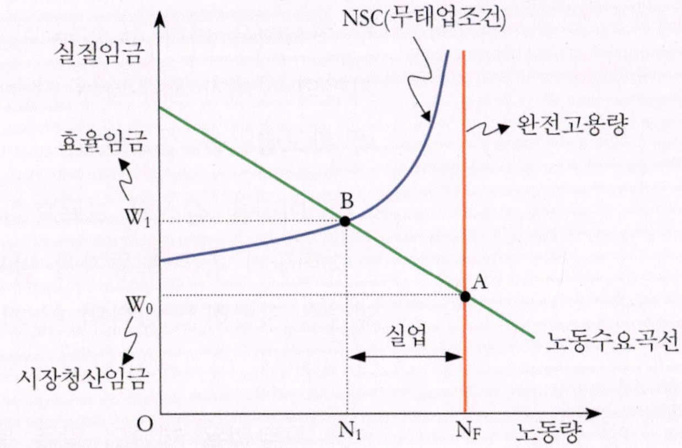

① 생산성이 높은 노동자 유인

노동자들은 누구나 자신의 경력이나 학력, 업무능력 등에 따라 노동을 제공하는 대가로 자신이 받아야 한다고 생각하는 최소 임금수준이 있다. 이러한 최소 임금수준을 '**유보임금**'(reservation wage)이라고 한다. 유보임금이 높은 사람일수록 생산성이 높은 사람임은 물론이다. 이제 [그림 10-1]에서 임금이 완전고용을 달성해주는 시장청산임금인 W_0에서 결정되고 있다면 W_0보다 높은 유보임금을 가진 노동자는 일을 열심히 하지 않고 태업(shirking)을 할 것이다. 시장청산임금이 완전고용임금이므로 그만두면 다른 곳에서 일할 수 있기 때문이다.

유보임금(reservation wage) 자신이 받아야 한다고 생각하는 최소 임금수준

1984년 사피로(O. Shapiro)와 스티글리츠(J.E. Stiglitz) 교수는 **무태업조건**(NSC: no-shirking condition)이라는 개념을 제시했다. 무태업조건은 태업하지 않을 노동공급곡선이라고 할 수 있는데 [그림 10-1]에서 NSC로 그려져 있다. NSC는 실질임금이 상승함에 따라 무태업 노동공급량이 증가하고 완전고용량에 수렴한다. 무태업에 초점을 맞춰서 본 효율임금은 노동수요곡선과 NSC가 만나는 W_1에서 결정되며 이때 N_1N_F만큼의 실업이 존재한다. 스티글리츠를 비롯한 효율임금이론가들은 효율임금이 실업의 한 요인이라고 본다.

무태업조건(NSC, no-shirking condition) 태업없는 노동공급곡선

만일 기업이 W_1의 효율임금을 지급한다면 어떻게 될까? 이제는 태업하지 않는 높은 생산성을 가진 노동자가 지원하게 된다. 기업은 효율임금을 지급함으로써 보다 우수한 인력풀을 확보할 가능성이 높다. 여기서 가능성이라고 말한

까닭은 기업이 지원자에 대해 비대칭적 정보를 갖고 있으므로 채용시점에서 지원자의 생산성을 완전히 알 수는 없기 때문이다. 그러므로 효율임금은 어느 정도 역선택을 피할 수 있는 방안이 된다. 보통 소수의 창의적 핵심인력에 의해 기업의 성패가 좌우되는 기술집약적 첨단기업일수록 효율임금을 통한 우수인력 확보방안을 선호한다.

② 이직률 감소와 교육훈련비 절감

숙련도가 높은 노동자를 필요로 하는 기업에서 시장청산임금보다 높은 효율임금을 지급하고 있다면 이 기업 노동자들은 다른 기업으로 이직할 유인이 없다. 따라서 이직률이 낮고 그와 함께 신규채용도 적어 교육훈련비도 절감된다.

③ 근로의욕 제고와 감독 불필요

다른 기업보다 높은 임금을 받고 있으므로 노동자의 사기가 높고 보다 열심히 일하려는 의욕이 있다. 노동자들은 업무태만(shirking)으로 인하여 해고될 경우 기회비용이 크므로(해고의 기회비용은 W_0이 아니라 W_1이다.) 작업감독을 하지 않더라도 자발적으로 열심히 일할 유인을 갖는다. 즉, 효율임금은 도덕적 해이를 방지할 유인도 제공한다. 왜 국내 최고의 기업에서는 지각이나 업무를 설렁설렁 처리하는 직원이 적은가? 초일류기업은 효율임금을 지급하므로 그만큼 해고로 인한 기회비용이 커서 업무태만유인이 줄어들기 때문이다.

역사 속의 효율임금 : 헨리 포드

미국 자동차의 왕 헨리 포드는 1908년 대중을 위한 'T형' 자동차 생산을 선언하면서 자동차를 대량생산체제로 생산하기 시작했다. 그는 자동차가 사치품이 아니라 누구나 구입하여 이용할 수 있는 필수품이 되어야 한다고 믿었다. 경쟁업체들은 시대를 역행하는 듯한 포드의 경영방식에 대해 포드를 꺾을 수 있는 기회가 왔다고 생각하고 오히려 환호하였다. 그러나 결과는 포드의 대성공이었다. 포드 자동차는 1908년 노동자 한 사람이 연간 3대 생산에서 1914년에는 1인당 연 19대까지 생산할 수 있었고, 1908년 800달러였던 자동차 가격을 1914년에는 400달러까지 낮출 수 있었다. 자동차의 대중화 시대가 도래한 것이다.

당시 포드사의 노동자들은 일당 5달러의 임금을 받았는데 경쟁업체들에 비해 두 배에 이르는 고임금이었다. 포드는 이미 오래 전에 효율임금을 경영에 적용하고 있었던 것이다.

복습과 연습

요 약

1. 공공재는 제3자에게 엄청나게 큰 외부편익을 발생시키는 재화로 비배제성과 비경합성을 가진 재화이다.
2. 비배제성이란 어느 누구도 그 재화에 대해 배타적 소유권을 주장할 수 없는 성질인데 이러한 성질을 가진 재화는 대가를 치르지 않고도 누구나 소비에 참여할 수 있다.
3. 비경합성이란 소비자의 수효가 아무리 증가해도 1인당 소비량이 줄어들지 않는 성질을 말한다.
4. 정부가 공급하는 재화라고 해도 모두 공공재는 아니다.
5. 공공재의 문제 중 하나는 아무도 대가를 치르지 않고 또 제지를 받지도 않고 소비에 참여할 수 있기 때문에 누구나 무임승차를 한다는 점이다.
6. 후생경제학적 관점에서 본다면 공공재의 가격은 제로가 되는 것이 옳다.
7. 적정 공공재 생산량을 결정하기 위해서는 비용편익분석을 사용하는데 편익은 흔히 왜곡되기 쉽다는데 문제가 있다.
8. 공유자원이란 '배제성은 없지만 경합성은 있는 재화'이므로 한 사람이 공유자원을 소비해버리면 다른 사람은 그만큼 소비할 수 없다.
9. 공유자원의 문제는 기본적으로 소비의 배제성이 없어 누구라도 소비에 참여할 수 있다는데서 발생하는 것이므로 소비에 참여하는 규칙을 확립해주면 해결할 수 있다.
10. 공유자원의 문제를 해결하는 방법으로는 재산권 설정, 사용료부과, 동기부여, 법적 규제 등이 있다.
11. 시장에서 사람들은 비대칭적(불완전) 정보를 갖고 최적화를 하고 있는 것이 현실이다. 비대칭적 정보 하에서는 수요가 감소해도 가격을 인하하지 않는 경우가 있다.
12. 비대칭적 정보란 거래당사자 중 한 쪽은 정보가 있는(많은)데 반해 다른 쪽은 정보가 없(적)는 경우를 말한다. 비대칭적 정보의 문제는 크게 '역선택'과 '주인－대리인 문제'로 인한 '도덕적 해이'로 나눌 수 있다.
13. 역선택이란 '거래상대방에 대한 정보가 없을(부족할) 때 바람직하지 않은 상대방과 거래하게 되는 현상'을 말한다.
14. 역선택을 피하는 방법은 거래상대방으로 하여금 자신이 가진 정보를 드러내도록 유도하는 것이고 다른 하나는 계약이나 사회적 평판을 보고 거래하는 것이다.

15. 일을 맡기는 사람을 주인이라고 하고 일을 맡은 사람을 대리인이라고 한다. 일단 고용계약이 이루어지면 대리인은 주인이 자신의 행동을 완전히 감독하지 않는 한 자신의 이해를 우선으로 일을 처리하려는 도덕적 해이에 빠진다.

16. 기업이 시장청산임금보다 높은 임금을 지급하는 것을 효율임금이라고 하는데 그 이유는 효율임금이 기업의 이윤극대화 임금수준이기 때문이다.

중요개념

공공재	배제성	경합성	무임승차
비용편익분석	공유자원	비대칭적 정보	역선택
신호발송	선별	주인-대리인문제	도덕적 해이
효율임금	유보임금	스톡옵션	무태업조건(NSC)

연습문제

I. 다음 물음에 O, X로 답하고 그 이유를 밝히시오.

1. 공공재가 시장의 실패를 일으키는 이유 중 하나는 무임승차가 가능하기 때문이다.
2. 공공재의 적정공급량을 결정하기 위해서는 비용분석이 필요하나 편익분석은 필요치 않다.
3. 공유자원이란 '배제성은 없지만 경합성은 있는 재화'를 말한다. 공유자원의 예로는 혼잡한 무료도로, 산, 강, 바다 같은 자연환경, 바다 속 물고기, 참새 떼, 들꽃 등과 같은 야생 동식물 등을 들 수 있다.
4. 현재 우리나라에서 각 가정에서 신청하여 시청할 수 있는 케이블TV는 경합성이 없으므로 공공재이다.
5. 서울 뉴욕 간의 1인당 운임은 1,200달러이며 평균 여객운송비용은 800달러이다. 출발 직전 빈 좌석이 남았을 때 300달러에 승객을 태우는 것은 이윤 추구라는 측면에서는 합리적 결정이라고 할 수 있다(이 경우 출발 직전 탑승으로 인한 한계비용은 50달러이다.).

6. 완전정보의 세계에서는 역선택 문제가 발생하지 않는다.
7. 정보는 일반 상품과 달리 진정한 가치나 진위 여부를 확인할 수 없기 때문에 구매할 가치가 없다.
8. 대학에 진학하는 이유 가운데 하나는 기업이 학위를 보고 생산성이 높은 근로자로 판별해주기 때문이다.
9. 중고차 시장에 비대칭적 정보가 존재한다면 성능이 나쁜 중고차만 주로 나와 있게 마련이다.
10. H전자가 철저한 AS를 내세우며 제품 판촉을 하는 것도 일종의 신호발송행위이다.
11. 완전정보 하의 경쟁시장에서는 초과공급이 발생하면 가격을 낮출 수밖에 없다.
12. 소비자와 판매자가 제품에 대해 비대칭정보를 갖고 있다면 경쟁시장이라도 기업은 가격인하 대신에 초과공급 상태를 유지할 수 있다.
13. 가격을 낮추어도 소비자들의 구입량이 증가하지 않는다면 이는 소비자들이 비대칭정보 하에서 가격으로 품질을 평가하는 경향이 있기 때문이다.
14. 근로자의 유보임금은 노동시장에서의 수요, 공급에 의해 결정된다.
15. 기업이 효율임금을 지급하면 실업이 감소한다.
16. 기업이 효율임금을 지급하면 항상 생산성이 높은 근로자만 채용할 수 있다.
17. 도덕적 해이는 비대칭정보 하에서 인간의 합리적 선택의 결과이다.
18. 기업이 시장의 균형임금보다 높은 임금을 지급하는 것은 이윤극대화 측면에서는 손해이다.
19. 스톡옵션제도가 경영자의 도덕적 해이를 방지하는 수단이 되기도 하지만 다른 한편으로는 경영자의 사적이해를 확대하는 수단으로 활용될 소지도 있다.

Ⅱ. 다음 물음에 답하시오.

1. 공공재는 어떤 성질을 가진 재화인가?
2. 공공재의 경우 왜 적정량보다 과잉 공급되기 쉬운가?
3. 공유자원으로 인한 외부효과를 막기 위해 어떤 조치들이 강구될 수 있는가?
4. 아프리카에서 코뿔소는 왜 멸종위기에 있는데 소는 왜 그런 위험에 처하지 않고 있나?
5. 정보경제학의 원리에 입각할 때 실내장식에 돈을 많이 들인 음식점이 더 좋은 음식을 내놓을 것이라고 판단할 근거가 있는가?
6. 어떤 아기부모가 보모에게 일반적으로 지급하는 수준 이상의 높은 임금을 지급하기로 했다면 그 이유는 무엇을 방지하려는 것인가?
7. 유보임금이란?

8. 효율임금을 받고 있는 노동자가 해고당할 경우 기회비용은 무엇인가?

9. 지방을 여행하다 하루 숙박하게 되었을 때 이름 있는 호텔에서 묵고자 한다면 무슨 문제를 피하려는 것인가?

10. 다음 중 도덕적 해이가 일어날 관계가 아닌 경우는?
(1) 고용주-노동자 (2) 주주-전문경영인
(3) 채용면접관-입사지원자 (4) 아이부모-보모

11. 역선택과 도덕적 해이를 정보량의 보유정도에 따라 구별해보라.

12. 시장경제체제 하에서의 자원고갈 문제에 대한 분석 중 가장 적절한 것은?
(1) 시장경제는 자원을 낭비하는 구조이다.
(2) 시장경제는 점차 에너지 소비를 줄이는 경제로 개편될 것이다.
(3) 시장경제가 발전할수록 자원고갈로 인류종말이 앞당겨진다.
(4) 시장경제는 고갈되는 에너지 값 상승에 맞춰 대체자원 개발로 대처해나갈 것이다.

13. 비대칭적 정보에 대한 다음 설명 중 틀린 것은?
(1) '주인-대리인 문제'가 대표적인 비대칭정보이다.
(2) 정보를 적게 가진 쪽이 불리하고 정보를 많이 가진 쪽이 항상 유리하다.
(3) 모든 정보가 공개된 경우에 비하여 사회적으로 비효율적인 결과가 발생한다.
(4) 정보가 부족한 쪽은 모니터링 기술을 이용해 그리고 정보를 가진 쪽은 시그널링을 통해 해결할 수 있다.

14. 다음 중 장기적으로 사회후생 증대에 기여하지 못할 것 같은 문항은?
(1) 어민들의 공동 미역 채집장을 구역을 나누어 자기 구역에서만 채집하도록 한다.
(2) 어떤 사고가 발생하여 누군가 책임을 져야 한다면 그 사고를 미리 예견하고 막을 수 있는 권한이 있었던 사람에게 책임을 묻는다.
(3) 개인들의 계약이라도 예상치 못한 상황이 발생하면 해약할 수 있도록 허용해야 한다.
(4) 개인들 간에 피해를 입히고 입은 경우 반드시 가해자에게 책임을 묻도록 한다.
(5) 불가피한 경우가 아니면 모든 물건에 사유재산권을 확립해준다.

15. 재화에 관한 다음 설명 중 사실과 가장 거리가 먼 것은?
(1) 일반적으로 공유자원과 관련된 외부효과는 긍정적이다.
(2) 교육은 긍정적 외부효과를 갖고 있지만 사적 재화다.
(3) 혼잡하지 않은 시내도로는 공공재이다
(4) 공공재의 사회적 가치는 사적가치보다 크다.
(5) 국방은 공공재이다.

16. 다음 공공재에 관한 설명 중 관련이 없는 것은?
(1) 비용을 부담하지 않으면서 소비에는 참여한다.
(2) 공공재는 경합성과 배재성이 큰 재화이다.
(3) 공공재의 시장수요곡선은 개별수요곡선을 수직으로 합하여 도출한다.
(4) 공공재 생산의 편익분석이 쉽지 않은 점이 있다.
(5) 민간부분도 공공재를 생산할 수 있다.

17. 시장실패에 대한 다음 설명 중 옳지 않은 것은? 〈2010 CPA〉
(1) 사회적 비용이 사적비용을 초과하는 외부성이 발생하면, 시장의 균형생산량은 사회적으로 바람직한 수준보다 크다.
(2) 사회적 편익이 사적 편익을 초과하는 외부성이 발생하면, 시장의 균형생산량은 사회적으로 바람직한 수준보다 작다.
(3) 코스정리에 의하면 외부성이 존재하는 경우, 일정 조건 하에서 이해 당사자 간의 협상을 통해 파레토 효율성을 달성할 수 있다.
(4) 생산측면의 외부경제(긍정적 외부성)이 발생하면, 시장의 균형생산량 수준에서 사회적 한계비용은 사회적 한계편익보다 작다.
(5) 공공재의 공급을 사기업이 수행하게 되면 과잉공급이 이루어진다.

18. 도덕적 해이 문제를 해결하거나 완화시키는 방안으로 가장 적절하지 않은 것은? 〈2005 CPA〉
(1) 보험회사가 사고 시 보험가입자에게 손실의 일부만을 보상해주는 공동보험제도를 채택한다.
(2) 고용주가 근로자에게 시장균형임금보다 높은 임금을 지급한다.
(3) 보험회사가 손실액 중 일정금액까지는 보험가입자에게 부담시키는 기초공제제도를 도입한다.
(4) 임금지급방식을 고정급에서 성과급으로 전환한다.
(5) 생명보험회사가 건강검진을 통과한 사람에게만 보험 상품을 판매한다.

19. 다음은 정보가 갖는 경제적 의미를 설명한 것이다. 옳지 않은 것은?
(1) 역선택은 정보의 비대칭성으로 인하여 발생한다.
(2) 주인-대리인 문제에서 도덕적 해이 현상이 자주 발생한다.
(3) 보통 역선택은 거래발생 이전, 도덕적 해이는 거래발생 이후에 생기는 현상이다.
(4) 공산권 국가의 몰락은 도덕적 해이와 관련이 있다.
(5) 중고차 시장에서 품질이 나쁜 차가 거래되는 이유는 도덕적 해이 때문이다.

6

기업행동과 산업조직

로빈슨
(Joan Violet Robinson, 1903-83)

지금까지 소비자 선택과 시장의 효율성 그리고 시장의 실패와 그 해결책에 대해 살펴보았다. 이제 제6편에서는 이윤극대화 원리에 따라 기업의 생산과 비용을 분석하고 산업조직에 따른 기업균형을 논의한다. 기업균형은 산업조직(시장조직이라고도 한다.)에 따라 달라진다. 그러므로 완전경쟁, 독점적 경쟁, 독점 및 과점산업에서의 기업균형을 각각 나누어 논의한다. 특히 독점이나 과점은 시장실패의 또 다른 케이스로 볼 수 있으므로 이에 대한 미시경제적 규제정책도 다루어진다.

시장의 균형을 살펴보기 위해서는 기업의 형태와 금융조달 방법, 생산과 비용, 수입구조를 먼저 분석해야 한다. 기업의 생산과 비용은 비용최소화 원리를 따르므로 시장조직에 관계없이 동일하나 수입구조는 시장조직의 형태에 따라 달라진다는 사실을 유의할 필요가 있다.

Chapter 11

기업의 생산과 비용

기업은 이윤극대화 원리에 따라 행동한다고 가정하자. 이윤은 수입에서 비용을 뺀 나머지이다. 그러므로 시장조직에 따른 기업의 이윤극대화 문제를 살펴보기 위해서는 기업의 생산과 비용, 그리고 수입구조를 분석할 필요가 있다. 다행히도 기업의 생산과 비용은 시장조직의 형태가 완전경쟁, 독점적 경쟁, 독점, 과점에 관계없이 동일하다는 것이다. 따라서 제11장에서는 시장형태와 관계없이 기업의 생산과 비용이론을 살펴보고자 한다. 주어진 시장가격 하에서 어떤 기업은 이윤을 얻고 있을 때 다른 기업은 손실을 보고 있다면 그와 같은 차이는 각 기업의 생산조건, 즉 비용구조가 상이하기 때문인 것이다.

11.1 기업과 산업

11.1.1 산업의 분류

한 나라의 경제를 생산의 관점에서 구분해보면 크게 1차 산업, 2차 산업, 3차 산업으로 나눌 수 있다. 농림수산업은 1차 산업, 광공업, 전기, 건설업 등은 2차 산업, 서비스산업은 3차 산업에 속한다. 경제발전이 고도화할수록 1차, 2차 (특히 1차) 산업의 비중은 감소하고 3차 산업의 비중이 커지게 된다.

우리나라의 경우 1998년에는 4.9%, 43.8%, 51.3%였던 것이 2001년에는 4.4%, 36.6%, 59.0%로, 2010년 산업구조는 1차, 2차, 3차 산업의 비중이 각각 2.6%, 39.3%, 58.2%였다. 2018년 현재 우리나라 산업구조는 농림어업(1차) 2.2%, 광공업, 전기가스수도, 건설업(2차) 38.7%, 서비스(3차) 59.1%로 1차, 2차 산업비중은 감소하고 3차 산업비중은 증가하는 산업구조를 보이고 있다.

11.1.2 산업과 기업

산업(industry) 동일한 재화를 생산하는 기업들로 이루어진 조직

동일한 재화를 생산하는 기업들로 이루어진 조직을 산업이라고 한다. 2차 산업 내에도 철강, 의류, 식품, 자동차, 화학, 석유, 정보통신산업 등 많은 산업이 속해 있다. 산업조직에 따른 기업행태를 분석하는 것을 산업조직이론이라고 하는데 기업의 행태는 산업 내 기업의 수와 밀접한 관련이 있다.

하나의 기업이 산업을 이룬다면 그 산업은 독점산업이다. 산업 내 소수의 기업이 경쟁하는 경우 과점산업이라고 하고 기업의 수효는 많으나 서로 이질적 제품을 생산하는 경우 독점적 경쟁이라고 한다. 산업 내 기업의 수가 무수히 많고 제품이 동질적이라면 완전경쟁시장이다. 독점산업 내 독점기업과 완전경쟁산업 내 개별기업의 기업행태와 균형은 다를 수밖에 없다. 그러므로 산업조직에 따라 기업균형을 나누어 살피게 된다.

11.1.3 기업형태별 구분

기업은 투자 주체에 따라 **공기업**과 **사기업**으로 구분한다. 공기업은 정부나 지방자치단체가 출자하여 통제하는 기업이다. 사기업은 민간이 출자하여 설립한 회사로 개인기업과 상법상 회사인 **합명회사**, **합자회사**, **유한회사**, **주식회사**로 나눌 수 있다. 개인 기업은 상법상 회사가 아닌 자영업쯤으로 이해하면 될 것이다. 상법상 회사는 회사 채무에 대한 출자자들의 책임 한계와 출자자(사원이라고 한다.)의 수효에 따라 구분된다.

무한책임사원 회사 채무에 대해 출자액을 초과하여 모든 책임을 지는 사원

유한책임사원 회사 채무에 대해 출자자가 출자액 한도 내에서만 책임을 지는 사원

합명회사는 2인 이상의 출자자가 공동출자하여 소유, 경영하는 회사인데 출자자 모두 **무한책임사원**이다. 무한책임이란 회사 채무에 대해 출자액을 초과하여 모든 책임을 진다는 의미이다. 합자회사는 1명 이상의 무한책임사원과 1명 이상의 **유한책임사원**이 소유, 경영하는 회사를 말한다.

유한회사와 주식회사는 회사 채무에 대해 모든 출자자가 출자액 한도 내에서만 책임을 지는 유한책임사원으로 구성된 기업이다. 이 가운데 유한회사는 사원의 수가 소수로 제한되어 있고 지분의 양도가 자유롭지 못하다는 점에서 주식회사와 다르며 그런 점에서 중소기업에 적합한 형태라고 하겠다.

주식회사(株式會社)의 주주는 주주총회에 참가 의결할 수 있으나 직접 경영에 참여하지 못한다. 따라서 주주총회에서 경영자를 선임하여 업무를 위임하게 된다. 주식양도는 자유롭고 사원의 수가 많으므로 대규모 자본을 필요로 하는 대기업에 적합하다.

11.1.4 기업자금의 조달

(1) 내부 조달

사내유보이윤(retained earnings) 결산시점에서 발생한 이윤을 주주에게 배당하는 대신 일부를 떼어내 재투자한 이윤

내부 조달의 한 방법으로 기업은 결산시점에서 발생한 이윤을 주주에게 배당하는 대신 일부를 떼어내 재투자할 수도 있는데 이를 **사내유보이윤**(retained earnings)이라고 한다. 사내유보이윤이 많을 경우 주주들의 반발이 있을 수 있다. 소액자금의 조달인 경우 친지로부터 차입하는 것도 한 방법이다.

(2) 외부 조달

내부에서의 자금조달이 충분치 못할 경우 외부로부터 자금을 끌어올 수밖에 없다. 기업이 외부로부터 자금을 조달하는 방법은 크게 두 가지로 나눌 수 있다. 하나는 은행과 같은 금융기관으로부터 차입하는 것으로 이를 **간접금융**(indirect finance)이라고 한다. 다른 하나는 **주식**(stocks)이나 **채권**(bonds)을 발행하여 기업자금을 조달할 수 있는데 이를 **직접금융**(direct finance)이라고 한다.

간접금융(indirect finance) 은행과 같은 금융기관으로부터 자금을 융통하는 것. 실제 자금을 제공한 예금자와 자금을 사용하는 채무자가 금융기관의 중개를 통해 간접적으로 연결되고 있음을 의미.

직접금융(direct finance) 주식, 채권, 개인차입 등과 같이 자금제공자와 자금사용자간의 채권, 채무관계가 직접 이루어지는 금융.

주식발행은 기업의 채무가 아닌 자본참여이므로 상환할 필요가 없다는 장점이 있으나, 소유권을 공유한다는 점에서 기존 주주의 지분율을 낮추는 효과가 있다. 주식은 소유권에 참여하는 것 외에 이윤이 있을 경우 **배당**(dividends)을 받을 수 있고 주식 가격이 상승하면 **자본이득**(capital gains)을 얻는 이점이 있다. 주식은 타인에게 양도가 자유롭다는 장점도 있다.

채권은 발행자가 자금을 조달하는 대신 매입자에게 만기일까지 일정한 이자를 지급하다가 만기일에 원금을 돌려줄 것을 약속하는 증서이다. 영업실적이 좋은 대기업일수록 만기일에 상환할 가능성이 높을 것이므로 채권매각이 순조로운 반면 영업실적이 안 좋거나 중소기업인 경우 채권발행이 쉽지 않다. 채권의 원금(principal)을 액면가(face value)라고도 한다. 채권의 지급이자율인 표면금리(coupon rate)는 연간 지급이자를 액면가로 나눈 비율이다. 액면가 1억원, 만기 1년, 표면금리 5%인 채권의 소유자는 만기일에 채권을 제시함으로써 1억 500만원을 수령하게 된다. 채권은 주식과 마찬가지로 언제라도 타인에게 양도할 수 있고 발행자의 신용도나 시장자금 상황에 따라 가격이 등락한다.

발행된 주식이나 채권이 공개적으로 유통되는 시장을 **증권시장**(stock market)이라고 한다. 우리가 증권이라고 말할 때 '증'은 주식을, '권'은 채권을 의미한다. 증권시장에서 주식이나 채권이 유통된다고 해서 해당기업이 자금을 얻는 것은 아니다. 기업의 자금조달은 주식과 채권이 신규로 발행될 때 일어나는 것이며 유통과정에서는 소유권만 바뀌는 것이기 때문이다.

주식의 배당과 자본이득, 수익률

사람들은 왜 주식을 사는가?

주식매입은 투자다. 투자자는 수익(return)을 바랄 것인데 주식투자로 인한 수익은 무엇인가? 첫째, 주식투자자는 배당(dividend) 수익을 얻는다. 영업이윤이 발생한 경우 반드시 그래야 하는 것은 아니지만 대부분의 기업은 배당을 한다. 미국의 경우 잘 알려진 대기업들은 정기적으로 배당을 하며 영업실적이 좋으면 배당도 더 많이 하는 것이 일반적이다. 둘째, 주식투자자는 주식가치가 상승할 때 이득을 얻는다. 이를 자본이득(capital gain)이라고 부른다. 어떤 기업은 이윤의 일부 또는 전부를 배당으로 나누어주지 않고 유보하는데 이는 주권의 가치를 높이는 결과가 되며 결국 주가상승으로 반영된다. 왜냐하면 그 기업이 이제 더 가치가 커졌으므로 더 많은 투자자들이 그 주식을 사고자 하기 때문이다.

누가 그리고 어떤 기업이 배당을 혹은 자본이득을 선호하는가?

물론 기업마다 크게 다르지만 보통 미국의 대기업은 영업이윤의 1/2 미만을 배당으로 분배하고 나머지는 유보한다. 단적인 예로 워렌 버핏(Warren Buffet)의 버크셔 헤서웨이(Berkshire Hathaway)는 단 한 푼도 배당으로 지급하지 않는 것으로 유명하다. 주주들은 어떠한 배당도 받고 있지 않으나 새로운 사업에 영업이윤이 투자됨에 따라 자신들의 주식가치가 엄청나게 상승하고 있다는 것을 눈으로 확인하고 있다. 헤서웨이 투자자들은 안정성보다는 위험을 감수하더라도 큰 수익을 기대하는 한편 현재 수입보다는 미래 수입을 선호하는 사람들이 대부분이다.

다른 한편 대부분의 전기, 가스, 전화 등과 같은 유틸리티 회사들은 영업이윤의 많은 부분을 배당으로 지급하고 있다. 이는 그들 기업의 주주들은 사채보유자들처럼 안정성을 중시하고 정기적인 수입에 관심이 많은 사람들이 대부분이기 때문이다. 물론 이러한 선호의 문제는 조세제도와도 관련이 깊다. 보통 은퇴자들과 같이 소득이 적어 세금부담이 적은 경우 정기적인 수입을 원하므로 배당을 선호하는 반면 여타 소득이 많아 세금부담이 높은 사람들은 배당으로 더 높은 과세부담을 지기보다는 유보를 통한 주식가치의 상승에 따른 자본이득 쪽을 선호한다.

한동안 빌 게이츠의 마이크로 소프트 역시 헤서웨이와 마찬가지로 배당을 한 푼도 하지 않았었다. 그러나 세법개정으로 배당소득에 대해 15% 세율로 인하된 이후 마이크로 소프트는 배당을 하기 시작했다. 다른 한편 금융종사자들은 마이크로 소프트의 이러한 변화를 마이크로 소프트 자신이 한 때 예측했던 것과 같은 유리한 투자기회가 더 이상 지속되지 못한다는 것을 암시하는 신호로 받아들이기도 했다.

주식수익률(stock return)은 어떻게 계산하는가?

배당이득(dividend gain)과 주가상승에 따른 자본이득(capital gain)을 합하여 계산한 주식수익률을 말하는데 미국의 재무용어라고 할 수 있다. 우리나라에서는 둘을 구별해서 수익을 내는데 미국의 경우 합하여 주식수익률을 구하고 있다. 계산식은 stock return = 투자이득(배당+자본이득)/투자대금. 예를 들면 1년전 국민은행 100주를 주당 4만원에 샀는데 1년 후 주가는 4만 2천원이 되었고 지난해 결산에서 배당으로 8만원을 받았다면 주식수익률=(8만원+20만원)/400만원=0.07 혹은 7%이다.

11.2 생산

11.2.1 생산이란?

생산(production) 사람에게 유용한 재화와 서비스를 만들어내는 활동

(1) 생산의 정의

생산이란 넓게는 '인간의 효용을 증가시키는 행위'라고 정의할 수 있고, 좁게는 '사람에게 유용한 재화와 서비스를 만들어내는 활동'이라고 정의할 수 있다.

(2) 기업의 생산동기

생산은 개인이나 정부에 의해서도 이루어지지만 대부분은 기업(firm)에 의해 이루어진다. 기업의 생산 동기는 무엇인가? 개별 기업이 처한 내·외부 사정에 따라 다르겠으나 기업은 기업경영의 목표를 일반적으로 이윤극대화, 매출극대화, 시장점유율 극대화 등으로 정하고 생산 활동을 한다.

이 책에서는 이윤극대화 원리에 초점을 맞추어 기업의 생산과 비용, 이윤을 설명하고자 한다. 이윤은 수입에서 비용을 빼고 남은 것으로 정의할 수 있다. 여기서 수입은 판매량×가격이며 비용은 생산과정에서 발생한 기회비용을 의미한다. 그러므로 '이윤극대화'를 위해서는 우선 재화를 '최소비용으로 생산'하여 '최고가격으로 가능한 한 많이 판매' 함으로써 '판매수입의 극대화'를 달성해야 한다.

11.2.2 생산함수

생산함수(production function) 생산요소와 산출량 간의 관계

(1) 생산함수란?

생산요소를 투입하여 재화나 용역을 생산할 때 생산요소와 산출량 간의 관계를 생산함수(production function)라고 한다.

$$Q = f(L, K) \tag{11.1}$$

규모에 대한 수익증가(increasing return to scale) 생산요소의 투입을 각각 N배씩 늘렸을 때 산출량이 N배보다 많이 증가하는 것

규모에 대한 수익감소(decreasing return to scale) 생산요소의 투입을 각각 N배씩 증가시켰을 때 산출량의 증가가 N배보다 작게 이루어지는 것

규모에 대한 수익불변(constant return to scale) 생산요소의 투입을 N배씩 증가시켰을 때 산출량도 정확히 N배만큼 증가하는 것

식 (11.1)은 일반적인 생산함수로써 노동(L), 자본(K)을 투입하여 산출량(Q)을 생산함을 보여준다. 물론 생산요소로 기술수준, 경영능력, 자연조건, 토지 등도 고려할 수 있겠으나, 여기서는 단순화를 위해 노동과 자본으로 한정하기로 하자. 이때 투입되는 생산요소를 투입물(inputs)이라고 하고 산출량을 산출물(outputs)이라고 한다.

노동과 자본의 투입을 각각 N배씩 늘렸을 때 산출량이 N배보다 많이 증가할 경우 '**규모에 대한 수익증가**'(increasing return to scale)라고 한다. 반대로 노동과 자본을 N배씩 증가시켰음에도 불구하고 산출량의 증가가 N배보다 작게 이루어졌다면 '**규모에 대한 수익감소**'(decreasing return to scale)라고 한다. 한편 생산요소의 투입을 N배씩 증가시켰을 때 산출량도 정확히 N배만큼 증가했다면 '**규모에 대한 수익불변**'(constant return to scale)이라고 한다.

(2) 단기와 장기

단기(short-run) 공장이나 기계설비와 같은 생산요소의 투입량을 조절할 수 없을 정도로 짧은 기간

장기(long-run) 생산시설의 규모를 조절할 수 있을 정도의 기간

생산에 있어서 **단기**(short-run)와 **장기**(long-run)의 구분은 매우 중요하다. 생산요소 중에는 노동이나 원자재처럼 생산량에 따라 마음대로 투입량을 조절할 수 있는 가변생산요소가 있는가 하면 공장이나 기계설비와 같이 투입규모를 단시일 내에 쉽게 조절할 수 없는 고정생산요소도 있다. 단기란 공장이나 기계설비와 같은 생산요소의 투입량을 조절할 수 없을 정도로 짧은 기간을 말한다. 반면에 장기란 모든 생산요소의 투입규모를 조절할 수 있을 정도의 기간을 말한다.

예를 들어 연 50만대의 생산능력을 갖추고 있는 자동차공장이 있다고 하자. 이 자동차공장은 연 80만대 생산규모로 생산시설을 확장하고자 한다. 시설확장에 소요되는 기간이 3년이라고 할 때 이 자동차공장의 단기와 장기를 구분하는 기간은 3년이 된다. 즉, 3년 이내의 단기에는 연산 50만대의 시설규모 하에서 생산 활동을 할 수밖에 없다. 그러나 3년이 지난 장기에는 시설확장이 완료되므로 연 80만대 생산시설로 생산활동을 할 수 있게 된다.

단기와 장기의 구분이 중요한 이유는 단기에는 주어진 공장이나 생산설비의 제약 하에서 생산활동을 해야 하므로 생산량이 투입노동량에 의해서만 결정된다. 동시에 시설을 갖추는데 시간이 필요하므로 단기에는 신규 기업이 산업 내로 진입(entry)할 수 없고 장기에만 진입이 가능하다는 점이다.

11.2.3 한계생산량과 평균생산량

노동의 한계생산량(MP_L, marginal products of labor) 한 단위의 노동을 추가로 고용할 때 추가되는 생산량

노동의 평균생산량(AP_L, average products of labor) 총생산량을 투입 노동량으로 나눈 값

(1) 노동의 한계생산량과 평균생산량

단기에는 생산시설과 같은 자본량이 고정되어 있으므로 생산량은 투입 노동량이 증가함에 따라 증가한다. 한 단위의 노동을 추가로 고용할 때 추가되는 생산량을 **노동의 한계생산량**(MP_L, marginal products of labor) 또는 노동의 한계생산물이라고 한다. 한편 총생산량을 투입 노동량으로 나눈 것을 **노동의 평균생산량**(AP_L, average products of labor)이라고 한다.

한계생산량과 평균생산량의 관계를 분명히 이해하기 위해 간이침대를 생산하는 가구공장을 예로 들어 설명해보자. 〈표 11-1〉은 가구공장의 생산함수와 노동의 한계생산량 및 평균생산량을 보여준다. 〈표 11-1〉에서 근로자의 수가 3명에서 4명으로 증가하면 월 침대생산량은 60대에서 100대로 40대 증가한다. 그러므로 4번째로 투입된 근로자의 노동의 한계생산량은 40대가 된다.

표 11-1
노동의 한계생산량 및 평균생산량

근로자수	월 생산량	노동의 한계생산량	노동의 평균생산량
0	0		0
		10	
1	10		10
		20	
2	30		15
		30	
3	60		20
		40	
4	100		25
		20	
5	120		24
		0	
6	120		20

한계생산성 체감의 법칙 생산요소의 투입이 증가할수록 한계생산량이 체감하는 현상

수확체감의 법칙 농업생산에 있어서 노동의 한계생산량이 체감하는 현상

노동의 한계생산량은 초기에는 체증하다가 투입 노동량이 어느 수준 이상으로 많아지면 체감하게 된다. 이러한 현상을 '**한계생산성 체감의 법칙**'이라고 부른다. 특별히 농업생산에 있어서의 노동의 한계생산량 체감을 '**수확체감의 법칙**'이라고 한다. 노동의 평균생산량 역시 초기에는 증가하다가 어느 수준을 넘어서면 체감한다.

그림 11-1

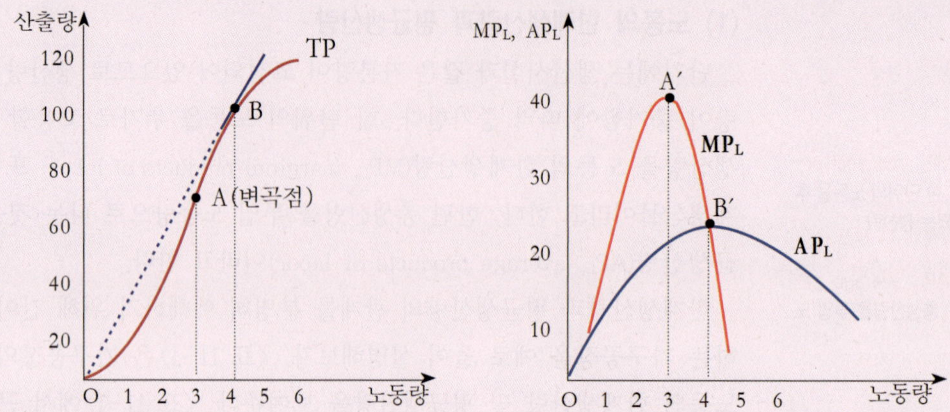

총생산량곡선과 한계, 평균생산량곡선의 관계

여기서의 총생산량곡선은 일반적인 형태를 그린 것인데 투입 노동량이 증가할 때 초기에는 생산량 증가속도가 빨라지다가 후기에는 생산량 증가속도가 둔해진다. 따라서 평균생산량과 한계생산량도 초기에는 증가하다가 후기에는 감소하는데 특기할 것은 한계생산량곡선은 평균생산량곡선의 최고점을 관통해 내려간다는 점이다.

[그림 11-1]은 총생산량곡선(TP)과 노동의 한계생산량곡선(MP_L) 및 평균생산량곡선(AP_L)간의 관계를 보여준다. TP곡선 위 임의의 한 점 B에서의 평균생산량은 원점 O와 TP곡선 위 점 B를 잇는 직선의 기울기가 된다. B점까지는 증가하다가 B점을 지나면서 감소하는 것을 알 수 있다. 반면 한계생산량은 곡선 TP 위 임의의 점에서의 접선의 기울기와 같다. 그러므로 변곡점 A에 이르기까지는 빠르게 증가하다가 A를 지나면서 하락하는 형태를 보인다. 한 가지 흥미로운 사실은 노동의 한계생산량이 체증하다가 체감하는 경우 MP_L곡선은 AP_L곡선의 최고점을 위에서 아래로 관통한다는 것이다. 왜냐하면 총생산량곡선 위 B점에서 접선의 기울기(한계생산량)와 원점을 지나는 직선 OB(평균생산량)가 일치하기 때문이다.

(2) 기술진보

기업 내에서 혹은 산업 내에서 노동생산성을 획기적으로 증가시키는 기술진보가 일어났다고 하자. 기술진보의 결과 기업은 주어진 노동과 자본량 하에서

그림 11-2

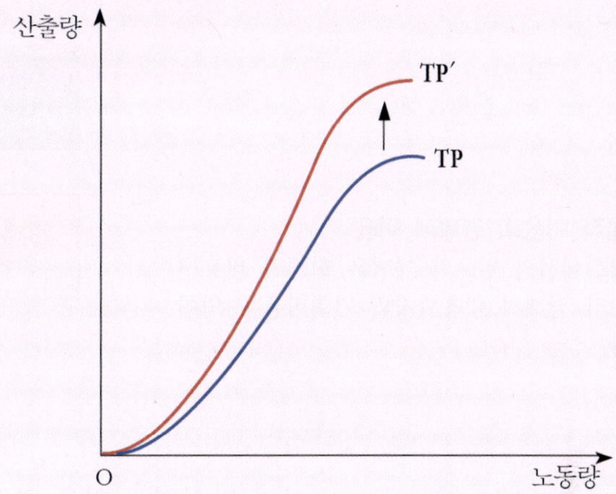

기술진보와 생산증가
기술진보로 단위노동당 산출량이 증가할 것이므로 총생산량곡선은 위로 이동한다.

전보다 더 많은 양의 산출량을 생산할 수 있게 된다. [그림 11-2]는 기술진보에 따라 총생산량곡선이 위쪽으로 이동한 것을 보여준다.

11.3 비용이론

11.3.1 회계적 비용과 경제적 비용

회계적 비용(accounting cost) 생산자가 생산과정에서 실제로 지불한 비용

잠재적 비용(potential cost) 생산자 자신의 소유자산이었기 때문에 회계적 비용으로 처리되지 않았던 귀속비용

경제학에서 말하는 비용(cost)은 회계학에서 말하는 회계적 비용과는 다르다. **경제적 비용**이란 생산에 따른 기회비용을 의미하는 것으로 회계적 비용 외에 잠재적 비용까지를 포함하는 개념이다. **회계적 비용**이란 명시적 비용이라고도 하는데 생산자가 생산과정에서 실제로 지불한 비용을 말한다. 한편 **잠재적 비용**이란 암묵적 비용이라고도 하는데, 생산자 자신의 소유자산이었기 때문에 회계적 비용으로 처리되지 않았던 귀속임금이나 귀속이자 등이 여기에 속한다.

이해를 돕기 위해 간단한 예를 들어 보자.

그림 11-3

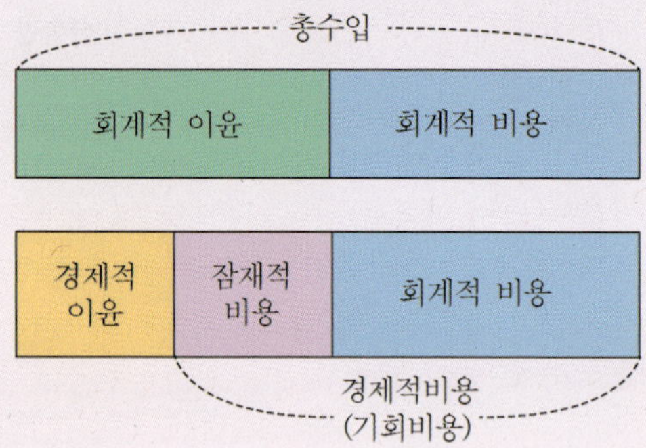

회계적 이윤과 경제적 이윤
경제학에서의 비용의 개념은 회계적 비용뿐 아니라 잠재적 비용까지의 기회비용을 의미한다.

자기 자신의 사업을 하고 싶어 했던 준영씨는 다니던 전자회사를 명퇴하고 자기가 살고 있는 집에 전자 서비스 점을 차렸다. 한 달 동안 실제로 자금이 들어오고 나간 것을 기록한 장부를 보니 총수입은 2,000만원이었고 지출액(회계적 비용)은 총 1,500만원이었다. 회계학적 개념에서 보면 (회계적)이윤은 500만원이 되는 셈이다.

경제적 개념에서는 잠재적 비용을 고려해야 하므로 달라진다. 사실 전자 서비스 점은 준영씨 소유이기 때문에 준영씨에게 임금을 지불하지 않았고 또 준영씨의 투자에 대해 이자도 지급하지 않았다. 그러나 준영씨가 서비스 점을 차리지 않고 다른 회사에 취직했더라면 받았을 임금이 월 300만원이고 투자한 돈을 은행에 예금할 경우 한 달 이자가 100만원이라고 하면 준영씨의 서비스 점은 준영씨에게 최소한 400만원을 지급했어야 한다. 지급해야 하는 것이지만 자신의 소유자산으로부터 발생한 비용이므로 지급하지 않은 비용을 '**귀속비용**'(imputed cost)이라고 한다. 잠재적 비용은 이런 귀속비용 등을 포함한다. 그러므로 준영씨의 서비스 점으로 인한 기회비용은 회계적 비용과 잠재적 비용을 합한 1,900만원이며 경제적 이윤은 100만원밖에 되지 않는다.

귀속비용(imputed cost) 지급해야 하는 것이지만 자신의 소유자산으로부터 발생한 비용이므로 지급하지 않은 비용

경제적 이윤은 순수이윤(pure profit)이라고도 부른다. 앞으로 우리가 계속해서 사용하게 될 비용과 이윤이라는 개념은 경제적 비용과 경제적 이윤을 의미한다.

11.3.2 단기비용과 단기비용곡선

(1) 총비용과 총비용곡선

월 5대의 수제(手製) 피아노를 생산하는 제조업체를 생각해보자.

이 회사는 우선 적당한 규모의 공장 터를 확보한 후 공장을 짓고, 연간 60대 생산규모의 생산설비를 갖추게 된다. 이와 같이 생산을 시작하기 위해서 기본적으로 준비되어야 하는 공장 부지나 생산설비와 같은 생산요소를 고정생산요소라고 하며, 그러한 생산요소에 들어가는 비용을 **고정비용**(fixed cost)이라고 한다. 고정비용은 이미 투입이 끝났기 때문에 50대를 생산하든 100대를 생산하든 산출량에 관계없이 일정하다.

고정비용(fixed cost) 공장 부지나 생산설비 같은 고정생산요소에 들어가는 비용

한편 생산이 시작되면서 원자재와 노동, 전기, 수도 등이 공급되어야 하며, 그 밖에도 운영에 따른 비용이 있다. 이와 같이 생산량이 증가함에 따라 투입량이 변하는 생산요소를 가변생산요소라고 하며 그에 소요되는 비용을 **가변비용**(variable cost)이라고 한다. 고정비용과 가변비용을 합한 값이 **총비용**(total cost)이다.

가변비용(variable cost) 생산량에 따라 투입량이 변하는 가변생산요소에 소요되는 비용

총비용(total cost) 고정비용과 가변비용의 합

〈표 11-2〉는 피아노를 생산하는 공장에 있어서 산출량 수준에 따른 여러 가지 비용의 변화를 보여준다. [그림 11-4]는 총비용곡선과 고정비용곡선 및 가변비용곡선의 관계를 보여준다. 고정비용곡선은 산출량수준에 관계없이 일정하다. 반면 가변비용곡선은 처음에는 서서히 증가하다가 산출량 4를 지나면서 빠르게 증가하고 있다. 총비용곡선은 고정비용곡선과 가변비용곡선을 산출량 수준에 따라 수직으로 합한 것이다. 그러므로 총비용곡선의 증가형태 역시 가변비용곡선의 형태와 동일하다.

왜 가변비용곡선과 총비용곡선은 처음에는 서서히 증가하다가 나중에는 빠르게 증가하는가? 고정비용은 고정되어 있으므로 총비용의 변화는 가변비용의 변화를 의미한다. 가변비용의 대부분을 차지하는 것이 노동자에 대한 임금이라고 할 때, 가변비용의 변화는 투입 노동자의 수와 관계가 있다.

앞서 11.2.3에서 살펴보았듯이 노동의 한계생산량(MP_L)은 초기에는 체증하다가 투입노동량이 많아지면 결국 체감하는 성질이 있다. 그러므로 노동의 한계생산량이 체증하는 초기에는 1단위의 산출량을 증가시키는데 비용이 많이 소요되지 않으므로 가변비용이 천천히 증가한다. 반면 노동의 한계생산량이 체감하는 후기에는 1단위의 산출량을 증가시키는데 비용이 많이 소요되므로 가변비

용의 증가속도가 빨라진다.

따라서 총비용곡선이나 가변비용곡선은 변곡점 A에서 형태가 변하는데 A점 이전에서는 천천히 증가하다가 A점을 지나면서는 빠르게 상승하는 형태를 보인다. 이는 앞서 보았던 총생산량곡선 TP와 반대이다. 생산성이 높을 때는 단위당 생산비용이 낮은 반면 생산성이 하락할 때는 단위당 생산비용이 상승할 수밖에 없다.

표 11-2
피아노 산출량과 비교

(단위 : 만원)

월 산출량	고정비용	가변비용	총비용
0	300	0	300
1	300	150	450
2	300	250	550
3	300	300	600
4	300	380	680
5	300	500	800
6	300	720	1,020
7	300	1,100	1,400
8	300	1,700	2,000

그림 11-4

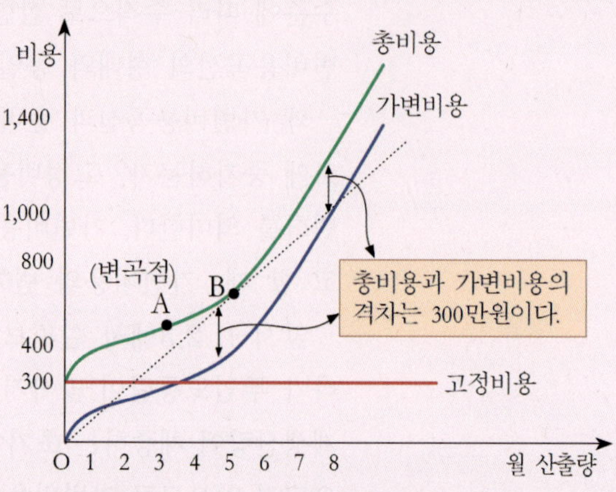

총비용곡선
총비용은 고정비용과 가변비용의 합이다. 단기에 고정비용은 일정하므로 총비용곡선의 형태는 가변비용곡선의 형태와 같다.

(2) 단기 평균비용과 한계비용

평균비용(AC, average cost) 총비용을 산출량으로 나눈 값

평균고정비용(AFC, average fixed cost) 고정비용을 산출량으로 나눈 값

평균가변비용(AVC, average variable cost) 가변비용을 산출량으로 나눈 값

〈표 11-3〉은 〈표 11-2〉로부터 평균비용과 한계비용을 계산하여 작성한 것이다. **평균비용**(AC, average cost)은 총비용을 산출량으로 나눈 값이다. **평균고정비용**(AFC, average fixed cost)은 고정비용을 산출량으로 나눈 것이다. 고정비용은 일정하므로 산출량이 증가함에 따라 평균고정비용은 점점 작아진다. **평균가변비용**(AVC, average variable cost)은 가변비용을 산출량으로 나눈 값인데, 산출량의 증가에 따라 평균가변비용은 초기에는 감소하다가 나중에는 증가한다.

표 11-3
평균비용과 한계비용

월 산출량	총비용	평균비용	평균 고정비용	평균 가변비용	한계비용
0	300				
					150
1	450	450	300	150	
					100
2	550	275	150	125	
					50
3	600	200	100	100	
					80
4	680	170	75	95	
					120
5	800	160	60	100	
					220
6	1,020	170	50	120	
					380
7	1,400	200	43	157	
					600
8	2,000	250	37.5	212.5	

[그림 11-5]에서 보듯이 평균가변비용곡선은 U자 형태를 취하게 된다. 평균비용곡선은 평균가변비용곡선에 평균고정비용곡선을 합한 것이므로 평균가변비용곡선과 마찬가지로 U자 형태를 취하되 그 위치는 평균가변비용 위 오른쪽으로 치우치게 된다. 평균비용곡선의 최저점 B′은 [그림 11-4]의 총비용곡선 위 점 B에 대응되는 점으로 단위당 생산비가 최저이므로 이 점에서 생산하는 것이 자원을 가장 효율적으로 이용하는 것이다. 그런 까닭에 평균비용곡선의 최저점을 최적생산점이라고 하고 그때 생산량을 **최적생산량**이라고 한다.

최적생산량(optimum output) 평균비용곡선의 최저점에서의 생산량

한계비용(MC, marginal cost) 산출량을 한 단위 증가시킬 때 추가비용

한계비용(MC, marginal cost)이란 산출량을 한 단위 증가시킬 때 총비용의 증가분을 의미한다. 산출량이 한 단위 증가할 때 총비용 중에서 고정비용은 변

그림 11-5

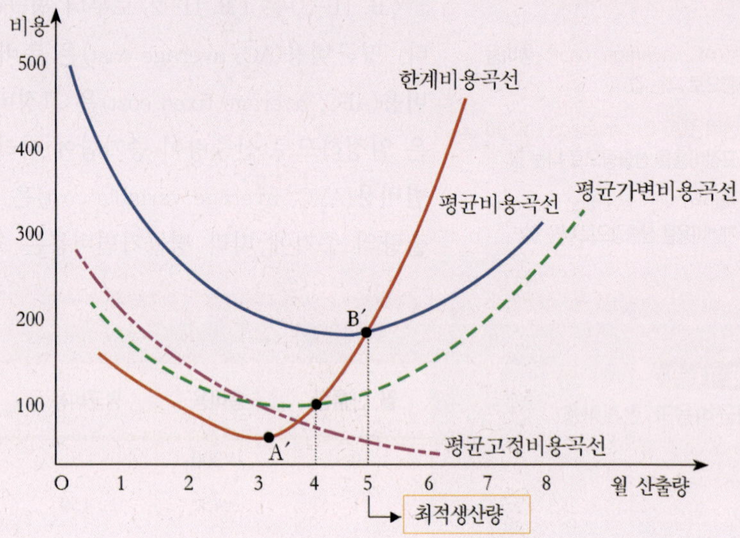

평균비용곡선과 한계비용곡선

이 그림은 〈표 11-3〉을 토대로 그린 것이다. 평균비용은 평균가변비용과 평균고정비용을 수직으로 합한 것이다. 한계비용곡선과 평균비용곡선, 평균가변비용곡선은 모두 U자형이다. 한계비용곡선은 평균비용곡선과 평균가변비용곡선의 최저점을 관통하여 올라간다.

화가 없으므로 결국은 가변비용의 증가분이 바로 한계비용인 셈이다. 가변비용이 초기에는 서서히 증가하다가 나중에 빠르게 증가하므로 추가비용을 나타내는 한계비용은 처음에는 감소하다가 나중에는 증가하게 된다. 따라서 한계비용곡선도 U자 형태를 취한다. 평균비용곡선의 최저점 B′와 한계비용곡선의 최저점 A′는 [그림 11-4]의 A, B점에 대응하는 것이다.

여기서 흥미 있는 사실은 평균비용곡선의 하강국면에서는 한계비용곡선은 평균비용곡선의 아래쪽에 위치하는 반면 평균비용곡선의 상승국면에서는 한계비용곡선이 평균비용곡선보다 위에 위치한다는 점이다. 그러므로 한계비용곡선은 평균비용곡선의 최저점을 아래로부터 관통한다.

위에서 설명한 평균비용, 평균고정비용, 평균가변비용, 한계비용 등은 단기평균비용, 단기평균고정비용, 단기평균가변비용, 단기한계비용 등과 같이 앞에 '단기'라는 접두어를 붙여야 마땅하고 그래야 장기비용과도 분명히 구별되는 것이 사실이다. 그러나 간단히 나타내기 위하여 장기비용의 경우에만 '장기'라는 접두어를 붙이고 단기의 경우에는 '단기'라는 접두어를 생략하여 쓰고 있음을 유의하기 바란다.

(3) 고정비용은 매몰비용인가?

제1장에서 매몰비용(sunk cost)은 '일단 지출하면 다시 회수할 수 없는 비용'이라고 정의한 바 있다. 고정비용은 상당부분 매몰비용의 성격을 갖고 있지만 동일한 개념은 아니다. 고정비용 중 공장 부지는 공장을 이전한 뒤 다른 용도로 사용할 수 있는 것이고 공장설비 등도 해체해서 처분하면 어느 정도 값을 받을 것이기 때문이다.

11.3.3 장기비용과 장기비용곡선

장기에는 모든 생산요소의 투입이 가변적이므로 고정비용의 개념이 없다. 장기적으로 기업은 평균비용이 가장 유리한 시설규모를 갖추어 생산하고자 할 것이다. 기업이 장기적으로 시설규모를 확장해나갈 때 평균비용이 감소하는 경우도 있고 반대로 확장할수록 평균비용이 상승하는 경우도 있다. 시설확장과 함께 평균비용이 감소하는 것을 '**규모의 경제**'(economies of scale)가 발생한다고 하고 반대로 시설확장에 따라 평균비용이 증가하는 경우 '**규모의 불경제**'(diseconomies of scale)가 있다고 한다.

규모의 경제(economies of scale) 시설확장과 함께 평균비용이 감소하는 경우

규모의 불경제(diseconomies of scale) 시설확장에 따라 평균비용이 증가하는 경우

대부분의 산업은 초기에는 규모의 경제가 발생하다가 적정규모를 넘어서면 오히려 규모의 불경제가 발생하는 것이 보통이다. 그러므로 [그림 11-6]에서 보듯이 일반적인 **장기평균비용곡선**(LAC, long-run average cost)은 U자 형태를 취한다. 장기평균비용곡선은 시간의 흐름에 따라 변하는 단기평균비용곡선들의 봉투곡선(envelope curve, 포락선이라고도 한다.)이다.

장기평균비용곡선(LAC, long-run average cost) 시간의 흐름에 따라 변하는 단기평균비용곡선들의 바깥 점을 연장한 곡선

장기평균비용곡선과 관련하여 주의할 점은 장기평균비용곡선은 시간의 흐름에 따라 시설규모가 확장되어 갈 때 단기평균비용곡선이 이동하는 궤적으로부터 그려진 곡선일 뿐이라는 것이다. 따라서 기업이 장기 평균비용곡선으로부터 장기 최적 시설규모를 결정한다 하더라도 실제 생산 활동은 그 때의 단기 평균비용곡선 위에서 하는 것이다. [그림 11-6]에서 장기 최적생산량 수준인 A점에서 생산한다고 할 때 그때의 비용조건은 단기 평균비용곡선 AC_2와 단기 한계비용곡선 MC_2가 된다.

그림 11-6

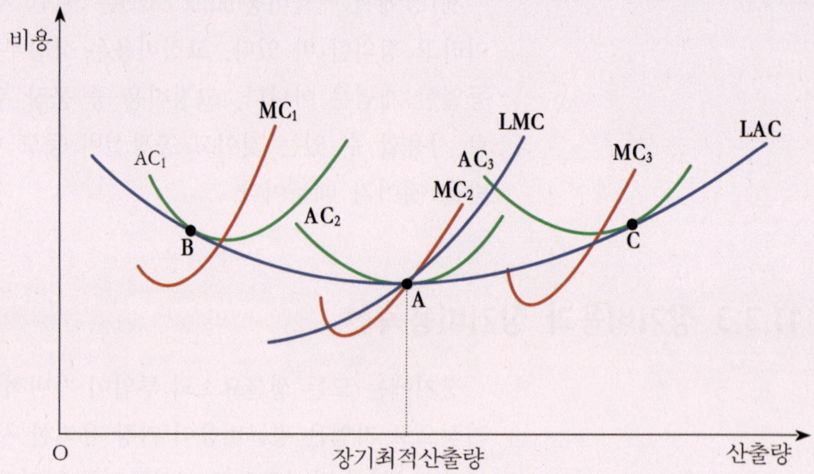

일반적인 장기평균비용곡선

장기평균비용곡선은 단기평균비용곡선들의 바깥 점을 연결한 포락선이다. AC_1은 최저점의 왼쪽에서 LAC에 접하고, AC_2는 최저점에서 LAC에 접하고, AC_3는 최저점의 오른쪽에서 LAC에 접한다.

11.3.4 기술진보와 비용곡선

어느 기업이 생산에 있어 획기적인 기술진보를 이루었다면 그 기업의 생산비 조건은 유리하게 바뀐다. 기술진보는 노동과 자본의 한계생산량을 증가시킴으로 같은 산출량을 생산하는 비용이 종전보다 낮아지게 된다.

[그림 11-7]에서 보듯이 기술진보가 일어나면 총비용곡선(TC)과 평균비용곡선(AC) 및 한계비용곡선(MC)이 모두 종전보다 오른쪽 아래로 낮아진다. 원점을 지나는 보조선이 TC, TC′곡선과 접하는 점 A와 B에 대응하는 점, A′, B′에서 AC와 MC가 만난다.

11.4 시장형태와 이윤극대화 원리 간의 관계

지금까지 기업의 생산과 생산비용에 대해 단기와 장기로 나누어 살펴보았다.

그림 11-7

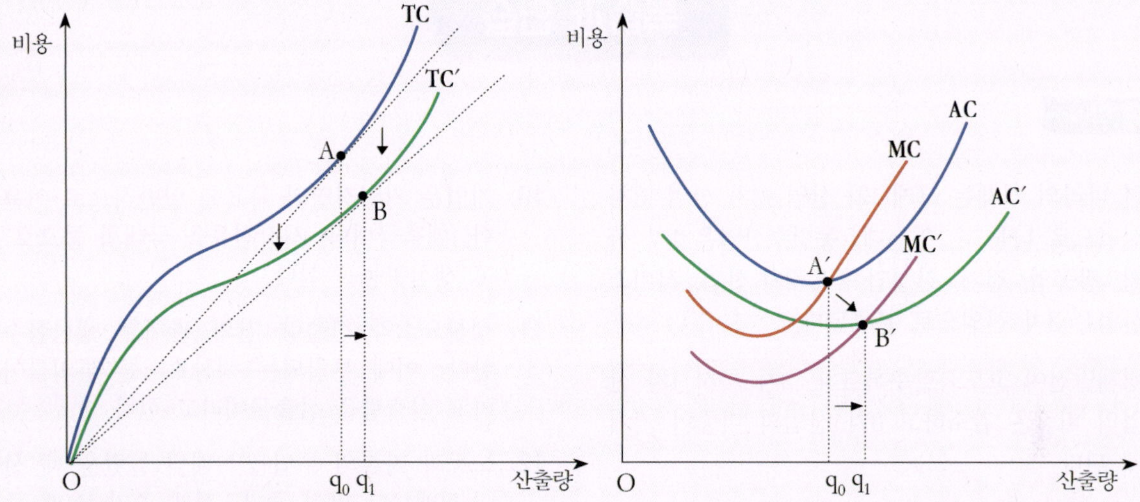

기술진보와 비용곡선의 이동

기술진보가 발생하면 단위당 생산비용이 감소하므로 총비용곡선이 아래로 이동한다. 한계비용곡선과 평균비용곡선은 오른쪽 아래로 이동한다.

이러한 기업의 생산과 비용은 시장형태가 완전경쟁이든 독점적 경쟁이나 독점, 과점처럼 불완전경쟁이든 상관이 없다. 즉, 생산과 비용이란 생산요소를 조달하여 자신의 주어진 기술수준과 경영능력을 통해 가장 효율적으로 생산하면 되는 것이므로 생산된 재화가 팔리게 될 시장형태와는 관계가 없는 것이다.

이제 이윤극대화 원리에 따라 활동을 하는 기업이라면 보다 높은 수입과 보다 적은 비용구조를 갖추어야 한다. 여기서 수입구조는 판매량을 판매가격으로 곱한 값이므로 판매가격과 관련이 깊다. 재화의 판매가격은 시장형태가 완전경쟁시장이냐 혹은 독점과 같은 불완전경쟁시장이냐에 따라 달라진다. 그러므로 다음 12, 13, 14장에서 시장형태에 따른 기업의 가격결정과 수입구조를 살펴본 후 11장에서 논의한 생산비용을 덧붙여 이윤극대화 균형을 찾아보고자 한다.

복습과 연습

요약

1. 한 나라의 경제는 크게 1차 산업, 2차 산업, 3차 산업으로 나눌 수 있는데, 농림수산업은 1차 산업, 광공업, 전기, 건설업 등은 2차 산업, 서비스 산업은 3차 산업으로 분류된다.
2. 경제발전이 고도화할수록 1차, 2차 특히 1차 산업의 비중은 감소하고 3차 산업의 비중이 커지게 된다.
3. 산업조직에 따른 기업행태를 분석하는 것을 산업조직이론이라고 하는데 기업의 행태는 산업 내 기업의 수효와 밀접한 관련이 있다.
4. 기업은 공기업과 사기업으로 나눌 수 있고 사기업은 개인기업과 합명, 합자, 유한, 주식회사로 나눌 수 있다.
5. 회사의 출자자인 사원은 유한책임사원과 무한책임사원이 있다.
6. 결산시점에서 발생한 이윤을 주주에게 배당하지 않고 일부를 재투자에 사용할 수도 있는데 이것을 사내유보이윤이라고 한다.
7. 기업자금을 외부에서 조달하는 방법은 은행 등의 금융기관을 통한 간접금융과 주식발행, 채권발행, 사채조달 등의 직접금융이 있다.
8. 주식투자를 통해 주주가 되려는 것은 배당금 외에 자본이득을 얻으려는 목적도 있다.
9. 생산이란 '사람에게 유용한 재화와 서비스를 만들어내는 활동'이라고 정의할 수 있다.
10. 기업은 기업경영의 목표를 일반적으로 이윤극대화, 매출극대화, 시장점유율 극대화 등으로 정하고 생산활동을 한다.
11. 생산요소와 산출량 간의 관계를 생산함수라고 한다. 이때 투입되는 생산요소를 투입물이라고 하고 산출량을 산출물이라고 한다.
12. 노동과 자본의 투입을 N배씩 늘렸을 때 산출량이 N배보다 많이 증가, 적게 증가, N배 증가하면 각각 규모에 대한 수익증가, 규모에 대한 수익감소, 규모에 대한 수익불변이라고 부른다.
13. 단기란 공장이나 기계설비와 같은 생산요소의 투입량을 조절할 수 없을 정도로 짧은 기간을 말한다. 단기에는 신규기업이 산업 내로 진입할 수가 없고 장기에만 진입이 가능하다.
14. 한 단위의 노동을 추가로 고용할 때 추가되는 생산량을 노동의 한계생산량 또는 노동의 한계생산물이라고 한다.
15. 기술진보는 기업이 주어진 노동과 자본량 하에서 전보다 더 많은 양의 산출량을 생산할 수 있게 해준다.
16. 경제학에서 말하는 비용은 회계학에서 말하는 회계적 비용과는 다르다. 경제적 비용이란 생산에 따른 기회비용을 의미하는 것으로 회계적 비용 외에 잠재적 비용까지를 포함하는 개념이다.
17. 자신의 소유자산으로부터 발생한 비용이므로 지급하지 않은 비용을 '귀속비용'이라고 하는데 잠재적 비용에 속한다.

18. 고정비용과 가변비용을 합한 값이 총비용이다.

19. 한계비용은 산출량이 한 단위 증가할 때 총비용의 증가분인데, 총비용 중 고정비용은 변화가 없으므로 결국 가변비용의 증가분이 바로 한계비용인 셈이다.

20. 일반적인 형태의 비용곡선으로부터 도출된 한계비용곡선과 평균비용곡선은 모두 U자형의 곡선인데 한계비용곡선은 평균비용곡선의 최저점을 아래로부터 관통하면서 올라간다.

21. 장기에는 모든 생산요소의 투입이 가변적이므로 고정비용의 개념이 없다. 기업이 장기적으로 시설규모를 확장해 나갈 때 평균비용이 감소하는 경우도 있고 반대로 평균비용이 상승하는 경우도 있다.

22. 기업이 장기평균비용곡선으로부터 장기 최적 시설규모를 결정한다 하더라도 실제 생산활동은 그때의 단기평균비용곡선 위에서 하는 것이다.

중요개념

산업조직	1, 2, 3차 산업	합명회사	합자회사
유한회사	주식회사	유한책임사원	무한책임사원
사내유보이윤	간접금융	직접금융	배당금 자본이득
이윤극대화	규모에 대한 수익	생산	생산함수
단기	장기	평균생산량	한계생산량
기술진보	비용	회계적 비용	경제적 비용
귀속비용	총비용	고정비용	가변비용
평균비용	한계비용	최적생산량	규모의 경제
규모의 불경제	장기비용	장기평균비용	장기한계비용

연습문제

Ⅰ. 다음 물음에 O, X로 답하고 그 이유를 밝히시오.

1. 생산에 있어 장기는 신규기업이 시장에 진입할 수 있을 정도로 긴 기간이다.

2. 생산요소인 노동과 자본의 투입량을 3배 늘렸더니 산출량이 2배 증가했다. 이는 규모에 대한 수

익이 증가한 것이다.

3. 노동만이 가변적인 생산요소라고 하자. 노동의 한계생산성이 제로일 때 총생산량이 극대화 된다.

4. 노동의 평균생산성은 결코 제로가 될 수 없다.

5. 어떤 기업에 있어서 기술진보가 일어났다면 같은 생산요소를 투입했을 때 종전보다 많은 산출량을 얻을 수 있다.

6. 총수입에서 총비용을 제한 것을 이윤이라고 한다.

7. 경제학에서 말하는 총비용은 경제적 비용으로 회계적 비용과는 다르다. 경제적 비용은 기회비용이라고 할 수 있는데 회계적 비용과 잠재적 비용을 합한 것이다.

8. 경제적 이윤은 초과이윤, 순수이윤이라고도 한다. 독점이윤도 경제적 이윤의 한 형태이다.

9. 어떤 완전경쟁기업의 경제적 이윤이 제로일 경우 이 기업은 이윤이 없으므로 장기적으로 전출하는 것이 낫다.

10. 단기에는 고정비용이 있으나 장기에는 고정비용이란 개념이 없다.

11. 평균비용, 한계비용, 평균고정비용 등의 곡선은 모두 U자형이다.

12. 장기평균비용곡선이 넓은 U자 형태일 때 장기평균비용이 하락하는 구간에서는 규모의 경제가 있다.

Ⅱ. 다음 물음에 답하시오.

1. 단기와 장기를 구별해보라.

2. 수확체감의 법칙을 설명하라.

3. 경제적 비용과 회계적 비용은 어떻게 다른가?

4. 어느 공장에서 첫 번째 제품을 생산하기까지 고정비용 300, 가변비용 200, 총비용 500이 소요되었고 두 번째 제품을 생산하기까지는 고정비용 300, 가변비용 250으로 총 550이 들었다면 두 번째 산출물의 평균비용과 한계비용은 얼마인가?
   (1) 150, 125 (2) 300, 250 (3) 275, 250
   (4) 150, 50 (5) 275, 50

5. 장기비용곡선이 하락하는 구간에서는 최적생산량이 500인 단기평균비용에서 500을 생산하는 것보다 최적생산량이 600인 단기평균비용곡선 위에서 500만 생산하는 것이 생산원가를 더 낮출 수 있다면 그 이유는 무엇인가?

6. 기업의 생산에서 단기와 장기를 잘못 설명하고 있는 것은?
   (1) 장기에는 고정생산요소가 없다.
   (2) 단기에는 기업의 전입이 자유롭지 못하다.
   (3) 단기에는 어떤 생산요소의 투입량도 조절할 수 없다는 한계가 있다.
   (4) 단기에는 손실을 보더라도 생산을 유지하는 것이 유리할 수도 있다.

7. A사의 총수입 2천만원, 회계적 비용 1,500만 원, 잠재적 비용 500만원일 때 잘못된 것은?
(1) 기회비용은 2천만원이다.
(2) 회계적 이윤은 500만원이다.
(3) 경제적 이윤은 제로이다.
(4) A사는 장기적으로 퇴출하는 것이 옳다.

8. 일반적인 형태의 개별기업의 단기평균비용곡선과 단기한계비용곡선의 관계 중 틀린 것은?
(1) 평균비용이 하락하는 구간에서는 평균비용이 한계비용보다 높다.
(2) 평균비용이 상승하는 구간에서는 평균비용이 한계비용보다 낮다.
(3) 한계비용곡선은 평균비용곡선의 최저점을 아래로부터 위로 관통한다.
(4) 평균비용곡선은 가변비용과 고정비용을 합하여 얻어진 곡선이다.
(5) 한계비용곡선은 평균가변비용곡선의 최저점을 아래로부터 위로 관통한다.

9. 최적생산량 혹은 최적산출량, 최적조업점, 최적점이라고 부르는 점은 다음 중 어느 곳을 가리키는가?
(1) 평균가변비용곡선의 최저점
(2) 한계비용곡선과 가격이 만나는 점
(3) 한계비용곡선과 한계수입곡선이 만나는 점
(4) 평균비용곡선의 최저점
(5) 이윤이 극대화되는 점

10. 전자회사 A사는 100억원의 자금을 투입해 생산설비를 구축하였다. A사의 생산과 관련한 아래 주장 중 잘못된 것으로 짝지어진 것은?
가. A사의 잠재적 비용이 제로라면 기회비용은 회계적 비용보다 크다.
나. 전자제품 매출액이 회계적 비용과 동일하다면 A사는 양(+)의 경제적 이윤을 얻고 있다.
다. 회계적 이윤이 0이라면 A사는 영업을 지속할 이유가 없다.
라. 생산설비 100억원이 모두 매몰비용이라고 하면 A사는 한계비용이 평균비용과 만나는 곳에서 생산을 하는 것이 옳다.
마. 제품가격이 평균가변비용보다 큰 이상 단기에는 생산을 중단하지 않는 것이 옳다.
(1) 가, 다 (2) 나, 다, 라 (3) 다
(4) 가, 나, 라 (5) 가, 다, 마

11. 수확체감의 법칙이 작용하고 있을 때 가변생산요소의 투입이 한 단위 더 증가하면?
(1) 총생산물은 감소한다.
(2) 평균생산물은 감소하지만 총생산물은 증가할 수도 있고 감소할 수도 있다.
(3) 한계생산물은 감소하지만 총생산물과 평균생산물은 증가한다.
(4) 한계생산물은 감소하지만 총생산물과 평균생산물은 증가할 수도 있고 감소할 수도 있다.
(5) 한계생산물이 마이너스가 된다.

12. 박씨는 직장을 그만두고 식당을 열었다. 식당 임대료 매월 5백만원, 종업원 두 명의 임금 월 300만원을 지출한다. 또한 운영자금으로 자기 돈 500만원과 은행 돈 500만원을 사용하였다. 은행 대출금리와 예금금리는 월 1%이다. 박씨가 회사에 취직해서 일한다면 매달 500만원의 소득을 벌 수 있다고 하자. 박씨의 식당 사업의 경제적 비용은 월 얼마인가?

13. 처음 열 사람의 노동자가 생산에 참여할 때 1인당 평균생산량은 20단위였다. 노동자를 한 사람 더 고용하여 생산하니 1인당 평균생산량은 19단위로 줄었다. 이 경우 11번째 노동자의 한계생산량은 얼마인가? 〈2006 감평〉

Chapter 12

완전경쟁시장과 독점적 경쟁시장

기업은 이윤극대화 원리에 따라 기업활동을 한다고 가정하기로 하자. 이윤이란 수입에서 비용을 뺀 것이므로 기업의 이윤을 분석하기 위해서는 제11장에서 살펴 본 기업의 비용조건 이외에 추가로 기업의 수입구조를 알아야 한다. 기업의 생산과 비용은 시장조직과 관계없이 동일하므로 묶어서 분석할 수 있으나, 기업의 수입구조는 시장조직에 따라 크게 다르므로 시장별로 분리하여 논의할 수밖에 없다. 시장조직은 크게 완전경쟁, 독점, 독점적 경쟁, 과점으로 나누어진다.

여기서는 완전경쟁시장과 독점적 경쟁시장의 단기균형과 장기균형을 논의한다. 완전경쟁시장과 독점적 경쟁시장의 근본적인 차이점은 개별기업이 생산하는 재화의 이질성 여부이다.

12.1 완전경쟁시장의 기본원리

12.1.1 완전경쟁시장의 정의

완전경쟁시장(perfect competition) 개별 공급자는 수많은 공급자 가운데 하나일 뿐이므로 시장가격에 영향을 미치지 못하는 가격수용자인 시장

완전경쟁시장(perfect competition)은 다음과 같은 성질을 동시에 만족하는 시장을 말한다.

① 시장 내 무수히 많은 공급자와 수요자가 존재한다. 개별 공급자는 수많은 공급자 가운데 하나일 뿐이므로 시장가격에 아무런 영향도 미치지 못한다. 즉, 자신이 공급량을 늘린다고 해서 시장가격을 낮출 수는 없다. 다시 말해서 완전경쟁시장에서 개별 공급자는 시장의 수요, 공급에 의해 결정된 가격 수용자(price taker)일 뿐이다.

전입(진입, entry) 새로운 기업이 산업(시장) 내로 들어오는 것

전출(퇴출, exit) 산업(시장) 내에 있던 기업이 생산을 중단하고 산업을 떠나는 것

② 공급자들은 모두 동질적(homogeneous)인 재화를 공급한다. 비교적 완전경쟁에 가까운 재화로는 국내산 곡물, 생선, 야채, 제주도산 감귤 등을 들 수 있다.

③ 기업의 전입(진입, entry)과 전출(퇴출, exit)이 자유롭다.

④ 시장참가자는 시장의 수요와 공급에 의해 결정된 가격에 대해 완전한 정보를 갖고 있다.

12.1.2 완전경쟁시장의 가격결정

[그림 12-1]은 완전경쟁시장에서의 산업균형을 보여준다. 완전경쟁시장에서 산업수요는 모든 개별 수요자의 수요곡선을 수평으로 합하여 얻어진 것이다. 마찬가지로 산업 전체의 공급은 시장 내 개별 공급자들의 공급곡선을 수평으로 합하여 얻어진다. 이제 완전경쟁시장에서의 시장가격은 시장의 수요와 공급에 의하여 결정된다.

시장에서 가격이 결정되면 개별 기업은 그 가격을 받아들일 수밖에 없다. 개별기업은 무수히 많은 기업 중의 하나이므로 자신의 공급량 조절은 시장공급량에 아무런 영향도 미치지 못한다.

그림 12-1

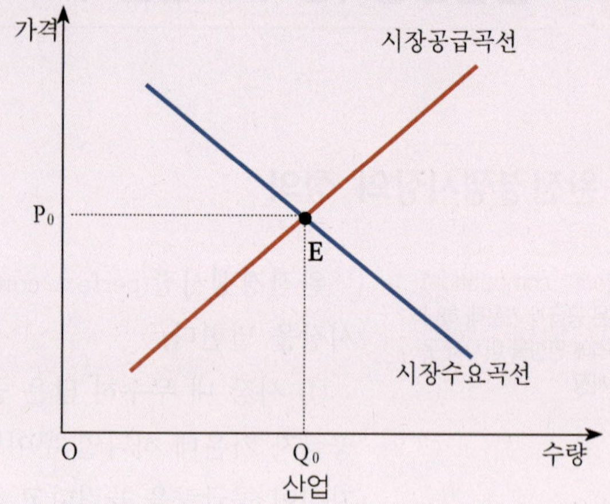

완전경쟁시장의 산업균형
완전경쟁시장의 균형은 시장수요와 시장공급이 일치하는 곳에서 이루어진다.

12.1.3 완전경쟁기업의 수입과 한계수입

총수입(TR, total revenue) 판매가격과 판매량을 곱한 값

완전경쟁시장 내 개별 기업의 **총수입**(TR, total revenue)은 가격과 판매량을 곱한 값이다. 여기서 가격(P)은 시장에서 결정된 것으로 개별 기업의 판매량 수준과 관계없이 일정하다. 이제 개별 기업 i의 총수입은 다음과 같이 나타낼 수 있다.

$$총수입(TRi) = 가격(P) \times 판매량(qi) \quad (12.1)$$

한계수입(MR, marginal revenue) 재화 한 단위를 추가로 판매할 때 추가되는 수입

기업의 균형을 분석하기 위해서는 총수입보다는 **한계수입**(MR, marginal revenue)의 개념이 더 유용하다. 한계수입이란 재화 한 단위를 추가로 판매할 때 추가되는 수입을 말한다. 완전경쟁기업에 있어서 한 단위를 추가로 판매할 때마다 추가되는 수입은 바로 재화가격 그 자체이며 이는 판매량에 관계없이 일정하다. 그러므로 완전경쟁시장에서 개별기업 i의 한계수입(MRi)은 식 (12.2)와 같이 나타낼 수 있다. [그림 12-2]의 MRi는 완전경쟁 기업 i의 한계수입곡선을 나타낸다.

$$한계수입(MRi) = 가격(P) \quad (12.2)$$

그림 12-2

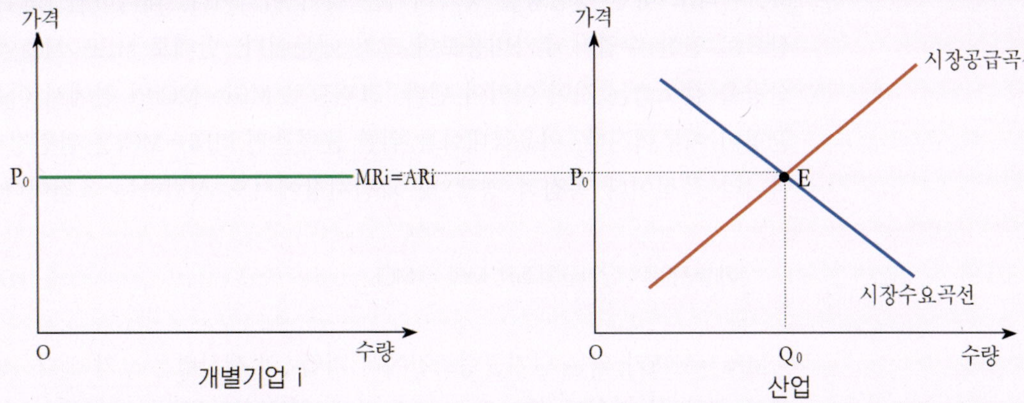

완전경쟁 기업 i의 한계수입곡선
완전경쟁기업의 한계수입곡선(MRi)은 시장에서 결정되는 가격과 동일하다.

완전경쟁시장에서 개별기업 i의 평균수입(ARi, average revenue)은 식 (12.3)과 같다.

$$\text{평균수입(ARi)} = \text{총수입(TRi)} \div \text{판매량(qi)} = \text{가격(P)} \qquad (12.3)$$

12.2 완전경쟁기업의 단기균형

12.2.1 단기 초과이윤과 단기균형

생산시설을 변경할 수 없는 단기에는 완전경쟁시장 내의 생산비 조건이 좋은 개별기업의 경우 단기 초과이윤을 얻을 수도 있다. [그림 12-3]은 단기에 초과이윤을 얻고 있는 기업 i의 단기균형을 보여준다.

[그림 12-3]에서 개별 기업 i의 단기균형은 MRi=MCi인 점 A에서 결정된

기업의 단기균형 MRi=MCi인 점에서 이윤극대화 균형이 결정됨.

다. 왜 기업의 단기균형은 MRi=MCi인 점에서 이루어지는가? 만일 MRi>MCi이라고 하면 생산량을 증가시키는 것이 이익이다. 왜냐하면 1단위 추가생산으로 인한 수입이 추가비용보다 크기 때문이다. 반대로 MRi<MCi이라면 생산량을 감소하는 것이 이익이 된다. 그러므로 MRi=MCi인 점에서 이윤극대화 균형이 이루어진다. 이윤극대화를 위한 균형조건 MRi=MCi는 완전경쟁시장뿐 아니라 독점이나 독점적 경쟁 및 과점시장에서도 성립하는 조건이다.

$$\text{개별기업의 단기균형조건 } MRi = MCi \tag{12.4}$$

MRi=MCi가 되는 단기균형조건에서 기업 i의 생산량은 q_0가 된다. 생산량 q_0에서 재화 한 단위당 가격은 P_0임에 반해 재화 한 단위당 평균비용은 OC이다.

그림 12-3

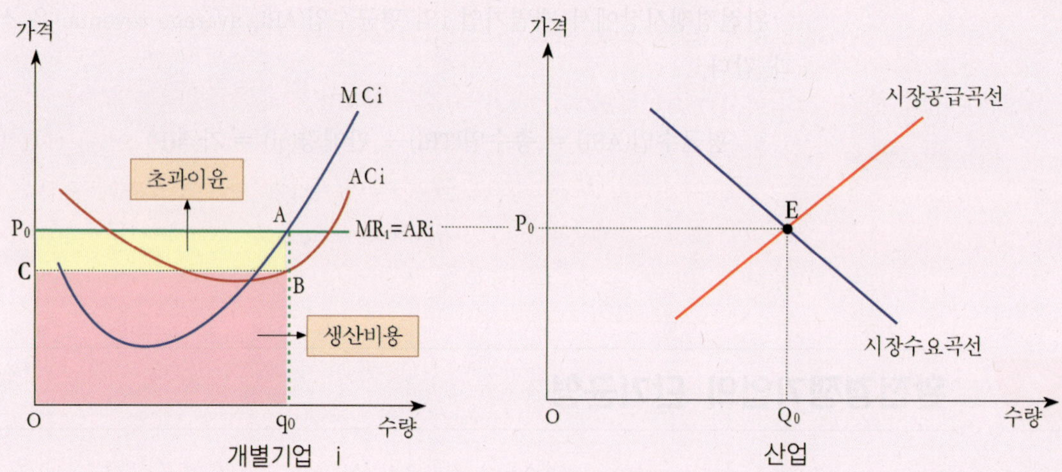

완전경쟁기업의 단기균형

시장균형가격이 P_0일 때 개별기업 i의 단기균형은 한계수입이 한계비용과 일치하는 A점에서 이루어진다. 산출물 단위 당 이윤은 단위당 평균수입(완전경쟁에서는 한계수입, 가격과 동일)과 단위당 평균비용간의 격차인 AB이다. 비용조건이 좋은 기업 i의 초과이윤은 □CP_0AB이다. 그림에서 □$OCBq_0$는 정상이윤을 포함하는 생산비용이다.

그러므로 기업 i는 생산량 q_0에서 단위당 AB만큼의 초과이윤을 얻고 있다. 기업 i의 초과이윤 총액은 단위당 이윤 AB에 판매량 q_0을 곱한 값이므로 그림에서 □CP_0AB의 면적이 된다.

완전경쟁기업은 단기에 모두 초과이윤을 얻는가? 결코 그렇지 않다. 기업 i와 같이 비용조건이 유리한 기업은 이윤을 얻지만 비용조건이 나쁜 기업은 손실을 볼 수도 있다. 초과이윤을 얻고 있는 기업은 장기적으로 생산규모를 확장하려고 하는 반면에 손실을 보고 있는 기업은 장기적으로 생산규모를 축소하거나 아예 시장에서 전출하려고 한다.

12.2.2 단기 손실최소화

완전경쟁기업 중에서 시장가격에 비해 비용조건이 좋지 않아 단기에 손실을 보는 기업은 장기적으로는 시장에서 전출할 수밖에 없다. 그렇다면 단기적으로는 생산을 계속하는 것이 유리한가? 혹은 당장 생산을 중단해야 하는가? 이 물음에 대한 답은 현재의 시장가격이 어느 수준에 있느냐에 따라 달라진다.

만일 시장가격이 평균비용(ACi)의 최저점보다는 낮지만 근로자의 임금이나 원자재, 기타 비용 등을 포함하는 평균가변비용(AVCi)보다 높다면 이 기업은 시장에 남아 일시적으로 생산을 계속하는 것이 유리하다. 왜냐하면 단기에는 생산을 중단할 경우 생산시설과 같은 고정비용에 대해 전혀 보상을 받을 수 없기 때문이다. 그러므로 가격이 평균가변비용보다 높다면 가변비용 외에도 고정비용의 일부를 보상받을 수 있으므로 생산을 계속하는 것이 이익이다. 즉, 손실을 최소화하기 위해 단기적으로는 생산을 계속하는 것이 유리할 경우도 있다. [그림 12-4]는 단기 손실최소화를 위한 균형생산량을 보여준다.

시장의 수요와 공급에 의해서 시장가격이 P_0에서 결정되었다고 할 때 기업 i의 균형생산량은 MRi=MCi에서 결정되므로 [그림 12-4]에서 기업 i의 단기균형은 점 D이다. 점 D에서 기업 i의 생산량은 q_0가 된다. 생산량 q_0에서 평균비용은 점 B의 Bq_0 높이가 된다. 그러므로 기업 i는 생산량 q_0에서 단위당 BD만큼의 손실을 보고 있다. 총손실은 □P_0ABD이다. ACi와 AVCi 간의 격차는 평균고정비용이므로 생산량 q_0에서 기업 i는 DF만큼의 단위당 고정비용을 보상받고 있는 셈이다. 즉, 기업 i는 시장가격이 AVCi의 최저점과 ACi의 최저점

그림 12-4

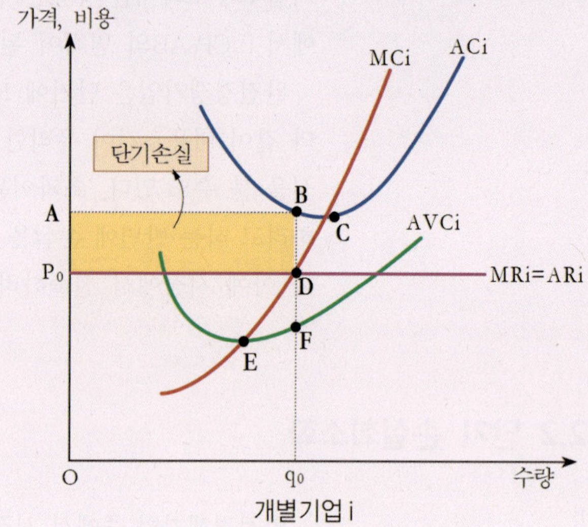

단기손실 최소화

시장균형가격이 P일 때 단기균형은 MRi=MCi인 D점이다. 이 때 BD만큼의 단위당 손실이 있고 총손실은 □P_0ABD이다. 이 기업은 비록 손실을 보고 있으나 단기적으로 계속 조업하는 것이 단위당 DF만큼 손실을 줄이는 방법이다.

사이에 있을 때 손실을 보고 있지만 단기적으로는 손실을 최소화하기 위해 조업을 계속하는 것이 유리하다.

현실에서도 위와 같이 단기손실을 최소화하기 위한 예들은 쉽게 찾아볼 수 있다. 학교 주변의 식당이 방학과 같은 비수기에도 영업을 계속하는 이유는 가변비용 이상의 수입이 있기 때문이다. 예를 들어 방학 중 총가변비용 500만원, 고정비용(가게 임대료 등) 200만원이라고 하자. 방학 중 700만원의 수입은 올려야 손실이 없다. 그러나 방학 중 600만원의 수입을 올려 100만원의 손실을 보더라도 영업을 계속하는 것이 휴업하는 것보다 낫다. 왜냐하면 휴업할 경우 손실은 고정비용에 대한 지출 200만원이기 때문이다. 다시 말해서 비수기지만 계속 영업하는 것이 영업을 하지 않을 경우 입게 될 손실, 즉 임대료 등의 고정비용을 일부나마 건질 수 있기 때문이다.

반면에 해변가 식당이 겨울철 비수기에 영업을 중단하는 이유는 종업원 임금, 재료비, 전기료, 수도료 등의 가변비용도 벌지 못하기 때문이다. 즉, 시장가격이 [그림 12-4]의 AVCi의 최저점인 E점보다 더 낮아진다면 기업 i는 당장 조업을 중단하는 것이 유리하다. 왜냐하면 조업을 계속할 경우 고정비용은 고사하고 가변비용도 모두 회수하지 못하기 때문이다.

12.2.3 완전경쟁기업의 수요, 공급곡선

(1) 완전경쟁기업이 직면하는 수요곡선

완전경쟁기업 i가 직면하는 수요곡선(di)은 시장가격에서 수평선이다. 즉, P =MRi=ARi=di가 된다. 완전경쟁기업 i가 직면하는 수요곡선(di)이 수평선인 이유는 다음과 같이 설명할 수 있다. 만일 수평선이 아니고 우하향 기울기를 갖고 있다면 모순이 일어나게 된다. 즉, 완전경쟁기업은 시장지배력이 없으므로 자신의 공급량을 변경함으로써 가격에 영향을 미칠 수 없다. 그러나 만일 자신이 직면하는 수요곡선이 우하향 한다면 공급량을 늘리면 가격을 인하할 수 있고, 공급량을 줄이면 가격을 상승시킬 수 있다는 얘기가 되므로 모순이 발생한다. 따라서 시장수요곡선은 우하향하지만 완전경쟁기업 i가 직면하는 수요곡선(di)은 시장가격에서 수평선일 수밖에 없는데, 이러한 수요곡선을 흔히 '**암묵적 수요곡선**'(implicit demand curve)이라고 한다. [그림 12-5]는 완전경쟁기업이 직면하는 수요곡선을 보여주고 있다.

암묵적 수요곡선 완전경쟁기업이 직면하는 수평선인 수요곡선

그림 12-5

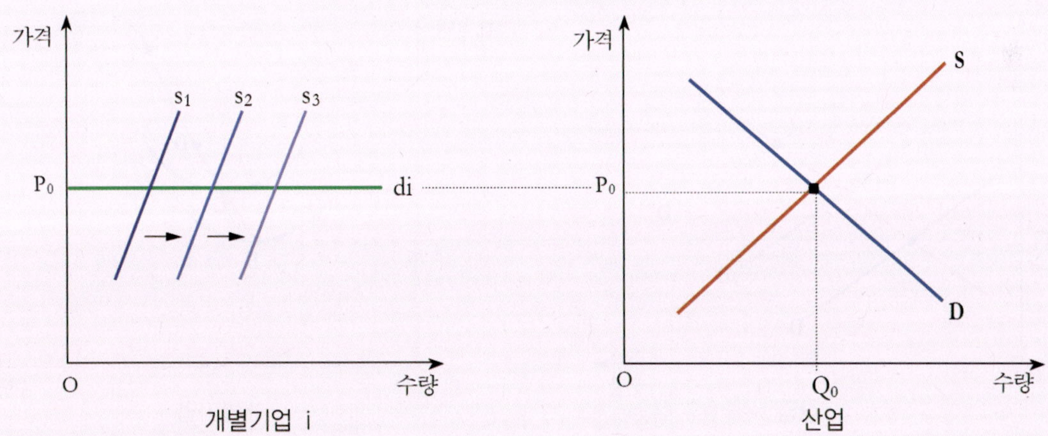

완전경쟁기업이 직면하는 수요곡선
완전경쟁기업은 시장 내 무수히 많은 공급자 가운데 하나일 뿐이므로 자신의 공급량을 아무리 조절하더라도 시장가격에 영향을 미치지 못하는 가격수용자이다. 그러므로 개별기업의 암묵적 수요곡선은 시장가격에서 수평선이 된다.

(2) 완전경쟁기업의 단기공급곡선

공급곡선은 가격변화에 따른 공급량의 변화를 나타내는 선이다. [그림 12-6]을 이용하여 완전경쟁기업의 단기공급곡선이 어떻게 그려지는지 살펴보자. 완전경쟁기업 i는 시장가격(P=MRi)과 자신의 한계비용(MCi)이 일치하는 곳에서 생산하는 것이 가장 유리하다는 것은 앞의 단기균형에서 살펴보았다. 그러므로 가격수준이 평균가변비용의 최저점 B보다 높을 경우, 가격이 $P_1 \rightarrow P_2 \rightarrow P_3$로 상승할 때 균형생산량은 가격(즉, 한계수입)과 한계비용이 일치하는 B→C→D로 증가한다. 즉, 가격수준이 평균가변비용의 최저점보다 높을 경우 완전경쟁기업 i의 공급곡선(Si)은 자신의 한계비용곡선 MCi가 된다.

이제 가격수준이 평균가변비용의 최저점보다 낮을 경우에는 어떻게 되는가? 이때는 더 이상 시장에서 조업할 필요가 없으므로 공급량은 제로가 될 것이다. 따라서 완전경쟁기업 i의 공급곡선(Si)은 [그림 12-6]에서 보는 것과 같이 OABCDE곡선이 된다.

그림 12-6

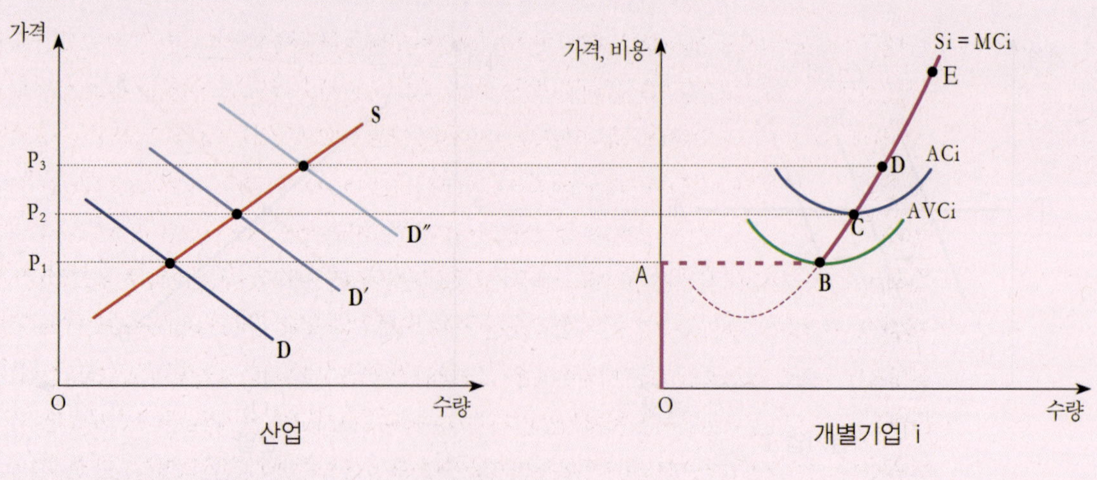

완전경쟁기업의 단기공급곡선
완전경쟁기업의 단기공급곡선은 시장가격이 평균가변비용곡선의 최저점보다 높을 경우 자신의 한계비용곡선과 같다. 가격이 AVCi보다 낮다면 가변비용도 회수 못하므로 더 이상 조업할 필요가 없고 공급량은 제로가 된다.

Q & A

학생의 질문

A라는 재화를 거래하고 있는 완전경쟁시장 내에서 단기에 어떤 기업은 이윤을 얻는데 반해 다른 기업은 손실을 보고 있다면 그 까닭은 그들이 직면하는 시장과 고객이 서로 다르기 때문인가요? 아니면 어떤 이유가?

어느 학생의 답변

기업의 생산비용조건이 서로 다르기 때문이라고 생각되는데요..

12.3 완전경쟁시장의 장기균형

(1) 장기균형

장기균형(long-run equilibrium) 장기라는 시간의 흐름 속에서 산업 내 모든 기업이 제로이윤을 얻는 상태

장기에는 공장 부지나 생산설비와 같은 생산요소를 모두 변경할 수 있으므로 고정비용이란 개념이 존재하지 않는다. 경기가 좋아 완전경쟁시장 내 많은 기업들이 단기에 초과이윤을 얻고 있다면 다른 시장에 속해 있던 기업과 새로 사업을 시작하려는 기업들이 이 시장으로 전입을 한다. 이미 시장 내에 있는 기존 기업들도 장기적으로 시설확장을 하려고 한다. 이러한 기업의 신규 진입과 시설확장은 시장의 공급을 증가시켜 공급곡선을 우측으로 이동시킨다. 시장 공급의 증가는 시장가격을 낮추게 된다. 결국 장기적으로 모든 기업이 평균비용곡선의 최저점에서 생산을 하게 되고 초과이윤도 소멸되는 장기균형 상태에 이른다. [그림 12-7]은 이러한 장기균형을 보여준다.

[그림 12-7]에서 완전경쟁산업과 기업 i의 단기균형은 각각 점 A와 a이며 균형량은 각각 Q_0, q_0이다. 생산량 q_0에서 기업 i는 초과이윤을 얻고 있다. 장기적으로 새로운 기업이 시장으로 진입하고 동시에 기존 기업 중 이윤을 얻고 있는 기업들의 시설확장으로 시장의 공급이 증가한다. 공급증가와 함께 시장공급곡선이 오른쪽으로 이동하고 시장가격은 P_0에서 P_1로 하락한다. 시장의 장기

그림 12-7

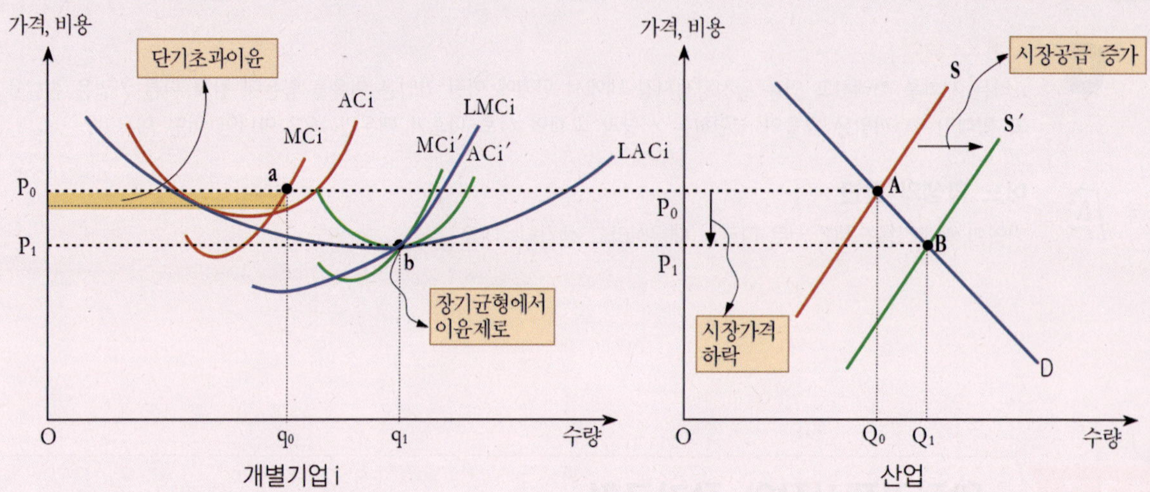

완전경쟁시장의 장기균형

단기에 초과이윤이 있다면 신규 기업의 시장진입이 일어나고 기존 기업은 시설확장을 한다. 그러므로 시장의 공급이 증가하고 시장가격은 하락한다. 장기균형에서 어떤 기업도 초과이윤이 없다.

균형은 점 B, b가 되고, 산업의 장기균형량은 Q_1 기업 i의 장기균형 생산량은 q_1이며 이때 완전경쟁기업의 초과이윤은 제로가 된다.

(2) 장기와 장기균형의 차이점

장기와 장기균형은 다른 개념이다. 장기란 산업 내 개별기업이 고정생산요소의 투입을 조절할 정도의 기간임에 반해 장기균형은 장기라는 시간의 흐름 속에서 산업 내 모든 기업이 도달하는 균형상태를 의미한다.

그러므로 자동차산업에서 단기와 장기를 구분하는 기간이 4년이라고 할 때 4년이 지났다고 해서 장기균형이 달성되는 것은 아니다. 자동차산업의 장기균형은 4년 이상의 어느 시점에서 산업 내 기업들이 모두 이윤이 제로가 되는 상태를 의미하는 것이다. 장기균형에 도달하면 산업 내 어떤 기업도 확장이나 전출을 하지 않으며 동시에 어떤 기업도 이 산업 내로 전입하지 않는다. 그러므로 장기균형에 이르기 전까지는 장기라 하더라도 개별기업이 이윤이나 손실을 얻을 수 있다. 물론 장기균형에 도달하면 어떤 기업도 이윤이나 손실이 발생하지 않는다.

12.4 독점적 경쟁시장

12.4.1 독점적 경쟁이란?

독점적 경쟁(monopolistic competition) 시장 내 다수의 공급자가 서로 이질적인 제품을 생산하고 있는 시장

독점적 경쟁(monopolistic competition)이론은 1920-30년대에 제시되기 시작했는데 영국의 **로빈슨**(J. V. Robinson, 1903-83)여사와 미국의 **챔벌린**(E. H. Chamberlin, 1899-1967)에 의해 크게 발전되었다.

독점적 경쟁이란 시장 내 각 기업이 서로 이질적 제품을 생산한다는 점을 제외하고는 완전경쟁과 비슷하다. 즉, 독점적 경쟁시장은 시장 내 다수의 공급자가 있는데 그들 각각은 서로 **이질적인 제품**을 생산하고 있는 시장이다. 완전경쟁시장에서 공급되는 제품은 모두 동질적이었음을 기억하기 바란다. 여기서 제품의 이질성이란 품질이 다르다든지, 디자인이 다르다든지, 사후서비스가 다르다든지, 판매점의 위치에 있어 차이가 나는 경우 등을 말한다. 제품이 서로 이질적이므로 각 기업은 자신의 제품에 대해 약간의 시장지배력을 갖고 있다. 기업은 이러한 시장지배력을 이용해 서로 다른 가격을 제시할 수 있으므로 약간의 가격결정력도 갖고 있는 시장이다.

사실 앞서 살펴본 완전경쟁시장이란 이상적인 시장형태일 뿐 현실 세계에서 그 예를 찾아보기는 매우 어렵다. 현실 경제에서 우리가 쉽게 발견할 수 있는 시장형태는 독점적 경쟁시장이 훨씬 많다. 예를 들어 학교 앞 분식점, 청량음료, 아이스크림, 의류, 학용품, 미용실, 시내 주유소, 우유, 농산물 등 우리 주변에서 독점적 경쟁 상품은 쉽게 발견할 수 있다.

독점적 경쟁은 다른 말로 불완전 경쟁(imperfect competition)이라고도 한다.

12.4.2 독점적 경쟁기업의 수요곡선과 한계수입

(1) 독점적 경쟁기업의 수요곡선

독점적 경쟁기업이 직면하는 수요곡선은 매우 완만한 형태의 우하향 기울기를 갖는다. 수요곡선의 기울기가 우하향인 이유는 개별기업이 시장지배력을 갖고 있어 가격결정력이 있기 때문이다. 즉, 개별기업이 생산량을 늘리면 가격을 낮추어야 하고 반대로 생산량을 줄이면 보다 높은 가격을 제시할 수 있다. 완전경쟁의 경우에는 개별기업은 시장지배력이 없고 가격결정력도 없었다.

한편 기울기가 완만하다는 것은 시장 지배력이 매우 약한 형태라는 것을 의미한다. 다시 말해서 어떤 기업이 가격을 약간 상승시키면 대체재가 많으므로 (다른 기업의 제품으로 수요가 옮겨가므로) 수요량은 크게 감소한다는 것이다.

(2) 독점적 경쟁기업의 한계수입곡선

완전경쟁에서와 마찬가지로 이윤극대화를 위한 기업균형을 찾으려면 비용조건 이외에 수입구조를 파악해야 한다. 즉, i기업의 경우 균형은 MCi = MRi에서 결정되는데 이제 우리는 독점적 경쟁기업의 한계수입을 알아야 한다. 독점적 경쟁기업의 **한계수입**(MR, marginal revenue)곡선은 수요곡선으로부터 도출된다. [그림 12-8]은 독점적 경쟁기업 i의 수요곡선(di)으로부터 한계수입곡선(MRi)이 도출되는 것을 보여준다.

한계수입(MR, marginal revenue) 생산물 한 단위를 추가로 생산함에 따른 추가 수입

[그림 12-8]에서 독점적 경쟁기업 i가 직면하는 수요곡선은 매우 완만한 우하향의 직선으로 그려져 있다. 물론 수요곡선이 직선일 필요는 없으나 분석의 단순화를 위해 직선으로 그렸을 뿐이다. 이제 결론부터 말하면 Y축과 수요곡선 di의 중간점을 이은 선 MRi가 바로 기업 i의 한계수입곡선이다. 즉, [그림 12-8]에서 BC = CD이다. 왜 한계수입곡선이 Y축과 수요곡선의 중간점을 지나는 가파른 곡선이 되는가? 이제 가격이 B라고 할 때 기업 i의 생산량은 q_0이다. 생산량 q_0에서 총수입(TRi)은 □OBDq_0가 된다. 한계수입이란 한 단위를 추가로 생산함에 따른 추가 수입을 의미한다. 우리는 생산량 q_0까지의 한계수입을 합한 것은 q_0에서의 총수입과 같다는 사실을 알고 있다.

그림 12-8

독점적 경쟁기업의 한계수입곡선
개별기업이 직면하는 수요곡선이 우하향하는 경우 개별기업의 한계수입곡선은 수요곡선의 1/2되는 부분을 지나는 곡선이다. 그림에서 BC=CD이다. 이는 독점적 경쟁기업 i가 생산량을 증가시키면 가격을 낮추어야 하는데 이때 기존 판매량의 가격도 모두 낮추어야 하기 때문에 한계수입은 가격보다 항상 낮을 수밖에 없다는 사실로 설명할 수도 있다.

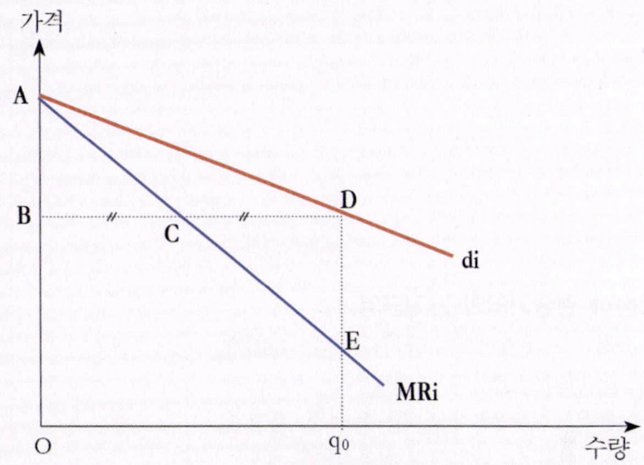

독점적 경쟁기업 i

$$총수입 = \Sigma 한계수입 \tag{12.5}$$

그러므로 BC=CD가 되는 점 C를 지나는 곡선이 한계수입곡선임을 증명하기 위해서는 한계수입의 총합인 □OAEq_0가 총수입 □OBDq_0와 같다는 것을 보이면 된다. △ABC와 △CDE는 마주보는 세 각이 같고 BC=CD이므로 합동이다. 그러므로 □OAEq_0=□OBDq_0이고, 따라서 C를 지나는 MRi가 바로 기업 i의 한계수입곡선인 것이다.

12.4.3 독점적 경쟁기업의 장 · 단기균형

(1) 단기균형

[그림 12-9]는 단기 초과이윤을 얻고 있는 기업 i의 단기균형을 보여준다. 독점적 경쟁기업의 단기균형은 완전경쟁에서와 같이 MRi=MCi에서 이루어진다. 그림에서 보면 한계수입곡선과 한계비용곡선이 만나는 점 D에서 균형이 이루어진다. 이때 기업 i의 균형생산량은 q_0이고 균형가격은 수요곡선 위의 점 A에 대응하는 P_0가 된다. q_0 생산량에서 평균비용은 점 B에 대응하는 OC이다.

그림 12-9

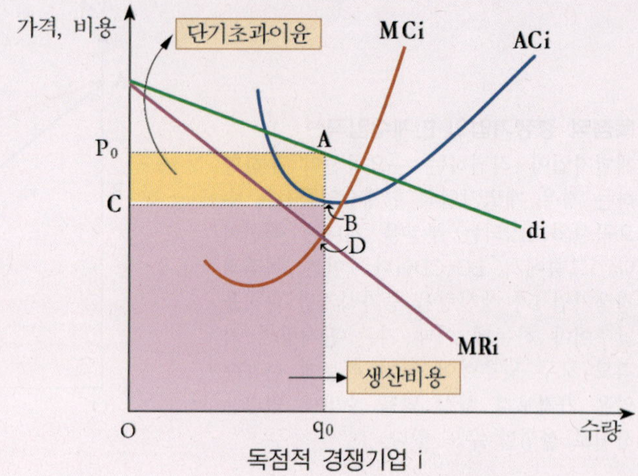

독점적 경쟁기업의 단기균형

독점적 경쟁기업의 단기균형은 MRi가 MCi와 만나는 D점에서 결정된다. 이때 초과이윤은 □CP₀AB가 된다. 독점적 경쟁기업이라 하더라도 단기에 손실을 볼 수 있다.

그러므로 기업 i는 단위당 AB만큼의 초과이윤을 얻고 있고 총이윤은 □CP_0AB가 된다. 모든 독점적 경쟁기업이 단기에 기업 i처럼 초과이윤을 얻는가? 그렇지 않다. 완전경쟁에서와 마찬가지로 비용조건이 유리한 기업은 초과이윤을 얻겠지만 비용조건이 나쁜 기업은 손실을 볼 수도 있다.

(2) 장기균형

장기에는 새로운 기업의 전입이 시작되고 기존 기업 중 초과이윤을 얻고 있는 기업의 시설확장이 이루어진다. 동시에 단기손실을 보았던 기업들은 전출한다. 장기적으로 신규기업이 전입하면서 개별기업의 시장 점유율은 다소 줄어든다. 따라서 개별기업이 직면하는 수요곡선은 약간 아래쪽으로 평행 이동한다. [그림 12-10]에서 보듯이 한계수입곡선(MRi)과 한계비용곡선(MCi) 및 장기한계비용곡선(LMCi)이 만나는 점 A에서 장기균형이 이루어진다. 이때 장기균형 생산량 q_1 수준에서 평균비용곡선(ACi)과 장기평균비용곡선(LACi)이 수요곡선(di) 위 점 B에서 동시에 접하게 된다. 독점적 경쟁기업의 장기균형에서는 가격과 평균비용이 일치하므로 초과이윤은 없다.

그림 12-10

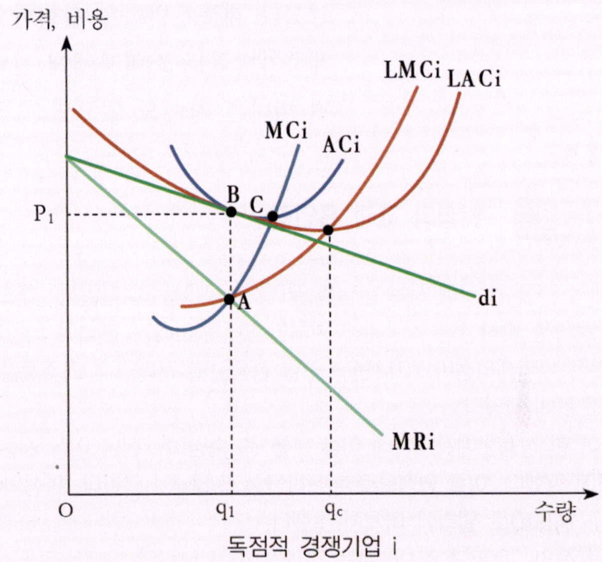

독점적 경쟁기업의 장기균형

독점적 경쟁기업의 장기균형에서는 초과 이윤이 없다. 장기균형은 완전경쟁의 경우보다 가격은 높고 산출량은 적다. 장기균형(B점)은 ACi의 최저점(C점)보다 약간 왼쪽에서 이루어지므로 생산시설의 일부가 가동되지 못하고 유휴상태에 놓여 있다.

독점적 경쟁의 장기균형생산량 q_1은 완전경쟁 상태에서의 장기균형생산량 q_c보다 낮은 반면 가격은 완전경쟁의 경우보다 약간 높다. 독점적 경쟁시장의 장기균형(B점)은 평균비용곡선 ACi의 최저점인 C점의 왼쪽에서 생산이 이루어지므로 각 기업은 생산능력의 일부를 활용하지 않고 있다. 이러한 유휴시설의 존재는 개별기업이 서로 이질적인 제품을 생산함에 따른 약간의 시장지배력이 있기 때문에 산출량을 조금 낮추는 대신 가격을 조금 높이는 전략을 사용함을 의미한다.

12.4.4 독점적 경쟁시장의 특징

우리 주변에서 완전경쟁시장은 거의 찾아볼 수 없으나 독점적 경쟁시장은 흔히 발견할 수 있다. 독점적 경쟁시장의 예로는 시내 주유소, 동네 병원, 어린이 학원, 중국집, 미용실, 당구장, Cafe, 마트, 편의점 등 우리 주변에 많이 있다.

독점적 경쟁시장은 가격경쟁보다는 광고나 제품차별화 전략에 의한 비가격경쟁이 보다 활발하게 이루어지는 시장이다. 즉, 각 기업은 가격인하 전략보다는 광고나 제품차별화를 강화함으로써 판매량을 늘리는 전략을 사용한다. 이러한 제품차별화는 소비자에게 선택의 폭을 넓혀준다는 점에서 긍정적이나 다른 한편 별다른 차이도 없으면서 광고를 통한 충동구매를 유도한다는 비판도 많다.

읽을거리 **맛집의 고객 흡인력**

백화점에서 가장 먼 곳에 사는 손님을 끌어오는 매장은 어디일까? 해외명품이나 화장품 매장을 떠올릴 법하지만, 실제로는 '델리 코너', 즉 백화점 지하 1층 식품관에 위치한 맛집들이라는 분석이 나왔다.

현대백화점 무역센터점이 2011년 1~9월 상품군별 구매고객 거주지를 분석한 결과, 델리 상품군이 가장 많은 지역에서 손님을 불러온 것으로 나타났다.

올해 들어 한 상품군에서 3차례 이상 돈을 쓴 손님이 1천명 이상 사는 곳을 상권으로 볼 때, 델리 상권은 서울시내 25개구(區) 중 20개구에 달했다. 이를 면적으로 환산하면 475.8㎢에 달한다. 여성의류는 11개구(295.1㎢), 화장품은 8개구(224.8㎢), 해외명품은 4개구(145㎢)로 델리에 미치지 못했다.

불과 6년 전인 2005년 조사에서는 결과가 전혀 달랐다. 델리 코너 상권은 4개구(145㎢)로 명품・화장품 21개구(488.8㎢)에 훨씬 못 미쳤다. 2005년 이 점포의 델리 매장에는 만두, 김밥 등 '분식점' 메뉴가 대부분이었으나 이후 세계 각국의 유명 외식 브랜드부터 길거리 맛집까지 다양한 매장이 들어오면서 손님을 끌어오는 대표적인 상품군으로 변신했기 때문이다.

그와 반대로 명품이나 수입 화장품은 6년 전 강남지역 백화점의 특화 매장이었지만, 요즘은 서울시내 웬만한 주요상권 백화점에 명품매장이 있어 손님이 여러 지역으로 분산됐다는 분석이다.

복습과 연습

요약

1. 기업의 생산과 비용은 시장조직과 관계없이 동일하므로 묶어서 분석할 수 있으나, 기업의 수입구조는 시장조직에 따라 크게 다르므로 시장별로 분리하여 논의할 수밖에 없다.

2. 완전경쟁시장에서 개별기업의 평균수입과 한계수입은 시장가격과 동일하다.

3. 완전경쟁시장의 기업 i는 시장가격이 평균비용(ACi)의 최저점보다는 낮지만 평균가변비용(AVCi)보다 높으면 단기 손실을 최소화하기 위해서 시장에 남아 계속 생산하는 것이 유리하다.

4. 완전경쟁기업 i가 직면하는 암묵적 수요곡선(di)은 시장가격에서 수평선이다.

5. 완전경쟁시장에서 장기적으로 모든 기업이 평균비용곡선의 최저점에서 생산을 하게 되고 초과이윤도 소멸되는 균형상태에 이른다.

6. 장기란 산업 내 개별기업이 고정생산요소의 투입을 조절할 정도의 기간임에 반해 장기균형은 장기라는 시간의 흐름 속에서 산업 내 모든 기업이 도달하는 균형상태를 의미한다.

7. 완전경쟁기업은 단기에 이윤이나 손실이 있다. 또한 장기균형에 이르기 전까지는 장기라 하더라도 개별기업이 이윤이나 손실을 얻을 수 있다. 물론 장기균형에 도달하면 어떤 기업도 이윤이나 손실이 발생하지 않는다.

8. 독점적 경쟁시장은 시장 내 다수의 공급자가 있는데 그들 각각은 서로 이질적인 제품을 생산하고 있는 시장이다.

9. 독점적 경쟁기업은 약간의 시장지배력과 가격결정력을 갖고 있다.

10. 독점적 경쟁기업이 직면하는 수요곡선은 매우 완만한 형태의 우하향 기울기를 갖는다. 개별기업이 시장지배력을 갖고 있어 가격결정력이 있기 때문이다.

11. 독점적 경쟁기업의 한계수입곡선(MRi)은 종축(가격축)과 수요곡선의 중간을 이은 선으로 기울기는 수요곡선의 2배나 가파르다.

12. 독점적 경쟁기업의 단기균형은 완전경쟁에서와 같이 MRi=MCi에서 이루어진다.

13. 독점적 경쟁기업은 단기에는 이윤과 손실이 있을 수 있으나 장기균형에서는 가격과 평균비용이 일치하므로 초과이윤이 없다.

14. 독점적 경쟁시장의 장기균형은 장기평균비용의 최저점인 장기 최적조업점의 왼쪽에서 생산이 이루어지므로 각 기업은 생산능력의 일부를 활용하지 않고 있는 셈이다.

15. 독점적 경쟁시장은 가격경쟁보다는 광고나 제품차별화 전략에 의한 비가격경쟁이 보다 활발하게 이루어지는 시장이다.

중요개념

완전경쟁	한계수입	단기균형	암묵적 수요곡선
완전경쟁기업의 단기공급곡선		평균가변비용	장기균형
최적조업점	단기 손실최소화	전입과 전출	독점적 경쟁
가격수용자	비가격경쟁		

연습문제

Ⅰ. 다음 물음에 O, X로 답하고 그 이유를 밝히시오.

1. 완전경쟁기업 i가 직면하는 암묵적 수요곡선이 수평인 까닭은 개별기업이 가격을 변경할 수 없다는 완전경쟁시장의 정의에서 찾을 수 있다.
2. 완전경쟁 기업의 한계수입과 평균수입은 시장가격과 동일하다.
3. 완전경쟁 기업은 단기에 경제적 이윤도 얻을 수 있고 손실을 보기도 한다. 그러나 장기균형에서는 경제적 이윤이 제로이다.
4. 시장형태가 어떠하든지 기업의 균형은 한계비용이 한계수입과 일치하는 곳에서 결정된다.
5. 완전경쟁시장에서 단기에 어떤 기업은 이윤을 얻는데 반해 다른 기업은 손실을 보고 있다면 그 까닭은 그들이 직면하는 시장과 고객이 서로 다르기 때문이다.
6. 어떤 완전경쟁기업이 한계비용이 가격보다 낮은 상태에서 생산을 하고 있다고 하자. 이 기업은 생산을 감소하면 유리하다.
7. 완전경쟁시장의 가격이 자신의 평균비용의 최저점보다 낮고 평균가변비용의 최저점보다 높다면 이 기업은 단기에는 조업을 하는 것이 손실을 줄이는 방법이다.
8. 장기균형에 있던 완전경쟁시장에 갑자기 수요증가가 일어났다. 시장가격이 변함에 따라 단기에는 기존 기업이 이윤을 얻었으나 장기적으로 신규기업의 진입이 일어나고 공급이 증가하면서 장기균형에서는 모든 기업의 이윤이 제로로 환원된다.
9. 완전경쟁시장에서 개별기업의 한계비용곡선의 일정부분 이상은 바로 그 기업의 공급곡선이기도 하다.
10. 장기비용곡선은 단기비용곡선들의 포락선인데 한 순간의 시점에서는 장기평균비용곡선이 현실적으로 이용 가능한 비용곡선은 아니고 기업은 결국 단기비용곡선 위에서 생산을 하는 것이다.

11. 독점적 경쟁시장은 완전경쟁시장과 대부분 비슷한데 단지 제품이 이질적이라는 것이 큰 차이점이다.
12. 독점적 경쟁기업이 직면하는 수요곡선은 독점에서의 시장수요곡선과 동일하다.
13. 독점적 경쟁기업은 약간의 시장지배력을 갖고 있으므로 약간의 가격결정력도 있다.
14. 모든 독점적 경쟁기업은 단기에 초과이윤을 얻을 수 있다.
15. 장기균형에서 독점적 경쟁기업의 초과이윤이 제로인 것은 완전경쟁시장에서와 동일하다.
16. 독점적 경쟁기업의 장기균형에서 수요곡선과 평균비용곡선이 접하는데 이때 균형생산량은 평균비용의 최저점인 최적조업점보다 적다.
17. 완전경쟁기업의 장기균형은 한계수입곡선과 장기한계비용곡선 둘이 만나는 곳에서 결정되며 단기한계비용곡선은 관계없다.

Ⅱ. 다음 물음에 답하시오.

1. 장기와 장기균형을 구별하라.
2. 완전경쟁기업의 단기공급곡선을 도출하시오.
3. 독점적 경쟁기업의 한계수입곡선을 도출해보라.
4. 시장가격이 하락했을 때 완전경쟁기업의 균형은 어떻게 이동하는가?
5. 완전경쟁시장에 대한 다음 기술 중 잘못된 것은?
   (1) 장기적으로 기업의 진입, 전출이 자유롭다.
   (2) 시장가격이 평균가변비용을 보상하지 못한다면 조업을 중단해야 한다.
   (3) 기업들이 장기적으로 어떤 시설규모를 택하느냐는 시장의 수요와 공급이 어떻게 변하는가와 관계가 있다.
   (4) 장기균형에서는 P=MRi=MCi=LACi=LMCi이다.
   (5) 단기는 물론이고 장기에 있어서도 완전경쟁기업들 간의 비용조건은 동일하다.
6. 단기적으로 손실을 보는 완전경쟁기업에 대한 다음 기술 중 잘못된 것은?
   (1) 시장가격이 평균가변비용도 커버하지 못한다면 즉시 조업중단하는 것이 낫다.
   (2) 장기적으로는 결국 퇴출하는 것이 옳다.
   (3) 일단 조업을 계속하기로 할 경우 평균비용곡선의 최저점에서 생산하는 것이 유리하다.
   (4) 해당기업이 기술개발이나 경영혁신을 이뤄낸다면 손실을 줄일 수 있다.
7. 독점적 경쟁과 관련하여 잘못된 것은?
   (1) 독점적 경쟁에서는 비가격경쟁이 심하다.
   (2) 독점적 경쟁시장에서는 과대설비를 설치하여 부분 가동함으로써 비효율이 발생한다.
   (3) 독점적 경쟁의 가격은 완전경쟁의 경우보다 높고 산출량은 적다.
   (4) 독점적 경쟁시장에서는 장기에 기업의 전출입이 자유롭다.
   (5) 독점적 경쟁기업이 직면하는 수요곡선은 단기에서나 장기에서나 동일한 곡선이다.

Chapter 13

독 점

독점(獨占)은 크게 공급독점(monopoly)과 수요독점(monopsony)으로 구별할 수 있으나 이 책에서는 공급독점에 대해서만 다루기로 한다. 다만 수요독점의 정의에 대해서 간략히 설명하고자 한다. 수요독점은 노동과 같은 생산요소에 대한 수요자가 하나일 경우 발생한다. 예를 들어 우리나라에서 재배된 담배 잎의 국내 독점수요자는 KT&G(한국담배인삼공사)이다. 다른 예로 지역에서 일할 곳이라곤 탄광 하나밖에 없는 산골마을의 경우 탄광회사는 그 지역 노동의 수요독점자이다.

13장에서는 독점의 정의와 독점시장의 단기균형과 장기균형을 다룬다. 그리고 독점의 비효율과 그에 대한 대책을 검토한 후 독점시장의 한 현상인 가격차별에 대해 살펴본다.

13.1 독점이란?

13.1.1 독점의 정의

독점(獨占, monopoly) 산업 내 공급자가 하나뿐인 경우

흔히 독점이라고 하면 산업 내에 공급자가 하나뿐인 경우를 말한다. 이 경우 독점기업은 그 자신이 산업 전체가 된다. 그러나 현실의 경제에서 어떤 산업이 현재 독점상태인가, 아닌가를 판정하는 기준은 단순히 산업내 기업 수의 문제라기보다는 '최상위 기업의 시장지배력이 얼마나 강한가?'와 관련이 있다.

우리나라의 경우 산업의 독점여부를 판정하는 업무는 공정거래위원회(Fair Trade Commission) 소관인데 공정거래위원회는 '독점규제 및 공정거래에 관한 법률 제4조'에서 최상위 기업의 시장점유율이 50% 이상인 경우나 상위 3개 기업의 시장점유율이 75% 이상일 경우 '시장지배적 사업자'로 추정하고 감독하고 있다. 그러므로 현실경제에서의 독점이나 과점의 정의는 교과서적인 정의와는 다르다 하겠다. 즉, 산업 내 유일한 공급자라는 기업의 수보다도 기업의 시장지배력이 얼마나 크냐가 독점여부를 판정하는 기준인 것이다.

시장지배적 사업자 최상위 기업의 시장점유율이 50% 이상인 경우나 상위 3개 기업의 시장점유율이 75% 이상일 경우

우리나라의 경우 담배산업, 철도운송산업, 상수도산업, 전력산업 등 국영산업은 독점이 많다. 반면 미국이나 일본 등 선진국에서는 철도, 전기와 같은 기간산업도 민간기업 간의 경쟁체제로 운영하고 있다.

13.1.2 독점의 생성원인

(1) 생산요소의 지배

생산에 필요한 생산요소를 어떤 한 기업이 독점하고 있는 경우 그 기업은 생산물시장에서 독점자가 된다. 예를 들어 어떤 담배회사가 전국의 담배농장을 모두 소유하고 있을 경우 그 회사는 담배생산에 있어 독점자가 될 것이다. 다른 기업이 담배시장에 뛰어들고 싶어도 원료를 확보할 수 없으므로 전입을 못하기 때문이다.

1870년 남아프리카에서 다이아몬드 광산이 발견된 후 세계 최대의 다이아몬드 광산을 통해 다이아몬드 제국을 건설한 드 비어스(De Bears)는 1929년 이후 20세기 말까지 70년간 전 세계 다이아몬드 시장을 독점적으로 지배했다. 한때 세계시장점유율이 70%에 이르기도 했던 '다이아몬드는 영원하다'(A Diamond is forever.)던 제국도 21세기 들어와서는 시장점유율 하락을 나타내고 있다.

2011년에는 드 비어스의 지분 40%가 세계적 광산그룹 앵글로 아메리칸(Anglo American.)에 넘어갔다. 현재 세계 다이아몬드 시장은 드 비어스, 러시아의 알로사(Alrosa), 호주의 리오틴토(Rio Tinto), 캐나다, 중국 등으로 분화되고 있다.

(2) 특허권이나 정부의 허가권

특허(patent)를 가진 기업은 특허법에 의해 보호를 받는 기간 동안 독점자가 된다. 혹은 독점이 공익에 도움이 된다고 판단하는 경우 정부에 의해 독점권이 부여되는 경우도 있다. 예를 들어 철도, 수도, 전기, 담배, 군수산업 등의 경우 공익성이 크다고 판단한 정부가 경쟁체제보다는 한 기업에게만 영업허가권(면허, license)을 줄 경우 독점기업이 된다.

과거 우리나라 항공산업의 예로 살펴보면 대한항공만이 영업허가를 받아 독점지위를 누린 적이 있었다. 그 후 항공산업의 경쟁을 통한 국제경쟁력 확보라는 차원에서 아시아나항공이 영업허가를 받아 독점체제가 경쟁체제로 바뀌었다. 정유산업, 자동차산업, 정보통신산업 등도 독점산업에서 경쟁산업으로 바뀐 경우이다.

(3) 자연독점

자연독점(natural monopoly) 규모의 경제에 비해 시장이 협소하여 다른 기업이 진입하지 않기 때문에 자연스럽게 독점이 된 경우

자연독점(natural monopoly)은 규모의 경제에 비해 시장이 협소하여 다른 기업이 진입하지 않기 때문에 자연스럽게 독점이 된 경우이다. 자연독점 하에서는 보통 한 기업의 최적생산량 수준보다도 시장규모가 작다. 따라서 다른 기업이 진입할 경우 두 기업 모두 시설투자규모에 비해 시장수요가 협소하므로 손실을 입는다.

[그림 13-1]은 어느 나라의 전력수요곡선과 전기회사 K의 평균전력생산 비용곡선을 보여준다. 평균비용곡선은 수요곡선과 만날 때까지 우하향하는 형태로 규모의 경제가 성립하고 있다. 전기회사 K가 유일한 전기공급자로써 A점에

서 Q_1의 전력을 P_1의 가격으로 판매하고 있다고 하자. 이제 새로운 전력회사 T가 시장에 진입하면 어떻게 될까? T사의 평균비용곡선 역시 K사와 동일하다. 두 기업이 모두 생산에 참여하여 시장을 균등하게 분할한다고 가정하면 각각 $1/2Q_1$의 전력을 생산하게 된다.

$1/2Q_1$량을 생산하기 위한 평균(생산)비용은 평균비용곡선 위 B점 높이(OP_2)이므로 각 기업은 최소한 P_2의 가격으로 판매해야 손실을 면할 수 있다. 그러나 두 기업의 합계산출량은 $Q_1(1/2Q_1 \times 2)$이므로 시장가격은 수요곡선 위에서 P_1일 수밖에 없다. 따라서 각기 $1/2Q_1$을 생산하고 있는 K사와 T사는 모두 단위당 P_1P_2만큼의 손실을 보게 된다. 만일 K와 T 모두 P_2 가격에 팔려고 한다면 두 기업 모두 생산량의 일부(CD)를 판매할 수 없어 역시 손해를 본다.

이제 기업 K는 생산을 늘릴수록 평균비용을 낮추고 손실을 줄일 수 있다고 생각하므로 $\frac{1}{2}Q_1$보다 생산량을 늘리려는 유인을 갖는다. 기업 K가 전력공급을 Q_1까지 늘린다면 기업 T는 시장을 잃고 전출할 수밖에 없다. 전출하지 않고 T 역시 전력공급을 늘린다면 두 기업 모두 생산량의 일부만 판매할 수 있고 결국 모두 더 큰 손실을 보게 될 것이다. 규모의 경제에 비해 시장이 협소한 경우 다른 기업은 진입할 유인이 없고 자연스럽게 독점이 된다.

그림 13-1

자연독점과 평균비용곡선

개별기업의 평균비용곡선이 수요곡선과 만날 때까지 우하향하는 규모의 경제가 발생하는 산업은 자연독점이 된다. 단일 기업만으로도 A점에서 균형을 얻고 시장수요를 충족할 수 있는데 만일 다른 기업이 전입하여 B점에서 시장을 나누어 P_2 가격으로 판매할 경우 생산량의 일부를 판매할 수 없다. 또 각각 $\frac{1}{2}Q_1$을 P_1 가격으로 판매한다면 모두 팔 수 있으나 단위당 P_1P_2만큼의 손실을 본다.

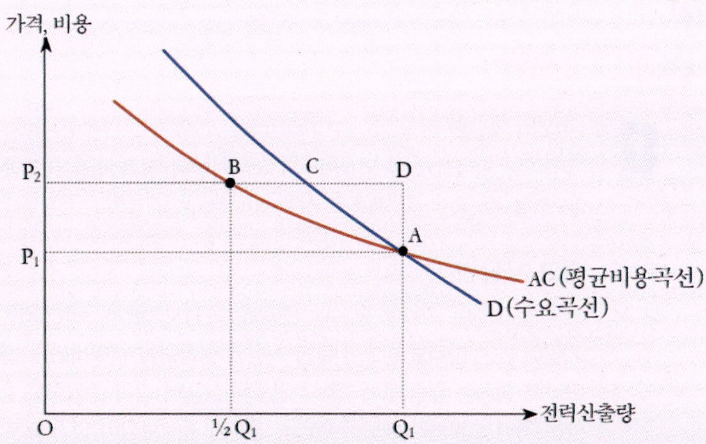

경쟁 그 자체가 좋은 것이 아니라 경쟁을 통해 비용이 줄어들고 가격이 하락하고 품질이 좋아질 때 경쟁이 좋은 것이다. 자연독점의 경우처럼 규모의 경제가 매우 커서 장기 평균비용곡선의 최저점이 시장수요곡선 밖에 위치한다면 경쟁은 오히려 비용만 높일 것이기 때문에 바람직하지 않다.

13.1.3 독점의 수요곡선과 한계수입곡선

(1) 수요곡선

독점자는 산업 내 유일한 공급자이므로 우하향하는 산업수요곡선이 바로 자신의 수요곡선이 된다. 독점자는 자신의 공급량을 조절함으로써 시장가격을 조절할 수 있다. 공급량을 줄여 가격을 높일 수도 있고 공급량을 늘려 가격을 낮출 수도 있다. 독점자가 가격을 결정할 수 있다고 해서 무조건 가격을 높이지는 않는다. 독점자의 가격전략은 이윤극대화 전략에 의해 이루어지는 것이기 때문이다. 가격상승은 수요량의 감소를 초래할 것이기 때문에 이윤극대화를 위해서는 '수요곡선의 가격탄력성이 어떠한가?' 하는 점이 중요하다. 수요곡선이 탄력적이라면 가격을 무조건 올리는 전략은 좋은 전략이 아니다.

Q & A

학생의 질문

독점이면 판매자가 한 명뿐이니까 소비자한테 팔고 싶은 가격으로 물건을 팔 수 있을 것 같거든요? 소비자 쪽에서는 어쩔 수 없이 그 제품을 사게 되니까.

안교수 답변

물론 팔고 싶은 가격에 팔 수는 있겠죠. 독점시장에서 독점기업은 그 시장 내의 공급량을 결정할 수 있으니까요. 독점기업이 높은 가격을 받고 싶다면 시장의 공급량을 줄여버리면 됩니다. 그렇지만 독점기업이 무턱대고 높은 가격을 받으려고 하지는 않습니다.. 왜냐하면 가격상승에 따라 수요량도 감소하게 되니까요. 수요량이 줄어 판매량이 감소하면 높은 가격을 받는다 해도 총수입이 증가한다는 보장이 없기 때문이죠.(수입은 가격×판매량) 그러니까 독점자라고 해도 가격을 마음대로 높여 받는 것이 아니라 가격증가에 따른 판매량 감소분을 고려해 자신의 이윤이 극대화되는 점에서 가격을 결정하게 되겠죠. 즉 독점자의 가격결정전략은 이윤극대화가격을 설정하는 것입니다.

그림 13-2

독점기업의 수요곡선과 한계수입곡선

독점기업의 수요곡선은 산업수요곡선 그 자체이다. 독점기업의 한계수입곡선은 독점적 경쟁기업에서와 같이 수요곡선과 종축(가격축)의 중간을 지나는 곡선이다. 즉 AB=BC, DE=EF가 된다. 가격이 하락할 때 기존 재화의 가격도 함께 하락함으로 한계수입은 가격보다 낮게 된다.

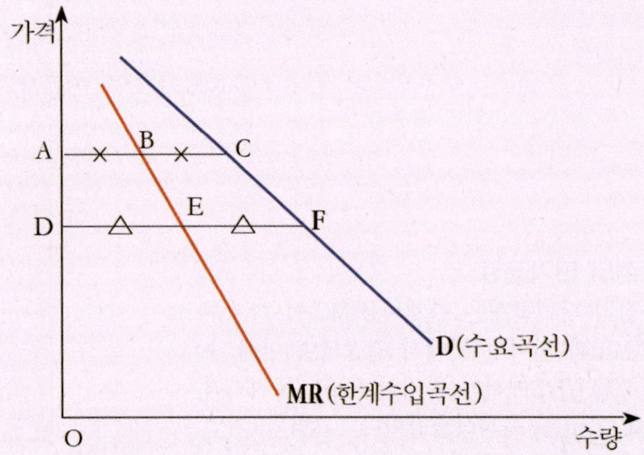

(2) 한계수입곡선

독점기업의 한계수입곡선(MR)은 독점적 경쟁기업의 경우와 마찬가지로 그래프의 종축과 수요곡선 간의 중점들을 연결한 선이다. 만일 수요곡선이 직선일 경우 한계수입곡선의 기울기는 수요곡선의 2배가 된다.

[그림 13-2]는 독점기업의 수요곡선과 한계수입곡선을 보여준다. 독자 여러분, 여기서는 편의상 직선처럼 그렸으나 곡선이라 하더라도 한계수입곡선을 그려내는데 문제는 전혀 없겠죠?

13.2 독점의 균형

13.2.1 단기균형

독점자는 산업 내 유일한 공급자이므로 자신이 공급량을 조절함으로써 가격을 자신의 뜻대로 결정할 수 있다. 그렇다면 독점기업은 자신의 이윤을 극대화하기 위해 얼마만큼 생산하여 얼마의 가격을 받아야 하는가? 독점의 균형은 완전경쟁이나 독점적 경쟁의 원리와 다를 게 없다. 독점시장의 균형은 한계수입

그림 13-3

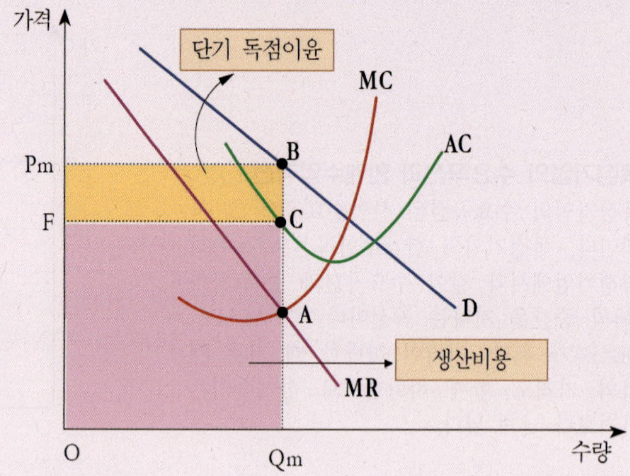

독점의 단기균형
독점의 단기균형은 한계비용(MC)이 한계수입(MR)과 만나는 곳에서 결정되며 이때 수요곡선 위 B에서의 가격인 Pm이 독점가격이고 Qm은 독점산출량이다. 그림의 기업은 □FPmBC의 독점이윤을 누리고 있다.

이 한계비용과 일치하는 수준에서 결정된다. 즉, MR=MC에서 균형이 이루어진다. [그림 13-3]에서 보듯이 MR=MC인 점 A에서 독점생산량은 Qm이 되고, 독점가격은 수요곡선 위의 점 B에서 결정되므로 균형에서의 가격은 Pm이 된다. 이때 독점기업은 재화 단위당 BC만큼의 독점이윤을 얻고 있으므로 총 독점이윤은 □FPmBC가 된다.

13.2.2 장기균형

독점기업은 장기적으로 독점이윤이 극대화될 때까지 생산시설을 확충해 나간다. 장기균형은 [그림 13-4]에서 보듯이 $MR=MC_2=LMC$되는 곳에서 결정되며 그때 산출량은 Qm_2가 되고 장기독점가격은 Pm_2이다. 장기균형의 독점이윤은 □GPm_2IJ가 되어 단기균형의 독점이윤 □FPm_1BC보다 크다.

만일 완전경쟁시장이었다면 장기균형점은 어떻게 되었을까? 완전경쟁시장에서의 장기균형점은 장기평균비용곡선 LAC의 최저점인 점 K가 되고 독점의 균형보다 가격은 낮고 산출량은 많다. 물론 완전경쟁시장에서의 장기균형에서는 초과이윤은 제로이다.

그림 13-4

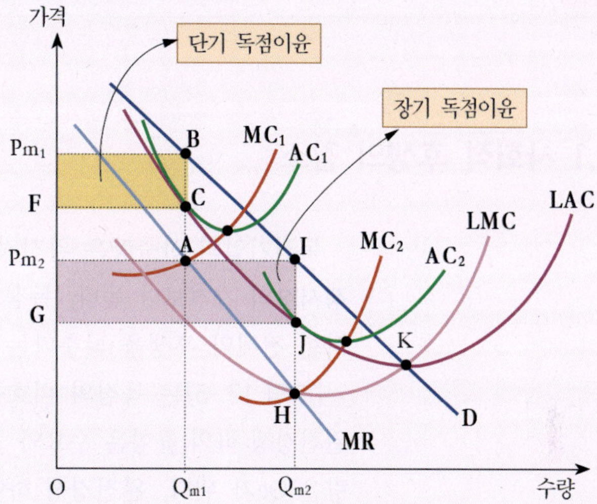

독점의 장기균형
생산시설규모를 확장할수록 비용조건이 개선된다면 장기적으로 독점기업은 생산규모를 확장한다. MR=MC=LMC에서 장기균형이 달성된다. 물론 MC_1과 MC_2는 AC_1과 AC_2의 최저점을 지난다. 장기독점이윤은 단기 독점이윤보다 크다.

Q & A

학생의 질문

균형점에 대한 질문인데요. 우선, 균형점은 MR과 MC가 만나는 점을 의미하는 건가요? 무슨 말이냐 하면,,^^~ 독점시장의 균형점을 찾는다면 MR=MC되는 점인가요? 아니면 그 곳에서 수직선을 그은 수요곡선 위의 점인가요?

안교수 답변

기업과 시장의 균형에서 균형점이란 여러 가지 포인트를 얘기할 수 있는데, 보통 MR=MC라는 것은 균형을 찾기 위한 첫 단계로써 이윤극대화 조건입니다. 균형점은 균형가격과 균형생산량으로 표현되는 것이 더 정확합니다. 따라서 독점기업의 균형은 MR=MC에서 수직선을 그려 만나는 생산량이 균형생산량이고 그때 수요곡선 위의 가격수준이 균형가격입니다. 그러므로 독점기업의 균형점을 하나 집어내라고 하면 다소 애매합니다. 굳이 집으라면 수요곡선 위의 점, 즉 [그림 13-3]의 B점이 단기균형점이라고 할 수도 있겠습니다만 보다 중요한 것은 균형생산량과 균형가격 그리고 그때 이윤이 얼마냐 하는 것입니다.

13.3 독점의 비효율성

13.3.1 사회적 후생의 감소

독점기업의 산출량은 완전경쟁시장의 산출량보다 적은 반면 가격은 완전경쟁시장의 가격보다 높다. 독점기업 자신은 독점이윤을 확보하여 이익이겠지만 사회 전체의 후생을 낮춘다는 점에서 독점은 비효율을 초래한다.

[그림 13-5]는 독점의 비효율성을 완전경쟁시장과 대비함으로써 보여준다. 완전경쟁 하의 균형은 수요와 공급이 일치하는 점 A이며 이때 가격은 Pc, 균형량은 Qc가 된다. 완전경쟁 하에서의 소비자잉여는 △PcBA, 생산자잉여는 △DPcA이므로 사회적 후생은 △DBA가 된다. 이제 독점에서의 균형을 살펴보면 한계수입곡선이 한계비용곡선(공급곡선과 동일)과 만나는 점 M이 이윤극대화 달성점이다. 여기서는 편의상 공급곡선을 한계비용곡선과 일치하는 것으로 그렸다. 앞서 완전경쟁시장에서 살펴보았듯이 개별기업의 공급곡선은 자신의 한계비용곡선으로부터 일정부분 도출할 수 있음을 기억하기 바란다.

그림 13-5

독점의 비효율

그림에서 독점기업의 산출량(Qm)은 완전경쟁시장의 산출량(Qc)보다 적은 반면 독점가격(Pm)은 완전경쟁시장 가격(Pc)보다 높다. 완전경쟁하에서의 소비자잉여는 △PcBA, 생산자잉여는 △DPcA이므로 사회적 후생은 △DBA가 된다. 독점하의 소비자잉여는 △PmBN, 생산자잉여는 □DPmNM이다. 독점하의 사회적 후생은 완전경쟁보다 △MNA만큼 작다.

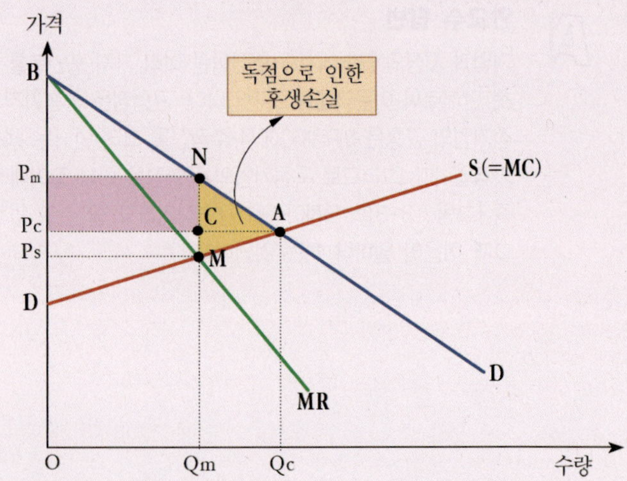

그림에서 MC곡선의 일반적 형태인 U자형이 아닌 직선으로 그린 것은 단순화를 위한 것일 뿐 별다른 뜻은 없다. U자형으로 그려도 결론은 같다. 균형에서 독점기업의 산출량은 Qm이 되고 독점가격은 Pm이다. 독점 하의 소비자잉여는 △PmBN으로 축소되었고 생산자잉여는 □DPmNM이다. 결국 독점 하의 사회적 후생은 완전경쟁의 경우 △MNA만큼 작은 것을 알 수 있다.

여기서 □PcPmNC는 당초 소비자잉여에 속했던 것을 독점자가 독점이윤으로 가져간 것이다.

13.3.2 독점과 렌트추구

(1) 렌트의 정의

렌트(rent) 전용수입을 초과하는 지급

원래 **렌트**(rent)란 제2장 리카도의 차액지대설에서 살펴보았듯이 '토지에 대한 사용료'를 의미하는 것이었다. 그러나 오늘날에 와서는 토지뿐 아니라 '어떤 생산요소가 현재의 산업에 남아 있도록 하기 위해 요구되는 최소한의 지급액(기회비용, 전용수입이라고도 한다.)을 초과하는 지급'으로 그 의미가 확장되어 사용된다. 토지의 경우 사용하지 않으면 아무런 대가도 얻지 못하는 생산요소이므로 토지의 사용료는 모두 렌트이다. 그러나 토지가 아닌 노동이나 자본과 같은 생산요소의 경우는 여러 가지 용도로 사용이 가능하다는 점에서 현재의 산업에 남아 있도록 하기 위해 요구되는 최소한의 지급액(기회비용)을 초과하는 지급만이 렌트인 것이다.

생산요소의 수입 = 전용수입 + 렌트

전용수입(transfer earnings) 어떤 생산요소가 현재의 산업에 남아 있도록 하기 위해 요구되는 최소한의 지급액

구체적인 예를 들어 보자. 토지를 소유하고 있는 김씨는 토지를 빌려주고 사용료를 얻고자 한다. 김씨의 토지를 빌리려는 사람이 없다면 김씨는 토지를 그대로 방치할 수밖에 없다. 즉, 토지는 다른 용도로 사용할 수 없다는 점에서 **전용수입**(transfer earnings)이 제로이다. 이제 이웃의 박씨가 월 100만원의 사용료로 김씨의 토지를 사용하면 렌트는 100만원이 된다.

한편 인기가수 윤정씨는 자신의 가수활동으로 월 1,000만원의 고소득을 올리고 있다. 윤정씨가 가수생활을 접고 다른 일에 종사하면 월 300만원을 벌 수

있다고 할 때 가수 윤정씨의 렌트는 얼마인가? 윤정씨로 하여금 계속 가수생활을 하도록 하는 최소한의 소득인 전용수입은 월 300만원이므로 그의 가수로서의 렌트는 1,000만원에서 300만원을 뺀 700만원이 된다.

독점기업이 누리는 독점이윤도 자세히 보면 렌트인 것을 알 수 있다. 독점기업은 완전경쟁기업과 마찬가지로 이윤이 음(−)이 아닌 한 그 산업에 남아 영업활동을 할 것이다. 그러므로 독점이윤은 독점자로 하여금 그 산업에 남아있도록 하기 위해 요구되는 최소이윤 수준인 제로(정상)이윤을 초과하는 이윤이므로 렌트인 것이다. 토지의 지대와 구별하기 위해 이러한 렌트를 **경제적 지대**(economic rent)라고 부르기도 한다.

경제적 지대(economic rent) 토지가 아닌 생산요소로부터 발생하는 지대

(2) 렌트추구와 자원배분의 왜곡

독점자는 독점이윤이라는 렌트를 누리고 있으므로 경쟁체제로 돌아가기를 꺼린다. 독점자는 렌트를 계속 유지하기 위해 정치권에 로비(lobby)를 할지도 모른다. 또한 정부로부터 새로운 독점권이나 허가권을 따냈을 때 기업이 얻는 렌트의 크기가 그러한 특혜를 따내기 위해 지출하는 비용보다 크다면 어느 기업을 막론하고 허가권자를 상대로 로비를 할 것이다. 이렇게 연고나 뇌물 등을 이용해 렌트를 얻으려는 사회를 **렌트추구사회**(rent seeking society)라고 부른다. 경제사회가 렌트를 추구하는 사회가 되면 될수록 그 사회의 게임의 규칙(rules of game)은 무너지고, 자원의 배분은 왜곡되며, 결과적으로 사회적후생도 감소하고 소득불균형은 심화될 것이다.

렌트추구사회(rent seeking society) 연고나 뇌물 등을 이용해 렌트를 얻으려는 사회

준지대[quasi-rent, 準地代]

마셜(Marshall, A.)은 공장, 기계 등과 같이 내구적 자본설비에 대하여 지불되는 대가를 특별히 경제적지대 중에서도 구별하여 준지대라고 불렀다. 내구자본설비나 우수한 설비를 이용하여 더 많은 수익을 얻었다고 할 때, 이러한 초과이윤을 설비에 대해 지대가 지급되는 것으로 본 것이다. 준지대의 개념에는 인간의 재능, 특허권에 의해 보호되는 발명, 특수기술, 독점사업 등에 대해 지급되는 보수도 포함된다는 점에서 지대(경제적지대)에 포함되는 개념이라고 하겠다.

13.4 독점규제정책

독점은 사회적 후생을 감소시킨다는 점에서 대부분의 국가에서 규제대상이 되고 있다. 각국이 공정거래법, 독점금지법 등을 제정하고 독점을 규제하는 이유도 독점자가 시장지배력을 이용해 시장 질서를 문란케 하고 소비자잉여를 빼앗음으로써 사회적 후생을 감소시키기 때문이다.

(1) 국유화

민간 기업에 의한 독점은 사회적 후생의 감소뿐 아니라 독점이윤이 사유화된다는 점에서 특혜시비, 공평성의 문제 및 소득불균등의 문제가 제기된다. 그러므로 많은 나라에서 철도, 통신, 상수도, 전력, 가스 등과 같은 대규모 기간산업은 이를 국유화함으로써 독점이윤을 정부에 귀속시켜 정부지출을 통해 재분배하고 있다. 그러나 국유화에도 문제는 있다. 정부가 출자하여 경영하는 공기업은 왕왕 적자경영에 빠지는 경우가 비일비재하기 때문이다. 공기업의 경영진은 비효율로 적자를 보더라도 결국 정부가 적자를 보전해줄 것이라고 생각한다. 따라서 흑자경영의 노력보다는 경영진을 비롯한 구성원의 이해를 앞세우는 도덕적 해이에 빠지기 쉽다. 그러므로 독점이윤의 국고귀속이라는 장점은 있으나 도덕적 해이로 인한 또 다른 비효율이 국가재정을 어렵게 할 수도 있다. 최근 우리나라를 비롯한 여러 나라가 공기업의 비효율로 인한 적자 때문에 오히려 공기업을 민영화하는 추세다.

(2) 가격규제

독점자가 독점가격이나 독점력을 행사하지 못하도록 정부가 직접규제를 하기도 한다. 이때 문제가 되는 것은 '어떤 가격수준을 설정하도록 요구할 것인가?' 하는 것이다. 독점기업이 손실을 보지 않으면서 동시에 사회적 후생을 극대화할 수 있는 가격을 설정하는 것이 적절한 정책일 것이다. [그림 13-6]을 이용해 독점시장에 있어서의 적절한 가격규제수준을 찾아보자. 규제가 없을 경우 독점기업은 A점에서 균형을 찾아 Pm의 가격으로 Qm만큼 생산하여 □FPmBC의 독점이윤을 추구하는 것은 앞서 살펴본 바 있다.

그림 13-6

독점시장의 가격규제

G점에서의 한계비용설정가격은 평균비용보다 낮아 독점기업은 단위당 IG만큼의 손실을 본다. 평균비용설정가격인 E점에서의 생산량은 Qr로 독점하의 생산량 Qm보다 많고 동시에 규제하의 가격수준 Pr은 독점가격 Pm보다 낮다.

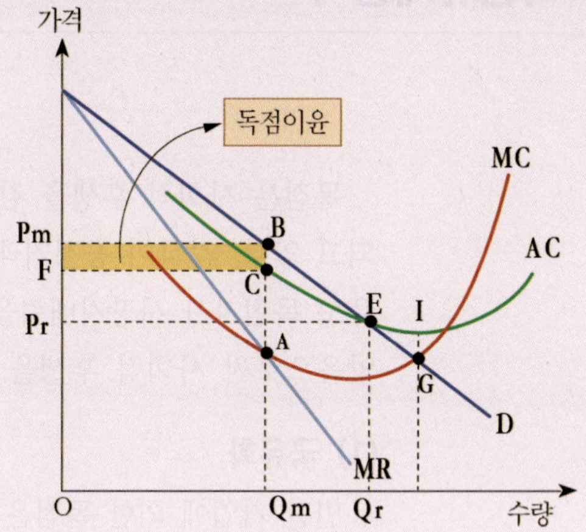

한계비용설정가격 한계비용과 수요곡선이 일치하도록 설정한 가격. 이때 사회적 후생이 극대화 됨

평균비용설정가격 평균비용과 수요곡선이 만나는 가격을 가격규제수준으로 삼는 것

이제 정부의 최적 규제가격수준은 무엇일까? 일반적으로 한계비용과 일치하는 가격을 설정할 때 사회적 후생이 최대가 되는데 이를 '**한계비용설정가격**'이라고 한다. [그림 13-6]에서 한계비용과 수요곡선이 만나는 수요곡선 위의 G점이 한계비용설정가격이다. 그러나 G점에서의 가격설정은 문제가 있다. G점에서의 가격은 평균비용보다 낮아 독점기업은 단위당 IG만큼의 손실을 보기 때문이다. 정부가 손실을 보전해준다면 모를까 기업에게 G점의 가격을 강요하긴 어렵다. 이 경우 차선책으로 정책당국은 평균비용곡선과 수요곡선이 만나는 점 E를 적정 규제가격으로 설정할 수도 있다. 평균비용을 가격규제수준으로 삼는 것을 '**평균비용설정가격**'이라고 한다. 가격규제가 이루어진 E점에서의 생산량은 Qr로 독점 하의 생산량 Qm보다 많고 동시에 규제 하의 가격수준 Pr은 독점가격 Pm보다 낮아 독점을 규제하지 않았을 때보다 사회적 후생을 증가시킨다.

(3) 경쟁유도

국유화나 가격규제는 자유로운 시장질서와는 거리가 있는 정책방안이므로 그 자체가 시장을 왜곡시킬 수 있다. 그런 점에서 가장 좋은 독점정책은 독점 판정을 받은 기업을 몇 개의 기업으로 분할하여 경쟁을 유도하는 것이다. 우리나라의 경우 대한항공이 독점하던 항공산업을 아시아나항공을 신규 허가한 경우나, 시내전화와 장거리전화 사업을 분리하고 또 신규 기업에 통신사업권을 허가해 줌으로써 경쟁체제를 도입한 경우가 그 예라 할 수 있다. 최근 발전 산업에 대한 민간기업의 참여를 구상하는 것도 같은 맥락이다. 미국의 경우에도 전신전화회사인 AT & T를 지역별로 8개의 기업으로 분할하여 경쟁체제를 도입한 예가 있다.

자연독점의 경우 시장이 협소하므로 새로운 기업의 전입에는 한계가 있다. 따라서 자연독점의 경우에는 경쟁유도정책보다는 가격규제정책이 주로 사용된다.

13.5 가격차별

13.5.1 가격차별이란?

가격차별(price discrimination) 동일한 상품에 대해 시장(구매자)에 따라 다른 가격을 받는 것

(1) 가격차별의 정의

가격차별(price discrimination)이란 동일한 상품에 대해 시장(구매자)에 따라 다른 가격을 받는 것을 말한다. 독점기업은 이윤을 극대화하기 위해 가격차별을 하는 경우가 있다. 가격차별은 공급자가 소비자잉여를 최대한 빼앗는 방식이라고 하겠다. 가격차별은 흔히 국제무역에서 빈번히 일어난다. 제7장 7.4.3에서 덤핑(dumping)을 설명할 때 가격차별을 간략히 언급한 것을 기억하기 바란다.

(2) 가격차별의 조건

가격차별이 성립되기 위해서는 다음 두 가지 조건이 동시에 만족되어야 한다.

① 시장(구매자)이 지리적으로 혹은 정보획득 측면에서 격리되어야 한다. 즉, 시장이 지리적으로 멀리 떨어져 있어 가격격차보다 운임이 더 비싸거나 같은 지역이라면 구매자 간의 정보교환이 없어야 한다. 보다 싼 가격으로 구매할 수 있다는 사실을 안다면 누구도 비싼 가격에 사지는 않을 것이기 때문이다.

② 수요의 가격탄력성이 시장마다 달라야 한다. 한 시장은 가격변화에 대해 민감한 수요변화를 보이는 탄력적인 시장이라면 다른 시장은 가격변화에 대해

별다른 수요변화를 나타내지 않는 비탄력적인 시장처럼 탄력성이 달라야 한다. 다른 말로 하면 두 시장의 수요곡선의 기울기가 서로 달라야 한다.

13.5.2 차별가격 설정원리

독점기업이 격리된 두 시장에서 자신의 생산물을 판매하고 있다고 하자. 시장 A는 비탄력적인 수요곡선을 갖고 있음에 비해 시장 B는 탄력적인 수요곡선을 갖고 있을 때 독점기업은 어떻게 가격차별을 할까? 결론적으로 말하면 탄력적인 시장에 대해서는 가격을 낮게 부르고 비탄력적인 시장에서는 높은 가격을 부르는 것이 이윤을 극대화하는 방법이다.

이러한 가격차별의 원리를 [그림 13-7]을 통해 살펴보자. 분석의 편의상 독점기업의 한계비용곡선은 수평선으로 그려져 있다. 즉, 1단위 추가생산에 따르는 추가 비용은 항상 일정하다고 가정하자. 각 시장에서 한계비용과 한계수입이 일치하는 곳에서 균형이 이루어지고 각 시장의 공급량과 가격은 각각 Qm_1, Qm_2, Pm_1, Pm_2가 된다. 즉, 탄력적인 시장 B는 낮은 가격을, 비탄력적인 시장 A는 높은 가격으로 차별화함으로써 이윤을 극대화할 수 있다.

그림 13-7

독점기업의 가격차별
분석의 편의상 독점기업의 한계비용곡선은 수평선으로 그려져 있다. 각 시장에서 한계비용과 한계수입이 일치하는 곳에서 균형이 이루어지고 각 시장의 공급량과 가격은 각각 Qm_1, Qm_2, Pm_1, Pm_2이 된다.

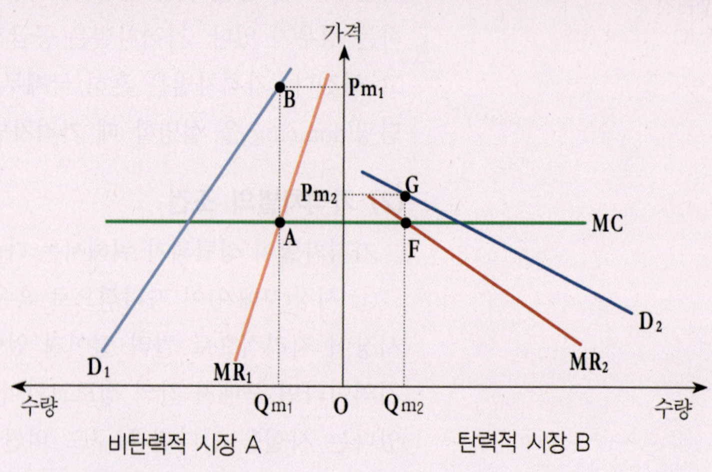

심화 학습

▌가격차별의 3가지 형태

가격차별은 형태에 따라 보통 1급, 2급, 3급으로 나누기도 합니다.

1급가격차별(1st degree price discrimination)은 독점자가 개별소비자의 지불의사를 완전히 알고 있어서 지불의사만큼 가격을 부과하는 것입니다. 이 경우 소비자잉여는 없고 모든 잉여는 독점자가 가져갑니다. 예로는 네덜란드의 튤립경매에서 채택하고 있는 역경매 방식, 즉 높은 가격에서 경매를 시작하여 점차 가격을 낮춰가는 경매방식에서 나타납니다. 이때는 가장 높은 가격을 먼저 제시하는 사람에게 낙찰이 됩니다. 경매장에 나온 튤립을 사고싶다면 나오자마자 제일 높은 가격을 불러야 하는 것입니다.

2급가격차별(2nd degree price discrimination)은 영화표나 항공권의 할인권이나 슈퍼의 할인쿠폰과 같이 미리 정한 조건을 갖춘 경우 할인해주는 가격차별을 말합니다.

3급가격차별(3rd degree price discrimination)은 앞서 자세히 살펴본 격리된 시장과 서로 다른 수요의 가격탄력성을 가진 그룹에 대해 가격차별을 하는 것을 말합니다.

13.5.3 가격차별의 예

(1) 국제무역의 경우

가격차별의 예는 국제무역에서 많이 찾아볼 수 있다. 우리나라의 전자회사가 국내 판매가격은 높게 책정하는 반면 외국으로 수출하는 제품에 대해서는 낮은 가격을 책정하고 있다면 이것도 가격차별이다. 국산 전자제품의 국내가격이 수출가격보다 비싸다고 해도 외국까지 나가서 국산 전자제품을 되사오는 사람은 없을 것이다. 왜냐하면 여행경비가 훨씬 더 들기 때문이다.

국산 자동차의 국내가격이 수출가격보다 더 비싸다면 왜 그럴까? 그 이유는 국내 자동차산업을 보호하기 위해 정부는 외국산 자동차 수입에 대해 높은 관세를 부과하고 있는 반면 외국은 자유로운 수입을 허용하기 때문이다. 국내 소비자는 국산 자동차에 대한 마땅한 대체재가 없기 때문에 수요의 가격탄력성이 낮다. 반면 해외 자동차시장은 어떤가? 미국만 하더라도 자체 생산품 외에 세계 각국의 자동차를 자유롭게 수입하고 있으므로 국산 수출품에 대한 대체재가 얼마든지 있다. 그러므로 우리 자동차에 대한 외국의 수요의 가격탄력성이 크다. 국내 자동차 회사는 이윤을 극대화하기 위해 탄력성이 낮은 국내 시장에서는 값을 올리고 탄력성이 큰 해외시장에 대해서는 가격을 낮출 유인을 갖게 된다.

미국에서 경제원론 교과서는 보통 100달러를 넘는다. 그러나 동일한 책의 아시아 시장에서의 판매가격은 25달러 정도밖에 안 된다. 왜 그럴까? 미국은 국민소득이 높기 때문에 대학생들의 교과서 수요의 가격탄력성이 비탄력적이다. 따라서 100달러 가격에서도 책을 사본다. 반면 아시아 지역은 소득수준이 낮아 100달러의 가격으로는 책을 살 형편이 못된다. 미국의 교재출판사의 입장에서는 미국시장에서의 판매만으로도 제작비용을 회수했다면 격리된 시장인 아시아 지역에 대해서는 용지대, 인쇄비 및 기타 운송비 등을 얼마간 상회하는 가격으로 판매함으로써 이윤을 얻을 수 있기 때문에 아시아 지역의 판매가격이 훨씬 싼 것이다.

(2) 시골의사의 경우

인구가 적은 시골에서 유일하게 개업하고 있는 의사의 경우 가격차별이 흔히 일어난다. 시골의사는 부유한 환자에 대해서는 비교적 진료비를 많이 받고, 경제적으로 어려운 환자에게는 낮은 진료비를 청구함으로써 가격차별을 한다. 부유한 환자는 비탄력적 수요곡선을 갖고 있으므로 진료비가 다소 높아도 내원환자가 별로 감소하지 않는다. 반면에 탄력적 수요곡선을 갖고 있는 가난한 환자의 경우 진료비를 약간만 낮춰도 내원환자 수가 크게 증가하기 때문이다.

(3) 항공권, 극장표, 할인권

성수기와 비수기에 따른 차별가격, 좋은 좌석과 그렇지 못한 좌석의 가격차별, 오전과 오후시간 간의 가격차별, 주중과 주말의 가격차별, 다량구매인 경우의 할인, 신문이나 광고지의 할인권, 극장에서의 팝콘이나 음료수가격이 밖에서보다 비싼것, 구내서점의 재학생에 대한 디스카운트 제공 등 우리는 실생활에서 많은 가격차별을 경험하고 있다. 이러한 가격차별의 기본원리는 어느 경우나 동일하다.

즉, 부유층은 비교적 수요의 가격탄력성이 낮으므로 싼 요금을 시간을 내어 불편을 감수하면서까지 추구하지 않는다. 반면에 서민들은 보다 싼 가격에 민감하게 반응한다. 그러므로 기업의 입장에서는 두 소비계층을 가려내어 각자가 지불할 용의가 있는 수준까지 받아내려는 것이다. 즉, 가격차별을 통해 당초 소비자잉여였던 부분을 자신의 독점이윤에 포함시킴으로써 이윤을 극대화하려는 것이다.

여러분이 가정을 꾸리고 돈을 벌면서 생활한다고 할 때 가격탐색, 할인쿠폰, 할인포인트 적립 등에 신경을 쓰면서 살까요? 아니면 호기있게 그냥 정가대로 구입할까요? 그것은 개인적 취향의 문제라기보다 결국 소득의 문제, 경제원리의 문제겠지요.

쉬어가는 코너

항공권의 가격차별

항공권은 같은 비행기의 같은 등급의 좌석이더라도 구입시기와 조건, 구입처에 따라 가격차가 크게는 두 배까지 나는 경우가 있다. 유효기간이 짧거나 일정변경이 어려운 티켓, 취소 시 환불수수료가 높은 티켓, 마일리지 적립이 안 되는 등 제한이 많은 티켓일수록 싸다. 반대로 신축적인 티켓일수록 비싸다. 한 비행기에서 25%는 평균보다 싸게, 50%는 평균가격으로, 나머지 25%는 평균보다 높은 가격으로 판매되는 것이 보통이다.

가격에 민감해 오래 전에 예약하거나 비수기에 맞춰 항공권을 사는 고객에겐 싼값을 매기고 출발을 며칠 앞두고 급하게 표를 구하는 손님에겐 비싸게 파는 것이다. 이 같은 요금정책은 이윤 극대화를 추구하는 민간 기업으로는 지극히 자연스러운 것이다.

항공권 가격차별은 여행사의 가격 정책에도 크게 영향을 받는다. 여행사들이 미리 도매가격으로 확보한 티켓을 어떻게 할인 혹은 할증해 여행객에게 파느냐에 따라 값이 달라진다. 호텔예약과 함께 사면 할인 폭은 더 커진다. 항공권 싸게 사는 방법은 가능한 한 일찍, 제한이 있는 티켓, 직항편이 아닌 티켓을 비수기에 여행사를 통해 패키지 상품으로 구입하는 것이 요령이다. 그만큼 시간과 위험과 불편을 감수할 수만 있다면 말이다.

13.5.4 가격차별의 경제적 효과

(1) 소득 재분배 기능

가격차별은 지불용의가격이 높은 사람(대개 부유층)에게는 가격을 높게 받고, 지불용의가격이 낮은 사람(빈곤계층)에게는 낮은 가격을 받음으로써 소득재분배 효과가 있다.

(2) 사회후생적 측면

가격차별이 이루어지면 순수독점에 비해 사회적 후생이 증가한다. 순수독점에서는 독점가격이 하나로 동일하다. 순수독점 하에서 가격이 높아 재화를 구입할 수 없었던 사람도 차별가격 하에서는 소비에 참여할 수 있으므로 사회적 후생이 증가한다. 또한 순수독점에서는 가격은 높고 수요량은 적어 독점자가 생산비용을 회수하지 못할 경우 생산을 중단할 수밖에 없다. 그러나 차별가격 하에서는 비탄력적 수요를 가진 사람에게는 비싼 가격으로 팔고 탄력적 수요를 가진 사람에게는 보다 낮은 가격으로 판매함으로써 총수입이 총비용보다 많아 생산을 계속할 수 있게 된다.

구체적 예로써 시골에서 개업 중인 의사의 경우로 돌아가 보자. 이 마을엔 부유층 1,000명, 빈곤층 3,000명이 살고 있다. 시골의사가 계속 진료행위를 하려면 최소한 연 3,000만원의 진료수입은 벌어야 한다. 이제 1회 진료당 1만원의 진료비를 받으면 부유층은 연 1회 병원을 찾는데 비해, 빈곤층은 1,500명만 연 1회 병원을 찾는다. 그러므로 총 진료비는 연 2,500만원으로 연 500만원의 손실을 보기 때문에 의사는 폐업신고를 하고 마을을 떠난다.

이제 이 병원은 부유층의 진료비는 1만2천원으로 인상하고 빈곤층에 대해서는 8천원으로 진료비를 낮추는 차별가격을 실시하였다. 부유층의 수요의 가격탄력성은 비탄력적이므로 부유층 내원환자 수는 900명으로 100명이 줄었을 뿐이다. 반면 빈곤층의 수요의 가격탄력성은 탄력적이므로 진료비 인하로 병원수요가 크게 증가하여 2,500명이 연 1회 병원을 찾게 되었다. 가격차별 후 총수입은 12,000원×900명+8,000원×2,500명=3,080만원이 되어 의사는 자신의 기회비용 3,000만원을 제하고도 80만원의 초과이윤을 얻는다. 가격차별로 외딴 마을도 의료서비스를 향유할 수 있게 된 것이다.

복습과 연습

요 약

1. 독점(獨占)은 크게 공급독점과 수요독점으로 나눌 수 있는데 공급독점은 생산물의 공급자가 하나인 경우이고, 수요독점은 노동과 같은 생산요소에 대한 수요자가 하나일 경우 발생한다.
2. 우리나라의 경우 최상위 기업의 시장점유율이 50% 이상인 경우, 상위 3개 기업의 시장점유율이 75% 이상일 경우 시장지배적 사업자로 판정한다.
3. 생산요소의 지배, 특허권, 허가권, 자연독점의 경우 독점이 발생한다.
4. 자연독점은 규모의 경제에 비해 시장이 협소하여 다른 기업이 진입하지 않기 때문에 자연스럽게 독점이 된 경우이다.
5. 독점자가 가격을 결정할 수 있다고 해서 무조건 가격을 높이지는 않는다. 독점자의 가격전략은 이윤극대화 전략에 의해 이루어진다.
6. 독점의 균형은 완전경쟁이나 독점적 경쟁의 원리와 다르게 없다. 독점시장의 균형은 한계수입이 한계비용과 일치하는 수준에서 결정된다.
7. 독점의 균형은 완전경쟁균형보다 공급량은 적고 가격은 높아 소비자 잉여는 물론 사회 전체의 후생을 감소시킨다.
8. 렌트란 '어떤 생산요소가 현재의 산업에 남아 있도록 하기 위해 요구되는 최소한의 지급액(기회비용, 전용수입이라고도 한다.)을 초과하는 지급'으로 그 의미가 확장되어 사용되고 있다.
9. 독점기업이 누리는 독점이윤도 자세히 분석해보면 렌트에 해당한다.
10. 연고나 뇌물 등을 이용해 렌트를 얻으려는 사회를 렌트추구사회라고 한다. 렌트추구사회는 자원배분이 왜곡되고 사회적 후생도 감소한다.
11. 독점기업의 국유화 정책은 독점이윤의 국고귀속이라는 장점은 있으나 도덕적 해이로 인한 또 다른 비효율이 국가재정을 어렵게 할 수도 있다.
12. 독점가격에 대한 정부의 최적 규제가격수준은 한계비용설정가격과 평균비용설정가격이 있다.
13. 가격차별이 성립하기 위한 조건은 시장(구매자)이 지리적으로 격리되어야 하며 동시에 수요의 가격탄력성이 시장마다 달라야 한다.
14. 독점기업의 이윤극대화를 위한 가격차별은 탄력적인 시장에 대해서는 가격을 낮게 부르고 비탄력적인 시장에서는 높은 가격을 부르는 것이다.
15. 가격차별은 긍정적 측면도 있다.

중요개념

공급독점	수요독점	자연독점	렌트
전용수입	렌트추구사회	경제적 지대	독점의 비효율
독점정책	한계비용설정가격	평균비용설정가격	1급가격차별
2급가격차별	3급가격차별	가격차별과 사회후생	

연습문제

I. 다음 물음에 O, X로 답하고 그 이유를 밝히시오.

1. 자연독점인 경우 경쟁유도정책을 통해 독점을 규제하는 것이 효과적이다.
2. 독점자는 가격을 높이 부를수록 유리하다.
3. 독점기업의 수요곡선과 한계수입곡선은 모두 우하향한다.
4. 독점에서 수요곡선이 직선인 경우 한계수입곡선의 기울기(절대값)는 수요곡선의 1/2배가 된다.
5. 독점기업은 장기적으로 이윤이 제로(0)가 된다.
6. 완전경쟁기업이 직면하는 암묵적 수요곡선은 수평이나 독점기업의 수요곡선은 우하향하는 산업의 수요곡선 그 자체이다.
7. 우리나라 공정거래위원회는 최상위 기업의 시장점유율이 50% 이상인 경우 시장지배적 사업자로 판정하고 있다.
8. 독점기업의 이윤극대화 가격과 생산량은 수요곡선과 한계비용곡선이 만나는 점에서 결정된다.
9. 일반적으로 독점이윤은 단기균형에서보다 장기균형에서 더 크다.
10. 독점은 완전경쟁보다 소비자잉여는 물론 생산자잉여도 감소시키고, 사회적 후생도 감소한다.
11. 독점기업이 모든 수요자의 최대 지불용의를 정확히 파악하여 모든 수요자에게 지불용의와 같은 금액의 가격을 부과하는 방식으로 1급의 가격차별을 실시한다면 소비자 잉여는 제로가 되나 사회적 후생은 가격차별 없는 독점보다 증가한다.
12. 한계비용설정가격에 따라 독점가격을 규제하는 것이 사회적 후생 측면에서는 가장 유리하다.

Ⅱ. 다음 물음에 답하시오.

1. 유가하락으로 독점기업의 평균비용곡선과 한계비용곡선이 전체적으로 하락했다면 독점이윤을 극대화하기 위해 독점기업은 가격과 산출량을 어떻게 바꿀까?

2. 가수 S씨는 가수활동으로 월 800만원의 소득을 올린다. 그가 가수 아닌 다른 일을 할 경우 월 300만원을 벌 수 있다. 그의 가수라는 재능의 지대는 월 몇 만원인가?

3. 자연독점이 발생하는 이유는 무엇인가?

4. 독점균형가격이 완전경쟁균형가격보다 높은 이유는 무슨 까닭인가?

5. 독점이 완전경쟁보다 소비자잉여는 물론 사회전체의 후생을 감소시키는 이유는 어떻게 설명할 수 있나?

6. 독점을 규제하기 위해 독점산업을 국유화하는 정책의 득실을 검토해보라.

7. 한계비용설정가격과 평균비용설정가격을 비교 설명하시오.

8. 두 시장의 수요의 가격탄력성이 다를 때 차별가격을 실시한다면 어느 시장에 높은 가격을 부과하는 것이 유리한가?

9. 가격차별의 이점 중 독점자가 생산을 계속할 수 있다는 것은 무슨 말인가?

10. 다음 중 독점과 관련하여 잘못 기술된 것을 고르시오.
    (1) 독점기업은 단기는 물론 장기균형에서도 독점이윤을 누릴 수 있다.
    (2) 독점기업은 생산량을 조절하지 않고도 가격을 인상할 수 있다.
    (3) 독점이윤은 렌트와 같다.
    (4) 정부는 독점규제를 통해 사회적 후생을 증가시킬 수 있다.

11. 3급의 가격차별에 대한 다음 기술 중 잘못된 것은?
    (1) 산출량수준이 순수독점보다 크므로 사회적 후생이 순수독점보다 증가한다.
    (2) 소득재분배 효과가 있다.
    (3) 시골의사의 경우에서 보듯이 계속 영업할 수 있어 사회적 후생에 기여한다.
    (4) 수요의 가격탄력성이 동일하더라도 시장이 격리되면 가격차별이 유리하다.

12. 어떤 출판사가 서로 다른 독자층을 상대로 차별가격 전략을 채택했다고 하자. 책의 한계생산비가 0이라고 할 때 가격차별의 경제적 효과는?
    (1) 생산자 잉여와 사회후생 모두 증가한다.
    (2) 생산자 잉여는 증가하지만 사회후생은 그대로다.
    (3) 국내 시장에서의 가격차별은 생산자 잉여에 영향을 주지 않는다.
    (4) 단일가격으로 판매할 때보다 기업이윤은 감소하나 사회후생은 개선된다.
    (5) 단일가격의 경우보다 자원배분의 효율성은 떨어진다.

13. 다음 중 가격차별이 아닌 것은?
    (1) 대량 구입 시 할인을 해준다.
    (2) 지역별로 다른 가격으로 판다.
    (3) 손님의 지불의사에 맞춰 가격을 제시한다.
    (4) 비행기의 1등석 요금이 2등석 요금보다 비싸다.
    (5) 학생에게는 할인을 해준다.

Chapter 14

과 점

산업 내 소수의 공급자가 상호 경쟁하며 공존하는 시장형태를 과점이라고 한다. 과점산업은 기업의 진출입에 제한이 있는 것은 아니나 일반적으로 진입장벽이 높다. 과점기업의 행태는 협조적 과점과 비협조적 과점으로 나누어 살필 수 있다. 과점기업은 독점이윤을 얻기 위해 협조하기도 하지만 약속을 위반할 유인이 많기 때문에 비협조적으로 전환하기가 쉽다. 여기서는 과점이론을 기초적 게임이론을 이용해 분석하는 모형도 소개한다. 과점기업들은 가격경쟁보다는 비가격경쟁을 하는 경우가 많다. 따라서 과점산업에서는 광고를 통한 제품 알리기가 매우 활발하다.

14.1 과점의 정의 및 특징

14.1.1 과점이란?

과점(oligopoly) 산업 내에 소수의 공급자가 존재하는 시장구조. 이때 과점기업의 생산물은 이질적인 것이 보통이나 동질적일 수도 있음

과점(oligopoly)이란 산업 내에 소수의 공급자가 존재하는 시장구조를 말하는데 이때 과점기업의 생산물은 이질적인 것이 보통이나 동질적이어도 상관없다. 우리나라의 현대, 기아, 삼성, GM, 쌍용 등의 자동차 산업이나 삼성전자, LG 전자 등의 휴대폰산업을 과점산업이라고 할 수 있다. 산업 내 공급자가 둘 일 경우는 '복점(duopoly)'이라고 한다. 우리 주변을 둘러볼 때 대규모 업종은 과점인 경우가 많으며 특수한 몇몇 산업은 독점, 나머지는 독점적 경쟁이거나 완전경쟁이다.

앞서 독점의 판정에서도 살펴보았듯이 우리나라에서 어떤 산업이 과점인가 아닌가의 문제는 상위 3개 기업의 시장점유율이 75% 이상이면 '시장지배적 사업자'로 추정하게 된다.

우리나라의 경우 공정거래위원회가 발표한 바에 따르면 2015년 출하액 기준 상위 30대 품목시장에서 상위 3개 기업의 평균시장점유율은 71.3%에 이르렀다. 이는 대규모 산업군에서의 독과점구조가 고착화되어있음을 보여준다.

이 가운데는 시장규모가 10조원 이상인 정유(75.2%), 자동차(91.6%), 반도체(91.6%), 이동전화기(92.0%), 철강(76.1%), 액정디스플레이(84.5%), 개발금융(83.3%), 항공(78.2%), 백화점(74.7%) 산업이 포함되어 있다.

그 밖에 담배(100.0%), 맥주(99.7%), TV(95.8%), 영화관(75.7) 등이 독과점 고착화 산업에 포함되어 있다.

14.1.2 과점시장의 특징

과점기업은 기업의 진출입에 제한이 있는 것은 아니지만 워낙 대규모의 투자자금을 필요로 하는 업종인 경우가 많기 때문에 진입장벽이 높다는 특징이 있

다. 동시에 기업 상호 간의 의존관계가 높고, 가격경쟁보다는 디자인, A/S 등의 비가격경쟁이 심하다.

(1) 높은 진입장벽

① 규모의 경제

과점산업은 일반적으로 규모의 경제가 작용하는 대규모 시설이 필요한 산업이다. 기존 과점기업의 생산능력만으로도 전체 시장수요를 충족하는데 부족함이 없으므로 더 이상 신규기업이 진입할 여지가 없다.(대규모 시설투자를 해서 진입하더라도 수익을 내기 어려운 구조이다.)

② 원료공급의 통제

과점시장 내 기업이 핵심 원료를 장악하고 있기 때문에 원료확보가 어려워 진입이 곤란하다. 세계 다이아몬드시장은 다이아몬드 광산을 지배하고 있는 기업들인 드 비어스(De Beers), 알로사(Alrosa), 리오틴토(Rio Tinto), BHP, 빌리턴(Billiton), 해리 윈스턴(Harry Winston) 등에 의해 과점되고 있다.

③ 정부의 진입규제

정부에 의한 진입장벽으로 **특허**(patent)가 있다. 세계최대 제약그룹인 미국의 머크(Merck)는 매년 신약개발에만 수십억 달러를 퍼붓고 있다. 특허가 없는 기업으로서는 제약 산업 진입이 어렵다는 얘기다.

면허(license) 역시 정부에 의한 또 다른 진입장벽이다. 의사, 약사, 변호사, 회계사 심지어 미용사에 이르기까지 면허는 시장 진입을 규제하는 강력한 도구이다. 우리나라만 해도 현재 수 백 가지나 되는 직업면허가 있다. 면허제도가 공익을 위해 필요하기 때문에 시행된다고 주장하지만 사실 밥그릇을 지키기 위한 진입장벽이 아니냐는 비판도 있다. 연간 취득 면허 수를 제한하거나 면허 취득을 어렵게 할수록 해당 서비스 가격이 상승한다는 조사 결과도 있다. 예를 들어 미국에서 치과의사 면허를 취득하기 어려운 주의 진료비가 비교적 쉽게 치과의사 면허를 내주는 주보다 약 15% 가량 높았다.

(2) 높은 상호 의존관계

과점시장 내 기업 간에는 상호 의존성이 상당히 높다. 시장 내 기업의 수가 소수이므로 한 기업의 영업 전략이 다른 기업에 미치는 영향이 크기 때문이다.

(3) 활발한 비가격 경쟁

가격경쟁은 서로의 수익구조만 악화시킬 뿐이므로 품질개선, A/S, 디자인, 광고 등 비가격 경쟁이 활발하다.

(4) 비효율 발생

완전경쟁보다 가격은 높고 산출량은 적어 비효율이 발생한다.

14.2 협조적 과점

14.2.1 결속력의 정도

과점기업들이 서로 협조하려는 이유는 한 마디로 말해 독점자가 되어 독점이윤을 얻으려는 것이다. 담합하여 독점이윤을 확보한 후 서로 나누어 갖는 것이 경쟁하여 얻는 이윤보다 크기 때문이다. 결속력의 강도에 따라 담합과 카르텔로 나누어 볼 수 있다.

담합(collusion) 공식적인 계약없이 구두로 서로 협조할 것을 약속하는 형태

① 담합(collusion)

공식적인 계약 없이 구두로 서로 협조할 것을 약속하는 것이다. 법적 구속력이 없으므로 약속을 위반할 가능성이 높은 느슨한 협조 관계라고 하겠다.

카르텔(cartel) 생산량, 매출액, 가격, 시장분할, 이윤배분방식 등에 대하여 공식적인 담합 계약을 하는 기업결합

② 카르텔(cartel)

동일 업종 기업간의 독립성은 유지한 채 명시적 담합으로 생산량, 매출액, 가격, 시장분할, 이윤배분방식 등에 대하여 공식적인 계약을 하는 기업결합을 말한다. 상호 계약을 하기 때문에 담합(collusion)보다는 강한 결속력을 갖는다. 그러나 카르텔 참여기업은 자신의 이익을 극대화하기 위해 약속을 위반하려는(cheating) 유인에 빠지기 쉬워 카르텔 역시 불안정한 결합이라고 할 수 있다.

14.2.2 협조적 과점모형

과점기업들이 어떤 내용에 대해 서로 협조하느냐에 따라 여러 가지 형태가 있는데, 여기서는 '시장분할모형'과 '가격선도모형'(price leadership model)을 소개하고자 한다.

① 시장분할모형

과점기업 간의 시장분할은 보통 대기업이 먼저 자신이 지배할 시장을 결정하고 나면 기업규모 순으로 나머지 시장을 분할하는 방식을 취한다. 시장분할모형의 예로 네 주류회사가 있을 때 수도권은 A소주, 영남권은 B소주, 호남권은 C소주, 충청권은 D소주 등으로 시장을 나누는 것이다.

시장분할모형 협조적 과점의 한 형태로 시장을 서로 협의, 분할하는 방식

② 가격선도모형

한 기업이 가격을 결정하면 과점기업들이 그 가격을 따르는 것을 말하는데 이때 먼저 가격을 결정하는 기업이 반드시 대기업일 필요는 없다. 뛰어난 가격 예측력을 갖고 있는 기업이 있다면 그러한 **지표기업**(barometric firm)이 가격을 선도하기도 한다.

가격선도모형(price leadership model) 한 기업이 가격을 결정하면 과점기업들이 그 가격을 따르는 협조적 과점의 형태

지표기업(barometric firm) 가격을 선도하는 기업. 반드시 대기업일 필요는 없음

14.3 비협조적 과점 : 전통적 모형

비협조적 과점에는 여러 가지 모형이 있으나 여기서는 쿠르노모형, 슈타켈버그모형, 베르뜨랑 모형 및 굴절수요곡선 등의 전통적 모형을 소개하고 게임이론은 다음 절(14.4)에서 자세히 다루고자 한다.

14.3.1 추측된 변동

비협조적 과점에서 각 기업은 자신의 움직임에 대해 상대방이 어떻게 대응할

추측된 변동(CV, conjectural variation) 자신의 움직임에 대해 상대방이 어떻게 대응할 것인가를 추측(짐작)하는 것

것인가를 추측(짐작)하게 되는데 이를 **추측된 변동**(CV, conjectural variation)이라고 한다. 추측의 내용은 산출량일 수도 있고 가격일 수도 있다. 전통적 과점모형 중에서 쿠르노모형과 슈타켈버그모형은 산출량을 추측하는 모형이고 베르뜨랑모형과 굴절수요곡선모형은 가격을 추측하는 모형이다. Q와 P는 각각 산출량과 가격이고 i와 j는 기업을 나타낸다고 할 때 산출량의 추측된 변동(CVq)과 가격의 추측된 변동(CVp)은 다음과 같다.

$$CVq = \Delta Qj / \Delta Qi \quad \text{and} \quad CVp = \Delta Pj / \Delta Pi \qquad (14.1)$$

반응곡선(reaction curve) 상대 경쟁자의 가격이나 산출량 변화에 대해 최선의 가격이나 산출량을 나타내는 곡선

과점시장 내 기업은 **선도자**(leader)일 수도 있고 **추종자**(follower)일 수도 있다. 자신이 움직일 때 상대방이 어떻게 움직일지 알고 있다면 그는 선도자이다. 즉 선도자는 상대방의 **반응곡선**(reaction curve)을 이미 알고 있어 그 위에서 자신의 이윤극대화 산출량(가격)을 결정한다. 반면 다른 기업의 움직임을 보고나서 자신의 움직임을 결정한다면 그는 추종자이다. 추종자는 상대방의 산출량(가격)이 변하지 않는다고 추측하고 자신의 산출량(가격)을 결정한다.

14.3.2 산출량 모형

(1) 쿠르노 모형

복점(複占, duopoly) 2개의 기업으로 이루어진 과점

약 150여 년 전 프랑스의 경제학자 **쿠르노**(A. A. Cournot, 1801-1877)는 과점산업 내 2개의 기업이 서로 경쟁하는 **복점**(複占, duopoly)을 분석했는데, 이를 쿠르노의 복점이라고 한다. 쿠르노모형은 다음 세 가지를 가정하고 있다.

추종자(follower) 상대방의 전략을 보고 자신의 최적전략을 세우는 사람(기업)

가정 1: 과점산업 내 2개의 기업만 존재한다.

가정 2: 각 기업은 다른 기업의 산출량이 고정되어 있다고 생각하고 자신의 산출량을 결정한다. 즉, 각 기업은 서로 **추종자**(follower)이다.

$$CVq = \Delta Qj / \Delta Qi = \Delta Qi / \Delta Qj = 0$$

가정 3: 이윤극대화의 원리가 작용한다.

위와 같은 가정 하에서 온천에서 물을 뽑아 사업을 하는 경우를 생각해보자. 이때 온천수의 생산비용은 제로(0)라고 하자. 즉, 한계비용(MC)은 제로이다. 소비자들의 온천수에 대한 최대수요량은 2,000이다. 온천에 대한 소비자의 수요

그림 14-1

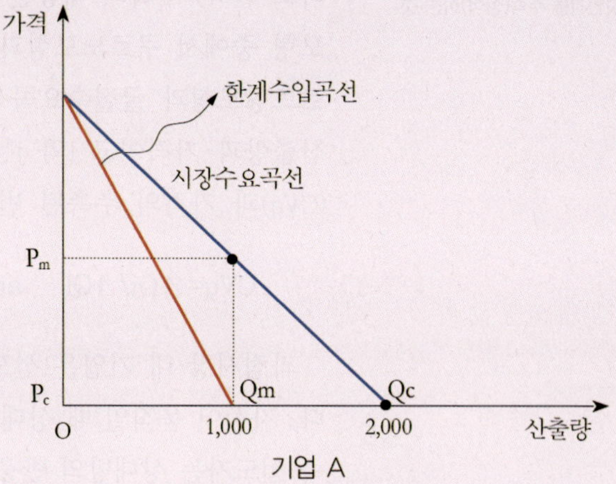

완전경쟁과 독점

한계비용(MC)이 제로이므로 독점기업의 균형은 한계비용=한계수입인 Qm에서 생산하고 그때 독점가격은 Pm이다. 그러나 완전경쟁시장이라면 가격은 한계비용과 같은 0이고 그때 산출량은 Qc가 된다.

곡선은 [그림 14-1]과 같이 주어져 있다. [그림 14-1]에서 먼저 온천시장이 완전경쟁시장과 독점시장이라고 할 때 균형생산량과 가격이 얼마인지 살펴보자. 사회적 후생을 극대화하는 완전경쟁시장에서의 균형은 가격이 한계비용과 일치하는 곳에서 달성되므로 가격(Pc)은 제로, 산출량(Qc)은 2,000이 된다. 만일 독점시장이라면 균형은 MR=MC가 되는 곳에서 균형이 이루어지므로 산출량(Q_m)은 1,000, 독점가격은 수요곡선 위의 점 P_m이 된다.

이제 쿠르노의 복점을 살펴보기로 하자. 기업 A, B는 아직 생산을 하지 않고 있다. 이제 기업 A가 먼저 움직인다고 하자. 기업 A는 B의 생산량을 제로(0)로 놓고 자신의 이윤극대화 생산량을 결정하게 되므로 [그림 14-1]에서 독점자의 균형과 같다. 즉, P_m의 가격에서 Q_m의 생산량 1,000을 생산한다. 이제 기업 B는 A의 생산량이 1,000으로 고정되어 있다고 생각하고 [그림 14-2]에서 보듯이 나머지 시장 수요 1,000으로부터 이윤극대화 생산량 500을 결정한다. 다시 기업 A는 B가 500을 생산하고 있으므로 나머지 1,500에 대해 이윤극대화 생산량 750을 생산하는 것으로 전략을 수정한다. 이에 대해 기업 B는 자신의 전략을 수정하여 625(1,250의 1/2)만큼을 생산하게 되어 결국 서로의 산출량을 계속 조정하게 된다.

이러한 과정을 반복하여 쿠르노의 추종자-추종자 모형은 [그림 14-3]과 같이 기업 A와 B가 각각 2000/3씩을 생산할 때 균형에 이른다. 이때의 균형가격 P_d는 P_m의 2/3에 해당하는 가격이다. 즉, 과점의 산출량과 가격은 독점과 완전경쟁 사이에서 결정되는 것을 알 수 있다. 각자 A, B 두 기업의 반응곡선을 그래프에 그리고 쿠르노모형의 균형을 찾아보기 바란다.

A와 B의 균형산출량으로 수렴과정

A 1,000 → B 500 → A 750 → B 625 → A 687.5
→ …… → 균형에서 A, B 모두 2000/3 생산.

그림 14-2

기업 A가 1,000을 생산할 때 기업 B의 균형

기업 A가 1,000을 생산하면 기업 B의 시장 수요곡선과 한계수입곡선은 그림과 같다. 그림에서 기업 B의 이윤극대화 균형은 P_2 가격에 산출량 500이 된다.

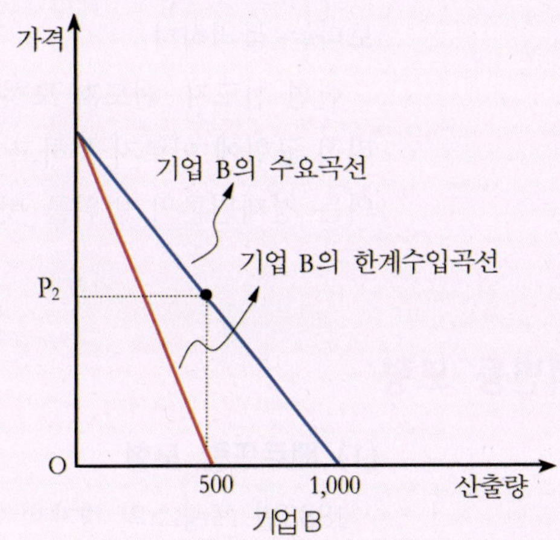

그림 14-3

쿠르노 복점의 균형

추종자-추종자 모형인 쿠르노 복점의 균형은 완전경쟁균형보다 가격은 높고 산출량은 적다. 그러나 독점기업의 균형보다는 가격이 낮고 산출량은 많다.

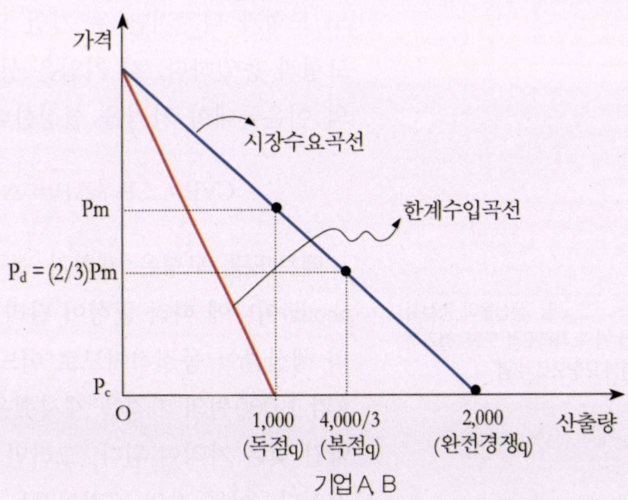

(2) 슈타켈버그 모형

산출량변동모형으로 쿠르노모형 외에 1930년대 중반에 제시된 **슈타켈버그**(H. F. von Stackelberg, 1905–46)모형이 있다. 슈타켈버그는 추종자–추종자 모형은 현실과 동떨어진 가정이라고 비판하면서 선도자–추종자(leader–follower) 혹은 선도자–선도자 모형을 제시하였다. 선도자–추종자 모형에서는 선도자가 추종자의 반응곡선을 알고 있으므로 자신의 이윤극대화 산출량을 먼저 결정하게 되고 추종자가 나머지 시장에서 최적화를 함으로써 균형에 이른다. 이 경우 전체 산출량 수준과 사회적 후생은 독점의 경우보다는 좋으나 완전경쟁의 경우보다는 불리하다.

한편 선도자–선도자 모형에서는 각자 자신의 최적산출량을 고집함으로써 합리적 균형에 이르지 못하고 불균형에 빠지게 된다. 슈타켈버그 모형에 대한 논의는 경제원론의 범위를 벗어나므로 이 정도 소개에 그친다.

14.3.3 가격변동 모형

(1) 베르뜨랑 모형

1883년 프랑스의 경제학자 **베르뜨랑**(Bertrand, J. L. F. 1822–1900)은 쿠르노의 산출량 변동 모형을 비판하면서 가격변동에 대한 추측이 더 현실적이라고 주장하였다. 베르뜨랑 모형이 가격변동을 통해 균형을 찾는다는 점에서는 쿠르노 모형과 다르지만 두 기업 모두 추종자–추종자로 가정한다는 점은 쿠르노 모형과 동일하다. 각 기업은 상대기업의 가격이 고정된 것으로 가정하고 자신의 이윤극대화 가격을 설정한다고 가정한다.

$$CVP = \triangle P_j / \triangle P_i = \triangle P_i / \triangle P_j = 0$$

순수한 베르뜨랑모형 생산물이 동질적인 과점기업 간의 가격조정 모형. 결과적으로 완전경쟁 모형으로 수렴

베르뜨랑 모형은 재화가 동질적(homogeneous)이냐 혹은 이질적(heterogeneous)이냐에 따라 균형이 달라진다. **순수한 베르뜨랑 모형**에서는 기업 A와 B의 생산물이 동질적이므로 어느 기업의 재화를 구입하건 상관없다. 이제 기업 A가 1,000원의 가격을 제시했을 때 기업 B의 이윤극대화 가격은 1,000원보다 약간 낮은 가격이 된다. 그러면 다시 기업 A는 B보다 조금 낮은 가격을 제시할 것이다. 이들 간의 가격인하는 완전경쟁시장가격에 이를 때까지 계속될 것이

다. 결국 동질적 재화를 가정한 순수한 베르뜨랑 모형은 각 기업의 초과이윤이 0인 곳에서 균형에 이르고 결과적으로 완전경쟁시장으로 수렴한다.

만일 이질적 재화의 베르뜨랑 모형이라면 완전경쟁시장가격에 도달하기 전에 균형에 이르고 과점기업들은 약간의 초과이윤을 얻는다. 물론 균형에서 품질이 좋은 제품이 품질이 떨어지는 제품보다 가격이 약간 높고 초과이윤도 더 많을 것은 당연하다.

(2) 굴절수요곡선 모형

굴절수요곡선(kinked demand curve)
과점가격의 경직성을 설명하는 이론으로 제시된 모형

굴절수요곡선(kinked demand curve)은 과점가격의 경직성을 설명하는 것으로 미국의 경제학자 **스위지**(P. Sweezy, 1910–2004)에 의해 제시되었다. 사실 20세기 초 미국 내 일부 과점산업의 과점가격은 상당기간 거의 변하지 않았다. 스위지는 과점기업 간의 담합이 없더라도 과점가격이 안정적인 이유를 가격의 추측된 변동의 비대칭성이라는 과점기업의 행태 때문이라고 보고 굴절수요곡선 모형을 제시하였다.

굴절수요곡선은 베르뜨랑 모형에서와 마찬가지로 과점시장에서의 추측된 가격변동에 입각하여 균형을 설명하는 이론인데 여기에는 비대칭성이 존재한다고 가정한다. 첫째, 과점산업 내 한 기업이 가격을 올리면 다른 기업은 시장을 빼앗기 위해 가격인상을 따르지 않는다. 즉, **가격인상 시 가격의 추측된 변동은 제로(0)**라고 가정한다. 그러므로 가격을 올린 기업의 수요량은 크게 감소한다. 둘째, 한 기업이 가격을 내리면 다른 기업은 시장을 잃지 않기 위해 가격인하를 따른다. 즉, **가격 인하 시 가격의 추측된 변동은 1**이라고 가정한다. 따라서 애초 가격을 내린 기업의 수요량은 별로 증가하지 않는다.

굴절수요곡선은 [그림 14–4]에서 보듯이 균형점 A에서 수요곡선이 굴절되고 있기에 붙여진 이름이다. 탄력성이 다른 두 개의 수요곡선 d_1과 d_2가 균형점에서 굴절된 수요곡선을 만들어낸 것이다. 균형에서 가격을 울리면 다른 기업이 따르지 않아 시장을 빼앗기게 되어 수요량이 크게 감소하므로 수요곡선 d_2는 완만한 기울기를 갖게 된다. 반대로 가격을 내리면 다른 기업이 따르므로 수요량 증가가 적어 수요곡선 d_1은 가파른 기울기를 갖게 된다.

그림 14-4

굴절수요곡선

굴절수요곡선은 점 A에서 균형이 이루어지고 있을 때 A점보다 높은 가격에 대해서는 다른 기업이 가격인상을 따르지 않으므로 수요량의 감소가 크게 일어나 탄력적인 수요곡선이, A점보다 낮은 가격에서는 반대로 비탄력적인 수요곡선이 된다는 것을 가정한다.

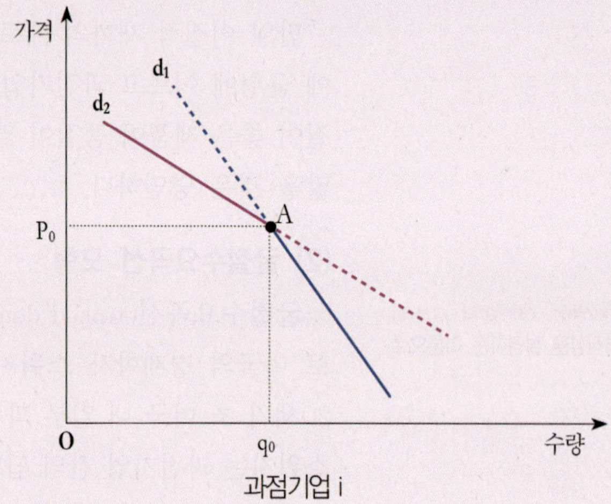

과점가격의 경직성이란 [그림 14-5]에서 보듯이 시간의 흐름에 따라 비용 조건이 상승함으로써 i기업의 한계비용곡선이 MC_1에서 MC_3까지 변할 때 가격은 P_0에서 변하지 않는 것을 의미한다. 굴절된 두 개의 수요곡선 d_1과 d_2의 각각의 한계수입곡선 MR_1, MR_2을 그려보면 한계비용곡선이 MC_1에서 MC_3까지 상승하는 동안은 MR곡선이 불연속이기 때문에 MR=MC가 성립하고, 균형가격은 P_0로 일정하게 되어 과점가격은 경직된다는 것이다.

1960년대 초까지는 굴절수요곡선모형이 과점산업의 가격경직성과 과점기업의 행태를 설명해주는 것으로 관심을 모았으나 1960년대 이후 그 설명력을 잃었는데, 그 이유는 다음과 같다.

① 굴절수요곡선모형은 균형이 A점일 때 과점가격의 경직성을 설명하고 있지만 애초에 왜 균형이 A점에서 결정되었는가? 즉, 균형결정이론이 존재하지 않는다는 점이다. 만일 균형점이 A가 아닌 다른 점이라고 하면 그 점에서 또 다른 굴절수요곡선이 그려지게 된다. 균형이론이 아니라는 점이야말로 가장 큰 비판을 받을만 하다.

그림 14-5

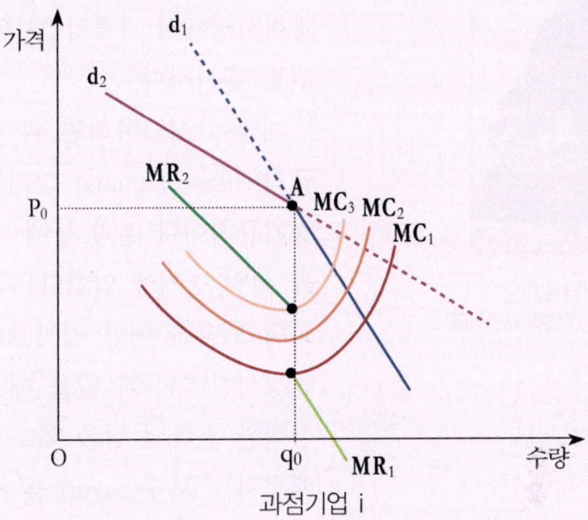

과점가격의 경직성

장기적으로 한계비용곡선이 상승하더라도 한계수입곡선이 불연속인 구간내에서는 MR=MC이므로 이윤극대화 가격과 산출량은 P_0와 q_0로 일정한다.

② 당초 굴절수요곡선 모형이 제시한 가정이 현실과 맞지 않는다는 점이다. 즉, 한 기업이 가격을 올리면 다른 기업도 따라 가격을 올리는 것이 더 일반적이며, 동시에 과점 기업 중 한 기업이 가격을 내릴 경우 다른 기업은 이에 동조하지 않는 경우가 더 일반적이라는 주장이 제기되었다.

③ 과점시장이 다른 시장가격보다 더 경직적이라는 증거가 충분치 않다는 연구결과들이 제시되었다.

14.4 게임이론

14.4.1 게임의 정의와 분류

경제학에서의 **게임이론**(game theory)은 1944년 **폰 노이먼**(J. von Neuman,

한국바둑은 세계최강이다.
바둑은 순차적, 동태적 게임이다.

1903–57)과 **모겐슈테른**(O. Morgenstern, 1902–77)에 의해 본격적으로 제기되었다. 게임이론에서 **경기자**(player)가 승리하기 위해 온갖 전략을 짜내는 것은 과점시장에서 과점기업들이 서로 더 많은 이윤을 확보하기 위해 전략을 세우는 것과 흡사하다.

게임이 성립하려면 세 가지 조건, 즉 **합리적 경기자**(rational players), **경기규칙**(rules of game) 그리고 **결과**(outcomes)가 있어야 한다. 합리적 경기자란 경기규칙이나 결과 등에 대해 알고 있으며 상대방의 전략에 대해 최선의 전략을 세워 경기에 임한다는 것을 의미한다. 각 경기자가 최선의 전략을 찾아 마침내 도달한 어떤 결과(outcome)에 대해 각 경기자가 자신의 선택을 더 이상 변경시킬 이유가 없을 때 게임은 균형에 이르렀다고 하며, 이때 두 경기자가 선택한 전략의 쌍을 **해**(solution)라고 한다. 게임의 결과로부터 각 경기자에게 배정되는 **보수**(payoff)를 받고 게임은 종료된다.

(1) 동시게임과 순차게임

게임은 크게 동시게임과 순차게임의 두 가지 형태로 나눌 수 있다.

① 동시게임(simultaneous game)

동시게임(simultaneous game) 경기자들이 동시에 자신의 최적전략을 내놓는 형태의 게임. 동시게임은 한 시점에서 경기가 끝나므로 정태적(static) 경기라고 함. 동시적 게임이라고도 함

경기자들이 동시에 자신의 최적전략을 내놓는 형태의 게임으로 입찰이나 가위, 바위, 보 등이 여기에 속한다. 이때 두 경기자는 동시에 의사결정을 하고 상호 간에 정보교환은 없다고 가정한다. 만일 한 경기자가 먼저 움직이고 다른 경기자가 후에 움직이더라도 후발자가 앞서 움직인 경기자의 행동에 대해 전혀 알지 못한다면 동시게임에 포함된다.

② 순차게임(sequential game)

순차게임(sequential game) 순서에 따라 상대방의 전략을 확인한 후 자신의 최적전략을 결정하는 것으로 동태적(dynamic)게임. 순차적 게임이라고도 함.

순서에 따라 상대방의 행동에 대해 얼마 간의 정보를 갖게된 다음에 자신의 행동을 결정하는 방식으로 바둑, 테니스 같은 경기나 과점기업의 **진입저지**(deterring entry)나 **협상**(bargaining)에서 흔히 나타나는 형태이다. 어떤 순차게임에서는 보통 먼저 움직이는 사람이 더 유리하다. 이런 이점을 감안해서 공평한 경기를 만들기 위해 바둑경기에서는 먼저 착수하는 흑을 쥔 사람이 6집 반의 덤을 내놓고 있다.

동시게임은 한 시점에서 경기가 끝나므로 정태적(static) 경기라고 하며 순차게임은 시간의 흐름에 따라 이루어지므로 동태적(dynamic) 게임이라고 한다.

(2) 완전정보게임과 불완전정보게임

게임에서 완전정보란 모든 경기자가 다른 경기자의 앞선 선택(행동)을 알고 있는 경우를 말하고 불완전정보란 모르는채 경기를 하는 것을 말한다. 완전정보게임은 순차게임에서만 일어날 수 있다. 순차게임 중 바둑이나 장기는 완전정보게임이라면 포커는 불완전정보게임이라고 할 수 있다. 반면 모든 동시게임은 불완전정보게임(imperfect information game)일 수밖에 없다.

그 밖에도 하나의 전략을 선택하는지 혹은 복수의 전략을 확률을 이용해 선택하는지에 따라 순수전략게임과 혼합전략게임으로 나눌 수 있다.

14.4.2 동시게임

게임의 균형은 여러 가지가 있다. 그 가운데 잘 알려진 것으로 **우월전략균형**과 **내쉬**(Nash)**균형**이 있다. 여기서는 동시게임의 틀 안에서 여러 균형 중 안정적 균형이라고 할 수 있는 이 두 가지 균형을 중심으로 살펴보자.

Q & A

학생의 질문

동태적 경기는 여러 번 반복되는 게임을 말하는 거고 정태적 경기는 한번만 하는 게임 아닌가요? 순차적 경기. 이런 것과는 다른 것 같은데.

어느 학생의 답변

반복이라는 개념이랑은 다른 거 같은데요. 바둑의 경우는 내가 수를 두고 상대방이 그 다음 수를 두는 식으로 진행이 되니까 순차적 경기인 거구. 한 게임 안에서 수시로 변화가 일어나니까 동태적이라고 표현할 수 있는 거 같아요. 그리고 입찰의 경우는 상대방과 내가 동시에 가격을 써서 내는거니까 동시적 경기고, 한번 가격을 쓰고 나면 더 이상 변화가 없으니까 정태적 경기라고 볼 수 있는 거 같아요.

우월전략(dominant strategy) 상대방의 전략에 관계없이 나에게 최선인 전략

우월전략균형 나와 상대방의 우월전략이 각각 존재할 때 우월전략들의 쌍

보수행렬(payoff matrix) 게임의 결과 각 경기자에게 귀속되는 몫을 보수라고 하는데 이러한 보수를 모아 정리한 표를 말함

(1) 우월전략균형

우월전략(dominant strategy)이란 상대방의 전략에 관계없이 나에게 최선인 전략을 말하며 나의 우월전략과 상대방의 우월전략이 각각 존재할 때 우월전략들의 쌍을 **우월전략균형**(dominant strategy equilibrium)이라고 한다. 어떤 게임 상황에서는 우월전략균형이 존재하지 않을 수도 있다.

〈표 14-1〉의 '**용의자의 딜레마**'(prisoner's dilemma)에서 **보수행렬**(payoff matrix)의 숫자는 각자의 형량을 나타낸다. 표에서 자백과 부인은 각자의 전략이며 보수행렬 내 4가지의 숫자 쌍은 게임의 결과(outcome)이다. 이러한 보수행렬을 제시하는 동시게임을 **정규형**(normal form)**게임**이라고 한다.

두 용의자는 범죄경력이 많은 자들로서 이번에 자신들이 체포되었을 경우 각자가 받게 될 형량을 잘 알고 있다. 따라서 두 사람은 모의단계에서 체포되면 끝까지 부인하기로 약속을 했다고 하자. 〈표 14-1〉에서 보듯이 두 사람 모두 혐의를 부인하면 증거 불충분으로 각자 1년형을 살게 된다.

두 사람은 범행 후 체포되어 분리된 장소에서 심문을 받게 되었다. 게임의 전제는 경기자가 합리적이라는 사실이다. 그러므로 사전에 약속을 했더라도 각 용의자는 자신에게 가장 유리한 선택을 하려고 한다. 용의자 1은 용의자 2가 부인하든 자백하든 자백하는 것이 더 형을 적게 살기 때문에 용의자 1의 우월전략은 자백이다. 마찬가지로 용의자 2는 용의자 1이 부인하든 자백하든 자백하는 것이 자신의 최적전략이고 우월전략이다.

표 14-1
용의자의 딜레마

Payoff matrix		용의자 2	
		자백(A)	부인(B)
용의자 1	자백(X)	(−3, −3)	(0, −6)
	부인(Y)	(−6, 0)	(−1, −1)

두 용의자는 자신의 선택인 '자백'을 바꿀 이유가 없으므로 게임은 균형에 이르고 결과는 (−3, −3)이다. 용의자의 딜레마에서와 같이 우월전략 쌍 (자백, 자백)의 균형을 우월전략균형이라 한다.

균형을 쉽게 찾는 방법으로 〈표 14−1〉에서 화살표의 방향을 주목하기 바란다. 용의자 2에서 출발한 빨간 화살표가 둘 다 용의자 1의 자백으로 돌아왔다. 이는 용의자 1의 경우 자백이 우월전략이라는 것을 의미한다. 마찬가지로 용의자 1에서 출발한 파란 화살표가 둘 다 용의자 2의 자백으로 향했다. 이는 용의자 2의 경우 자백이 우월전략임을 의미한다. 그러므로 (자백, 자백)이 우월전략균형인 것이다.

용의자의 딜레마에서 우월전략균형은 파레토열위(Pareto inferior)이다. 위의 예에서는 (−1, −1)의 보수를 주는 (부인, 부인)전략이 보다 나은 전략으로 **파레토우위**(Pareto superior)이기 때문이다. 그러므로 비협조적 게임은 경기자의 최적선택이 파레토열위일 수 있다는 문제점을 안겨준다.

앞서 제8장에서 시장경제의 효율성을 논의할 때 살펴보았듯이, 어떤 상태가 보다 나은 후생상태인가를 판정하기 위해 흔히 사용되는 개념이 바로 **파레토최적**(Pareto Optimum)이다. 이는 이탈리아 경제학자 **파레토**(V. Pareto, 1848−1923)가 개발한 시장효율성의 판정기준으로 '**다른 사람의 효용을 빼앗지 않고는 나의 효용을 증가시킬 수 없는 상태**'를 말한다. 시장에 의한 자원배분이 효율적으로 이루어지지 못했을 때 파레토최적이 달성되지 못하며, 우리는 시장의 실패가 일어났다고 말한다.

파레토최적(Pareto Optimum) 시장효율성 판정기준의 하나. 다른 사람의 효용을 빼앗지 않고는 나의 효용을 증가시킬 수 없는 상태

사실 두 용의자는 (−3, −3)보다 나은 (−1, −1)을 택하기로 약속했으나 지키지 않았다. 왜 그랬을까? 그것은 그들의 약속(commitment, '공약'이라고도 한다)이 신뢰(credibility)가 없었기 때문이다. 만일 출옥 후 배신자에 대한 엄청난 보복이 가능하다고 한다면 끝까지 부인하기로 한 약속이 지켜졌을 것이다. 즉, 신뢰할 만한 위협(credible threat, 신빙성 있는 위협이라고도 한다.)이 있을 경우 약속은 지켜질 것이고 파레토최적도 달성될 수 있다.

(2) 내쉬균형

우월전략균형은 모든 균형 중에서 가장 바람직한 균형이며 동시에 가장 강력한 균형형태이다. 그러나 많은 경우 우월전략균형은 지나치게 엄격한 조건을 요구하는 균형이므로 즉, 상대방의 전략에 상관없이 균형이 결정되는 것이므로 존

재하지 않을 때가 많다. 이때 차선책으로 찾게 되는 균형이 바로 내쉬균형이다.

내쉬균형(Nash equilibrium) 상대방의 전략이 X일 때 나의 최선의 대응전략은 A이고, 나의 전략이 A일 때 상대방의 최선의 대응전략이 X일 때 이러한 전략을 바꿀 이유가 없다면 그때 두 사람의 전략쌍 (A, X)를 말함

내쉬균형은 수학자이며 1994년 노벨경제학상 수상자인 **내쉬**(J. F. Nash Jr., 1928–2015)에 의해 1950년과 1951년에 제시된 균형의 형태이다. 내쉬는 22살의 나이에 28쪽의 논문을 제출하여 프린스턴 대학교에서 수학박사를 받은 천재였다. 그는 일생 중 1950–52년의 2년 동안 단지 5편의 논문(다 합해도 50쪽)만 쓰고도 노벨경제학상을 받았다. 가장 짧은 논문은 단 2쪽이었다.

내쉬균형을 간단히 설명하면 다음과 같다. 두 경기자 모두 상대방의 전략이 주어졌을 때 자신의 최선의 전략이 있고 그것을 바꿀 이유가 없는 상태가 내쉬균형이다. 좀 쉽게 풀이하면 상대방의 전략이 X일 때 나의 최선의 대응전략은 A이고, 나의 전략이 A일 때 상대방의 최선의 대응전략이 X이며 이러한 전략을 서로 변경할 이유가 없다면 두 사람의 전략쌍 (A, X)는 내쉬균형이다. 우월전략균형은 내쉬균형이지만 내쉬균형은 우월전략균형이 아니다. 즉, 우월전략균형은 내쉬균형에 포함되는 균형개념이다. 내쉬균형은 상대방의 전략에 따라 나의 최선의 전략을 찾는다는 점에서 보다 흔히 접할 수 있는 균형이며 가장 널리 활용되는 균형이라 하겠다.

예를 들어 〈표 14–2〉에서 보수행렬 내 숫자는 각 기업의 이윤이다. 기업 A는 가격인하가 우월전략이다(기업 B에서 출발한 빨간 화살표가 둘 다 기업 A의 가격인하로 들어왔음을 주목). 기업 B는 우월전략이 없다(기업 A에서 출발한 파란 화살표는 기업 B의 가격유지와 가격인하로 분산되었음을 주목). 이때 (120, 30)의 결과를 주는 전략쌍 (인하, 유지)가 바로 내쉬균형(A의 가격인하와 기업 B의 가격유지는 빨간 화살표와 파란 화살표가 왕복하고 있음을 주목)이다. 게임 상황에서 내쉬균형은 없을 수도 있고 한 가지 이상 존재할 수도 있다.

표 14–2
과점기업의 균형 예

Payoff matrix		기업 B	
		가격유지	가격인하
기업 A	가격유지	(100, 40)	(50, 60)
	가격인하	(120, 30)	(70, 20)

Q & A

학생의 질문

수업시간에 우월전략균형은 내쉬균형이 될 수 있지만, 내쉬균형은 우월전략균형이 될 수 없으며, 따라서 우월전략균형이 존재하면 내쉬균형은 하나만 있다고 하신 것은 이해가 되었어요. 문제는 내쉬균형의 개념이 잘 이해되지 않거든요... 설명 부탁드려요~~^^

어느 학생의 답변

영화 "뷰티플 마인드" 보셨나요? 여기에서 보면 존 내쉬가 어떻게 내쉬균형을 생각해 냈는지에 대한 이야기가 나옵니다. 친구들과 바에 술을 마시러 갔던 내쉬와 친구들은.. 이쁜 여성들을 보게 되는데요, 그래서 그들과 함께 시간을 보내고 싶어 하게 되지요^^
근데 여성들 중 단 한명(편의상 그녀를 A로 놓겠습니다.)이 아주 압도적으로 이쁘게 생겼답니다. (즉 A는 모두에게 있어서 우월전략이 되는 것이지요.) 그래서 모두들 그녀에게 프러포즈를 하고 싶어 하게 되는데요...

만약 A가 내쉬와 친구들 중 한명을 마음에 들어 하면, 그 남성분과 파트너를 하겠지요? 그렇게 되면 '우월전략균형'이 생기고 그 자체가 내쉬균형이기도 합니다.

하지만... A가 그 남성들을 모두 거절할 것으로 예상된다면 어떨까요? A에게 체인 남성들이 다시 남은 여성들에게 프러포즈 한다고 해서 남은 여성들이 받아들일까요? 당연히 아니겠지요?^^ 그렇게 된다면... 동시에 거절당한 남성들은 모두 쓸쓸하게 술을 마시다 집에 가야 할지도 모릅니다. 따라서 남성들은 자신들의 우월전략이 있음에도 불구하고 차선책을 찾으려 합니다. 즉, A를 제외시키고 나머지 여성들에게 프러포즈를 하는 것이지요. 그리고 운이 좋다면 남성들 모두 파트너를 구할 수 있게 되고 이것이 (우월전략균형이 아닌) 내쉬균형입니다.

14.4.3 순차게임

앞서 우리는 기업들이 동시에 자신의 최적전략을 내놓는 게임의 균형을 분석했다. 그러나 실제 영업 현장에서는 한 기업이 먼저 움직이고 다른 기업은 그에 반응하는 순차게임도 흔히 일어난다. 신규 기업의 **진입저지게임**(deterring entry game)이나 기업 간의 **협상게임**(bargaining game)의 경우는 특히 순차게임이 보통이다.

(1) 진입저지게임

과점기업은 초과이윤의 지속적 창출과 시장지배력 유지를 위해 신규 기업의 시장진입을 저지하는데 경영전략의 우선순위를 두는 경우가 많다. 과점기업의 진입저지 전략을 순차게임 상황을 이용해 분석해보자.

예를 들어 이마트는 경기도 파주시에 새로운 매장을 오픈하려고 한다. 매장 오픈의 손익분기점은 10% 수익률 확보라고 하자. 신규 매장 오픈을 위해서는 많은 투자가 필요하므로 최소 10%의 수익은 얻어야 손실은 면한다는 얘기다. 이마트가 대규모 매장을 오픈할 경우 예상수익률은 15%인데 반해 소규모 매장을 오픈할 때에는 20%의 수익을 예상하고 있다. 수익률만 보면 당연히 소규모 매장으로 가야겠지만 문제는 롯데마트의 진입이 신경 쓰인다는 점이다.

의사결정 나무(decision tree) 나무 모양의 표를 이용하여 가능한 목표와 상황하에서 최종 선택을 하는 의사결정 방법. 게임나무(game tree)라고도 한다.

이마트 측이 분석한 매장규모에 대한 **의사결정 나무**(decision tree)는 [그림 14-6]과 같다. 의사결정나무를 이용한 게임을 **전개형 게임**(extensive form game)이라고 한다. 이마트가 대규모 매장을 오픈할 때 롯데마트가 진입한다면 두 기업의 수익률은 모두 8%밖에 되지 않는다. 따라서 최소 수익률도 확보되지 않으므로 롯데마트는 진입하지 못할 것으로 판단된다. 이마트가 소규모 매장을 열면 롯데마트의 영업여건도 좋아져 두 기업의 수익률은 각각 13%씩 되어 롯데마트는 시장에 진입할 것으로 예상된다. 이러한 게임 상황에서 이마트의 매장전략은 대규모 매장을 오픈하여 롯데마트의 진입을 저지하는 것이 최적선택이며 이때 보수는 15% 수익률이 된다.

하부게임 완전균형 동태적, 전개형게임(extensive game)에서의 내쉬균형으로 하부게임 완전내쉬균형이라고도 부른다.

이마트의 대형매장 오픈과 롯데마트의 진입포기가 하나의 균형이며 이때 균형은 **하부게임 완전균형**(subgame perfect equilibrium) 혹은 하부게임완전내쉬균형(subgame perfect Nash equilibrium)이라고 한다.

이때 롯데마트가 무조건 진입을 하겠다고 위협한다고 하자. 이 위협이 신뢰할 만하다면 이마트의 선택은 소형매장일 것이다. 그러나 이마트는 롯데마트의 진입위협을 신뢰하지 않을 것이다. 이마트가 대형매장을 오픈하면 롯데마트는 진입을 포기하는 것이 최선의 전략임이 확실하기 때문이다. 따라서 롯데마트의 진입위협은 신빙성이 없으므로 균형에서 배제된다. 이와 같이 순차게임의 가능성 있는 전략 중에서 신빙성이 없는 위협을 배제한 후 유도되는 균형이 바로 하부게임완전균형이며 일종의 내쉬균형이다.

그림 14-6

진입저지 게임의 균형
이마트가 대형매장을 개설할 경우 롯데마트는 진입을 포기하고 이마트는 15% 수익률을 얻는다. 소형매장을 열 경우 롯데마트가 진입하여 둘 다 13%의 수익률을 얻는다. 이마트의 최선의 전략은 대형매장, 롯데마트는 진입을 포기하는 것이 균형이다.

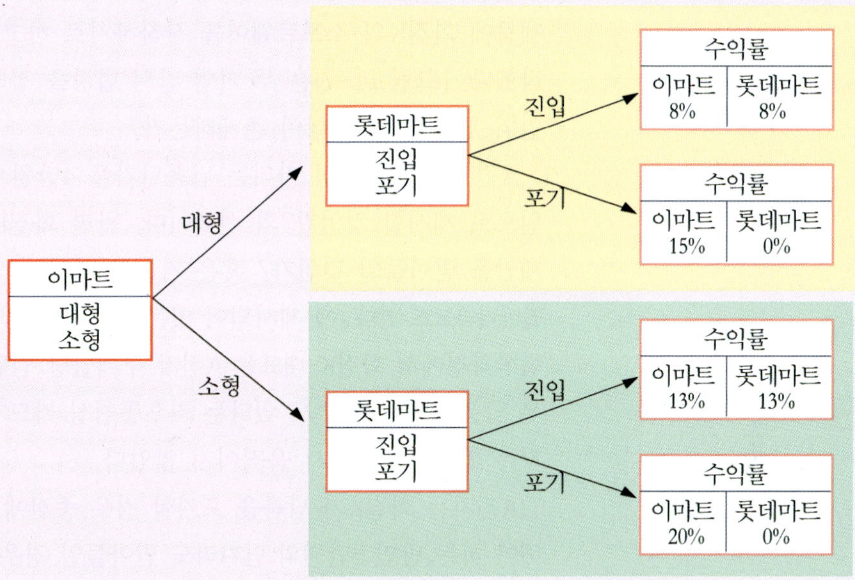

역행귀납법(backward induction)
전개형게임의 균형을 찾는 손쉬운 방법으로 최종마디에서부터 풀어나가는 것

참고로 유한(finite) 전개형게임의 하부게임완전균형은 역행귀납법(backward induction)에 의해 구하는 것이 쉽다. [그림 14-6]에는 두 개의 하부게임이 있는데 직사각의 각기 다른 색깔로 둘러싸인 게임들이다. 각각의 하부게임도 완전한 하나의 게임형태를 갖고 있다. 위의 하부게임의 내쉬균형은 롯데마트가 '포기'를 선택하는 것이고 아래 하부게임의 내쉬균형은 '진입'을 선택하는 것이다. 이제 이마트는 롯데마트의 2가지 선택에 대하여 자신의 수익이 높은 '대형매장'을 택하게 되는데 이것이 하부게임 완전균형이다.

(2) 협상게임

성공한 기업이나 사람들은 협상의 귀재들인 경우가 대부분이다. 그만큼 경제적 의사결정에 있어 상대방과의 협상이 중요하다. 대기업과 중소기업은 부품의 납품단가를 놓고 협상을 벌이기 일쑤다. 기업과 스타 인재 간의 연봉협상 또한 미디어를 통해 우리가 흔히 접하는 뉴스이다.

중소 소프트웨어 개발업체인 화질K는 최근 화질을 한 단계 더 개선시킨 소프트웨어를 개발하여 연 20억원의 순익을 얻고 있다. 대기업인 A전자는 자사제품에 화질K의 소프트웨어를 장착하기로 하고 화질K와 납품단가 협상을 시작했다. [그림 14-7]은 두 기업 간의 협상을 정리한 의사결정 나무이다. 두 기업의 협상 결과 균형이 존재하는가?

A전자의 의사결정 마디는 납품단가를 4만원으로 제시할 것인가? 혹은 3만원으로 제시할 것인가?의 선택이다. 반면 화질K의 의사결정 마디는 A전자의 제안을 받아들일 것인가? 혹은 거부할 것인가?의 선택문제이다. 최종 마디(종결마디라고도 한다.)에 제시되어 있는 4가지 형태의 보수가 게임의 결과이다. 이 협상과정에서 화질K 대표는 A전자 구매담당 임원에게 3만원 단가를 고집할 경우 납품을 포기할 수도 있다는 최후통첩성 카드까지 제시하며 위협했으나 A전자는 3만원 단가에서 움직이지 않았다.

A전자는 화질K가 납품을 포기할 경우 종전에 누리던 20억원의 이윤에 만족해야 하는 반면 3만원의 단가라도 받아들일 경우 30억원의 이윤을 얻는다는 사실을 이미 알고 있기 때문에 A전자에게 화질K의 납품 포기라는 카드는 신빙성 있는 위협이 될 수 없다. 따라서 고려 대상에서 배제된다. 결론적으로 화질K는 A전자가 제시한 3만원 단가를 받아들이고 A전자와 화질K는 각각 150억원과 30억원의 이윤을 얻어 균형에 이른다. 이러한 순차적 게임의 결과 역시 **하부게임 완전균형**(subgame perfect equilibrium)이다.

[그림 14-7]에서 두 경기자 모두 어떤 의사결정 마디에서도 자신의 의사결정을 변경함으로써 더 나아질 수 없다는 점에서 일종의 내쉬균형이다. 왜냐하면 A전자가 단가 3만원을 선택했을 때 화질K의 최선의 선택은 납품을 하고 30억원의 이윤을 얻는 것이고 반대로 화질K가 납품하기로 했을 때 A전자의 최선의 선택은 단가 3만원을 제시하는 것이기 때문이다. 유한전개형(finite extensive form) 게임에서는 단지 하나의 하부게임 완전균형만이 존재한다.

그림 14-7

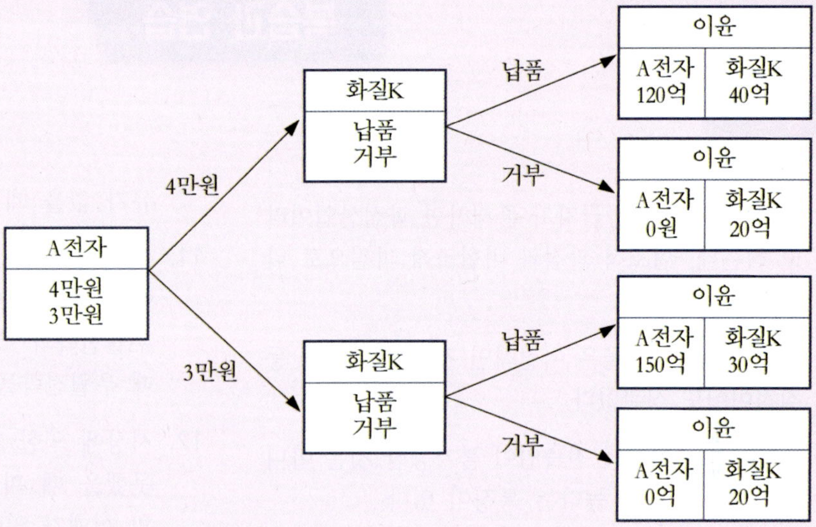

협상게임의 균형
A전자는 3만원의 단가를 제시하고 화질 K는 납품결정을 하는 것이 하부게임 완전균형이다.

14.4.4 협조적 과점으로의 전환 가능성

반복게임(repeated game) 일회성 게임이 아니고 되풀이되는 경기. 약속을 어겼을 때 다음 경기에서 보복을 할 수 있기 때문에 약속이 지켜질 가능성이 그만큼 높음

tit-for-tat전략 그 다음 경기에서 한번만 보복하는 일회성 응징전략

방아쇠전략(trigger-strategy) 상대방이 한번이라도 약속을 위반하면 반복되는 경기마다 영원히 보복하는 응징전략

경기자들이 경제적 합리성에 입각해 자신의 전략을 선택할 경우 파레토우위를 달성하지 못할 수도 있음은 용의자의 딜레마에서 살펴본 바 있다. 협조적 과점이 비협조적 과점보다 참여자에게 보다 많은 보수를 주므로 어떻게 협조적 과점을 형성할 수 있는가 하는 것이 관건이 된다. 협조적 과점의 성공여부는 약속을 강제할만한 위협이 있는가와 직결된다. 게임이 일회성 게임이 아니고 되풀이되는 '**반복게임**'(repeated game)인 경우 약속을 어겼을 때 다음 경기에서 보복을 할 수 있기 때문에 약속이 지켜질 가능성이 그만큼 높다. 무한히 반복되는 경기를 '**무한반복경기**'(infinitely repeated game)라고 한다.

반복경기에서 상대방이 약속을 어겼을 때 보복하는 방법으로는 두 가지가 있다. '**팃포텟**(tit-for-tat)**전략**'은 그 다음 경기에서 한번만 보복하는 일회성 응징이고, '**방아쇠전략**'(trigger-strategy)은 상대방이 한번이라도 약속을 위반하면 반복되는 경기마다 영원히 보복하는 응징전략이다.

복습과 연습

요 약

1. 산업 내 소수의 공급자가 존재하면 과점산업이라고 하는데, 협조적 과점과 비협조적 과점으로 나눌 수 있다.
2. 과점기업의 생산물은 이질적인 것이 보통이나 동질적이어도 상관없다.
3. 과점기업은 기업의 진출입이 불가능한 것은 아니지만 진입장벽이 높다는 특징이 있다.
4. 과점기업 상호간에는 가격경쟁보다는 디자인, A/S 등의 비가격경쟁이 심하다.
5. 협조적 과점에는 담합과 카르텔이 있다.
6. 협조적 과점모형으로는 '시장분할모형'과 '가격선도모형' 등이 있다.
7. 쿠르노의 복점은 각 기업은 다른 기업의 산출량이 고정되어 있다고 생각하고 자신의 산출량을 결정한다는 가정에 입각하고 있는 추종자－추종자 모형이다.
8. 가격조정모형인 베르트랑모형은 동질적 재화일 경우 기업의 초과이윤이 0인 곳에서 균형이 이루어져 결과적으로 완전경쟁모형으로 수렴된다. 이질적일 경우 완전경쟁시장 가격보다 약간 높다.
9. 게임의 전제는 합리적 경기자, 규칙, 결과가 있어야 한다는 것이다.
10. 각 경기자가 자신의 선택을 더 이상 변경시킬 이유가 없을 때 게임은 균형에 이른다.
11. 우월전략(dominant strategy)이란 상대방의 전략에 관계없이 나에게 최선인 전략을 말하며 나의 우월전략과 상대방의 우월전략이 각각 존재할 때 우월전략들의 쌍을 우월전략균형이라고 한다.
12. 시장에 의한 자원배분이 효율적으로 이루어지지 못했을 때 파레토최적이 달성되지 못하며 시장의 실패가 일어났다고 말한다.
13. 비협조적 게임은 경기자의 최적선택이 파레토열위일 수 있다는 문제점을 던져준다.
14. 우월전략균형은 내쉬균형이지만 내쉬균형이 우월전략균형인 것은 아니다.
15. 의사결정나무(게임나무)를 이용한 게임을 전개형 게임이라고 하고 경기가 유한할 경우 유한전개형 게임이라고 한다.
16. 하부게임 완전균형은 순차게임에 맞게 개량한 내쉬균형이라고 할 수 있는데 내쉬조건을 만족하는 것 가운데 신빙성 없는 위협을 제거한 것이다.
17. 순차게임에서 상대방의 전략에 대한 최선의 전략이 존재하고, 신빙성이 있어 누구도 변경할 이유가 없을 때 균형에 이른다.
18. 유한전개형 게임에서는 하부게임 완전균형이 1개 존재한다.

중요개념

과점	복점	진입장벽	담합
카르텔	시장분할모형	가격선도모형	추측된 변동
반응곡선	선도자	추종자	쿠르노모형
베르뜨랑모형	협조적 과점	비협조적 과점	우월전략균형
순차게임	동시게임	내쉬균형	용의자의 딜레마
파레토최적	파레토우위	파레토열위	보수행렬
정규형게임	전개형게임	의사결정 나무	하부게임 완전균형
역행귀납법	반복경기	tit-for-tat	방아쇠전략

연습문제

Ⅰ. 다음 물음에 O, X로 답하고 그 이유를 밝히시오.

1. 과점시장의 진입장벽이 높은 이유 중 하나는 시설투자가 많이 필요한 대규모 사업인 경우가 많기 때문이다.
2. 담합이나 카르텔은 법적 구속력을 지니기 때문에 약속을 위반할 경우 큰 손해를 입을 수 있다.
3. 동질적 재화를 생산하는 베르뜨랑 모형은 완전경쟁시장으로 수렴한다.
4. 바둑은 순차경기이고 입찰은 동시경기이다. 순차경기는 동태적 경기(dynamic game)라고도 하고 동시경기는 정태적 경기(static game)라고 한다.
5. 우월전략균형은 내쉬균형이다. 그러나 우월전략균형이나 내쉬균형이 반드시 파레토최적인 것은 아니다.
6. 카르텔은 참여자 간에 계약이행의 구속력이 있으므로 강한 안정적 결합 형태라고 할 수 있다.
7. 이질적 재화를 가정한 베르뜨랑 모형 하에서 각 기업은 약간의 시장지배력이 있으므로 결과적으로 완전경쟁모형보다는 높은 수준에서 가격이 결정된다.
8. 상대방의 전략에 관계없이 나에게 최선인 전략을 우월전략이라고 한다.
9. 비협조적 경기에서 각자의 최선의 전략이 결과적으로 파레토 최적을 달성할 수 있음을 보여주는 것이 용의자(죄수)의 딜레마 모형의 핵심이다.
10. 게임의 형태는 전개형게임과 정규형게임으로 나눌 수도 있는데, 순차적·동태적 게임은 의사결정나무를 이용한 전개형으로 표현하기에 적합하고 동시적·정태적 게임은 보수행렬로 주어지는 정규형게임으로 나타내기 좋다.
11. 쿠르노 복점에서 균형은 완전경쟁보다 적은 산출량, 독점보다 낮은 가격에서 결정된다.

12. 하나의 게임에서 내쉬균형은 복수로 발생할 수도 있다. 또 내쉬균형이 존재하지 않을 수도 있다.

13. 하부게임 완전균형은 내쉬균형을 포함하는 보다 넓은 균형개념이다.

Ⅱ. 다음 물음에 답하시오.

1. 파레토 효율과 관련하여 잘못 기술된 것은?
   (1) 파레토 효율은 공평한 배분과는 관련이 없는 개념이다.
   (2) 파레토 최적은 자원이 효율적으로 배분된 상태이다.
   (3) 파레토 최적은 남의 효용을 빼앗지 않고는 나의 효용을 증가시킬 수 없는 상태이다.
   (4) (5, 4)상태는 (6, 2)상태보다 파레토 우위라고 할 수 있다.

2. 용의자의 딜레마 보수행렬(payoff matrix)을 보고 다음 중 맞는 답을 골라라.
   (1) 우월전략균형은 없다.
   (2) 내쉬균형은 (부인, 부인)이다.
   (3) 내쉬균형이 2개 존재한다.
   (4) (자백, 자백)은 우월전략균형은 아니고 내쉬균형이다.
   (5) (자백, 자백)은 우월전략균형이면서 내쉬균형이지만 파레토최적은 아니다.

		용의자2	
		부인	자백
용의자1	부인	(-2, -2)	(-6, 0)
	자백	(0, -6)	(-4, -4)

3. 다음은 유명한 성의 대결(battle of sexes)의 보수행렬이다. 애인 사이인 두 사람은 주말에 서로 자기가 원하는 곳으로 갈 것을 주장하며 다투다 지친 나머지 토요일 오후 2시 무조건 각자가 가고 싶은 곳으로 가서 둘이 만나면 좋고 또 못 만나면 그만이라고 생각키로 했다. 이제 두 사람이 모두 고궁으로 가는 일이 벌어져 만난다면 여친은 3의 만족을 얻고 남친은 함께 있어 좋지만 자신이 좋아하는 야구를 못 보므로 1의 만족을 얻는다. 둘이 모두 야구장으로 가서 만난다면 그 반대가 된다. 각자가 서로 다른 곳으로 간다면 서로 같이 시간을 못 보내는 것이니 만족은 모두 0이라고 하자. 다음 중 옳은 것을 고르시오.
   (1) 우월전략균형이 1개 있다.
   (2) 내쉬균형이 1개 있다.
   (3) 내쉬균형이 2개 있다.
   (4) 내쉬균형이 없다.
   (5) 답이 없다.

		남자친구	
		고궁	야구장
여자친구	고궁	(3, 1)	(0, 0)
	야구장	(0, 0)	(1, 3)

4. 두 사람이 각자 갖고 있는 동전으로 홀짝을 하기로 했다. 두 사람이 손에 쥔 동전을 동시에 내보여서 둘 다 홀수를 내거나 짝수를 내면 A가 이기는 것이고 두 사람이 서로 다른 것을 내면 B가 이기는 경기이다. 다음 중 옳은 것은?
   (1) 우월전략균형은 하나 있다.
   (2) 내쉬균형은 (홀수, 홀수)와 (짝수, 짝수) 2개 있다.
   (3) 이 경기에는 내쉬균형이 없다.

(4) 반복경기인 경우 경기자 A는 계속 홀수를 내는 것이 유리하다.

		경기자 B	
		홀수	짝수
경기자 A	홀수	(100, -100)	(-100, 100)
	짝수	(-100, 100)	(100, -100)

5. 다음 중 공정거래법이나 하도급법 등 공정거래를 위반한 행위가 아닌 것은?

(1) A사는 하도급 대금을 당초 날짜보다 1개월 늦게 지급했다.

(2) B백화점은 세일행사 광고비를 입점업체에 부담시켰다.

(3) 낙농협회는 사료 값 상승에 대응해 소속 축산농가에 우유 공급가격을 올리라고 통보했다.

(4) A사는 각 대리점들로 하여금 본사가 지정한 가격을 유지하도록 통보했다.

(5) 대기업이 저가 응찰을 통해 중소기업을 탈락시키고 일감을 따냈다.

Ⅲ. 다음 물음에 알맞은 답을 고르시오.

1. 다음의 보수행렬로부터 우월전략균형이나 내쉬균형을 찾아보라.

		국가 B	
		환율인상	환율인하
국가 A	환율인상	(10, 5)	(15, 8)
	환율인하	(5, 15)	(7, 12)

2. 과점기업이 서로 싸우기보다 협조하도록 만드는 유인이 있다면 무엇인가?

3. 방아쇠전략과 tit-for-tat을 구별하시오.

4. 베르뜨랑 모형에서 제품이 동질적인 경우와 이질적인 경우로 나누어 균형을 설명해 보라.

5. 굴절수요곡선이론의 문제점은 무엇인가?

6. A마트가 추석대목에 바겐세일을 할 것인가? 혹은 하지 않을 것인가? 고민하고 있고, A마트와 경쟁관계에 있는 주변의 B마트는 바겐세일에 응할 것인가? 무시할 것인가?를 선택해야 한다. 게임의 결과 수익이 아래와 같은 경우 하부게임 완전균형은?

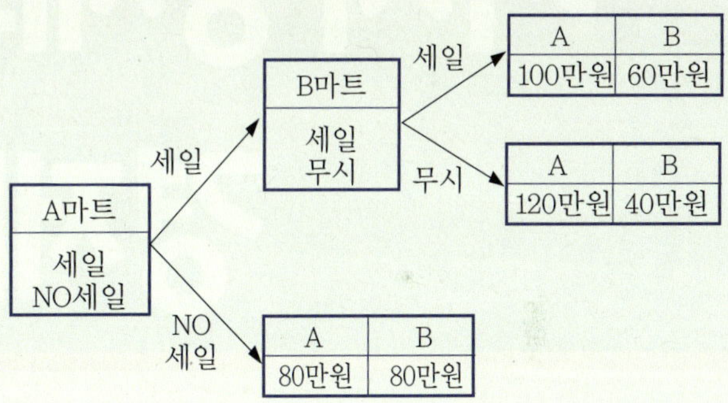

7. 다음과 같은 진입저지모형의 균형은? 초기투자비용을 보전할 최소 수익률은 양사 모두 10%이다.

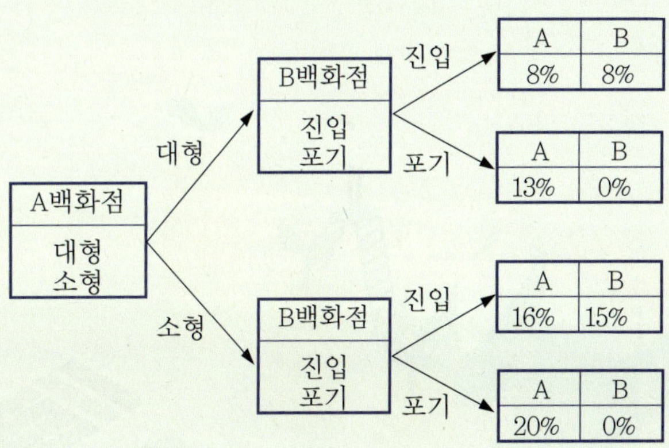

7

거시경제의 기초와 경제성장

슘페터
(Joseph A. Schumpeter, 1883-1950)

앞서 미시경제 분석에서 우리는 시장의 효율성과 함께 시장의 실패와 미시경제 정책을 논의한 바 있다. 이제 거시경제 분야를 다룸에 있어 거시경제학의 출현과 전개과정을 살펴보고 거시경제의 장기적 성장과 주요지표를 논의하자.

전 세계 200개 이상의 나라들이 있으나 어떤 나라는 지속적인 성장을 통해 선진국으로 진입하였는가 하면 다른 나라는 아직도 후진국에 머물고 있다. 왜 이런 격차가 발생하였고 장기적으로 유지되고 있는가? 경제성장이 장기적 과제라면 단기적인 거시경제의 문제인 경기과열과 경기침체 현상은 어떻게 안정시킬 것인가? 지속성장을 위해서 기술혁신으로 대표되는 국민경제의 공급능력을 어떻게 증가시킬 수 있는가? 반면 경제안정화정책은 단기적으로 총수요를 조절함으로써 달성되는 문제라고 할 때 정책효과는 과연 있는 것인가? 단기경제안정화와 장기성장이라는 정책목표를 달성하기 위해 정부의 개입은 필요한가?

제7편은 거시경제의 장기성장과 변동을 주로 다룬다면 국민경제의 단기안정과 정책효과는 제9편에서 논의될 것이다. 15장은 거시경제를 시작하며 전반적인 논점을 짚어보고, 16장은 장기적인 경제성장문제를 다룬다. 제17장에서는 중요한 거시경제지표인 국민소득과 소득분배를, 제18장에서는 실업과 인플레이션에 대한 개념, 측정, 의미를 살펴본다.

Chapter 15

거시경제 개관

우리는 매스컴을 통해 우리나라의 현재 경제상태나 미래 경제전망에 대한 뉴스를 자주 접한다. 경제성장률의 둔화, 물가 불안, 청년실업의 증가소식도 듣는다. 정책당국의 경기부양을 위한 재정의 조기집행 보도나 한국은행의 금리인하조치 검토에 대한 뉴스도 있다. 어떤 나라는 지속성장을 통해 선진국으로 진입했는가 하면 또 다른 나라는 문턱에서 탈락하여 아직도 개도국에 머물고 있는 것은 왜 그런가? 거시경제학이란 이와 같이 한 나라의 경제변동과 성장, 그에 따른 적절한 정책방안을 연구하는 것이다.

거시경제학에 대한 상세한 분석에 앞서 15장에서는 거시경제란 무엇이며, 어떻게 전개되어왔는가? 국민 경제의 궁국적 목표가 장기적인 경제성장과 단기적인 경기안정이라고 할 때 이의 개념과 내용을 분석해보자. 단기적으로 경기침체와 경기과열 그리고 거시경제균형을 위한 정부의 정책방안을 살펴보자. 나아가 거시경제의 장기성장과 정부의 역할에 대해 개괄적으로 논의한다.

15.1 거시경제학이란?

15.1.1 거시경제학의 연구대상

거시경제학(macroeconomics) 국민경제를 총체적으로 연구, 분석하는 경제학의 한 분야

거시경제학(macroeconomics)은 국민경제를 총체적으로 연구, 분석하는 분야로서 미시경제학과 대조되는 개념이다. 거시경제학의 주요 관심대상은 '한 나라의 국민경제는 어떤 과정을 거쳐 성장하며, 왜 호황과 불황을 겪는가?' '국민소득은 어떻게 결정되며, 실업의 원인과 해결책은 무엇인가?' 그리고 '인플레이션과 스태그플레이션 현상은 왜 발생하며 어떻게 해결할 수 있는가?' '국민경제의 안정과 성장을 위해 정책당국은 물적·인적자본의 확충과 개발 그리고 기술혁신을 어떻게 동원하고 달성할 수 있는가? 적정 통화량과 금리수준은 어떻게 운용해야 하는가? 정부지출수준과 조세, 환율은 어떻게 운용하는 것이 좋은가?' 등이다.

어느 나라나 국민경제가 달성하고자 하는 **정책목표**(policy targets)가 있게 마련인데 가장 중요한 정책목표는 국민소득의 지속적 증가, 고용안정, 인플레이션 해소, 국제수지 등이다. 정책목표를 달성하기 위해 **정책수단**(policy instruments)을 동원하게 되는데, 크게 단기 경제안정화를 위해 총수요를 조절하는 단기 수요정책과 국민경제의 지속적 성장을 위한 총공급능력을 확장하는 중장기 공급정책으로 나눌 수 있다.

총수요를 조절하여 경제안정화를 꾀하는 수요정책수단으로는 금리, 통화량, 정부지출, 조세, 환율 등이 있는데, 단기에 정책당국에 의해 자의적으로 조절이 가능하다는 점에서 단기 정책이다. 반면 공급정책으로는 인력개발, 자본확충, 기술혁신, 제도개혁 등을 지원하는 정책들이 있는데, 공급정책은 보통 오랜 시간 후에 정책효과가 나타난다는 점에서 장기적인 정책수단이다.

거시경제학은 '단기에 일어나는 경기변동, 즉 실업이나 인플레이션을 단기 수요정책을 통해 어떻게 안정을 도모할 것인가?' 혹은 '장기적으로 국민경제의 총공급능력을 향상시킴으로써 보다 나은 삶의 질을 달성하기 위해 어떻게 공급정책을 시행해야 하는가?'를 다루는 기본적으로 정책지향적(policy oriented) 학문분야라고 할 수 있다.

15.1.2 거시경제학의 전개

(1) 거시경제학의 출현

거시경제문제에 대한 세계인의 집중적인 관심은 1929년에 발발한 세계대공황(The Great Depression)과 함께 일어났다. 세계대공황 기간 중 칩거하던 케인스는 1936년 '고용, 이자 및 화폐에 관한 일반이론'(The General Theory of Employment, Interest and Money), 줄여서 보통 '**일반이론**'이라고 하는 명저를 출간하였다. 보통 이때부터 경제학은 미시경제이론과 거시경제이론으로 크게 양분되어 논의되기 시작했다.

케인스 이전의 경제학은 아담 스미스의 고전학파로부터 마셜의 신고전학파로 계승, 발전하였는데 당시에는 거시경제와 미시경제에 대한 구분이 없었다. 그러므로 거시경제에 대한 인식이 따로 분리되어 본격적으로 주목을 받기 시작한 것은 케인스의 일반이론 출간 이후라고 말할 수 있다. 고전학파와 신고전학파의 거시경제사상이 다소 차이나는 부분도 있으나, 거시경제의 관점에서 볼 때에는 케인스 이전의 거시경제사상은 모두 고전학파로 통칭하고 있다.

세(J. B. Say, 1767-1832)

세의 법칙(Say's law) 공급은 스스로 수요를 창조한다는 것

(2) 고전학파의 거시경제체계

고전학파는 가격과 임금이 완전 신축적이므로 항상 수요와 공급이 일치하고 국민경제는 완전고용을 달성한다고 생각했다. 이것을 가장 잘 표현한 것이 고전학파 경제학자의 한 사람인 프랑스의 세(J. B. Say, 1767-1832)가 말한 "**공급은 스스로 수요를 창조한다.**"(Supply creates its own demand.)는 '**세의 법칙**'(Say's law)이다. 경제학자 '세'는 종래 '세이'로 읽어 왔으나 최근에는 사람 이름의 경우 현지에서 부르는 대로 읽는 것을 원칙으로 한다는 뜻에서 '세'로 표기한다.

세의 법칙을 간단한 예를 통해 살펴보자. [그림 15-1]에서 보듯이 100의 공급(생산)이 발생하면 그러한 공급에 참여한 생산요소(노동, 토지, 자본, 경영)는 임금(65), 지대(10), 이자(10), 이윤(15)의 형태로 그 대가를 분배받게 된다. 대가를 받은 사람들은 그것을 소비(60), 세금(20), 저축(20)으로 처분(지출)하게 된다. 여기서 세금은 정부의 소비지출이 되고 저축은 기업의 투자로 전환되는데 소비(60), 투자(20), 정부지출(20)은 수요이므로 결국 공급(100)은 동일한 양의 수요(100)를 창조한다는 것이다. 즉, 공급이 그대로 균형국민소득이 되는데 고전

그림 15-1

세의 법칙(예)
고전학파 경제학이 오래 동안 신봉한 세의 법칙에 따르면 공급은 항상 수요와 일치하고 그 둘을 연결시켜주는 매개체는 금리이다.

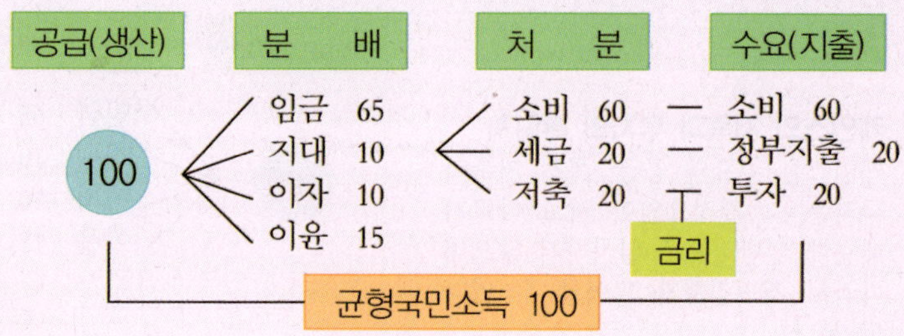

학파 거시경제체계를 '**공급결정론**'이라고 부르는 이유는 바로 이 때문이다. 세는 저축과 투자를 연결하는 매개체가 금리라고 생각했다. 일시적으로 저축이 투자보다 많으면 금리가 하락하여 결국 그 둘은 항상 일치한다고 주장했다.

아담 스미스가 자유시장경제의 자동발전 메커니즘을 제시한 이래 고전학파는 경제는 스스로 성장한다는 믿음을 가졌다. 노동의 양과 질적 향상 그리고 적절한 자본확충과 기술혁신을 통해 지속성장이 가능하다는 공급 중심의 성장이론을 가졌다. 지속성장이 가능하면 왜 100년 이상의 긴 시간 속에서도 선진국과 후진국으로 나뉘며 아직도 굶주림에 허덕이는 빈민국이 존재하는가?

(3) 케인스의 거시경제체계

세계대공황과 함께 고전학파 거시경제체계는 커다란 위기를 맞았다. 세의 법칙이 옳다면 공급은 수요와 항상 일치하므로 국민경제는 항상 완전고용균형에 머물러야 한다. 그러므로 세계대공황과 같은 대량 실업사태는 고전학파의 사상체계로는 설명이 안 되는 것이다. 케인스는 세계대공황을 겪으면서 고전학파의 거시경제체계가 현실경제를 올바르게 해석하지 못하고 있다고 생각했다. 그는 고전학파와 결별하고 자신의 구상에 착수하였다. 케인스는 수요와 공급은 그 결정주체가 서로 다르기 때문에 항상 일치하는 것은 아니라고 보았다. 그는 세계대공황은 수요가 공급에 비해 부족해서 발생한 것이므로 해결책으로 수요를 증가시킬 것을 주장했다.

케인스는 그의 일반이론에서 고전학파가 상정한 완전고용경제는 특수한 경우에 성립하는 '특수이론'이며 자신의 이론이 '일반이론'이라고 주장하였다. 그

그림 15-2

케인스의 저축과 투자의 불일치
케인스는 수요와 공급, 특히 저축과 투자는 그 결정요인이 서로 다르기 때문에 일반적으로 일치하지 않으며 따라서 경기침체가 일어날 수 있다고 본다.

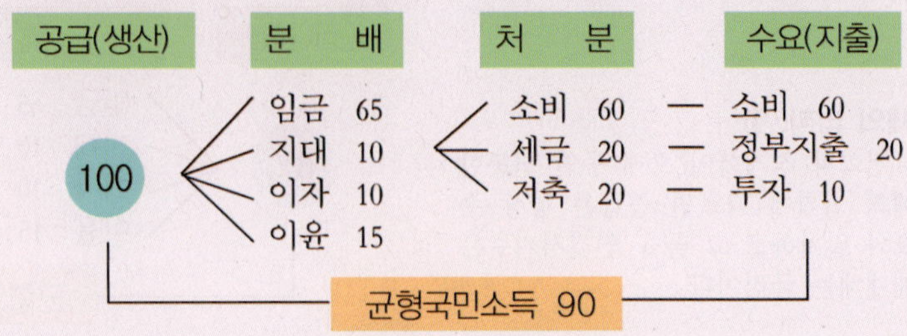

균형국민소득(equilibrium income)
총수요와 총공급에 의해 결정되는 국민소득

는 일반적으로 국민경제의 수요와 공급은 항상 일치하는 것은 아니며 '수요와 공급 중 적은 것이 **균형국민소득 수준**을 결정'한다고 주장했다. 앞서 고전학파의 경우와 같이 국민경제의 공급이 100일 때 수요는 소비(60), 정부지출(20), 투자(10)로 총 90이 될 수도 있는 것이다. 즉, 20의 저축 가운데 10의 투자만 일어날 수도 있는 것이다. 이때 균형국민소득은 90이 된다. 케인스는 세가 말한 금리조정에 의한 저축과 투자의 일치에 대해서 저축은 금리보다는 소득에 의해 더 영향을 받으며 투자는 금리 외에 기업가의 예상수익률에 민감하게 반응하는 것이므로 '그 둘이 일치할 필요는 없다.'고 생각했다.

15.2 거시경제 : 안정과 성장

15.2.1 거시경제의 두 측면

거시경제학이 다루는 국민경제의 두 가지 측면은 경제안정과 경제성장이다. 경제성장이란 국민경제가 지속적으로 발전하는 것으로 후진국에서 중진국, 개도국으로 그리고 선진국으로 진입하는 것을 의미한다. 선진국 역시 경제성장에서 자유로운 것은 아니다. 지속적인 성장을 달성하지 못하면 선진국에서 탈락할 수밖에 없다.

국민경제는 수요부족으로 인한 경기침체와 수요과열로 인한 물가불안 같은 단기적 불안정을 자주 겪는다. 이러한 불균형을 해소하기 위해 단기 총수요관리정책을 동원하는 것 또한 매우 중요하다. 경기침체가 장기화되면 성장둔화로 이어지고, 경기과열 역시 거품으로 바뀌면서 거품이 꺼질 때 국민경제는 혼란과 피해를 입을 것이기 때문이다. 경기불안정을 적절하게 대처하지 못할 경우 호미로 막을 것을 가래로도 못 막는 우를 범할 수 있다.

15.2.2 케인스와 단기수요정책

세계대공항과 함께 경제문제에 대한 관심은 케인스의 이론틀에서 분석되기 시작했는데, 케인스이론은 기본적으로 불완전고용하에서의 경기대책에 집중되어 있다. 제2차 세계대전이 끝나고 주요선진국들이 전후복구에 성공한 후 경제학의 관심사는 총수요관리를 통한 단기 경제안정화로 모아졌다. 어떻게 경기침체를 극복하고 인플레이션을 방지할 것인가? 이를 위해 어떤 정책수단을 사용해야 하는가? 통화량을 조절할 것인가? 혹은 정부지출수준을 조절하는 것이 효과적인가? 이른바 수요중심의 단기경제변동의 경제학시대라고 할 수 있다.

이 시기에 있어 경제성장은 자본축적과 외생적 기술혁신에 의해 이루어진다고 보고 선진국은 물론 후진국까지도 자본축적에 힘을 기울이는 것으로 그만이었다. 성장의 핵심요인인 기술혁신은 외부적으로 주어지는 것으로 인식하는 외생적 성장이론에 갇혀 있었기 때문이다.

15.2.3 경제성장 : 공급에 대한 관심

스태그플레이션(stagflation) 실업이 증가하면서 동시에 인플레이션이 일어나는 현상

1970년대 두 차례의 석유파동(oil shock)을 거치면서 세계는 인플레이션을 동반한 경기침체, 즉 **스태그플레이션**(stagflation)에 빠졌다. 이른바 **공급충격**(supply shock)이었다. 동시에 1970년대부터 1980년대를 거치며 세계경제는 성장률 둔화현상을 보이기 시작했다. 산업혁명을 이룩하고 선진국으로 들어선 이

공급충격(supply shock) 석유값 폭등, 홍수, 가뭄, 지진 등 공급을 위축시키는 충격, IT혁명 등 기술혁신같은 긍정적 충격도 있음.

후 별달리 주목하지 않았던 공급이 관심의 대상으로 자연스럽게 떠오르는 시대가 되었다. 1970년대까지 후진국과 개도국 경제를 위한 것으로만 여겨졌던 경제성장이론이 다시금 주목을 받게 되고 교과서의 중심부로 서서히 등장하였다.

1991년 구 소련이 붕괴되고 동유럽이 자본주의 경제에 편입되고 중국 경제의 개방으로 경제성장이론은 또 다른 전기를 맞게 된다. 왜 구 소련은 붕괴하였나? 중국경제의 성장원동력은 무엇인가? 아시아의 빈민국이었던 대한민국은 어떻게 선진국의 문턱을 넘어섰는가? 왜 미국의 경제성장률은 1980년대 이후 1994년까지 저조했나? 지난 수십년간 케인스의 그늘에 가려 빛을 보지 못했던 천재 **조셉 슘페터**(J. A. Schumpeter, 1883-1950)가 부활하기 시작한 것도 이 시기였다. 경제성장에 대한 논의는 다음 장인 16장에서 자세히 다루어질 것이다.

경제성장과 관련해 케인스경제학을 '불황의 경제학' 혹은 '수요의 경제학'이라 평가절하하는 사람도 있다. 세계대공황을 거치면서 그 해결책으로서의 경제학을 논하다보니 수요가 강조된 것일 뿐 케인스 역시 공급의 중요성을 모르는 것은 아니다. 경기안정과 경기성장이라는 두 마리 토끼를 잡는 일은 경제학의 핵심문제이기 때문이다.

15.3 단기경제안정화

15.3.1 단기총수요와 단기총공급

[그림 15-3]에서 보듯이 국민경제의 단기균형은 개별 경제주체들의 공급을 모두 합한 단기총공급(앞으로 '단기'를 생략)과 개별 경제주체의 수요를 모두 합한 단기총수요(앞으로 '단기'를 생략)에 의해 결정된다. 여기서 한 나라 국민경제의 총공급은 그 나라가 현재 보유하고 있는 노동량, 자본량, 기술수준 등에 의해 결정되는 것임에 반해 총수요는 경제주체의 소비지출, 기업의 투자지출, 정부지출, 순수출(수출-수입)에 의존한다.

그림 15-3

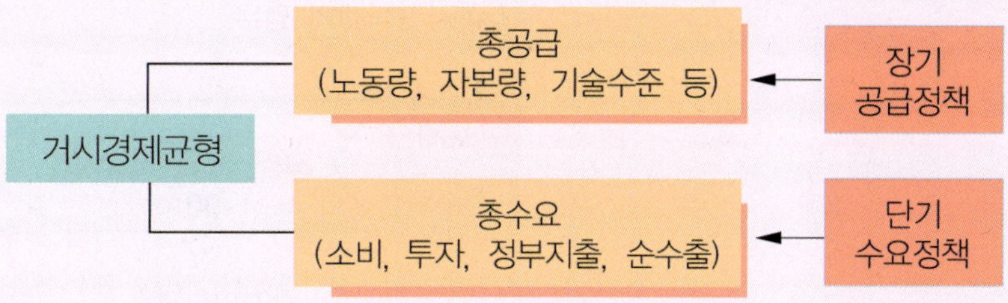

국민경제의 단기거시균형
거시경제의 단기균형은 단기 총수요와 단기총공급에 의해 결정된다.

총공급은 인구의 증가, 자본축적, 기술수준의 발전 등 장기적 시간을 요하는 변수들에 의존한다. 그러므로 국민경제가 단기에 공급할 수 있는 능력을 나타내는 단기 총공급은 모든 생산요소를 완전 가동할 경우 달성 가능한 수준을 넘어서기 어렵다. 반면 총수요는 개별경제주체의 장래 경제상황에 대한 예상에 따라 크게 증가할 수도 있고 위축될 수도 있다는 점에서 단기에 있어서도 매우 가변적이다. 따라서 수요는 정부의 정책의지에 따라 비교적 자유롭게 조절할 수 있다는 점에서 총수요관리정책이라고 불리며, 흔히 경기변동을 완화하기 위한 경제안정화정책으로 사용된다.

15.3.2 경기침체와 물가상승

이제 국민경제는 [그림 15-4]의 (a)에서 보듯이 단기 총공급능력 100만큼을 모두 공급하고 있음에 반해 총수요는 90에 머물러 있는 수요부족 상태라고 하자. 수요가 공급에 미치지 못한 이유는 여러 가지가 있겠으나 여기서는 사람들이 향후 경제상황을 비관적으로 예측하고 소비나 투자를 줄였기 때문이라고 하자. 이 상황에서 단기 균형국민소득은 90이 된다. 공급된 재화가 모두 수요 되지 않고 10만큼은 재고로 쌓인다. 적정수준 이상의 재고를 보유하게 된 기업은 생산을 줄이고 노동자를 해고시키게 되고, 실업과 경기침체가 일어나게 된다. 이때 케인스학파와 같이 정부의 적극적 개입을 옹호하는 입장에서는 정부가 나서서 수요확대정책을 통해 수요를 100으로 끌어올려 경기침체를 막아야 한다

그림 15-4

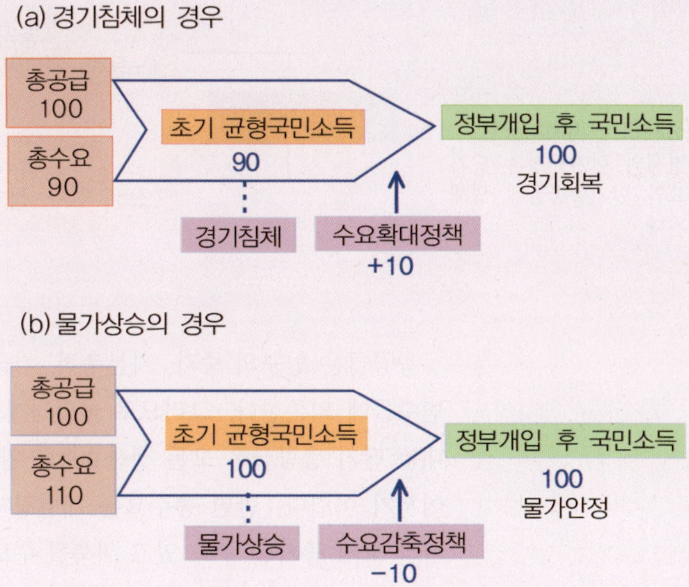

단기총수요관리정책
총수요와 총공급이 불일치할 때 정부는 총수요관리정책을 동원하여 총수요를 조절함으로써 거시경제의 안정을 도모하게 된다.

고 주장한다.

다른 한편 그림 (b)에서 보듯이 국민경제는 총공급능력 100까지 생산 공급하고 있다. 이때 총수요가 110이라면 어떻게 되는가? 초과수요가 발생하고 물가상승이 일어난다. 이 경우 케인스학파는 정부가 나서서 총수요 감축정책을 통해 총수요를 10만큼 줄여 물가안정을 꾀해야 한다고 주장한다. 이와 같이 단기적으로 총수요를 총공급능력 수준과 일치하도록 조절하는 것을 '**총수요관리정책**' 혹은 '**경제안정화정책**'이라고 말한다.

총수요관리정책 경기안정화정책이라고도 함. 총수요와 총공급이 불일치함으로써 경기변동이 발생할 경우 단기적으로 총수요를 조절하여 균형을 회복시키는 것.

위와 같은 상황에 대해 케인스 혁명 이전의 사상체계인 고전학파는 어떻게 설명할까? 고전학파는 '**세의 법칙**'을 믿기에 수요부족이나 수요과잉 사태는 발생하지 않으며 일시적 불일치가 발생하더라도 장기적으로 시장의 자기조절능력으로 균형을 회복한다고 보았다. 그러나 1929년에 터진 세계대공황은 일시적 불균형으로 보기에는 너무도 충격이 엄청났다는데 문제의 심각성이 있었다. 케인스는 장기란 기다리기에 너무 긴 시간("In the long-run, we are all dead.")이며 단기 불안정으로 인한 고통을 무시해서는 안 된다는 관점을 취했다.

15.4 장기경제성장

15.4.1 총공급능력과 장기 총공급곡선

단기적으로 총수요관리정책을 통해 경기안정을 도모하는 것이 중요하듯이 장기적으로 총공급능력 자체를 확장함으로써 경제성장, 즉 보다 풍요로운 삶을 추구하는 것 또한 중요하다. 물론 국민경제는 일찍이 아담 스미스가 주장했듯이 스스로 자동적인 발전메커니즘을 갖추고 있는 면이 있다. 그러나 시장의 실패가 있고 국제적인 환경의 변화가 있는 것이므로 어느 나라나 조금이라도 빨리, 보다 풍요로운 삶을 누리길 바라는 것 또한 사실이다. 따라서 각국은 국민경제의 장기적인 공급능력을 향상시키려는 여러 가지 정책방안을 강구하게 된다.

공급능력의 향상이란 한 마디로 투입되는 노동량과 노동생산성의 향상, 보다 많은 자본축적과 기술개발을 통해 총공급능력 자체를 크게 하려는 것이다. [그림 15-5]는 주어진 국민경제의 총공급능력 하에서의 장기 총공급곡선(LAS, long-run supply curse)의 이동을 보여준다. 장기 총공급곡선은 현재 경제가 달성 가능한 완전고용국민소득 수준에서 수직선으로 그려진다.

그림 15-5

장기 총공급곡선과 이동

Y_{2010}, Y_{2015}, Y_{2020}은 해당연도의 총공급능력하에서 완전고용국민소득수준을 나타낸다. 국민경제의 공급능력이 향상됨에 따라 완전고용국민소득 수준도 상승하고 그에 따라 장기 총공급곡선(LAS)은 밖으로 평행이동 한다.

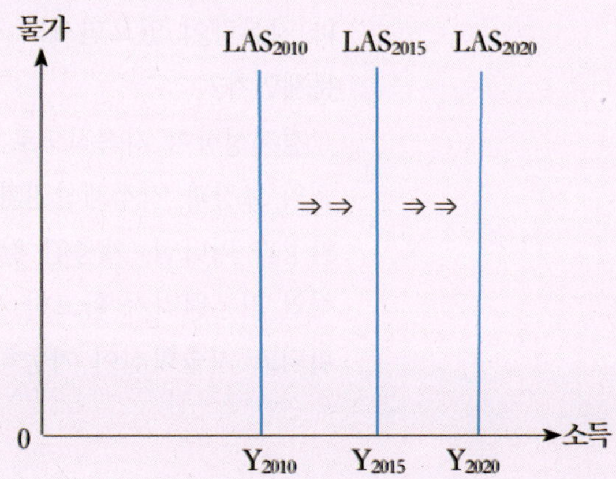

15.4.2 경제성장의 조건

(1) 경제적 조건

국민경제가 성장하기 위한 필요조건은 물적조건을 갖추는 것이다. 노동, 자본, 기술과 같은 공급능력의 확충이 그것이다. 이러한 물적조건이 갖춰지지 않고서는 경제성장의 길로 나갈 수 없다.

수요정책이 경기안정화를 도모하기 위한 정책이라면 장기 총공급능력을 키우는 정책은 공급정책이라고 말할 수 있다. 공급정책 수단으로는 교육을 포함하는 인력개발, 기술혁신, 전력, 철도, 도로, 항만과 같은 사회간접자본(SOC, social overhead capital) 확충, 기업의 시설투자 확대를 지원하는 방안들이 있다. 노동과 자본같은 생산요소는 한계생산성체감의 법칙이 작용하므로 노동과 자본량만 늘린다고 성장이 보장되는 것은 아니다. 보다 중요한 것은 노동과 자본의 생산성을 향상시키는 것인데 이는 기술혁신이 동반될 때 가능하다는 점에서 경제성장의 핵심요인은 기술혁신(기술변화, 기술진보, 기술개발로도 표현한다)이라 하겠다.

(2) 경제성장의 정치사회적 조건

어느 나라 국민이나 정부 역시 한결같이 경제성장과 풍요로운 삶을 위해 노력할 것이다. 그럼에도 왜 많은 나라들이 가난에서 헤어나지 못하는가? 인구부족이나 자본부족은 큰 문제가 아닐 듯 싶다. 세계 부국 중에는 인구가 수백만명에 불과한 소국이 얼마든지 있다. 우리나라만 하더라도 이렇다 할 자원이나 자본량이 없으면서도 세계가 인정하는 경제성장을 이룩하고 있다. 무엇이 문제인가?

경제성장이 지속적으로 이루어지고 선진국으로 진입하기 위해서는 사유재산권의 보장과 지적재산권과 같은 개인의 자유와 권리가 보장되어야 한다. 정치안정과 리더십, 계층간 갈등해소, 신뢰의 구축, 법치주의의 확립 등 사회제도적인 기본원리가 확고히 서야 한다. 그런 정치사회적 환경하에서 창의성이 발휘되고 기술혁신이 가능하며 긍정적 외부효과가 생성될 수 있기 때문이다.

15.5 경기순환

경기순환(business cycle) 경제활동이 상당한 규칙성을 보이며 되풀이 되는 것

(1) 경기순환 국면

공급능력이 증대되면서 국민경제는 성장한다. 그러나 경제성장(economic growth)은 항상 확대, 발전 과정만 밟는 것이 아니라 경기순환(business cycle) 과정을 수반하면서 성장해 나가는 것이 보통이다. 경제활동이 상당한 규칙성을 보이며 되풀이 되는 것을 경기순환이라고 한다.

경기순환은 크게 확장(expansion)과 침체(recession)의 2국면으로 나누는 것이 보통이다. 한편 경기순환을 4국면으로 나누기도 하는데 호황(prosperity), 후퇴(recession), 불황(depression), 회복(recovery)의 4국면이 그것이다. [그림 15-6]은 경기순환의 국면을 보여준다.

확장기에서는 기업의 생산과 투자가 왕성하고 민간의 소비 또한 활발해 실업률이 낮다. 그러나 확장국면에서는 물가상승 압력이 있어 인플레이션 발생이 우려된다. 반면 침체기에서는 오히려 물가가 하락하는 디플레이션 조짐이 있으며 소비나 기업 활동의 위축으로 실업률이 상승하는 문제가 있다.

그림 15-6

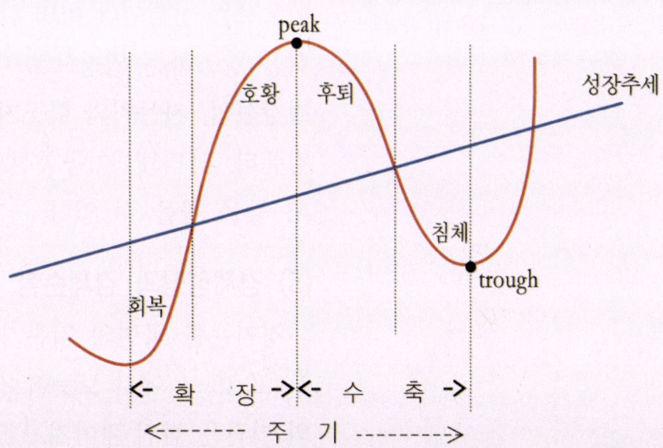

경기순환의 국면
국민경제는 일반적으로 일정한 주기를 갖고 순환한다. 경기의 정점(peak)과 저점(trough)을 파악하는 것은 경기안정을 위해 매우 중요한 문제이나 쉽지는 않다.

정치적 경기순환(political business cycle) 경기순환의 원인을 정치현상에서 찾는 것

경기순환의 원인을 정치현상에서 찾는 이론도 있는데 이를 '**정치적 경기순환**'(political business cycle)이라고 부른다. 즉, 정권을 담당하고 있는 정당은 선거 때가 되면 재선을 위해 경기순환을 일으킨다는 것이다. 집권 여당의 최적정책은 집권후반기 선거 임박해서 경기회복과 호황국면을 유도하는 것이다. 선거 후 재집권에 성공하면 다시 경기침체를 용인하게 된다.

(2) 경기순환 유형

키친파동(Kitchin's wave) 보통 30-50개월의 주기를 가진 순환으로 주로 재고변동으로 발생

경기순환의 유형은 순환주기의 기간에 따라 단기순환, 중기순환, 장기순환으로 나눌 수 있다. 단기순환은 보통 30~50개월의 주기로 순환하는 것으로 '**키친파동**'(Kitchin's wave)이라고 부른다. 단기순환은 주로 재고의 변동으로 발생한다. 시장수요가 감소하면 도·소매상의 재고보유가 늘어나게 되고 따라서 도·소매상은 생산자에 대한 주문을 줄인다. 생산의 감소로 경기의 하강국면이 나타나게 된다. 시장수요가 회복되면 반대현상이 벌어지고 경기는 회복국면으로 전환된다.

주글러파동(Jugler's wave) 보통 9-10년의 주기를 가진 순환으로 기업의 설비투자가 변동함으로써 발생

중기순환은 보통 9~10년의 주기를 가진 순환으로 '**주글러파동**'(Jugler's wave)이라고 부른다. 주글러순환은 기업의 설비투자가 변동함으로써 발생한다. 기업이 설비투자를 증가시킬수록 확장국면을 맞게 되고 반대로 기업의 설비투자가 줄어들기 시작하면 경기는 수축국면으로 이어진다.

콘드라티에프파동(Kondratiev's wave) 약 50년의 순환주기를 가진 장기순환으로 전쟁이나 혁명 같은 정치사회적 변혁과 경제적 대변혁에 기인함

장기순환은 약 50년의 순환주기를 가진 경기순환으로 주창자의 이름을 따라 '**콘드라티에프파동**'(Kondratiev's wave)이라고 부른다. 콘드라티에프파동의 원인으로는 전쟁이나 혁명 같은 정치사회적 변혁을 제시하는 입장과 경제적 대변혁을 강조하는 입장으로 나눌 수 있다. 경제적 변혁으로는 산업혁명, 철도와 철강산업, 자동차와 항공기, 전기에너지, 뉴 미디어, 그리고 20세기 후반 들어 컴퓨터, 인터넷, 이동통신으로 대표되는 IT혁명, 21세기 4차 산업혁명 시기의 AI 등을 꼽을 수 있다.

(3) 경제성장과 경제순환 주기

경기순환 국면의 지속기간은 경제성장과 함께 어떻게 변할까?

〈표 15-1〉에서 보듯이 경기순환의 확장국면은 점점 길어지는 반면 침체국면의 기간은 점점 짧아지고 있음을 알 수 있다. 미국의 경우 확장국면의 평균 지속기간은 1870- 1900년, 1900-1950년, 1950-2001년 동안 각각 26, 25, 61개

월로 늘어났다. 반면 같은 기간 중 침체국면의 지속기간은 26, 19, 9개월로 점점 짧아지고 있다. 그 이유를 어떻게 설명할 수 있는가?

첫째, 경제성장이 진행될수록 산업구조에서 서비스 부문이 차지하는 비중은 점점 커지는 반면 제조업 비중은 점점 줄어든다. 제조업은 대개 내구재 생산에 치중하고 있는데 경기침체 시 소비자는 내구재 구매를 먼저 줄이는 경향이 있다. 그러므로 경기 침체 시 수요 감소폭이 줄어들어 침체 기간이 짧아진다. 둘째, 경제성장과 함께 실업수당과 같은 정부의 이전지출이 확대된 것도 경기침체 기간을 줄이는데 기여했다. 셋째, 경기순환에 대응한 정부의 적극적 개입정책 또한 침체기간을 줄이고 확장국면을 연장시키는데 일조했다는 분석이다.

표 15-1 경기순환 기간의 변화

	확장국면 평균지속기간	침체국면 평균지속기간
1870-1900	26개월	26개월
1900-1950	25개월	19개월
1950-2001	61개월	9개월

자료: 미국 NBER

쉬어가는 코너 알파벳 모양으로 보는 경기회복국면

불황의 고통이 깊을수록 경기회복의 시간이 기다려지기 마련이다. '이제는 정말 불황이 끝나고 경기는 회복국면에 들어선 것인가?'라는 경기진단은 온 국민의 관심사가 아닐 수 없다. 경기회복국면과 관련해서 흔히 쓰이는 용어로 영어 알파벳의 모양을 따서 'V자형', 'U자형', 'W자형' 경기국면이 있다. 글자 모양대로 V자형은 경기가 급속히 냉각되면서 최저점(trough)에 도달한 뒤 곧바로 상승세로 반전되는 현상을 말할 때 쓰인다. U자형은 비교적 서서히 경기침체로 빠져들면서 불황국면이 비교적 오래 동안 지속되다가 완만한 상승세로 돌아서는 현상을 가리킨다. W자형은 '더블 딥'(double dip)이라고 부르는데 글자 모양대로 두 번에 걸쳐 경기 저점을 형성하는 것을 일컫는다. 즉, 경기침체국면에서 회복국면으로 전환되는 듯하다가 다시 침체국면으로 빠져드는 현상을 말한다. 더블딥은 이중침체라고도 한다.

15.6 거시경제와 정부

15.6.1 거시경제의 기본문제

어느 나라를 막론하고 국민경제의 '안정'과 '성장'을 경제운영의 최고목표로 삼고 또 그렇게 추구해나가고 있다. 즉, 거시경제의 기본문제는 '총수요의 부족으로 인해 발생하는 실업과 총수요의 과잉으로 인해 발생하는 인플레이션을 어떻게 해결할 것인가?' 그리고 '어떻게 국민경제가 높은 경제성장률을 달성하면서 발전해 나갈 수 있는가?'로 요약할 수 있다. 이를 위해 정부는 단기적으로 어떠한 정책을 사용하여야 하며 또한 장기적으로는 어떠한 정책을 마련해야 하는가? 이러한 물음에 답하는 것이 바로 거시경제학이다. 그런데 문제는 답안지가 하나로 통일되어 있지 않다는 점이다. 경제문제에 관한 경제학파간 인식의 차이는 경제안정과 경제성장을 달성하기 위한 정부의 역할에 이르면 첨예한 대립을 보이기 시작한다.

15.6.2 거시경제와 정부의 역할

개입주의(Interventionism, Activism) 경제문제에 대한 정부개입을 옹호하는 입장

비개입주의(Noninterventionism, Passivism) 자유주의 경제사상에 입각하여 정부의 시장개입을 반대하는 입장

경제성장을 이룩하고 실업과 인플레이션 문제를 해결하기 위해 정부의 정책대응은 과연 필요한 것인가? 정부는 경제문제에 어느 정도까지 개입해야 하는가? 전적으로 시장에 맡겨두는 것이 좋은 것인가? 이러한 문제에 대한 논의는 쉽게 답하기 어려운 것으로 많은 경제학자들이 계속 논쟁하고 있는 주제 가운데 하나이다. 정부개입을 옹호하는 것을 **개입주의**라고 하고 자유주의 경제사상에 입각하여 정부의 개입을 반대하는 입장을 **비개입주의**라고 한다. 케인스학파는 개입주의를 지지하는 반면 고전학파와 통화주의, 새고전학파 등은 비개입주의를 주장한다.

왜 같은 경제현상을 놓고 상반된 견해를 보이는가? 여러분은 제2장의 경제사상의 흐름을 통해 경제학파 간의 경제문제에 대한 인식체계가 계속 변해왔음

을 상기하면 좋을 것이다. 정부개입을 반대하는 자유주의 사상의 신봉자들은 실업이나 인플레이션이 발생하더라도 시장의 자기조절능력에 의해 곧 균형을 회복할 것이므로 정부의 개입은 불필요하다고 본다. 또한 공공선택학파의 **뷰캐넌**(J. M. Buchanan Jr., 1919-2013)은 개인의 자유를 보장받기 위해 수호국가로서의 정부의 필요성을 인정했으나 케인스적인 정부개입은 결국 '리바이어던(괴물)'을 경제 내부로 불러들이는 것이므로 반대한다. 뷰캐넌은 정부의 실패를 피하기 위해서 정부의 권한과 역할은 엄밀하게 투표권자들의 합리적·경제적 선택에 의해 헌법으로 규정되고 제한되어야 한다고 주장했다.

반면에 정부개입을 옹호하는 사람들은 민간경제는 단기에 있어 불안정하고 시장은 항상 균형을 달성하는 것이 아니므로 정책개입을 통해 경제안정을 꾀하는 것이 당연하다는 인식을 갖고 있다. 2001년 노벨경제학상을 수상한 **스티글리츠**(J. E. Stiglitz, 1943-)를 비롯한 새케인스학파(New Keynesian) 경제학자들은 시장경제는 정보의 불완전성(비대칭적 정보)과 경직적 가격체제로 말미암아 최적상태에 도달하지 못하고 실업을 겪게 된다고 분석한다. 따라서 새케인스학파는 실업을 해소하고 경기안정을 위해서는 정부의 적절한 시장개입이 필요하다고 주장하고 있다.

정부의 실패(government failure)
정부의 민간경제에 대한 개입으로 오히려 경제 효율성을 저하시킨다는 주장

자유주의는 섣부른 정부 개입은 오히려 **정부의 실패**(government failure)를 일으킬 수 있다고 경고한다. 반면 케인스학파는 시장의 실패를 우려한다. 물론 정부개입을 옹호하는 사람들도 장기적으로 시장의 자기조절능력에 의해 국민경제가 균형으로 복귀할 수 있다는 사실을 인정한다. 그러나 장기란 도대체 얼마나 기다려야 하는 시간이란 말인가? 케인스가 말한 대로 "**장기란 우리 모두가 죽은 후의 시간이다**(In the long-run, we are all dead.)." 죽은 후에 균형이 이루어진들 무슨 의미가 있느냐는 항변이다. 반면 자유주의는 장기란 그리 먼 시간이 아니라는 생각이다.

쉬어가는 코너

기업과 소비자가 체감하는 경기지표

① 기업경기실사지수(business survey index : BSI)

기업활동의 실적과 계획, 경기동향 등에 대한 기업가 자신들의 의견을 조사, 지수화해서 전반적인 경기동향을 파악하고자 하는 지표. 지수계산은 전체 응답업체 중에서 전기에 비해 호전됐다고 답한 업체수와 악화됐다고 답한 업체수의 비율을 기초로 작성된다. 따라서 BSI는 0에서부터 200 사이의 수치를 갖게 되며 100 이상이면 경기확장국면을, 100 미만이면 수축국면을 나타내는 것으로 판단할 수 있다.

$$BSI = \frac{(\text{긍정적 응답업체수} - \text{부정적 응답업체수}) \times 100}{\text{전체 응답업체수}} + 100$$

② 소비자기대지수(consumer expectation index : CEI)

조사원이 직접 도시지역 2,000가구(20세 이상 기혼자)를 방문하여 현재와 비교하여 6개월 후의 경기, 생활형편, 소비지출 등에 대한 소비자들의 기대심리를 조사한 지수. 기준점수를 100으로 하고 이를 웃돌면 6개월 이후의 경기가 현재보다 개선될 것으로 보는 가구가 나빠질 것으로 보는 가구보다 많다는 것을 뜻하고 100보다 낮으면 그 반대를 가리킨다.

$$CEI = \frac{(\text{매우 좋은 가구수} \times 2.0)+(\text{조금 좋은 가구수} \times 1.5)+(\text{동일 가구수} \times 1.0) +(\text{조금 나쁜 가구수} \times 0.5)+(\text{매우 나쁜 가구수} \times 0.0)}{\text{총응답수}} \times 100$$

복습과 연습

요 약

1. 거시경제학은 국민경제를 총체적으로 연구, 분석하는 분야로서 미시경제학과 대립되는 개념이다.

2. 국민경제가 달성하고자 하는 정책목표는 소득증가, 고용안정, 인플레이션 해소이며 이러한 목표를 달성하기 위한 정책수단으로는 금리, 통화량, 정부지출, 조세 등이 있다.

3. 고전학파는 세의 법칙을 믿었기 때문에 항상 수요와 공급이 일치하게 되고 국민경제는 완전고용을 달성한다고 생각했다.

4. 케인스는 수요와 공급은 그 결정주체가 서로 다르기 때문에 항상 일치하는 것은 아니라고 보았다.

5. 세가 말한 금리조정에 의한 저축과 투자의 일치에 대해서 케인스는 저축은 금리보다는 소득에 의해 더 영향을 받으며 투자는 금리 외에 기업가의 예상수익률에 민감하게 반응하는 것이므로 그 둘이 일치할 필요는 없다고 생각한다.

6. 국민경제의 거시균형은 개별 경제주체들의 공급을 모두 합한 총공급과 개별 경제주체의 수요를 모두 합한 총수요에 의해 결정된다.

7. 공급능력의 향상이란 한 마디로 투입되는 노동량과 노동생산성의 향상, 보다 많은 자본축적과 기술개발을 통해 총공급 자체를 크게 하자는 것이다.

8. 거시경제는 경기안정과 경제성장이라는 두 가지 측면에서 살펴볼 필요가 있다.

9. 총수요가 부족하거나 넘쳐서 나타나는 현상이 경기불안정인데 총수요관리정책을 통해 해결해야 한다.

10. 총공급능력 자체를 키워 1인당 실질GDP를 증가시키는 것이 경제성장이다.

11. 장기 총공급곡선은 완전고용국민소득 수준에서 수직선으로 그려지는데 공급능력의 향상과 함께 밖으로 이동한다.

12. 경제성장의 물적조건은 노동량, 자본축적 그리고 기술혁신인데 이 가운데 핵심요인은 기술혁신이다.

13. 경제성장을 위해서는 정치사회적 제도와 환경이 뒷받침되어야 한다. 경제성장을 달성한 나라들은 한결같이 자유, 민주주의, 법치주의, 신뢰, 정치안정과 리더십, 계층간 갈등해소 등에 있어 성공한 나라들이다.

14. 경기순환의 국면은 크게 확장과 수축의 2국면으로 나누기도 하고 호황, 후퇴, 불황, 회복의 4국면으로 나누기도 한다.

15. 경기순환의 유형은 순환주기의 기간에 따라 단기순환, 중기순환, 장기순환으로 나눌 수 있다.

16. 경제성장을 이룩하고 실업과 인플레이션 문제를 해결하기 위해 정부의 정책대응은 과연 필요한 것인가? 정부개입을 옹호하는 것을 개입주의라고 하고 자유주의 경제사상에 입각하여 정부의 개입을 반대하는 입장을 비개입주의라고 한다.

17. 새케인스학파(New Keynesian) 경제학자들은 시장경제는 정보의 불완전성(비대칭적 정보)과 경직적 가격체제로 말미암아 최적상태에 도달하지 못하고 실업을 겪게 된다고 분석한다.

18. 시장의 기능을 신뢰하고 민간경제의 자기조절능력을 믿는 자유주의자들은 가능한 한 정부의 개입이 적은 것을 선호한다. 자유주의는 정부의 실패를 염려하기도 한다.

중요개념

거시경제학	정책목표	정책수단	세의 법칙
총수요관리정책	경제안정화정책	공급능력	경제성장
장기공급곡선	완전고용국민소득	경기순환	키친파동
주글러파동	콘트라티에프파동	정치적 경기순환	더블딥
개입주의	비개입주의	비대칭 정보	자유주의
시장의 실패	정부의 실패		

연습문제

I. 다음 물음에 O, X로 답하고 그 이유를 밝히시오.

1. 마셜의 신고전학파는 케인스 거시경제학의 분류에서 보면 고전학파에 해당한다.
2. 케인스는 가격과 임금이 경직적이므로 시장은 완전고용 국민소득을 달성하지 못한다고 인식했다.
3. 케인스의 일반이론은 고전학파의 세의 법칙을 부정한다.
4. 세의 법칙에서 공급(저축)과 수요(투자)를 일치시키는 매개변수는 금리이다.
5. 고전학파나 통화주의 사상이 정부의 시장개입을 반대하는 이유는 시장의 실패를 우려하기 때문이다.
6. 단기적으로는 국민경제의 총공급 수준을 쉽게 증가시키기 어렵다.
7. 총수요는 개별경제주체의 장래 경제상황에 대한 예상에 별로 영향을 받지 않고 단기적으로 안정적이다.
8. 총공급이 200일 때 총수요가 210이라면 경제는

인플레이션의 위험이 있다.

9. 경제성장을 위해서는 총공급을 증가시킬 필요가 있는데, 즉 노동량과 질 향상, 자본축적과 기술수준 향상이 관건이다.

10. 앞으로 세계경제는 중국경제 붐을 타고 수 십 년 간의 불황을 벗어나 장기호황을 맞을 것이라는 예측이 있다고 하자. 이러한 장기 경기순환은 콘트라티에프파동이라고 할 수 있다.

Ⅱ. 다음 물음에 답하시오.

1. 거시경제분석에서 정책목표와 정책수단은 어떻게 다른가?

2. 케인스가 말한 "장기란 우리 모두가 죽은 후의 시간이다."(In the long-run, we are all dead.)라는 것은 무슨 의미인가?

3. 경기순환의 네 국면은 무엇인가?

4. 케인스는 왜 일반적으로 총수요가 총공급과 일치하지 못한다고 보았는가?

5. 총수요관리정책으로는 어떤 것들이 있는가?

6. 총공급을 향상시키기 위해 동원될 수 있는 정책수단은 어떤 것들인가?

7. 미국의 경우 장기적으로 경기확장국면은 길어지는 반면 왜 경기침체국면은 짧아졌는가?

8. 자유주의는 왜 정부개입을 반대하는가?

9. 사회자본이 풍부할수록 경제성장률이 높고 사회적 통합도 가능하며 국민사회의 선진화도 앞당겨질 수 있다는 이론에서 주장하는 사회자본에 대한 설명 중 잘못된 것은?
   (1) 사회자본이 풍부하면 거래비용을 절감시켜 경제의 효율성을 증대시킨다.
   (2) IT시대가 되면서 지연, 동창 같은 인적네트워크의 사회자본이 중요해졌다.
   (3) 준법정신이 강한 나라일수록 사회자본이 풍부하다.
   (4) 입법과 사법, 정치활동의 투명성이 보장되면 사회자본이 확충된다.
   (5) 사회자본은 경제주체 간 상호협력을 촉진해 사회의 생산성을 높인다.

10. 다음 중 케인스가 말한 '검약(저축)의 역설'과 거리가 먼 것은?
   (1) 검약의 역설에 따르면 소비는 미덕, 저축은 악이다.
   (2) 저축증가는 소비지출 감소와 결국 총수요 감소로 국민소득을 낮춘다.
   (3) 불황일수록 저축보다는 소비가 중요하다.
   (4) 저축과 투자는 항상 일치하므로 저축증가는 투자증가 결국 소득증가로 이어진다.

11. 제2차 세계대전 이후 1970년대까지는 케인스 이론에 기초를 둔 수요중심의 경제학이 풍미했다. (○, ×)

12. 석유파동으로 인한 스테그플레이션과 선진국의 성장률 둔화현상으로 경제성장이론에 대한 관심이 1980년대 후반부터 경제학계에 일어나기 시작했다. (○, ×)

13. 인구증가와 자본축적이야말로 경제성장의 가장 중요한 핵심이다. (○, ×)

Chapter 16

경제성장론

지난 수 십 년간 세계 여러 나라의 경제성장 정도를 들여다보면 선진국은 더 풍요로워진 반면 후진국은 더 심한 가난 속에 허덕이는 것을 볼 수 있다. 지난 50여 년간 소수의 몇몇 나라만이 선진국 대열에 들어섰고 앞선 자를 따라잡고 있을 뿐이다. 왜 대부분의 후진국들은 가난을 벗어나기가 어려운가? 왜 후발국은 앞선 자를 따라잡기가 어려운가? 경제성장의 원동력은 무엇인가? 왜 구 소련은 20세기 말 붕괴하고 말았는가? 왜 경제성장이 일어날수록 경제성장률은 둔화되는가? 경제성장에 대한 가장 중요한 기여도는 노동인가? 자본인가? 아니면 기술변화인가? 정치사회적 환경인가?

그 밖에도 16장에서는 경제성장이론은 어떻게 발전, 전개되어왔으며 특히 1980년대 후반부터 불기 시작한 신성장이론을 살펴보고자 한다. 나아가 우리나라의 경제성장과정과 우리 앞에 놓인 과제도 알아본다.

16.1 경제성장의 정의

경제성장(economic growth) 1인당 실질국민소득의 향상

한 나라의 공급능력이 전보다 향상되면 국민경제규모가 확대되고 산출량이 많아지겠지만 엄밀한 의미의 경제성장이라고 말할 수는 없다. **경제성장**(economic growth)을 삶의 질이 전보다 나아진 상태라고 할 때 삶의 질을 보여주는 지표에도 여러 가지가 있을 수 있다. 예를 들어 평균수명의 연장도 그 하나일 수 있다. 그러나 보다 총체적인 경제 상태를 반영하는 지표는 생산된 재화와 용역의 양이 인구 증가보다 빠르게 증가하는 것이라고 할 수 있다. 1인당 더 많은 재화와 용역을 향유하는 것보다 평균 생활수준을 향상시킬 수 있는 길은 없다고 보기 때문이다.

경제학에서는 각국의 생활수준을 비교적 잘 나타내는 지표로 실질 국민소득을 꼽는다. 그렇게 볼 때 **경제성장은 인구증가율보다 빠른 실질국민소득의 증가, 즉 1인당 실질 국민소득의 증가**로 정의할 수 있다.

16.2 경제성장의 원동력

1987년 노벨경제학상을 수상한 MIT대학의 **솔로우**(R. M. Solow, 1924-) 교수는 1956년 미국에 있어 1인당 실질GDP의 장기적 성장을 가져다준 원동력은 기술진보(technology progress)였다는 연구결과를 발표하여 주목을 받았다. 솔로우 이전의 성장이론은 1인당 자본축적이 성장의 핵심동력이라고 보았던 것과 대조되는 것이다.

생산이란 자연조건(토지), 노동, 자본이란 3대 생산요소로부터 얻을 수 있다. 주어진 자연조건은 거의 변경할 수 없는 제약조건이라고 할 때 경제성장의 기본조건은 전보다 나은 노동과 자본에 달려 있음이 분명하다. 보다 구체적으로 말하

면 1인당 자본량(capital stock per capita)의 생산성이 향상되어야 한다는 이야기이다. 1인당 자본량으로 생산할 수 있는 재화나 서비스 양이 전보다 많아야 한다는 것이다. 어떻게 가능한가? 그러한 성장을 가져다주는 요인은 과연 무엇인가?

노동이라는 인적자본과 자본축적, 기술변화, 저축과 투자 그리고 정치・사회적 환경과 정부의 효율적인 성장전략이 주요한 요인들이라고 할 수 있다.

(1) 더 나은 인적자본

성장의 원동력은 노동량이 아니라 노동의 생산성이다. 단순한 노동량은 생산의 주체이기도 하지만 1인당 생산량(GDP/인구)을 감소시키는 요인도 되기 때문이다. 동시에 노동은 그 자체로서 한계생산물(성)체감의 법칙의 지배를 받고 있다. 따라서 단순한 노동량의 증가만으로는 성장은 머지않아 한계에 이르고 만다. 중요한 것은 전보다 많은 노동량이 아닌 **'전보다 나은'** 인적자본이 증가해야 한다는 것이다. 전보다 나은 인적자원은 노동의 한계생산성체감을 보완할 것이고 지속 성장을 가져다 줄 수 있기 때문이다.

인적자본(human capital) 노동자가 직무를 행함에 있어 발휘하는 능력, 지식, 경험의 체화된 집합. 인적자본에서는 노동은 동질적이지 않으며 교육과 투자를 통해 향상될 수 있다고 본다.

더 나은 **인적자본**(better human capital)을 위해서는 교육과 훈련에 대한 투자가 필요하다. 특히 초・중등교육뿐 아니라 대학교육에 이르기까지 정규교육(공교육)을 통한 인재양성이야말로 경제성장의 근간이다. 부족한 자본은 빌릴 수 있으나 사람의 머리는 빌리기 어렵다. 지난 수 십 년 간 우리나라는 실로 세계가 놀랄만한 눈부신 경제성장을 이룩했다. 우리의 성장기여도를 생산요소별로 나누어 분석해 볼 때 인적자본의 향상, 즉 교육의 성장기여도가 중요한 역할을 했음은 의문의 여지가 없다.

(2) 더 나은 자본의 축적

1인당 자본량의 증가, 즉 1인당 자본축적이 많아지는 것이 중요하다는 데는 이의가 없다. 그러나 종래와 똑같은 품질의 자본축적으로는 성장의 한계가 있다. 왜냐하면 단순한 자본축적은 자본의 한계생산성체감으로 인하여 규모에 대한 수익감소를 초래할 것이기 때문이다. 따라서 1인당 자본량(capital stock)의 증가보다 더 중요한 것이 **'전보다 나은'** 자본, 즉 **'새로운'** 자본량의 증가이다. 쉽게 말해 지난해 생산된 컴퓨터가 아닌 성능이 향상된 새로운 컴퓨터의 수량이 많아져야 성장에 도움이 된다는 얘기이다.

(3) 기술변화

기술변화(technology change)
같은 양의 투입물(inputs)로 전보다 더 많은 산출물(outputs)을 생산할 수 있는 구조

기술변화(technology change)란 같은 양의 투입물(inputs)로 전보다 더 많은 산출물(outputs)을 생산할 수 있는 구조를 말한다. 기술변화는 기술혁신 혹은 기술진보와 동의어로 혼용되고 있다. 기술변화라고 하면 과학적 기술 개발은 물론이고 시설 장비나 소프트웨어의 개선, 그 밖에 경영관리상의 혁신이나 생산라인의 효율화, 매장 전시의 개선에 이르기까지 광범위한 변화가 모두 포함되는 개념이다. 따라서 기술변화는 인적자본과 물적 자본의 향상과 한편으로 얽혀있는 개념이라고 할 수 있다.

기술변화 없이 더 많은 노동, 자본, 자연자원이 있다고 해서 경제성장이 담보되는 것은 아니다. 구 소련의 예에서 보듯이 인적·물적자원은 많았으나 기술변화를 이끌어내지 못했기 때문에 성장은 정체되고 결국 붕괴되고 말았다.

1956년 신고전학파 성장모형을 제시한 솔로우 교수는 1957년 노동, 자본, 기술진보가 경제성장에 미치는 효과를 분리하여 추정하였다. 솔로우는 1909-1949년 기간 중 미국의 1인당 생산량은 2배로 증가했으나 자본의 성장기여도는 12.5%에 불과한 반면 87.5%는 기술진보에 의한 것이라고 주장했다.

(4) 저축과 투자

인적자본도 그렇지만 물적자본과 기술변화를 위해서는 많은 투자와 자금이 필요하다. 경제성장을 위한 재원은 국내저축으로 마련해야 하지만 국내저축이 부족할 경우 해외차입을 통해 조달할 수밖에 없다. 우리나라는 1960년대 이후 20년간 **총저축율**을 상회하는 **국내투자율**을 실현했는데 부족자금은 해외차입(해외저축이라고도 한다.)으로 조달하였다.

총저축율 국민소득 중 저축되는 비율

총투자율 국내투자율과 국외투자율의 합

국내투자율 국민소득 중 국내총고정자본 형성에 투입되는 비율

일반적으로 개발도상국의 경우 자본량의 부족 때문에 많은 노동력이 생산 활동에 투입되지 못하고 실업상태에 있다. 따라서 해외차입을 통해 자본재를 수입한 후 유휴(idle) 노동력을 생산에 투입한다면 노동생산성을 높일 수 있다. 과거 우리나라와 최근 중국 및 동남아시아 국가들의 경제성장률이 비교적 높은 이유는 그만큼 이들 나라가 유휴상태에 있던 생산요소를 고용하여 활용할 수 있는 여지가 많기 때문이다. 반면 선진국의 경우 대부분의 생산요소가 이미 생산에 투입되어 가동되고 있으므로 추가적인 자본량 증가의 생산성향상 효과가 크지 않은 편이다. 자본의 한계생산성이 체감하는 원리를 생각하면 이해가 쉬울 것이다.

〈표 16-1〉에서 보듯이 우리나라는 1960-1979년에는 해외차입(마이너스 국외투자)을 통해 일부 경제발전 자금을 조달하였다. 그러나 1980년 이후 총저축률이 국내투자율을 상회함으로써 우리나라는 해외에 자금을 빌려주는 순해외투자국으로 전환하였다. 〈표 16-1〉에서 특기할 사항은 2000년 이후 국내투자율이 감소추세로 돌아섰다는 점이다. 반면 1980년 이후 국외투자율이 플러스로 돌아선 이후 2010년 이후 급격하게 증가했다는 사실이다. 국내투자율의 감소와 국외투자율의 증가는 국내 산업기반의 위축이라는 점에서 성장잠재력을 약화시킬 수도 있다.

표 16-1
우리나라의 저축률과 투자율

기 간	총저축률	(민 간)	(정 부)	국내투자율	국외투자율
1960~9	14.49	(9.24)	(5.25)	17.22	-2.73
1970~9	23.80	(18.41)	(5.39)	28.23	-4.43
1980~9	31.66	(25.31)	(6.35)	30.65	1.01
1990~9	35.24	(26.27)	(8.97)	34.46	0.78
2000~9	31.47	(21.37)	(10.10)	31.42	0.05
2010~18	35.04	(27.38)	(7.66)	30.53	4.51

자료 : 한국은행 통계DB, 2019

(5) 정치 · 사회적 환경과 제도

여러 나라들의 경제성장과정을 분석해 보면 경제성장은 경제적 조건뿐 아니라 정치 · 사회적 환경과 제도와도 밀접한 관계를 갖고 있음을 발견하게 된다. 자유와 민주주의의 향상, 사적재산권의 보장, 상호신뢰와 갈등해소, 대외개방과 글로벌화, 정치적 안정과 리더십, 개개인의 자유와 창의성을 존중하는 문화 등 정치 · 사회적 제도와 환경이 매우 중요한 요소이다. 이러한 정치 · 사회적 제도의 확립 없이 선진국이 된 나라를 찾기는 쉽지 않다.

산업혁명(Industrial revolution)은 왜 18세기 영국에서 시작되었나? 1993년 노벨경제학상을 수상한 미국의 노스(D. C. North, 1920-2015)는 여기에는 그럴 만한 이유가 있다고 주장했다. 영국은 1688년 명예혁명(Glorious Revolution)을 이룬 후 권력이 국왕에게서 의회로, 즉 국민들에게 이전되었다. 이러한 권력의 이동은 영국사회의 모든 제도와 규칙을 바꾸어 놓았다. 의회정치와 함께 사유재산권의 보장과 합리적 조세부과가 이루어졌다. 새로운 발명이 일어날 수 있는 유인이 생긴 것이다. 기업은 18세기 중반 이후 나타난 증기기관이나 직물산업에서의 과학기술혁명을 산업화시키는데 투자할 유인이 생겼고 영국은 산업혁명으로 나아갈 수 있었다.

(6) 기업인과 정부의 역할

기업인(entrepreneurs)과 정부의 역할도 중요하다. 기업인이야말로 얼마나 많은 재원을 인적자본에 투자할 것인가 혹은 **연구개발**(R&D, research and development)에 투자할 것인가를 결정하는 당사자이다. 동시에 정부 역시 사적 재산권을 보장해준다든지, 시장이 제대로 작동하도록 감독한다든지, 교육이나 교통, 통신 같은 인프라 구축과 금융제도의 개혁과 안정 등 그 역할이 매우 중요하다. 석유부국인 남미 베네수엘라의 경제 파탄에서 알 수 있듯이 정부와 기업의 역할이야말로 정말 중요하다 하겠다.

16.3 경제성장률

16.3.1 경제성장률의 의의

(1) 70의 법칙과 연평균 성장률

경제성장률은 다음과 같이 계산할 수 있다.

$$\text{경제성장률(\%)} = \frac{(\text{금기 실질GDP} - \text{전기 실질GDP})}{\text{전기 실질GDP}} \times 100$$

경제성장률과 관련하여 재미있는 사실 하나. 국민소득이 2배가 되는 데는 몇 년이나 걸릴까? 이 문제의 답은 연평균 경제성장률과 관련이 있다. 경제학에는

70의 법칙(rule of 70) 국민소득이 2배가 되는 햇수는 70을 연평균 경제성장률로 나눈 숫자와 같다

70의 법칙(rule of 70)이라는 게 있다. 국민소득이 2배가 되는 햇수는 70을 연평균 경제성장률로 나눈 값이라는 것이다. 연평균 성장률이 5%라면 국민소득이 2배가 되는데 걸리는 기간은 14년이다. 연평균 경제성장률이 2%인 나라는 국민소득이 2배가 되기 위해서 무려 35년의 기간이 필요하다.

경제성장은 장기문제이므로 매해 성장률 수준보다 연평균 성장률이 중요하다. 예로 아르헨티나와 프랑스의 1950년도 국민소득은 2000년도 불변가격으로 6,942달러와 5,901달러로 아르헨티나가 17.6%나 높았다. 그러나 2007년도 국민소득은 아르헨티나의 12,268달러에 비해 프랑스는 무려 27,742달러로 2배를 넘는 대역전이 일어났다. 어떻게 이런 일이? 기간 중 아르헨티나는 연평균성장률이 고작 1%였던 반면 프랑스는 2.7%로 높았기 때문이다.

(2) 경제성장률의 둔화

개발도상국의 경우 성장 초기에는 빠르게 성장하다가 경제성장이 일정한 수준에 이르면 점차 경제성장률이 낮아지는 경향이 있다. 우리나라의 경우 역시 예외가 아니다. 〈표 16-2〉는 우리나라의 평균경제성장률 추이를 보여준다. 1980년대에 들어서면서 경제성장률이 낮아지는 것을 볼 수 있다. IMF 사태로 1998년엔 마이너스(-) 성장을, 세계 금융위기 여파로 2009년엔 0.2% 성장을 기록했다. 다행히 수출호조에 힘입어 2010년엔 6.5%의 높은 성장률을 달성하기도 했으나, 2010년 4/4분기 실적은 0.5% 성장에 그쳤고 2011년의 성장률 역시 3.7%로 낮았져 2010-17년 평균 3.44%를 기록하였다.

왜 이런 현상이 발생하는가? 국내외 경제변동이나 기술변화와 같은 요인을 제거한 후 생산성만을 놓고 생각해보자. 경제성장 초기에는 가동되지 않은 노동과 자본이 많아 이들 생산요소의 한계생산성이 높은 편이다. 그러나 성장이 궤도에 오르면 노동단위당 자본량(K/L)의 한계생산성이 체감하기 때문이다.

표 16-2
우리나라의 평균경제성장률

	1970-9	1980-9	1990-9	2000-9	2010-17	2018
성장률(%)	8.56	7.12	6.23	4.43	3.44	2.7

자료: 한국은행 통계DB, 2019

16.3.2 기술변화와 경제성장

(1) 기술변화가 없는 경제성장

[그림 16-1]은 기술변화 없는 어떤 나라의 생산함수를 보여준다. 횡축은 연도별 노동 한 단위당 자본량, 즉 K/L을 나타내고 종축은 연도별 노동 한 단위당 실질 GDP(Y/L)를 나타낸다.

그림에서 보듯이 노동단위당 자본량(K/L)은 비교적 빠르게 증가하고 있으나 그에 비해 노동단위당 실질GDP(Y/L)의 증가속도는 점점 둔화되는 것을 볼 수 있다. 기술변화 없는 단순한 자본축적만으로는 한계생산성 체감의 법칙 때문에 성장은 한계에 부닥칠 수밖에 없다.

2008년 노벨경제학상을 수상한 크루그먼(P. Krugman, 1953-) 교수는 1994년 그의 기고문에서 20세기 후반 한국경제의 눈부신 성장은 노동과 자본을 통해 이루어졌으나, 21세기에 들어서면 종전과 같은 방법으로는 성장을 기대할 수 없다고 지적한 바 있다. 1인당 자본량의 한계생산성이 빠르게 감소할 것이기 때문이다. 그렇다면 한국경제를 선진국대열에 단단히 묶어둘 성장 요인은 무엇인가? 바로 다음에 설명할 기술변화와 지식자본의 확충이다.

그림 16-1

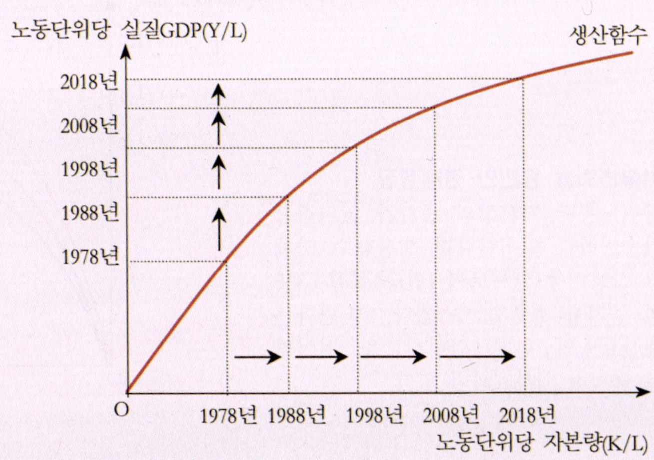

단위노동당 자본량의 한계생산성 체감
노동단위당 자본량(K/L)은 더 빨리 증가하더라도 경제성장을 나타내는 노동단위당 실질GDP(Y/L)는 한계생산성 체감에 따라 점점 둔화된다.

(2) 기술변화를 동반한 경제성장

[그림 16-2]는 기술변화(technology change)가 어떻게 경제성장을 이끌어내는지 보여준다. 단위노동당 자본량이 $(K/L)_0$로 변함이 없더라도 기술변화가 일어나면 관련 산업의 생산성증가로 생산함수가 위쪽으로 이동한다. 즉, 종전과 같은 $(K/L)_0$에서 기술변화로 말미암아 단위노동당 생산량 $(Y/L)_0$은 $(Y/L)_1$로 상승한다. 산업 내 기술변화가 경제전체로 파급되면서 동시에 외부경제를 일으키므로, 국민경제는 다시 한 번 $(Y/L)_2$로 상향이동하게 되고 보다 높은 성장궤도를 따라 진행할 수 있게 된다.

기술변화는 단순한 과학기술의 발전만을 지칭하는 것은 아니다. 인적자본의 향상은 물론 새로운 지식, 기술, 생산방식, 경영혁신 등 전보다 더 많은 생산을 가능케 하는 변화를 의미하는 개념이다. 지난 100년 간 주요 선진국의 경제성장을 이끌어온 원동력은 자본축적보다 기술변화라는 연구결과들이 많다. 기술변화야말로 장기적으로 생산요소의 한계생산성 체감을 극복할 수 있는 돌파구인 셈이다. 선진국이 되고, 선진국에 머물기 위해서는 기술변화는 반드시 자주 일어나야만 하는, 선택이 아닌 필수조건인 것이다.

그림 16-2

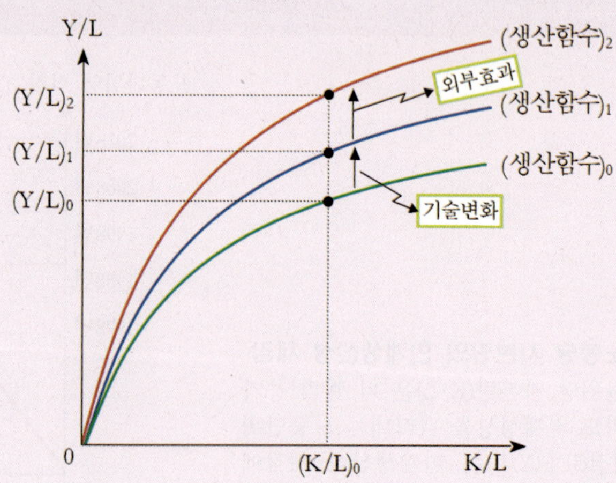

기술변화를 동반한 경제성장
단위노동당 자본량의 증가가 없더라도 기술변화가 일어난다면 생산함수 자체가 상향이동 함으로써 1인당 실질 GDP의 증가를 실현할 수 있다. 기술변화는 생산요소의 한계생산성체감을 뛰어넘는 긍정적 외부효과가 있다.

16.4 신성장이론

16.4.1 고전적 성장이론

(1) 고전적 견해

제2장에서 살펴보았듯이 중상주의의 경제성장이론은 국제무역을 통한 금은의 획득으로 인식했다는 것이다. 이는 개인적 부와 국부를 혼동한 감이 있다. 한편 중농주의는 농업생산만이 가치를 창출하는 요인으로 보고 농업을 통한 경제성장을 꿈꿨다.

아담 스미스는 노동의 양과 질을 향상시키는 것이 국부를 증진시키는 요인으로 보고 노동생산성 증대를 위해서는 분업과 협업이 필수적이라고 주장했다. 분업과 협업은 노동이 보다 많은 기계(자본)와 결합될 때 효과적이므로 결국 자본축적이 경제성장의 중요 요인이라고 인식했다.

반면 리카도에 따르면 생산요소의 한계생산성 체감의 법칙에 따라 규모에 대한 수익감소가 일어난다. 따라서 자본축적이 일어나면 일어날수록 자본가의 이윤은 감소하고 결국 자본축적은 정지되고 만다. 자본축적에 의한 성장은 정체된다. 리카도는 비교우위설에 입각한 자유무역이야말로 경제성장을 위한 마지막 비상구라고 주장했다.

(2) 신고전학파의 성장이론

케인스 혁명 이후 1939년 **해로드**(Sir R. Harrod, 1900–78)와 1946년 **도마**(E. Domar, 1914–97)는 각자 케인스의 단기균형이론을 장기균형이론으로 확장하는 작업을 했는데 이것이 **해로드-도마 성장모형**이다. 이들은 자본축적이 경제성장의 핵심요소라고 결론을 내렸다. 1950-60년대 우리나라를 비롯한 저개발국은 해로드-도마모형을 좇아 외자도입을 통한 자본축적으로 경제성장을 추진했는데 당시는 거의 유행과도 같았다. 이 모형은 초기 명성과는 달리 자본형성이 미흡한 저개발국에게는 나름 일리 있는 모형일 수도 있겠으나 기본적으로는 이론적·실증적 근거가 약하다는 비판을 받았다.

1956년 솔로우와 호주출신의 경제학자 **스완**(T. Swan, 1918–89)은 해로드–도마모형을 확장한 경제성장이론을 각기 발표했는데 이를 신고전학파 성장모형 혹은 솔로우 성장모형(솔로우–스완 성장모형이라고도 한다.)이라고 한다. 신고전학파 모형에 따르면 자본축적에 의한 성장은 자본의 한계생산성체감으로 말미암아 궁극적으로 정체될 수밖에 없다. 동시에 후발국은 자본의 한계생산성이 선진국보다 높으므로 선진국과의 격차를 조금씩 좁혀갈 수 있다고 본다. 그렇다면 지난 100년간 정(+)의 경제성장률과 선, 후진국간의 벌어지는 격차는 어떻게 설명될 수 있는가? 신고전학파는 기술변화가 자본축적보다 훨씬 중요한 요인이며, 기술변화가 자본의 한계생산성체감을 극복한 요인이라고 주장한다.

문제는 이렇게 중요한 기술변화가 솔로우모형의 내부에서 생성되는 것이 아니라 시스템 밖으로부터 외생적(exogenous, 예를 들면 과학기술의 발전 등)으로 주어진다는데 있었다. 솔로우 모형에서 보는 것처럼 성장의 핵심요인이 외부로부터 주어지는 성장이론을 외생적 성장이론이라고 한다.

16.4.2 창조적 파괴

창조적 파괴 이윤창출은 기업가의 혁신에 대한 보상인데 기업가의 혁신은 기존 것을 버리고 새로운 것을 창조하는 것이라는 의미.

일찍이 오스트리아 출신 경제학자 **슘페터**(Joseph A. Schumpeter, 1883–1950)는 **창조적 파괴**(creative destruction)라는 개념을 제시하면서 소수의 창조적 기업인의 혁신(innovation)이야말로 경제발전의 원동력이라고 설파한 바 있다. 창조적 파괴란 새로운 아이디어에 의한 새로운 시대의 도래를 의미한다. 슘페터에게 있어 발전이란 기존 재화의 양적 증가가 아니라 전혀 새로운 재화의 출현을 의미한다. 새로운 재화의 출현과 함께 기존 재화는 더 이상 경제성이 없으므로 시장에서 도태되고 만다.

사실 슘페터는 케인스와 같은 해에 태어난 경제학계의 거목이었음에도 세계대공황으로 케인스이론이 주목을 받으면서 뒷전으로 밀려난 감이 있었다. 1980년대 초까지만 해도 경제학의 쟁점은 단기 경기변동을 어떻게 조정하느냐에 관한 것이었다. 그러나 1980년대 후반 세계경제학계는 1970–80년대에 걸쳐 왜 성장률이 둔화되었는가를 규명하려는 논쟁이 불붙고 있었다. 성장률둔화 논쟁과 함께 내생적 성장이론이 대두되면서 슘페터는 다시 경제학의 중요인물로 돌아왔다.

16.4.3 지식자본과 신성장이론

신성장이론(new growth theory)
내생적 성장이론의 하나로 경제성장의 원동력인 기술변화를 지식자본으로 설명하면서 경제시스템 내부에서 생성되도록 한 성장이론

지식자본(knowledge capital) 인적자본의 한 요소로 볼 수 있으며 지적자본이라고도 함. 개인이 조직내, 조직간에 공유함으로써 시너지를 일으킬 수 있는 내재적 가치, 아이디어

솔로우 교수의 외생적 기술변화가 경제성장의 핵심요소라는 주장에 대해 경제학자들은 불만이 많았다. 경제성장이 내부의 힘이 아닌 외부적 힘에 의해 주어진다는 것도 불만이었지만 외부적 힘을 나타내는 외생적 기술진보에 대한 설명이 명확치 않다는 점 때문이었다. 1986년 **폴 로머**(Paul Romer, 1955–)를 비롯한 내생적 성장이론가들은 경제성장이 외생적 요인이 아닌 경제내부에서 생성되는 요인에 의해 이루어진다는 이론을 제시하기 시작했다.

2018년 노벨경제학상을 수상한 로머는 슘페터로부터 영감을 얻어 **신성장이론**(new growth theory)을 제시했는데 그는 **지식자본**(knowledge capital)이야말로 경제성장의 원동력이라고 주장한다. 로머는 기계, 설비와 같은 물적자본은 **규모에 대한 수익감소**(decreasing return to scale)가 적용되므로 성장의 원동력이 될 수 없다고 주장한다. 물론 지식자본 역시 개별 기업 차원에서는 규모에 대한 수익감소가 성립한다. 그러나 경제 전체로 확장할 경우 지식자본은 규모에 대한 수익증가로 전환될 수 있다는 것이다.

어떻게 이런 일이 가능한가? 로머에 따르면 지식자본은 공공재와 같아서 비경합성과 비배제성을 갖고 있다. 공공재는 누구나 무임승차할 수 있어 전체 경제가 비용 없이 사용함으로써 경제전체에 걸쳐 생산증대를 가져온다. 기술변화와 같은 지식자본이 어떻게 생산성향상과 경제성장을 이끌어내는지 보다 명쾌하게 설명해 준 것이다.

이때 문제가 되는 것은 지식자본이 생산의 외부경제가 있는 재화와 같으므로 개별기업은 사회적으로 바람직한 수준보다 적게 생산할 유인을 갖는다는 점이다. 따라서 정부는 지식자본이 많이 개발, 공급되도록 인센티브를 제공해야 한다. 개별 기업이 지식자본을 개발, 축적하도록 정부가 지원하는 방법으로는 교육보조금, 지적재산권 보호, R&D 보조금 등이 있다. 한국경제가 선진국대열에 계속 남아있기 위해서는 다시 지식, 지식자본에 집중해야 한다. 결국 교육, 연구의 중요성이 강조될 수밖에 없는 이유이다.

현실경제 속으로

노벨경제학상 수상자 로머 교수 인터뷰

"기술 축적이 안 되는 일자리를 아무리 늘려 봐야 경제성장에 도움이 안 됩니다."

작년 노벨경제학상 수상자인 폴 로머(64) 미국 뉴욕대교수는 27일 본지와 가진 단독 인터뷰에서 “아무 것도 배울 게 없는 공공일자리는 오히려 인적자본을 파괴한다”며 이같이 말했다. 로머 교수는 “노동력이 기술을 습득해 혁신을 이룰 때 경제가 성장한다”면서 “(정부가 공공 일자리 형태로) 사람들에게 돈을 줄 때는 신중해야 한다”고 말했다. ‘강의실 불끄기’ 등 기술축적이 안 되는 공공일자리에 대해 부정적 입장을 보인 것이다. 그는 “최저임금이 높아질수록, 높은 임금을 받을 만한 기술을 갖지 못한 젊은 저숙련 노동자들이 경쟁력을 상실하게 된다”면서 “한국의 젊은 노동자들이 노동시장에서 아예 쫓겨날 수 있다”고 우려했다. 청년들이 경제활동인구에 편입되지 못할수록 국가성장의 길도 막힌다는 것이다. 로머 교수는 1980년대 혁신, 기술진보, 인적자본 등이 경제성장의 핵심이라는 이론(내생적 성장이론)으로 노벨경제학상을 받았다.

◇ 소득주도성장의 성공조건은 낮은 실업률

그는 “한국 정부가 추진하고 있는 ‘소득주도성장’ 정책이 성공하려면 실업률이 낮아야 한다”고 말했다. 완전고용 상태에선 근로자의 소득이 오르면 경제가 활성화된다. 반면 실업률이 높은 상황에서 최저임금까지 올리면 신규 고용이 줄어들 수 있다. 로머 교수는 “실업자가 더 늘어난 상태로 끝난다면 소득주도성장 정책은 실패하는 것”이라고 진단했다. 작년 우리나라 실업률은 3.8%로, 지난 2001년(4%) 이후 17년 만에 가장 높았다. 그는 “일반적인 소득주도성장 이론은 보조금 지급이나 감세와 같은 단기적 경기진작 정책”이라면서 “장기적 성장을 위해서는 아예 다른 정책이 필요하다”고 말했다.

◇ 일터에서 기술축적

로머 교수는 “한국은 최근 성장속도가 둔화되면서 기존의 성장전략을 수정해야 하는 상황”이라며 “경제의 지속 성장은 노동, 자본과 같은 양적 투입보다는 인적자본, 기술 등과 같은 ‘질적변화’에 달려 있다”고 강조했다.

로머 교수는 질적변화를 위한 방안으로 '일터에서의 교육'을 강조했다. 그는 “직장은 돈을 버는 곳이기도 하지만, 기술을 새로 습득하는 곳이기도 하다.”면서 “실업률이 높아질수록 사람들이 지식을 쌓고 훈련할 기회가 적어진다”고 말했다. 예컨대 젊은 외과수련의는 병원에 취업해야만 숙련된 의사를 관찰하며 배우고, 작은 수술을 집도하면서 지식과 경험을 습득할 기회를 갖게 된다. 로머 교수는 “축적된 지식이 새로운 기술과 사업모델을 탄생시키는 ‘선순환 성장구조’가 만들어져야 혁신이 나온다”면서 “애플・구글이 큰 돈을 버는 것은 인적자본을 적절히 활용해 새로운 혁신을 만들어 내기 때문”이라고 말했다. 그는 이 밖에도 경력단절 등으로 경제활동에 참여하고 있지 않은 한국의 고학력 여성인력이 산업계에 진입할 경우, 새로운 혁신의 기회가 생길 수 있다고 전망했다.

[2019년 5월 14~15일 아시안리더십콘퍼런스] 조선일보/윤형준 기자 성유진 기자 2019.3.28

16.4.4 미국의 경제성장률 논쟁

신성장이론과 함께 미국의 연평균 경제성장률 변동의 원인규명에 대한 논쟁이 일어났다. 〈표 16-3〉은 지난 60년간 미국의 경제성장률 변화를 보여준다. 1950-1972년의 기간 동안 연평균 경제성장률은 2.6%였으나 1973-1994년의 기간은 1.3%로 하락하였다. 그러나 1995-2007년의 기간에는 경제성장률이 다시 올라 2.3%로 회복되었다. 논쟁의 초점은 왜 1973-1994년의 기간에 유독 경제성장률이 낮았냐는 것이다. 이와 관련한 3가지 해명을 살펴보자.

표 16-3
미국의 연평균 경제성장률 변화

기 간	1950-72	1973-94	1995-2007	2012-3
연평균 성장률(%)	2.6	1.3	2.3	2.3

자료 : OECD 통계DB, 2014

(1) 측정 오류

당시 성장률이 특별히 낮았던 것이 아니고 측정오류가 있다는 주장이다. 당시는 서비스 부문에서 특히 괄목한 만한 발전이 있었는데 서비스는 측정하기 어렵다는 문제가 있다는 주장이다. 당시 금융산업에서는 ATM이 등장했고 환경과 작업안전에 대한 관심이 높아져 기업들의 비용부담이 증가한 시기였다. 즉 편의, 안전, 쾌적함과 같은 많은 변화와 향상이 있었으나 실질소득 추계에는 반영되지 못했다는 주장이다. 이 주장은 일견 타당성이 있으나 당시의 성장률 저하를 모두 설명하기에는 역부족이라는 평가다.

(2) 석유파동

스태그플레이션(stagflation) 경기침체와 인플레이션이 동시에 진행되는 국면

세계경제는 1973-4년의 1차 석유파동(oil shock)과 1977-8년의 2차 석유파동으로 경기침체와 인플레이션이 병존하는 **스태그플레이션**(stagflation)에 시달렸다. 즉, 석유가 폭등으로 생산 감소가 일어났다는 주장이다. 이 주장은 1970년대의 저성장을 설명할 수 있으나 1980년대부터 1994년 사이의 저유가 시대의 저성장을 설명하지 못한다는 한계가 있다.

(3) 노동의 질적수준 저하

당시 산업구조는 급격히 변하고 있었음에 반해 교육제도는 이러한 변화에 대응하지 못해 결국 노동의 질적 저하를 초래한 것이 저성장의 근본 원인이라는 주장이다. 산업구조는 컴퓨터의 등장과 금융 산업의 혁신 등 커다란 변화가 일어났으나 교육 현장은 기존의 철강, 자동차, 기계, 정유산업 등에 대한 교육과정에서 벗어나지 못했다는 지적이다. 1995-2007년의 성장률 회복은 산업수요와 교육현장의 괴리가 해소된 결과라는 주장이다.

● 현실경제 속으로 : Catch-up은 가능한가?

아래 그림에서 횡축은 2000년 불변가격으로 환산한 1960년 1인당 실질GDP이며 종축은 1960-2004년 간 1인당 실질GDP의 연평균성장률이다. 후발국이 선진국을 따라잡는 catch-up이 가능하려면 1인당 실질GDP가 낮은 후발국은 평균성장률이 높아야 하는 반면 소득이 높은 선진국은 성장률이 낮아야 한다. 그림의 catch-up line 주위에 있는 나라들은 장기적으로 앞선 나라를 따라잡을 수 있었다.

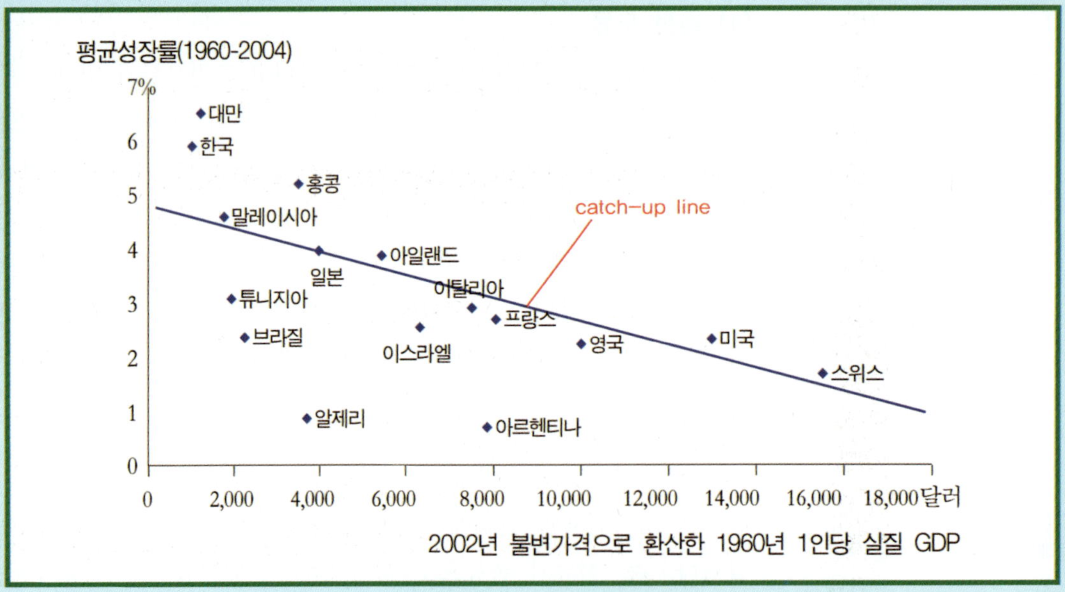

자료 : Economics(2009, 2nd), Hubbard & O'Brien, p. 748에서 편집, 전제.

16.5 한국경제의 성장

16.5.1 한국경제의 성장과정

우리는 20세기 들어와 나라를 잃고 36년간 외세의 지배를 받다가 1945년 독립하였으나 1950-53간의 한국전쟁으로 그나마 있던 모든 것을 잃고 세계에서 가장 가난한 나라가 되었다. 산에 나무 하나 제대로 없고 이렇다 할 자원도 없으며 축적된 자본도 없는 그야말로 생존이 문제였던 나라, 미국을 비롯한 외국의 원조물자가 도착하지 않으면 많은 사람들이 굶어 죽을 수밖에 없는 나라였다.

1960년대 들어와 경제개발 5개년 계획과 함께 대대적인 조국근대화 운동이 시작되었다. 국가 주도의 수출주도형 공업화전략이 그것이다. 질 높고 풍부한 노동력을 이용하여 경공업부터 육성하기 시작했다. 1960년대 서독에 광부와 간호사를 파견하고, 월남 파병을 통해 외화를 벌어들였다. 동시에 애국선열의 피맺힌 한(恨)이 식기도 전에 일본과 국교정상화를 맺고 그 대가로 대일청구권

그림 16-3

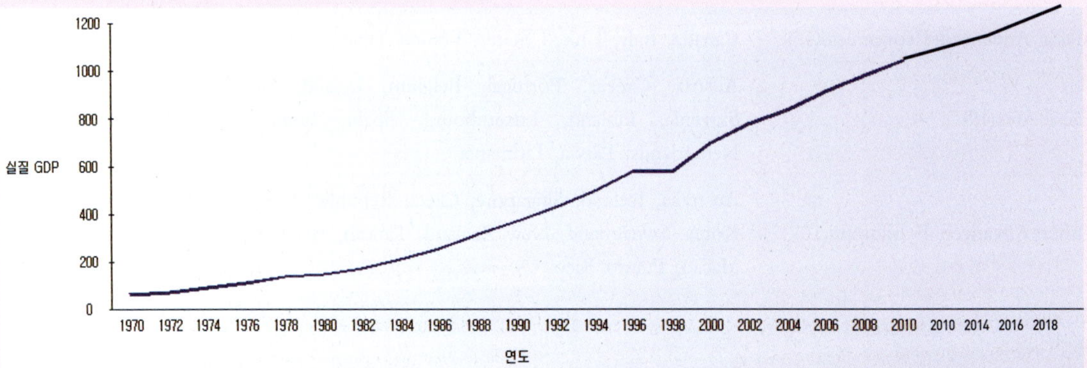

자료 : 한국은행, 국민계정 통계, 2019.

우리나라 실질 GDP(단위 : 조원)

자금을 받아 산업자금으로 썼다. 그리고 1970년대 초 중화학공업화로 전환하였다. 당시 많은 사람들이 중화학공업화는 시기상조라고 반대했으나 박정희정부의 의지는 단호했고 주사위는 던져졌다.

1970년대 두 차례 석유파동(oil shock)을 거치면서 어려움이 있었으나 중동건설수출과 1980년대 초 뜻밖의 훈풍인 석유가 하락, 금리 하락, 원화가치 하락(일본 엔화대비), 즉 3저(低)로 고비를 넘겼다. 다시 IMF 사태를 맞았으나 중국의 시장개방으로 극복했다([그림 16-2] 참조). 하늘은 스스로 돕는 자를 돕는다고 했던가! 중국시장이 우리 앞에 열린 것은 그야말로 천운이 아닐 수 없다. 온 국민이 수 십 년간 노력한 결과였다. 2018년 말 현재 세계 8위의 무역대국, 무역총액 1조달러 돌파 국가, 세계 12위의 GDP국가, 1인당 GNI 31,349달러, 선진국 클럽인 OECD 회원국, G20 회원국이다.

2019년 OECD는 한국을 세계 7번째 30-50 Club 국가로 발표했다. 30-50클럽은 국민소득 3만달러 이상이면서 인구 5천만명을 넘는 국가를 이른다. 미국, 일본, 독일, 프랑스, 영국, 이탈리아가 그들인데 모두 식민지를 건설하고 세계를 호령했던 국가들이다. 한국은 지배를 받았던 국가로서는 세계 최초로 30-50 클럽 국가가 된 것이다. 〈표 16-4〉에서 보듯이 이제 IMF는 한국을 선진국명단에 올려놓았다.

표 16-4 IMF분류에 의한 선진국(2018. 10. 현재)

Major Advanced Economies(G7)	Canada, Italy, United States, France, Japan, Germany, United Kingdom
Euro Area(19)	Austria, Greece, Portugal, Belgium, Ireland, Slovak Republic, Cyprus, Italy, Slovenia, Finland, Luxembourg, Spain, France, Malta, Estonia, Germany, Netherlands, Latvia, Lithuania
Other Advanced Economies(16)	Australia, Iceland, Singapore, Czech Republic, Israel, Sweden, Denmark, Korea, Switzerland, New Zealand, Taiwan, Hong Kong, Norway, San Marino, Macao, Puerto Rico

16.5.2 Catch-up의 주체

성공 뒤에는 희생이 있었다. 세계가 주목하는 성공을 거두었으나 그 동안 농촌이 그리고 노동자들의 인내와 희생이 컸다. 정부의 경제발전의 중심추가 농업에서 공업으로 농촌에서 도시로 바뀜에 따라 농업 인력은 도시노동자로 옮겨져 산업역군의 역할을 했다. 자녀들을 교육시키기 위해 세계 최장의 노동시간을 불평 없이 견뎠다.

세계를 무대로 뛰고 새로운 산업에 투자하면서 도전한 기업인들의 비전과 열정도 한 몫을 했다. 시행착오도 많았으나 정부의 계획과 실천 그리고 전폭적인 지원도 힘이 되었다.

결국 비전이 있었고 실천 가능한 계획이 수립되었으며 헌신할 노동자와 일을 추진할 기업인이 있었다. 수익은 재투자되어 자본축적이 일어났고 지식자본 개발도 일어났다. 1950년대 초 초등학교만 졸업했던 대다수의 여성들이 중학교, 고등학교, 대학교에 진학하였다. 남성들의 경우는 말할 것도 없다. 모방을 통한 생산에서 벗어나 새로운 아이디어와 새로운 제품이 개발되었고, 기술변화도 서서히 확산되었다.

1988년 올림픽, 2002년 월드컵, 2018년 동계올림픽 등 세계인에게 대한민국을 각인시키며 1950년대 초 지구상에서 가장 가난한 나라 중의 하나였던 나라가 기적을 이뤘다. 대부분의 경제성장이론은 후발국이 선진국을 따라잡는 것은 거의 불가능하다고 본다. 특히 신성장이론이 주장하는 지식자본의 관점에서 볼 때 후발국과 선진국과의 지식자본격차는 결코 좁혀질 것 같지 않다고 보는 것이 정설이다. 이제 경제성장이론 교과서는 한국 경우와 함께 다시 써져야 할 것 같다.

16.5.3 한국경제의 과제

신성장이론에서 제시했듯이 지식자본의 혁신 없이는 선진국대열에 계속 머물 수 없다. 한국경제 앞에는 자생적으로 지식자본을 창출해내는 시스템이 내재되어야 하는 과제가 놓여 있다.

고령화 65세 이상의 고령인구비율이 지속적으로 증가하는 현상

(1) 저출산 · 고령화 극복

세계 제일의 저출산율과 빠른 고령화 사회로의 이전은 넘어야 할 과제이다. 저출산과 고령화는 생산성을 낮추어 성장둔화를 유발할 것이기 때문이다.

(2) 사회시스템 개혁 필요

제4차 산업혁명으로 대변되는 21세기에 걸맞는 사회시스템 구축이야말로 선진국으로 남기 위한 선결조건이다.

정치 · 사회 · 문화의 개혁이야말로 경제로 하여금 기술변화를 일으키도록 하는 동력이다. 자유롭고 민주화된 사회, 사유재산권과 개인의 권리를 보장하는 사회, 신뢰의 회복과 법치주의의 확립, 정치안정과 개개인에 대한 존중만이 기술변화와 지식자본을 창출할 것이기 때문이다. 2006년 노벨경제학상을 수상한 에드먼드 펠프스(1933-) 컬럼비아대 교수가 저서 '대번영(Mass Flourishing)'에서 적시한 대로 '국가혁신이 중요하며 국가혁신을 위해서는 개성, 상상력, 자기표현을 보호하고, 자극, 고무하는 문화가 융성해야 한다.'는 조언이야말로 한국경제가 21세기 선진국으로 살아남으려면 반드시 명심해야 할 사항이다.

(3) 교육 : 지식자본의 원천

이미 세계는 경제 · 사회의 주도권이 밀레니얼세대(1980년대 초-2000년대 초 출생)로 넘어가는 '밀레니얼 모먼트'가 시작됐다. 이러한 변화의 흐름에 대응하려면 혁신적인 리더십이 필요하며 이를 위해 미래 100년을 준비할 교육시스템의 혁신이 긴요하다.

● 현실경제 속으로: 우리나라의 저출산과 고령화

합계출산율 국제비교

연도	한국	일본	미국	프랑스	독일	이탈리아	영국	OECD평균
2003	1.19	1.29	2.04	1.87	1.34	1.29	1.71	-
2006	1.12	1.32	2.1	1.98	1.33	1.35	1.84	-
2009	1.15	1.37	2.01	1.99	1.36	1.41	1.94	-
2011	1.24	1.39	1.89	2.00	1.36	1.42	1.98	1.70
2016	1.20	1.40	1.80	1.90	1.60	1.30	1.80	1.70

출처 : OECD, 『Society at a Glance 2019』

합계출산율: 한 여자가 평생 낳는 평균 자녀의 수

통계청이 발표한 장래인구 추계에 따르면 2018년 우리나라 합계출산율은 0.98명까지 떨어졌다. 올해 31만4000명이 죽고 30만9000명이 태어나 인구의 자연감소도 눈 앞에 왔다.

2024년엔 85세 이상 인구가 100만명을 돌파하고 2025년엔 국민의 20%가 만 65세를 넘은 '초고령 사회'가 된다. 2036년에는 고령인구 비율이 30%, 2051년에는 40%를 넘어선다. 생산가능인구(15-64세) 100명당 그들이 먹여 살려야 할 유소년(0-14세)과 노인(65세 이상)의 수를 나타내는 것이 '부양비'다. 2017년 우리나라는 부양비가 36.7명이었으나 2065년엔 117.8명으로 OECD국가 중 1위가 될 것으로 예상된다.

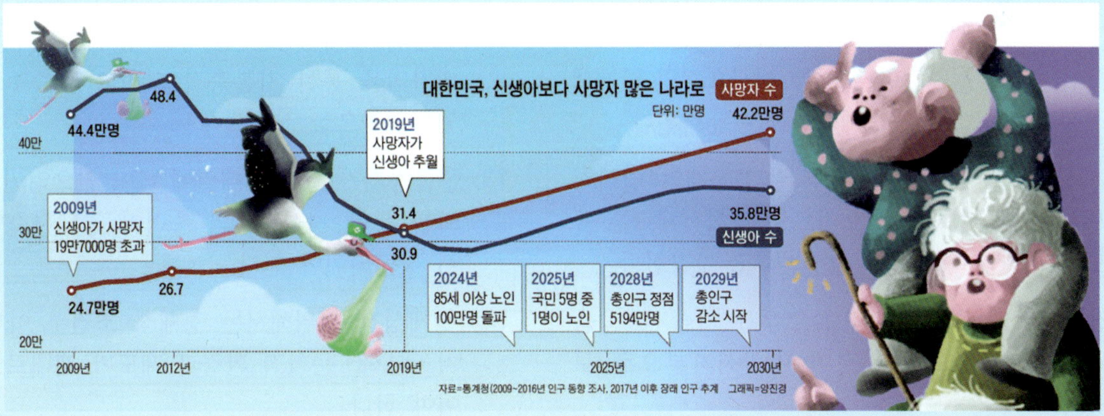

복습과 연습

요 약

1. 경제성장이란 1인당 생산능력의 향상이므로 인구증가율보다 빠른 공급능력의 증가, 즉 1인당 실질GDP의 증가를 의미한다.
2. 한 나라의 투자자금은 국내저축과 해외차입을 통해 조달된다.
3. 일반적으로 개발도상국의 경우 자본량의 부족 때문에 많은 노동력이 실업상태에 있다. 따라서 해외차입을 통해 자본재를 수입한 후 유휴(idle) 노동력을 생산에 투입한다면 생산성을 높일 수 있다.
4. 경제성장의 원동력은 더 나은 인적자본, 더 나은 자본의 축적, 기술변화, 저축과 투자, 정치사회적 환경과 제도, 기업인과 정부역할이다.
5. 국민경제가 성장하면 할수록 생산요소의 한계생산성이 체감하므로 경제성장률은 둔화된다.
6. 신성장이론에서는 지식자본은 공공재와 같아서 생산의 외부경제를 일으키므로 경제전체로는 규모에 대한 수익증가가 발생한다고 주장한다.
7. 경제성장의 핵심요인을 솔로우는 기술진보, 슘페터는 혁신 그리고 로머는 지식자본으로 보았다.
8. 1970-80년대 미국경제성장률 둔화는 경제학계에 경제성장에 대한 관심을 불러일으켰다.
9. 현재 소득수준이 낮더라도 높은 평균경제성장률을 장기적으로 이루어낼 수 있다면 catch-up이 가능하다.
10. 1인당 자본량의 증가만으로는 지속적인 성장을 달성하기 어렵다. 그 이유는 생산요소의 한계생산성 체감이 일어나므로 규모에 대한 수익감소가 발생하기 때문이다.
11. 1인당 자본량의 증가는 생산함수 위의 이동을 나타내는 반면 기술변화는 생산함수 자체의 상향이동을 일으킨다.
12. 한국의 경제성장은 질 좋고 풍부한 노동력과 해외차입을 통한 자본축적 그리고 수출주도형 공업화전략으로 성공했다.
13. 한국경제가 선진국 대열에 남아 있으려면 기술변화를 통한 지식자본의 축적이 경제시스템 내에서 창출되어야 한다.
14. 경제성장을 위해서는 경제적 조건뿐 아니라 정치·사회·문화적 환경과 제도가 제대로 확립되어야 한다.

중요개념

경제성장	경제성장률	노동생산성	기술변화(혁신)
해외저축	총저축율	총투자율	국내투자율
자본축적	1인당 자본량	70의 법칙	창조적 파괴
지식자본	한계생산성 체감	규모에 대한 수익감소	외생적 성장이론
해로드-도마모형	신고전학파 성장모형	솔로우 성장모형	신성장이론
내생적 성장이론	공급충격	Catch-up이론	수출주도형공업화
저출산 고령화	합계출산율	소득주도성장	30-50 club
밀레니얼세대			

연습문제

Ⅰ. 다음 물음에 O, X로 답하고 그 이유를 밝히시오.

1. 신성장이론에서 말하는 지식자본의 규모에 대한 수익을 개별기업과 경제전체로 나누어 구별하라.

2. 구 소련의 붕괴를 기술변화 유무와 연결하여 설명해보라.

3. 1980-94년 기간 동안 미국의 성장률이 둔화된 근본 원인은 무엇인가?

4. 선진국으로 진입하기 위해서 인적·물적 조건과 기술변화 등 경제적조건 외에 요구되는 정치사회문화의 개혁은 무엇인가?

5. 솔로우모형으로 대표되는 신고전학파 성장모형에서 왜 성장률은 둔화될 수밖에 없으며 궁극적으로 장기균형성장률은 제로가 되는가?

6. 노동과 자본량만의 증가는 왜 경제성장을 달성하기에 충분치 않은가?

7. 영국이 다른 나라들보다 더 먼저 산업혁명을 시작할 수 있었던 까닭을 노스는 어떻게 설명하고 있는가?

8. 내생적 성장이론가들이 보는 솔로우 성장이론의 미진한 측면은 무엇인가?

9. 펠프스 교수가 국가혁신을 위해 강조한 것이 아닌 것은?
   (1) 개성 (2) 상상력
   (3) 개인존중 (4) 조직문화

10. 신성장이론이 관심을 가장 덜 갖는 것은 다음 중 어느 것인가?
   (1) 창조적 파괴 (2) R & D
   (3) 교육 (4) 자본축적

Chapter 17

국민소득과 소득분배

17.1 국민경제의 생산과 소득
17.2 주요 국민소득지표
17.3 국민소득 개념의 한계
17.4 소득분배론
17.5 우리나라의 소득분배

한 나라의 경제상태를 가장 잘 나타내주는 경제지표로는 국민소득, 물가, 실업, 소득분배상태 등이 있다. 17장에서는 먼저 소득과 분배에 대해 살펴보고, 실업과 인플레이션은 18장에서 논의한다.

거시경제가 어떻게 운영되고 있는지 알아보기 위해 먼저 국민경제의 생산활동과 소득창출과정을 살펴보자. 국내총생산(GDP)과 국민총소득(GNI)의 개념을 살펴본 후 국민소득지표에는 어떤 것들이 있으며 그 한계는 무엇인지 논의해보자. 그리고 국민소득의 계층간 분배와 소득불평등의 측정, 소득분배정책에 대해 살펴보자

17.1 국민경제의 생산과 소득

오늘도 국민경제는 쉼 없이 생산 활동을 하고 있다. 생산 활동의 결과는 생산에 참여한 생산요소에 분배되어 생산요소 소유자의 소득이 되고 그들은 소득을 지출함으로써 생산된 재화를 구매하는 순환과정을 반복하게 된다. 국민경제는 항상 동일한 규모의 생산과 소득을 달성하는 것이 아니라 때로는 생산 활동이 확대되기도 하고 때로는 축소되기도 한다. 세계 각국은 자국의 경제활동을 측정하기 위해서 생산 활동 지표인 국내총생산(GDP, Gross Domestic Product)과 중심소득지표인 국민총소득(GNI, Gross National Income)을 편제, 작성하고 있다. 이제 국민경제의 생산 활동과 소득을 살펴보자.

17.1.1 국민경제의 생산과 측정

(1) 총산출량

우리가 살고 있는 경제사회는 매일 수많은 재화(서비스 포함)를 생산해내고 있다. 사전에 주문이 있어 생산이 이루어지는 경우도 있겠으나 시장상황이 좋으리라는 판단에서 미리 생산을 하는 경우도 많다. 생산이란 토지, 노동, 자본과 같은 생산요소가 투입되어 만들어낸 결과물이다. 생산과정을 좀 더 자세히 살펴보면 공장, 기계설비 등으로 이루어진 기초자산이라는 토대 위에 노동과 자본이라는 생산요소와 원자재(중간재)를 투입하여 산출물을 얻는 것이다. [그림 17-1]은 이러한 국민경제의 생산과 처분과정을 보여준다.

중간재 생산의 원료로 사용되기 위해 다시 생산과정으로 투입되는 재화로 보통 한 번의 사용으로 소모되는 재화

자본재 생산자가 기계나 건물같이 다음 기 생산의 기초자산을 확충할 목적으로 구입하는 재화

(2) 생산된 재화의 처분과 자본축적

생산된 재화는 최종소비(**소비재**), 중간소비(**중간재**) 및 투자(**자본재**)로 처분된다. 소비재는 가계, 기업 및 정부가 자신들의 일상적 생활에 사용하기 위하여 구입하는 재화로서 더 이상 생산과정으로 되돌아오지 않는 재화이다.

그림 17-1

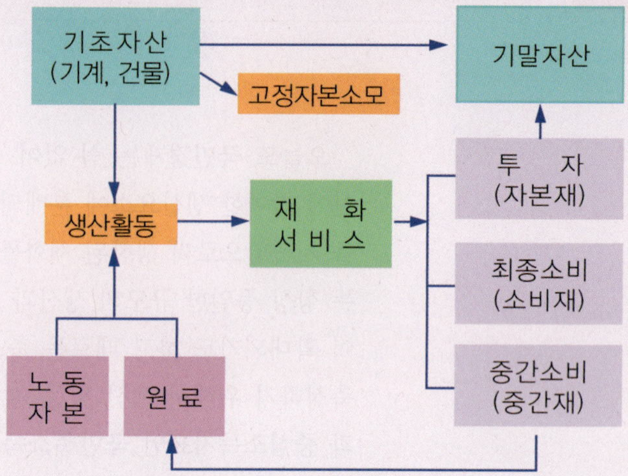

국민경제의 생산과 처분
투자(자본재)가 고정자산소모보다 많으면 다음 기의 기초자산이 확대된 것이다.

비내구재(nondurable goods) 식료품과 같이 한 번의 소비로 소모되어 버리는 소비재

내구재(durable goods) 자동차나 가전제품 같이 상당기간 소비할 수 있는 소비재

고정자본소모 매기 생산에 동원된 기초자산 중 자연소모가 일어난 부분. 내구성 재화의 기간별 자연소모를 다른 말로 '감가상각' (depreciation)이라고도 함

소비재는 식료품과 같이 한 번의 소비로 소모되어 버리는 **비내구재**(nondurable goods)와 자동차나 가전제품 같이 상당기간 소비할 수 있는 **내구재**(durable goods)로 나눌 수 있다. 중간재는 생산의 원료로 사용되기 위해 다시 생산과정으로 투입되는 재화를 말하는데 보통 한 번의 사용으로 소모되는 재화이다. 한편 자본재는 생산자가 기계나 건물같이 다음 기 생산의 기초자산을 확충할 목적으로 구입하는 재화로서 기업의 투자에 해당한다.

매기 생산에 동원된 기초자산은 일정부분의 자연소모가 일어나게 마련인데 이렇게 소모된 부분을 '**고정자본소모**'라고 한다. 내구성 재화의 기간별 자연소모를 다른 말로 '감가상각'(depreciation)이라고도 한다. 예를 들어 생산에 사용되고 있는 기계의 내구연한이 10년이라면 그 기계는 매년 10%씩 감가상각되는 셈이다. 다음 기 생산의 기초가 되는 기말자산은 금기의 기초자산에서 소모된 부분을 빼고 금기에 구입된 자본재를 합함으로 재구성된다. 생산과정에 신규로 투입되는 자본재의 양이 금기에 소모된 양보다 많다면 다음 기 국민경제의 기초자산은 확대된다. 위의 [그림 17-1]을 통해 국민경제의 생산과 처분을 이해할 수 있을 것이다.

(3) 국내총생산(GDP)

국민경제의 생산활동을 측정하는 지표가 바로 국내총생산(GDP)이다. GDP는 '**일정기간 동안 국내에서 새롭게 생산된 재화와 서비스의 시장가치를 합산한 것**'으로 정의되며 여러 가지 거시경제지표 중에서 가장 중요한 경제지표의 하나이다.

국내총생산(GDP, Gross Domestic Product) 일정기간 동안 국내에서 생산된 최종생산물(부가가치의 합)의 시장가치

여기서 ① '일정기간'의 의미는 GDP가 유량(flow) 통계이면서 동시에 기간 중에 생산된 재화만을 포함한다는 것이다. ② '국내에서'의 의미는 생산요소의 국적보다는 영토적 의미로 국내에 있는 생산요소를 결합하여 생산된 것을 말한다. 즉, 외국인이 국내에서 생산한 것은 포함되나 내국인이 외국에서 생산한 것은 제외한다. ③ '새롭게 생산된'의 뜻은 기간 중에 생산된 부가가치만을 합한다는 것이다. 매 생산단계에서 발생하는 생산을 그대로 합한다면 중간투입물이 이중계산되는 문제가 발생하기 때문이다. 지난해 생산된 중고자동차나 주택의 매매는 새롭게 생산된 것이 아니므로 금년도 GDP에 포함되지 않는다. 또한 증권이나 채권과 같은 금융자산의 매매차익은 생산이 아니므로 GDP에 포함되지 않는다.

부가가치(value added) 매 생산단계에서 추가로 발생한 가치로 부가가치=생산물-중간투입물이다.

17.1.2 GDP 3면등가의 법칙

한 나라의 경제주체가 생산 활동에 참여하여 생산한 부가가치의 합을 생산측면의 국내총생산이라고 한다. 생산GDP는 농림수산, 제조업, 서비스업 등 생산부문별 부가가치와 순생물세로 나누어 볼 수 있다.

생산된 GDP는 생산에 참여한 생산요소의 소유자에게 모두 분배되었을 것이다. 즉, 노동을 제공한 사람에게는 임금과 보수 등 피용자보수로, 생산주체의 몫은 영업잉여로 분배된다. 생산활동에 사용된 고정자본의 가치감소분을 나타내는 고정자본소모와 정부가 부과한 세금에서 정부지급보조금을 제외한 순생산 및 수입세가 분배측면의 GDP를 구성한다. 분배된 GDP는 결국 지출되게 마련인데 지출되는 과정에서 집계한 GDP를 지출측면의 GDP라고 한다.

지출GDP는 개인 및 정부의 재화 및 서비스의 구입에 사용되는 소비(consumption)와 경제주체가 다음 기의 생산을 위해 공장이나 기계 설비를 구입하

는 투자(investment)로 지출된다. 그러나 개인 및 정부의 소비나 투자(총고정자본형성) 일부는 국내 재화가 아닌 외국 재화에 대한 구입으로 지출되기도 한다. 이것이 수입(imports)이다. 외국 재화에 대한 지출은 우리의 GDP일 수 없으므로 GDP에서 제외된다. 동시에 우리가 생산한 재화에 대한 외국의 지출은 우리의 GDP에 포함되는데 이것이 수출(exports)이다. 이상의 논의를 정리하면 다음과 같다.

$$\begin{aligned}\text{지출GDP} &= (\text{소비}-\text{소비 중 수입}) + (\text{투자}-\text{투자 중 수입} + \text{재고증감}) \\ &\quad + \text{수출} + \text{통계상 불일치} \\ &= \text{소비(민간, 정부)} + \text{총고정자본형성} + \text{재고증감} \\ &\quad + (\text{수출}-\text{수입}) + \text{통계상 불일치} \qquad (17.2)\end{aligned}$$

GDP 3면등가의 법칙 생산된, 분배된, 지출된 GDP는 모두 동일할 수밖에 없다는 것

이제 생산・분배・지출GDP는 모두 동일할 수밖에 없는데, 이를 'GDP 3면등가의 법칙'이라고 한다. 〈표 17-1〉은 2017년 우리나라의 정부와 해외부분을 포함하는 개방경제 하의 GDP 3면등가를 보여준다.

표 17-1 2017년 중 우리나라의 국내총생산(잠정치, 당해 년 가격 기준)

생산		분배		지출	
농림어업	34.0	피용자보수	767.6	민간최종소비지출	832.2
광공업	479.9	영업잉여	449.2	정부최종소비지출	265.3
(제조업)	(477.1)	고정자본소모	331.7	총고정자본형성	538.5
전기가스수도업	47.5	생산및수입세	187.3	재고증감	-0.8
건설업	93.2	(공제)보조금	5.4	재화와서비스수출	745.6
서비스업	914.4			(공제)재화와서비스수입	652.2
총부가가치(기초가격)	1,569.0			통계상불일치	1.6
순생산물세	161.4				
국내총생산(시장가격)	1,730.4	국내총생산	1,730.4	국내총생산	1,730.4

자료 : 한국은행, 알기쉬운 경제지표해설, 2019

17.1.3 경제성장률의 중심지표

각 경제활동부문이 만들어낸 부가가치가 전년에 비해 얼마나 증가하였는가를 보기 위해서는 경제성장률을 이용한다. 경제성장률이라 함은 기준연도의 물가를 이용함으로써 물가요인을 제거한 실질GDP성장률을 의미하는데 16장에서 이미 살펴본 바와 같다.

$$\text{경제성장률}(\%) = \frac{\text{금년도 실질GDP} - \text{전년도 실질GDP}}{\text{전년도 실질GDP}} \times 100 \qquad (17.1)$$

한국은행은 1995년부터 경제성장률의 중심지표를 GNP(국민총생산, Gross National Product)에서 GDP로 변경한 바 있다. 이러한 조정은 국제적인 추세에 맞추기 위한 것이기도 하지만 거시경제 분석의 초점이 소득에서 생산으로 옮겨졌음을 의미한다. 앞서 언급했듯이 GDP는 생산 활동을 측정하는 지표인 반면 GNP(1999년 GNI로 변경됨)는 소득지표이다. 과거에는 '국민들이 얼마나 벌어들였는가?'가 중요했으나 1970년대 이후 국제화가 진전되고, 노동이나 자본의 국가 간 이동이 활발해지면서 국내경기 및 고용사정을 보다 잘 반영하는 GDP기준 경제성장률을 선호하게 되었다.

17.2 주요 국민소득지표

한 나라의 경제력이나 국민의 생활수준을 파악하기 위한 지표 중의 하나가 국민소득인데 여기에는 여러 가지 지표가 있다.

17.2.1 국민총소득(GNI)

우리나라는 1999년까지 국민소득지표로 GNP를 사용했었다. 그러나 1999년 한국은행은 국제적 국민계정편제 방식을 좇아 GNP 대신 GNI를 국민소득지표로 편제, 작성함으로써 오랜 GNP시대의 막을 내리고 GNI시대를 열었다. GNI

국민총소득(GNI, Gross National Income) 일정기간동안 한 나라의 경제주체가 생산한 최종생산물의 시장가치

는 경제적 이해관계가 영토의 개념이 아니라 생산요소의 소유와 관련된 지표이다. GNI는 '**일정기간 동안 한 나라의 경제주체가 새롭게 생산한 재화와 서비스의 시장가치를 합산한 것**'으로 정의할 수 있다. 즉, 한 나라가 소유한 생산요소를 국내외의 생산 활동에 참여시킨 대가로 받은 소득을 합산한 소득지표이다. 따라서 외국인이 국내에서 생산한 소득은 GNI에 포함되지 않는 반면 내국인이 해외에서 생산 활동을 하여 얻은 소득은 포함되는 개념이다. 우리나라의 경우 당해 연도 물가를 그대로 사용하여 측정된 명목(nominal)GDP와 명목GNI의 크기가 거의 비슷하나 2017년의 경우 명목GNI가 0.1조원 더 컸다.

17.2.2 여러 가지 소득지표

국민소득은 포괄범위에 따라 여러 가지 개념으로 나누어 살필 수 있다. 국내에서 생산된 모든 재화와 서비스 중에서 중간재를 제외한 부가가치의 총합을 국내총생산(GDP)이라고 한다면 이렇게 생산된 GDP는 생산과정에 참여한 경제주체들의 소득으로 분배될 수밖에 없다.

〈표 17-2〉는 포괄범위에 따른 주요 국민소득지표를 비교하여 보여준다. 우선 GDP에 국외순수취요소소득(=해외요소소득 수령액－해외로의 요소소득 지급액)을 더하면 국민총소득(GNI)이 되는데, 이는 한 나라가 소유한 생산요소의 국내외에서의 총소득을 의미한다는 것은 앞서 살펴본 바와 같다.

$$\text{GNI} = \text{GDP} + \text{국외순수취요소소득} \tag{17.3}$$

$$\text{국외순수취요소소득} = \text{해외로부터의 요소소득 수령액} - \text{해외로의 요소소득 지급액}$$

국민순소득(NNI) GNI에서 고정자본소모를 뺀 것, 시장가격 국민소득 혹은 본원소득이라고도 한다.

GNI에서 고정자본소모를 제외한 것이 **국민순소득**(NNI)이다. NNI를 자세히 구분해보면 노동을 제공한 대가로 가계에 분배되는 임금, 즉 피용자보수, 생산활동을 주관한 기업의 몫인 영업잉여 그리고 경제활동과정에서 발생한 순생산 및 수입세로 대별된다. 순생산 및 수입세란 부가가치세나 특별소비세, 수입관세 등과 같이 우리가 상품을 살 때 상품가격에 포함되어 있는 세금에서 정부가 생산을 지원하기 위해 지급한 생산보조금을 뺀 것을 말한다. NNI를 보통 시장가격 국민소득 또는 본원소득이라고 부른다.

표 17-2 주요 국민소득지표의 포괄범위 비교 (2017년, 당해 년 가격 기준)

(단위 : 조원)

지표	합계	구성
총산출 (Gross Output)	3,992.4	국내 총부가가치(GDP) 1,730.4 / 중간투입액 2,262.0
국내총생산 (GDP)	1,730.4	피용자보수 767.6 / 영업잉여 449.2 / 순 생산 및 수입세 181.9 / 고정자본소모 331.7
국민총소득 (GNI)	1,730.5	767.6 / 449.2 / 181.9 / 331.7 / 국외순수취요소소득 0.1
국민순소득 (NNI) = 본원소득	1,398.8	766.2[1)] / 450.7[2)] / 181.9
국민처분가능소득 (NDI)	1,390.8	766.2 / 450.7 / 181.9 / 국외순수취경상이전 −8.0
국민소득 (NI)	1,216.8	766.2 / 450.7
가계본원소득 (PPI)	1,005.0	766.2 / 238.8[3)]
가계처분가능소득 (PDI)	907.7	766.2 / 238.8 / 순이전소득 −97.3
가계조정처분가능소득 (PADI)	1,049.1	907.7 / 사회적 현물이전 141.3

주: 1) 국외순수취 피용자보수 포함, 2) 국외순수취 영업잉여 및 재산소득 포함, 3) 가계의 영업잉여 및 재산소득

자료: 한국은행, 알기 쉬운 경제지표 해설, 2019

국민소득(NI) NNI에서 순간접세(간접세-정부보조금)를 제외한 것. 요소비용 국민소득이라고도 한다.

국민처분가능소득(NDI)은 나라경제 전체가 소비나 저축으로 자유롭게 처분할 수 있는 소득이다. NDI는 NNI에서 국외순수취경상이전(교포송금같은 외국으로부터의 소득−무상원조같은 외국에 지급한 소득)을 더한 것이다. NI는 한나라 국민이 벌어들인 순수한 소득을 나타내는 지표로서 '좁은 의미의 국민소득' 또는 '요소비용 국민소득'이라고도 한다.

사내유보이윤 결산시점에서 이윤 중 일부를 주주에게 배당하지 않고 다음 기의 영업을 위해 남겨놓은 것

NI에서 영업잉여 가운데 개인에게 지급되지 않는 부분을 제외하고 개인이 생산 활동과 관계없이 정부, 기업 및 국외로부터 주고받은 순이전소득을 더하면 가계처분가능소득(PDI, personal disposable income)이 된다. 여기서 영업잉여 가운데 개인에게 지급되지 않는 부분으로는 기업의 사내유보이윤이나 법인세, 기업이 정부에 지불한 이자나 지대 등이 있다. 기업은 결산시점에서 이윤 중 일부를 주주에게 배당하지 않고 다음 기의 영업을 위해 남겨놓은 경우가 많은데 이를 **사내유보이윤**이라고 한다.

〈표 17-3〉은 우리나라를 비롯한 세계 주요국의 국민소득을 보여준다. 2017년 말 현재 우리나라의 1인당 GNI는 세계 27위, 국가 GDP 규모는 세계 12위이다.

표 17-3 2017년 주요국의 1인당 GNI와 GDP 순위

(단위:달러) (단위:10억달러)

국명	1인당 GNI	국명	순위	GDP
스위스	81,209	미국	1	19,391
노르웨이	78,315	중국	2	12,238
미국	60,432	일본	3	4,872
덴마크	57,799	독일	4	3,677
스웨덴	55,128	인도	5	2,611
싱가포르	54,720	영국	6	2,598
오스트레일리아	52,673	프랑스	7	2,583
네덜란드	48,222	브라질	8	2,056
핀란드	46,147	이탈리아	9	1,935
독일	45,709	캐나다	10	1,653
프랑스	40,817	러시아	11	1,578
일본	39,605	한국	12	1,531
영국	38,978	호주	13	1,380
이탈리아	32,767	스페인	14	1,314
한국	29,745	멕시코	15	1,149
러시아	10,681	인도네시아	16	1,015
중국	8,660	터키	17	850

자료 : World Bank, IMF. 2019

17.3 국민소득 개념의 한계

GDP나 GNI는 한 나라의 경제활동수준이나 소득을 나타내는 지표로 널리 활용되고 있고 때로는 그 나라의 복지수준을 나타내는 지표로 사용되기도 한다. 그러나 자세히 들여다보면 이들 지표는 많은 문제를 내포하고 있는 개념임을 알 수 있다. 어떤 문제점들이 있는가?

① 시장에서 거래되지 않는 재화와 서비스는 국민소득 측정에서 배제되므로 후진국에 대해 과소평가되는 편의(bias)가 있다. 예를 들어 전업주부의 가사노동은 시장에서 거래되지 않는다는 이유로 포함되지 않는다. 후진국일수록 시장을 통하지 않는 자급자족경제나 지하경제가 크기 때문에 선진국에 비해 국민소득이 낮게 추정될 수밖에 없다.

② 국민소득은 양적 개념이므로 상품의 질적 변화를 반영하지 못한다. 예를 들어 TV의 성능이 지난해보다 향상되었더라도 생산량이 같다면 국민소득은 전과 동일하다. 그러나 경제적 후생의 관점에서 볼 때 질적 향상은 중요한 변화가 아닐 수 없다.

쉬어가는 코너

GNH(국민총행복)

1972년 히말라야의 소국 부탄(Bhutan) 국왕이 "행복은 현재 얼마나 가지고 있느냐의 문제가 아니라 현재 가지고 있는 것에 얼마나 만족하느냐의 문제"라고 말하며 부탄은 GDP가 아니라 GNH(Gross National Happiness)를 국가경제지표로 삼겠다고 선언한 이후 GNH에 대한 세계인의 관심이 증폭되기 시작했다.

현재 세계적으로 3-4개 기관이 GNH를 측정, 발표하고 있는데 그 중 2007년 영국 레스터(Leceister) 대학교가 보건, 교육, 재산을 중심지표로 삼고 개발한 것과 UNDP가 6개의 지표(소득, 수명, 신뢰, 자유, 부패, 관용)를 중심으로 개발한 지수가 자주 인용된다.

레스터대학 행복지수에 따르면 부탄은 8위, 영국은 41위, 일본은 무려 90위였다. 한편 UNDP의 순위는 레스터 순위처럼 피격적이지는 않은데 덴마크를 필두로 유럽의 강소국들이 선두를 지키고 있고 코스타리카(12위), 파나마(15위), 멕시코(16위), 미국(17위), 영국(22위), 독일(26위), 태국(36위), 한국(41위), 일본(43위), 홍콩(64위) 등의 순이다. OECD국가 중 최악의 빈부격차를 기록한 멕시코가 16위에 오른 것은 뜻밖이다. 과연 행복은 돈의 양과 관련이 없는 것인가?

③ 국민소득은 재화의 시장가치로 측정되고 있으나 재화의 진정한 가치는 시장가치와 일치하지 않는 경우도 많다. 예를 들어 군수산업이나 생산과정에서 발생하는 공해와 자연파괴, 교통 혼잡, 범죄증가 등은 생산된 재화의 진정한 시장가치를 감소시키는 것임에도 국민소득의 측정에서는 무시되고 있다.

④ 국민소득은 생산된 양만을 측정할 뿐 얼마나 많은 시간을 사용하여 생산했는가는 무시하고 있다. 즉, 국민들의 여가의 가치를 포함하지 않은 개념이다. 예를 들어 주당 50시간 일하는 나라의 생산량과 주당 40시간 일하는 나라의 생산량을 단순 비교하는 것은 무리가 있다.

⑤ 국민소득의 국가 간 비교는 거의 의미가 없다. 국가 간의 국민소득을 비교하기 위해서는 동일한 통화를 사용할 수밖에 없고 대체로 미국 달러화로 환산하게 된다. 결국 환율변동에 따라 달러표시 국민소득의 크기가 변하게 되므로 국가 간의 비교는 거의 의미가 없다. 예를 들어 우리나라의 환율이 IMF사태 이전에 \$1=₩800 근방에 머물다가 최근에는 \$1=₩1,100 수준에 있는데 달러표시 국민소득은 환율인상만으로도 1/4이나 감소한 셈이다.

순경제후생(NEW, net economic welfare) 전업주부의 가사노동, 지하경제 및 여가의 가치는 국민소득 측정에 포함하는 대신 환경오염과 같은 부정적 비용은 제외한 소득지표

이상과 같은 국민소득 개념의 한계를 보완하고 국민경제의 복지수준을 충실히 반영할 수 있는 지표로 제시된 것 가운데 하나가 **순경제후생**(NEW, net economic welfare)이라는 개념이다. NEW는 전업주부의 가사노동, 지하경제 및 여가의 가치는 국민소득 측정에 포함하는 대신 환경오염과 같은 부정적 비용은 제외하여 계산된다. 그 밖에 **녹색(green)GDP**라는 개념도 주장되고 있으나 이러한 시도들이 한 나라의 복지수준을 나타내는데 있어서는 기존의 GDP보다 나은 개념일 수 있으나 객관적인 측정의 어려움으로 인해 아직 활용단계에 이르지는 못하고 있다.

하지만 2001년 노벨 경제학상 수상자인 **스티글리츠**(J. Stiglitz, 1943-)가 말한 "국민소득을 높이는 것이 경제발전의 중간목적이라면 이를 통해 사회를 변화시키는 것이 경제발전의 최종 목적이다. 즉, 안전한 사회, 빈곤의 해소, 의료·교육서비스의 향상 등 삶의 질을 높이는 것이야말로 진정한 경제발전"이라는 주장에 귀를 기울여보면 녹색GDP, NEW 등은 간과할 수만은 없는 개념이라 하겠다.

● 현실경제 속으로 : 한국의 지하경제 규모(GDP 대비 비중, 단위 = %)

국내총생산(GDP) 대비 지하경제 규모도 외환위기 이전 수준으로 되돌아갔다. '경제정의'가 뒷걸음질치고 있는 셈이다. 매일경제가 조세연구원이 발표한 '화폐수량방정식'을 원용해 지하경제 규모를 산출한 결과, 2011년 상반기 말 지하경제 규모는 GDP 대비 22.58%에 달했다.

한편 2014년 10월 정부가 국회에 제출한 자료에 따르면 오스트리아 슈나이더 교수의 연구를 인용해 한국의 지하경제 규모를 GDP대비 24.7%로 보고 있다. 한편 IMF는 2015년 우리나라의 지하경제규모를 19.8%로 측정했다. 이는 OECD 평균 18.3%보다 높은 수치이다. 미국(9.1%), 일본(11%), 영국(12%), 프랑스(14.6%), 독일(15.1%)보다 높다.

지하경제란 소득신고 없이 이뤄지는 비공식 경제활동을 말한다. 지하경제가 늘어난다는 것은 그만큼 경제활동이 음지에서 이뤄진다는 뜻이다.

쉬어가는 코너 '돈으로 사랑을 살 수는 없지만 행복은 살 수 있다'

2008년 미국 펜실베이니아대학 와튼스쿨의 울퍼스(Justin Wolfers)와 스티븐슨(Betsey Stevenson) 교수는 "부유한 나라의 국민이 가난한 나라 국민보다 행복하며 국가가 부유해질수록 국민의 행복도도 높아진다."는 연구결과를 발표했다. 과거 30년간 통상적인 믿음은 '경제성장과 행복수준이 꼭 정비례하는 것은 아니다'는 것으로, 이는 1974년 이스털린(Robert Easterlin) 교수가 발표한 "Does Economic Growth Improve the Human Lot? Some Empirical Evidence."에 기초한 것이었다. 이를 '이스털린 역설'(Easterlin Paradox)이라고 부른다. 그러나 와튼스쿨의 두 교수는 132개국의 과거 50년간 자료를 분석하여 국가가 부유할수록 국민 역시 행복해진다는 상반된 결과를 내놓았다. 부유한 나라일수록 의료, 교육 등 복지인프라가 좋아져 국민이 느끼는 행복감도 높아진다는 것이다.

17.4 소득분배론

기능적 분배 국민경제가 벌어들인 소득이 생산에 참여한 생산요소 사이에 어떻게 나누어지는지 분석

계층적 분배 국민 각자의 소득을 소득이 낮은 계층부터 높은 계층으로 순서대로 배열할 때 각 소득계층에 돌아가는 소득의 몫을 분석

국민소득의 크기 못지않게 중요한 것이 '소득이 어떻게 분배되어 있는가?'의 문제이다. 즉, 개인 간의 소득격차 문제가 중요한 관심사항이다. 소득분배에 대한 이론은 **기능적 분배론**과 **계층적 분배론**으로 나눌 수 있다.

기능적 분배란 국민경제가 벌어들인 소득이 생산에 참여한 생산요소 사이에 어떻게 나누어지는지 분석한다. 즉, 국민소득이 임금, 지대, 이자 및 이윤 사이에 어떻게 배분되는지 분석하는 것을 말한다. 반면 계층적 분배는 국민 각자의 소득을 소득이 낮은 계층부터 높은 계층으로 순서대로 배열할 때 각 소득계층에 돌아가는 소득의 몫을 분석하는 것이다. 여기서는 계층적 분배론을 중심으로 살펴본다.

17.4.1 소득분배의 철학적 기초

극단적 자유주의 소유는 절대적 권리이므로 재분배 대상이 될 수 없다는 입장

사회후생적 철학 공리주의에 바탕을 두고 정부의 소득재분배를 옹호하는 입장

공리주의(Utilitarianism) 영국의 정치철학자 벤담에 의해 주창된 최대 다수의 최대 행복을 추구하는 사상

소득분배와 관련해서는 학자들 사이에 대체로 두 가지 견해가 있다. 하나는 자연법사상과 **칸트**(I. Kant)의 절대적 권리의 철학에 바탕을 둔 입장으로 소유는 절대적 권리이므로 재분배 대상이 될 수 없다는 **극단적 자유주의**이다. 다른 하나는 **공리주의**(Utilitarianism)에 바탕을 둔 **사회후생적 철학**에 입각함으로써 정부의 소득재분배를 옹호하는 입장이다.

(1) 극단적 자유주의

소득분배에 대한 절대적 권리의 철학은 극단적 자유주의 사상가들에 의해 옹호되고 있는데 그 대표적인 사람은 **노직**(Robert Nozick, 1938–2002)이다. 노직은 소득분배과정이 정당하다면 그 결과로 이루어진 분배는 비록 불평등하더라도 정당한 것이며 재분배 대상이 아니라고 주장한다. 극단적 자유주의자들은 기회의 균등과 과정의 정당성이라는 게임의 규칙(rules of game)이 지켜지고 있는 한 정부의 소득재분배 정책은 개인의 절대적 권리인 재산권에 대한 명백한 침해라고 비판한다. 또한 이들은 정부의 소득재분배정책은 자원의 효율적 배분

을 저해하는 한편 근로의욕과 저축, 투자의욕을 저하시켜 필연적으로 전체 국민소득수준을 낮춘다고 비판한다.

(2) 공리주의

영국의 정치철학자 **벤담**(J. Bentham, 1748-1832)에 의해 주창된 공리주의는 '**최대 다수의 최대 행복**'(the greatest numbers, the greatest happiness)을 주장하며 사회후생적 철학을 제시하였다. 공리주의는 사회전체의 후생을 증가시킬 수만 있다면 정부는 개인의 효용에 개입할 수 있으며 따라서 정부의 소득재분배정책 역시 가능하다고 주장한다. 소득의 경우에도 일반재화와 마찬가지로 한계효용체감의 법칙이 성립할 것이므로 소득분배가 균등해질수록 사회 전체의 총효용이 증가할 것이기 때문이다.

예를 들어 떡 10개를 두 사람이 나누어 갖는다고 할 때 8:2로 나누는 것과 7:3으로 나눌 경우 사회 전체의 총효용을 비교해보자. 소득의 한계효용이 체감한다면 8개 가진 사람이 1개를 내놓을 때의 효용의 감소보다는 2개 가진 사람이 1개 더 가질 때의 효용의 증가가 더 클 것이다. 그러므로 7:3의 분배가 8:2의 분배보다 사회적 효용을 증가시킨다는 점에서 더 나은 분배상태이다. 이러한 분석을 연장하면 5:5로 나누는 것이 사회적 후생을 극대화하는 분배상태가 된다. 물론 이러한 결론에 도달하기 위해서는 두 가지 가정이 추가되어야 한다. 하나는 ① '소득의 한계효용이 두 사람 간에 동일하다'는 것이고 다른 하나는 ② '분배상태가 변하더라도 총생산량은 변하지 않는다.'는 전제가 그것이다.

공리주의가 소득분배를 옹호한다고 해서 완전히 평등한 소득분배를 주장한 것은 아니다. 공리주의는 소득분배상태가 균등해질수록 근로의욕이 저하되고 결과적으로 전체 소득이 감소함으로써 사회적 후생이 오히려 감소한다는 사실을 분명히 인식하고 있었다. 따라서 공리주의는 소득분배와 근로의욕 고취 사이에서 사회적 후생을 극대화하는 소득분배상태를 찾고자 노력했다.

공리주의적 입장에 서 있으면서 보다 구체적이고 강하게 분배의 철학을 주장한 사람은 미국의 철학자 **롤스**(John Rawls, 1921-2002)이다. 롤스는 1971년에 발간한 정의론(A Theory of Justice)에서 정의의 원칙이 도출되기 위해서는 어느 누구도 보다 유리한 입장에 서있어서는 안된다고 본다. 롤스는 어느 누구도 자신이 어떤 지위나 조건에서 태어날지 모르는 '**무지의 베일**'(veil of ignorance) 뒤에 가려진 '초기상태'(original position)를 설정하고 이런 상황에서의 사회계약이 정의로운 계약이라고 주장한다. 무지의 베일이 쳐진 초기상태에서는 누구도 자신의 능력, 재산, 신분 등의 사회적 조건을 알 수 없기 때문에 사회계약 체결 후 어떤 계층에 속할지 알 수 없다. 그러한 상황에서 사람들은 최하층이 보다 나아지는 것이 정의라고 생각하게 된다(왜냐하면 자신들이 최하층에 속할 수도 있으므로). 결국 롤스에게 있어 보다 나은 (정의로운) 소득분배정책은 최하층민의 상태가 전보다 나아지도록 하는 정책이다. 이를 **'최소극대화 원리'**(maximin principle) 혹은 '극빈자우선원리'라고 한다.

최소극대화 원리(maximin principle)
보다 나은 소득분배상태란 최하층민의 몫이 전보다 커지는 상태라는 원리

만일 정부가 롤스의 정의론에 따라 최하층민의 소득이 전보다 나아지는 정책을 계속 시행해 나간다면 결국 모든 사람이 동일한 소득분배상태에 도달하고 말 것이다. 그러나 공리주의가 균등한 분배를 주장하지 않았듯이 롤스 역시 완전히 균등한 소득분배를 주장한 것은 아니다. 균등한 분배는 근로의욕을 저하시켜 소득감소를 초래하기 때문에 결국 최하층민의 생활이 오히려 더 악화될 것을 알고 있기 때문이다. 공리주의가 사회적 후생의 극대화에 분배정책의 초점을 맞추었다고 한다면 롤스의 철학은 최하층민에게 정책의 초점을 맞추고 있다는 점에서 보다 강한 분배정책을 요구하는 입장이라고 볼 수 있다.

17.4.2 소득불평등의 원인

불평등의 원인으로는 사회경제적 요인을 강조하는 입장과 개인적 요인을 강조하는 입장이 있다. 사회경제적 요인을 강조하는 입장은 정부의 편중된 정책, 사회경제적 조건과 부의 세습이 불평등의 원인이라고 주장한다. 이러한 주장이 한편 일리가 있으나 동일계층 내에서의 불평등을 설명하는 데는 한계가 있다.

즉, 동일한 사회경제적 조건을 가진 사람들 사이에도 소득격차가 존재하기 때문이다. 개인적 요인을 강조하는 입장은 불평등의 원인을 개인적 능력과 노력의 차이에서 찾는다. 그러나 이 역시 능력의 차이가 어디에서 비롯되었는가를 생각해본다면 사회경제적 요인을 간과할 수는 없는 일이다. 결국 소득불평등은 사회경제적 요인과 개인적 요인이 복합적으로 영향을 미친 결과로 보는 것이 옳다.

쉬어가는 코너 **최저임금액**

2018년 한국사회를 뜨겁게 달궜던 최저임금액 논쟁은 사용자측 의견이 무시되고 노동계의 의견이 반영되는 쪽으로 끝났다. 2019년 최저시급은 2018년 대비 10.9% 인상된 8,350원으로 결정되었고 월 환산액으로는 1,745,150원이 된다. 최저임금의 급격한 인상은 저소득층에 대한 지원이라는 당위성이 있겠으나 사용자측과 경제전문가들이 우려하는 대로 중소기업과 자영업자의 영업위축과 결과적으로 저소득 근로자의 실업 증가를 초래할 것이라는 점이다. 최저임금과 같은 경제지표는 단순한 것처럼 보이나 전 산업에 무차별적으로 적용된다는 점에서 그 파급력이 상상 이상이라는 점을 유의해야 한다, 따라서 인상폭은 경제상황과 보조를 맞추어 신중하고 점진적이어야 할 것이다.

17.4.3 소득불평등의 측정

(1) 소득 5분위별 분포

소득 5분위별 분포 가장 가난한 사람으로부터 가장 부유한 사람까지 일렬로 세웠을 때 각기 20%의 사람들로 구성된 소득계층의 소득 점유비율

소득불평등을 측정하기 위해 많이 사용되는 지표가 '소득 5분위별 분포'이다. 소득 5분위란 가장 가난한 사람으로부터 가장 부유한 사람까지 일렬로 세웠을 때 각기 20%의 사람들로 구성된 소득계층을 말한다. 여기서 소득은 처분가능소득(세후, 가처분소득)을 의미한다. 〈표 17-4〉는 우리나라 최저소득계층부터 각 20%의 사람들이 전체 소득 중 차지하는 비율을 보여준다.

5분위분배율 상위 5분위의 소득점유율을 하위 1분위의 소득점유율로 나눈 값

통계청은 2008년부터 5분위분배율을 발표하고 있는데 5분위분배율은 상위 5분위의 소득점유율을 하위 1분위의 소득점유율로 나눈 값이다. 5분위분배율이 클수록 소득분포상태가 나쁘다. 〈표 17-4〉에서 보듯이 우리나라의 소득분배상태는 2008년 5.71에서 2010년 5.66, 2012년 5.56, 2014년 5.41, 2015년 5.11로 개선되는 모습을 보였다. 그러나 2016년 5.45를 기록하며 5분위분배율로 본 분배상태는 다시 악화되었음을 알 수 있다.

소득불평등을 나타내는 또 다른 지수로 팔마비율(Palma ratio)이 있다. 팔마비율은 칠레 출신 영국 케임브리지대학 교수인 팔마(Gabriel Palma)가 제시한 소득불평등지수로 상위 10% 소득(처분가능소득)을 하위 40% 소득으로 나눈 비율을 말하는데 숫자가 클수록 불평등하다. 통계청 발표에 따르면 2011년 1.74에서 2015년 1.42로 낮아지다가 2016년 1.45, 2017년 1.44였다. 이는 독일(1.06), 이탈리아(1.25), 일본(1.32)보다 소득불평등이 심한 것이며, 영국(1.45),

미국(1.77), 터키(1.91)보다는 낮은 수치이다.

표 17-4

가처분소득 5분위별 분포 및 5분위분배율

(단위 : %)

	2008	2010	2012	2014	2015	2016
1분위	6.7	6.7	6.7	6.9	7.2	6.9
2분위	13.3	13.5	13.6	13.7	13.8	13.7
3분위	18.0	18.2	18.5	18.3	18.5	18.4
4분위	23.8	23.8	23.9	23.9	23.7	23.8
5분위	38.3	37.8	37.2	37.2	36.8	37.3
5분위 분배율	5.71	5.66	5.56	5.41	5.11	5.45

자료: 통계청, 한국의 사회지표, 20018, 가계동향 조사 2018.

(2) 로렌츠곡선과 지니계수

로렌츠곡선(Lorenz curve) 한 나라의 소득분배상태를 나타내는 곡선

한 나라의 소득분배상태를 나타내는 수단으로 많이 알려진 것 가운데 하나가 미국 경제학자 로렌츠(M.O. Lorenz, 1876-1959)가 1905년 개발한 **'로렌츠곡선'**(Lorenz curve)이다. 앞에서 살펴본 소득 5분위별 분포를 이용하면 로렌츠곡선을 쉽게 도출할 수 있다. 2016년 우리나라의 최하위 20%의 소득누적점유율은 6.9%, 하위 40%의 소득누적점유율은 20.6%이다. 이와 같이 소득계층이 20%씩 증가함에 따른 누적소득점유율을 찾아 이 점들을 연결하면 로렌츠곡선을 얻을 수 있다.

[그림 17-2]는 로렌츠곡선을 보여준다. 만일 완전히 평등한 소득분배상태가 이루어지고 있다면 로렌츠곡선은 대각선이 될 것이다. 극단적으로 모든 소득을 한 사람이 차지하고 있는 완전히 불평등한 소득분배상태라면 로렌츠곡선은 사각형의 바깥 선이 된다.

지니(Gini)계수 소득분배상태를 쉽게 파악하기 위한 지표로 수치가 작을수록 소득분배가 좋은 상태
Gini Index 또는 Gini Ratio라고도 한다.

로렌츠곡선의 모양만 보고 각국의 소득분배상태를 비교하는 일이란 쉽지 않다. 1912년 이탈리아의 사회통계학자 지니(C.Gini, 1884-1965)는 소득분배상태의 변화와 비교를 기수적으로 쉽게 파악하기 위해 새로운 지수를 고안했는데 이것이 **지니계수**(Gini Coefficient)이다.

그림 17-2

로렌츠곡선
로렌츠곡선이 대각선으로부터 멀어질수록 소득이 불평등한 국가이다.

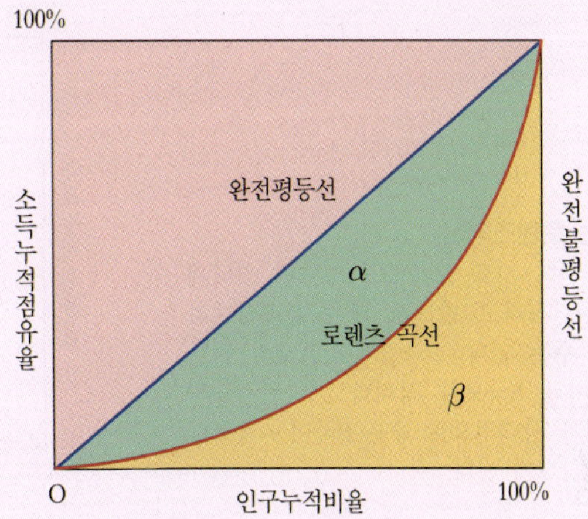

지니계수는 수치가 작을수록 소득분배가 좋은 상태이다. 지니계수는 [그림 17-2]에 표시된 α와 β의 면적을 이용해 다음과 같이 구할 수 있다.

$$\text{지니계수} = \frac{\alpha}{\alpha+\beta} \tag{17.4}$$

두 나라의 로렌츠곡선이 서로 교차하지 않는다면 두 나라간의 소득분배상태를 비교하기는 어렵지 않다. 그러나 로렌츠곡선이 교차하고 있다면 지니계수의 값이 작다고 나은 분배 상태라고 할 수는 없다. [그림 17-3]에서 A국의 지니계수가 비록 B국보다 작더라도 하위층의 소득상태가 좋은 B국이 A국보다 소득분배상태가 좋다고 볼 수 있기 때문이다.

그림 17-3

교차하는 로렌츠곡선
로렌츠곡선이 서로 교차하고 있다면 지니계수의 값이 작다고 반드시 나은 분배상태라고 말할 수는 없다. 그림에서 A국의 지니계수가 비록 B국보다 작더라도 하위계층의 소득상태가 상대적으로 좋은 B국이 A국보다 소득분배상태가 낫다.

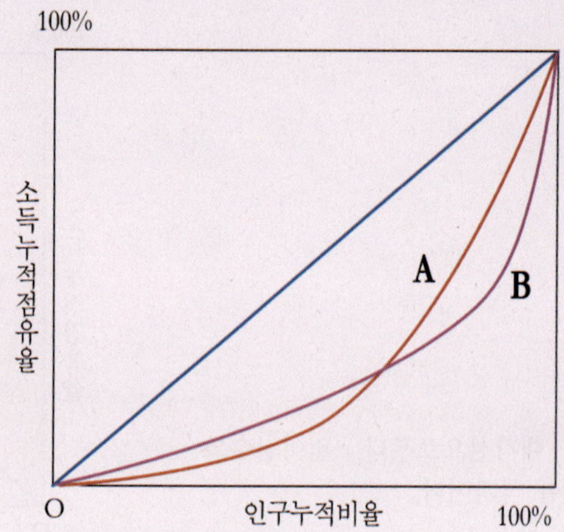

17.5 우리나라의 소득분배

(1) 선성장 후분배

불균형성장론 상대적으로 성장이 빠른 산업을 집중 지원함으로써 경제성장을 주도하려는 전략

우리나라는 1960년대 초부터 경제개발계획을 추진하면서 1980년대 말까지 **허쉬만**(A. O. Hirschman, 1915–2012)의 **불균형성장론**을 따랐다. 허쉬만은 1958년 출간된 저서 '경제발전전략'(The Strategy of Economic Development)에서 상대적으로 성장이 빠르고 전후방 연관효과가 큰 산업을 집중 지원함으로써 경제성장을 주도하는 불균형성장론을 제시한 바 있다. 따라서 정부의 정책지원을 받은 수출 및 제조업부문의 소득비중은 크게 증가했으나 반대로 농수산업과 내수산업의 소득비중은 상대적으로 감소함으로써 초기에는 소득분배상태가 악화되었다.

역U자 가설 개발도상국의 경우 경제발전 초기에는 소득불평등이 심화되다가 경제발전이 상당히 진전되면 분배상태가 개선된다는 가설

1971년 노벨경제학상을 수상한 미국의 경제사학자 **쿠즈네츠**(S. Kuznetz, 1901–1985)는 개발도상국의 경우 경제발전 초기에는 소득불평등이 심화되다가 경제발전이 상당히 진전되면 분배상태가 개선된다고 주장했다. 이를 '**역U자 가설**'이라고 하는데 [그림 17-4]에 나타나 있다.

그림 17-4

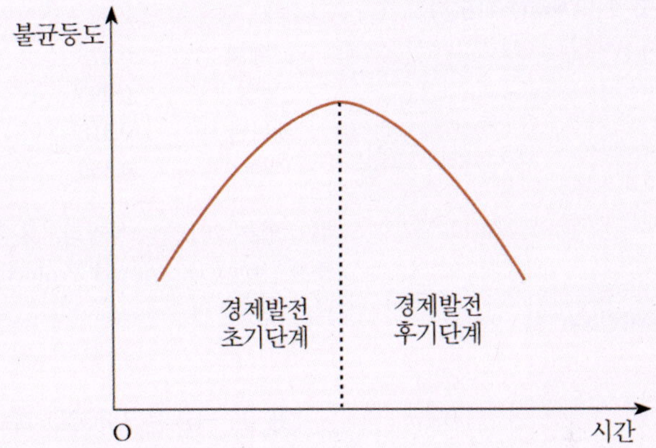

역U자 가설

개발도상국의 경우 경제발전 초기에는 소득 불평등이 심화되다가 경제발전이 상당히 진전되면 분배상태가 개선된다는 주장이 있는데, 이를 '역U자 가설'이라고 한다.

선성장 후분배 먼저 성장하고나서 나중에 분배하자는 것으로 1960~70년대 우리나라의 성장전략

1962년 제1차 경제개발 5개년계획을 시작으로 본격적인 경제발전이 추진되면서 '**선성장 후분배**' 논리에 따라 소득분배도 악화되기 시작했다. 20년간의 경제성장에도 불구하고 소득분배정책은 자꾸 지연되었다. 언제까지 성장만 하고 성장의 과실은 나누지 않을 것인가? 결국 1980년대 후반 민주화 열기와 함께 분배문제에 대한 노동조합의 요구와 국민적 관심이 폭발하면서 소득분배상태가 개선되기 시작했다. 그러나 1997년 말 IMF사태가 터지면서 소득분배상태는 다시 악화된 바 있다.

〈표 17-5〉는 우리나라의 지니계수를 보여준다. IMF사태로 2000년 지니계수는 0.317로 상승했다. 2004년 개선되었다가 2007년 다시 악화되었고 2015년까지 나아지다가 2016년 0.304를 기록했다.

표 17-5
우리나라의 지니계수 추이

	2000년	2004년	2007년	2010년	2013년	2015년	2016년
Gini 계수	0.317	0.301	0.321	0.314	0.301	0.295	0.304

자료: 통계청, 가계동향 조사, 2018.

표 17-6
주요국 지니계수(2015년)

국명	지니계수	국명	지니계수	국명	지니계수
스웨덴	0.278	헝가리	0,288	폴란드	0.292
독일	0.293	프랑스	0.295	한국	0.295
캐나다	0.318	이탈리아	0.333	호주	0.337
일본	0.330	영국	0.360	미국	0.390

주 : 일본 2012년. 헝가리, 호주 2014년
출처 : OECD, 「Social Protection and Well-being」 2018. 9

〈표 17-6〉은 OECD 주요국들의 2015년 지니계수를 보여준다. 우리나라의 소득분배가 가장 좋았던 2015년 우리나라의 지니계수는 OECD 평균수준으로 나타나고 있지만 국민들이 느끼는 분배상태는 이보다 나쁠 것이다.

(2) 실제 분배상태와 체감 분배상태 간의 괴리

정부가 분배상태 개선을 발표하는 시점에도 국민들은 분배상태가 오히려 악화되고 있다고 느끼는 경우가 있다. 왜 이러한 실제분배와 체감분배 간의 괴리가 발생하는가? 정부가 발표하는 소득분배지표는 해당연도의 소득에 한정하여 작성된 것인데 반해 사람들이 체감하는 분배상태는 소득뿐 아니라, 재산, 주식투자 이득, 부동산 투기 등으로 상대적 박탈감을 느끼기 때문이다. 그 밖에 과소비 풍조로 인한 계층 간의 위화감, 상하계층 간의 이동성을 나타내는 **사회적 이동성**(social mobility)이 낮아짐으로써 사람들은 체감분배상태가 악화되는 것으로 느끼기 때문이다.

사회적 이동성(social mobility) 상하계층 간의 이동성. 부자가 가난해지고 가난한 사람이 부자가 된다면 사회적 이동성이 커짐

(3) 소득분배정책

정부가 소득재분배정책을 강력하게 시행하는 데는 커다란 난제가 가로놓여 있다. 첫째, 어떤 상태가 보다 공평한 소득분배 상태인가에 대한 국민적 합의가 쉽지 않다. 가난한 사람들은 보다 강력한 분배정책을 원할 것이나 반대로 부유층은 최소한의 분배정책을 선호할 것이다. 둘째, 분배정책은 필연적으로 근로의욕과 저축, 투자의욕을 꺾어 경제발전을 저해할 것이라는 우려가 있다.

현재 우리나라의 조세제도는 주요 선진국에 비해 역진성이 강한 간접세 비중이 높기 때문에 조세정책을 통한 분배정책에는 한계가 있다. 강력한 분배정책

의 시행이 근로의욕이나 투자의욕 감퇴를 불러 경제발전을 저해할 수도 있기 때문에 우리나라의 분배정책은 강력한 소득분배보다 기회균등, 차별철폐(성, 학력, 지역) 같은 보완적 분배정책에 치중하는 측면이 있다.

(4) 왜 재산분배가 아니고 소득분배인가?

우리나라의 조세체계는 재산세율이 낮다. 따라서 재산은 많으나 일하지 않고 지내는 사람은 소득이 없기 때문에 약간의 재산세만을 납부할 뿐이다. 반면 열심히 일해서 소득이 많은 사람은 상당히 높은 소득세를 납부해야 하는 불합리한 분배구조가 있는 것이 사실이다. 왜 재산분배가 아닌가? 자본주의 사회는 사유재산권을 보장하는 경제체제이므로 사유재산은 분배대상이 될 수 없다는 철학이 있기 때문이다. 다른 한편으로는 부동산과 같은 재산의 경우 매각하기 전에는 이익이 실현되지 않는다는 점에서 세금을 부과하는데 어려움이 있다. 최근 우리나라도 부동산에 대한 과세강화나 주식매매 차익에 대한 자본이득세가 논의되는 등 재산세를 강화하는 움직임이 있다.

쉬어가는 코너

상속, 증여세 완전포괄주의가 뭐예요?

현행 우리나라 세법은 소위 유형별 포괄주의를 채택하고 있는데 이 방식은 상속이나 증여세법에 열거된 과세요건과 유사한 14가지 경우에만 법령보완 없이 상속, 증여세를 물리는 방식이다. 열거된 과세요건에 해당되지 않는 거래에 대해서는 설사 상속, 증여 성격이 강하더라도 세금을 물릴 수 없는 것이 현실이다. 이에 반해 조세 완전포괄주의란 과세대상이 되는 소득을 법률로 일일이 열거하지 않더라도 모든 소득을 과세대상으로 삼는 조세제도를 말한다. 세법에 명백한 과세 규정이 없어도 공짜 또는 훨씬 싼 값으로 경제적 이득을 얻은 경우 상속, 증여세를 물리자는 것이다.

유형별 포괄주의의 장점은 과세기준이 뚜렷해 세무당국이나 납세자가 혼동할 소지가 적다는 점이다. 반면 날로 다양해지는 변칙 상속, 증여행위에 대응하지 못한다는 단점도 있다. 최근 세무당국이 신주 인수권부사채(BW) 등을 이용한 재벌들의 변칙상속행위를 합법적이라는 이유로 눈감고 있는 것이 좋은 예이다. 이에 반해 상속, 증여세 완전포괄주의가 도입되면 현재와 같은 변칙상속은 발붙일 곳이 없어진다.

복습과 연습

요약

1. 국민경제는 항상 동일한 규모의 생산과 소득을 달성하는 것이 아니라 때로 생산 활동이 확대되기도 하고 축소되기도 한다.
2. 국민경제의 생산과정은 공장, 기계설비 등으로 이루어진 기초자산이라는 토대 위에 노동과 자본이라는 생산요소와 원자재(중간재)를 투입하여 산출물을 얻는 것이다.
3. 매기 생산에 동원된 기초자산은 일정부분의 자연소모가 일어나게 마련인데, 이렇게 소모된 부분을 '고정자본소모'라고 한다.
4. 국내총생산(GDP)은 '일정기간 동안 국내에서 생산된 최종생산물(부가가치의 합)의 시장가치'로 정의된다.
5. 생산된, 분배된, 지출된 GDP는 모두 동일할 수 밖에 없는데 이를 GDP 3면등가의 법칙이라고 한다.
6. GDP에 국외순수취요소소득을 더하면 국민총소득(GNI)이 되고 GNI에서 고정자본소모를 제외한 것이 국민순소득(NNI)이다. NNI에서 순간접세를 제외하면 요소비용 국민소득(NI)이 된다. NI에서 영업잉여 중 법인소득 같이 개인에게 지급되지 않는 부분을 제외하고 개인이 생산 활동과 관계없이 정부, 기업 및 외국으로부터 주고 받은 순이전소득을 더하면 개인처분가능소득(PDI, personal disposable income)이 된다.
7. GDP나 GNI는 한 나라의 경제활동수준이나 복지수준을 나타내는 지표로 사용되기도 하지만 이들 지표는 많은 문제를 내포하고 있는 개념이다.
8. 기능적 분배란 소득이 생산요소 사이에 어떻게 배분되는가를 살피는 것이고 계층적 분배는 각 소득계층에 돌아가는 소득의 몫을 분석하는 것이다.
9. 소득분배의 철학은 극단적 자유주의와 공리주의에 바탕을 둔 사회후생적 철학으로 나누어진다.
10. 공리주의는 분배와 근로의욕 고취 사이에서 사회적 후생을 극대화하는 소득분배상태를 찾고자 한다.
11. 롤스는 정의로운 정책은 최하층민의 상태가 전보다 나아지는 정책이라고 주장했다. 이를 '최소극대화 원리'라고 한다.
12. 불평등의 원인으로는 사회경제적 요인을 강조하는 입장과 개인적 요인을 강조하는 입장이 있다.
13. 소득불평등을 측정하는 지표로는 소득 5분위별 분포, 5분위분배율, 팔마비율, 로렌츠곡선, 지니계수 등이 있다.
14. 지니계수는 로렌츠곡선을 보완하는 분배지표인데 수치가 작을수록 분배상태가 더 나은 것을 뜻한다.

15. 허쉬만의 불균형성장론은 상대적으로 성장이 빠른 산업을 집중 지원하는 발전전략이다.

16. 쿠즈네츠는 개발도상국의 경우 경제발전 초기에는 소득불평등이 심화되다가 경제발전이 진전되면 분배상태가 개선된다는 '역U자가설'을 주장했다.

17. 실제 분배와 체감분배 간의 괴리 원인으로는 투기로 인한 부의 축적, 과소비 풍조로 인한 계층 간 위화감, 사회적 이동성의 하락 등이다.

18. 소득재분배정책 시행의 난제는 어떤 상태가 보다 공평한 소득분배 상태인가에 대한 국민적 합의가 쉽지 않다는 점과 분배정책은 필연적으로 근로의욕과 저축, 투자의욕을 꺾어 경제발전을 저해할 것이라는 우려이다.

중요개념

국내총생산	국민총소득	기초자산	중간재
내구재	고정자본소모	감가상각	경제성장률
GDP 3면등가의 법칙	국민순소득	순경제후생	녹색GDP
극단적 자유주의	공리주의	무지의 베일	최소극대화원리
5분위분배율	로렌츠곡선	지니계수	불균형성장론
전후방 연관효과	역U자 가설	사회적 이동성	체감분배상태
최저임금	팔마비율		

연습문제

Ⅰ. 다음 물음에 O, X로 답하고 그 이유를 밝히시오.

1. 임금, 이자, 배당, 구호금 등은 가계의 소득이 된다.

2. 금기에 발생한 투자가 금기의 고정자본소모보다 많으면 다음 기 기초자산은 금기보다 커진다.

3. 중간재는 생산과정의 원자재로 사용되는 것인데 오랜 기간 사용할 수 있다.

4. 우리나라의 경우 국민계정(소득 등)의 추계는 한국은행이 행하고 있다.

5. GDP는 flow이며 국내 체류하는 외국인의 생산은 포함하지 않는 대신 해외에서 일하는 우리 국민 중 경제적 이해관계가 대한민국에 있는 사람의 소득은 포함한다.

6. GDP는 시장에서 거래되는 재화만 포함하여 추계되므로 선진국에 보다 과대평가되는 경향이 있으므로 한계가 있다.
7. 우리나라의 환율이 1달러 1,200원에서 1달러 1,300원이 되면 달러표시 1인당 GNI는 줄어든다.
8. 지니계수가 높을수록 소득분배 상태는 좋아진다.
9. 로렌츠 곡선이 서로 교차하고 있다면 지니계수 값이 작더라도 더 나은 분배상태라고 말할 수 없다.
10. 롤스의 최소극대화원리는 결국 완전히 균등한 소득분배를 시행할 것을 주장한다.
11. 공리주의에 바탕을 둔 사회후생적 철학에서는 정부의 소득분배정책을 옹호한다.
12. 허쉬만의 불균형 성장론은 상대적으로 성장이 빠르고 전후방 연관효과가 큰 산업을 집중 지원하는 발전전략이다(참고: 자동차산업의 전방산업은 관광, 레저, 교통, 도로 등이며 후방산업은 철강, 전자산업, 고무, 유리산업 등이다.).
13. 전업주부의 가사서비스와 휴가간 이웃집의 반려견을 며칠 돌봐주고 받은 알바수입은 GDP에 포함되지 않는다.
14. 최저임금의 급격한 인상에 가장 크게 영향을 받는 집단은 대기업이다.

Ⅱ. 다음 물음에 답하시오.

1. 국민경제의 순환과정에서 주입(injection)되는 부분은 무엇인가?
2. GDP 3면등가 법칙은 무엇을 말하는가?
3. GDP와 GNI의 근본적인 차이는 무엇인가?
4. 기준연도인 2015년의 실질GDP는 600조, 2016년 명목GDP 686.4조, 2016년 GDP 디플레이터 110이다. 2015년 대비 2016년의 실질경제성장률을 구하여라.
5. 투자와 자본량 간의 관계를 설명하시오.
6. 극단적 자유주의의 소득분배정책에 대한 견해는?
7. 왜 실제분배와 체감분배 간의 괴리가 발생하는가?
8. 소득재분배를 옹호하는 공리주의가 균등한 소득분배에 대해서는 왜 반대하는가?
9. Gini계수란 무엇인가?
10. 정부가 소득재분배정책을 강력하게 시행하려고 할 때 우려되는 문제는?
11. 우리나라의 1960, 70년대 경제발전전략과 소득분배 간의 관계를 설명하시오.
12. 국민소득 개념의 한계가 아닌 것은?
    (1) 선진국에 비해 후진국은 과소평가된다.
    (2) 상품의 질적인 변화는 반영을 못한다.
    (3) 생산에 얼마나 많은 시간을 들였는지는 무시된다.
    (4) 각국의 국민소득을 미국 달러화로 환산함으로써 국가 간 경제수준을 비교하는 것이 합리적이다.
13. 다음은 A국의 소득분배 상태이다. 표를 보고 옳게 서술한 것을 고르시오.

연 도	2010	2012	2014	2016	2018
5분위분배율	5.81	5.62	5.30	6.11	5.96
지니계수	0.326	0.310	0.295	0.352	0.344

(1) 5분위분배율과 지니계수의 소득분배 개선/악화는 일치한다.
(2) 2018년은 2016년보다 소득분배상태가 나쁘다.
(3) 5분위분배율에서 소득분배상태가 가장 나쁜 연도는 2014년이다.
(4) 지니계수에서 소득분배가 가장 균등한 해는 2016년이다.

14. 다음 중 국내총생산(GDP)에 포함되지 않는 것은?
(1) 택시요금
(2) 아파트 월세
(3) 부동산 가격 상승에 따른 자본 이득
(4) 피부 관리를 받고 지불한 요금
(5) 예금 이자

15. 국내진출 미국기업이 철수하며 두 나라 직원을 동시에 해고했을 때 두 나라 국민소득에는 어떤 변화가 올까?
(1) 미국과 한국의 GDP 모두 감소.
(2) 미국과 한국의 GNI 모두 감소.
(3) 한국의 GNI 감소, 미국 GNI는 어떤 영향도 받지 않는다.
(4) 한국의 GDP 감소, 미국 GNI는 어떤 영향도 받지 않는다.

16. 소득재분배와 관련한 정치철학적 견해 중 잘못 설명한 것은?
(1) 공리주의는 한계효용체감의 법칙을 가정한다.
(2) 존 롤스의 정의는 무지의 베일에서 선택하는 기준으로 최소 수혜자의 복지가 중요하다.
(3) 공리주의가 롤스의 분배론보다 더 강한 소득재분배를 요구한다.
(4) 로버트 노직은 본질적으로 재분배정책은 필요 없다고 본다.

17. GDP에 관한 설명으로 옳지 않은 것은?
(1) GDP를 측정할 때 중간재의 가치는 제외하고 최종상품과 최종서비스의 가치만을 더한다.
(2) 실질 GDP의 단기 변화는 외국에서 자국민이 생산한 금액을 반영한다.
(3) 주부의 가사노동으로 생산된 금액은 GDP 계산에서 제외한다.
(4) 상품의 품질향상은 GDP 계산에 제대로 반영되지 못한다.
(5) GDP는 지하경제를 제대로 반영하지 못한다.

18. 다음의 소득분배와 관련된 설명 중 가장 옳지 않은 것은?
(1) 5분위분배율의 값이 작을수록 소득분배가 더 불균등하다는 것을 의미한다.
(2) 지니계수가 높을수록 소득분배가 더 불균등하다는 것을 의미한다.
(3) 로렌츠곡선이 대각선으로부터 멀수록 소득분배의 불균등도가 높다.
(4) 지니계수는 기수적인 평가방법이다.

19. 자가소유주택으로 인한 주거서비스 역시 주변임대료수준을 감안하여 GDP에 계상된다.(○, ×)

20. 총액개념인 GNI가 순액개념인 NNI보다 더 많이 사용되는 이유는 무엇일까?

Chapter 18

실업과 인플레이션

사람들이 경제생활을 하면서 가장 가까이에서 느끼는 경제현상이 바로 실업과 인플레이션이다. 두 변수는 우리가 실생활에서 체험하는 것이므로 이미 알고 있는 것 같으나 의외로 정확한 개념과 측정방법 그리고 경제적 의의에 대해 모르는 경우가 많다.

여기서는 실업의 정의와 종류, 실업의 원인을 살펴본 후, 자연실업률에 대해서도 논의한다. 특히 새케인스학파의 실업이론에 대해 자세히 논의하게 되는데, 이는 실업해소를 위한 정부의 시장개입을 정당화 한다는 점에서 관심을 끈다.

인플레이션을 다룸에 있어서는 소비자 물가지수와 생산자 물가지수의 측정방법을 먼저 살펴본 후 인플레이션의 원인과 결과를 검토한다.

18.1 실업

18.1.1 실업의 정의

실업(unemployment) 경제활동인구 가운데 일할 의사가 있음에도 불구하고 일자리를 얻지 못한 상태

경제활동인구 15세 이상의 생산가능연령인구 중 일할 의사가 있는 자

경제활동참가율(labor force participation rate) 생산가능연령인구 가운데 경제활동인구의 비율

경제학에서 말하는 **실업**(unemployment)이란 비자발적 실업(unvoluntary unemployment), 즉 '경제활동인구 가운데 일할 의사가 있음에도 불구하고 일자리를 얻지 못한 상태'로 정의할 수 있다. [그림 18-1]에서 보듯이 실업통계에서는 전체 국민을 15세 미만의 비생산인구와 15세 이상의 생산가능연령인구로 나눈다.

이제 생산가능연령인구는 다시 **경제활동인구**와 비경제활동인구로 나누어진다. 비경제활동인구는 전업학생, 전업주부, 은퇴자, 일할 수 없는 심신장애자, 일할 의사가 없는 자 등이 포함된다. 그러므로 실업자는 경제활동인구에 속하면서 일할 의사가 있음에도 일자리를 얻지 못한 자를 말한다. 즉, 비자발적 실업자가 실업자인 것이다.

[그림 18-1]은 우리나라의 2019년 2월 28일 현재 경제활동인구의 분류를 보여 준다. 생산가능연령인구 가운데 경제활동인구의 비율을 **경제활동참가율**이라고 하는데, 우리나라의 경우 2019년 2월 현재 62.3%의 경제활동참가율을 나

그림 18-1

경제활동인구의 분류
비경제활동인구는 전업학생, 전업주부, 은퇴자, 일할 수 없는 심신장애자, 일할 의사가 없는 자 등이다. 실업자란 경제활동인구에 속하면서 일할 의사가 있음에도 일자리를 얻지 못한 자를 말한다.

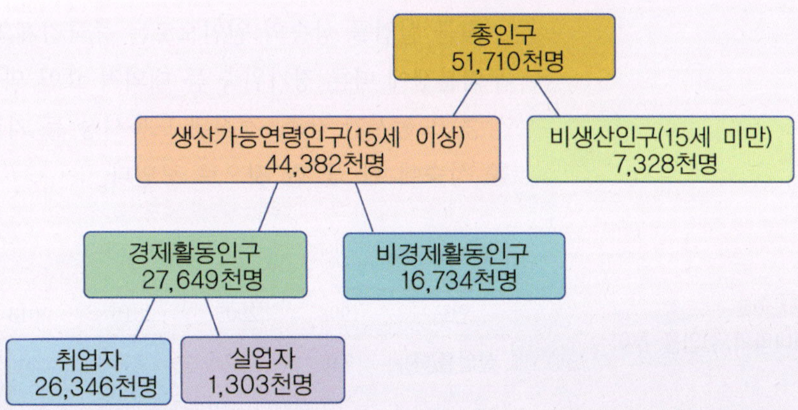

(2019. 2. 28 현재, 통계청)

타내고 있다. 이 가운데 남녀의 경제활동참가율은 각각 72.8%와 52.1%로 남자의 참가율이 월등히 높다. 한편 경제활동인구 중 일자리가 없는 사람의 비율이 실업률인데 우리나라의 경우 2019. 2. 현재 실업률은 4.7%이다. 이 가운데 남녀의 실업률은 각각 4.5%와 5.0%로 나타나고 있다.

경제활동참가율＝(경제활동인구/생산가능연령인구)×100
실업률＝(실업자/경제활동인구)×100

실망실업자(discouraged worker)
일자리를 찾다가 못 찾게 되자 실망한 나머지 일자리 찾기를 포기한 사람. 실업통계에서 제외됨

정부가 발표하는 실업률과 국민들이 느끼는 체감 실업률은 상당한 괴리가 있다. 실업통계가 여러 가지 문제점을 갖고 있지만 그 중 하나가 '**실망실업자**'(discouraged worker)에 대한 취급문제이다. 어떤 사람이 일자리를 찾다가 못 찾게 되자 실망한 나머지 일자리 찾기를 포기했다고 할 때, 실업통계에서는 이 사람을 비경제활동인구로 분류하고 실업자에서 제외하고 있다. 그러나 실망실업자가 일하기를 원치 않았다기보다 일자리를 찾다 못 찾아 결국 포기한 것이며 일자리만 주어진다면 당장이라도 일을 시작할 것이므로, 그를 실업자에서 제외한 것은 문제가 있다 하겠다. 대학을 갓 졸업한 청년들과 전업주부의 경우 사실상 상당수가 실망실업자라고 할 수 있다.

〈표 18-1〉은 우리나라의 실업률 추이를 보여준다. 1998년 실업률이 특히 높았던 것은 당시 우리나라가 IMF 사태로 어려움을 겪고 있을 때였기 때문이다. 실업률은 2013년까지 낮아지다가 상승세로 반전하여 2019년 2월 현재 4.7%에 달하고 있다.

최근 실업률 상승의 원인으로는 중국경제의 저성장, 유럽경제의 침체, 미중 무역분쟁에 따른 경기위축 등 대외적 요인 외에 대내적으로 최저임금의 급격한 상승, 노동시간 감축, 경직된 노동시장 등 기업활동을 위축시키는 정책도 실업률 상승에 한 몫 한 것으로 보인다.

표 18-1
우리나라의 실업률 추이

연도	1998	2005	2010	2013	2015	2017	2019. 2.
실업률(%)	7.0	3.7	3.7	3.1	3.6	3.7	4.7

자료: 통계청, 국가통계포털, 2019. 2.

심화 학습

우리나라의 고용통계 작성방법

우리나라의 고용통계는 ILO 권고방식인 노동력조사방식(labor force sample survey)을 따르고 있다. 미국, 일본, 캐나다, 프랑스 등도 택하고 있는 이 방식은 가계조사를 통해 고용통계를 작성하는 것이다. 다른 방식으로는 직업안정소 통계방식이 있는데 이는 직업안정소에 실업자로 등록된 자료를 통해 실업자를 조사하는 방식으로 직업안정소제도가 발달한 독일, 스웨덴, 스위스, 오스트리아 등이 택하고 있다.

우리나라의 경제활동인구조사는 통계청에서 30,000개 표본가구를 대상으로 매월 15일이 속한 1주일 동안 수입을 목적으로 1시간 이상 일한 사람은 취업자로, 매월 15일이 속한 1주일 동안 적극적으로 일자리를 구하였으나 수입이 있는 일에 전혀 종사하지 못한 사람은 실업자로 분류하는 방식이다.

통계청 고용통계 조사원의 구체적 조사 예를 살펴보자.

조사원은 표본가구주에게 3가지 질문을 하고 응답결과에 따라 취업자, 실업자, 비경제활동인구로 분류한다. 먼저 "지난 1주일 어떤 일을 한 적이 있습니까?"라는 질문에 "1주일에 수입을 목적으로 1시간 이상 일한 적이 있다."라고 대답하면 취업자로 분류한다. "아무 일도 안 했다."고 대답하면 조사원은 다시 "지난 1주일 동안 직장을 구해 본적이 있습니까?"라고 질문한다. 이에 대해 "구해 보지 않았다."라고 대답하면 구직포기자로 보고 비경제활동인구로 분류한다. 반면에 "구해 보았다."라고 대답하면 다시 "지난주에 구하던 직장이나 일거리가 있었다면 일할 수 있었습니까?"라고 3번째 질문을 던진다. 이 질문에 대해 "없었다."라고 대답하면 자발적 실업자이므로 비경제활동인구로 분류하고 "있었다."라고 대답하면 비로소 실업자로 분류한다.

18.1.2 실업의 종류

실업은 그 형태에 따라 마찰적 실업, 구조적 실업 및 경기적 실업으로 나눌 수 있다.

① 마찰적 실업

마찰적 실업(frictional unemployment)
웬만한 곳에서 일하려고만 한다면 당장이라도 일자리가 있으나 보다 좋은 일자리를 얻기 위해 탐색하고 있는 기간동안의 실업

마찰적 실업(frictional unemployment)이란 웬만한 곳에서 일하려고만 한다면 당장이라도 일자리가 있으나 보다 좋은 일자리를 얻기 위해 탐색하고 있는 기간 동안의 실업을 말한다. 일단 실업이 된 사람은 다소 시간이 걸리더라도 이번만큼은 안정되고 보수도 좋은 직장을 얻으려고 노력한다. 그러므로 최초로 주어지는 직장을 선뜻 택하기보다는 시간을 두고 좀 더 신중하게 결정하고자 한다.

마찰적 실업자는 구직탐색(job search)에 따른 일시적 실업이므로 사회경제적으로 심각한 문제는 아니다. 실업보험이나 실업수당과 같은 사회보장이 잘 되어 있는 나라일수록 구직탐색기간이 길어질 것이므로 마찰적 실업률도 그 만큼 높아진다.

② 구조적 실업

구조적 실업(structural unemployment) 산업구조의 변화로 인해 발생하는 실업이나 그 나라가 처한 사회경제적 구조로 인해 발생하는 실업

구조적 실업(structural unemployment)은 크게 산업구조의 변화로 인해 발생하는 경우와 그 나라가 처한 사회경제적 구조로 인해 발생하는 경우로 나눌 수 있다. 산업구조의 변화로 인한 구조적 실업은 사양산업(sunset industry)에서 일하던 근로자들이 직장의 폐업으로 일자리를 잃었으나 새로운 노동수요를 창출하는 직업에는 아직 적응할 능력이 없어 발생하는 실업이다.

구조적 실업은 노동공급에 비해 노동수요가 부족한 것이 아니라, 노동 숙련도에 있어서의 불균형이 문제인 것이다. 산업구조가 농업에서 제조업으로, 제조업에서도 첨단산업 쪽으로 변화해 갈 때 농업이나 제조업에서 일하던 근로자들이 실직을 하였으나 새로이 사람을 찾고 있는 첨단 정보통신산업에서 요구하는 능력을 갖추지 못한 경우가 구조적 실업의 좋은 예이다. 최근 우리나라의 경우 정보통신분야나 유전공학분야는 전문인력이 부족하고 공장기능공도 절대 부족한 실정이다. 10-20대 젊은 층의 실업률이 높은 것도 구조적 실업의 한 단면이다.

정치경제적 문제로 인한 구조적 실업은 강성노동조합의 활동이나 최저임금제와 같은 노동시장의 경직성과 규제가 있을 때 발생한다. 노사 간의 단체협상에 있어 노동조합의 영향력이 강할수록 임금수준은 시장청산임금보다 높게 결정되고 실업이 발생하게 된다. 유럽의 경우 프랑스와 같이 노동조합의 영향력이 강한 나라일수록 실업률이 높은 것은 이러한 구조적 실업이 높기 때문이다. 최저임금제나 효율임금의 경우도 마찬가지이다.

구조적 실업은 다소 장기실직일 경우가 많다. 왜냐하면 새로운 산업에서 요구하는 능력을 배양하기 위해서는 재교육과 훈련과정이 필요하기 때문이다. 또한 노동조합의 활동이나 최저임금제 등은 쉽게 변하지 않기 때문이다. 성장하는 경제라면 싫건 좋건 구조적 실업은 정상적인 경제활동과 함께 나타날 수밖에 없는 것이므로 그 자체를 근절할 수는 없다. 다만 정부는 가급적 빨리 구조적 실업이 해소될 수 있도록 실직자에 대한 직업훈련교육을 확대, 지원하는 한

편 노사 간의 원만한 대화와 타협을 이끌어내도록 적절히 조정할 필요가 있다.

최근 정부에 의해 적극 추진되어 시행된 급격한 최저임금 인상이나 주 52시간 근무제 등은 미숙련 노동자나 신규시장 진입예정자의 실업률 상승에 영향을 미쳤다.

③ 경기적 실업

경기적 실업(cyclical unemployment)
총공급에 비해 총수요가 부족함에 따라 경기침체가 발생할 때 일어나는 실업

경기적 실업(cyclical unemployment)은 경기순환적 실업이라고도 부른다. 경기적 실업은 총공급에 비해 총수요가 부족함에 따라 경기침체가 발생할 때 일어나는 실업이다. 경기침체로 인한 경기적 실업은 경제발전에 따른 자연적 현상이라기보다는 경제 내의 불완전 정보, 실질임금의 경직성, 정부의 적절한 정책대응이 제때 이루어지지 못했기 때문에 발생하는 경우가 많다.

흔히 경기적 실업은 모든 근로자에게 균등한 노동시간 감소로 나타나는 것이 아니라 일부 노동자에게 장기실직으로 나타난다는 점에서 정부의 적절한 정책이 보다 강하게 요구된다. 즉, 경기침체가 일어나면 비숙련, 비전문직 노동자들부터 실직을 당하게 마련이다. 이들은 기업 내에서 주도적 역할을 하는 것이 아니라 보조역할을 하고 있으므로 기업의 입장에서는 경기침체가 발생할 때 제일 먼저 감원대상으로 삼기 때문이다.

18.1.3 실업과 경기침체

실업(비자발적)과 경기침체는 어떤 경제지표보다도 분명한 현실적 경험이다. 왜 이러한 실업과 경기침체가 발생하는가? 케인스학파를 계승하고 있는 새케인스학파 경제학자들은 실업과 경기침체의 원인으로 가격과 임금의 경직성 그리고 일부 학자들은 기업 간의 조정실패(co-ordination failure)를 제시하고 있다. 고전학파체제와 같이 가격과 임금이 완전 신축적이라고 가정한다면 시장균형이 항상 달성되므로 실업이 발생할 수 없다. 물론 증권가격이나 환율같이 완전 신축적으로 움직이는 가격도 있다. 그러나 노동의 대가인 임금은 보통 계약에 의해 이루어지며, 노동조합이나 기업자체의 효율임금전략으로 단기에는 경직적인 면이 강하다. 재화가격 역시 단골관계나 경쟁기업과의 관계, 메뉴비용 등으로 쉽게 변동하지 않는다. 이를 자세히 살펴보자.

(1) 실질임금 경직성

실질임금이 시장청산임금보다 높으면 노동시장은 초과노동공급 상태가 되고 비자발적 실업이 발생한다. 실질임금이 시장청산임금보다 높은 이유로는 암묵적 계약(implicit contract), 장기계약, 내부자-외부자이론, 정부의 최저임금제, 기업의 효율임금 등이 있다.

암묵적 계약이론(implicit contract)
노동자들은 경기변동에 따른 실질임금 변동보다는 호경기 때 임금을 덜 받고 불경기 때 임금을 더 받는 일종의 보험계약을 기업과 한다는 것

① **암묵적 계약이론**은 1974년 **베일리**(M. Baily, 1949-)와 1975년 **아자리아디스**(C. Azariadis, 1943-)의 연구에 기인한다. 이 이론은 노동자는 위험기피자이고 금융시장 접근의 제약이 있다는 가정에서 출발한다. 노동자들은 임금변동으로 인한 위험을 피하기 위해 경기변동에 따른 실질임금 변동보다는 호경기 때 임금을 덜 받고 불경기 때 임금을 더 받는 안정된 임금계약을 원한다. 이때 노동자들이 받는 임금은 평균임금보다 조금 낮은 수준이 되는데, 이는 임금변동의 위험을 사용자에게 전가한 데 따른 일종이 보험료를 지급하는 것과 같다.

예를 들어 호경기 임금 400만원, 불경기 임금 300만원이고 호경기와 불경기가 균등하게 발생한다고 하자. 이제 노동자와 사용자는 암묵적으로 경기변동에 관계없이 340만원의 임금계약을 하게 되며 이때 평균임금 350만원과의 격차인 10만원은 보험료적 성격이라는 것이다. 기업의 입장에서도 고용안정과 좋은 기업이라는 평판을 얻기 위해 불경기 때 임금을 삭감하기보다는 감원이나 퇴직자의 자리를 충원하지 않고 비워놓는 쪽을 택한다. 그러므로 노동자는 호경기거나 불경기거나 안정적인 실질임금을 받는 대신 기업의 이윤극대화 원리는 고용수준의 가변성으로 나타나게 된다. 따라서 불경기일 때 임금하락이 발생하지 못하므로 감원이라는 수량조정이 일어나게 되고 실업이 발생한다는 것이다.

② 노동계약은 대체로 1년 이상의 **장기계약**(long-term contract)인 경우가 많다. 예를 들어 사용자와 노조 간의 임금협상이 타결되면 그 해의 임금은 합의된 수준에서 1년간 고정된다. 비록 시장상황이 임금협상 당시에 예상했던 것보다 훨씬 악화되더라도 사용자는 임금을 낮출 수 없다. 그러므로 사용자는 신규채용을 줄이거나 임시직을 해고하고, 정규직에 대해서도 인사관리를 통해 감원하는 쪽으로 대응하게 된다. 즉, 장기계약에 따른 임금의 경직성으로 실업이 발생한다.

내부자-외부자이론(insider-outsider theory) 노동조합에 의한 임금경직성과 실업을 설명하는 이론

③ **내부자-외부자이론**은 노동조합에 의한 임금경직성과 실업을 설명해준다. 노동조합원은 내부자, 비조합원과 실업자는 외부자이다. 노동조합은 임금협상에서 외부자를 고려치 않고 자신들의 임금인상을 최대한 관철시키려 한다. 기업은 임금인상을 요구하는 내부자를 외부자로 대체하고 싶지만 노동조합의 단체행동과 신규직원에 대한 교육, 숙련도 등을 고려할 때 노조의 요구를 수용할 수밖에 없다. 따라서 임금은 상승하게 되고 실업이 발생한다. 이 모형은 노조가 강한 유럽이나 최근 우리나라 대기업의 강력한 정규직노조에서와 같이 내부자집단이 강할수록 외부자의 노동시장 진입이 쉽지 않다는 점에서 시사하는 바가 크다.

④ 효율임금이론은 기업이 이윤극대화 원리에 따라 시장청산임금보다 높은 효율임금을 지급함으로써 실업이 발생한다는 것이다. 효율임금이론에 대해서는 제10장 10.3.4에서 자세히 논의했으므로 여기서는 중복을 피한다.

(2) 가격 경직성

수요 감소가 발생했을 때 기업이 가격을 하락하지 않고 산출량을 감축함으로써 대처한다면 실업이 발생할 수밖에 없다. 이제 사람들의 소비취향이 국내재화에서 외국재화로 바뀌면서 국내재화에 대한 수요가 갑자기 감소했다고 하자. 완전 신축적 가격메커니즘 하에서는 가격이 하락함으로써 시장균형이 달성된다. 그러나 기업의 가격조정에 비용이 든다면 이윤극대화 기업은 가격을 낮추는 대신 생산량을 줄이는 방법을 택할 수도 있다. 결국 기업은 고용을 감축하게 되고 비자발적 실업이 발생한다.

메뉴비용(menu cost) 기업이 재화가격을 조정하는데 소요되는 비용

① **맨큐**(N. G. Mankiw, 1958-)가 제시한 **메뉴비용**(menu cost)이란 '기업이 재화가격을 조정하는데 소요되는 비용'을 의미한다. 가격표를 새로 붙이는 비용, 카탈로그 인쇄비용, 홍보비용, 가격변동으로 인한 단골관계의 안정성 손상 등이 여기에 포함된다. 불완전경쟁기업의 경우 시장수요의 감소로 가격인하 요인이 발생했더라도 가격유지로 인한 손실이 메뉴비용보다 크지 않다면 가격을 유지할 것이며 이는 기업의 합리적 선택의 결과라는 것이다.

[그림 18-2]를 이용해 독점적 경쟁기업 i의 균형을 생각해보자. 수요곡선은 Di, 한계수입곡선은 MRi이다. 독점적 경쟁기업의 균형은 MRi=MCi이 되는 A점에서 성립하며 균형가격은 P_0, 균형산출량은 q_0가 된다. 이제 갑자기 수요를

감소시키는 충격이 일어나 기업 i가 직면하는 수요곡선이 Di´로 이동하였다고 하자. 이와 함께 한계수입곡선도 MRi´로 바뀌고 새로운 이윤극대화 균형은 메뉴비용이 없다면 MRi´=MCi인 B점에서 성립하고 그때 가격은 P_1, 산출량은 q_1이 되어야 한다.

그러나 기업이 가격을 P_0에서 P_1로 인하하는데 메뉴비용이 Zi만큼 든다면 이야기는 달라진다. 기업 i가 기존가격 P_0를 유지할 경우 이윤은 □P_0RUV이다. 가격을 P_1로 인하할 경우 이윤은 □P_1SBV−Zi이다. 공통부분 □P_1TUV를 제외하고 비교하면, □P_0RTP_1>□TSBU−Zi라면 기업 i는 가격을 인하하지 않고 산출량을 q_2로 감소시킨다. 그와 함께 고용을 감축한다. 즉, □P_0RTP_1과 □TSBU의 격차가 별로 크지 않을 경우 적은 메뉴비용만으로도 기업은 가격조정 대신 수량조정을 택할 가능성이 높다. 그러나 기업 i가 P_1로 가격을 조성하지 않고 P_0의 가격을 유지하는 전략은 사회후생을 □RSBU−Zi만큼 크게 감소시킨다는 사실을 유의하기 바란다.

그림 18-2

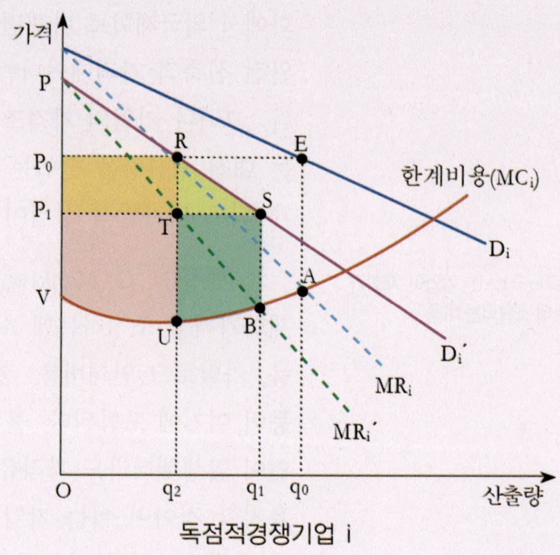

메뉴비용과 가격의 경직성

독점적 경쟁기업의 균형은 P_0, q_0가 된다. 이제 수요충격이 일어났을 때 메뉴비용이 없다면 가격은 P_1, 산출량은 q_1이 된다. 메뉴비용이 든다면 가격조정을 하지 않고 수량조정을 택하며 그 것이 실업을 발생시킨다.

중첩가격설정모형(staggered price setting model) 가격인상요인이 발생했을 때 모든 기업이 가격을 동시에 인상하는 것이 아니라 일부 기업이 먼저 인상하고 다른 기업이 얼마 후에 뒤따른다는 이론

② 테일러(J. B. Taylor, 1946-)는 중첩가격설정모형(staggered price setting model)을 제시했는데 가격인상요인이 발생했을 때 모든 기업이 가격을 동시에 인상하는 것이 아니라 일부 기업이 먼저 인상하고 다른 기업이 얼마 후에 뒤따른다는 것이다. 이때 먼저 가격을 인상하는 기업은 고객을 빼앗길 것을 우려하여 모든 기업이 동시에 가격을 인상할 경우의 가격인상보다 낮은 가격인상에 머물고 만다는 것이다. 물론 일정기간 후 뒤따라 가격을 올릴 다른 기업 역시 충분히 가격을 인상하지 못한다.

이와 같이 가격변동이 기업 간에 시차를 두고 일어날 때 각 기업 간의 상호의존성으로 말미암아 상대적으로 가격 변동폭이 줄어들고 명목가격의 경직성이 발생한다. 가격의 경직성은 그만큼 수량조정을 요구하게 되고 따라서 실업을 발생시킨다는 것이다.

(3) 조정실패와 경기침체

여러분은 제14장 과점의 게임이론에서 비협조적 과점기업간의 전략과 균형에 대해 기억할 것이다.

〈표 18-2〉에서 기업 A와 B 모두 우월전략은 존재하지 않는다. 그러나 내쉬균형은 보수행렬에서 (100, 100)과 (50, 50)의 두 개가 존재한다. 두 기업은 서로 협조하여 가격을 인하함으로써 파레토우위 (100, 100)를 달성하는 것이 최선이다. 그러나 만일 기업 A가 가격을 인하했을 때 기업 B가 가격을 유지하면 (30, 80)으로 A는 B에 비해 큰 손해를 본다. 반대의 경우라면 B가 큰 손해를 본다. 결국 두 기업은 서로의 약속을 완전히 믿을 수 없는 한 현재와 같은 가격유지에 머물러 있을 가능성이 높다. 이것을 경제학에서는 조정실패(coordination failure)라고 부른다. 즉, 서로 믿고 협조하면 파레토우위를 얻을 수 있으나 조정실패가 일어나면 파레토열위를 얻게 되는 것이다. 새케인스학파의 일부 학자들은 자본주의 경제는 흔히 이러한 조정실패 때문에 불황에 빠지고 실업이 발생한다고 주장한다.

표 18-2
과점기업의 조정실패

Payoff matrix		기업 B	
		가격인하	가격유지
기업 A	가격인하	(100, 100)	(30, 80)
	가격유지	(80, 30)	(50, 50)

18.1.4 자연실업률

(1) 실업의 비용

오늘날 주요 선진국의 선거쟁점은 단연 경제문제가 최우선 순위이며 그 가운데서도 실업문제가 가장 큰 이슈이다. 어느 나라나 실업을 낮추지 못하면 재집권은 상상할 수도 없는 것이 현실이다. 따라서 각국은 실업률을 낮추기 위해 여러 가지 정책을 시행한다. 마찰적 실업을 낮추기 위해 구직정보센터를 운영, 지원하고 구조적 실업을 해소하기 위해 직업훈련을 적극 지원하고 있다. 경기적 실업이 발생할 경우 적절한 수요관리정책을 통해 경기부양을 촉진하는 것도 모두 실업률을 낮추려는 의도이다. 심지어 정부는 재정지출을 통한 공공인력증원정책이나 단기 임시직 고용을 유도하기도 한다.

오큔의 법칙(Okun's law) 미국의 경우 실업률이 1% 상승할 때마다 실질GDP가 약 2.5% 감소한다는 추정결과

오큔(A. Okun, 1928-80)은 미국경제의 경우 실업률이 1% 상승할 때마다 실질GDP가 약 2.5% 감소한다는 추정결과를 제시하기도 했다. 이를 흔히 '**오큔의 법칙**'(Okun's law)이라고도 하는데 법칙이기보다는 어림계산으로 볼 수 있을 것이다. 실업의 비용은 경기침체로 인한 국민경제의 위축이라는 경제적 비용 외에 비경제적 비용도 막대하다. 어떤 학자는 '실업은 아주 친한 친구를 잃었을 때의 심정과 같다.'고 비유한 바 있다. 실업은 사회적 불안을 증폭시키고 인간심성에도 악영향을 끼쳐 범죄와 자살, 정신질환자를 양산한다는 연구결과가 있다.

(2) 자연실업률의 정의

실업률을 낮추고자 할 때 어디까지 낮추어야 하는가? 완전고용수준, 즉 제로 %의 실업률이 가능한가? 만일 가능하다 하더라도 그것이 최선의 선택인가? 현실의 경제사회는 수많은 사람이 새로 일자리를 얻기도 하고 일자리를 잃기도

한다. 지금 이 시간에도 어떤 사람은 이직자로 직장을 떠나고 있고 다른 사람은 입직자로 새로 출근하고 있다. 이직자가 입직자를 초과하면 실업률이 높아지고 그 반대인 경우에는 실업률이 낮아진다. 이제 경제활동인구의 변동이 없다고 가정할 때 입직자 수와 이직자 수가 동일하여 장기적으로 실업률이 일정하게 유지되고 있다면 이러한 실업률을 **자연실업률**(natural rate of unemployment)이라고 정의한다.

자연실업률(natural rate of unemployment) 한 나라가 달성하게 되는 장기균형실업률

자연실업률이란 결국 한 나라가 달성하게 되는 장기균형실업률이라고 할 수 있다. 자연실업률과 완전고용상태와는 다른 개념이다. 완전고용상태는 경제활동인구가 모두 일하고 있는 상태로 실업률이 0%인 경우라면 자연실업률은 약간의 비자발적 실업이 존재하는 장기균형실업률 하의 경제 상태이다. 물론 여러분은 완전고용상태라고 해서 온 국민이 모두 일하고 있는 상태가 아님은 분명히 알고 있을 것이다. [그림 18-3]은 총인구, 완전고용, 자연실업률 상태 간의 관계를 보여준다.

그림 18-3

총인구, 완전고용, 자연실업률 간의 관계

총인구, 완전고용 노동인구, 자연실업률 하의 고용인구는 서로 다른 개념이다.

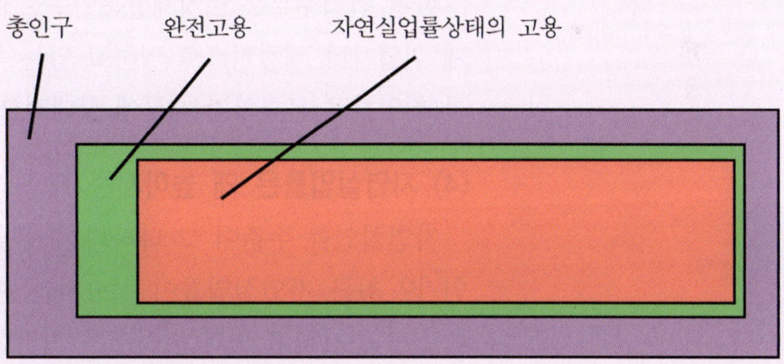

(3) 국가별 자연실업률수준

흔히 한 나라의 자연실업률 수준은 마찰적 실업과 구조적 실업을 합한 실업률로 정의한다. 자연실업률 수준이 나라마다 다른 것은 나라마다 마찰적 실업과 구조적 실업의 구조가 다르기 때문이다. 유럽의 복지국가들처럼 실업보험과 같은 사회보장제도가 잘 갖추어져 있는 나라일수록 직업탐색기간이 길어지게 마련이므로 마찰적 실업률이 높다. 동시에 유럽의 경우 강력한 노동조합을 갖고 있으므로 자연히 시장청산임금 이상의 임금타결이 이루어져 구조적 실업률 또한 높을 수밖에 없다. 그러므로 유럽의 자연실업률이 미국, 일본, 우리나라보다 높게 마련이다.

우리나라의 실업률은 유럽이나 미국의 실업률보다 낮고 자연실업률 역시 낮게 추정되고 있다. 낮은 실업률은 우리나라의 고용사정이 양호하기 때문이 아니라 오히려 낙후된 노동시장과 노동환경, 실업통계상의 문제일 수도 있다. 우리나라는 1995년부터 실업보험제도가 도입되어 시행되고 있으나 선진국에 비해 실업수당의 수혜기간이나 수혜금액이 크게 미흡하다. 따라서 직장이 마음에 들지 않더라도 참고 근무하는 경우가 많다. 또한 구직정보체계나 직업훈련기회 등이 충분치 않기 때문에 이직을 꺼리게 된다.

한편 전업주부를 비경제활동인구로 취급해 실업통계에서 제외하고 있고, 시간제 취업자나 계절적으로 일하고 있는 농수산업 종사자들과 같은 불완전 취업자를 취업자로 분류하기 때문에 상대적으로 실업률이 낮게 측정되는 측면이 있다.

(4) 자연실업률은 왜 높아지는가?

자연실업률 수준이 그 나라의 경제발전과 함께 조금씩 상승하는 이유는 무엇인가? 최근 자연실업률이 상승하는 이유의 하나로 여성의 경제활동참여율이 빠르게 증가하고 있다는 사실을 지적할 수 있다. 과거 전업주부로 경제활동인구에 포함되지 않던 여성들이 최근 가사노동의 부담이 줄어들면서 취업의 문을 두드리고 있고 학업을 마친 여성들이 모두 취업을 원하고 있다. 즉, 보다 높은 경제활동참여율은 보다 높은 자연실업률을 초래할 수밖에 없다. 실업보험과 같은 사회보장제도의 발전으로 마찰적 실업의 탐색기간이 길어진 것과 경제구조의 급격한 변화와 노동조합의 영향력 증가로 구조적 실업이 증가한 것도 한 원인이다.

18.2 인플레이션

18.2.1 물가지수

(1) 물가지수의 정의와 종류

재화나 서비스의 값을 가격이라고 한다면 물가는 개별상품의 가격을 경제생활에서 차지하는 중요도를 감안하여 가중 평균한 가격수준이다. 물가지수란 이러한 물가의 움직임을 한 눈에 알아볼 수 있도록 기준시점을 100으로 지수화한 것을 말한다. 그러므로 사과의 가격이 올랐다는 말은 맞지만 사과물가가 올랐다는 말은 틀린 것이다. 소비자물가가 올랐다는 말은 정확한 표현이다. 지난해 소비자물가지수가 115라는 것은 소비자물가가 기준연도에 비해 15% 상승했다는 것을 의미한다.

일반물가를 나타내는 물가지수는 크게 **소비자물가지수**(CPI, consumer price index)와 **생산자물가지수**(PPI, producer price index) 및 **GDP디플레이터** 등 3가지가 있다. 그 밖의 특별한 물가지수로는 생필품을 중심으로 한 생활물가지수와 수출입상품의 가격변동을 측정하는 수출입물가지수, 농가판매 및 구입가격지수 등이 있다.

(2) 물가지수 측정의 의의

물가가 오르고 내리는 것을 측정하는 이유는 무엇인가? 물가지수를 통해 그 나라의 경제가 어떻게 돌아가고 있는지 알 수 있고 그에 따른 적절한 정책을 수립할 수 있기 때문이다. 물가지수는 화폐구매력 측정수단이 되며, 경기판단 지표로서의 기능, 디플레이터로서의 기능 그리고 상품의 수급동향을 파악하는 데 꼭 필요하다. 여기서 물가지수의 디플레이터로서의 기능에 대해서 좀 더 자세히 설명해보자.

2018년 A씨의 월급은 330만원으로 2015년의 310만원에 비해 약 6.5% 상승했다. 그러나 명목임금의 상승이 곧 실질 구매력의 향상을 의미하는 것은 아니다. 실질 구매력의 변화를 알기 위해서는 같은 기간 중의 물가변화로 조정해야 한다. 2015년을 기준연도로 할 때 2018년의 물가지수가 110이라고 하자. 그러므로 2018년의 330만원은 2015년 가격으로는 300만원(=330/1.1)에 불과해 실질 구매력은 10만원이 감소한 셈이다.

18.2.2 우리나라 물가지수의 측정

(1) 소비자물가지수의 측정

소비자물가지수(CPI, consumer price index) 일반 가계가 소비하는 재화가격과 서비스요금의 변동을 지수화한 것

소비자 물가지수는 소비자의 구매력이 어떻게 변하는지 살피려는 취지에서 일반 가계가 소비하는 재화가격과 서비스요금의 변동을 측정한다. 소비자물가지수의 조사대상은 '소매점포 및 서비스점포에서의 소비자 구입가격'이다. 2017년을 기준연도로 개편된 우리나라의 소비자물가지수는 가계의 소비지출 품목들을 대상으로 460개 품목을 선정하여 이들의 평균적인 가격변동을 지수화한 것이다. 133개 품목이 선정된 식료품의 가중치는 13.76%이다. 식료품 이외 품목은 327개 품목이며 86.24%의 가중치를 부여받고 있다. 이 중 비중이 큰 것은 주거비(16품목) 16.59%, 교통・통신(38품목) 16.61%, 교육(20품목) 8.96%, 음식 및 숙박(44품목) 13.18%, 보건(32품목) 6.98% 등이다.

라스파이레스(Laspeyres)방식 기준연도의 가중치를 고정시킨 채 대상재화의 가격변동을 가중평균 하는 방식으로 물가지수를 구하는 것. 고정가중방식이다.

보통 소비자물가지수는 '**라스파이레스**'(Laspeyres)**방식**으로 작성한다. 이 방식은 기준연도(2010년)의 가중치를 고정시킨 채 대상재화의 가격변동을 가중평균하는 **고정가중방식**(fixed base method)으로 물가지수를 구하는 것이다. 라스파이레스지수는 물가상승을 과장(상향편의, upward bias)하여 나타내는 경향이 있다는 비판을 받고 있다. 그 까닭은 가격이 상승하는 재화는 거래량이 감소할 것이므로 가중치를 낮춰야 마땅함에도 기준연도에 설정된 가중치를 그대로 적용하기 때문에 가격상승이 실제 이상으로 부풀려 반영되기 때문이다. 반면 가격이 하락하는 재화는 거래량이 증가할 것이므로, 가중치를 상향조정해야 함에도 고정시켜 계산하기 때문에 가격하락은 과소 측정된다.

연쇄가중방식(chaining method) 매년 대상품목과 가중치를 조정하는 지수 작성방식

이러한 상향편의 문제를 해결하기 위해 소비자물가지수를 작성하고 있는 통계청은 가중치를 매년 조정하는 **연쇄가중방식**(chaining method)을 통해 소비자물가지수를 작성함으로써 현실적합성을 높이고 있다.

[그림 18-4]는 1970-2018년 간 우리나라의 소비자물가지수를 보여준다. 1970년대의 1차 석유파동(1973-74)과 2차(1978-79) 석유파동으로 물가상승률이 매우 높았음을 알 수 있다. 2000년대 이후 저성장기조와 함께 물가상승률

그림 18-4

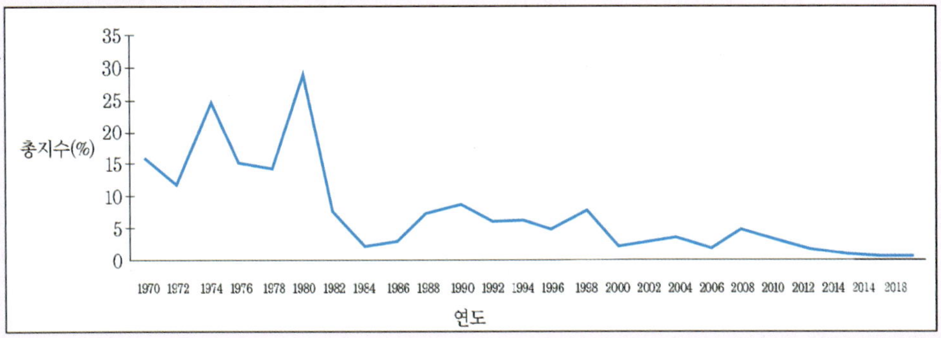

자료: 통계청, 국가통계포털, 2019

우리나라의 연도별 소비자물가 등락률(전년비)

역시 낮은 수준을 유지하고 있다.

(2) 생산자물가지수

생산자물가지수(PPI, producer price index) 생산자가 실질적으로 수취하는 가격의 변동을 지수화한 것

생산자물가지수는 한국은행에 의해 매월 작성되는데 2018년 현재 총 867개 품목을 대상으로 하고 있다.

2010년 이후 커다란 변화가 두 가지 있었다. 첫째, 라스파이레스 방식의 고정가중방식으로 인한 상향편의 문제를 해소하기 위해 조사대상 품목 및 가중치를 매년 조정하는 연쇄가중방식(chaining method)을 도입했다는 점이다. 둘째, 조사대상 가격을 구매자가격에서 **기초가격**으로 변경한 것인데 여기서 기초가격이란 구매자가격에서 운송마진과 간접세를 빼고 보조금은 더한 것으로 '**생산자가 실질적으로 수취하는 가격**'을 말한다. 기초가격을 반영함으로써 가격변동 요인을 보다 정확하게 포착할 수 있게 되었다.

2018년 품목별 가중치는 농림수산품 68개 품목 총 3.65%, 광산품 7품목 0.26%, 공산품 679개 품목 총 56.04%, 전력·수도 및 도시가스 11품목 5.09%, 서비스 102품목 34.96%이다. 2018년 가중치는 2010년에 비해 농림수산, 광산, 공산품은 하향조정된 반면 전력, 수도 및 도시가스와 서비스는 비교적 큰 폭으로 증가한 것이다.

쉬어가는 코너

라스파이레스방식과 파셰방식의 물가지수 측정 예

계산을 단순화하기 위해 A국은 아래 표와 같이 쌀과 의류 2가지 최종생산물만 생산, 소비한다고 가정하자.

	2015년(기준연도)		2018년	
	생산량	가 격	생산량	가 격
쌀	100	10만원	90	11만원
의류	50	8만원	80	7만원

(1) 2018년도 라스파이레스방식(소비자물가지수)

여기서는 '쌀과 의류의 가격이 얼마나 올랐는가?' 가 중요하며 그 생산량의 변화는 관심이 없다. 그러므로 기준연도 생산량이 가중치 역할을 하게 된다.

* 2018년도 소비자물가지수 = (11만원 x 100+7만원 x 50) / (10만원 x 100 + 8만원 x 50) x 100 = 103.6

(2) 2018년도 파셰방식 물가지수(GDP 디플레이터)

파셰방식에서는 가격변화보다는 생산량의 변화에 관심이 있으므로 당해연도(2018년도) 생산량이 가중치 역할을 하게 된다.

* 2018년도 GDP디플레이터 = (2018년도 명목GDP/2018년도 실질GDP) x 100

= (11만원 x 90+7만원 x 80) / (10만원 x 90 + 8만원 x 80) x 100 = 100.7

GDP디플레이터(deflator) 당해연도의 명목GDP를 그 해의 실질GDP로 나눈 값

명목(nominal)GDP 그 해의 생산물에 그 해의 가격(경상가격)을 곱하여 계산한 GDP

실질(real)GDP 그 해의 생산물에 특정 기준연도의 가격(불변가격)을 곱하여 계산한 GDP. 물가변동의 영향을 배제하고 생산수량의 변동만을 나타냄

(3) GDP디플레이터

GDP디플레이터는 국내총생산의 추계로부터 얻어지는 것이므로 소비자물가지수나 생산자물가지수보다 포괄범위가 넓은 경제전체의 물가수준을 나타내는 것으로 볼 수 있다. GDP디플레이터는 당해연도의 명목GDP를 그 해의 실질GDP로 나눈 값으로 표현된다.

2018년 GDP디플레이터

= (2018년 명목GDP/2018년 실질GDP)×100

명목(nominal)GDP는 그 해의 생산물에 그 해의 가격(경상가격)을 곱하여 계산되기 때문에 명목GDP의 변동에는 생산량의 변동과 가격변동이 혼합되어 있다. 반면 실질GDP는 그 해의 생산물에 특정 기준연도의 가격(불변가격)을 곱하여 계산하므로 물가변동의 영향을 배제하고 생산수량의 변동만을 나타낸다. 예를 들어 지난해 실질GDP가 그 전 해에 비해 5% 상승했을 때 같은 기간의 명목GDP는 10% 성장했다면 같은 기간 중 물가가 5% 증가했기 때문이다. 그러므로 명목GDP만으로는 진정한 국민경제의 발전을 파악하기 어렵다. 따라서 경제성

장, 경기변동과 같은 국민경제의 규모가 장기적으로 어떻게 변화하고 있는지 알아보는 데는 실질GDP 개념이 유용하다. 〈표 18-3〉은 우리나라의 GDP디플레이터가 어떻게 변했는지 보여준다.

표 18-3
우리나라의 GDP디플레이터

(단위: 조원)

	2010	2012	2013	2016	2017
명목 GDP	1,265.3	1,377.5	1,428.3	1,641.8	1,730.4
실질 GDP[1]	1,265.3	1,342.6	1,381.4	1,509.8	1,556.0
GDP 디플레이터	100.0	102.6	103.4	108.7	111.2

1) 기준연도: 2010년
자료: 한국은행, 국민계정 통계(잠정), 2019

파셰(Paasche)방식 당해연도의 가중치를 적용해 가격지수를 계산하는 방식

GDP디플레이터는 기준연도의 가중치가 아닌 당해연도의 가중치를 적용해 계산되는 지수이다. 이와 같이 당해연도의 가중치를 적용해 가격지수를 계산하는 방식을 **'파셰'(Paasche)방식**이라고 한다. GDP디플레이터는 대상품목이 훨씬 광범위하다는 점에서는 이점이 있으나 국내에서 생산된 재화만을 조사대상으로 삼기 때문에 수입상품의 가격변동을 반영하지 못한다는 단점이 있다.

18.2.3 인플레이션이란?

(1) 인플레이션의 정의

인플레이션(inflation) 일반물가수준이 지속적으로 상승하는 현상. 반대는 디플레이션(deflation)이라고 함.

크리핑 인플레이션(creeping inflation) 물가상승의 속도가 완만한 경우

일정기간 동안 물가지수가 상승한 비율을 물가상승률이라고 하며 물가상승이 지속되는 현상을 인플레이션이라고 한다. **인플레이션**(inflation)은 '일반물가수준이 지속적으로 상승하는 현상'이라고 정의할 수 있다. 인플레이션은 '화폐가치가 지속적으로 하락하는 현상 혹은 화폐의 구매력이 지속적으로 감소하는 현상'이라고 말하기도 한다.

물가상승의 속도가 완만한 경우 **크리핑 인플레이션**(creeping inflation) 또는 마일드 인플레이션(mild inflation)이라고 하며, 물가상승이 말이 뛰는 것처럼

악성인플레이션(galloping inflation)
초인플레이션(hyper-inflation)이라고도 함. 물가상승이 말이 뛰는 것처럼 빠른 경우

빠른 경우 **악성인플레이션**(galloping inflation) 혹은 초인플레이션(hyper-inflation)이라고 부른다. 반대로 물가가 지속적으로 하락하는 현상을 디플레이션(deflation)이라고 한다. 디플레이션을 해소하기 위해 적정물가상승률을 유지하는 정책은 리플레이션(Reflation)이라고 부른다. 일정 기간 동안의 물가상승률은 다음과 같이 구한다.

금기 물가상승률(%)
= 〔(금기 물가지수 − 전기 물가지수) / 전기 물가지수〕 × 100

(2) 인플레이션의 원인

① **수요견인**(demand pull)

총수요가 총공급을 초과함으로써 물가가 오르는 것으로, 통화량이 많이 늘었거나 정부의 과도한 재정적자, 소득증가로 인한 소비증가의 경우 일어난다. 과소비현상 역시 수요견인 인플레이션을 일으키는 요인이 된다.

② **비용상승**(cost push)

원유가격과 같은 원자재가격의 상승, 임금, 서비스요금의 인상과 같은 비용상승 요인이 발생하면, 생산자는 수지를 맞추기 위해서 판매가격을 인상하지 않을 수 없고 그 결과 인플레이션이 일어난다.

③ **기대**(expectation)

정치, 경제, 사회적 환경이 불안정해지기 시작하면 사람들은 앞으로 물가가 상승할지도 모른다는 예상을 하게 된다. 사람들은 자신의 이익을 극대화하려고 할 것이므로 이러한 예상을 자신의 경제적 의사결정에 포함시킨다. 그 결과 사람들은 최적화원리에 따라 미리 반응을 하게 되고 예상은 현실로 실현된다.

예를 들어 집값이 오를 것 같으면 다투어 집에 대한 수요가 증가하게 되고 결국 투기가 일어나 집값이 폭등하는 경우와 같다. 식료품 품귀가 예상될 경우 식료품에 대한 사재기가 일어나 값이 폭등하는 것도 한 예이다.

쉬어가는 코너

초인플레이션 이야기

아마도 인류 최초, 최대의 인플레이션은 중상주의시대 스페인에서 시작되어 유럽으로 번진 가격혁명일 것이다. 16세기 초부터 약 1세기 동안 멕시코와 페루 등 중·남미에서 생산된 값싼 은(銀)이 스페인을 통해 유럽 각국에 대량으로 유입되면서 물가가 2~3배로 폭등했는데 이를 가격혁명이라고 한다. 당시는 금은이 화폐로 사용되던 시대였는데 산출량의 증대 없이 은(화폐)의 양만 증가하였으므로 물가가 폭등한 것이다. 수요견인 인플레이션이라 하겠다.

전시 또는 전쟁 직후 한정된 물자밖에 없는 상태에서 거액의 화폐가 발행됨으로써 발생하는 인플레이션을 악성인플레이션 혹은 초인플레이션이라고 한다. 초인플레이션은 제1차 세계대전 후의 독일과 제2차 세계대전 후의 일본, 6·25전쟁 때의 우리나라, 1980년대 남미와 이스라엘 등이 좋은 예이다.

1920년대 독일의 초인플레이션이 얼마나 극심했던지 1921년 1월부터 1923년 11월까지 무려 물가는 300억배나 폭등했다. 1923년 한해만도 1,600만 배나 증가했다. 당시 노동자의 한 달 월급은 480조 마르크였고 우표 한 장 값도 90억 마르크였다고 한다. 감자를 살 때는 돈을 세기보다 저울의 한쪽에 감자를 올려놓고 다른 쪽에는 돈을 올려놓아 균형이 잡히면 거래가 이루어졌다는 에피소드가 있을 정도이다.

1980년대 남미의 초인플레이션의 경우 10년 동안 천만배의 물가상승을 경험했다. 돈으로 도배한 가게가 있고, 식사 전에 돈을 미리 지불하지 않으면 식사 도중 음식 값이 오르는 일도 벌어졌다. 최근의 초인플레이션으로는 좌파 포퓰리즘으로 총체적 난국을 맞은 남미 베네수엘라가 있다. 베네수엘라는 2018년 1년 동안에만 170만%나 물가가 폭등했다.

(3) 인플레이션의 폐해

연 1-2% 정도의 낮은 물가상승률은 오히려 국민경제에 활력을 주고 별다른 폐해도 없다. 그러나 과도한 인플레이션은 다음과 같은 폐해를 초래한다.

① 소득과 부의 재분배

인플레이션은 채권자에게 불리하고 채무자에겐 유리하게 작용하므로 소득재분배를 일으킨다.

② 저축감소, 과소비조장

인플레이션은 재화를 선호하는 심리를 일으키므로 과소비를 조장하고 저축을 줄인다. 과소비와 저축감소는 산업구조를 소비재중심으로 재편하고 생산재산업을 약화시킴으로써 국민경제의 생산능력을 약화시킨다.

③ 무역수지 악화

인플레이션으로 수출가격이 상승하면 수출은 감소하고 외국상품은 상대적으로 싸지므로 수입이 증가한다.

④ 신용경제 붕괴

화폐가치 하락으로 장기계약을 기반으로 하는 신용경제가 붕괴된다.

역사적으로 16세기 유럽의 가격혁명, 1920년대 독일의 초인플레이션(hyperinflation)시대와 1970년대 남미의 초인플레이션 그리고 2017년 이후 연일 폭발하고 있는 남미 베네수엘라의 초인플레이션이 유명하다. 1970년대 석유파동이 발생했을 때에는 경기침체(실업)가 일어나면서 동시에 인플레이션이 발생하는 **스태그플레이션**(stagflation)이 전 세계를 풍미한 바 있다. 우리나라의 경우에도 1960-70년대 경제개발계획이 강력히 추진되던 시기에는 연 물가상승률이 두 자리 수를 넘는 인플레이션 국가였으나, 그 후 점차 낮아져 2010년 들어서는 5% 이내로 안정되다가 2017-18년에는 연 2%대 증가에 그치고 있다.

스태그플레이션(stagflation) 경기침체(실업)가 일어나면서 동시에 인플레이션이 발생하는 현상

18.3 잠재 GDP와 GDP 갭

잠재GDP란 실제GDP에 대응되는 개념으로서 노동과 자본 등의 생산요소를 완전히 고용하여 달성할 수 있는 최대 GDP, 즉 완전고용하의 GDP를 말한다. 혹은 연구자에 따라서는 자연실업률 상태에서의 GDP, 즉 추가적인 인플레이션 압력을 유발하지 않고 달성할 수 있는 GDP라고 정의하기도 한다.

잠재(potential)GDP 노동과 자본 등의 생산요소를 완전히 고용하여 달성할 수 있는 최대 GDP

실제GDP와 잠재GDP간의 격차를 GDP갭(gap)이라고 한다. GDP갭이 부(−)이면, 즉 실제GDP가 잠재GDP보다 낮은 경우로 국민경제는 자신의 최대생산수준 이하에서 조업하고 있다. 부(−)의 GDP갭을 **디플레이션 갭**(deflation gap)이라고도 부른다. 이 경우 적절한 경기부양책을 동원하면 인플레이션을 가속화시키지 않으면서 실업률을 낮출 수도 있다. 그러나 반대로 GDP갭이 정(+)이면 **인플레이션 갭**(inflation gap)이라고 하며, 실제 GDP가 잠재 GDP를 초과한 것이므로 경기가 과열되어 인플레이션을 가속화할 수 있으므로 총수요를 억제할 필요가 있다.

디플레이션 갭(deflation gap) 실제GDP가 잠재GDP보다 낮아 국민경제는 자신의 최대생산수준 이하에서 조업하는 경우

인플레이션 갭(inflation gap) 실제GDP가 잠재 GDP를 초과함으로써 경기가 과열되어 인플레이션을 가속화할 경우

그림 18-5

잠재 GDP와 GDP갭

경기가 과열되면 실제GDP는 잠재GDP를 초과하기도 하고, 경기침체시에는 잠재GDP를 밑돈다. 잠재GDP의 추정은 국민경제의 장기전망이나 현재의 경기 상태를 진단하는데 도움을 준다.

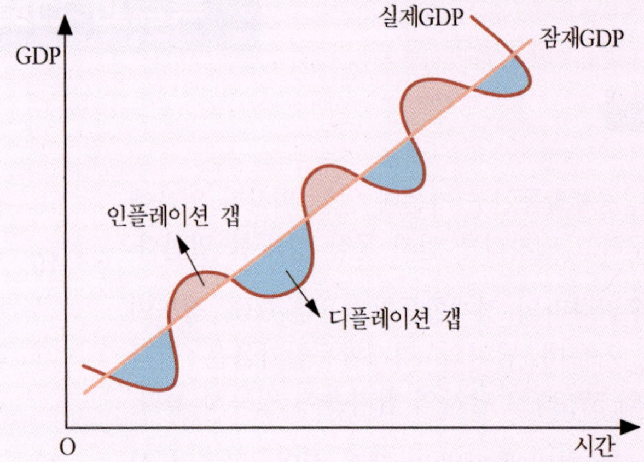

복습과 연습

요 약

1. 실업은 '경제활동인구 가운데 일할 의사가 있음에도 불구하고 일자리를 얻지 못한 상태'를 말한다.
2. 최근 우리나라의 경제활동참가율은 68% 정도인데 이 가운데 남녀의 경제활동참가율은 각각 78.7%와 57.3%로 남자의 참가율이 월등히 높다.
3. 실업은 그 형태에 따라 마찰적 실업, 구조적 실업 및 경기적 실업으로 나눌 수 있다.
4. 실업보험이나 실업수당과 같은 사회보장이 잘 되어 있는 나라일수록 구직탐색기간이 길어질 것이므로 마찰적 실업률도 그 만큼 높다.
5. 케인스학파를 계승하고 있는 새케인스학파 경제학자들은 실업과 경기침체의 원인으로 가격과 임금의 경직성, 그리고 일부 학자들은 기업간의 조정실패를 제시하고 있다.
6. 실질임금이 시장청산임금보다 높은 이유로 암묵적 계약, 장기계약, 내부자-외부자이론, 정부의 최저임금제, 기업의 효율임금 등이 있다.
7. 내부자-외부자이론은 유럽과 같이 노조가 강력하고 실업률이 높은 경제의 실업을 설명하는데 유용하다.
8. 가격 경직성이 있을 때 수요 감소가 발생했다면 기업은 가격을 하락하지 않고 산출량을 감축함으로써 대처하게 되고 실업이 발생한다.
9. 거시경제학에서의 조정실패는 서로 믿고 협조하면 파레토우위를 얻을 수 있으나 믿지 못함으로써 파레토열위를 얻고 불황과 실업을 초래하는 것을 의미한다.
10. 자연실업률과 완전고용상태와는 다른 개념이다. 완전고용상태는 경제활동인구가 모두 일하고 있는 상태로 실업률이 0%인 경우라면 자연실업률은 약간의 비자발적 실업이 존재하는 상태이다.
11. 흔히 한 나라의 자연실업률 수준은 마찰적 실업과 구조적 실업을 합한 실업률로 정의한다.
12. 최근 자연실업률이 상승하는 이유로는 여성의 경제활동참여율 증가와 실업보험과 같은 사회보장제도의 발전으로 마찰적 실업의 탐색기간이 길어진 것과 경제구조의 급격한 변화로 인한 구조적 실업이 증가한 것을 꼽을 수 있다.
13. 일반물가를 나타내는 물가지수는 크게 소비자물가지수(CPI)와 생산자물가지수(PPI) 및 GDP디플레이터 등 3가지가 있다.
14. 물가지수의 유용성은 물가지수를 통해 그 나라의 경제가 어떻게 돌아가고 있는지 알 수 있고 그에 따른 적절한 정책을 수립할 수 있기 때문이다.
15. 우리나라의 소비자물가지수는 통계청에서 작성하는데 460개 품목을 선정하여 이들의 평균적인 가격변동을 지수화한 것이다.
16. '라스파이레스'방식은 기준년도의 가중치를 고정시킨 채 대상재화의 가격변동을 가중평균 하는 방식으로 물가지수를 구하는 것인데 물가상승을 과장하여 나타내는 경향이 있다.

17. 생산자물가지수는 한국은행에 의해 작성되는데, 총 867개 품목을 대상으로 조사가 이루어진다.

18. 소비자물가지수와 생산자물가지수는 보통 매 5년마다 기준년도를 개편한다. 우리나라의 경우 현실적합성을 높이기 위해 매년 대표품목과 가중치를 조정해주는 연쇄가중방식을 사용하고 있다.

19. GDP디플레이터는 해마다 다른 가중치(당해년의 생산량)를 적용해 계산하는 것과 같으므로 '파셰지수'(Paasche index)방식이다.

20. 인플레이션의 원인으로는 수요견인, 비용상승, 기대를 꼽을 수 있다.

21. 인플레이션의 폐해로는 소득과 부의 재분배, 저축감소, 과소비조장, 무역수지 악화, 신용경제붕괴 등을 지적할 수 있다.

22. 잠재GDP는 한 나라의 경제가 완전고용하에서 달성 가능한 GDP를 말한다.

중요개념

비자발적 실업	실망실업자	마찰적 실업	구조적 실업
경기적 실업	오쿤의 법칙	자연실업률	경제활동참가율
임금과 가격의 경직성	조정실패	암묵적 계약	장기계약
내부자 - 외부자이론	메뉴비용	중첩가격설정모형	효율임금
인플레이션	소비자물가지수	생산자물가지수	GDP디플레이터
연쇄가중방식	고정가중방식	라스파이레스방식	파셰방식
잠재GDP	인플레이션 갭	디플레이션 갭	초인플레이션

연습문제

Ⅰ. 다음 기술에 대해 O, × 로 답하고 왜 그런지 밝히시오.

1. 완전고용상태는 생산가능연령인구에 속하는 사람은 모두 일하고 있는 상태이다.

2. 실망실업자는 실업통계에서 제외된다.

3. 전직을 결심하고 직장을 그만 둔 김씨는 지금 자신에게 꼭 맞는 직장을 열심히 알아보고 있는 중이다. 김씨는 마찰적 실업자라고 할 수 있다.

4. 노동조합의 활동이나 최저임금제와 같은 노동시장의 경직성과 규제가 있을 때 발생하는 실업은 마찰적 실업이다.

5. 경기적 실업이 존재하는 경우 정부는 총수요확대정책을 통해 경기를 부양시킬 필요가 있다.

6. 경기가 침체되면 먼저 실직되는 사람은 비숙련,

비전문, 비정규직이다.

7. 자연실업률수준은 나라마다 다른데 일반적으로 노동자에 대한 사회보장이 잘되어 있는 나라일수록 자연실업률 수준이 높을 것이다.

8. 소비자물가지수는 통계청이 작성하는데 소비자 구입가격이 조사대상가격이다. 반면에 생산자물가지수는 한국은행이 작성하며 생산자가 실제로 수취하는 기초가격이 조사대상가격이다.

9. GDP 디플레이터는 명목GDP와 실질GDP가 추계되고 난 후 쉽게 얻을 수 있는데 일종의 물가지수라고 할 수 있다.

10. 라스파이레스 방식으로 측정하는 물가지수는 기준년도의 가중치를 계속 사용함으로써 물가가 하락한 품목의 가중치를 실제보다 작게 반영하는 오류를 나타낸다.

11. 실제 GDP와 잠재 GDP간의 격차를 GDP갭(gap)이라고 한다.

12. 경기가 과열되면 실제 GDP는 잠재 GDP를 초과하고, 침체 시에는 밑돌게 된다.

13. 정부가 금리를 인하(통화량을 증가)하거나 정부지출을 확대할 경우 물가가 상승할 수 있는데 이러한 물가상승은 비용상승 인플레이션이라고 할 수 있다.

14. 인플레이션이 발생하는 나라의 수출품가격은 외국에 비해 상대적으로 싸지고 외국 수입품의 가격은 국내 재화에 비해 상대적으로 비싸진다. 따라서 상대가격의 변동으로 수출은 줄어들고 수입은 늘어난다.

15. 등록금 인상은 생산자물가지수를 상승시킨다.

16. 암묵적 계약이론에서 노동자는 위험회피를 원하는 보험가입자이고 기업은 보험회사와 같다.

17. 암묵적 계약이론에 따르면 경기변동과 실질임금이 같이 연계하여 움직이지 않아, 즉 임금조정보다 고용량조정이 일어나 실업이 발생한다고 본다.

18. 맨큐의 메뉴비용이론에서 독점적 경쟁기업들이 가격조정을 하지 않는 것이 해당 기업의 입장에서는 이익이 되지만 사회적 후생의 측면에서는 손실이다.

19. 중첩가격설정모형에 따르면 가격상승이 시차를 두고 발생하면 가격상승폭이 보다 증폭되는 현상이 발생한다고 한다.

Ⅱ. 다음 물음에 답하시오.

1. 이직률과 입직률이 비교적 높은 업종으로는 어떤 업종이 있는지 예시해보라.

2. 사회보장이 잘 되어있는 나라일수록 자연실업률 수준이 높은 이유는?

3. 총인구 5,000만, 15세 이상 인구 4,000만, 비경제활동인구 1,000만, 실업자 150만 명이라면 실업률은 몇 %인가?

4. 메뉴비용이론을 설명하고 이 이론이 어떻게 실업을 설명할 수 있는지 독점적 경쟁기업의 이윤극대화 원리로 설명하시오.

5. 2018년 김씨의 월급은 264만원, 2015년 월급은 220만원이었다. 2015년을 기준으로 2018년의 물가지수는 110이다. 김씨는 2015년 대비 2018년 실질소득은 월 몇 만원 증가했나?

6. 인플레이션의 원인과 폐해에 대해 설명하시오.

7. 물가지수로서의 GDP디플레이터의 장점과 단점은 무엇인가?

8. 라이파이레스방식의 물가지수는 왜 물가상승을 과대평가하는 편의(upward bias)가 있는가?

9. 다음 중 한 나라의 인플레이션을 일으키는 요인으로 볼 수 없는 것은?
(1) 중앙은행의 증권매입 (2) 원유가격 상승
(3) 재정적자 심화 (4) 자국통화가치상승

10. 인플레이션의 결과 일어나는 상황으로 보기 어려운 것은?
(1) 소득재분배 효과 (2) 저축증가
(3) 무역수지 악화 (4) 신용경제 붕괴

11. 예기치 않은 인플레이션은 어떤 부류의 사람에게 가장 이득이 되는가?
① 금융기관에 돈을 예금한 사람
② 고정금리로 돈을 빌린 사람
③ 고정수입과 연금으로 사는 사람
④ 생명보험에 가입한 사람

12. 구조적 실업의 발생요인으로 보기 어려운 것은?
(1) 산업구조 변화 (2) 효율임금
(3) 최저임금제 (4) 노조활동
(5) 총수요감소

13. 고령화 사회의 경제효과가 아닌 것은?(한국경제신문 한경테셋 문제)
① 벤처주식보다는 배당주식이 주목받는다.
② 장례 관련 사업은 그나마 활력이 있다.
③ 옷 가게의 진열대에서 아동 의류가 점차 사라진다.
④ 화장품 가게는 현상 유지를 한다.
⑤ 빈부격차가 더욱 벌어진다.

14. 다음 중 실업률에 영향을 미치는 항목만 묶은 것은?(한국경제신문 한경테셋에서 인용)
(ㄱ) 올림픽 우승으로 병역미필인 국가대표 선수들이 공익근무요원으로 근무하게 됐다.
(ㄴ) 군부대 간첩사건으로 인해 일부 장병들이 교도소에 수감되었다.
(ㄷ) 파출부로 일하던 여성이 일이 끊겨 전업주부를 하고 있다.
(ㄹ) 농부가 14세 아들을 학교를 쉬게 하고 가사일을 돕도록 했다.
① ㄱ, ㄴ ② ㄱ, ㄷ ③ ㄴ, ㄷ
④ ㄴ, ㄹ ⑤ ㄷ, ㄹ

15. 다음의 실업에 대한 설명 중 옳지 않은 것은?
(1) 경제활동인구는 취업자와 실업자의 합이다.
(2) 경제활동인구와 비경제활동인구를 합한 것이 생산가능연령인구이다.
(3) 실업률은 경제활동인구 중에서 실업자가 차지하는 비율이다.
(4) 장기적인 불황으로 일자리 구하는 것을 포기한 사람은 실업자이다.

16. 컴퓨터 산업은 구인난인데 건설업계는 불황이어서 실업이 높을 때 이러한 실업은?
(1) 마찰적 실업 (2) 구조적 실업
(3) 계절적 실업 (4) 경기적 실업

17. 물가통계 및 측정에 대한 설명 중 가장 옳지 않은 것은?
(1) GDP 디플레이터는 당해 연도 명목GDP를 그해 실질GDP로 나눈 값이다.
(2) 소비자물가지수는 생산자물가지수의 선행지표라고 할 수 있다.
(3) 생산자물가지수는 원자재 가격을 반영한다.
(4) 소비자물가지수와 생산자물가지수는 가중평균으로 계산된다.

8

거시경제 환경

프리드먼
(Milton Friedman, 1912-2006)

제19장 재 정

제20장 화폐와 금융

거시경제환경은 크게 정부의 경제활동인 재정과 화폐금융시장으로 나누어 볼 수 있다. 19장에서는 재정의 기능과 의의, 조세, 정부지출과 국가채무를 살펴보고, 20장에서는 은행의 예금통화창출 화폐의 수요와 공급 그리고 금리결정이론, 채권가격과 채권수익률 간의 역관계를 다룬다.

Chapter 19

재 정

가계나 기업의 경제활동과 마찬가지로 정부는 경제주체의 하나로써 경제활동을 수행하고 있다. 정부는 자신의 기능을 수행하기 위해 필요한 돈을 조달하고 지출함으로써 여러 가지 사업을 하게 되는데, 이러한 정부의 경제활동을 재정이라고 한다. 재정을 연구하는 경제학의 분야를 재정학(public finance)이라고 한다. 정부는 재정운용을 통해 자원의 효율적 배분과 공평한 소득분배 및 경제안정을 도모한다.

이 장에서는 재정의 기능과 의의, 조세, 정부지출과 국가채무 등에 대해 논의한다. 특히 우리나라의 조세체계와 조세부담률, 조세의 경제적 효과를 살펴본다. 정부지출과 국가채무에서는 재정적자와 적자재정을 위한 자금조달 방안 및 국가채무와 국가신용에 대해 논의한다.

19.1 재정의 기능과 의의

19.1.1 정부의 경제활동에 대한 인식변화

정부 기능에 대한 고전학파의 인식은 작은 정부론이다. 고전학파는 시장경제의 자동조절능력을 신뢰하였기 때문에 정부는 국방, 치안과 같이 민간이 할 수 없는 기능만 수행하고 경제적 활동은 최소한에 그쳐야 한다고 주장했다.

재정(財政, public finance) 정부의 경제활동

세계대공황 이후 불어 닥친 케인스혁명과 함께 정부의 경제활동이 지지를 받기 시작했다. 1970년대 이후 자유주의가 다시 세력을 결집하면서 정부의 지나친 시장개입을 비판하고 있으나, 현재 대부분의 나라는 경제성장과 안정 외에도 소득분배, 독과점규제와 공정거래를 위해 정부의 경제활동과 개입을 당연한 것으로 인식하고 있다.

왜 정부의 경제활동 규모는 지난 수십 년 동안 계속 확대되어 왔는가? 국민경제는 성장과 함께 요구도 많아지고 동시에 국제화되면서 전보다 복잡해졌다. 공공재와 복지에 대한 국민의 요구도 증가하였고, 경제문제에 대한 이해 당사자도 많아졌으며, 위협적인 대내외 환경의 변화도 빈번해졌다. 따라서 적절한 공공재의 공급과 복지지출의 증가, 공정한 시장질서와 경제안정, 빈부격차해소를 위한 정부의 역할이 전보다 많아지고 있는 것이 현실이다.

케인스는 그래도 정부가 시장보다는 공정하다고 인식했던 것 같다. 그는 정부의 도덕성이나 정부 자신이 이해관계의 또 다른 당사자가 된다는 사실에 대해서는 별로 주목하지 않았다. 한편 공공선택학파는 개인의 자유를 보호하기 위해 정부의 필요성을 인정하고 있고, 공공재의 공급과 같은 정부의 경제활동에도 동의한다. 그러나 공공선택학파는 정부 자신이 정책결정의 이해당사자가 될 수 있으므로 부도덕성이 개입할 가능성이 있다고 본다. 따라서 정부의 경제적 의사결정에 대한 민간의 참여와 정부의 민간경제에 대한 간섭은 헌법의 규정에 의해 이루어져야 한다고 본다.

19.1.2 재정의 기능

재정의 기능은 크게 자원배분의 기능, 소득분배의 기능, 경제안정화의 기능으로 나누어 볼 수 있다.

(1) 자원배분 기능

재정의 3대 기능 중에서 최근 그 중요성이 점차 커지고 있는 것이 자원배분의 기능이다. 일반적으로 경제학에서는 자유로운 시장경제 하에서 자원의 최적분배가 이루어진다고 주장한다.

그러나 제9장에서 본 바와 같이 외부효과가 발생하는 산업의 경우 정부의 개입을 통해 외부효과를 내부화하지 않으면 자원의 최적배분이 달성되지 못한다. 또 제10장의 공공재의 경우 무임승차 문제로 사회적으로 꼭 필요한 공공재를 민간경제는 공급하려고 하지 않기 때문에 자원배분이 왜곡된다. 따라서 정부는 재정을 통해 적정량의 공공재를 공급함으로써 효율적 자원배분에 기여하게 된다. 그 밖에 공유자원에 대한 보호와 독과점시장에 대한 규제도 효율적 자원배분을 위한 정책이다.

정부는 우선 어떤 공공재를 얼마나 공급할 것인가를 결정해야 한다. 공공재 공급량이 증가한다면 그만큼 사적재의 공급은 감소할 수밖에 없고 자원의 배분도 달라진다. 정부가 공공재를 공급하기 위해 필요한 재원을 조세를 통해 조달한다면 이러한 조세징수는 민간의 자원배분에 영향을 준다. 그러므로 효율적 자원배분을 위해서는 무엇보다도 재정의 자원배분 기능에 대한 면밀한 연구가 선행되어야 한다.

(2) 소득분배 기능

정부의 재정지출과 조세징수는 자원배분에 영향을 미칠 뿐 아니라 소득분배에도 영향을 미친다. 사실 재정의 자원배분 기능과 소득분배 기능은 서로 상충되는 기능일 수도 있다. 시장경제 하에서 자원의 최적배분이 이루어졌다고 해서 소득분배 역시 최적상태라는 것을 의미하지 않을 것이기 때문이다. 또한 공평한 소득분배를 추구하려는 정부의 정책이 자원의 최적배분을 왜곡시키는 경우도 있다. 그러므로 건강한 사회안전망(social safety net)을 구축하기 위해서는 자원배분의 왜곡을 최소화 하면서 동시에 공평한 소득분배를 추구하는 것이 필요하다 하겠다.

일반적으로 정부는 소득이나 재산이 많은 사람에겐 높은 세율을 적용하는 한편 저소득층에 대해서는 낮은 세율을 적용한다. 이렇게 징수한 조세를 저소득층에 대한 소득보전 및 사회보장지출로 사용함으로써 소득재분배를 도모한다. 그러나 어떤 상태가 바람직한 분배 상태인가? 문제는 그렇게 간단치 않다. 이것은 정치적 문제일 수도 있고 가치판단의 문제이기도 하다.

(3) 경제안정화 기능

케인스 혁명 이후 국민경제의 안정과 성장은 재정의 중요한 책무로 인식되고 있다. 정부가 조세정책을 어떻게 운영하느냐에 따라 개별 노동자의 노동공급이나 가계의 소비와 저축은 크게 영향을 받을 뿐 아니라 기업의 생산과 투자 또한 영향을 받는다. 동시에 정부지출은 총수요의 구성요소로써 정부의 중요한 경제안정화 수단으로 활용된다. 경기침체로 실업률이 상승하면 감세나 확장적 정부지출정책을 사용하고, 반대로 인플레이션이 심화되는 경기과열 시에는 긴축정책을 사용함으로써 경기안정을 꾀하는 기능이 있다.

19.1.3 재정의 특성

20세기 들어 정부의 기능과 경제적 역할이 커지면서 정부재정의 규모도 계속 팽창해왔다. 독일의 경제학자 **바그너**(A. H. G. Wagner, 1835-1917)는 1876년 '**바그너의 법칙**'으로 알려진 '**재정팽창의 법칙**'을 주장했다. 바그너는 국가발전과 함께 국가의 새로운 기능과 기구가 생겨나게 되고 이와 함께 국가재정 역시 끊임없이 팽창하는 경향이 있다고 주장했다. 오늘날 대부분의 국가 활동은 바그너가 주장한대로 팽창의 법칙을 실천하고 있는 것 같다.

재정팽창의 법칙 사회, 경제가 발전함에 따라 국가의 새로운 기능과 기구가 생겨남으로써 국가재정이 끊임없이 팽창하는 경향

재정팽창이 발생하는 요인으로는,

첫째, '**전위효과**'(displacement effect)를 꼽을 수 있는데, 전쟁이나 긴급재난 등으로 재정이 급증한 후 전쟁이나 재난이 종료된 후에도 종전수준으로 돌아가지 않는 성질이 있다는 것이다.

전위효과(displacement effect) 전쟁이나 긴급재난 등으로 재정이 급증한 후 전쟁이나 재난이 종료된 후에도 종전수준으로 돌아가지 않는 성질

둘째, 경제·사회적 발전과 함께 교통, 주택, 환경, 의료, 교육 등 국민적 복지욕구가 증대함으로써 재정지출의 증가가 발생할 수밖에 없다는 주장이다.

셋째, 관료제와 의회민주주의제도의 특성으로 인한 재정팽창 요인을 지적할

파킨슨법칙(Parkinson's law) 정부 각 기관은 그 기능과 행정효율화와는 관계없이 그 자신 계속 팽창하려는 성질을 갖고 있다는 것

수 있다. 정부 각 기관은 그 기능과 행정효율화와는 관계없이 그 자신 계속 팽창하려는 성질이 있는데, 이를 '**파킨슨법칙**'(Parkinson's law)이라고 한다. 결과적으로 행정조직은 새로운 기능을 추가하고 신규직원을 채용하며 새로운 직위를 만들어 승진의 통로로 삼는 자생적 비대화 과정을 밟는다. 따라서 일단 확보된 예산은 경직성을 띠며 줄어드는 법이 없고 오히려 다음 회기 예산안의 기초가 될 뿐이다. 한편 국회의원들은 재선을 위해 출신 지역을 위한 재정확보에 관심을 기울임으로써 재정팽창을 가속화하는데 일조한다.

19.2 조세

19.2.1 조세의 개념과 분류

(1) 조세의 정의

조세(租稅, tax) 국가가 재정수입을 조달할 목적으로 아무런 개별적인 보상없이 사(私)경제로부터 강제적으로 징수하는 화폐 또는 재화

조세(租稅, tax)란 '국가가 재정수입을 조달할 목적으로 아무런 개별적인 보상 없이 사(私)경제로부터 강제적으로 징수하는 화폐 또는 재화'를 말한다.

(2) 직접세와 간접세

직접세(direct tax) 납세자와 세금의 실질적 부담자가 동일한 세금

간접세(indirect tax) 납세자와 세금의 실질적 부담자가 상이한 세금

누진세(progressive tax) 소득이나 재산이 많은 경우 높은 세율을 적용하고 반대로 저소득계층에 대해서는 낮은 세율을 적용하는 조세제도

역진세(regressive tax) 부가가치세처럼 소득이 낮을수록 상대적으로 세부담이 무거운 조세제도

조세는 납세자와 조세부담자가 동일한 **직접세**와 납세자와 담세자가 다른 **간접세**로 나눌 수 있다. 소득세, 법인세, 상속세, 증여세, 재산세 등은 납세자에게 직접 부과되는 세금이므로 직접세에 속하는 반면 부가가치세, 특별소비세, 주세 등은 조세부담의 전가를 전제로 상품에 부과하는 세금이므로 간접세이다.

직접세는 소득이나 재산이 많은 경우 높은 세율을 적용하고 반대로 저소득층에 대해서는 낮은 세율을 적용하는 **누진세**(progressive tax)이므로 소득재분배 기능이 있다. 간접세는 소득이나 재산에 관계없이 재화의 구매자 모두에게 동일하게 부과되므로 **역진세**(regressive tax)라고 할 수 있다. 직접세의 누진세율이 너무 높은 경우 조세저항으로 인한 부작용이 발생될 수 있으므로 직접세의 비중이나 세율이 어느 정도가 바람직한지는 일률적으로 말할 수 없다.

읽을거리 재정디폴트의 역사

그리스에 이어 이탈리아까지 국가부도(디폴트) 위기에 몰렸다. 돌아보면 고대 그리스와 로마제국은 디폴트 역사의 시발점쯤 된다. 에게 문명을 꽃피웠던 고대 그리스는 동맹국 숫자가 줄면서 조공수입이 감소했다. 요즘 말로 재정건전성이 급격히 나빠진 셈이다. 반면 건축물 건립, 복지정책 확대 등 지출은 방만했다.

결국 재정부담을 견디지 못해 쇠퇴의 길에 접어들었고 로마제국 역시 과도한 전쟁비용이 쇠락을 촉진했다. 지금 그리스와 이탈리아가 또다시 유럽 재정위기 한복판에 있는 것은 역사의 아이러니다.

기획재정부는 케네스 로고프 하버드대 교수 등의 연구를 인용해 1824년부터 2004년까지 180년간 전 세계에서 크고 작은 디폴트가 257회에 달했다고 전했다. 매년 1.5회에 달할 정도로 디폴트는 빈번했던 것이다.

디폴트 발생시기	배경 및 성격
고대 그리스·로마	전쟁비용 지출, 선심성 복지정책, 조공수입 감소
중세	토지 담보 종신연금 확대, 정치권력과 금융 결탁(동반 몰락)
16-18세기	스페인·포르투갈 제국 몰락, 프랑스 팽창주의
19세기	남유럽·발칸·북아프리카 등 주변부 재정위기
1차대전 시기	국채 부담을 인플레이션으로 상쇄해 부도 막음
대공황 전후	복지 확대 속 대규모 경기불황 발생
2차대전 이후	중남미 외채위기, 아시아 외환위기, 미국·유럽 재정위기

중남미가 가장 많았지만 유럽도 만만치 않다. 그리스는 1821년 시작된 독립전쟁에 소요된 자금을 상환하지 못해 1826년 첫 번째 채무불이행을 맞은 이후 1964년까지 5차례 채무불이행을 선언했다.

기획재정부는 보고서를 통해 "역사적으로 재정건전화 의지 부족이 재정위기를 초래했다"며 "과다한 지하경제로 인한 세수기반 약화, 관대한 연금제도 등 복지지출, 공공부문 팽창에 따른 만성적 재정적자 등은 재정위기의 공통적 배경"이라고 지적했다.

반면 1976년 IMF 구제금융을 받은 영국은 강력한 구조조정과 정치적 리더십으로 '영국병'을 치유해 대조를 이뤘다는 분석이다.

기재부는 디폴트 위험성은 최근 들어 더욱 높아지고 있다고 진단했다. 과거엔 팽창적 통화정책을 통해 국채발행 비용을 상쇄하기도 했으나 지금은 이런 해결이 사실상 불가능하기 때문이다. 또 경제통합과 자본자유화로 인해 실물경제로 위기가 전이될 가능성이 더 커졌다는 것이다.

기재부는 "특정 국가 재정건전성 악화가 다른 나라로 전이되는 경향을 막기 위해선 국제 감시가 중요하다"며 "개별 국가는 경상수지 흑자 기조를 유지하는 것이 디폴트를 예방하는 첫걸음"이라고 강조했다.

(매일경제신문 2011.11.10)

(3) 소득세와 소비세

소득세(income tax) 발생한 소득에 대해 과세하는 것

소비세(consumption tax) 소비시점에 과세하는 것. 부가가치세, 주세, 특별소비세, 교통세 등

발생한 소득에 대해 과세하는 것이 **소득세**(income tax)라면 소비시점에 과세하는 것을 **소비세**(consumption tax)라고 한다. 소득세는 직접세인 반면 소비세는 간접세라고 할 수 있다. 소득세는 누진세 제도를 통한 소득재분배 기능을 살릴 수 있으며, 정부의 조세수입액을 미리 예측하기 쉬우므로 예측 가능한 재정운영을 할 수 있다는 이점이 있다.

반면 소비세제도를 확대하면 사람들은 세금을 덜 내기 위해 소비를 줄이려 할 것이다. 따라서 저축이 증가하고 그 결과 투자재원의 확보가 용이해 경제발전이 촉진된다는 이점이 있다. 동시에 재화가격에 포함하여 소비세를 징수하는 것이므로 조세징수의 편의성이라는 측면에서도 유리하다. 그러나 소비세는 국민들의 소비성향에 따라 조세수입이 변할 것이므로 정부의 재정수입확보와 재정운영에 차질이 빚어질 수 있고 소득재분배 측면에서도 역진성이 강하다는 문제점이 있음은 앞서 논의한 바와 같다.

(4) 평균세율과 한계세율

한계세율(marginal tax rate) 과세대상 소득단계(tax bracket)별 적용세율

대부분의 나라는 직접세의 경우 소득재분배 효과를 얻기 위해 누진세 제도를 도입하고 있다. 즉, 과세대상 소득단계(tax bracket)에 따라 적용세율을 높여가는 방식인데 이렇게 적용되는 세율을 '**한계세율**'(marginal tax rate)이라고 한다. 현재 우리나라 '종합소득과세표준'에 적용되는 한계세율은 〈표 19-1〉과 같다.

표 19-1
우리나라의 종합소득단계별 한계세율

소득단계	한계세율(%)
1,200만원 이하	6
1,200만 – 4,600만원 이하	15
4,600만 – 8,800만원 이하	24
8,800만 – 1.5억원 이하	35
1.5억원 – 3억원 이하	38
3억원 – 5억원 이하	40
5억원 초과	42

자료: 소득세법 제55조, 2019. 3.

소득세 최고세율은 2011년 말 세법개정으로 38% 구간이 급하게 신설된 후 40% 구간이 추가되었고 2018년에는 42% 구간까지 상승했다. 이러한 소득세율 인상은 고소득자에 대한 세금강화로 보인다. 다만 소득세법 개정은 그야말로 국가의 중대사라는 점에서 보다 철저한 논의와 연구를 거쳐 이루어져야 할 것이다.

이제 연소득금액 9,200만원인 A씨의 종합소득세액을 한계세율을 적용해 계산하면 〈표 19-2〉에서 보듯이 1,730만원이 된다. 평균세율은 납부세액을 총소득으로 나눈 것으로 약 18.8%가 된다. **평균세율**은 세금납부로 인한 납세자의 희생이 어느 정도인지를 파악하는 데 유용한 반면 한계세율은 세제가 사람들의 경제적 유인에 얼마나 영향을 미치는가를 파악하는데 유용하다.

평균세율(average tax rate) 납부 세액을 총소득으로 나눈 세율

표 19-2
연소득 9,200만원의 납부세액

소득단계	한계세율(%)	한계세액
1,200만원 이하	6	72만원
1,200만 - 4,600만원 이하	15	510만원
4,600만 - 8,800만원 이하	24	1,008만원
8,800만 - 9,200만원	35	140만원
납부세액 계		1,730만원

● 현실경제 속으로 : 맞벌이 부부가 세금 덜 낸다.

A와 B는 서로 친구사이다. 둘은 모두 결혼하였는데 A는 홑벌이고 B는 맞벌이 부부다. A의 연봉은 1억원 B는 6,000만원 B의 배우자 C는 4,000만원이다. A가정과 B가정 총소득은 1억원으로 같다. 이제 두 가구의 종합소득세를 비교해보자. 단순화를 위해 여타의 공제는 없는 것으로 가정하자.

A가정 : 1,200×6%+3,400×15%×+4,200×24%+1,200×35%=2,010만원

B가정 : B. 1,200×6%+3,400×15%+1400×24%=918만원 ┐
C. 1,200×6%+2,800×15%=492만원 ┘ 합계 1,410만원

두 가정이 소득은 동일하나 맞벌이 부부는 분리과세로 낮은 한계세율이 적용되므로 (2,010−1,410만원) =600만원의 세금을 덜 낸다.

19.2.2 조세의 원칙

편익원칙(benefit principle) 조세란 정부가 제공하는 공공서비스로부터 얻는 이익에 대한 대가라는 주장

능력원칙(ability-to-pay principle) 납세자의 지불능력에 따라 조세를 부과하는 것이 공평하다는 주장

(1) 공평원칙

모든 납세자가 세금을 공평하게 부담하여야 한다는 데는 아무도 이의가 없을 것이다. 문제는 '무엇이 공평한 상태인가?'에 있다. 조세부담의 공평원칙에는 **편익원칙**(benefit principle)과 **능력원칙**(ability-to-pay principle)이라는 두 가지 상반된 입장이 있다.

편익원칙은 이익원칙 혹은 이익설이라고도 한다. 이는 조세란 정부가 제공하는 공공서비스로부터 얻는 이익에 대한 대가로 지불하는 것이므로 공평한 조세란 각자가 향유하는 공공서비스의 혜택에 비례하여야 한다는 주장이다. 편익원칙을 옹호하는 사람들은 소득세체계보다는 소비세체계를 선호한다.

능력원칙은 능력설이라고도 하는데 납세자의 지불능력에 따라 조세를 부과하는 것이 공평하다는 입장이다. 능력원칙에 따르면 고소득자나 부자들이 더 많은 세금을 부담하는 것이 공평한 것이며 따라서 누진세제도를 시행할 수 있는 소득세체계를 보다 선호한다. 국립박물관을 건립하는 비용을 박물관입장료 수입으로 충당하는 경우 편익원칙이 적용되는 것이고 건립비를 국고에서 부담하는 대신 입장료를 받지 않는다면 능력원칙이라고 할 수 있다.

(2) 효율원칙

조세는 자원의 효율적 배분에 간섭하므로 시장을 왜곡시키고 사회적 후생을 감소시킨다. 그러므로 가급적 자원배분의 왜곡을 최소화하는 방향으로 조세를 운영해야 한다.

(3) 징수편의원칙

조세징수에는 많은 인력이 동원되어야 하는 등 조세징수 비용이 많이 든다. 조세징수비용이 높을수록 국민 부담이 늘어날 것이므로 조세는 가급적 징수비용을 최소화하는 방향으로 짜야 한다. 동시에 기업이나 자영업자 등의 탈세를 최소화할 수 있는 보완장치도 마련되어야 한다. 소비세는 물품구매 시 부과되므로 징수편의만 생각한다면 매우 편리한 조세라고 할 수 있다.

그림 19-1

우리나라의 조세체계

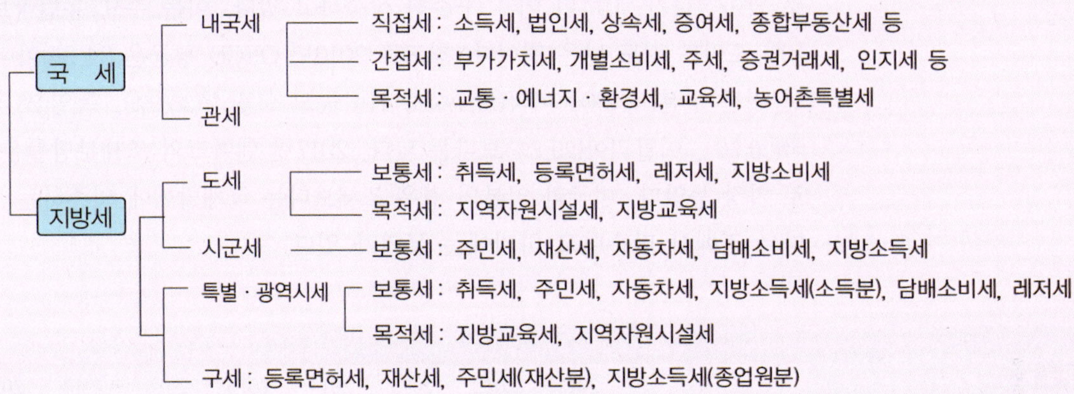

19.2.3 우리나라의 조세구조

(1) 우리나라의 조세체계

우리나라의 조세체계는 크게 국세와 지방세로 나누어지고 이 중 국세는 다시 내국세와 관세로 나눌 수 있다. 내국세 중 직접세에 속하는 것으로는 소득세, 법인세, 증여세, 상속세, 종합부동산세가 중요한 세목이며, 간접세에 해당하는 것으로는 부가가치세, 주세, 특별소비세, 증권거래세, 인지세가 있다. 정해진 목적에만 사용할 수 있는 목적세로는 교통・에너지・환경세, 교육세, 농어촌특별세가 있다. 한편 지방세는 지방정부의 수입으로 특별・광역시세와 구세, 도세와 시군세로 특별・광역시와 도의 조세체계가 조금 다르다.

[그림 19-1]은 우리나라의 조세체계를 정리한 것이다. 2017년의 경우 전체 조세 중 국세징수 비중은 76.7%였고, 지방세징수 비중은 23.3%였다. 그러나 국세수입은 지방교부금 등을 통해 지방으로 상당부분 이전되고 있으며, 이를 포함할 경우 조세의 지출비중은 중앙정부가 약 40%, 지방정부가 약 60%를 사용하고 있다.

(2) 조세부담률

명목GDP에 대한 조세수입의 비중(국세+지방세 / 명목GDP)을 **조세부담률**(租

조세부담률(租稅負擔率) 명목GDP에 대한 조세수입의 비중. 조세수입을 명목GDP로 나눈 값으로 구함

稅負擔率)이라고 하는데, 이는 국민전체의 조세부담정도를 나타내는 지표이다. 우리나라의 조세부담률은 20% 내외인데 2007년 21.0%에서 2013년에는 17.9%로 낮아졌다가 2014년 이후 꾸준히 상승하고 있다. 이는 주요 유럽국보다 5-10% 포인트 정도 낮은 편이다. 참고로 2016년 OECD 평균은 24.9%이다. 2016년 기준 일본(18.2%), 미국(19.7%)보다는 높고 프랑스(28.8%), 독일(23.4%), 영국(26.5%), 이탈리아(29.8%)보다는 낮다. 2017년 덴마크의 조세부담률은 45.9%로 가장 높았다. 미국과 일본의 경우 조세보다는 국채발행에 의존하는 면이 크다는 점에서 단순비교 하기에는 무리가 있다.

표 19-3
우리나라의 조세부담률 추이

	2011	2012	2013	2014	2015	2016	2017	2018
조세액(조원)[1]	244.7	257.0	255.7	267.2	288.9	318.1	345.8	377.9
조세부담률(%)[2]	18.4	18.7	17.9	18.0	18.5	19.4	20.0	21.2

주 1: 중앙정부 및 지방정부 조세액의 합
2: (조세액/GDP)×100
자료: 통계청 e-나라지표, 2019, 기획재정부, 행정안전부 2019. 4.

국민부담률 조세부담률에 사회보장부담률을 합한 것

사회보장부담금 공적연금, 건강보험, 고용보험, 산재보험 등을 합한 것을 말함

조세부담률에 사회보장부담률(사회보장부담금/명목GDP)을 합한 **국민부담률**은 2017년 우리나라는 26.9%임에 비해 2017년 OECD평균은 34.2%이다. 미국(27.1%), 일본(30.6%), 영국(33.3%), 독일(37.5%), 덴마크(46.0%), 프랑스(48.2%) 등 주요국 중에서 미국은 우리와 비슷하나 여타국은 우리보다 높다.

(3) 직접세와 간접세 비중

우리나라의 조세(국세+지방세)구조는 2010년까지는 간접세의 비중이 높다가 2012년 이후부터 직접세 비중이 약간 높다.

참고로 2015년도 미국의 경우 직접세 78.0%, 간접세 22.0%로 직접세 비중이 압도적으로 높고 일본 역시 64.5 : 35.5 그리고 유럽주요국인 영국 56.1 : 43.9, 독일과 프랑스는 53.8%, 58.7%로 직접세 비중이 높다.

우리나라의 경우 미국이나 일본보다 간접세 비중이 높다는 사실은 우리의 조세체계가 역진성이 강하고 소득불균등을 교정하는 기능이 약하다는 것을 말해준다. 예를 들어 연봉 10억원의 CEO와 연봉 3,000만원의 회사원이 커피를 마

실 때 똑같이 부가가치세 10%를 낸다는 것은 간접세징수가 그만큼 역진성을 띄고 있음을 의미한다.

표 19-4
우리나라의 직 · 간접세 비중 추이

	1990	2000	2010	2012	2014	2015	2016[1]
직접세(%)	49.5	43.4	46.7	50.1	50.1	51.0	55.3
간접세(%)	50.5	56.6	53.3	49.9	49.9	49.0	44.7

주1): 2016년은 지방세를 제외한 국세만의 직간접세 비중임.
자료: 기획재정부, 2018, OECD통계, 2018

19.3 정부재정과 국가채무

19.3.1 수입과 지출

정부 재정의 특징은 양출제입(量出制入)이다. 쓸 돈의 양을 정한 후 거두어들인다. 이는 보통 가계나 기업의 예산원칙인 양입제출과는 정반대인 셈이다. 정부의 재정은 회계연도가 시작되기 전에 국회의 심의, 의결을 거쳐 확정된다. 천재지변과 같은 뜻하지 않은 추가지출 요인이 발생할 경우 국회의 동의를 받아 추가경정예산을 편성할 수 있다.

우리나라의 재정은 중앙정부 재정과 지방정부 재정으로 나눌 수 있고 중앙정부의 재정수입은 크게 조세수입과 세외수입 및 기금으로 나누어지는데, 이 가운데 세외수입은 정부재산수입, 경상이전수입(벌금, 과태료 등), 정부내부수입(전입금, 예수금 등), 기타(정부재산 매각, 융자금회수, 판매대금, 수수료 등) 등을 합한 것이다. 기금수입에는 사회보장기여금, 융자원금 회수, 이자수입, 기타수입이 있다.

재정지출(세출)은 보건 · 복지 · 노동, 수입 · 지출, 국방, 교육, 통일 · 외교, 공공질서 · 안전, SOC, R&D, 환경, 문화 · 체육 · 관광, 농림수산, 일반행정 등으로 나누어진다.

〈표 19-5〉는 2019년도 우리나라 중앙정부의 세입 · 세출 규모를 보여준다. 총수입은 476.1조원이며 총지출은 수입보다 6조5천억원 적은 469.6조원이다. 최근 사회정치적 추세를 반영하듯 보건 · 복지 · 노동분야 지출이 161조원(일자리 창출 23조 포함)으로 압도적 비중을 차지하고 있다.

표 19-5 우리나라 중앙정부의 수입 · 지출 규모

(2019년도 재정, 단위: 조원)

수 입		지 출	
항 목	금액	항 목	금액
1. 국세수입	294.8	1. 일반지방행정	76.6
(소득세)	80.4	2. 공공질서 및 안전	20.1
(법인세)	79.3	3. 통일 · 외교	5.1
(상속증여세)	7.2	4. 국방	46.7
(부가가치세)	68.8	5. 교육	70.6
(개별소비세)	10.3	6. 문화, 체육, 관광	7.2
(교통 · 에너지 · 환경세)	14.8	7. 환경	7.4
(관세)	9.1	8. 보건, 복지, 노동, 일자리	161.0
(기타)	24.9	9. SOC	18.8
2. 세외수입	26.6	10. 농림수산식품	20.0
3. 기금	154.7	11. 산업 · 중소기업 및 에너지	18.8
		12. R&D	20.5
계	476.1	계	469.6

자료: 국회예산정책처, 2019 대한민국 재정, 2019. 3. 29.

19.3.2 재정적자와 재원조달

(1) 재정적자와 흑자

정부는 원칙적으로 수입과 지출이 균형을 이루도록 재정을 운영해야 한다. 그러나 정부의 활동은 그 규모가 매우 크고 국내외 상황에 따라 가변성이 많기 때문에 그 둘을 일치시키기가 쉽지 않다. 수입보다 지출이 많은 경우를 **재정적자**라고 하며 반대인 경우 재정흑자라고 한다.

재정적자(fiscal deficit) 조세수입보다 정부지출이 많은 것. 반대는 재정흑자(fiscal surplus).

(2) 적자재정의 재원조달

재정적자가 발생하면 정부는 어떤 형태로든 적자를 메워야 한다.

만일 한국은행에서 차입한다면 한국은행은 그만큼 화폐를 발행해야 하므로 시중 통화량이 증가하게 된다. 외국으로부터 차입한다면 향후 외채원리금상환이 부담된다. 국채발행을 통한 재원조달은 민간의 자금을 흡수해 지출하는 것이므로 궁극적으로 통화량은 변하지 않는다.

3가지 방법 모두 원리금 상환이 국민의 조세부담으로 넘겨진다는 점에서는 동일하다. 적자재정은 현재 부담을 미래시점으로 이전시킨 것이다.

알아 두세요

시퀘스터(sequester)와 재정절벽(Fiscal Cliff)

시퀘스터는 1985년 미국 의회에 의해 도입된 것으로 정부 적자를 통제하기 위한 강제규정으로 일정한 적자폭을 줄이지 못하면 그 액수만큼 연방정부의 지출예산이 자동으로 삭감되는 조치이다.

버락 오바마 미국 대통령이 '2013년 3월 1일(현지시간) 연방정부의 자동 지출삭감(시퀘스터) 명령에 서명함으로써 '2013년 9월로 끝나는 2013회계연도의 지출을 850억달러 삭감하는 조치가 발동된 바 있다. 한편 재정절벽(Fiscal Cliff)은 감세혜택 종료와 시퀘스터 발동으로 급격한 경기위축이 일어나는 것을 일컫는다.

(3) 재정의 자동 경기안정기능

재정의 자동 안정기능(built-in or automatic stabilizer) 재정은 자동적으로 경기를 안정화시키는 기능을 내부에 갖고 있다고 것

재정은 자동적으로 경기를 안정시키는 기능을 내부에 갖고 있다. 이를 **재정의 자동안정기능**(built-in or automatic stabilizer)이라고 한다. 경기가 과열될 때는 실업자가 감소하고 소득이 증가하므로 정부의 이전지출이 감소하고, 과세대상 소득단계가 높아짐에 따라 보다 높은 한계세율이 적용됨으로써 조세수입이 증가한다. 이전지출의 축소와 조세증가는 총수요를 억제함으로써 과열된 경기를 진정시키는 역할을 한다. 반대로 경기침체 시에는 실업수당이나 저소득층에 대한 이전지출이 증가하는 한편 과세대상 소득단계가 낮아짐으로써 보다 낮은 한계세율이 적용되어 조세감소를 유도한다. 이전지출의 증가와 조세감소는 가계와 기업의 총수요를 늘려주고 이는 침체된 경기를 회복시키는데 일조를 한다는 것이다.

쉬어가는 코너

채권(Bond)의 종류

채권은 발행주체가 누구냐에 따라 국가나 지방자치단체가 발행하는 국공채, 특수법인이나 금융기관이 발행하는 특수채 및 기업이 발행하는 회사채로 나뉘어진다.

국공채는 발행하는 주체에 따라 중앙정부가 발행하는 국채와 지방자치단체나 특별법에 따라 설립된 법인이 발행하는 공채로 나눌 수 있다. 국채에는 국민주택채권, 양곡증권, 국고채권, 외국환평형기금채권 등이 있고, 지방채에는 상수도공채, 지역개발공채, 서울도시철도공채 등이 있다. 특히 공채 가운데 국회의 동의를 얻어 정부가 지급을 보증함으로써 채권 판매를 도와주는 채권을 정부보증채라고 한다.

특수채는 특별법에 의하여 설립된 특별법인이 설립근거법에 따라 발행하는 채권이기 때문에 정부의 보증과 규제를 받고 있는데, 여기에는 토지개발채권, 전력채권, 예금보험기금채권, 부실채권정리기금채권 등의 공사채와 산업금융채권, 중소기업금융채권 등 금융기관이 발행하는 금융채가 있다.

회사채는 기업이 시설자금이나 운영자금을 조달하기 위해 발행하는 채권이다. 채권의 원리금상환에 대한 금융기관의 지급보증 여부에 따라 보증사채와 무보증사채로 나누어진다. 또한 일정조건하에서 발행기업의 주식으로 전환할 수 있는 전환사채(CB), 발행기업이 신주를 발행할 경우 이를 인수할 수 있는 권리가 있는 신주인수권부사채(BW), 발행금리가 고정되어 있지 않고 정기예금금리 등에 연동되는 변동금리부사채(FRN) 등 다양한 종류의 채권이 있다.

19.3.3 국가채무

국가채무(government debt) 정부가 국내외에 대해 지고 있는 빚. 저량 개념임

재정적자가 발생하면 **국가채무**(government debt)가 누적된다. 국가채무의 규모는 그 나라 재정상태의 건전성 및 국가신인도를 나타내는 지표라는 점에서 중요한 문제이다. 국가채무란 중앙과 지방정부가 원리금상환 의무를 지는 채무를 말한다. IMF는 '재정투명성에 관한 지침'을 통해 각국이 중앙정부의 모든 채무를 국제기구에 보고하고 공시하는 동시에 가급적 정부보증채무도 명시하도록 권고하고 있다. 〈표 19-6〉과 [그림 19-2]는 우리나라의 국가채무 추이와 주요국의 GDP대비 국가채무 비율을 보여준다.

적자성채무 국민에게서 거둬들인 세금을 통해 갚아야 하는 국가채무.

재정위기를 겪고 있는 일본, 미국, 유럽과 비교하면 우리의 적자규모가 많은 것은 아니다. 문제는 국민 부담으로 갚아야 하는 **적자성 채무**가 크게 늘고 있다는 점이다. 적자성 채무는 정부가 보유한 자산을 팔아 갚는 금융성 채무와 달리 국민에게서 거둬들인 세금으로 갚아야 하는 빚이다. 기획재정부에 따르면 2018년 '적자성 채무'는 411.6조원으로 2011년의 206.9조원의 2배에 이르렀다.

국가채무 중 적자성 채무가 차지하는 비율도 2011년 49.2%에서 2018년에는 58.1%에 달했다. 적자성 채무가 늘어난 것은 2008년 글로벌 금융위기 이후 경기부양과 복지지출을 위한 재정투입으로 재정적자가 급증했기 때문이다. 앞으로도 복지지출 확대 추세가 이어질 것이므로 재정 건전성이 악화될 것이라는 우려가 높다.

표 19-6
우리나라의 국가채무 추이

(단위 : 조원)

	2009	2011	2013	2015	2017	2018
중앙정부 채무(1)	346.1	402,8	464.0	556.5	627.4	675.1
지방정부 채무(2)	13.5	17,6	25.7	34.9	32.8	33.1
계(1+2)	358.6	420.5	489.8	591.4	660.3	708.2
대 명목GDP 비율(%)	(31.2)	(31.6)	(34,3)	(37.8)	(38.2)	(39.5)
(적자성 채무)	168.8	206.9	253.1	330.8	374.8	411.6

주: 지방정부의 대중앙정부 채무 제외
자료: 기획재정부, 2019. 3.

그림 19-2

국가별 국가채무[1] / GDP비율 (2018년 말, GDP 대비(%))

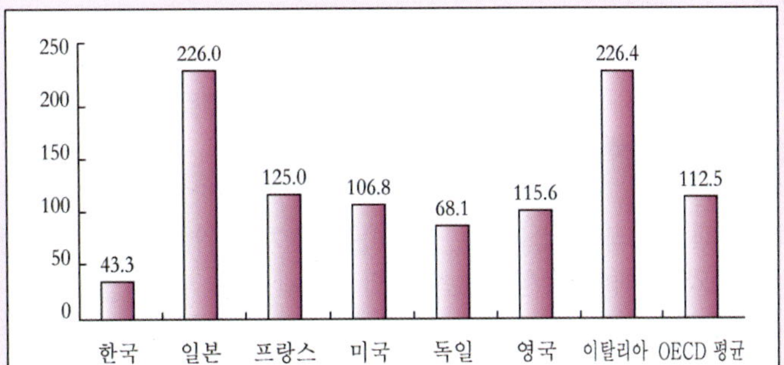

주: 1) OECD 기준에 의한 국가채무
자료: OECD Economic Outlook 2019.

쉬어가는 코너

2011년 유럽 발 재정위기

2011년은 유럽연합 내 PIGS로 통칭되는 포르투갈, 아일랜드, 그리스, 스페인의 재정위기와 이탈리아의 재정위기가 유럽은 물론 전 세계 경제에 악재로 작용하였다. 특히 2008년 미국발 써브프라임(sub-prime) 사태가 완전히 해소되지 않은 상태에서 유럽의 재정위기가 발생함으로써 세계경제는 큰 혼란에 빠져들었다. 유로존 국가들은 유로(EURO)라는 단일통화를 채택하면서 자국의 독자적인 통화정책을 스스로 포기한 바 있다. 이제 재정적자로 재정정책마저 쓸 여유가 없어져서는 개별국가 스스로 문제를 해결할 수 없게 되어버렸다. 미국이나 일본 역시 재정적자와 국내 경기침체로 유로존을 지원할 여력이 없었다. 재정위기에 크게 노출된 국가들의 국채가격이 폭락하면서 유로존에서 축출해야 한다는 주장도 제기되었고 유로존의 해체설까지 나돌았다. 2011년 유럽 발 재정위기는 국가채무의 위험성을 분명하게 보여준 사건이라고 하겠다.

반면 일본의 경우 세계최대의 재정적자국이면서도 유로존과 같은 재정위기에 봉착하지 않은 것은 일본의 경우 유럽국가와는 달리 대부분의 국채를 일본 국민들이 보유하고 있기 때문에 일본 국민들이 보유국채를 대량 매각할 위험 가능성이 낮기 때문이다.

쉬어가는 코너

국가신용등급과 국가위험도

국제적인 대출은 채무불이행이 발생했을 때 채권자가 채권을 확보할 방도가 마땅치 않다는 점에서 국내대출과는 성격이 크게 다르다. 따라서 대출에 앞서 국가신용등급을 결정하여 활용하고 있다. 국가신용등급이란 정부가 발행한 외화국채(國債)에 대해 어느 정도 원금상환 능력을 갖고 있느냐를 평가한 것으로, 등급이 낮을수록 해외에서 돈을 빌릴 때 이자를 더 내야한다.

현재 세계 3대 신용평가기관은 미국의 스탠더드앤푸어스(S&P), 무디스(Moody's) 그리고 영국의 피치(Fitch IBCA)이다. 국가신용등급은 국가의 정치적 위험도와 경제적 위험을 분석하여 20여 단계로 구분한다. 예컨대 S&P의 경우 22단계로 나누어 AAA부터 BBB-까지가 투자적격이며 BB+부터 D까지는 투자부적격에 해당한다.

국가위험도 순위란 해당 국가에서 기업·공장 등을 운영하는 장기 투자자들을 위해 투자시설의 몰수 가능성까지 광범위하게 고려한 투자위험도 순위로, 순위가 높을수록 외국인 투자가들이 안심하고 직접투자(FDI, Foreign Direct Investment)할 수 있는 환경임을 뜻한다.

이들 평가기관들은 정치적 위험과 경제적 위험을 모두 고려하는데 정치적 위험으로는 ① 국가 내 인종, 언어, 종교적 갈등의 정도 ② 민족주의 성향의 정도와 외국인에 대한 혐오감 ③ 부의 편중과 같은 사회적 불안정 ④ 시위, 폭동, 내란 등의 사회적 충돌 ⑤ 과격단체의 영향력 등을 꼽을 수 있다. 한편 경제적 위험으로는 ① GDP 대비 대외채무수준 ② 외환보유액 수준 ③ 수출규모와 수출품목의 다양성, 수출지역의 다변화(다양할수록 위험도가 낮다.) ④ GDP 성장률 등을 꼽는다.

복습과 연습

요 약

1. 가계나 기업의 경제활동과 마찬가지로 정부도 경제활동을 수행하는데 정부의 경제활동을 재정이라고 한다.

2. 고전학파는 시장경제의 자동조절 능력을 신뢰하였기 때문에 경제문제에 대한 정부개입에 반대하였다.

3. 적절한 공공재의 공급, 공정한 시장질서의 확립과 경제안정화, 빈부격차해소, 복지국가를 위한 정부의 역할이 전보다 더 요구되고 있는 것이 현실이다.

4. 재정의 기능은 크게 자원배분의 기능, 소득분배의 기능, 경제안정화의 기능으로 나누어 볼 수 있다.

5. 국가재정이 계속 팽창하는 요인으로는 '전위효과', 국민의 복지욕구 증가, 관료제와 의회민주주의에 따른 팽창 등이 있다.

6. 조세는 직접세와 간접세, 누진세와 역진세, 소득세와 소비세 등으로 나누어 살필 수 있다.

7. 평균세율은 세금납부로 인한 납세자의 희생이 어느 정도인지를 파악하는데 유용한 반면 한계세율은 세제가 사람들의 경제적 유인에 얼마나 영향을 미치는가를 파악하는데 유용하다.

8. 조세의 원칙으로는 공평원칙, 효율원칙, 징수편의의 원칙이 있다.

9. 우리나라의 대 GDP대비 조세부담률은 약 20% 내외를 넘나들고 있다, 2017년도 예산에 의하면 20.0%이다. 조세부담률에 사회보장부담률을 합한 국민부담률은 26.9% 수준이다.

10. 정부 재정의 특징은 양출제입(量出制入)이다. 즉, 쓸 돈의 양을 정한 후 거두어들인다.

11. 정부수입보다 정부지출이 많은 경우 차입을 통해 메우게 되는데, 이를 재정적자라고 하며 반대의 경우는 재정흑자라고 한다.

12. 재정적자가 발생하면 정부는 모자라는 돈을 한국은행에서 빌리거나, 외국에서 차입하거나, 국채를 발행해야 한다.

13. 재정적자가 발생하면 그에 따라 국가채무가 누적된다. 국가채무의 규모는 그 나라의 재정상태의 건전성 및 국가신인도를 나타내는 지표가 된다.

14. 국가채무란 중앙정부와 지방정부가 직접적인 원리금상환의 의무를 지는 채무를 말한다.

15. 국가채무 중 국민의 세금으로 상환해야 하는 것을 적자성 채무라고 한다.

중요개념

재정	재정팽창의 법칙	전위효과	파킨슨의 법칙
직접세	간접세	누진세	역진세
소득세	소비세	평균세율	한계세율
편익원칙	능력원칙	조세부담률	국민부담률
양출제입	재정적자	국가채무	적자성 채무
국가신용등급	국가위험도	사회보장부담률	

연습문제

Ⅰ. 다음 물음에 O, X로 답하고 그 이유를 밝히시오.

1. 재정의 기능은 경제안정화 기능, 자원배분 기능, 소득재분배 기능으로 나눠볼 수 있다.
2. 재정의 안정화 기능과 관련하여 경기침체 시에는 정부지출이 늘어나고 조세감소가 발생하여 경기회복을 돕는다.
3. 공공선택학파는 개인의 자유를 보전하기 위해 정부의 필요성을 인정하고 있고 동시에 정부의 적극적인 시장개입을 옹호한다.
4. 공평한 소득분배를 추구하려는 정부정책이 자원의 최적배분을 왜곡시키는 경우도 있다.
5. 사회, 경제적 발전에 따라 국민들의 복지욕구가 분출하고 국가의 새로운 기능과 기구가 생겨나게 됨으로써 국가재정 역시 끊임없이 팽창하는 경향을 '파킨슨 법칙'이라 한다.
6. 조세의 편익원칙을 옹호하는 사람들은 소득세 체계를 선호한다.
7. 조세원칙에서 능력원칙을 중시할수록 소득세 비중이 높고 소득재분배 기능을 강조한다.
8. 주민세, 재산세, 자동차세, 담배소비세 및 종합부동산세 등은 내국세에 속한다.
9. 서울 성북구에 거주하는 김씨는 소득세는 중앙정부에, 아파트를 매입한 후 취득세는 서울시에, 아파트소유로 인한 재산세는 성북구청에 납부하게 된다.
10. 우리나라 중앙정부의 지출 중 가장 비중이 큰 항목은 교육비이다.
11. 법인세와 재산세는 간접세에 속한다.

Ⅱ. 다음 물음에 답하시오.

1. 전위효과와 파킨슨법칙을 설명하시오.

2. 소비세가 저축과 경제성장에 미치는 효과를 설명하시오.

3. 경기침체 시 재정의 자동안정 기능은 어떻게 작동하는가?

4. 종합소득에 대한 한계세율은 〈표 19-1〉과 같다. 연소득 5,000만원이고 비과세 소득공제액 500만원이 적용되는 사람의 납부세액은 얼마인가?

5. 한계세율이 〈표 19-1〉과 같다. 연소득 8천만원인 사람과 9천만원인 사람 간의 납부세액의 차이는 얼마인가?

6. 휘발유 소비에 부과하는 교통세와 주택보유와 관련한 양도소득세는 능력원칙과 편익원칙에서 볼 때 각각 어디에 속하나?

7. 재정적자가 발생할 때 재원조달 방안은 어떤 것들이 있는가?

8. 국가신용등급과 국가위험도는 어떻게 다른가?

9. 세계 3대 신용평가기관은 무엇인가?

10. 다음 중 정부의 재정적자 조달방안으로 볼 수 없는 것은?
    (1) 외자도입 (2) 한은에서 차입
    (3) 공개시장에서 채권매각 (4) 국채발행

11. 조세에 대한 다음 설명 중 잘못된 것은?
    (1) 간접세는 역진성이 있다.
    (2) 고속도로 이용료는 능력원칙에 가깝다.
    (3) 조세수입 중 내국세 비중이 가장 높다.
    (4) 소비세는 재정수입확보에 어려움이 있다.

12. 다음 중 직접세로 보기 어려운 것은?
    (1) 소득세 (2) 재산세
    (3) 증여세 (4) 교통세

13. 케인시안의 경제관에 따를 경우 정부지출 재원조달 방법으로 국채를 발행했을 때의 경제적 효과를 잘못 기술한 것은?
    (1) 국채발행은 조세보다 국민적 저항이 덜하다.
    (2) 국채발행은 조세보다 민간소비를 더 많이 위축시킨다.
    (3) 국채발행은 유사시 대규모 긴급 자금을 동원하고자 할 때 유용한 방법이다.
    (4) 국채발행방식은 상환부담을 미래세대에 전가시킬 가능성이 있다.
    (5) 국채발행은 원리금 상환의무가 있으므로 재정부담을 가중시킨다.

14. 다음 중 시퀘스터가 발동된다면 일어날 것 같은 일은?
    (1) 경기회복 (2) 재정절벽
    (3) 감세조치 (4) 적자재정심화

15. 다음 국가 중 조세부담률이 가장 낮은 나라는?
    (1) 미국 (2) 영국 (3) 프랑스
    (4) 독일 (5) 이탈리아

Chapter 20

화폐와 금융

인류가 발명한 최고의 걸작품 중의 하나가 바로 화폐라고 말하는데 인색할 사람은 없을 것이다. 화폐의 등장은 거래비용을 획기적으로 낮춤으로써 인류사회의 경제적 발전에 절대적 기여를 했다. 화폐란 무엇이며, 화폐의 기능과 역사 그리고 은행을 비롯한 금융기관의 생성과 역할을 살펴보자. 한국은행이 화폐를 발행하여 시중에 유통시키면 은행의 예금과 대출기능을 통해 몇 배의 예금통화가 창출된다. 은행의 예금통화 창출과정을 구체적 예를 통해 살펴보고 통화지표에 대해 알아보자. 화폐의 수요와 공급 메커니즘은 어떻게 이루어져 있으며 나아가 금리는 어떻게 결정되는지 살펴보고 마지막으로 우리나라의 중앙은행인 한국은행의 통화금융정책이 통화량조절정책에서 금리정책으로 전환된 것에 대해 논의해보자.

20.1 화폐금융 개관

20.1.1 화폐와 화폐경제

(1) 화폐의 정의

우리는 화폐를 일상거래에서 일반적으로 통용되는 지불수단이라고 정의하지만 화폐의 본질에 관해서는 통일된 정설이 없다. "Money is what money does."(화폐는 화폐가 하는 일 그 자체이다.)라는 말이 있을 정도로 화폐의 어떤 기능을 중요시하느냐에 따라 그 정의는 조금씩 다를 수밖에 없다. 한국은행에 의해 발행된 현금(currency)이 화폐인 것은 물론이지만 그 외에 예금도 통화의 범주에 속한다.

(2) 화폐경제의 효율성

원시시대는 자급자족경제(autarky)였다. 인류문명의 발달과 함께 자급자족경제는 교환경제로 바뀌었다.

거래비용(transaction cost) 교환에 따르는 비용

물물교환경제(barter economy) 재화를 상호 맞바꾸는 경제체제로 거래상대방을 찾기 위한 탐색비용과 거래재화의 운반비용과 보관비용 등 거래비용이 높음

교환경제는 필연적으로 교환에 따르는 **거래비용**(transaction cost)을 발생시키게 된다. 초기 교환경제는 **물물교환경제**(barter economy)였는데 물물교환은 거래상대방을 찾기 위한 탐색비용, 거래재화의 운반비용과 보관비용 등 많은 거래비용을 수반한다. 사람들은 화폐를 발명해냄으로써 거래비용을 획기적으로 낮추게 되었고 이것이 화폐경제의 등장이다. 화폐금융제도의 개혁과 발전도 결국은 거래비용을 낮추려는 노력이 빚어낸 결과일 뿐이다.

(3) 화폐의 기능

화폐의 기능 교환의 매개수단, 가치 척도, 가치저장수단

화폐는 첫째, 일반적인 교환의 매개수단으로 사용된다. 둘째, 화폐는 가치척도로서의 기능을 한다. 화폐경제에서는 상품들의 가치가 모두 화폐단위로 표시되기 때문에 사람들은 여러 상품들의 가치를 쉽게 비교할 수 있다. 예를 들어 A라는 상품의 가격이 500원이고 B라는 상품의 가격이 1,000원이라면 사람들은 B가 A보다 두 배의 가치가 있음을 알 수 있다. 셋째, 화폐의 가치저장수단

화폐단위변경(redenomination) 화폐 액면가를 변경시키는 것

으로서의 기능이다. 후일 다른 재화를 매입할 때까지 화폐를 보유할 수 있는데, 이를 화폐의 가치저장수단으로서의 기능이라고 한다.

쉬어가는 코너

세계에서 화폐액면이 가장 큰 화폐

지금까지 전 세계에서 액면이 가장 큰 화폐는 1924년 독일에서 발행된 100兆 마르크 지폐이다. 주화(鑄貨) 중에서 최고액면은 같은 시기 독일의 1조 마르크가 있다. 2005. 1. 1 터키정부가 1백만 리라를 1리라로 화폐단위변경을 하기 전에는 2천만 리라짜리 화폐가 통용되었다. 2018년 베네수엘라는 10만대 1의 리디노미네이션(Redenomination, 화폐단위변경)을 단행한 바 있다. 최근 한국은행 총재는 리디노미네이션에 관해 연구한 것이 많다는 의미있는 말을 던져 관심을 불러일으킨 바 있다. 현재와 같은 경기침체 국면에서 우리나라의 화폐단위변경은 달러대비 4자리 숫자라는 국가위상문제, 장롱화폐와 지하경제를 표면 위로 끌어올려 경기 활성화에 기여하자는 측면이 있으나 잘못하면 큰 혼란을 불러올 수 있다는 우려도 많다.

20.1.2 화폐의 역사

화폐의 역사 물품화폐, 주조화폐, 지폐, 예금통화, 전자화폐로 발전

화폐는 물품화폐, 주조화폐, 지폐, 예금통화, 전자화폐의 순서로 발전하고 있다. 물품화폐는 가장 먼저 출현한 화폐형태로서 지역, 시대, 상황에 따라 생선(알래스카), 소금, 차(중국, 몽고), 동물, 조개, 멍석(스코틀랜드 섬), 곡물, 무기, 구멍 뚫린 돌덩이(태평양군도), 담배(교도소) 등 여러 가지 물품이 사용되었다. 물품화폐는 운반이나 저장 등의 문제에 있어서 많은 불편이 따른다.

여러 가지 물품 중 내구성이 강하고 동질적이며 분할과 휴대가 용이한 금, 은과 같은 귀금속이 화폐로 선택되기 시작했는데 이것이 바로 주조화폐(금속화폐)이다. 주조화폐는 기원전 2,000년경부터 출현하기 시작했는데 초기에는 구리막대, 청동판, 철 등이 사용되었다. 금화의 등장은 기원전 550년경 리디아왕국에서 순도 100%의 금화가 주조되면서부터였다. 그 후 금화는 20세기 초까지 화폐의 제왕으로 군림했다.

동양에서는 원나라에서 9세기경 지폐를 사용했다는 기록이 있고 서양에서는 15세기말 스페인에서 초기 형태의 지폐가 사용되기 시작했다. 지폐는 발행비용이 적으면서도 휴대가 편하다는 점에서 우월하지만 내구성이 약하다는 단점이

태환(兌換)지폐 금본위제도(Gold Standard system)에서 언제라도 금으로 교환이 되는 지폐

관리통화제도 정부의 발권력에 의해 화폐를 발행하는 통화제도, 이렇게 발행된 화폐를 법화(法貨, legal tender)라고 한다.

있다. 세계대공황이 일어나기 전까지는 금본위제도(Gold Standard system)였으므로 언제라도 금으로 교환이 되는 **태환(兌換)지폐**시대였다. 그러나 세계대공황 이후 각국은 금준비 없이 발권력에 의해 화폐를 발행하는 **관리통화제도**로 이행함으로써 불환지폐시대를 열었다.

지폐가 갖고있는 내구성과 안전성의 취약점을 보완하고자 등장한 것이 예금통화이다. 예금은 언제라도 현금화할 수 있으므로 통화의 범주에 속한다. 최근에는 컴퓨터와 통신기술의 발전으로 전자화폐까지 등장하였다. 현재 현금, 예금통화, 전자화폐 등이 혼용되고 있으나 그 중 예금통화의 비중이 제일 크다. 앞으로 전자화폐의 비중이 점차 늘어날 것으로 예상된다. 참고로 현금카드는 예금을 인출하기 위한 수단일 뿐 그 자체가 화폐는 아니며 신용카드 역시 신용매입수단이므로 화폐는 아니다.

20.1.3 은행과 금융

(1) 은행의 기원

인류 역사에 지금의 상업은행과 같은 금융기관이 등장하기 시작한 것은 중세의 금세공업자와 관련이 있다. 당시는 금본위제도였으므로 부자들은 금을 많이 갖고 있었다. 집안에 금화나 금괴를 많이 갖고 있다는 것은 위험한 일이었으므로 일상적 사용을 초과하는 금은 금보관증을 받고 금세공업자에게 보관하는 것이 보통이었다. 금세공업자는 안전한 금고나 보안장치를 2중 3중으로 해놓고 있었기 때문이다. 물론 처음에는 금보관과 함께 일정액의 보관료를 금세공업자에게 지급해야 했다.

한편 금세공업자의 입장에서 보면 금을 맡긴 사람들이 동시에 금을 찾으러 오는 것은 아니었으므로 금고에는 항상 많은 금이 있었다. 금세공업자는 자금이 필요한 사람에게 보관 중인 금을 빌려주고 수수료를 받기 시작했다. 나아가 금세공업자는 금을 빌려주는 대신에 자신이 보증하는 금증서를 발행하면 더 많은 이익을 얻을 수 있다는 사실을 알아차렸다. 이렇게 발행된 금증서가 은행권의 기원이 되었다. 금세공으로 벌어들이는 수입보다 금융업을 통한 수입이 많아지자 금세공업자는 업종을 전환하기에 이르렀고 은행으로 발전했

다. 은행은 서로 금을 유치하는 경쟁을 하게 되었고 금보관료를 받는 대신 금 예치에 대한 이자를 지불하기에 이르러서는 오늘날 상업은행의 면모를 갖추게 된 것이다.

(2) 금융이란?

금융(financing) 자금의 여유가 있는 경제주체와 자금을 필요로 하는 경제주체간의 자금의 융통

금융이란 문자 그대로 자금의 여유가 있는 경제주체와 자금을 필요로 하는 경제주체간의 자금의 융통을 의미한다. 중앙은행을 비롯한 금융기관을 통해서 이루어지는 금융을 공(公)금융이라고 부르며, 금융기관을 통하지 않는 금융을 사금융이라고 한다.

직접금융 자금의 최종수요자와 공급자가 직접 자금을 거래하는 것

간접금융 금융중개기관의 중개를 통한 자금거래

자금의 최종수요자와 공급자가 직접 자금을 거래하는 것을 직접금융이라 하고 금융 중개기관을 통한 거래를 간접금융이라고 한다. 기업이 자금을 조달하기 위해 주식이나 채권을 발행하는 것은 직접금융이다. 개인간의 사채거래 역시 직접금융의 한 형태이다. 금융기관으로부터 자금을 조달하는 방식은 자금의 공급자(예금자)와 수요자(대출자)가 직접적인 채권, 채무관계에 있지 않다는 점에서 간접금융이다.

(3) 우리나라의 금융기관

중앙은행 화폐의 발행, 외환보유액관리, IMF와의 거래, 기타예금취급기관에 대한 신용공급 등의 기능을 맡은 기관, 우리나라에서는 한국은행이 수행.

핀테크(Fintech) Finance와 Technology의 합성어로 새로운 금융서비스를 통칭

〈표 20-1〉은 우리나라 금융기관 현황을 보여준다. 은행과 비은행예금취급기관은 예금업무를 취급하며 금융 중개기능을 수행하는 금융기관이다. 그 밖의 금융기관으로는 증권, 보험, 리스, 카드, 선물, 할부금융, 창투회사, 공적금융공사 등이 있다.

핀테크

핀테크(FinTech)는 Finance(금융)와 Technology(기술)의 합성어로 금융과 정보통신기술(ICT)의 융합을 통해 새롭게 등장한 산업 및 서비스 분야를 통칭한다.

핀테크 혁신의 공급측면은 정보통신기술의 발전으로 새로운 금융서비스를 제공하는 핀테크 및 빅테크(Bigtech) 기업의 등장이다. 핀테크 혁신의 수요측 요인은 금융서비스의 편의성 제고 및 비용절감에 대한 소비자의 기대가 높아지고 있는 점과 디지털기기에 익숙한 밀레니얼(millennials) 및 디지털 네이티브(digital natives) 세대의 증가가 있다. 핀테크는 지급결제・송금 부분 중심에서 그 영역이 크라우드펀딩, 암호자산, 온라인 자산관리, 인터넷전문은행 등으로 확대되고 있다.

(출처 : 한국은행, 한국의 금융제도 2018, 25쪽 발췌)

알아두세

표 20-1 우리나라의 금융기관 현황

(2018년 12월말 현재, 개)

구 분		기 관	수
은행	일반은행	시중은행(인터넷전문은행도 포함)	8
		지방은행	6
		외은지점	38
	특수은행	한국산업은행	1
		한국수출입은행	1
		중소기업은행	1
		농업협동조합중앙회	1
		수산업협동조합중앙회	1
비은행 예금취급기관	상호저축은행		79
	신용협동기구	신용협동조합	898
		새마을금고	1,315
		상호금융	1,358
	우체국예금		1
	종합금융회사		1
금융투자업자	투자매매중개업자	증권회사	55(11)
		선물회사	5
	집합투자업자		215
	투자일임자문업자		179
	신탁업자	은행/증권/보험/부동산	19/20/6/11
보험회사	생명보험회사		25(9)
	손해보험회사	손해보험회사	19(4)
		재보험회사	10(9)
		보증보험회사	3(1)
	우체국보험		1
	공제기관	수협, 신협, 새마을	3
기타 금융기관	금융지주회사	은행지주	8
		비은행지주	1
	여신전문금융회사	리스회사	26
		카드회사	8
		할부금융회사	21
		신기술사업금융회사	42
	벤처캐피탈회사	중소기업창업투자회사	120
	증권금융회사		1
	대부업자		8,084
공적금융기관	한국무역보험공사		1
	한국주택금융공사		1
	한국자산관리공사		1
	한국투자공사		1
	서민금융진흥원		1

주: ( )는 외국금융기관 수

출처: 한국은행, 한국의 금융제도, 2018.12

20.2 은행의 예금통화 창출

금융기관 중 가장 대표적인 것은 은행이라 할 수 있다. 은행은 수많은 고객으로부터 예금을 유치하여 자금을 필요로 하는 고객에게 대출하는 업무를 한다. 만일 은행과 같은 금융기관이 없다면 자금의 공급자와 수요자는 서로 만나기 위해 찾아다녀야 할 것이다. 그러므로 은행은 자금중개업무를 통해 금융거래비용을 낮출 뿐 아니라 여유자금을 저축으로 흡수하여 투자자금으로 공급하는 기능을 한다. 이러한 과정에서 꿀을 따는 벌과 나비가 자신도 모르게 꽃가루를 날라 식물의 수정을 돕듯이 은행의 자금중개기능은 필연적으로 예금통화를 창출하는 역할로 이어진다.

본원통화(monetary base) 중앙은행으로부터 공급되는 통화

예금통화 본원통화를 기초로 하여 금융기관에 의해 파생된 통화

통화를 공급하는 기관은 중앙은행과 금융기관(예금취급기관)으로 나눌 수 있다. 중앙은행을 통해 공급되는 통화는 통화량의 원천이라는 의미에서 **본원통화**(monetary base)라고 하며 금융기관은 본원통화를 기초로 파생적통화인 **예금통화**를 창출한다. 은행은 어떻게 화폐를 창조하는가?

20.2.1 지급준비제도

(1) 지급준비율

지급준비제도(reserve requirement system) 금융기관이 수취한 예금 등 금전채무에 대하여 일정비율 이상을 중앙은행에 예치하거나 현금으로 보유하도록 의무화한 제도

지급준비제도란 금융기관이 수취한 예금 등 금전채무에 대하여 일정비율 이상을 중앙은행에 예치하거나 현금으로 보유하도록 의무화한 제도를 말한다. 이렇게 일정률의 지급준비율을 정하여 운영하는 제도를 부분지급준비제도라고 하며, 반대로 어떤 금전채무에 대해 전액을 지급준비액으로 예치토록 하는 경우를 전액지급준비제도라고 한다. 원래 지급준비제도는 예금자를 보호하기 위해서 고안되었으나 1970-80년대에는 중앙은행의 통화신용정책 수단으로 활용되기도 했다.

현재 우리나라는 예금은행에 대하여 부분지급준비제도를 시행하고 있으며 예금종류별 지급준비율은 〈표 20-2〉와 같다. 쉽게 인출될 예금일수록 지급준

비율이 높은 반면 장기간 예치될 예금일수록 지급준비율이 낮다.

표 20-2
우리나라의 예금지급준비율[1]

예금종류		예금지급준비율
요구불예금	원화	7%
	외화[2)]	7%
저축성예금	수시입출금식	
	원화	7%
	외화[3)]	2%
	정기예적금	2%
	목적부	0%

주1: 일반은행, 특수은행 및 한국산업은행에 적용
2: 거주자계정 적용률
3: 근로자 재산형성저축, 근로자 장기저축, 장기주택마련저축, 근로자 주택마련저축, 가계장기저축, 근로자 우대저축
자료: 한국은행, 2018. 12. 31. 현재

요구불예금(demand deposit) 예금주의 환급청구가 있으면 언제든지 조건 없이 지급해야 하는 통화성예금으로 보통예금, 당좌예금 등이 있음.

(2) 초과지급준비액

필요지급준비액(required reserves) 지급준비율에 따른 준비액

초과지급준비액(excess reserves) 필요지급준비액을 초과하여 보유하는 금액.

원칙적으로 은행은 지급준비율에 따른 **필요지급준비액**(required reserves)만 보유하면 된다. 그러나 일상적 자금거래를 하다보면 은행은 필요지급준비액을 초과하여 지급준비액을 보유하게 된다. 필요지급준비액을 초과하여 보유하는 금액을 **초과지급준비액**(excess reserves)이라 한다. 뒤에서 다시 살펴보겠지만 은행의 초과지급준비액이 많을수록 은행의 예금통화 창출능력은 축소된다.

한국은행은 예금은행의 필요지급준비액 중 일부만을 한국은행에 예치토록 하고 나머지는 각 예금은행이 보유하도록 하고 있다. 필요지급준비액 중 한국은행에 예치되는 비율은 80%를 조금 상회하는 수준이다. 그러므로 예금은행은 필요지급준비액의 약 20%에 달하는 현금을 일상적 거래에 사용할 수 있으므로 초과지급준비금을 과도하게 보유할 필요가 없다. 실제로 예금은행의 초과지급준비액은 필요지급준비액의 0.1% 미만이다.

$$\begin{aligned}\text{지급준비액} &= \text{필요지급준비액} + \text{초과지급준비액} \\ &= \text{한국은행 지준예치금} + \text{예금은행보유 현금} \qquad (20.1)\end{aligned}$$

(3) 민간의 현금보유

현금통화(currency) 한국은행이 시중에 공급한 화폐발행액(bank notes & coins issued) 중 예금은행으로 되돌아가지 않고 민간이 보유하고 있는 현금

시중에 공급된 현금은 모두 은행으로 되돌아가 예금되는 것은 아니며 일부는 민간 현금수요로 수중에 남는다. 이와 같이 시중에 공급된 현금 중 민간에 남는 현금을 '**현금통화**'라고 한다. 그러므로 한국은행이 발행한 화폐발행액(bank notes & coins issued)은 민간보유 현금통화와 예금은행보유 현금으로 분산 소유된다. 현금통화를 통화량으로 나눈 비율을 '**민간의 현금보유비율**'이라고 한다. 민간의 현금보유비율이 높을수록 은행의 예금통화 창출능력이 축소된다.

$$민간의\ 현금보유비율 = 민간보유\ 현금통화/통화량 \quad (20.2)$$

20.2.2 은행의 대차대조표

대차대조표(balance sheet) 어느 시점의 기업의 자산과 부채(자본 포함)상태를 나타낸 것으로 자산에서 부채를 제한 자본이 그 시점에서의 주주의 몫임.

은행의 예금통화 창출과정을 설명하기 전에 먼저 은행의 **대차대조표**를 이해하는 것이 도움이 된다. 한 기업의 총체적인 재무상태를 파악하기 위해서는 대차대조표(balance sheet)를 봐야하듯이 은행 역시 자신의 자산과 부채(자본 포함) 상태를 대차대조표를 통해 설명한다. 은행의 자금조달원천은 자신이 출자한 자본금과 고객으로부터 유치한 예금이며, 이는 은행의 부채(liabilities)로 대차대조표의 오른쪽에 기록된다. 한편 조달된 자금의 운용내역은 은행의 자산(assets)으로 대차대조표의 왼쪽에 기록된다.

표 20-3 A은행 대차대조표(예)

(단위: 억원)

자 산		부 채	
대출 지급준비액 기타자산	900 100 200	예금 자본금	1,000 200
총 계	1,200	총 계	1,200

〈표 20-3〉은 가상의 우리나라 A은행의 대차대조표이다. 자산 중 기타자산은 은행이 구입한 정부채권 등의 유가증권, 은행소유 건물, 토지 같은 고정자산 등이다.

20.2.3 예금통화 창출과 통화승수

(1) 예금통화 창출과정

갑이라는 사람이 자신의 금고에 보관하고 있던 한국은행 발행 통화안정채권을 한국은행에 매각하고 받은 대금 10억원을 A은행에 요구불예금으로 예치했다고 하자. 이제 편의상 지급준비율은 10%, 은행의 초과지급준비금은 제로이며 민간의 현금보유비율 역시 제로로 가정하자. 즉, 은행은 필요지급준비액만 보유하고 나머지는 모두 대출하며, 민간은 현금을 한 푼도 수중에 보유하지 않는다. A은행은 10억원의 10%인 1억원을 필요지급준비액으로 보유하고 나머지 9억원을 을에게 대출한다. 이상의 거래로 A은행의 대차대조표는 〈표 20-4〉로 바뀌게 된다.

이제 을이 대출받아 사용한 9억원은 시중에서 유통되다가 모두 다시 A은행에 요구불예금으로 들어온다. 분석을 쉽게 하기 위해 국내에 A은행 하나만 있다고 가정하자. 민간의 현금보유비율이 제로이므로 대출되었던 돈은 모두 A은행으로 돌아오게 된다. A은행은 9억원 중 10%인 9,000만원을 필요지급준비액으로 떼어놓고 90%인 8억1,000만원을 병에게 대출하였다.

표 20-4
첫 거래 후 A은행 대차대조표

(단위: 억원)

자 산		부 채	
대출 지급준비액 기타자산	909 101 200	예금 자본금	1,010 200
총 계	1,210	총 계	1,210

표 20-5

2단계 거래 후 A은행 대차대조표

(단위: 억원)

자 산		부 채	
대출 지급준비액 기타자산	917.1 101.9 200	예금 자본금	1,019 200
총 계	1,219	총 계	1,219

〈표 20-5〉에서 보듯이 현재까지의 거래로 은행예금은 19억원이 증가하여 19억원의 예금통화가 창출되었음을 알 수 있다. 또한 대출은 17억1,000만원, 필요지급준비액은 1억9,000만원 증가하였다.

그러나 예금통화의 창출은 여기서 끝나지 않는다. 병이 대출받은 자금이 다시 은행에 예금되고 은행은 필요지급준비액을 제한 나머지를 다시 대출함으로써 순환과정은 되풀이된다. 이러한 순환과정이 계속된다고 할 때 예금통화는 총 100억원이 창출된다. 이를 계산식을 통해 보면 다음과 같다.

$$
\begin{aligned}
\text{예금통화 창출 총액} &= 10\text{억}+9\text{억}+8\text{억}1{,}000\text{만}+7\text{억}2{,}900\text{만}\ldots\ldots\ldots\ldots\ldots \\
&= 10\text{억}+10(1-0.1)+10(1-0.1)^2+10(1-0.1)^3+\ldots\ldots\ldots \\
&= 10\text{억}[1+(1-0.1)+(1-0.1)^2+(1-0.1)^3+\ldots\ldots\ldots\ldots] \\
&= 10\text{억}(1/0.1) \\
&= 100\text{억원}
\end{aligned}
$$

표 20-6

최종단계 후 A은행 대차대조표

(단위: 억원)

자 산		부 채	
대출 지급준비액 기타자산	990 110 200	예금 자본금	1,100 200
총 계	1,300	총 계	1,300

은행의 대출증가액은 예금증가액의 90%에 해당하는 90억원이 되며, 은행의 필요지급준비액 증가액은 예금증가액(100억원)×지급준비율(0.1)에 해당하는 10억원이다. 이러한 예금창출과정이 모두 끝난 후 A은행의 대차대조표는 〈표 20-6〉과 같게 된다.

만일 지급준비율이 5%이었다면 어떻게 달라지는가? 최초 10억원의 예금은 최종적으로 200억원의 예금통화를 창출할 것이다. 동시에 대출증가는 총 190억원, 지급준비예치금은 10억원 증가한다. 만일 민간의 현금보유비율이 제로가 아니라면 대출된 자금 중 일부는 민간에 보유되고 은행으로 들어오지 않으므로 은행의 예금통화 창출능력은 그만큼 축소된다. 마찬가지로 은행의 초과지급준비액이 제로가 아니라면 대출여력이 그만큼 감소하는 것이므로 예금통화의 창출도 그만큼 축소될 것이다.

(2) 통화승수

은행의 예금통화 창출과정에서 보았듯이 예금, 대출, 예금, 대출의 경로를 거쳐 당초 한국은행이 공급한 본원통화의 몇 배의 예금통화가 창출된다. 이렇게 창출된 통화량을 당초 공급된 본원통화로 나눈 값, 즉 통화량이 몇 배로 증가되었는가를 나타내주는 배수를 '**통화승수**'(money multiplier)라고 한다.

통화승수(money multiplier) 예금은행을 통해 창출된 예금통화량을 당초 중앙은행이 공급한 통화량으로 나눈 값, 즉 통화량이 몇 배로 증가되었는가를 나타내주는 배수

$$\text{통화승수} = \frac{\text{창출된 예금통화}}{\text{공급된 본원통화}} \tag{20.3}$$

만일 은행의 초과지급준비금이 제로이고 동시에 민간의 현금보유비율이 제로라면 통화승수는 1/지급준비율과 같다. 지급준비율이 높을수록 통화승수는 작아지고 그 반대의 경우에는 커진다. 그러므로 중앙은행은 시중 통화량을 조절하는 수단으로 지급준비율을 활용할 수 있게 되는 것이다. 그러나 현실경제에서는 민간의 현금보유나 은행의 초과지급준비액이 제로도 아니며 지급준비율도 예금종류별로 다르기 때문에 현실적으로 통화승수가 1/지급준비율보다는 훨씬 작을 것이다.

20.3 화폐공급

20.3.1 한국은행의 화폐공급

화폐공급은 한국은행에서 발행된 본원통화가 민간경제로 흘러나오면서 시작된다. 한국은행에서 공급된 화폐는 예금은행의 예금통화 창출과정을 거쳐 당초 한국은행에서 공급한 양의 몇 배수에 해당하는 통화량으로 증가된다. 한국은행이 민간에 화폐를 공급하는 경로(방법)는 정부부문, 민간부문, 해외부문, 기타부문으로 구분하여 살필 수 있다.

① 정부부문을 통한 화폐공급

정부도 기업이나 개인처럼 금융기관에 예금계좌를 개설하여 세금을 걷고 지출도 한다. 국민이 납부한 세금은 결국 정부의 은행인 한국은행으로 들어오고 시중의 통화량은 감소한다. 반대로 공무원의 봉급이나 정부사업에 대한 지급 등의 정부지출이 발생하면 한국은행 내 정부예금계좌에서 돈이 인출되어 민간에 지급되므로 그만큼 화폐가 공급된다. 이제 조세수입보다 정부지출이 많아 정부가 한국은행으로부터 돈을 차입하는 경우 정부부문을 통해 화폐공급이 이루어진다. 반대로 조세수입보다 정부지출이 적어 흑자재정을 실현하는 경우에는 그만큼 정부부문을 통한 통화환수가 일어나게 된다.

② 민간부문을 통한 화폐공급

민간부문을 통한 화폐공급은 한국은행이 금융기관에 대한 대출을 늘리거나 한국은행이 통화안정채권이나 정부발행 국채를 매입함으로써 이루어진다. 예를 들어 한국은행은 시중자금사정이 어렵다고 판단하면 금융기관이 기업과 가계에 대한 대출을 늘릴 수 있도록 예금은행이 보유하고 있는 통화안정채권을 환수하고 통화량을 공급한다.

③ 해외부문을 통한 화폐공급

해외부문을 통한 화폐공급은 국제수지가 흑자일 경우 늘어나고 적자일 경우에는 감소하게 된다. 수출증가나 관광수입 등의 서비스수지가 증가한다든지 외국인의 국내주식투자 등으로 외화의 국내 유입이 늘어나게 되면 이를 국내에서 사용하기 위해 은행에서 원화로 바꾸게 된다. 은행은 외화를 한국은행에 매각하게 될 것이므로 이때 그만큼의 통화가 시중에 공급된다.

④ 기타부문을 통한 통화공급

기타부문을 통한 통화의 공급은 앞에서 설명한 세 가지 부문에 해당되지 않은 나머지 부문으로 한국은행의 고정자산 취득 등에 의해 이루어진다.

20.3.2 통화 및 유동성 지표

(1) 통화 및 유동성 지표란?

한국은행에서 공급된 본원통화는 민간에 나와서 통화승수에 해당하는 예금통화를 창출하면서 몇 배로 증가하는 것은 이미 살펴본 바 있다. 여기서 유의할 점은 이렇게 창출된 예금통화가 모두 동일한 성질을 갖는 통화는 아니라는 사실이다.

요구불예금이나 수시입출식예금 같은 예금통화는 곧바로 현금통화로 사용될 수 있는가하면 정기예적금 같은 저축성예금은 곧바로 현금통화로 사용되지는 않을 것이기 때문이다. 그러므로 유사한 성질을 갖는 예금통화끼리 집계하여 관리하는 것이 통화량을 측정하는데 효과적이다. 이렇게 유사한 성질을 갖는 통화끼리 묶어 놓아 통화량을 쉽게 파악하도록 만든 지표를 '**통화 및 유동성 지표**'(monetary aggregates)라고 하는데 우리나라에서는 민간보유 현금통화, 협의통화(M1), 광의통화(M2), 금융기관유동성(Lf), 광의유동성(L) 등으로 집계하여 사용하고 있다.

통화 및 유동성 지표(monetary aggregates) 효율적인 통화관리를 위해 유사한 성질을 갖는 통화끼리 묶어 통화량을 쉽게 측정하도록 만든 지표

(2) 통화 및 유동성 지표 간의 관계

협의통화(M1)는 현금과 거의 같은 유동성을 가진 화폐로써 민간보유 현금통화와 결제성 예금(요구불예금 및 수시입출식 예금)의 합으로 구성된다. **광의통화**(M2)는 협의통화(M1)에 협의통화보다 현금통화화 할 가능성이 낮은 정기예적금 등을 포함하여 구성된다. 한편 **금융기관유동성**(Lf)은 광의통화에 속하지 않은 유동성이 낮은 기타 예수금을 모두 포함하는 지표이고 **광의유동성**(L)은 정부와 기업이 발행한 유동성상품 등을 포함한 지표이다. M2와 Lf, L에 속하는

자세한 예수금내역은 한국은행 통계시스템을 통해 확인할 수 있으므로 여기서는 생략한다. [그림 20-1]은 2017년 12월 말 현재 우리나라의 통화 및 유동성 지표별 구성내역이다.

그림 20-1

통화 및 유동성 지표별 구성내역 (2017년 12월말 현재, 말잔)

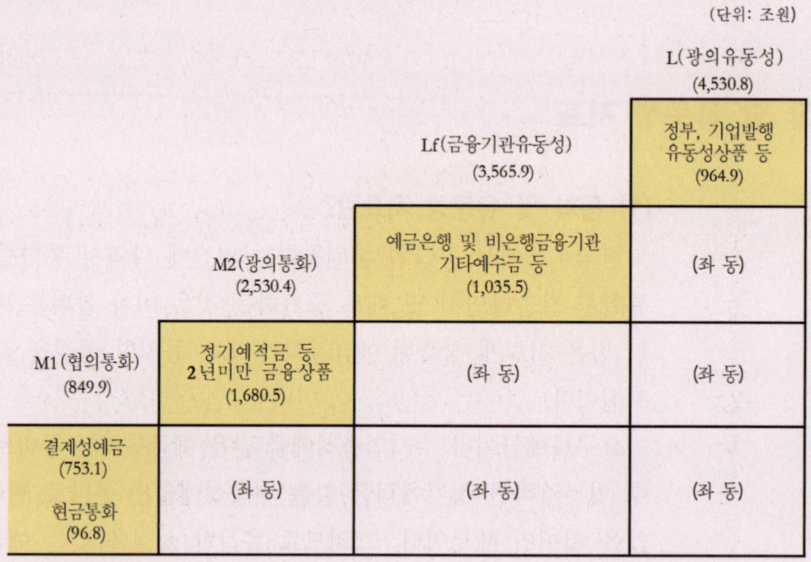

자료: 한국은행, 경제통계연보, 2018. 12.

20.3.3 통화량 조절정책

위의 20.3.1 한국은행의 통화 공급경로 중 정부부문과 해외부문은 한국은행이 임의로 조절할 수 있는 부분은 아니다. 그러므로 한국은행은 시중 통화량을 조절하고자 할 때 민간부분을 통해 조절하게 된다.

(1) 간접규제

간접규제(일반적)방식에는 공개시장조작, 지급준비율정책, 재할인정책이 있는데 이 세 가지가 한국은행이 통화량을 조절하는 가장 기본적인 수단들이다.

① 공개시장조작

공개시장조작(open market operation) 한국은행이 증권시장에서 기관투자자나 민간을 대상으로 통화안정채권 등 유가증권을 매입하거나 매각함으로써 통화량을 조절하고 금리에 영향을 미치는 정책수단

공개시장조작(open market operation)이란 한국은행이 증권시장에서 기관투자자나 민간을 대상으로 통화안정채권 등 유가증권을 매입하거나 매각함으로써 통화량을 조절하고 금리에 영향을 미치는 정책수단을 말한다. 한국은행이 공개시장에서 유가증권을 매입하면 통화량이 증가하고 매각하면 통화량이 감소한다. 우리나라의 경우 매매대상 유가증권은 한국은행 자신이 통화량조절을 목적으로 발행한 통화안정채권이 대부분을 차지하며 부분적으로 정부발행 국고채매매가 일부 이루어지고 있다. 최근 한국은행의 통화량조절은 공개시장조작을 통해 대부분 이루어지고 있다.

② 지급준비율정책

지급준비율정책 한국은행이 예금은행의 지급준비율을 변경함으로써 통화량을 조절하는 정책

지급준비율정책이란 한국은행이 예금은행의 지급준비율을 변경시킴으로써 통화량을 조절하는 것이다. 한국은행은 시중유동성이 과다하다고 판단하면 지급준비율을 인상한다. 그렇게 되면 은행은 더 많은 자금을 한국은행에 예치하거나 현금으로 보유하여야 하므로 예금통화 창출능력이 축소되고 나아가 통화량이 감소한다. 반대로 지급준비율을 인하하면 통화량이 증가한다. 한편 지급준비율 인상은 은행수익을 악화시키는 요인으로 작용한다. 우리나라의 경우 지급준비율을 통화량조절정책으로 사용하기보다는 예금자보호와 은행수익을 고려하여 운영해 온 측면이 강하다. 한국은행은 2006년 이후 지급준비율을 변경하지 않고 있다.

Q & A

Q 학생의 질문

재정에서 국공채발행은 통화량을 변화시키지 않으나 중앙은행의 국공채 매입과 매각은 통화량을 변화시키죠? 이 두 가지의 차이가 혹시 앞의 것은 정부가 공채를 새롭게 발행하는 것이고 뒤의 것은 기존의 국공채를 중앙은행이 사고판다는 점에 있는 것인가요? 아니면 주체와 행위의 내용자체가 다르기 때문에 통화량 변화여부가 달라지는 것인가요?

A 안교수 답변

정부가 지출재원을 조달하기 위해 국공채를 발행하는 것은 신규발행입니다. 이는 통화량을 조절하려는 의도가 아니라 민간이 보유한 자금을 정부가 빌리는 것입니다. 이것을 재정정책이라고 하고 정부의 권한입니다. 한편 중앙은행의 공개시장조작은 시장에서 유통 중인 증권을 중앙은행이 매입(통화량증가)하거나, 중앙은행이 증권을 시장에 매각(통화량 감소)하는 것인데 이는 통화정책이라고 하며 중앙은행의 정책권한입니다. 중앙은행의 공개시장조작의 대상이 되는 증권으로는 중앙은행 자신이 통화량조절 목적으로 발행한 통화안정채권과 정부발행 국채가 있습니다.

재할인정책 한국은행이 재할인율을 조절하거나 재할인한도액을 조절함으로써 금융기관의 한국은행 차입규모를 조절하려는 금융정책수단

③ 재할인정책

재할인정책이란 한국은행이 금융기관에 빌려주는 자금의 금리나 한도를 조절함으로써 금융기관의 한국은행 차입규모를 조절하려는 금융정책수단이다. 재할인제도를 이해하려면 먼저 할인제도를 살펴볼 필요가 있다. 할인(discount)은 기업이 발행한 어음(일정기간후 지급할 것을 약속한 증서)을 예금은행이 일정이자를 감하여(즉 할인하여) 인수하고 대금을 지급하는 것을 말한다. **재할인**이란 예금은행이 고객에게 할인해주고 받은 상업어음을 한국은행에 제시하고 재할인(rediscount)함으로써 자금을 차입하는 제도이다.

재할인(rediscount) 예금은행이 자금을 대출하면서 고객으로부터 받은 상업어음을 한국은행에 제시하고 자금을 차입하는 제도. 이 때 적용되는 금리를 재할인율이라 함

현재 한국은행은 재할인 어음에 대해 총액한도대출금리를 적용하고 있다. 그러므로 한국은행이 총액한도대출금리를 인상하면 예금은행의 재할인이 줄어들고 나아가 예금은행의 할인이 줄어들어 통화량이 감소하고 인하할 경우에는 통화량이 증가하게 된다. 최근 수년 동안 한국은행은 총액한도대출금리를 거의 변경하지 않고 운영하고 있는데 그런 점에서 볼 때 현재 우리나라의 재할인정책은 통화량조절방식으로 사용되지 않고 있다고 하겠다.

읽을거리 **어음은 왜 생겼을까?**

중세 이탈리아, 이집트 등의 지중해 연안 도시들은 세계 상업과 무역의 중심지였습니다. 각국 상인들이 섞여 장사를 하면서 화폐를 다른 도시에 송금할 필요가 생겨났습니다. 이때 생각해낸 것이 어음이었습니다. 예컨대 제네바의 상인이 이집트의 알렉산드리아로 가서 보석을 사려고 할 때 돈을 들고 가려면 위험하지 않겠습니까. 따라서 상인은 제네바에서 환전상에게 현금을 준 뒤 어음을 받습니다. 알렉산드리아에 가서 제네바의 환전상과 미리 약속한 환전상을 찾아가 어음을 내밀고 현지 화폐로 받은 뒤 필요한 물건을 구입하게 되지요. 제네바와 알렉산드리아의 환전상끼리는 나중에 별도 수단을 통해 정산을 합니다.

'상인의 지폐'라고 불리는 어음은 이렇게 시작됐지만 오늘날 그 종류와 쓰임새는 무척 다양합니다. 영국 런던에서는 어떤 여성이 주차위반을 했다가 벌금을 물게 되자 화가 나서 화장지에 벌금액을 쓴 뒤 경찰에게 싸인해 '내 수표'라며 줬다는 일화도 있습니다. 이 수표는 그 여성의 거래 은행으로 어김없이 돌아와 예금액을 빼내갔다고 합니다. 그러나 우리나라의 경우 은행들이 이런 어음, 수표는 인정하지 않고 있습니다. 자기들이 발행하는 '통일 어음, 수표용지'만 인정하거든요. 이 용지에는 금액, 발행일, 만기일, 발행인, 수취인 등을 적도록 양식이 되어 있습니다. (중략)

어음은 상업어음과 융통어음으로도 분류됩니다. 상업어음은 일명 진성어음이라고도 하는데 상거래 과정에서 발행한 어음을 말합니다. 즉, 물건 대금 등으로 지급하고 받은 어음입니다. 융통어음은 거래대금으로 주고받는 것이 아니라 오직 돈을 조달하기 위해 남의 어음을 빌려 쓰는 것으로서 '빈어음'이라고도 합니다. 진성어음에 비해 융통어음은 나중에 부도날 위험이 높지요.

어음은 배서, 양도라는 간단한 방법으로 제3자에게 넘길 수도 있습니다. 예컨대 무역업체로부터 어음을 받은 제조업체가 다시 부품을 살 때 어음의 뒷면에 배서(자신의 이름을 적고 도장을 찍는 것)를 해서 넘겨주면 이를 받은 부품업체는 그 어음을 만기 때

은행에 가져가 현금을 받을 수가 있습니다.

어음은 할인도 됩니다. 어음을 갖고 있는 기업이 돈이 급하게 필요한데 만기는 아직 되지 않았을 경우 은행에 찾아갑니다. 그러면 은행은 어음을 받고 만기 때까지의 이자를 뺀 차액을 현금으로 줍니다. 이를 할인 받았다고 하고, 그때 적용되는 이자율은 할인율이라고 합니다. 그러나 은행은 아무나 어음을 들고 가도 할인을 해주는 게 아니라 어음을 발행한 기업, 소지한 기업의 신용 상태를 파악해서 할인해 줍니다. 나중에 그 어음이 부도가 날 경우에 대비해 담보를 요구하기도 합니다. 은행 말고 종금사나 사채시장에 가도 어음 할인을 받을 수 있는데 은행보다 덜 까다로운 대신 할인율이 비싼 게 흠입니다.

[중앙일보 틴틴경제, 2000년 11월 7일] 서익재 기자

(2) 직접규제

직접규제(선별적)는 통화당국이 선택적, 차별적으로 개입하여 통화량을 직접 조절하는 것이다. 예를 들어 통화량을 줄이려고 할 경우 예금은행에 대한 한국은행의 대출한도를 줄임으로써 금융기관의 민간에 대한 대출을 억제시키는 방식이다. 직접규제방식은 매우 강력한 통화량 조절방식이나 최근 우리나라는 직접규제방식을 거의 사용하지 않고 있다. 현재 한국은행은 중소기업 지원을 위해 저금리로 시중은행에 대출해주는 총액한도대출제도를 아직도 유지하고 있으나 총한도를 상당기간 고정시켜 운영하고 있다. 즉, 총한도를 이용한 통화량 조절방식을 사용하지 않겠다는 의지의 표현인 셈이다.

알아두세요

오퍼레이션 트위스트(operation twist)

중앙은행이 시행하는 공개시장조작의 한 가지 방법으로 1961년경부터 미국에서 실시하고 있다. 한편에서 장기증권을 매입하고 다른 한편에서 단기증권을 매도하는 조작을 동시에 행함으로써 통화 공급량을 변화시키지 않고도 장기이자율을 인하하고 단기이자율을 인상하거나 또는 그 반대방향의 매매를 통해 반대효과를 거둘 수 있다. 장단기금리를 반대방향으로 움직이게 하기 때문에 이런 이름이 붙었다.

20.3.4 화폐공급곡선

화폐공급곡선을 도출하기 위해서는 화폐공급에 영향을 미치는 요인을 분명히 알아야 한다. 즉, 화폐공급이 무엇의 함수인가를 분석해야 한다. 한국은행의 통화공급은 앞서 살펴보았듯이 정부부문, 민간부문, 해외부문 및 기타부문

에 의해 이루어진다. 여기서 가장 큰 비율을 차지하는 부분은 민간부문을 통한 통화공급이다. 정부부문과 해외부문을 통한 화폐공급은 한국은행이 마음대로 조절할 수 없는 부분이나, 민간부문과 기타부문을 통한 화폐공급은 한국은행의 정책적 판단에 의해 조절이 가능하다.

그러므로 한국은행의 화폐공급정책은 정부부문과 해외부문의 화폐공급 상황을 감안하여 민간부문과 기타부문의 화폐공급을 조절하는 방식으로 이루어지게 된다. 따라서 한국은행의 통화공급은 전체적으로는 한국은행의 재량적 정책판단에 속한다고 볼 수 있다.

한편 한국은행의 통화공급은 예금은행의 예금통화 창출로 이어져 시중의 통화량을 변동시킨다. 예금통화가 얼마나 많이 창출되는가 하는 문제는 앞서 보았듯이 지급준비율, 민간의 현금보유비율 및 은행의 초과지급준비액 등이 중요한 요소이다. 그러나 지급준비율, 민간의 현금보유비율이나 은행의 초과지급준비액은 금융제도나 지급습관과 관련이 있으므로 비교적 안정적이라고 보아 무방하다. 이 책에서는 통화공급은 통화당국인 한국은행의 재량적 정책판단에 의존하는 것으로 단순화하여 분석한다.

[그림 20-2]는 금리에 대해 무관한 화폐공급곡선을 보여준다. 이와 같이 수직인 화폐공급선은 통화공급이 한국은행의 재량적 판단에 따라 정책적으로 결정되는 것을 의미한다.

그림 20-2

화폐공급곡선

화폐공급곡선은 한국은행의 정책적 판단에 의해 이루어지는 것으로 가정한다. 한국은행이 통화량을 M_0에서 M_1으로 증가시키면 화폐공급곡선은 밖으로 이동한다.

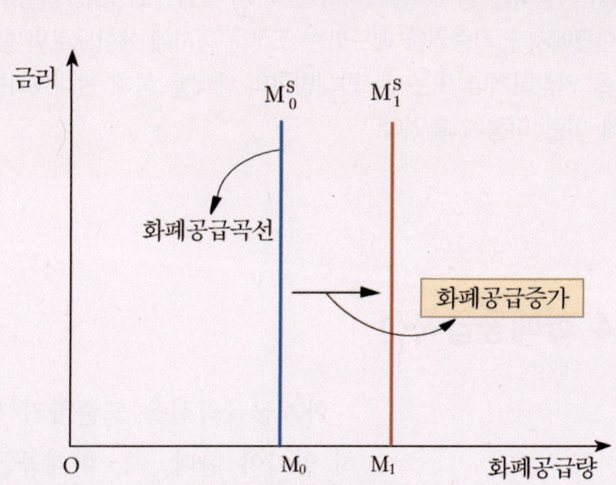

20.4 화폐수요

20.4.1 왜 화폐를 수요하는가?

여기서 화폐란 협의통화(M1), 즉 현금통화와 요구불예금 및 수시입출식예금을 의미하는 것으로 한정하여 논의하자. 화폐를 보유하면 일반적으로 이자를 얻지 못한다. 여기서 일반적이라고 말한 이유는 최근에는 요구불예금이나 수시입출식예금에도 약간의 이자를 지급하기 때문이다. 반면 화폐를 채권이나 주식과 같은 다른 금융자산으로 대체할 경우 상당한 수준의 이자수입이나 배당을 얻을 수 있다. 사람들은 왜 이자도 거의 주지 않는 화폐를 수요하는가?

거래적수요(transaction demand)
일상적 지출을 위한 화폐수요. 소득의 증가함수

예비적수요(precautionary demand)
예상하지 못한 지출에 대비하기 위한 화폐수요. 소득의 증가함수

투기적수요(speculative demand)
미래 수입을 극대화하기 위한 화폐수요로 금리의 감소함수

케인스는 화폐수요의 동기를 크게 3가지로 구분한 바 있다. 첫째, **거래적 수요**(transaction demand)인데 이것은 일상적 지출을 위한 화폐수요를 말한다. 둘째, **예비적 수요**(precautionary demand)는 예상하지 못한 지출에 대비하기 위한 화폐수요이다. 거래적 수요와 예비적 수요는 고전학파의 화폐이론을 수용한 것으로 소득의 증가함수이다. 셋째, **투기적 수요**(speculative demand)는 미래 수입을 극대화하기 위한 화폐수요로 금리의 감소함수이다. 구체적으로 현재 금리가 장기 균형금리보다 낮다고 예상하는 투기자는 지금 당장 자신이 보유하고 있는 화폐를 채권과 같은 다른 금융자산으로 대체하기보다는 금리가 상승한 후에 대체하려고 할 것이므로 화폐수요를 증가시킨다. 즉, 금리가 낮을수록 투기적 수요는 증가하고 금리가 높을수록 투기적 수요는 감소한다.

20.4.2 화폐수요곡선과 유동성함정

[그림 20-3]은 케인스의 화폐수요이론에 따른 화폐수요곡선이다. 화폐수요는 금리의 감소함수이므로 우하향의 기울기를 갖는다. 소득이 증가하면 동일한 금리수준에서 거래적·예비적 화폐수요가 증가할 것이므로 화폐수요곡선은 밖(오른쪽)으로 이동한다. 금리는 아무리 내려가도 음의 값을 가질 수는 없다. 따

그림 20-3

화폐수요곡선

화폐수요곡선은 투기적 수요가 금리에 대해 감소함수이므로 우하향곡선이 된다. 화폐수요곡선은 소득이 증가하면 거래적·예비적 수요가 증가함으로 밖으로 평행이동한다.

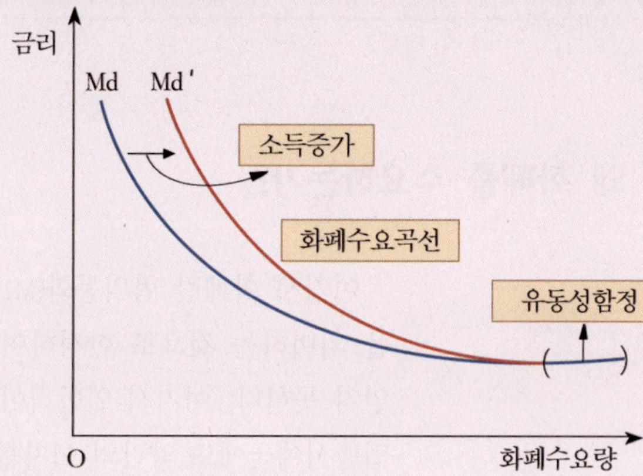

라서 금리가 내려갈 수 있는 하한이 있게 마련이고 그 수준에서 화폐수요곡선은 수평선이 될 수밖에 없다. 이와 같이 화폐수요곡선이 금리에 대해 수평선인 상태를 '**유동성함정**'(liquidity trap)이라고 한다. 유동성함정에서는 화폐수요의 금리탄력성이 무한하다.

유동성함정(liquidity trap) 화폐수요의 금리탄력성이 무한한 상태. 화폐수요곡선이 금리에 대해 수평임

20.5 금리이론

20.5.1 금리란 무엇인가?

(1) 금리의 정의와 종류

시장에서 물건을 사고 팔 때 가격이 있듯이 자금을 빌려주고 빌리는데도 가격이 있기 마련이다. **금리**(interest rate)란 이자율이라고도 하는데 한마디로 돈을 빌린 대가로 지불하는 가격이다. 금리에도 여러 가지 종류가 있다. 먼저 차입기간에 따라 1년 이상이면 장기금리, 1년 이내이면 단기금리로 분류한다.

금리(interest rate) 이자율이라고도 하는데 돈을 빌린 대가로 지불하는 가격

콜(call)금리 일시적으로 자금과 부족이 생긴 금융기관 간의 자금거래에 적용되는 금리로서 차입기간이 매우 짧음

일반적으로 돈을 빌려주는 기간이 길수록 회수위험이 증가할 것이기 때문에 금리가 높다. 단기금리 중 차입기간이 가장 짧은 것이 **콜(call)금리**인데 이는 일시적으로 자금과부족이 생긴 금융기관간의 자금거래에 적용되는 금리로서 차입기간이 하루인 경우가 대부분이다. 또한 차입기간 동안 적용금리가 변할 경우 변동금리, 고정되어 있으면 고정금리라고 한다. 대상 금융상품에 따라 예금금리, 대출금리, CD(양도성예금증서)유통수익률, 국채수익률, CP(기업어음)유통수익률, RP(환매조건부채권)수익률, 기타 채권수익률 등 다양하다.

(2) 명목금리와 인플레이션간의 관계

명목금리(nominal interest rate) 시장에서 통용되는 금리

실질금리(real interest rate) 명목금리를 물가변동 분으로 조정한 금리

명목금리(nominal interest rate)는 시장에서 통용되는 금리임에 반해 **실질금리**(real interest rate)는 명목금리를 물가변동 분으로 조정한 금리를 말한다. 그러므로 이들 3자간의 관계를 식으로 나타내면 다음과 같다.

$$\text{명목금리} = \text{실질금리} + \text{예상인플레이션} \tag{20.4}$$

피셔효과(Fisher effect) 예상인플레이션의 변화와 명목금리간의 밀접한 양(+)의 관계

식 (20.4)에서 실질금리가 장기적으로 안정적이라면 예상인플레이션의 변화는 명목금리를 동일한 방향으로 변화시킨다. 일찍이 **피셔**(I. Fisher, 1867-1947)는 "예상인플레이션의 변화는 명목금리에 뚜렷한 영향을 미친다."고 주장하였는데 이것을 '**피셔효과**'(Fisher effect)라고 한다. 왜 예상인플레이션이 상승하면 명목금리도 상승하는가? 예상인플레이션의 상승은 장래 화폐가치가 하락함을 의미한다. 그러므로 자금을 빌려주는 채권자는 인플레이션으로 인한 원리금의 가치하락 분만큼 이자를 더 받으려 할 것이다. 따라서 더 높은 금리를 요구하는 것은 당연하다.

(3) 채권수익률은 전형적인 시장금리

채권수익률(yield) 대표적인 시중금리로 채권을 만기까지 보유하여 얻을 수 있는 수익을 그 채권의 매입가격으로 나누어 산출

보통 금리라고 하면 금융기관의 수신금리와 대출금리를 쉽게 떠올리게 된다. 그러나 금융기관의 수신금리와 대출금리는 시장상황에 따라 수시로 바뀌는 것이 아니고 한국은행의 기준금리 변경과 같은 금융통화정책에 따라 각 금융기관이 자율적으로 결정하는 금리이다. 그러므로 보통 시장금리라고 하면 금융시장에서의 자금의 수요와 공급에 의해 자유롭게 결정되는 금리를 뜻하는데 우리나라의 대표적인 시장금리로는 3년물 국고채수익률, 3년물 회사채수익률(yield)

환매조건부채권(RP) 7일물 RP는 일정 기간후 환매할 것을 조건으로 발행된 채권으로 7일물이 한국은행 기준금리 결정의 대상금리가 된다.

과 콜금리, 그리고 한국은행 금융통화위원회가 기준금리로 사용하고 있는 'RP (환매조건부채권) 7일물'의 수익률을 꼽을 수 있다. 국채, 공채, 회사채, 금융채 등이 거래되는 채권시장에서는 금리라는 용어보다는 채권수익률(또는 채권금리) 이라는 용어를 사용한다. 그러므로 채권수익률 역시 금리의 하나라는 사실을 유의해야 한다. 채권수익률은 채권을 만기까지 보유하여 얻을 수 있는 수익을 그 채권의 매입가격으로 나누어 산출한다.

(4) 채권가격과 채권수익률은 역관계

채권의 표면금리(coupon rate)는 발행시점에 고정되어 있지만 채권수익률은 채권가격의 변동과 함께 변한다. 예를 들어 액면가격 10,000원, 표면금리 연 10%인 1년 만기 국고채를 생각해보자. 표면금리가 연 10%이므로 채권매입자는 만기시 액면가 10,000원과 이자 1,000원을 합한 11,000원을 받게 된다. 이제 만기 6개월을 남겨두고 이 채권을 10,600원에 매입했다면 채권수익률은 연 몇 % 인가? 또 10,700원에 매입했다면 채권수익률은 어떻게 변하는가? 매입가격이 10,600원일 때 채권수익률은 (11,000−10,600)/10,600×(12/6)×100= 7.55% 임에 비해, 매입가격이 10,700원으로 상승하면 연 채권수익률은 (11,000−10,700)/ 10,700×(12/6)×100=5.61%로 하락한다. 채권가격과 채권수익률 간에는 역관계가 있다. 여기서 12/6로 곱하는 이유는 만기까지 남은 6개월간의 수익률을 연 수익률로 환산하기 위해서이다.

우리가 TV나 지상에서 3년 만기 국고채수익률이 상승했다는 뉴스를 접했다면 이는 3년 만기 국고채 가격이 하락했다는 것을 말하는 것과 같다.

20.5.2 금리결정이론

(1) 유동성 선호설

유동성 선호설(theory of liquidity preference) 케인스의 금리결정이론으로 금리는 스톡으로서의 화폐수요와 공급에 의해 결정된다는 이론

금리는 기본적으로 금융시장에서 저량(stock)으로서의 화폐의 수요와 공급에 의해 결정된다. 케인스는 그의 유명한 저서 '고용과 이자 및 화폐에 관한 일반 이론'에서 금리결정이론으로 '유동성 선호설'(theory of liquidity preference)을 제시하였다. 케인스에 따르면 금리는 스톡으로서의 화폐수요와 화폐공급에 의

그림 20-4

균형금리의 결정
화폐공급이 증가하면 화폐공급곡선은 밖으로 이동하고 금리는 하락한다. 스톡으로서의 화폐수요와 화폐공급에 의해 금리가 결정된다는 이론을 유동성선호설이라고 한다.

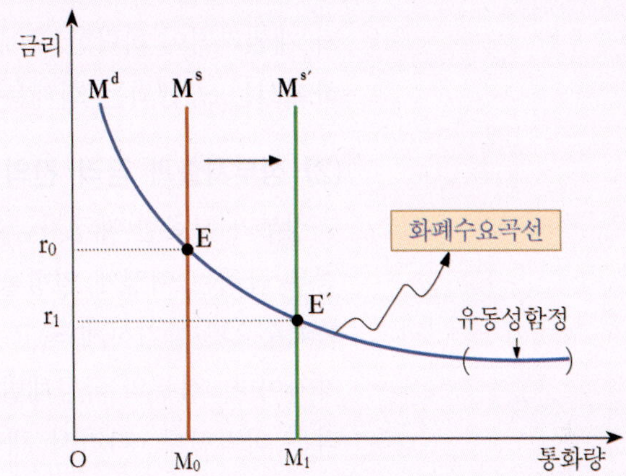

해 결정된다. 20.3 화폐공급에서 살펴보았듯이 통화량은 금리와 상관없이 중앙은행의 정책적 판단에 의해 재량적으로 결정되기 때문에 화폐공급곡선은 금리에 대해 수직선으로 그려져 있다.

한편 20.4 화폐수요에서 논의했듯이 금리가 상승하면 화폐보유의 기회비용이 증가하므로 화폐수요량이 감소하고, 금리가 하락하면 화폐보유의 기회비용이 감소하므로 화폐수요량이 증가한다. 따라서 화폐수요곡선은 금리에 대해서 음의 기울기를 가진 우하향곡선이 된다.

균형금리는 [그림 20-4]에서 보듯이 화폐공급곡선과 화폐수요곡선이 만나는 E점에서 결정된다. 한국은행이 화폐공급량을 M_1로 증가하면 r_0 수준에서는 화폐초과공급이 발생하므로 금리는 r_1로 하락한다. 반대로 소득이 증가하여 화폐수요가 증가하면 화폐수요곡선이 상향 이동함으로써 금리가 상승한다. 통화량 증가가 금리를 하락시키는 원리를 채권가격을 이용해 설명해도 마찬가지이다. 사람들은 초과공급된 화폐를 다른 금융자산인 채권으로 전환하고자 한다. 채권수요의 증가는 채권가격을 상승시키고 채권수익률, 즉 시장금리는 하락한다.

유동성함정에 빠지면 화폐공급이 증가하더라도 더 이상 금리가 하락하지 않는다. 즉, 금리는 최저수준에 있다. 금리가 최저수준이므로 금리와 채권가격 간의 역관계에서 볼 때 채권가격은 최고수준에 있는 셈이다. 그러므로 누구나 채권가격은 이제 떨어질 일만 남았다고 예상할 수 있다. 이제 사람들은 공급되는 화폐로 최고가격에 있는 채권을 사는 것보다 투기적 화폐수요로 갖고 있다가 채권가격이 하락한 후에 채권으로 전환하기를 원한다. 그러므로 유동성함정하에서는 공급되는 화폐는 모두 투기적 화폐수요로 흡수되고 만다.

(2) 정부지출과 금리 간의 관계

정부가 부족한 재정자금을 조달하기 위해 민간에 국공채를 발행(bond sale)할 경우 금리는 어떻게 영향을 받는가? 정부가 자금의 수요자로 나타나기 때문에 화폐수요가 증가하게 되고 금리는 오른다. 채권가격과 관련지어 생각해도 마찬가지이다. 정부의 국공채발행은 시중의 채권공급을 증가시킬 것이므로 채권가격은 하락한다. 따라서 채권수익률, 즉 시중금리는 상승한다.

20.5.3 우리나라의 금리와 통화량 간의 관계

케인스의 유동성선호설에 따르면 금리는 스톡으로서의 화폐수요와 공급에 의해 화폐시장에서 결정된다. 그러나 현행 우리나라 금리는 한국은행 금융통화위원회에서 매월 결정하는 기준금리와 그 궤를 같이 하면서 움직이고 있다.

통화량과 금리의 관계를 [그림 20-4]를 이용해 설명해보자. 금통위가 목표기준금리수준을 r_0에서 r_1로 낮춘다는 것은 시중에 통화를 M_0M_1만큼 공급해주겠다는 것을 의미한다. 즉, 통화량을 금리정책의 보완요소로 운영하고 있는 것이다.

이와 같이 통화량을 조절하는 방식에서 금리를 조절하는 방식으로 통화금융정책의 기조가 바뀐데는 금융산업의 발전과 혁신, 국내외 자본의 자유로운 이동, 새로운 금융상품의 출현 등으로 통화지표관리가 어려워진 것과 통화량과 주요 거시지표(GDP 등) 간의 연계성이 약화된 것이 큰 이유이다. 현재 우리나라는 물론 세계 각국은 통화량을 조절하는 방식보다 기준금리를 변경하는 방식을 통화금융정책의 기조로 삼고 있다.

복습과 연습

요 약

1. 한국은행에 의해 발행된 현금(currency)이 화폐인 것은 물론이지만 그 외 파생적 통화도 화폐로 분류된다.

2. 화폐경제의 효율성은 화폐경제가 물물교환경제보다 거래비용을 낮춘다는 점이다.

3. 화폐의 기능은 교환의 매개수단, 가치의 척도, 가치저장수단이다.

4. 화폐는 물품화폐, 주조화폐, 지폐, 예금통화, 전자화폐의 순서로 발전하고 있다.

5. 인류 역사에 지금의 상업은행과 같은 금융기관이 등장하기 시작한 것은 중세의 금세공업자와 관련이 있다.

6. 자금의 최종수요자와 공급자가 직접 자금을 거래하는 것을 직접금융이라 하고 금융 중개기관의 중개를 통한 자금거래를 간접금융이라고 한다.

7. 은행은 예금, 대출, 예금, 대출의 경로를 거치면서 예금통화를 창출한다.

8. 당초 한국은행이 공급한 본원통화의 몇 배의 예금통화가 창출되는데, 이 배수를 통화승수라고 한다.

9. 한국은행이 민간에 화폐를 공급하는 경로(방법)는 정부부문, 민간부문, 해외부문, 기타부문으로 나누어진다.

10. 통화량을 측정하기 위해 유사한 성질을 갖는 통화끼리 집계한 것을 통화지표라고 하는데 우리나라에서는 민간보유 현금통화, 협의통화(M1), 광의통화(M2), 금융기관유동성(Lf), 광의유동성(L) 등으로 집계하여 사용한다.

11. 한국은행이 통화량을 조절하는 방식 중 간접규제(일반적)방식에는 공개시장조작, 지급준비율정책, 재할인정책이 있는데 현재는 공개시장조작이 주로 사용되고 있다.

12. 화폐공급은 여러 가지 요인에 의해 영향을 받고 있으나 이 책에서는 통화당국인 한국은행의 재량적 정책판단에 의존하는 것으로 단순화하고 있다.

13. 케인스는 화폐수요의 동기를 거래적 수요, 예비적 수요, 투기적 수요로 나누었다.

14. 화폐수요는 금리의 감소함수이며 소득에 대해서는 증가함수이다.

15. 채권가격과 채권수익률 간에는 역관계가 있다.

16. 시중금리는 일반상품의 가격과 마찬가지로 기본적으로 금융시장에서 화폐의 수요와 공급에 의해 결정된다.

17. 정부가 부족한 재정자금을 조달하기 위해 민간에 국공채를 발행할 경우 시중금리는 오른다.

18. 현재 우리나라는 통화량을 금리정책의 보완요소로 운영하고 있다.

중요개념

자급자족경제	물물교환경제	화폐경제	거래비용
본원통화	예금통화	태환지폐	전자화폐
통화 및 유동성지표	통화승수	지급준비율	필요지급준비액
현금통화	초과지급준비액	한은지준예치	공개시장조작
통화안정채권	재할인정책	거래적 수요	예비적 수요
투기적 수요	유동성함정	콜금리	기준금리
피셔효과	채권수익률	유동성선호설	어음과 할인
RP7일물	리디노미네이션	핀테크	오퍼레이션 트위스트

연습문제

Ⅰ. 다음 물음에 답하시오.

1. 다음 중 유동성이 가장 낮은 것은?
   (1) 현금
   (2) 수시입출금식 저축성예금
   (3) 시중은행 당좌예금
   (4) 산업은행 금융채권

2. 다른 조건은 없고 지급준비율이 10%이면 통화승수는?
   (1) 10 (2) 15
   (3) 30 (4) 3

3. 다음 중 화폐수요 증가와 거리가 먼 것은?
   (1) 소득증가
   (2) 금리하락
   (3) 채권가격 상승
   (4) 한은의 유가증권 매각

4. 다음 중 시중금리를 낮추는 요인이 아닌 것은?
(1) 경상수지 흑자
(2) 지준율 인하
(3) 한은의 기준금리 인하
(4) 정부의 국채발행

5. 다음 중 시중금리를 상승시킬 것 같지 않은 것은?
(1) 통화량의 감소
(2) 국채발행을 통한 정부지출
(3) 물가상승
(4) 한은의 예금은행에 대한 대출확대

6. 지방은행과 외국은행 국내지점은 예금취급기관이다.

7. 통화지표 구성의 가장 중요한 기준은 현금과의 유사성, 즉 유동성의 정도이다.

8. 은행은 물론 증권사, 보험사, 투신사, 저축은행, 신협 더 나아가 대부업도 금융기관에 포함된다.

9. 민간의 현금보유비율이 높아지면 통화승수가 커진다.

10. 투기적 화폐수요의 금리탄력성이 무한할 경우 중앙은행의 통화량증가 정책은 더 이상 금리를 낮추지 못한다.

11. 중앙은행이 통화를 공급하면 국내 은행제도를 통해 통화량이 창출되는데 이를 예금통화창조라고 하며 그렇게 생성된 통화를 파생적 통화라고 부른다.

12. 채권가격이 상승하면 채권수익률은 낮아진다.

13. 화폐경제의 효율성은 거래비용을 획기적으로 낮추었다는 것이다.

14. 다음 중 화폐에 포함되는 것은?
(1) 신용카드
(2) 현금카드
(3) 전자화폐
(4) 백화점카드

15. 다음 중 직접금융이 아닌 것은?
(1) 회사채 발행
(2) 은행대출
(3) 주식발행
(4) 개인차입

16. 다음 중 유가증권에 해당하지 않는 것은?
(1) 보통주
(2) 전환사채
(3) 통화안정채권
(4) 외화채권
(5) 정기예금증서

17. 지급준비액 10억, 필요지급준비액 9억, 한은지준예치금 7억이라고 할 때 초과지급준비액은 얼마인가?
(1) 3억 (2) 2억
(3) 1억 (4) 4억

18. 은행의 초과지준이 많으면 은행수익이 감소한다.

19. 은행의 초과지준이 많을수록 시중 통화공급량은 줄어든다.

20. 경상수지 흑자가 발생하거나 자본수지 적자가 발생하면 통화량은 증가한다.

21. 한은의 통화량조절방식은 주로 통안채권 매매를 통해 이루어진다.

22. 다음 중 M1에 속하지 않는 것은?
(1) 정기예금
(2) 현금
(3) 당좌예금
(4) 수시입출식 저축성예금

23. 다음 중 통화량조절수단으로 볼 수 없는 것은?
(1) 재할인정책
(2) 국채발행
(3) 통안채권 매매
(4) 지급준비율 조정

24. 소득이 증가하면 거래적, 예비적, 투기적 화폐수요가 모두 증가한다.

25. 금리가 상승할수록 투기적 화폐수요는 감소한다.

26. 화폐공급량이 증가해도 유동성함정에서는 금리가 하락하지 않는다.

27. 예상인플레이션이 상승하면 명목금리와 실질금리가 비례적으로 상승한다.

28. 만기에 원리금을 합쳐 10,200원을 받을 수 있는 채권이 만기 3개월을 남겨두고 10,000원에 거래되고 있다면 채권수익률은 연 몇 %인가?
(1) 2% (2) 4%
(3) 6% (4) 8%

29. 통화량이 증가하면 금리가 하락하고 채권가격 역시 하락한다.

30. 정부의 국공채발행은 채권가격을 하락시키고 채권수익률을 높인다. 따라서 시중금리도 상승한다.

31. 현재 채권수익률이 일반적인 시중금리보다 높을 경우 사람들은 보유하고 있는 화폐로 채권을 사려고 할 것이다.

32. 우리가 사용하는 화폐 중 주화는 어느 기관에서 발행하는가?
(1) 주화는 시중 일반은행에서도 발행할 수 있다.
(2) 주화도 지폐와 함께 한국은행에서만 발행할 수 있다.
(3) 지폐는 한국은행에서 발행하지만 주화는 조폐공사에서 발행한다.
(4) 주화는 정부가 직접 발행한다.

33. 한국은행은 2008년 3월 통화정책 운용체계를 '콜금리 목표제'에서 '한국은행 기준금리 목표제'로 변경했다. 다음 중 한국은행 기준금리의 대상이 되는 금리는?
(1) 양도성예금증서(CD) 91일물
(2) 환매조건부채권(RP) 7일물
(3) 3년 만기 국고채
(4) 5년 만기 국고채
(5) 3년 만기 회사채

34. 다음 중 성격이 다른 금융기관은?
(1) HSBC
(2) 씨티은행
(3) 골드만삭스
(4) 바클레이은행
(5) BOA

35. 중앙은행의 기능이 아닌 것은?
(1) 화폐의 발행
(2) 외환보유액 관리
(3) 물가관리
(4) 예금통화 창출

36. 통화승수에 대한 설명으로 틀린 것은?
(1) 은행을 통해 창출된 예금통화를 당초 중앙은행이 공급한 본원통화로 나눈 값이다.

(2) 지급준비율이 인상되면 통화승수는 증가한다.
(3) 민간의 현금보유비율이 증가하면 통화승수는 감소한다.
(4) 은행의 초과지급준비금이 증가하면 통화승수는 감소한다.

37. 다음 중 금융기관 분류상 일반은행이 아닌 것은?
(1) 시중은행
(2) 부산은행
(3) 시티은행 서울지점
(4) 한국수출입은행

38. 중세 은행의 탄생은 어느 업종으로부터 발생했는가?
(1) 토지임대업
(2) 광산업
(3) 금세공업
(4) 인쇄업

39. 자급자족 경제에서 교환경제로 전환하면서 거래비용이 제로(0)가 되었다.(○, ×)

40. 현재 한국은행은 예금은행에 대해서 필요지급준비금의 100%를 한국은행에 예치하도록 하고 있다.(○, ×)

9

거시경제의 균형과 정책효과

케인스
(John Maynard Keynes, 1883-1946)

제9편은 거시경제의 균형과 거시경제정책의 효과를 단기와 장기로 나누어 살핀다. 먼저 제21장에서는 거시균형의 한 축인 총수요의 구성요소를 소비, 투자, 정부지출 및 순수출로 나누어 논의한다. 제22장에서는 실물부문만을 고려한 단순한 소득결정모형을 도출한 후 장단기 균형과 정책효과를 살펴보고 폐쇄경제와 개방경제로 나누어 승수효과를 분석한다. 제23장은 총수요, 총공급모형을 이용하여 거시경제균형을 도출한 후 경제안정화를 위한 통화정책과 재정정책의 효과를 다룬다. 마지막 제24장에서는 단기 경제안정화정책에 대한 학파간 논쟁을 살펴본다.

Chapter 21

총수요와 구성요소

거시경제의 단기변동은 주로 수요변동으로 발생한다. 수요가 부족할 경우 경기침체가 수요가 지나칠 경우 경기과열이 일어나게 된다. 단기 거시경제 안정화를 위해서는 총수요의 관리가 필수적이다.

총수요란 국내에서 생산된 재화와 서비스에 대한 수요를 총합한 개념이다. 그러므로 외국의 우리나라 재화와 서비스에 대한 수요(우리나라의 수출, exports)는 총수요에 포함되나 우리 국민의 외국 재화와 서비스에 대한 지출(우리의 수입, imports)은 총수요에서 제외된다. 수요가 유량(flow)이므로 총수요 역시 유량 개념이다.

거시경제학에서는 총수요가 어떻게 결정되는가를 분명히 이해하기 위해서 시장수요의 합산방식보다는 총수요의 구성요소별 합산방식을 흔히 사용한다. 케인스는 총수요를 구성요소별로 소비, 투자, 정부지출, 순수출(수출 − 수입)로 나누었다. 이제 총수요를 구성요소별로 자세히 논의해 보자.

21.1 소비

21.1.1 소비의 개념정리

총수요(AD, aggregate demand) 국내에서 생산된 재화와 서비스에 대한 수요의 총합. 유량 개념

총수요의 구성요소 소비, 투자, 정부지출, 순수출(수출−수입)

소비지출(consumption expenditures) 일정기간동안 생산된 재화와 서비스에 대한 지출

(1) 소비와 소비지출

총수요 중 가장 큰 비중을 차지하는 것이 소비(consumption)이다. 우리가 보통 소비라고 말할 때는 돈을 치르고 재화와 서비스를 사용하는 것을 의미하는데 경제학적 의미에서의 소비는 이와는 좀 다르다. 경제학에서의 소비는 일정기간동안의 소비지출(consumption expenditures)을 의미하는 것으로 유량(flow) 개념이다.

소비지출은 대상기간 동안 생산된 재화와 서비스에 대한 지출을 의미하는 것으로 이미 생산되어 누군가에 의해 사용된 재화를 구매하여 재사용하는 것은 소비지출에 포함되지 않는다. 그러므로 중고차나 기존 주택의 구입과 같은 지출은 소비지출에 포함되지 않는다. 앞으로 이 책에서 소비라고 할 때는 경제학적 의미에서의 소비지출을 의미하는 것임을 유의할 필요가 있다.

(2) 국내소비와 해외소비

총수요란 국내에서 생산된 재화와 서비스에 대한 수요를 총합한 개념이다. 그러므로 소비지출이라고 해서 모두 총수요가 되는 것은 아니다. 왜냐하면 소비지출 중 일부는 수입품 같은 외국재화에 대한 지출도 포함되어 있기 때문이다. 따라서 소비지출 중 외국으로부터의 수입부분만큼을 뺀 지출만이 총수요인 것이다. 총수요의 구성에서 수입(imports)을 빼주어야 하는 이유가 바로 이 때문이다.

(3) 민간소비와 정부소비

소비지출은 소비주체에 따라 민간소비와 정부소비로 나눌 수 있다. 정부소비 역시 소비임에는 분명하나 여기서는 민간소비만 소비로 취급하고 정부소비는 뒤에서 다루어질 정부지출에 포함시켜 논의하고자 한다. 그 이유는 정부의 재정정책을 분석하기 위해 정부지출을 따로 떼어낼 필요가 있기 때문이다.

〈표 21-1〉은 우리나라의 2017년 소비지출을 민간소비와 정부소비로 나누어 보여준다.

표 21-1
우리나라의 2017년 소비지출과 저축

(당해 년 가격, 단위: 조)

최종소비지출		
민간소비(B)	정부소비(C)	계(B+C)
832.2	265.3	1,097.6

자료 : 한국은행, 조사통계연보, 2018

(4) 내구재 소비와 비내구재 소비

소비는 내구재 소비와 비내구재 소비로 나눌 수 있다. 내구재(durable goods)가 자동차, 세탁기, 가구 등과 같이 여러 해에 걸쳐 소비하는 재화인 반면 비내구재는 식료품이나 서비스 같이 한번 소비하면 없어지는 재화이다.

21.1.2 소비이론

소비가 어떤 요인에 의해 영향을 받고 있는지 분석하는 것을 소비이론이라고 한다. 거시경제학에서 흔히 다루어지는 소비이론으로는 절대소득가설, 생애주기가설 및 항상소득가설이 있다.

(1) 케인스의 절대소득가설

절대소득가설(absolute income hypothesis) 현재의 소비는 주로 현재 소득의 절대적 크기에 의존한다는 소비이론

케인스는 현재의 소비는 주로 현재 소득의 절대적 크기에 의존한다는 이른바 **절대소득가설**(absolute income hypothesis)을 주장하였다. 식 (20.1)에서 a는 기초소비이고 b는 한계소비성향, Y는 소득, T는 조세이다. (Y−T)는 세금을 납부한 후의 소득으로 국민처분가능소득(보통 가처분소득)이라고 한다.

$$C=a+b(Y-T),\ a>0,\ 0<b<1 \quad (21.1)$$

기초소비가 양(+)인 이유는 소득이 전혀 없는 사람이라 하더라도 생존을 위

한계소비성향(marginal propensity to consume) 가처분소득 중 소비지출의 비율

해서는 얼마간의 소비는 해야 하기 때문이다. 케인스는 개별경제주체는 자신의 가처분소득 중 일정비율을 소비한다고 보고 이 비율을 **한계소비성향**(MPC)이라고 불렀다. 예를 들어 어떤 사람이 가처분소득 중 30%는 저축하고 나머지 70%를 소비한다면 한계소비성향은 0.7이 된다. 물론 한계저축성향은 0.3이다. 그러므로 '**한계소비성향과 한계저축성향의 합은 1**'이다.

한계소비성향의 크기는 개인별로, 소득계층별로 서로 다를 것이다. 일반적으로 고소득층은 저소득층에 비해 소득의 절대적 크기가 크므로 저축할 여유가 많아 한계소비성향이 낮다. 반면 저소득층은 저축할 여력이 없기 때문에 한계소비성향이 상당히 높을 것이다. 즉, 소득계층간의 한계소비성향은 서로 다르더라도 동일 소득계층의 한계소비성향은 비교적 안정적이라고 할 수 있다.

케인스의 절대소득가설은 비교적 소득이 안정적인 봉급생활자의 소비이론으로는 적절한 측면이 있다. 그러나 경제여건에 따라 소득이 자주 변동하는 자영업자들에게는 적합지 못한 면이 있다. 자영업자의 경우 이번 달에 영업이 잘 안 되어 소득이 낮더라도 소비수준을 크게 낮추지는 않을 것이기 때문이다. 반대로 이번 달에 경기호조로 소득이 크게 증가했다고 해서 소비 역시 같은 비율로 증가하지는 않을 것이다. 합리적 인간이라면 소득이 가변적이더라도 소비는 장기적인 계획에 따라 안정적으로 운영하려고 할 것이기 때문이다.

이와 같이 소비는 현재 시점에서의 절대소득에 의해 영향을 받기보다는 미래 예상소득에 더 크게 의존한다는 주장이 대두되었는데 그 가운데 주목할 만한 이론으로 생애주기가설과 항상소득가설이 있다. 이 두 가설은 미래 예상소득을 고려하여 최적 소비지출을 결정한다는 점에서 모두 다기간(multi-period) 모형이다.

(2) 생애주기가설

생애주기가설(life-cycle hypothesis) 사람들은 일생의 소득수준을 예측하여 전 생애의 소비수준을 비교적 균등하게 결정한다는 다기간 소비이론

생애주기가설(life-cycle hypothesis)은 1985년 노벨경제학상 수상자인 **모딜리아니**(F. Modigliani, 1918-2003)와 그의 제자였던 **브럼버그**(R. Brumberg), 동료였던 **앤도**(A. Ando, 1929-2002)에 의해 주창되었다. 생애주기가설에 의하면 사람들은 대체로 일생의 소득수준을 예측하여 전 생애의 소비수준을 비교적 균등하게 결정한다는 것이다.

그림 21-1

생애주기소득과 소비

생애주기가설은 일생의 소득을 어느 정도 균등하게 소비한다는 다기간 모형이다. 우리나라의 경우 일생에 있어 최고 소득을 실현하는 연령은 50대 초반으로 추정된다.

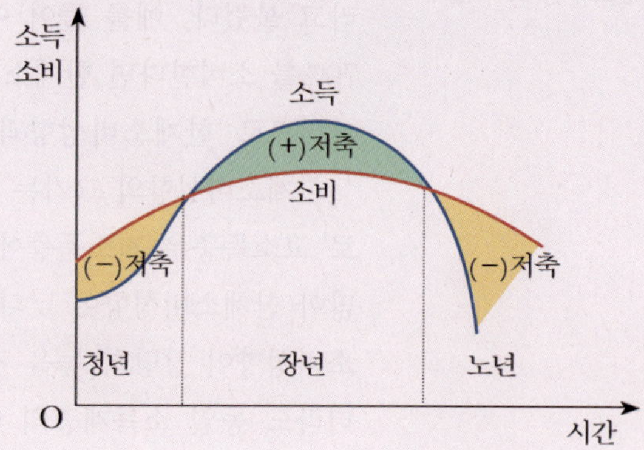

즉, 소비자는 현재의 소득이 아니라 일생동안의 소득을 예상하여 소비수준을 결정한다는 것이다. 사람들의 일생 소득수준은 청년기에 비교적 낮고 장년기에 높아졌다가 노년기에 이르러 급격히 낮아진다. 사람들은 청년기에는 소득보다 소비지출을 많이 하여 음(−)의 저축을 하다가 장년이 되면 소득이 소비지출보다 높아 양(+)의 저축을 한다. 그러므로 사람들은 장년기의 저축으로 청년기의 부채를 갚고, 노년기의 저소득에 대비한다. 소득수준은 일생을 통해 크게 변하더라도 소비수준의 변화는 그보다 훨씬 작게 변한다. 생애주기소득과 소비 간의 관계를 그림으로 나타내면 [그림 21-1]과 같다.

(3) 항상소득가설

1976년 노벨경제학상 수상자 **프리드먼**(M. Friedman, 1912-2006)은 소비이론으로 **항상소득가설**(permanent income hypothesis)을 주장했다. 그는 소비는 장기적인 기대소득으로서의 항상소득에 의존한다고 주장한다. **항상소득**이란 소비자가 자신의 자산(물적, 인적, 금융자산)으로부터 매기 발생하리라고 예상하는 평균수입으로 정의할 수 있다.

매기 실제소득(actual income)은 항상소득과 일치하지 않는다. 실제소득과 항상소득 간의 격차는 **임시소득**(transitory income)이다. 임시소득은 일시소득이라고도 하는데 예상치 못한 일시적인 소득으로 양(+)일 수도 있고, 음(−)일 수

항상소득가설(permanent income hypothesis) 소비는 장기적인 기대소득으로서의 항상소득에 의존한다는 소비이론

항상소득(permanent income) 소비자가 자신의 자산(물적, 인적, 금융자산)으로부터 매기 발생하리라고 예상하는 평균수입

임시소득(transitory income) 실제소득과 항상소득 간의 격차. 일시소득이라고도 함

도 있으나 그 기대 값은 제로이다. 프리드먼이 주장하는 항상소득가설에 의하면 소비는 케인스가 주장한 것처럼 현재의 실제소득에 의존하기보다는 실제소득에서 임시소득을 제한 항상소득에 의해 결정된다고 본다. 금기 자신의 항상소득이 300만원이라고 예상하고 있는 소비자가 뜻밖에 장사가 잘되 100만원을 더 벌어 실제소득이 400만원이 되었다고 하자. 이 소비자는 100만원은 임시소득이므로 소비지출에 반영하지 않고 당초 예상한 300만원의 항상소득에 맞춰 자신의 소비지출을 한다는 것이다. 물론 장사가 잘 안되어서 200만원밖에 벌지 못한 달에도 자신의 항상소득 300만원에 맞춰 지출할 것이다.

(4) 소비이론에 대한 평가

케인스의 절대소득가설을 비판하며 등장한 이들 다기간 소비이론에도 문제점은 있다.

첫째, 불확실한 미래에 대한 **예측의 어려움**이다. 어느 누구도 자신의 미래를 정확히 예측할 수는 없다. 미래에 자신이 선택할 직업과 소득은 얼마이며 언제 결혼해서 자녀는 몇을 둘 것인가? 자녀는 언제부터 취직을 해서 가계수입에 보탬을 줄까? 미래 어떤 재난이 있을 것인가? 등의 문제는 어느 정도까지는 예상할 수 있는 것도 있으나 매우 불확실하다. 즉, 불확실성 하에서 사람들은 생애주기가설이나 항상소득가설이 주장하는 소비행태를 그대로 따르기는 쉽지 않을 것이다.

유동성제약(liquidity constraint) 돈이란 것은 빌리고자 할 때 마음대로 빌릴 수 있는 것이 아닐뿐더러 갚고자 해도 여건상 갚지 못할 수도 있다는 제약

둘째, **유동성제약**(liquidity constraint)의 문제를 간과하고 있다는 비판이다. 앞서 다기간 모형이 청년기에는 돈을 빌려 쓰고 장년기에 돈을 갚으면서 노년기를 대비하여 저축한다는 분석은 희망사항일 수 있다. 돈이란 것은 빌리고자 할 때 마음대로 빌릴 수 있는 것이 아닐 뿐더러 갚고자 해도 여건상 갚지 못할 수도 있기 때문이다. 만일 사람들이 일생을 살아가면서 때때로 유동성제약에 직면한다면 소비자의 당초 소비계획은 차질을 빚게 되고 다기간 모형은 설명력이 떨어진다.

셋째, **유산**(bequest)문제를 고려하지 않았다는 점이다. 특히 우리나라를 비롯한 동양사회에서는 재산의 일부를 자식에게 물려주려는 전통이 있다. 즉, 사람들은 자신의 일생의 효용뿐 아니라 자손의 효용도 고려하여 소비지출을 한다는 것이다. 유산문제를 고려한다면 사람들의 소비행태는 생애주기가설이나 항상소득가설과는 많이 달라질 것이다. 또한 사람들은 미래 불확실성에 대비하기

위해서 소비를 줄이는 대신 저축을 증가시킬 것이므로 사망시점에서 상당한 부를 남길 가능성이 높다.

케인스의 절대소득가설이 소비행태를 지나치게 단순화 했다는 문제점은 있으나 그렇다고 해서 케인스의 소비이론이 현실성이 떨어지는 이론이라고 말할 수는 없다. 지난 4-50년간 많은 경제학자들이 소비이론에 대한 연구를 해왔으나 아직 어느 이론도 현실 설명력에 있어 절대적 우위를 나타내지 못하고 있기 때문이다. 이 책에서는 케인스의 절대소득가설에 따라 거시경제균형과 정책효과를 논의해 나가되 생애주기가설과 항상소득가설을 따를 경우의 정책효과에 대해서는 그때그때 언급하고자 한다.

Q & A

Q 학생의 질문

사실 오늘 수업시간에......넘 졸려서 잠깐 졸았거든요.... 한 10분 정신없이 졸고 보니.....막 내용이 후다닥 지나갔더라고요.. 그래서 질문 부탁드려요....ㅠㅠ, 생애주기가설, 항상소득가설의 단점 중 유동성제약이 먼가요?

A 안교수 답변

유동성의 원래 정의는 환금성과 비슷한 개념으로 어떤 자산을 화폐로 전환할 수 있는 용이성을 말합니다. 채권이나 증권이 가장 유동성이 높은 자산이겠지요. 반면에 부동산은 처분이 쉽지 않으니까 유동성이 상당히 낮다고 할 수 있고요. 생애주기가설은 현재 소비는 생애주기소득에 의존한다고 주장하는데 여기에는 미래의 유동성제약이 없다는 전제하에서 성립하는 것입니다. 생애주기가설을 비판하는 사람들은 미래 유동성제약, 즉 미래 어느 시점에 원하는 대로 빌리거나 처분할 수 없는 상황이 발생할 수 있으므로 생애주기가설은 부정확하다는 거죠.

21.1.3 기타 소비에 영향을 미치는 요인들

(1) 금리

소비란 소득에서 저축을 뺀 것과 같으므로 금리와 소비지출 간의 관계는 금리와 저축 간의 관계로부터 얻을 수 있다. 금리와 저축 간의 관계는 제6장 6.4.4에서 대체효과와 소득효과로 나누어 설명한 바 있다. 이제 금리가 낮아지면 현재소비의 기회비용이 작아지므로 현재소비가 증가하는데 이를 대체효과라고 한다. 반면 금리하락은 수입(income)감소를 초래하므로 재화에 대한 현재 소비와 미래소비를 모두 감소시키는 효과가 있는데 이를 소득효과라고 한다.

결국 금리하락 시 대체효과가 크면 소비가 증가하고 반대로 소득효과가 크면 소비는 감소한다. 그러므로 대체효과와 소득효과의 크기를 모르는 한 금리가 저축과 소비에 미치는 효과는 불분명하다.

그러나 자동차, 가전제품, 가구 같은 내구재는 할부로 구입하는 경우가 많다. 그러므로 금리가 높을수록 할부금의 부담이 커지므로 내구재 소비는 감소할 것이다. 반대로 금리가 하락하면 내구재 소비는 증가할 것이다. 그러므로 이 책에서는 금리가 소비재에 미치는 효과는 금리와 내구재소비 간의 관계를 고려하여 음(−)의 관계로 보기로 하자.

(2) 물가

피구효과(Pigou effect) 소비는 부의 함수라는 것. 피구효과를 받아들일 경우 물가상승은 소비지출을 감소시킴

일찍이 영국의 경제학자 **피구**(A. C. Pigou, 1877−1959)는 케인스와의 경기논쟁에서 '소비는 부의 함수'라고 주장했는데 이를 **피구효과**라고 한다. 물가가 상승하면 민간이 보유하고 있는 실질화폐량(화폐량/물가)이 감소하게 되는데 이를 **실질잔고효과**(real balance effect) 혹은 **부효과**(wealth effect)라고 한다. 피구효과를 받아들일 경우 물가상승은 실질화폐량을 감소시키므로 부를 감소시키고 따라서 소비지출이 감소한다.

(3) 재산

소득은 별로 없더라도 재산(wealth)이 많으면 재산의 일부를 처분하며 소비생활을 할 수 있으므로 재산은 소비에 영향을 미치는 중요한 요인 가운데 하나이다. 재산에는 부동산, 귀금속, 자동차 등의 내구재 외에도 예금, 주식, 채권 등의 금융자산이 포함된다.

(4) 미래 소득

생애주기가설이나 항상소득가설에서 살펴보았듯이 소비는 현재의 절대적 소득수준뿐 아니라 미래 예상소득에 의해서도 영향을 받는다. 미래 예상소득이 높을수록 오늘의 소비수준도 높아진다.

21.1.4 소비지출곡선

소비지출이 절대소득가설을 따른다고 할 때 소비지출곡선은 소득에 대해 증가함수이다. 소비지출곡선의 이동은 소비에 영향을 미치는 다른 변수들, 즉 금리나 부, 물가, 미래 예상과 관련이 있다. 예를 들어 금리가 하락하면 이자부담이 감소하므로 내구재에 대한 할부구입이 증가함으로써 소비지출곡선은 밖으로 이동한다. [그림 21-2]는 소비지출곡선의 기울기와 금리인하에 따른 곡선의 이동을 보여주고 있다.

그림 21-2

소비지출곡선과 이동

금리인하가 소비에 미치는 효과는 대체효과와 소득효과에 달려있다. 그러나 자동차, 가전제품, 가구 같은 내구재는 할부로 구입하는 경우가 많으므로 금리인하는 할부금의 부담을 줄여 내구재 소비를 증가시킨다는 점에서 소비곡선은 밖으로 이동한다.

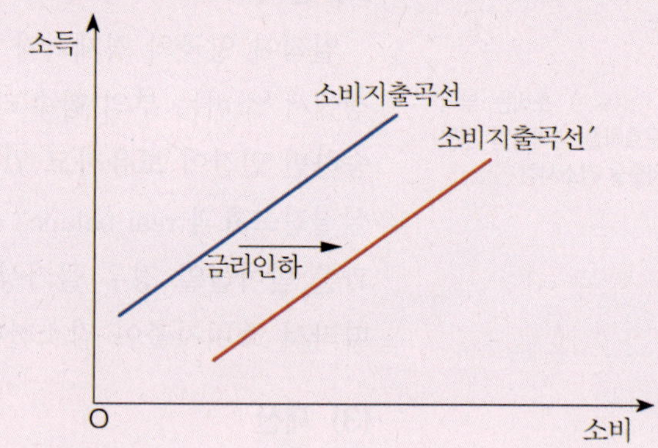

21.2 투자

21.2.1 투자란 무엇인가?

투자가 총수요에서 차지하는 절대적 비중은 소비가 차지하는 비중에 비해 상당히 작다. 그러나 소비가 비교적 안정적임에 반해 투자는 경기상황에 따라 크게 변동한다는 점에서 오히려 경기변동 측면에서는 투자가 소비보다 영향력이 더 크다. 따라서 경제안정을 위해서는 투자수요의 조절이 매우 중요하다.

(1) 투자의 정의

① 일반적 의미

투자(investment) 일정기간동안 그 나라의 국민총생산(GDP) 중 기업이 구입한 자본재의 총가치

국어사전에서는 **투자**(investment)란 '장차 얻을 수 있는 수익을 위해 현재 자금을 지출하는 것'으로 기술되어 있다. 이런 의미에서 본다면 흔히 개인이나 기업이 기존의 실물자산이나 금융자산을 구입하는 것과 같은 재테크도 투자라고 말할 수 있다. 하지만 기존 자산에 대한 재테크는 사실상 소유권의 교체일 뿐이라는 점에서 경제학에서 말하는 투자의 개념과는 전혀 다르다.

② 경제학적 의미

경제학에서 투자라고 할 때는 '일정기간 동안 그 나라의 국내총생산(GDP) 중 기업이 구입한 자본재의 총가치'를 의미하는 것으로 소비와 마찬가지로 유량(flow) 개념이다.

(2) 투자의 구분

재고투자(inventory investment) 재고증감은 다음 기를 대비해 미리 준비해둔 것으로 볼 수 있으므로 투자로 분류

투자는 총고정자본형성을 이루는 **고정투자**와 재고증감에 의한 **재고투자**로 구분할 수 있다. 재고증감은 다음 기를 대비해 미리 준비해둔 것으로 볼 수 있으므로 투자로 분류한다. 고정투자는 건설투자와 설비투자 및 무형고정자산투자로 나누어진다. 〈표 21-2〉는 2017년 우리나라의 투자구성을 보여준다.

표 21-2
2017년 투자구성

(당해 년 가격, 단위: 조원)

총투자	고정투자			재고투자 (재고증감)
	건설투자	설비투자	지식재산, 생산물투자	
538.6	287.0	153.1	98.5	-0.8

자료: 한국은행, 조사통계연보, 2018

지리적으로 투자는 국내투자와 해외투자로 나눌 수 있고, 투자주체에 따라 기업과 가계(家計)가 주체가 되는 민간투자와 정부가 주체가 되는 정부투자로 나눌 수도 있다. 이 책에서는 거시경제 분석에서의 정부역할을 뚜렷이 부각시키기 위해 정부투자를 투자에서 떼어내 정부지출에 포함시킬 것이다. 그러므로 앞으로 이 책에서 투자라고 말할 때 이는 민간투자만을 의미하는 것이다.

고정투자는 건설투자, 설비투자와 지식재산 및 생산물투자가 있다. 지식 및 생산물투자는 연구개발(R&D)과 같은 투자로 다른 기업과의 경쟁에서 이기기 위해 신제품이나 신기술을 개발하는 활동인데, 결과물이 나오는 데는 보통 오랜 시간이 걸린다. 설비투자는 기존의 생산능력을 늘리기 위해 공장을 증축하거나 기계 설비를 구입하는 것을 말한다.

투자를 발생요인에 따라 분류하면 소득증가로 소비수요가 늘어남에 따라 발생하는 투자는 **유발투자**라 하고 정부의 공공투자나 기술혁신에 따른 새로운 설비를 위한 독자적 투자는 **독립투자**라고 한다.

대체투자 기업의 생산과정에서 사용되어 없어진 자본재를 보충하는 투자

순투자 생산규모를 확장하는 투자

한편 투자가 자본량에 미치는 효과를 중심으로 분석할 경우 고정투자는 **대체투자**와 **순투자**(신규투자라고도 한다.)로 나눌 수 있다. 대체투자란 기업의 생산과정에서 사용되어 없어진 자본재를 보충하는 것으로 제17장의 [그림 17-1]에서 고정자본소모에 해당하는 부분을 보충하는 투자를 말한다. 한편 순투자는 전기 자본량을 초과하는 자본량으로 생산규모를 확장하는 투자를 말한다.

(3) 투자와 자본량

자본량(capital stock) 일정시점에서의 한 나라 경제가 보유하고 있는 자본재 총량. 투자가 유량개념이라면 자본량은 저량개념임

유량으로서의 투자는 총수요의 중요한 구성요소이면서 동시에 한 나라의 저량(stock)으로서의 **자본량**을 변화시킨다. 즉, 금기 투자는 차기 자본량이 된다. 식 (20.2)에서 K_{t+1}은 t+1기 자본량(저량), K_t는 t기 자본량(저량), I_t는 t기 동안

발생한 투자(유량), D_t는 t기 동안 소모된 고정자본소모(유량)를 나타낸다.

$$K_{t+1} = K_t + I_t - D_t \tag{21.2}$$

공장이나 기계설비와 같은 고정자산은 일정기간이 경과하면 수명이 다하여 사용하지 못하게 된다. 그러나 고정자산의 가치는 수명이 다한 시점에서 한꺼번에 소멸되는 것이 아니라, 사용되는 전 기간에 걸쳐서 평균적으로 감가하게 되는데 이를 **고정자본소모**(감가상각)라고 한다. 예를 들어 1억원짜리 기계의 수명이 10년이라고 하면 매년 1,000만원씩 소모된다. 고정자본소모를 보충하는 투자를 대체투자라고 하며 고정자본소모 이상의 투자를 순투자라고 한다. 순투자가 이루어졌을 때 비로소 전체 자본량이 증가한 것이며 국민경제의 생산규모가 확대된 것이다.

총수요의 구성요소로서의 투자의 역할과 자본량의 결정요소로서의 투자의 역할은 서로 그 초점이 다르다. 총수요의 구성요소로서 투자를 말할 때는 투자의 경기조절 기능을 중시하는 것이며, 자본량의 결정요인으로서의 투자를 논하는 것은 투자가 경제성장에 미치는 영향을 중시하는 것이다.

21.2.2 투자의 결정요인

(1) 투자와 불확실성

투자라는 뜻에는 '성공이 100% 보장되어 있는 것은 아니다.'라는 의미가 내포되어 있다. 즉, 투자란 불확실한 미래에 승부를 거는 일과 같다. 기업이 투자를 결정하기까지는 기획, 자금, 법률팀의 치밀한 사전조사 후 성공할 확률이 실패할 확률보다 높다고 판단될 때 투자를 한다. 그러나 현실은 예상대로 움직여 주지 않는다. 시장상황을 잘못 예측함으로써 과잉투자로 인한 실패 가능성은 항상 존재한다.

예를 들어 A제철소가 생산규모를 배로 늘리기로 결정하고 투자를 시작했다고 하자. 철강업의 특성상 투자완료 시점까지는 상당한 시간이 소요된다. 수년 후 생산규모가 배로 증가한 시점에서 시장상황이 당초 예상했던 것보다 나쁘다면 큰 낭패가 아닐 수 없다. 즉, 투자시점과 투자완료 시점 간의 시차(time lag) 때문에 특히 투자의 불확실성이 높아진다.

(2) 개별기업의 투자결정 : 투자의 한계효율

기업이 생산규모를 확장하려는 투자계획을 수립한다고 할 때 어떤 기준에 의해 투자여부를 판정하는가? 간단히 말해 들어간 투자비용보다 투자로 인한 수익이 많다면 투자를 하고 그 반대라면 투자를 포기한다. 여기서 투자비용은 투자시점에서 이미 알려진다. 문제는 투자수익은 일정시간이 흐른 뒤에 발생하기 시작해 투자재의 내구연한 동안 지속된다는 점이다. 그러므로 투자수익은 투자재의 내구연한에 걸친 기업가의 예상에 의존할 수밖에 없다.

예를 들어 이제 전자부품을 생산하는 P사는 수명이 4년인 기계를 몇 대 더 설치할 것을 검토하고 있다고 하자. 기계 1대를 증설하는 데는 총 1억 원의 비용이 소요된다. P사의 투자 사업팀은 첫 번째 기계 1대를 설치했을 때 얻게 될 4년간의 예상수익(expected return)을 R_1, R_2, R_3, R_4원으로 예상하고 있다. 매해의 예상수익을 현재가치(present value)로 환산하기 위해서는 **할인율**(discount rate)이 필요하다. 케인스는 매 해 예상수익의 현재가치의 합이 투자비용과 동일하게 되도록 하는 할인율을 **투자의 한계효율**(marginal efficiency of investment)이라고 불렀다. 다시 말해 투자의 한계효율이란 기업이 한 단위의 투자를 증가시켰을 때 추가되는 효율을 의미하는 것이다. 이런 의미에서 개별기업이 예상하는 투자의 한계효율은 투자에 대한 **기업가의 예상수익률**이라고 할 수 있다.

투자의 한계효율(marginal efficiency of investment) 투자로 인해 발생하는 매 해 예상수익의 현재가치의 합이 투자비용과 동일하게 되도록 하는 할인율

$$IC_0 = R_1/(1+d)+R_2/(1+d)^2+R_3/(1+d)^3+R_4/(1+d)^4 \qquad (21.3)$$

식 (20.3)에서 IC_0는 금기의 투자비용, R_1, R_2, R_3, R_4는 각각 1기, 2기, 3기, 4기의 예상수익, d는 투자비용과 예상투자수익의 현재가치를 일치시키는 할인율로 투자의 한계효율 혹은 투자에 대한 기업가의 예상수익률이다. 이 할인율은 개별 기업마다 다르고, 시장금리와도 다르다. 만일 다른 기업 T사의 예상수익 R_1', R_2', R_3', R_4'가 P사의 예상수익 R_1, R_2, R_3, R_4보다 높다면 T사의 투자의 한계효율 d′은 P사의 d보다 높다.

P사의 두 번째 기계에 대한 투자의 한계효율도 같은 방식으로 계산할 수 있다. 여기서 유의할 것은 두 번째 기계의 한계효율은 첫 번째 기계의 한계효율보다 낮다는 점이다. 왜냐하면 기계의 한계생산성이 체감한다고 할 때 기계의 설치를 늘려감에 따라 투자의 한계효율도 감소할 수밖에 없기 때문이다.

표 21-3
P사의 투자여부 판정

기계량	투자의 한계효율(%)	금리(%)	투자여부
1	8	6	투자
2	7	6	투자
3	5.5	6	투자포기
4	3.5	6	투자포기

이제 시장금리가 6%로 주어져 있다고 하자. P사가 기계의 고용을 1대씩 증가시켜 나갈 때 투자의 한계효율이 〈표 21-3〉에서 보듯이 각각 8, 7, 5.5, 3.5%로 하락한다고 하자. 이제 P사는 두 번째 기계까지는 투자를 결정하지만 세 번째 기계부터는 현재의 금리수준에서 손해이므로 투자를 포기하게 된다. 만일 금리가 6%에서 5%로 낮아진다면 세 번째 기계에 대한 투자는 이익으로 전환되므로 투자적격 판정을 받게 될 것이다. 앞서 살펴본 T사는 예상수익률이 높으므로 투자결정을 할 가능성이 P사보다 높을 것이다.

그러므로 투자여부를 판정함에 있어 중요한 요인은 기업가가 예상하는 투자의 한계효율, 즉 예상수익률과 시장의 금리수준이다. 예상수익률이 높을수록, 그리고 금리가 낮을수록 투자결정이 이루어질 가능성이 높다. 금리는 개별 기업의 의사와는 상관없이 시장에서 결정되는 것인 반면 예상수익률은 기업가의 자체판단에 의존한다. 그러므로 주어진 금리수준에서 투자결정여부는 기업가의 예상수익률이 어떤 수준에 있는가에 따라 달라진다. 미래 경제상황을 낙관적으로 보는 기업가는 예상수익률을 높게 잡을 것이므로 투자가능성도 그 만큼 높을 것이다.

한편 신축 주택시장의 경우 금리가 낮을수록 주택금융대출이 증가하고 주택구입이 활발해질 것이므로 건설투자가 증가한다. 정부의 저금리정책으로 가계대출이 급증하고 주택시장이 활성화되는 것이 좋은 예이다. 가계는 이렇게 확보한 자금으로 기존주택을 구입하기도 했겠지만, 주택을 신축하거나 신규건설 아파트청약에도 참여함으로써 건설투자를 촉진시킨다.

21.2.3 투자곡선 도출과 이동

개별기업의 투자는 금리가 높을수록 감소하고 금리가 하락할수록 증가한다. 그러므로 개별기업의 투자곡선은 금리에 대해 우하향하는 형태를 취한다. 국민경제 전체의 투자곡선은 개별기업의 투자곡선을 수평으로 합하여 얻어진다. 개별기업의 투자곡선이 우하향하므로 국민경제의 투자곡선 역시 금리에 대해 우하향하는 형태가 된다. [그림 21-3]은 개별기업의 투자곡선을 합하여 투자곡선이 얻어지는 것을 보여준다.

[그림 21-4]는 기업의 예상수익률이 상승할 경우 투자곡선의 이동을 보여준다. 주어진 금리수준 r_0에서 기업의 예상수익률이 상승하거나, 향후 경제전망이 좋아지거나, 소득증가, 소비수요증가, 공공투자증가, 기술혁신에 따른 독립투자가 발생할 경우 투자는 I_0에서 I_1로 증가할 것이므로 투자곡선은 밖으로 이동한다.

그림 21-3

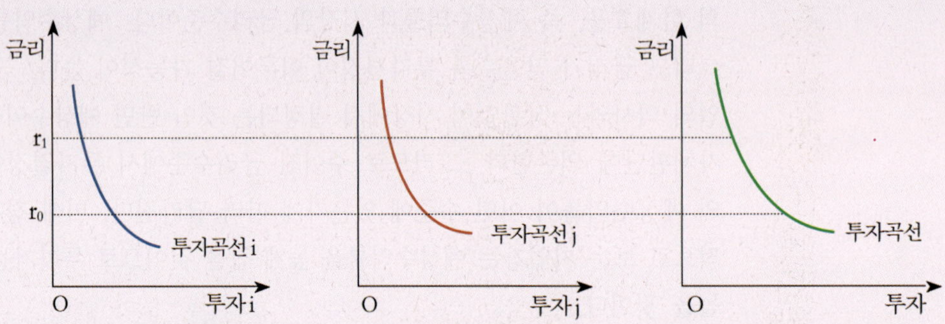

(a) i기업의 투자곡선 (b) j기업의 투자곡선 (c) 국민경제의 투자곡선

투자곡선의 도출

국민경제의 투자곡선은 개별 기업의 투자곡선을 합하여 얻을 수 있다.

그림 21-4

투자곡선의 이동

주어진 금리수준에서 기업가의 예상수익률이 상승한다면 기업은 신규투자를 증가시킨다.

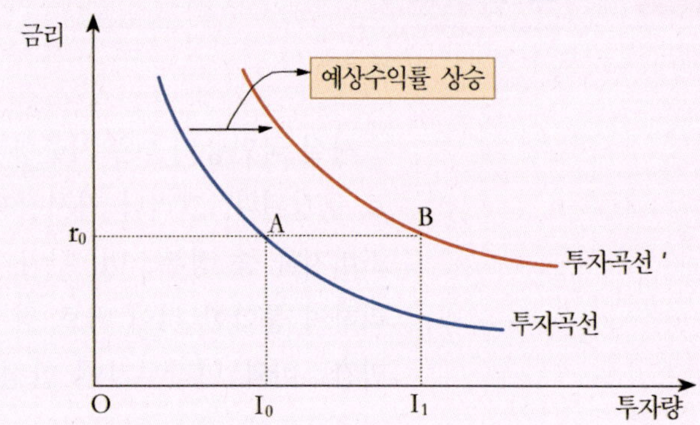

21.2.4 소득증가와 투자: 가속도원리

유발투자(induced investment) 소득증가로 인해 발생되는 투자

가속도원리(acceleration principle) 소득증가에 의한 유발투자는 매우 강력하게 일어난다는 주장

투자는 기업의 독자적 판단에 의해 발생하는 독립투자와 소득증가로 인한 유발투자로 나누어 살필 수 있다. 소득의 증가는 소비지출을 증가시키고 재고를 감소시키므로 산출량 증가와 이를 위한 설비투자를 자극하게 된다. 이와 같이 소득증가로 발생되는 투자를 **유발투자**라고 한다.

유발투자는 다시 소득을 증가시키고 소득증가는 소비를 증가시킨다. 소비증가는 다시 재고감소를 불러와 투자를 촉진시키는 순환이 되풀이 된다. 케인스학파는 일찍이 최초 1단위의 소득증가는 그보다 몇 배의 유발투자를 일으킨다고 주장하였는데 이를 **가속도원리**(acceleration principle)라고 한다.

소득과 투자 간의 가속도원리에 대한 비판도 있다. 기업이 지난 기에 판매하지 못한 재고(재고투자)가 많을 경우 금기의 소득과 소비지출의 증가가 유발투자로 이어지는데 한계가 있다는 지적이다. 왜냐하면 소비가 증가할 때 기업은 과잉 재고를 먼저 처분하고자 할 것이므로 투자증가로 이어지지 못할 것이기 때문이다.

21.3 정부지출

사실 국민총지출은 지출형태에 따라서 분류하면 소비지출, 투자지출, 순수출로 구성된다. 그러나 거시경제 분석에 있어 정부의 역할을 분명히 하기 위하여 소비지출 중 정부소비, 투자지출 중 정부투자 그리고 순수출 중 정부부분을 분리하여 통합한 것이 바로 정부지출이다. 그러므로 앞서 논의한 소비와 투자는 민간소비와 민간투자에 한정하여 설명한 것임을 유의해야 한다. 정부지출은 지출용도에 따라 공무원의 급여나 국내에서 생산된 재화구입을 위한 지출인 정부소비지출, 도로, 항만, 교량, 공공시설 등의 건설을 위한 지출인 정부투자지출, 해외로부터의 재화구입에 지출한 정부수입(government imports)으로 나누어진다.

정부지출이라고 해서 모두 거시경제학의 관심 대상인 것은 아니다. 조세징수액을 초과하는 정부지출이나 혹은 조세징수액을 밑도는 정부지출이 보다 큰 관심의 대상이다. 정부지출이 비록 여러 가지 요인들에 영향을 받고 있는 것은 사실이나 기본적으로 정부의 정책의지에 의해 결정되는 측면이 강하다. 예를 들어 국민경제가 침체에 빠져있다면 정부는 재정적자를 통한 경기부양책을 사용할 것이다. 따라서 이 책에서는 정부지출은 정부에 의해 정책적으로 결정된다고 가정한다.

21.4 순수출

총수요가 국내에서 생산된 재화와 서비스에 대한 수요를 총합한 개념이므로 우리 재화에 대한 외국의 지출(우리의 수출)은 총수요에 포함되지만 외국재화에 대한 우리의 지출(우리의 수입)은 총수요에 포함되지 않는다. 그러므로 수출에서 수입을 뺀 순수출이 총수요의 구성요인이 된다. 수출이 수입보다 클 경우 무역흑자(trade surplus) 수출이 수입보다 많은 경우. 반대로 수입이 수출을 초과하면 무역적자(trade deficit)임

무역흑자라 하고 반대로 수입이 수출을 초과하면 무역적자가 된다. 무역흑자는 국내 총수요를 증가시키므로 국민경제를 확대시키는 반면 무역적자는 총수요를 감소시키므로 국민경제를 위축시킨다.

21.4.1 순수출의 결정요인

순수출은 어떻게 결정되는가? 순수출에 영향을 주는 요인은 많이 있으나 가장 중요한 요인으로는 국민소득수준과 교역상대국과의 상대가격이다.

(1) 국민소득과 수입

국민소득이 증가하면 가계, 기업, 정부 모두 지출을 전보다 증가시킨다. 경제주체의 지출은 국내재화에 대한 지출뿐 아니라 해외재화에 대한 지출로도 사용된다는 점에서 소득증가는 외국으로부터의 수입을 증가시킨다. 그러므로 소득의 증가는 수입(imports)증가를 유발하여 순수출을 감소시키는 반면 소득감소는 수입을 감소시킴으로써 순수출을 증가시키게 된다.

(2) 상대가격과 순수출

국민소득 외에 순수출에 영향을 미치는 요인으로 교역대상국과의 상대가격이 있다. 상대가격은 외화표시 국내가격을 외국가격으로 나눈 비율로 다음과 같이 정의할 수 있다. 여기서 외국은 미국이라고 하자.

$$\text{i재의 상대가격} = (P_i/E)/P_i^* \qquad (21.4)$$

환율(exchange rates) 두 나라간의 서로 다른 통화를 바꿀 때 적용되는 교환비율

식 (20.4)에서 P_i는 i재 국내가격, E는 환율(₩/$), P_i^*는 미국의 i재 가격이다. 상대가격을 결정하는 요인은 양국의 가격수준과 환율이다. 양국의 가격수준과 환율의 변동이 상대가격을 변동시켜 순수출에 영향을 주게 된다. 이제 양국 가격수준과 환율의 변화가 어떻게 순수출에 영향을 미치는지 살펴보자.

① 양국의 물가수준과 순수출

예를 들어 원화의 대미달러 환율이 $1=₩1,000일 때 한국의 청바지 가격은 6만원이고, 미국의 청바지 가격은 60달러라고 하자. 청바지의 품질이 동일하다고 할 때 달러표시 상대가격이 1이므로 양국 간에는 무역이 일어나지 않는

다. 이제 한국의 청바지 가격이 5만원으로 하락했다면 어떻게 될 것인가? 한국의 청바지 가격이 50달러로 하락한 것이므로 미국은 상대적으로 저렴한 한국의 청바지를 수입하게 되고 우리의 수출은 증가한다. 반대로 우리의 청바지 가격이 7만원으로 상승한다면 미국 수입 청바지가격(6만원)보다 비싸므로 한국은 미국으로부터 청바지를 수입하게 된다. 이와 같이 양국의 재화가격이 변동함에 따라 상대가격이 변하고, 상대가격의 변동에 따라 수출입이 영향을 받는다. 종합적으로 물가가 상승하는 나라는 수출이 감소하고 수입은 증가함으로써 순수출이 감소하는 반면 물가가 하락하는 나라는 순수출이 증가하게 된다.

② 환율과 순수출

양국의 가격수준은 변하지 않았더라도 환율이 변동하면 상대가격이 변한다. 즉, 식 (21.4)에서 양국의 가격은 일정하더라도 환율 E가 변하면 상대가격이 변하게 된다. 예를 들어 청바지의 한국가격은 6만원, 미국가격은 60달러이다. 이제 한국 원화의 대미 달러 환율이 $1=₩1,000에서 $1=₩1,200으로 인상되었다고 하자. 이를 **환율인상** 혹은 **원화의 가치절하**(depreciation 혹은 평가절하 devaluation)라고 한다. 환율인상으로 한국의 청바지 가격은 50달러로 낮아져 미국으로 수출되기 시작한다. 그러므로 환율인상은 달러표시 수출가격을 낮춰 수출을 촉진시키고 동시에 원화표시 수입가격을 상승시켜 수입을 억제한다.

환율인상(depreciation) 상대국 통화에 비해 자국통화가치가 하락하는 현상. 평가절하(devaluation)라고도 함

그러나 여기서 분명히 해야 할 것은 환율인상이 자국의 순수출 물량이 아니라 순수출 금액을 증가시킬 수 있느냐의 문제다. 우리의 관심은 순수출 물량의 증가가 아니라 순수출 금액의 증가이기 때문이다. 이 문제는 양국의 수입수요의 가격탄력성들과 관련이 있는데 다음 절에서 자세히 논의해보자.

21.4.2 평가절하와 무역수지

(1) 마셜-러너조건

여러분은 제4장에서 공급자가 재화가격을 낮추었을 때 총수입(total revenue)이 증가할 것인가의 문제는 '수요의 가격탄력성이 1보다 크냐?' 혹은 '작으냐?'에 달려있다는 사실을 배운 바 있다. 가격을 10% 인하했을 때 수요량의 증가율이 5%였다면 탄력성은 0.5가 되고 총수입은 오히려 5% 감소한다. 마찬가지로

마셜-러너조건(Marshall-Lerner condition) 우리 수출품에 대한 외국 수입수요의 가격탄력성 ε_d*와 외국수출품에 대한 우리 수입수요의 가격탄력성 ε_d의 합이 1보다 크면 평가절하가 무역수지를 개선시킨다는 조건. 마셜-러너조건은 다음 2가지 가정에 입각한다. ① 평가절하 당시 무역수지가 균형부근에 있다. ② 양국의 수출공급의 가격탄력성이 무한하다

자국의 환율인상은 상대가격을 자국에 유리하게 낮춤으로써 수출량을 증가시키고 수입량을 감소시키는 것은 사실이나 순수출 금액, 즉 무역수지를 개선할 수 있느냐의 여부는 양국 수입수요의 가격탄력성에 의존한다. 이 문제에 대한 답은 1923년 **마셜**(A. Marshall, 1842-1924)의 연구와 1944년 **러너**(A. P. Lerner, 1905-1982)의 연구에 의해 이루어졌다.

마셜과 러너는 **우리 수출품에 대한 외국 수입수요의 가격탄력성 ε_d^*와 외국 수출품에 대한 우리 수입수요의 가격탄력성 ε_d의 합이 1보다 크면 평가절하가 무역수지를 개선시킨다**는 조건을 제시했는데 이를 **마셜-러너조건**이라고 한다.

$$\varepsilon_d^* + \varepsilon_d > 1 \quad (21.5)$$

(2) 장단기 탄력성 변화와 J곡선

J곡선효과(J-curve effect) 평가절하를 단행했을 때 단기적으로 가격조정은 재빨리 이루어지지만 수량조정은 서서히 이루어지기 때문에 오히려 무역수지가 악화된다는 것

평가절하를 단행했을 때 단기적으로는 가격조정은 재빨리 이루어지지만 수량조정은 서서히 이루어지기 때문에 오히려 무역수지가 악화된다는 주장이 있다. 즉, 평가절하 후 단기에는 무역수지가 오히려 악화되고 시간이 지남에 따라 흑자로 전환된다는 주장인데 그 모양이 [그림 21-5]에서 보듯이 영어 알파벳의 'J'와 같다고 하여 **J곡선효과**(J-curve effect)라고 한다.

J곡선효과는 왜 발생하는가? 평가절하가 일어났을 때 단기적으로는 국내외 생산자와 소비자가 상대가격의 변화에 신속하게 반응할 수 없는 여러 가지 제약이 있기 때문이다. 평가절하로 우리 수출품의 달러가격이 하락했더라도 외국에서는 당장 수입물량을 증가시킬 수 없는 경우가 많다. 왜냐하면 수입은 이미 수개월 전 계약에 의해 확정되어 있고 단골관계 때문에 갑자기 수입선을 제3국에서 우리나라로 바꾸기도 어렵기 때문이다. 수출하는 우리나라의 입장에서도 단기적으로는 근로자의 추가고용 문제나 생산시설의 제약 때문에 수출물량을 단기간에 크게 증가시키기 어렵다.

한편 우리의 수입에서도 외국상품의 원화가격이 상승했더라도 이미 계약된 수입물량을 취소하기 어렵고, 산업구조 역시 외국과 연결되어 있기 때문에 수입품을 갑자기 국내 수입대체품으로 바꾸기도 어렵다. 따라서 단기적으로는 수입물량이 감소되기 어렵다. 결국 단기적으로는 양국 수입수요의 가격탄력성이 작아 마셜-러너조건이 성립하지 못하고 무역수지의 개선이 일어나지 못한다는 주장이다.

그림 21-5

평가절하와 J곡선

환율인상은 단기적으로 가격조정만 일어나고 수량조정이 일어나지 않는 단기에는 무역수지를 악화시킨다. 장기적으로 수량조정이 일어나면서 무역수지는 개선된다.

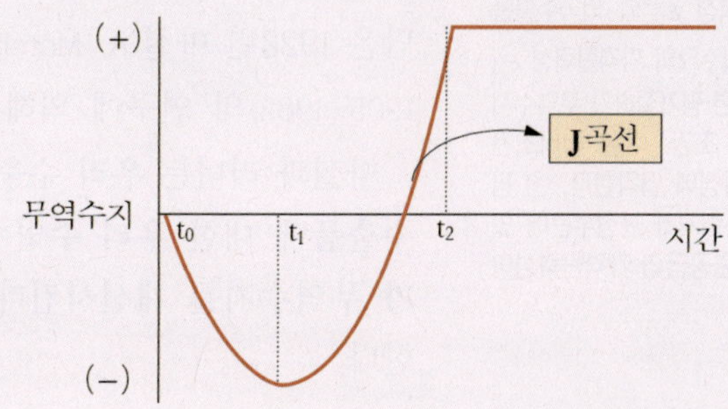

교두보효과(beach head effect)
J곡선효과를 설명하는 이론 중의 하나. 대규모 시설규모의 산업인 경우 쉽게 전출입하기 어렵기 때문

평가절하 시 기업들의 단기 반응이 지연되어 단기탄력성이 작은 이유로 '**교두보효과**'(beach head effect)를 제시하는 학자도 있다. 평가절하로 가격조건이 유리해졌다 하더라도 그 산업이 대규모 시설투자를 해야 하는 산업인 경우(예, 자동차, 조선, 반도체 등) 고정자산의 투입액이 크므로 쉽게 투자결정을 내리기 어렵다. 보통 고정자산은 매몰비용(sunk cost)의 성격이 강하므로 수익성이 악화되어 시장에서 전출하고자 할 때 거의 회수할 수 없는 자산일 경우가 많다. 그러므로 평가절하로 가격조건이 유리해졌다고는 하나 워낙 대규모 자본이 투입되어야 하는 산업의 경우 단기적으로 쉽게 시장에 진입하거나 기존시설을 확장하기 어렵고 따라서 수출 공급의 증가에는 한계가 있다.

다른 한편 외국의 입장에서는 우리의 평가절하로 외국의 가격조건이 악화되었으므로 조업을 중단해야 마땅하나 제12장에서 살펴보았듯이 가격이 평균가변비용보다 높으면 고정비용의 일부가 보상되는 것이므로 단기적으로는 조업을 계속하는 것이 유리하다. 그러므로 단기적으로 조업을 중단하지 않고 계속 생산함으로써 우리 수출품에 대한 외국의 급격한 수입증가가 단기에는 이루어지지 않는다.

그러나 장기적으로는 위에서 논의된 수량제약이 해소되면서 수출물량의 증가와 수입물량의 감소가 활발히 이루어짐으로써 마셜－러너조건이 성립하고 평가절하는 무역수지를 개선시킬 수 있게 된다.

복습과 연습

요 약

1. 총수요란 국내에서 생산된 재화와 서비스에 대한 수요를 총합한 개념으로 유량 개념이다.
2. 케인스는 총수요를 구성요소별로 소비, 투자, 정부지출, 순수출(수출－수입)로 나누었다.
3. 경제학에서의 소비는 일정기간 동안의 소비지출을 의미하는 유량 개념이므로 중고품에 대한 지출은 소비지출에 포함되지 않는다.
4. 소비이론으로는 절대소득가설, 생애주기가설 및 항상소득가설이 있다.
5. 절대소득가설은 케인스가 주장한 것으로 현재의 소비는 주로 현재 소득의 절대적 크기에 의존한다는 것이다.
6. 한계소비성향과 한계저축성향의 합은 1이다.
7. 생애주기가설에 의하면 사람들은 대체로 일생의 소득수준을 예측하여 현재의 소비를 결정한다.
8. 항상소득가설에 의하면 소비는 케인스가 주장한 실제(절대)소득에 영향을 받기보다는 소비자가 자신의 인적·물적자산으로부터 매기 발생하리라고 예상하는 평균수입인 항상소득에 의해 결정된다고 본다.
9. 다기간모형의 문제점으로는 불확실한 미래, 유동성제약, 유산상속문제를 무시했다는 점이다.
10. 금리가 저축에 미치는 효과는 대체효과와 소득효과를 모두 고려해야 한다.
11. 내구재소비는 할부구입이 많으므로 금리에 대해 음의 함수이다.
12. 피구효과를 받아들일 경우 물가상승은 실질화폐량을 감소시키므로 부를 감소시키고 따라서 소비지출이 감소한다.
13. 소비지출이 절대소득가설을 따른다고 할 때 소비지출곡선은 소득에 대해 증가함수이다. 소비지출곡선의 이동은 소비에 영향을 미치는 다른 변수들 금리, 부, 물가, 미래 예상과 관련이 있다.
14. 경제학에서 투자라고 할 때는 '일정기간 동안 그 나라의 국민총생산 중 기업이 구입한 자본재의 총가치'를 의미한다.
15. 대체투자란 고정자본소모에 해당하는 부분을 보충하는 투자이고 순투자는 생산규모를 확장하는 투자를 말한다.
16. 매 해 예상수익의 현재가치의 합이 투자비용과 동일하게 되도록 하는 할인율을 투자의 한계효율이라고 한다.
17. 투자여부를 판정함에 있어 중요한 요인은 기업이 예상하는 투자의 한계효율, 즉 예상수익률과 시장의 금리수준이다.
18. 개별기업의 투자곡선이 우하향하므로 국민경제의 투자곡선 역시 금리에 대해 우하향하는 형태가 된다.
19. 순수출에 영향을 주는 요인으로는 국민소득과 국내가격과 해외가격 간의 상대가격이다.

20. 물가가 상승하는 나라는 수출은 감소하고 수입은 증가함으로써 순수출이 감소한다.

21. 마셜－러너조건은 우리 수출품에 대한 외국수입수요의 가격탄력성 ε_d^*와 외국수출품에 대한 우리 수입수요의 가격탄력성 ε_d의 합이 1보다 크면 평가절하가 무역수지를 개선시킨다는 것이다.

22. 평가절하를 단행했을 때 단기적으로 가격조정은 빨리 이루어지지만 수량조정은 서서히 이루어지기 때문에 오히려 무역수지가 악화된다는 주장을 J곡선효과라고 하는데 이를 설명하는 이론으로 교두보효과가 있다.

중요개념

총수요	소비	투자	절대소득가설
한계소비성향	생애주기가설	항상소득가설	임시(일시)소득
유동성제약	피구효과	투자의 한계효율	할인율
현재가치	유발투자	가속도원리	환율
평가절하	고정투자	재고투자	독립투자
대체투자	마셜－러너조건	J곡선효과	교두보효과

연습문제

Ⅰ. 다음 물음에 O, X로 답하고 그 이유를 밝히시오.

1. 수입이 생겨 중고차를 구입했다면 경제학에서 말하는 소비지출은 아니다.

2. 내구재 소비는 소득에 영향을 받으나 금리와는 관계가 없다.

3. 유동성제약이 있다면 생애주기가설은 한계에 봉착한다.

4. 항상소득을 초과하는 임시소득은 소비에 큰 영향을 미친다.

5. 금리하락이나 기업가의 예상수익률이 상승하면 투자는 증가한다.

6. 한은이 지급준비율을 인상하면 총수요곡선은 밖으로 이동한다.

7. 정부가 국채를 발행하여 정부지출을 증가시킨다면 총수요곡선은 밖으로 이동한다.

Ⅱ. 다음 물음에 답하시오.

1. 피구효과란 무엇이며 소비이론과 어떻게 연결되는가?
2. 가속도 원리란 무엇이며 재고투자가 많다면 어떤 한계가 있는가?
3. 케인스의 소비이론과 다 기간 소비이론의 문제점은 각각 무엇인가?
4. 기업의 투자결정은 자금 조달금리 외에 어떤 변수에 크게 영향을 받는가?
5. 내구연한이 1년인 기계의 구입가격이 100만원이다. 그 기계로 1년 간 얻을 수 있는 예상수입이 110만원 일 때 투자의 한계효율을 구하시오.
6. 소득이 상승하면 순수출은 어떤 영향을 받는가?
7. 국내 물가상승률이 외국보다 높다면 순수출은 어떻게 변할까?
8. 마셜-러너조건을 설명하시오.
9. J곡선이란 무엇이며 교두보효과로 이를 설명해 보라.
10. 다음 중 총수요의 구성요소가 아닌 것은?
    (1) 정부지출 (2) 순수출 (3) 조세 (4) 소비
11. 다음 중 경상수지를 개선시킬 것 같지 않은 것은?
    (1) 환율인상 (2) 물가상승
    (3) 관세인상 (4) 외국관광객 유치
12. 총수요와 관련한 다음 글 중 잘못된 것은?
    (1) 금리가 높거나 기업가의 예상수익률이 낮을수록 총수요는 위축된다.
    (2) 소득세를 감해주면 투자는 증가하는 반면 소비는 위축된다.
    (3) 다른 조건이 일정할 때 환율인상은 총수요를 증가시키는 방향으로 기능을 한다.
    (4) 국채발행에 의한 정부지출은 총수요를 증가시킨다.
13. 제약회사 신약개발담당 임원 A는 400만달러의 초기투자를 필요로 하는 R&D 투자 결정을 해야 한다. 연구 성공확률은 60%이다. 만일 성공한다면 1000만달러의 기술료로 다른 회사에 팔수 있다. 자체 제조하려면 500만달러의 추가 투자가 필요하고 이 경우 대박 날 확률은 50%이며 수입은 3000만달러이다. 시장의 반응이 시원치 않을 확률은 50%이며 이 경우 수입은 1000만달러라면 A는 어떤 결정을 내려야 할까?
    (1) 개발을 포기한다.
    (2) 개발한 다음 기술료를 받고 판다.
    (3) 개발하여 직접 생산 판매한다.
    (4) 시장의 변화를 좀 더 지켜보고 결정한다.
14. 다음 중 거시경제균형에서의 소비지출에 포함되지 않는 것은?
    (1) 점심 식대 (2) 통신요금
    (3) 중고차 구매 (4) 제주도 관광

Chapter 22

단순한 소득결정모형과 승수

거시경제균형은 미시경제 분석에서의 개별시장균형과 마찬가지로 국민경제 전체로서의 총수요와 총공급에 의해 이루어진다. 총수요, 총공급모형에 의한 완전한 거시경제균형을 다루기에 앞서 화폐부문을 배제한 실물경제의 단기 총지출 모형을 통한 소득결정을 살펴본 후 승수효과를 분석하고자 한다. 국민소득을 실물경제에 한정하여 분석할 경우의 이점은 소득결정에 있어 총수요의 역할과 승수효과를 쉽게 이해할 수 있다는 점이다. 즉, 정부가 경기부양을 위해 한 단위의 총수요를 증가시켰을 때 몇 단위의 소득증가를 가져오는지를 분석한다. 폐쇄경제 하의 승수와 개방경제하의 승수가 어떻게 달라지는지 비교한다. 총수요, 총공급에 의한 완전한 거시경제균형과 정책효과는 23장에서 자세히 논의한다.

22.1 단기 총지출모형과 균형

22.1.1 단기 총지출모형

케인스 불후의 명저인 '일반이론'에서 제시된 단순한 형태의 단기 소득결정 모형을 먼저 살펴보자. 여기서 단순하다는 의미는 화폐부문이 배제된 실물경제만을 분석하는 것으로 물가 변동도 고려하지 않는 모형이다. 동시에 단기 분석이므로 국민경제의 총공급능력도 변하지 않는다는 가정에서 출발한다.

단기(이후 단기라는 말은 생략한다.) 균형국민소득은 국내총생산(GDP, 이후로는 실질소득 Y로 표기)과 총지출(AE, aggregate expenditure)이 일치하는 곳에서 이루어진다. 이제 종축을 총지출, 횡축을 총생산으로 하는 평면상에 균형국민소득을 나타내는 선을 그린다면 원점에서 출발하는 45°선이 된다. 즉, 국민경제의 균형은 [그림 22-1]에서 보듯 총생산과 총지출이 일치하는 45°선 위에 있다는 얘기다. 45°선은 케인스가 제시한 선이라 하여 **케인시안 크로스**(Keynesian Cross)라고 부른다.

그림 22-1

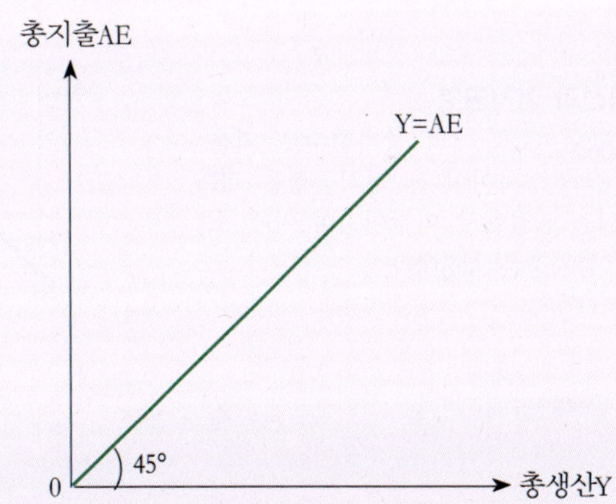

케인시안 크로스
총생산(Y)과 총지출(AE)이 일치할 때의 소득이 균형국민소득이다. Y와 AE 평면 위에 균형국민소득의 궤적을 그리면 45°선이 된다. 그러므로 거시균형은 45°선 위에서 결정된다.

22.1.2 총지출곡선과 단기균형

단기 총지출의 구성요소는 소비(C), 투자(I), 정부지출(G) 그리고 순수출(X−M)로 제21장에서 살펴본 총수요와 같다. 단순화를 위해 총지출에서 소비를 제외한 투자, 정부지출, 순수출은 소득과 관계없이 독자적(외생적)으로 결정된다고 가정하자. 소비는 케인스의 절대소득가설을 따른다.

$$AE = C+I+G+(X-M) \tag{22.1}$$

$$= a+b(Y-T)+I+G+(X-M) \tag*{(22.1)′}$$

(22.1)′에서 보듯이 총지출은 실질소득 Y의 함수인데 이때 Y의 계수 b는 한계소비성향으로 1보다 작은 값이다. 그러므로 총생산(Y), 총지출(AE) 평면 위에 그린 AE곡선의 기울기는 [그림 22−2]에서 보듯이 45°선보다 완만하다. 거시균형은 45°선과 총지출곡선이 만나는 A점에서 이루어지며 이때 소득은 Y_0가 된다.

그림 22−2

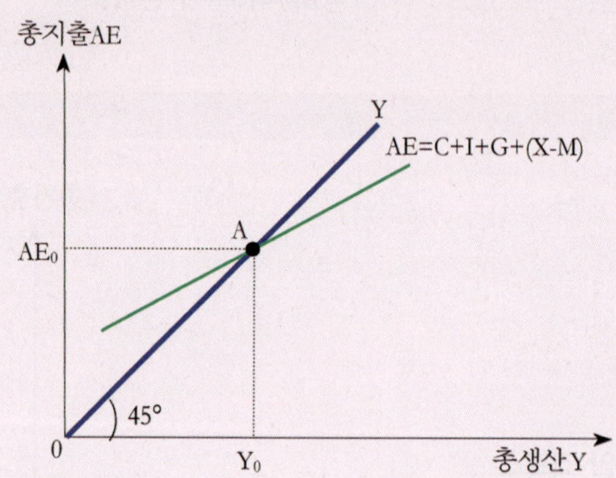

총지출곡선과 거시균형

총지출 AE는 소득 Y의 증가함수로 기울기(b)는 0과 1 사이이다. 거시균형은 45°선과 만나는 A점에서 이루어지며 이때 소득은 Y_0, 총지출은 AE_0이다.

22.1.3 거시경제균형의 단기조정

실현된(actual) 지출 사후적 지출이라고도 하는데 거시균형이 달성되었을 때의 지출수준이다.

계획된(planned) 지출 사전적 지출이라고도 하는데 실제 지출에 재고변동을 포함한 것으로 표현된다.

여기서 먼저 짚고 넘어갈 것이 있다. 케인스가 주장한 것처럼 지출은 **실현된**(actual) 지출과 **계획된**(planned, 혹은 의도된 intended) 지출이 있다는 사실이다. 실현된 지출은 **사후적**(ex post) 지출이라고도 하며 계획된 지출은 **사전적**(ex ante) 지출이라고도 부른다. 균형에서는 총생산과 총지출이 일치하는데 이때의 총지출은 실현된 지출을 의미한다. 거시경제가 균형에 이르기 전에는 즉 사전적으로는 총생산과 총지출 간에 괴리가 있는데 이때의 지출이 바로 계획된 지출이다.

우리는 분석의 단순화를 위해 계획된 지출과 실현된 지출의 격차는 모두 **재고변동**(inventory variations)으로 가정하기로 하자. 즉, 계획보다 더 많은 양이 실현됐다면 그 차이는 재고증가로 나타나고, 반대로 계획보다 더 적은 양이 실현됐다면 재고가 감소함으로써 조정된다고 가정하자.

이제 단기 거시균형의 조정과정을 살펴보자. 총지출곡선이 [그림 22-3]과 같이 주어졌다고 하자. [그림 22-3]의 45°선 위의 점 A는 총생산과 (실현된)총지출이 일치하는 점으로 거시균형점이다. 사후적으로는 총생산과 총지출은 항상 일치한다. 그러나 만일 총생산량 즉 실질소득이 Y_L 수준에 머물러 있다면 (계획된) 지출이 총생산(=실현된 지출)보다 BC만큼 많고 거시경제는 아직 균형상

그림 22-3

거시경제의 단기조정

거시경제는 사후적으로는 총수요(총지출)와 총공급(총생산)이 일치하게 되고 그때의 균형은 A점이고 소득은 Y_0이다. 그러나 사전적으로는 총수요(총지출)와 총공급(총생산)이 일치하지 않는데 Y_L 수준에서는 계획된 총지출>실현된 총지출로 재고감소가 일어나고 적정재고 확보를 위해 기업은 A점(Y_0 소득수준)에 이르기까지 생산을 증가시키게 된다. Y_H에서는 재고증가로 생산감소가 일어나게 된다.

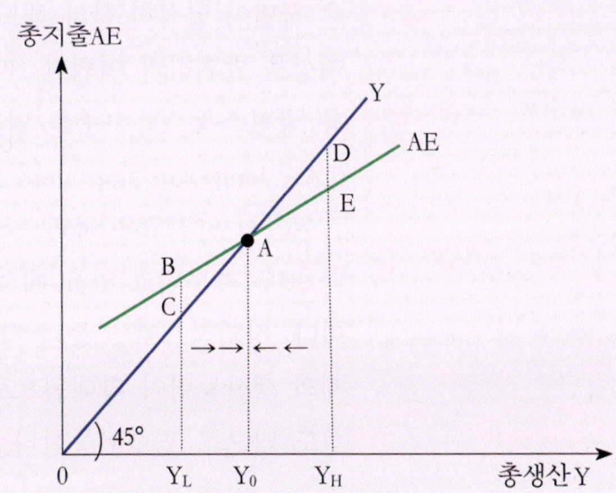

태가 아니다. BC만큼의 계획하지 않은 재고감소가 일어나고 적정 재고확보를 위해 기업은 생산을 증가시키게 되는데 이러한 조정과정은 A점에 이를 때까지 계속된다.

만일 실질소득이 Y_H 수준에 있다면 어떻게 되는가? 이때는 실현된 지출이 계획된 지출보다 DE만큼 많으므로 계획하지 않은 재고증가가 발생한다. 기업은 적정 재고만을 보유하고자 하므로 생산 감축이 일어나는데 이런 단기 조정은 소득이 Y_0 수준에 이르는 점 A까지 계속된다. 결국 AE곡선이 45°선과 만나는 A점에서 균형이 달성되고 균형국민소득은 Y_0가 된다. A점에서 사후적 총지출과 총생산은 일치한다.

22.2 장기 총공급곡선과 거시 갭(gap)

22.2.1 장기 총공급곡선

현재의 주어진 자연환경(토지), 노동과 자본 하에서 국민경제가 달성할 수 있는 소득수준(총생산량)은 한계가 있기 마련이다. 아무리 완전고용을 달성하고 온 국민이 열심히 한다 해도 주어진 여건이 한정되어 있는 한 일정한 생산능력 이상을 발휘하기 어렵다. 따라서 [그림 22-4]에서와 같이 국민경제는 **완전고용 국민소득** Y_F 수준을 넘지 못하고 수직선이 되는데 이를 **장기 총공급곡선**(LAS, long-run aggregate supply curve)이라고 한다.

여기서 완전고용 국민소득 수준이란 노동뿐 아니라 자본을 포함한 생산요소가 모두 가동되고 있을 때의 소득수준으로 **잠재적**(potential) **GDP**와 같은 의미이다. 장기적으로 노동과 자본량이 증가하고 혹은 기술진보가 일어나면 국민경제의 생산능력이 확대됨으로써 완전고용 국민소득이 상승하고 장기 총공급곡선도 밖으로 평행이동한다.

그림 22-4

장기 총공급곡선과 이동
자연, 노동, 자본과 같은 경제여건이 고정되어 있다면 국민경제는 장기적으로 완전고용국민소득(Y_F)수준을 넘어설 수 없다. 따라서 장기총공급곡선LAS은 Y_F 수준에서 수직선이다. 이제 주어진 경제여건이 변하여 생산능력이 향상되었다면 LAS곡선은 밖으로 수평 이동한다.

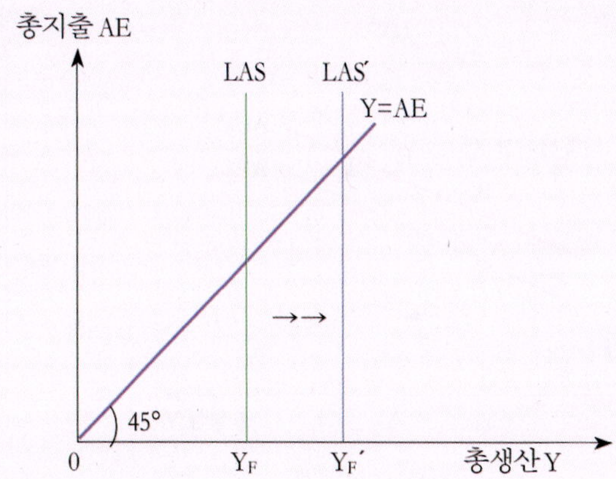

22.2.2 거시 갭

디플레이션 갭(deflation gap) 현재의 총수요 수준이 완전고용 국민소득을 달성하는 총수요 수준보다 낮을 때 그 격차

인플레이션 갭(inflation gap) 현재의 총수요가 완전고용 국민소득을 달성하는 수요를 초과할 때의 격차

제18장 18.3에서 살펴본 바 있는 디플레이션 갭과 인플레이션 갭에 대해 재론해보자. [그림 22-5] (a)에서 국민경제는 단기 총지출곡선 AE_0가 케인시안 크로스 즉 45°선과 만나는 점 A에서 단기 균형에 있다. 현재의 소득수준 Y_0는 완전고용 국민소득 Y_F보다 낮다. 현재의 총지출곡선 AE_0와 완전고용 국민소득을 달성하도록 해주는 총지출곡선 AE_0'간의 수직 격차(선분 BA)를 **디플레이션 갭**(deflation gap)이라고 한다.

국민경제의 안정을 위해서는 총지출을 BA만큼 증가시키는 정책이 요구된다. 새로운 총지출곡선 AE_0'에서는 Y_0에서 계획된 총지출이 실현된 총지출보다 많으므로 재고감소가 일어나고 생산증가로 이어져 Y_0는 Y_F로 상승하게 된다.

반대로 [그림 22-5] (b)는 **인플레이션 갭**(inflation gap)을 보여준다. 현재의 총지출수준(AE_1)이 국민경제가 필요로 하는 최적 수준(AE_1')보다 높아 초과수요로 인한 인플레이션 압력에 시달리고 있다. 인플레이션 압력을 해소하기 위해서 총지출을 CD만큼 낮추면 실현된 지출 > 계획된 지출이 되어 재고증가가 발생하고 결국 생산감소로 이어져 E′, 즉 Y_F로 수렴한다.

여기서 인플레이션 갭은 Y_F보다 더 높은 소득수준(Y_1)을 안겨주는데 굳이 총

그림 22-5

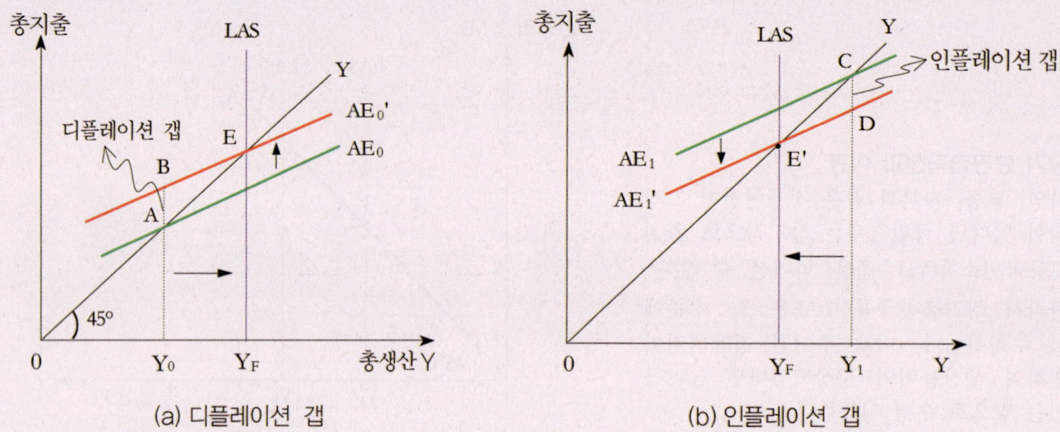

디플레이션 갭과 인플레이션 갭

지출을 낮추어 해소할 필요가 있느냐는 의문이 생길 수도 있다. 그러나 인플레이션 갭 하에서의 소득은 일시적인 것일 뿐 국민경제의 생산능력이 확대되지 않는 한 결국 Y_F 수준으로 돌아오기 때문에 정부의 인플레이션 억제정책은 필요한 것이다.

22.3 승수

승수(multiplier) 어떤 정책이 실행되었을 때 그보다 몇 배의 효과를 나타내는 것

승수(multiplier)는 어떤 정책이 실행되었을 때 그보다 몇 배의 효과를 나타내는 것을 의미하는 경제학 용어이다. 여러분은 제20장에서 논의한 통화승수가 생각날 것이다. 즉, 통화승수란 당초 중앙은행을 통해 공급된 본원통화가 몇 배의 예금통화를 창출했는가를 나타내는 배수이다.

폐쇄경제와 개방경제 하에서 투자승수, 정부지출 승수 및 조세승수는 얼마인가? 투자 1단위의 증가는 몇 단위의 소득증가를 창출하는가? 그리고 정부지출

1단위의 증가는 그보다 몇 배의 소득증가를 초래하는가?

22.3.1 폐쇄경제의 승수

폐쇄경제를 가정하고 있으므로 외국과의 수출입은 없다. 그러므로 총지출은 소비(C), 투자(I) 그리고 정부지출(G)로 구성되어 있다. 소비는 케인스의 절대소득가설을 따라 식 (21.1)로 정의한 바 있고 투자는 기업의 독자적 판단에 의해 결정되는 독립투자(I_0)이며 정부지출은 정책당국에 의해 결정되는 정책변수라고 하자. 즉 $I=I_0$, $G=G_0$이다.

$$\text{총지출 } AE=C+I_0+G_0 \qquad (22.2)$$

$$\text{여기서 } C=a+b(Y-T_0),\quad a>0,\quad 0<b<1$$

그러므로 $AE=a+b(Y-T_0)+I_0+G_0$이다.

정책(외생)변수(policy, exogeneous variable) 정책을 통해 그 값을 변경할 수 있는 변수. 시스템 외부에서 그 값이 결정되는 변수.
반대는 내생(endogeneous)변수라고 하며 시스템 내부에서 상호연관성에 의해 결정되는 변수이다.

균형국민소득은 [그림 22-2]에서 보았듯이 총지출곡선과 45°선이 만나는 점에서 결정되며 국민소득은 Y_0이다. 균형국민소득을 정책(외생)변수에 대해 풀면 Y_0는 다음과 같이 나타낼 수 있다..

$$Y_0=C+I_0+G_0$$

$$Y_0=a+b(Y_0-T_0)+I_0+G_0$$

$$(1-b)Y_0=a-bT_0+I_0+G_0$$

$$Y_0=\frac{a-bT_0+I_0+G_0}{1-b} \qquad (22.3)$$

식 (22.3)으로부터 폐쇄경제 하의 투자와 정부지출이 소득에 미치는 승수는 각각 다음과 같다.

$$\text{투자승수}: \frac{\Delta Y}{\Delta I}=\frac{1}{(1-b)}=\frac{1}{s}$$

$$\text{정부지출승수}: \frac{\Delta Y}{\Delta G}=\frac{1}{(1-b)}=\frac{1}{s}$$

여기서 Δ는 변화를 나타내는 기호이다.

그림 22-6

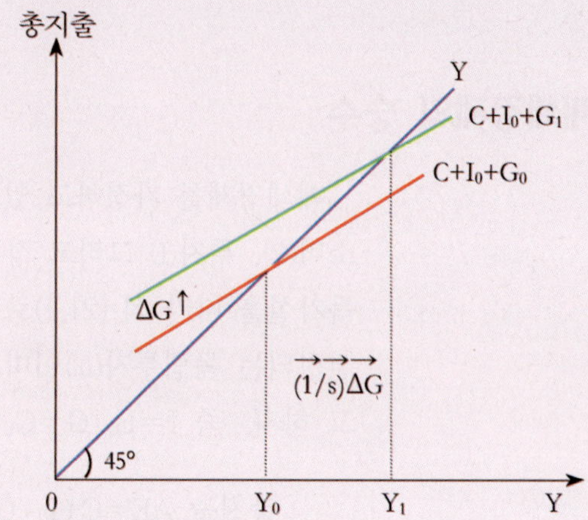

폐쇄경제 하의 정부지출 승수
정부지출이 ΔG만큼 증가했을 때 소득은 (1/s) ΔG만큼 증가한다. 즉 정부지출 승수는 1/s가 된다. 한계저축성향 s가 작을수록 승수는 커진다.

한계소비성향 b가 클수록(한계저축성향 s가 작을수록) 승수는 커진다. 예를 들어 한계소비성향이 0.8(한계저축성향이 0.2)일 경우 투자승수는 5가 된다.

투자 1단위를 증가시킬 때 소득은 5단위 증가한다는 것이다. 승수효과는 [그림 22-6]에서 확인할 수 있다. $\Delta G(=G_1-G_0)$만큼 정부지출이 증가했을 때 $(1/s)\Delta G$만큼의 소득증가가 일어나 소득은 Y_0에서 Y_1로 상승한다. 한계소비성향 b가 클수록 한계저축성향 s가 작을수록 총지출곡선은 45°선에 가까운 기울기를 갖게 되고 승수는 커진다.

사실 이러한 승수효과는 소비가 식 (21.1)의 케인스의 절대소득가설을 따른다는 가정과 관련이 있다. 이제 한계소비성향이 0.8이라고 할 때 〈표 22-1〉을 통해 정부지출승수를 계산해보자. 정부지출의 1단위 증가는 총지출을 1단위 증가시키고 총지출의 1단위 증가는 소득을 1단위 증가시킨다. 그러나 소득 1단위의 증가는 다시 한계소비성향을 통해 소비를 0.8단위 증가시키게 되고 이는 다시 총지출 증가를 통해 소득을 0.8단위 증가시킨다. 0.8단위의 소득 증가는 한계소비성향에 의해 0.64단위의 소비를 증가시키고 소비의 증가는 지출의 증가이므로 또다시 소득을 증가시키는 순환과정이 되풀이 된다.

표 22-1
정부지출승수의 계산 예

단계	정부지출증가	총지출증가	소득증가	소비증가
1	1	1	1	0.8
2		0.8	0.8	0.8^2
3		0.8^2	0.8^2	0.8^3
4		0.8^3	0.8^3	0.8^4
–		–	–	–
–		–	–	–
n		0.8^{n-1}	0.8^{n-1}	0.8^n
계	1	5	5	4

이러한 동태적(dynamic) 순환과정이 되풀이되면서 장기적으로 소득은 당초 정부지출 증가분의 5배까지 증가하게 된다. 만일 한계소비성향이 0.9라면 승수는 10이 된다. 한계소비성향이 클수록 소득증가에 따른 소비증가가 커지고 순환과정도 오래 지속되기 때문에 승수가 커진다.

$$
\begin{aligned}
\text{소득증가의 합} &= 1+0.8+0.8^2+0.8^3+\ldots.+0.8^{n-1} \\
&= (1-0.2)^0+(1-0.2)^1+(1-0.2)^2+(1-0.2)^3+\ldots.+(1-0.2)^{n-1} \\
&= 1/0.2 \\
&= 5
\end{aligned}
$$

만일 소비가 케인스가 말한 절대소득의 함수가 아니고 생애주기소득이나 항상소득의 함수라고 가정할 경우에는 승수의 크기가 달라진다. 앞서 제21장에서 살펴 본 생애주기가설이나 항상소득가설을 가정할 경우에는 영구적인(permanent) 정부지출의 변화는 승수 배만큼 소득변화를 일으키지만 일시적인(temporary) 정부지출의 변화일 경우에는 승수가 발생하지 않는다.

예를 들어 항상소득가설 하에서 정부가 '일시적'으로 1단위의 정부지출을 증가시켰다고 하자. 여기서 '일시적' 증가의 의미는 금기에 한해 지출을 증가시키고 다음 기에는 지출을 다시 원래 수준으로 환원시키는 정책을 말한다. 1단위의 정부지출증가는 1단위의 총수요를 증가시키므로 1단위의 소득을 증가시킨다. 그러나 사람들은 1단위의 소득증가는 일시적인 정부지출로 인한 임시소득(transitory income)으로 간주하기 때문에 자신들의 소비결정에 반영하지 않는다. 결국 동태적 순환과정을 통한 승수효과가 발생하지 못하는 것이다. 그러므로 소득은 정부지출 증가와 동일한 1단위 증가에 그치고 만다.

22.3.2 균형예산승수

정부가 조세를 1단위 더 거두어 정부지출로 사용한다면 소득에 어떤 영향을 미칠까? 즉, 균형예산은 유지하면서 정부지출을 증가시킬 경우 승수는 어떻게 되는가? 이 문제는 조세승수와 정부지출승수를 합하여 구할 수 있다. 식 (22.3)에서 조세승수를 구하면 다음과 같다.

$$\text{조세승수:}\ \frac{\Delta Y}{\Delta T} = \frac{-b}{(1-b)}$$

균형예산승수(balanced budget multiplier) 균형예산 하에서 정부지출의 소득효과. 정부지출승수와 조세승수의 합이 됨

이제 정부지출승수와 조세승수를 합하면 **균형예산승수**(balanced budget multiplier)를 구할 수 있다.

$$\begin{aligned}\text{균형예산승수} &= \text{정부지출승수} + \text{조세승수} \\ &= \frac{1}{(1-b)} - \frac{b}{(1-b)} \\ &= 1\end{aligned}$$

실물부문만의 소득결정모형에서 균형예산승수가 1이라는 의미는 조세 1단위를 더 거두어 지출할 경우 국민소득은 1단위 증가한다는 것이다. 즉, 다른 사정이 불변이라면 이론적으로는 재정적자 없이 정부지출을 확대할 경우 그만큼의 국민소득을 증가시킬 수 있다는 얘기가 된다. 물론 현실세계에서 화폐시장을 고려하고 금리와 물가를 반영한 '완전한' 국민소득 결정모형에서는 균형예산승수가 1보다 훨씬 작을 것이다.

22.3.3 개방경제의 승수

소국(small country) 세계경제에 비해 경제규모가 매우 작기 때문에 자국의 경제변화가 외국에 아무런 영향도 미치지 못하는 나라

해외반향(foreign repercussion) 국내경제 변동이 해외경제에 영향을 미치고 그러한 해외경제의 변화가 다시 국내경제에 피드백을 주는 것

이제 외국과 교역하고 있는 개방경제로 분석을 확장해 보자. 여기서는 우선 소국의 경우에 한정하여 분석하자. **소국**(small country)이란 세계경제에 비해 경제규모가 매우 작기 때문에 자국의 경제변화가 외국에 아무런 영향도 미치지 못하는 그런 나라를 의미한다. 그러므로 소규모 개방경제 하에서는 국내경제 변동이 해외경제에 영향을 미치고 그러한 해외경제의 변화가 다시 국내경제에 피드백(feed back)을 주는 이른바 **해외반향**(foreign repercussion)은 발생하지 않는다.

소규모 개방경제는 해외반향이 없고 단지 생산된 재화를 서로 교역할 뿐이므로 총생산은 폐쇄경제의 경우와 동일하다. 다만 총지출은 외국과의 교역이 이루어지기 때문에 달라진다. 개방경제의 총지출은 소비, 투자, 정부지출 외에 순수출(수출－수입)이 포함된다. 실물부문만을 고려하는 단순한 소득결정모형이므로 환율은 변하지 않는다고 가정한다. 우리의 수출은 외국의 수입인데 해외반향을 고려하고 있지 않으므로 외생적으로 결정된다. 그러나 우리의 수입은 우리나라 소득의 증가함수이다.

$$\text{총지출}\quad AE = C + I_0 + G_0 + (X_0 - M) \qquad (22.4)$$

$$\text{수입:}\quad M = m_0 + m(Y - T_0),\ m_0 > 0,\ 0 < m < 1 \qquad (22.5)$$

여기서 X_0는 수출, M은 수입이며, m_0는 기초수입, m은 자국의 한계수입성향이다.

균형소득은 총지출곡선이 총생산을 나타내는 45°선과 만나는 곳에서 결정되므로 이를 풀면 Y＝AE에서 균형국민소득 Y_0은 다음과 같이 풀어낼 수 있다.

$$Y_0 = C + I_0 + G_0 + (X_0 - M)$$

$$Y_0 = a + b(Y_0 - T_0) + I_0 + G_0 + X_0 - m_0 - m(Y_0 - T_0)$$

$$(1 - b + m)Y_0 = a - m_0 - (b - m)T_0 + I_0 + G_0 + X_0$$

$$Y_0 = \frac{a - m_0 - (b - m)T_0 + I_0 + G_0 + X_0}{1 - b + m} \qquad (22.6)$$

[그림 22-7]에서 보듯이 균형국민소득은 Y_0에서 결정된다.

그림 22-7

개방경제 하의 투자승수

개방경제 하에서 투자증가(ΔI)가 얼마만큼의 소득증가를 초래하는가? 개방경제의 투자승수는 $1/(s+m)$이다.

소득증가에 따른 수입유발효과 때문에 개방경제의 승수가 폐쇄경제하의 승수보다 작은 것을 알 수 있다.

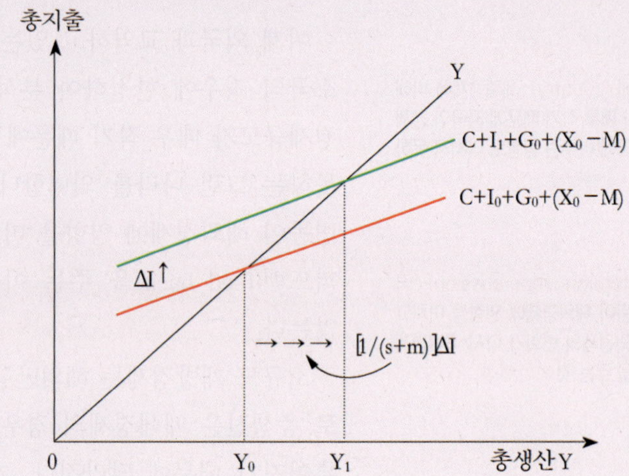

소규모 개방경제의 투자와 정부지출승수는 폐쇄경제와 어떻게 다른가? 이 문제에 답하기 위해서는 앞서 균형국민소득을 풀어낸 식 (22.6)을 다시 이용하면 된다.

$$\text{투자승수}: \frac{\Delta Y}{\Delta I} = \frac{1}{(1-b+m)} = \frac{1}{(s+m)}$$

$$\text{정부지출승수}: \frac{\Delta Y}{\Delta G} = \frac{1}{(1-b+m)} = \frac{1}{(s+m)}$$

폐쇄경제와 소규모 개방경제의 투자승수와 정부지출승수를 비교해보면 폐쇄경제하의 승수가 더 큰 것을 알 수 있다. $\frac{1}{s} > \frac{1}{(s+m)}$이다. 그 이유를 직관적으로 설명하면 폐쇄경제의 경우 투자증가는 승수($1/s$) 배만큼의 소득을 증가시킴에 반해 개방경제의 경우에는 소득증가는 수입을 유발함으로써 소득증가효과를 잠식하기 때문이다.

[그림 22-7]의 총지출곡선 $AE=C+I_0+G_0+(X_0-M)$의 기울기는 폐쇄경제 하의 총지출곡선 $AE=C+I_0+G_0$보다 완만하다. 왜냐하면 수입이 소득의 함수인데 부호가 음(−)이기 때문이다. 따라서 승수가 작아진다. [그림 22-6]과 [그림 22-7]을 비교해보면 총지출 증가에 대한 소득증가의 크기가 어떻게 다른지 알

수 있을 것이다.

마지막으로 소규모 개방경제 하의 수출승수에 대해 잠깐 살펴보자. 수출승수는 수출 1단위 증가가 몇 단위의 소득증가로 이어지는가를 보여준다. 식 (22.6)에서 수출승수를 구하면 투자승수나 정부지출승수와 동일함을 알 수 있다.

$$\frac{\Delta Y}{\Delta X} = \frac{1}{s+m}$$

22.3.4 승수이론과 검약의 역설

(1) 승수이론의 의의

케인스는 승수의 크기는 한계소비성향과 관련이 깊은데 한계소비성향은 비교적 안정적이라고 생각했다. 따라서 승수 또한 안정적이라고 주장하였다. 그러므로 국민경제가 디플레이션 갭에 빠져있다면 정부지출을 증가시킴으로써 승수효과를 통해 완전고용 국민소득을 달성할 수 있다고 주장한다. 만일 인플레이션 갭에 빠졌다면 정부지출을 감축시킴으로써 인플레이션 압력을 해소할 것을 권고한다.

케인스의 적극적 개입주의 옹호론은 당시로서는 놀라운 발상이었다. 당시는 고전학파가 풍미하던 시기로 작은 정부, 즉 정부는 시장에 개입하지 말고 자유롭게 내버려두라는 인식이 지배하고 있었기 때문이다.

예를 들어 우리나라의 거시경제 환경에서 정부지출 승수가 5라고 하자. 이제 한국경제가 완전고용 국민소득 수준보다 50조원 낮은 상태에 머물고 있어 실업과 경기침체로 고통을 받고 있다고 하자. 케인스의 승수이론에 따르면 10조원의 적자재정을 편성함으로써 완전고용 국민소득을 달성할 수 있다는 주장이다. 물론 이러한 논리 전개는 전적으로 케인스의 단순한 모형에서의 승수이론에 근거한 것이고 화폐부문을 제외한 실물부문만의 분석임을 유념할 필요가 있다. 케인스와 견해를 달리하는 자유주의 경제학파는 항상소득가설과 같은 다기간 최적화 모형을 제시하면서 다른 이론과 처방을 내놓을 것이기 때문이다.

(2) 검약(절약)의 역설

검약의 역설(paradox of thrift)
케인스가 말한 '저축은 악, 소비는 미덕'이라는 주장으로 디플레이션갭에 처한 경제에 적합한 주장이다.

일찍이 케인스는 '저축은 악, 소비는 미덕'이라고 말한 바 있다. 즉, 국민경제가 완전고용 수준보다 낮은 상태로 경기침체와 실업률이 높은 상황에서는 수요부족이 문제이므로 저축의 증가(소비의 감소)는 수요를 더 낮추어 국민경제의 침체를 가속화시킬 것이기 때문이다.

앞서 [그림 22-5] (a)에서의 디플레이션 갭을 다시 참조하기 바란다. 국민경제가 디플레이션 갭에 있을 때는 수요부족이 문제이므로 저축을 줄여 소비를 촉진시키는 정책을 통해 AE곡선을 위쪽으로 이동시켜야 한다. 만일 저축이 증가한다면 AE곡선이 아래쪽으로 평행이동함으로써 균형국민소득은 완전고용수준(Y_F)으로부터 더 멀어지게 된다.

케인스의 검약의 역설은 디플레이션 갭에 처한 경제에 적합한 주장임을 알 수 있다. 만일 국민경제가 인플레이션 갭에 놓여 있다면 '저축은 미덕, 소비는 악'이 될 것이다.

미국 오바마 정부가 2010년 이후 수년에 걸쳐 엄청난 돈을 풀었고 우리나라 역시 최근 수년 동안 시중에 자금을 풀어왔으나 왜 소비가 늘어나지 않은 것인가? 그 이유는 가계부채가 높은 상황에서 가계는 풀린 돈을 부채를 갚는데 사용할 것이므로 소비로 이어질 여력이 없기 때문이다.

읽을거리 **절약의 역설에 빠진 美 경제**

절약(검약)의 역설은 개인이 절약을 해서 저축을 늘리면 경제전체의 소비가 줄어 오히려 국민소득이 줄어들 수 있다는 존 메이너드 케인스의 이론이다.

주택담보대출, 신용카드대출 등 빚을 통해 소비했던 미국 소비자들은 2008년 금융위기 이후 빚을 줄이는 데 주력하고 있다. 미 연방준비제도(FRB)에 따르면 소비자들의 '허리띠 졸라매기'로 올해 상반기 미국전체 가계의 빚은 2008년 중반보다 1조 1천억 달러(8.6%) 줄었다. 연준은 지난 8월 자동차와 신용카드 대출 잔액이 2010년 4월 이후 가장 큰 폭으로 감소했다고 밝혔다.

이런 부채축소가 가계에는 도움이 되지만 더블딥(이중침체) 우려가 제기된 미 경제의 회복에는 걸림돌로 작용하고 있다고 월스트리트저널(WSJ)은 전했다. WSJ는 가전제품, 여행 등의 소비가 감소했고 과거 경기회복의 견인차 구실을 했던 주택판매는 침체상황이라고 진단했다. 문제는 부채 줄이기 경향이 당분간 지속될 수밖에 없다는 점이다. 자넷 옐런 연준 부의장은 "많은 가계가 빚을 상당부분 줄였지만, 아직도 빚에 시달리는 가계들이 있다."고 지적했다.

가계부채의 축소는 장기적으로 미국경제에 도움을 줄 수 있다. 가계의 재정이 건전해지고 미국 내 저축이 늘어나면 중국 등 외국자본에 대한 미국의 의존도를 줄일 수 있다. 하지만 단기적으로는 위험할 수 있다. 일부 전문가들은 대공황 당시 "모든 사람이 절약하면 모든 사람이 고통을 받게 된다."는 케인스의 경고가 현실로 나타나고 있다고 밝혔다. 실제 경기 침체가 끝난 2009년 중반 이후 미국의 경제는 연평균 2.5%의 성장세를 보였다. 이는 이전의 경제 회복기 중 첫 2년의 평균인 4.3%보다 훨씬 떨어진 수치다. 소비자들이 빚을 줄이거나 저축을 늘리려고 이전만큼 소비를 하지 않아 경제성장이 둔화되었다는 의미다.

[연합뉴스 2011.10.23]

쉬어가는 코너 우리나라와 세계의 주가지수 소개

➜ 코스피(KOSPI, Korea Stock Price Index)
주가지수 작성방법에는 다우존스식과 시가총액식이 있다.
코스피지수는 시가총액식으로 작성되는 지수로 우리나라의 대표적인 주가지수이다.
시가총액식지수는 기준연도의 상장주식 전체의 시가총액과 비교시점의 시가총액을 비교하는 방식으로 주가지수를 산출한다.
그 외 우리나라의 주가지수로는 코스닥(KOSDAQ)과 '코스피 200지수' 등이 있다.

➜ 다우존스 주가평균지수 (Dow-Jones Stock Price Average)
1884년 미국의 투자분석가이며 월스트리트저널(Wall Street Journal)의 창시자인 다우(Charles Dow)와 존스(Edward Jones)에 의해 처음 발표된 주가지수. 미국 증권시장의 동향과 시세를 나타내는 뉴욕 증시의 대표적인 주가지수로서 다우존스사에서 매일 발표하는 3종류의 주가평균을 구하여 공표한다. 다우존스평균지수는 공업주 30종, 운송주 30종, 공공주 30종 등 모두 90종의 평균으로 되어 있으며, 이 중 공업주 30종의 평균치인 다우존스 공업지수(DJIA, Dow Jones Industrial Average)가 뉴욕 월가의 주가를 나타내는 대표지수로 쓰이고 있다.
미국의 경우 이 밖에도 나스닥(NASDAQ), S&P500지수, 러셀(Russel)지수 등이 있다.
기타 주요국의 경우 일본의 닛케이(Nikkei) 225지수, 영국의 FTSE 100지수, 중국의 상해종합지수, 홍콩의 항생(Hang Seng)지수, 독일의 DAX 30지수, 프랑스의 CAC40지수 등이 있다.

복습과 연습

요 약

1. 균형국민소득은 총생산과 총지출이 일치하는 곳에서 결정된다.
2. 총생산과 총지출은 사전적으로 일치할 필요는 없다.
3. 계획된 지출이 실현된 지출보다 클 경우 재고감소가 일어나고 생산증가로 이어진다.
4. 계획된 지출이 실현된 지출보다 적을 경우 재고증가가 일어나고 생산감소로 이어진다.
5. 현재의 총수요 수준이 완전고용 국민소득을 달성하는 총수요 수준보다 낮다면 디플레이션 갭에 처하고 경기침체를 겪는다. 반대의 경우 경기과열이 일어나는데 이를 인플레이션 갭이라고 한다.
6. 한계소비성향 b가 클수록(한계저축성향 s가 작을수록) 승수는 커진다.
7. 생애주기가설이나 항상소득가설을 가정할 경우에는 영구적인(permanent) 정부지출의 변화는 승수 배만큼 소득변화를 일으키지만 일시적인(temporary) 정부지출의 변화일 경우에는 승수가 발생하지 않는다.
8. 실물부문만을 분석하는 모형에서 다른 사정이 불변이라는 가정 하에서 정부가 조세를 1단위 더 거두어 정부지출로 사용할 경우의 균형예산승수는 1이 된다.
9. 소규모 개방경제는 해외반향이 없고 단지 생산된 재화를 서로 교역할 뿐이므로 총공급은 폐쇄경제의 경우와 동일하다. 다만 총수요는 외국과의 교역이 이루어지기 때문에 달라진다.
10. 폐쇄경제와 소규모 개방경제의 승수를 비교하면 폐쇄경제 하의 승수가 더 크다. 그 이유는 개방경제의 경우 소득증가는 수입을 유발함으로써 소득증가효과를 잠식하기 때문이다.
11. 자본량이나 노동량, 기술조건 등이 주어져 있을 때 국민경제의 장기공급곡선(LAS)은 완전고용 국민수준에서 수직선이 된다.
12. 케인스가 말한 '검약의 역설'은 디플레이션 갭에 빠진 경제에 대해 주장한 것이다.

중요개념

폐쇄경제	개방경제	해외반향	대국(소국)
승수	정책(외생)변수	영구적 지출변화	균형예산승수
케인시안 크로스	실현된 지출	계획된 지출	재고 변동
장기총공급곡선	검약의 역설	코스피지수	다우존스 주가평균지수
다우존스공업지수	인플레이션 갭	디플레이션 갭	시가총액식 주가지수

연습문제

Ⅰ. 다음 물음에 답하시오.

1. 계획된 지출 > 실현된 지출인 경우 경제의 조정 과정을 설명하시오.

2. 디플레이션 갭에 놓여 있는 국민경제를 완전고용 국민소득 수준으로 회복시키기 위해서는 어떤 총수요정책이 필요한가?

3. 장기적으로 국민경제의 총공급능력이 향상된다면 장기 총공급곡선은 어떻게 이동하는가?

4. 정부지출승수가 소규모 개방경제 하에서보다 폐쇄경제 하에서 더 큰 까닭은 무엇인가?

5. 한계소비성향이 클수록 승수효과가 커지는 까닭은 무엇 때문인가?

6. 한계저축성향이 0.2일 때 케인스 이론의 정부지출승수(multiplier)는 얼마인가?

7. 폐쇄경제 하 케인스의 수요측면에서의 단순한 국민소득모형에서 한계소비성향이 0.75라면 정부지출의 한 단위 증가는 ( )단위 소득 증가를 일으킨다.

8. 소비가 항상소득가설을 따를 경우 일시적 감세는 왜 소득증가 효과가 작은가?

9. 소규모 개방경제에서의 균형예산승수를 구하시오.

10. 개방경제의 수출승수를 구하시오.

11. 현재의 소득수준이 400조원이다. 완전고용상태에 해당하는 소득은 500조원이다. 조세는 소득과 상관없이 일정하게 부과된다고 할 때, 완전고용수준에 도달하기 위해서는 조세를 얼마나 감면시켜 줘야 하는가? (단, 한계저축성향은 0.2라 하자)

12. 단순한 소득결정 모형에서 C=10+0.8(Y−T), T=100, I=80, G=100, 무역수지는 균형일 때 균형국민소득을 구하시오(단위 조원). 또 소득을 50조원만큼 증가시키기 위해서는 정부지출을 얼마나 증가시켜야 하는가?

13. 케인스의 단순한 소득결정 모형에서 총지출 AE=C+I+G+(X−M)이다. C=10+0.8(Y−T), I=100, G=150, T=150, X=300, M=10+0.3(Y−T)일 때 현재의 총생산량 Y_0=900이라면 국민경제는 디플레이션 갭 상태인가? 혹은 인플레이션 갭 상태인가? 거시갭의 크기는 얼마인가?

14. 가계부채가 많은 국가의 경우 정부가 통화공급을 증가할지라도 소비증대로 이어지기 어려운 이유는?

15. 단순한 국민소득 결정모형에서 균형국민소득은 45°선인 케인시안 크로스 위에서 이루어진다. (○, ×)

16. 사전적으로 지출이 생산보다 많다면, 즉 계획된 지출이 실현된 생산(실현된 지출)보다 크다면 국민경제는 재고감소를 겪게 되고 생산증가가 일어난다. (○, ×)

Chapter 23

총수요 · 총공급모형과 정책효과

21장과 22장을 통해 균형국민소득을 결정할 수 있는 준비를 마쳤다. 이제 총수요와 총공급에 의해 균형국민소득의 결정을 살펴보자.

거시경제균형은 단기균형과 장기균형으로 나누어 살필 수 있다. 단기균형이 현재 시점에서의 단기 총수요곡선과 단기 총공급곡선에 의해 결정된다면 장기균형은 주어진 생산요소를 모두 고용할 경우 국민경제가 달성할 수 있는 장기공급능력에 의해 결정된다.

단기 총수요와 단기 총공급이 완전고용 국민소득수준에서 일치하지 않을 때 경제는 장기균형에서 이탈하는데 국민경제를 장기균형 수준으로 회복시키기 위해 정책당국은 통화 재정정책을 통한 총수요관리정책을 사용하게 된다.

국민경제의 생산능력이 향상되면 장기총공급곡선이 밖으로 이동하고 경제는 성장하게 된다. 장기성장을 위한 정책방안은 어떤 것이 있는지 살펴보자.

23.1 총수요, 총공급모형

23.1.1 총수요곡선

(1) 총수요곡선의 기울기

앞 장에서 총수요란 소비, 투자, 정부지출 그리고 순수출을 합친 개념임을 알았다. 이제 단기 총수요곡선(이후부터는 '단기'를 생략한다.)을 도출해보자. 일반적으로 총수요곡선은 물가와 소득을 양축으로 하는 평면 위에 그리는 것이 보통인데 소비, 투자, 정부지출, 순수출의 결정요인이 모두 다르기 때문에 이들 구성요소를 총합한 총수요곡선을 도출하는 일이 쉽지 않다.

① 직관적 도출

총수요곡선은 물가수준에 대응하여 국민 전체의 수요를 나타낸 곡선이므로 [그림 23-1]에서 보듯이 개별 경제주체의 개별 재화에 대한 수요곡선(그림 (a)의 di)을 합하여 개별 재화의 시장수요곡선(그림 (b)의 D)을 얻은 후, 개별재화의 시장수요곡선을 모두 합하면 국민경제의 총수요곡선(그림 (c)의 AD)을 얻을 수 있다. 가격이 하락함에 따라 소비자의 재화의 수요량이 증가하므로 개별 수요곡선은 우하향한다. 시장수요곡선 역시 우하향한다. 그러므로 총수요곡선도 우하향한다. 이는 국민경제의 물가수준이 하락하면 국민경제 전체의 재화와 서비스에 대한 수요량이 증가한다는 것을 의미한다.

② 총수요 구성요소로부터 도출

물가변화가 총수요의 구성요소인 소비, 투자, 정부지출, 순수출에 미치는 영향을 분석함으로써 총수요곡선을 도출해보자. 먼저 정부지출은 물가수준에 관계없이 정책당국의 자의적 판단에 의해 결정되는 측면이 강하므로 물가변화와 직접 관련이 없다고 하자.

부 효과(wealth effect) 소비는 부의 함수라는 것으로 피구효과라고도 한다.

(a) **부 효과**(富效果, wealth effect)

일찍이 피구는 소비는 소득뿐 아니라 부의 함수라고 주장했다. 부 효과를 피구효과(Pigou effect)라고 부르는 이유이다. 물가상승은 실질부(Wh/P)를 낮추고 이는 소비수준을 낮춘다. 그러므로 부효과는 물가와 총수요 간에 음(-)의 관계를 말해준다.

(b) **금리효과**

물가가 상승하면 화폐시장에서 실질잔고(M/P)가 감소한다. 화폐시장의 균형을 위해서는 금리가 상승해야 한다. 금리상승은 투자는 물론 내구 소비도 감소시킨다. 결국 물가와 총수요 간에 음(-)의 관계가 성립한다.

(c) **무역효과**

물가상승은 수출가격을 높여 수출을 감소시키는 반면 상대적으로 값이 싸진 수입품의 소비는 증가함으로써 총수요를 감축시키는 효과가 있다.

(a)+(b)+(c)를 통해 물가와 총수요 구성요소 간에 음의 관계가 있으며, 이는 총수요곡선이 우하향한다는 사실을 입증해준다.

그림 23-1

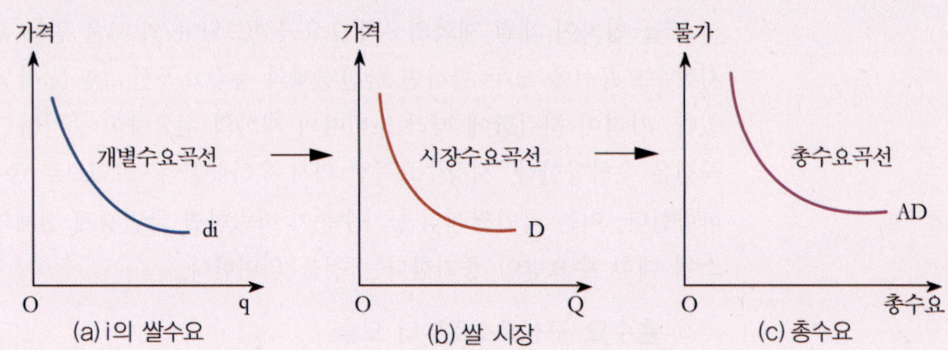

총수요곡선의 도출

개별 경제주체의 수요곡선을 합하여 시장수요곡선을 얻고 시장수요곡선을 합하여 국민경제의 총수요곡선을 얻는다.

(2) 총수요곡선의 이동

① 조세

정부가 세율을 인하하면 가처분소득이 증가하므로 소비지출이 증가하고 총수요곡선은 밖으로 이동한다. 물론 세율을 인상하면 반대로 총수요곡선이 안으로 이동한다.

② 정부지출

정부지출의 증감은 그 자체가 총수요의 변동이므로 총수요곡선을 이동시킨다. 정부구입의 증가나 사회간접자본의 확충을 위한 정부의 건설투자 등은 주어진 물가수준에서 재화와 서비스의 수요를 증가시키므로 총수요곡선을 오른쪽으로 이동시킨다. 정부의 긴축정책은 총수요를 감소시키고 총수요곡선을 안으로 이동시킨다.

③ 통화량

통화량의 변화 역시 총수요곡선에 영향을 미친다. 통화량의 증가는 단기적으로 시중 자금이 풍족함을 의미하므로 금리가 하락한다. 금리하락으로 자금의 차입비용이 낮아지면 종래 포기했던 투자사업이 수익성 있는 사업으로 판정되므로 투자가 증가하고 동시에 내구재에 대한 할부구입이 증가하므로 총수요곡선은 밖으로 이동한다.

④ 금리

금리하락은 기업의 투자와 내구재소비를 증가시키므로 총수요곡선을 밖으로 이동시킨다. 통화량 조절정책이 간접적으로 금리에 영향을 주어 총수요를 조절하는 정책임에 반해 금리정책은 곧바로 금리를 변경시켜 총수요에 영향을 끼친다는 점이 다를 뿐 본질적으로 차이가 없다. 시대에 따라 통화량 조절정책을 선호하던 시기가 있고 금리정책을 선호하던 시기가 있다. 최근에는 금융시장의 급변과 함께 통화지표의 불안정과 통화량과 주요 거시지표 간의 연계성이 약화되었기 때문에 금리정책을 선호하고 있다.

⑤ 국내외 수요변화

우리 재화에 대한 해외수요가 많을수록 수출이 증가하고 총수요가 증가한다. 반대로 외국 재화에 대한 우리의 수입수요가 증가할수록 총수요는 감소한다. 그러므로 우리 제품에 대한 해외수요의 증가는 총수요곡선을 밖으로 이동시키고 우리의 수입수요증가는 총수요곡선을 안으로 이동시킨다.

⑥ 경제상황에 대한 기대

총수요의 구성요소 중 투자와 소비는 장래 경제상황에 대한 사람들의 예상에 크게 영향을 받는다. 장래 경제상황을 낙관적으로 예측할수록 투자심리와 소비심리가 살아나 총수요를 증가시킨다. 반대로 장래 경제상황을 비관적으로 예측할 경우 기업과 가계는 앞으로 닥칠 위기상황에 대처하기 위해 투자나 소비를 줄인다. [그림 23-2]는 총수요곡선의 이동을 요약한 것이다.

그림 23-2

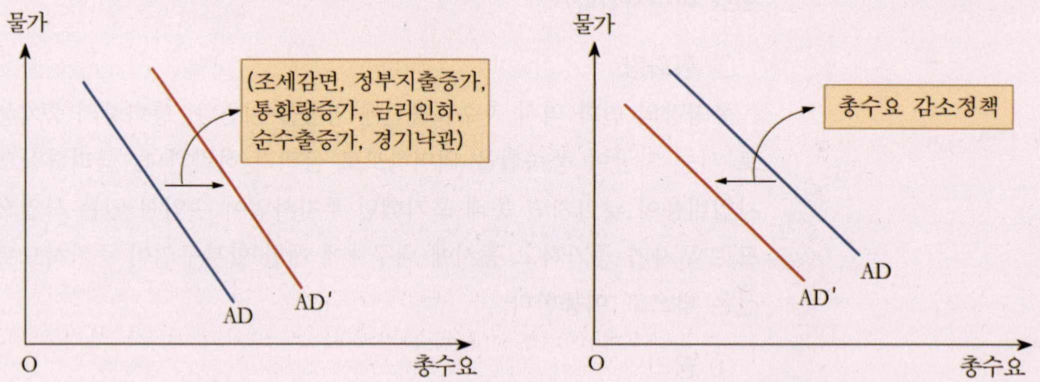

총수요곡선의 이동

총수요곡선은 우하향의 형태를 취하는데 곡선은 총수요에 영향을 미치는 요소들의 변화에 따라 안팎으로 이동한다.

Q & A

학생의 질문

총수요곡선을 가만히 들여다보고 있으면 Y가 소득이므로 국민소득이 증가될수록 물가수준이 낮아진다는 이야기가 되는데요.. 소득이 증가하면 물가가 오를 법도 하다는 생각이 들어서 말이죠.

안교수 답변

총수요곡선만으로는 소득을 결정할 수 없습니다. 사실 총수요곡선만을 그린 그래프에서 횡축은 엄밀히 말하면 국민총수요량을 의미하겠지요. 국민소득이 높아질수록 물가가 낮아지는 것이 아니라 물가가 하락할수록 국민총수요량이 증가하는 것입니다. 이제 소득은 우하향의 총수요곡선과 우상향의 총공급곡선이 함께 그려질 때 얻어지는 것입니다. 소득이 오르면 물가가 오르는 것이 아니고 수요의 증가로 수요곡선이 밖으로 이동하거나 공급의 감소로 공급곡선이 안으로 이동할 때 물가가 오릅니다. 즉, 물가의 결정과 소득의 결정은 수요와 공급을 같이 놓고 분석해야 합니다.

23.1.2 총공급곡선

(1) 총공급곡선의 기울기

총공급(aggregate supply, AS)은 주어진 물가수준에서 모든 개인이나 기업이 생산, 판매하려는 재화와 서비스의 양을 합한 것이다. 물가와 전체 경제사회의 총공급량 간의 관계를 물가와 소득 평면에 그린 것이 바로 총공급곡선이다. 총공급곡선은 장기 총공급곡선과 단기 총공급곡선으로 나누어 살필 수 있다. 장기 총공급곡선에 대해서는 앞서 제15장 15.4 장기 경제성장과 제22장 22.2에서 언급한 바 있는데, 장기 총공급곡선은 완전고용 국민소득수준에서 수직선이다. 그러나 단기 총공급곡선은 물가 변화에 따라 우상향하는 곡선으로 나타나는데 이는 두 가지로 설명할 수 있다.

첫째, 생산물의 판매가격이 오를 때 투입물(노동이나 원자재 등)의 가격은 그보다 '천천히 오른다.'는 사실이다. 그러므로 생산자는 자신이 지불한 투입물의 가격보다 자신이 생산한 제품의 가격이 더 빨리 오르기 때문에 이윤을 얻게 된다. 더 많은 이윤을 확보하기 위해 기업은 산출량을 늘리게 되고 이러한 사실은 단기 총공급곡선이 우상향함을 말해 준다.

둘째, 물가가 오를 때 일부 기업은 자신의 제품 가격을 '재빨리 인상하지 않는다.'는 사실이다. 이와 같은 느린 조정은 해당 기업으로 하여금 더 많은 양을 팔 수 있게 하고 기업은 생산을 늘리게 된다. 반대로 물가가 하락할 때 일부 기업은 자신의 제품가격을 재빨리 낮추지 못하는데, 결국 해당 기업의 판매량은 감소하고 기업은 생산을 줄이게 된다. 이러한 분석은 물가와 공급량 간의 양(+)의 관계를 설명해준다.

여기서 우리는 이런 질문을 던질 수 있다. 왜 임금과 같은 투입물 가격은 산출물 가격보다 천천히 변하는가? 왜 일부 기업은 자신의 제품 가격을 재빨리 조정하지 못하는가? 많은 경제학자들은 일부 기업이나 노동자들이 물가 변동에 대응하면서 재빨리 조정하지 못하고 천천히 조정하는 이유는 그들이 물가 변화를 정확하게 예측하지 못하기 때문으로 보고 있다.

그렇다면 일부 기업과 노동자들이 재빨리 물가 변화를 예측하지 못한다는 사실로부터 어떻게 우상향 총공급곡선의 존재를 설명할 수 있는가? 케인시안들은 대체로 가격과 임금의 경직성에서 그 해답을 찾는다. 우리는 이미 제18장에서 실질임금과 가격의 경직성에 대해 살펴본 바 있다. 이를 종합하면 물가가 상승할 때 장기계약이나 메뉴비용 등과 같은 요인 때문에 임금이나 가격이 따라 오르지 못하면 기업은 이윤을 얻게 되고 생산을 증가시키게 된다.

[그림 23-3]에서 보듯이 개별기업의 공급곡선을 합하여 시장공급곡선을 얻은 후 모든 재화, 서비스 시장의 공급곡선을 합하면(aggregate) 바로 단기 총공급곡선(이후로는 '단기'를 생략하고 총공급곡선이라 부를 것이다.)이 된다. 그러므로 개별기업의 공급곡선이 우상향하므로 시장공급곡선 역시 우상향한다. 따라서 국민경제 전체로서의 총공급곡선도 물가수준에 대해 우상향한다.

(2) 총공급곡선의 이동

총공급곡선은 생산요소가격, 기술개발, 조세정책에 의해 영향을 받는다.

① 생산요소 가격의 상승

재화의 판매가격은 변하지 않았으나 생산요소의 가격인 석유가격이나 임금이 상승하면 기업은 석유나 노동의 고용을 감소시키게 되고 산출량은 감소한다. 따라서 기업의 공급곡선은 안으로 이동하고 결국 시장공급곡선과 국민경제의 총공급곡선도 안으로 이동한다.

그림 22-3

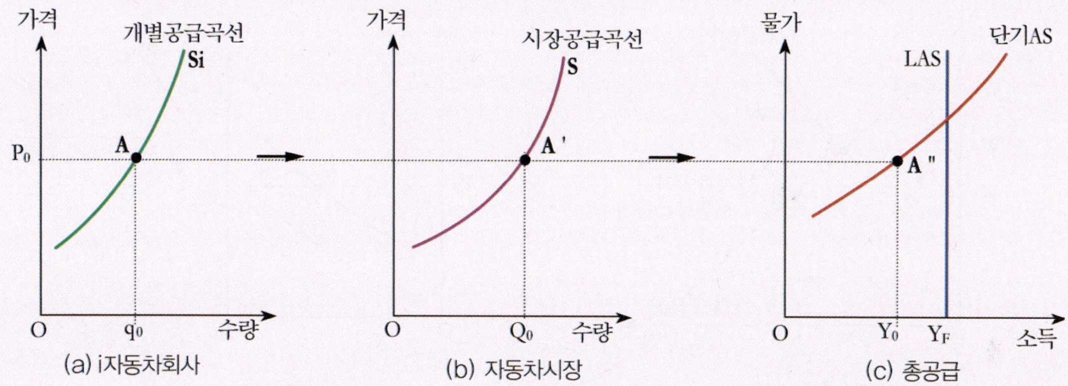

단기 총공급곡선의 도출

단기에 기업은 생산시설규모를 변경할 수 없으므로 산출량은 투입노동량에 의존한다. 물가상승은 실질임금을 낮추므로 기업은 고용량을 늘리고 산출량이 증가한다. 기업의 단기 공급곡선은 우상향하는데 이들을 합하면 우상향의 총공급곡선을 얻는다.

② 기술변화

기술변화는 기업의 생산비용을 낮추므로 채산성이 좋아져 생산을 증가시키고 결국 총공급곡선을 밖으로 이동한다.

③ 조세

앞서 총수요곡선을 이동시키는 요인 중에 조세가 있었다. 즉, 감세정책은 가처분소득을 증가시키므로 소비지출을 증가시켜 총수요곡선을 밖으로 이동시켰다. 정부의 소득세 감세정책은 수요측면의 효과뿐 아니라 공급측면의 효과도 있음을 유의해야 한다. 소득세감세의 공급측 효과를 살펴보면 다음과 같다.

그림 23-4

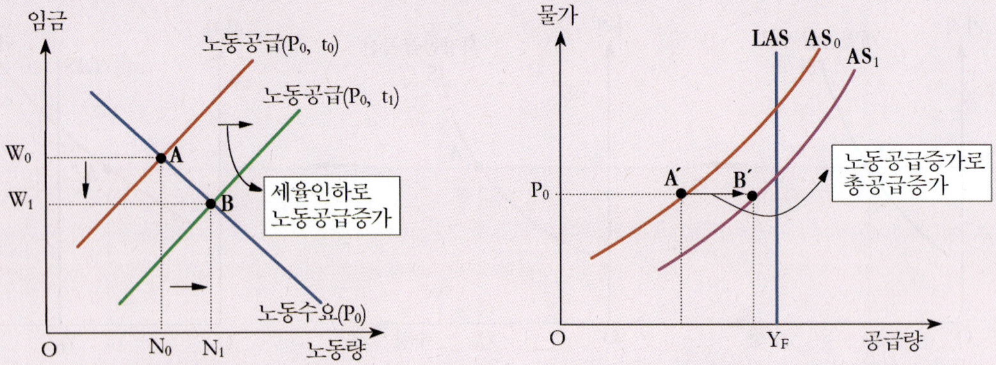

(a) 노동시장　　(b) 총공급

감세정책과 총공급곡선의 이동

감세는 노동자의 세후 소득을 증가시키므로 실질임금이 상승한 것과 동일한 효과이다. 노동자들은 전보다 노동공급을 증가시키게 되고 이와 함께 총공급이 증가하므로 총공급곡선은 밖으로 이동한다.

[그림 23-4]는 감세정책에 따른 노동시장의 변화와 그로 인한 총공급곡선의 우측 이동을 보여준다. 정부가 소득세율을 t_0에서 t_1로 낮추면 노동자의 세후 소득이 종전보다 많아진다. 이는 실질임금이 상승한 것과 동일한 효과이다. 따라서 노동자들은 전보다 노동공급을 증가시키게 되고 균형노동량은 N_0에서 N_1로 증가한다. 균형노동량의 증가와 함께 총공급이 증가하므로 총공급곡선은 밖으로 이동한다. 반대로 증세정책은 노동공급곡선을 안으로 이동시키므로 균형노동량을 줄이고 그 결과 총공급곡선은 안으로(위로) 이동한다.

하지만 장기 총공급곡선(LAS)의 우측 이동은 노동의 양과 질의 향상, 자본축적과 기술변화 같은 생산능력의 향상이 이루어져야 한다. 장기적으로 국민경제의 노동의 양과 질이 향상되고 자본량과 기술변화가 축적되면 수직의 LAS곡선 자체가 밖으로 평행이동한다.

23.2 거시경제의 균형과 정부의 역할

23.2.1 3가지 형태의 단기균형

거시경제의 단기균형은 총수요와 총공급이 만나는 곳에서 결정된다. [그림 23-5]는 3가지 경우의 단기균형을 보여준다. 그림 (a)는 수요부족으로 국민경제가 완전고용 국민소득을 달성하지 못하고 있는 경우로 비자발적 실업이 존재한다. 그림 (a)에서 국민경제는 18장과 22장에서 본 것과 마찬가지로 Y_0Y_F만큼의 디플레이션 갭에 놓여 있다. 그림 (a)의 디플레이션 갭을 해소하기 위해서는 정부의 총수요확대정책이 요청된다. 그림 (b)는 총수요가 지나치게 많아 일시적으로 국민소득이 완전고용 국민소득 수준을 초과하고 있으나 인플레이션에 시달리는 상태이다. 그림 (b)에서 국민경제는 Y_FY_1만큼의 인플레이션 갭에 처해 있다. 그림 (b)의 경우 소득수준이 Y_F보다 높으므로 좋은 것 같으나 생산능

그림 23-5

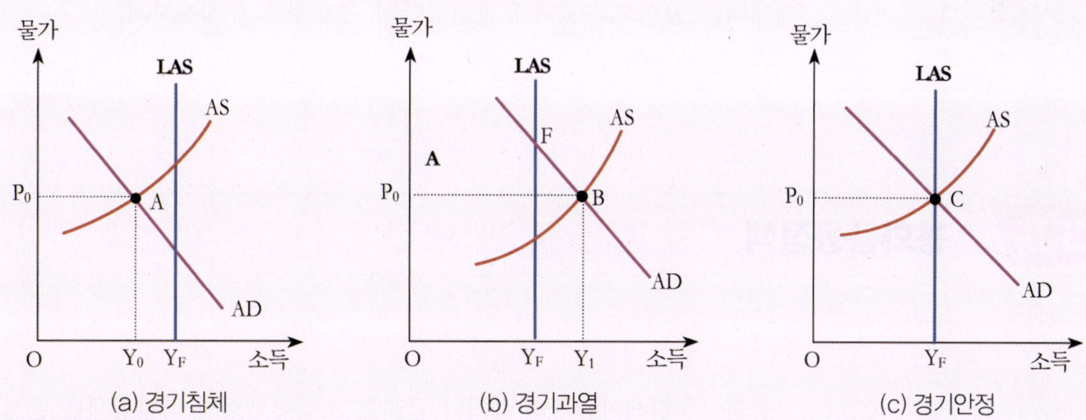

3가지 형태의 거시경제균형
(a)는 경기침체상태로 총수요확대정책이 필요하고 (b)는 초과수요로 인한 경기과열상태이므로 총수요 억제정책이 요구된다. (c)는 국민경제가 완전고용국민소득을 달성하고 있는 바람직한 상태이다.

력의 향상이 없는 이상 장기적으로 소득수준은 Y_F로 복귀하고 물가는 F점으로 올라 인플레이션만 경험하게 된다는 데 문제가 있다.

그림 (b)의 인플레이션 갭을 해소하기 위해서는 총수요억제정책을 사용할 필요가 있다. 그림 (c)는 완전고용 국민소득이 달성된 바람직한 균형상태이다.

23.2.2 개입주의와 비개입주의

어느 나라든지 자국 경제가 완전고용 국민소득수준을 달성하기를 원한다. 어떤 나라가 디플레이션 갭이나 인플레이션 갭과 같은 상태에 있다면 어떻게 완전고용 국민소득수준으로 되돌릴 수 있는가? 이러한 논의가 바로 거시경제의 경제안정화 문제인데 여기에는 크게 두 가지 상반된 입장이 있다. 첫째, 케인스학파와 같은 개입주의는 정부의 적극적 총수요 관리정책을 통해 완전고용을 회복해야 한다고 주장한다. 반면 고전학파와 같은 비개입주의는 시장경제의 자기조절능력에 의해 완전고용 국민소득은 저절로 달성되는 것이므로 별도의 정부의 총수요정책은 필요 없다고 주장한다. 개입주의와 비개입주의 간의 논쟁에 대해서는 다음 장에서 자세히 살펴보기로 하고 여기서는 케인스학파의 거시경제체계를 중심으로 총수요관리정책의 유효성을 분석해보자.

23.3 통화금융정책

통화금융정책이란 통화량이나 금리를 조절함으로써 국민경제를 완전고용 국민소득수준으로 회복시키거나 인플레이션을 억제하는 정책수단이다. 즉, 경기침체 시에는 통화량을 증가시키거나 금리인하조치를 취하고 반대로 경기과열 시에는 시중의 통화량을 흡수하거나 금리를 인상하는 정책을 실시하는 것이다.

23.3.1 통화정책

(1) 통화량 조절방식

정책당국은 어떻게 시중의 통화량을 늘리거나 줄이는가? 우리는 제20장에서 통화량 조절정책을 논의한 바 있다. 여기서 다시 간단히 소개하면 한국은행이 직접 시중은행에 대해 대출조건이나 물량을 조절하도록 지시하는 방식과 간접적으로 공개시장조작, 지급준비율 조정, 재할인정책을 사용하는 방법이 있다.

(2) 통화정책의 전달경로

통화정책의 전달경로(transmission mechanism) 통화량의 변동이 국민경제에 미치는 파급효과

우선 통화량의 증가가 어떻게 경제 전체에 영향을 미치는지 살펴보자. 통화량의 변동이 국민경제에 미치는 파급효과를 흔히 '**통화정책의 전달경로**'(transmission mechanism)라고 한다. 당초 화폐시장은 화폐수요량 900조원, 화폐공급량 900조원으로 균형에 있었다고 하자. 이제 통화당국인 한국은행은 침체에 빠진 경기를 부양시키기 위해 5조원의 통화안정채권을 시장에서 매입하여 통화량을 풀기로 했다. 한국은행의 본원적 통화공급량 5조원은 예금은행의 예금통화 창출과정을 거쳐 통화승수만큼의 통화량 증가로 나타나게 된다. 예를 들어 통화승수가 5라면 총 25조원의 통화량이 늘어나게 된다.

이제 시중의 통화량은 총 925조원이 된다. 그러나 다른 사정이 변하지 않았으므로 국민경제의 화폐수요량은 아직 900조원이다. 즉, 국민경제는 25조원의 초과화폐공급 상태에 놓이게 된다. 경제주체는 자신이 보유하기를 원하는 화폐수요량을 초과한 여유자금을 화폐가 아닌 다른 자산으로 대체하는 이른바 **자산군관리**(portfolio management)를 할 것이다. [그림 23-6]은 통화정책의 전달경로를 요약한 것이다. 이 과정을 보다 자세히 살펴보자.

자산군관리(portfolio management) 경제주체가 자신이 보유하고 있는 자산을 가장 효율적으로 배분, 운영하는 것

(3) 통화정책의 단기효과

화폐가 아닌 자산으로는 금융자산과 실물자산이 대안이 될 수 있다. 금융자산은 보유에 따른 수익을 얻을 수 있을 뿐 아니라 **유동성**(liquidity)도 높아 긴급시에는 다시 화폐로 전환할 수 있다는 장점이 있다. 대표적인 금융자산으로는 주식(stock), 채권(bond), 정기예금(time deposit) 등이 있다.

유동성(liquidity) 유사시에 화폐로 전환할 수 있는 용이성

예를 들어 25조원의 여유자금을 채권에 투자한다고 하자. 채권시장은 초과채권수요에 놓이게 되고 채권가격은 오른다. 따라서 채권의 수익률은 하락한

그림 23-6

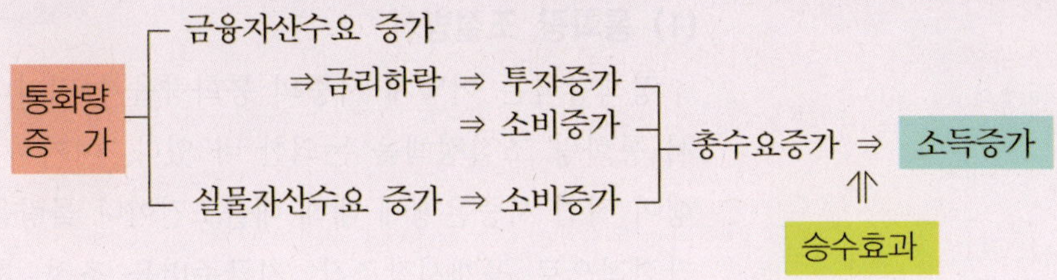

통화정책의 전달경로

다. 즉, 시장금리가 하락한다. 통화량의 증가는 결국 시장금리의 인하를 초래하게 된다는 이야기다. 금리인하는 기업의 투자지출과 할부로 구입하는 내구재 소비지출을 증가시킬 것이므로 총수요를 증가시킨다.

여러분은 22장 승수효과를 다루면서 소비지출이 케인스의 절대소득가설에 따른다면 투자의 증가는 그보다 몇 배의 소득증가를 가져다준다는 사실을 기억할 것이다. 결국 국민경제는 승수효과를 거쳐 완전고용 국민소득수준을 달성하게 된다.

[그림 23-7]은 통화량증가 효과를 그래프로 나타낸 것이다. 통화량의 증가는 그림 (a)의 화폐시장에서 금리를 r_0에서 r_1로 낮추고, 금리하락에 따라 그림 (b)의 투자지출은 I_0에서 I_1로 증가한다. 한편 금리하락으로 그림 (c)의 내구재 소비지출곡선은 밖으로 이동하고 소비는 C_0에서 C_1로 증가한다. 투자와 소비는 총수요의 구성요소이므로 이들의 증가는 총수요의 증가가 된다. 따라서 그림 (e)의 총수요곡선이 밖으로 이동하고 거시경제는 승수효과를 거쳐 물가상승과 완전고용 국민소득(Y_F)을 달성하게 된다.

[그림 23-7]의 (d)는 통화량 증가정책이 노동시장에 미치는 영향을 보여준다. 당초 노동시장은 명목임금이 균형임금보다 높아 AC만큼의 실업이 존재하고 있다. 이제 통화량증가로 금리가 하락하고 총수요가 증가하면 물가상승이 일어난다. 물가상승으로 실질임금이 $(W/P)_0$에서 $(W/P)_1$로 하락하면 고용량은 N_0에서 N_1로 증가하고 실업은 해소된다. 고용량의 증가는 산출량을 증가시키고 거시균형은 B점으로 이동한다.

그림 23-7

통화정책의 전달경로

통화량의 증가는 화폐시장에서 금리를 낮춘다. 금리인하는 투자와 내구재소비를 증가시킴으로써 총수요를 증가시킨다. 총수요곡선이 밖으로 이동하면서 물가와 국민소득이 증가한다. 이때 승수효과에 따라 당초 투자와 소비증가의 승수배만큼의 소득증가가 일어난다. 한편 물가상승은 노동시장에서 실질임금을 낮추므로 고용을 증가시키고 실업을 낮춘다.

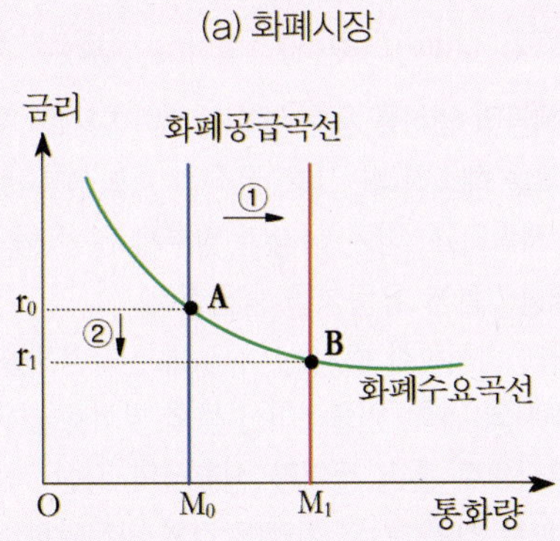

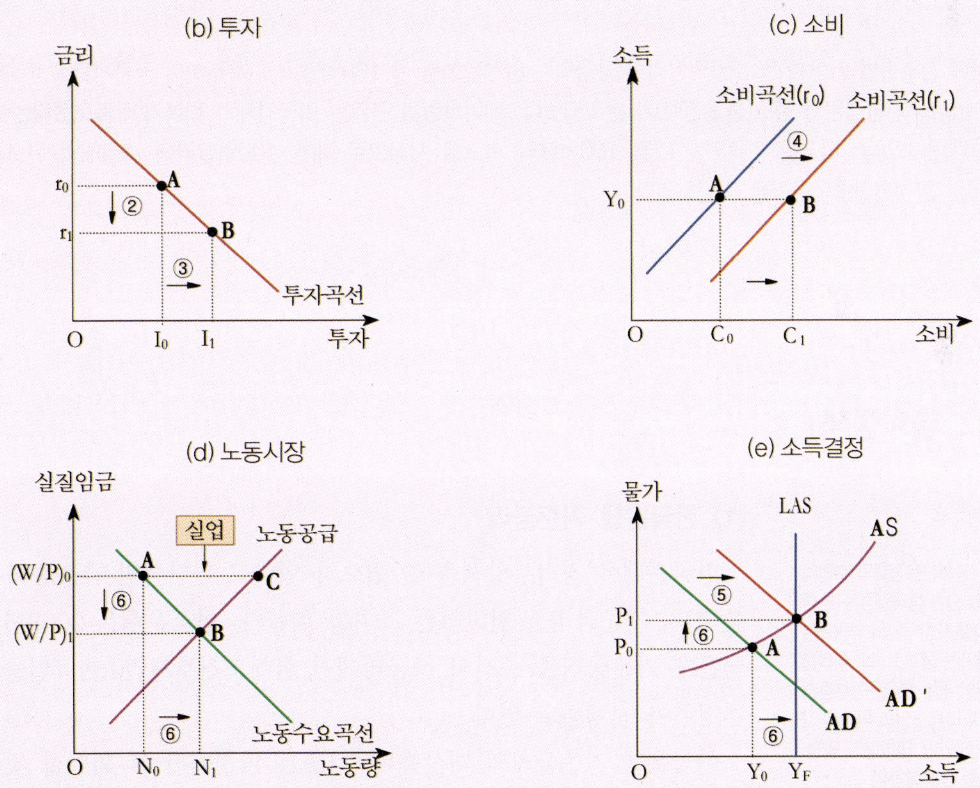

양적완화(量的緩和, Quantitative Easing: QE)와 테이퍼링(Tapering)

양적완화란 정책금리 인하를 통한 통화정책이 한계에 부딪혔을 때 중앙은행이 통화를 시중에 직접 공급함으로써 경기위축을 방어하고 신용경색을 해소하려는 비전통적인 통화정책이다. 정책금리가 제로에 근접하여 더 이상 인하할 수 없음에도 시중의 자금경색 현상이 지속되고, 경기 하강이 멈추지 않는 등 금리정책이 더 이상 효과를 발휘하지 못할 때 중앙은행은 직접 장기 국채를 매입해 금융기관에 유동성을 공급한다.

예를 들어 미국의 양적완화 조치는 미국 내 신용경색을 완화하고 경기부양 수단이 될 수 있지만 다른 한편 달러가치의 약세와 함께 외국인 투자의 위축, 인플레이션 등의 부작용을 유발할 수도 있다. 또한 미국의 양적완화조치로 미국 내 자금이 경제여건이 양호한 신흥국으로 흘러 들어가 신흥국의 자산 가치를 상승시키고 신흥국 경제에 거품을 일으키는 문제도 있다.

미국 오바마 정부는 취임 후 두 차례에 걸쳐 양적완화 조치를 취했으나 침체된 미국경제를 회복시키는데 실패했다는 평가다. 그 이유는 서브프라임 사태로 인한 경기침체의 골이 깊은데다 미국과 유럽의 재정위기가 생각보다 심각하기 때문이라고 할 수 있다.

2기 오바마 정부출범과 함께 월 850억달러씩 공급되는 양적완화를 월 100억달러씩 축소하여 궁극적으로 종료하자는 테이퍼링(Tapering), 즉 양적완화 축소(출구전략)가 논의되었다. 테이퍼링의 근거는 미국경제가 회복기에 들어섰다는 인식과 인플레이션 예방차원이었다. 미국은 2013년 12월 100억달러 축소를 시작으로 매월 100억달러의 채권매입 규모를 축소하여 2014년 10월 양적완화출구전략을 마감하였다.

23.3.2 금리정책

(1) 한국은행 기준금리

한국은행은 경기부양책을 쓸 필요가 있다고 판단하면 **금융통화위원회** 의결을 거쳐 기준금리를 인하하는 조치를 취한다. 한국은행은 2008년 3월부터 한국은행 기준금리를 종전의 콜금리에서 환매조건부채권(RP) 7일물의 수익률로 변경하여 시행하고 있다.

금융통화위원회 통화신용정책의 수립과 한국은행의 운영에 관한 정책결정기구. 한국은행 총재(의장)를 포함 7인의 위원으로 구성. 한국은행 총재는 국무회의의 심의를 거쳐 대통령이 임명하며, 한국은행부총재는 당연직위원이며 다른 5인의 위원은 각 추천기관의 추천을 받아 대통령이 임명. 위원의 임기는 4년, 전원 상근임

한국은행 기준금리의 대상품목인 RP는 일정기간 후 환매할 것을 약속하고 발행한 채권을 말한다. 여기서 7일물이란 7일 후 환매조건으로 발행한 채권인데 최근 금융시장에서 RP 7일물이 시중자금 수급상황을 비교적 잘 반영하는 것으로 알려져 있다. 한국은행이 기준금리를 인하하면 통화공급량이 증가하게

미국의 중앙은행제도(Federal Reserve System, FRS) 1913년 연방준비제도가 창설되면서 7인으로 구성된 이사회(FRB) 아래 12개의 지역연방준비은행을 두고 있다. 이사회 의장은 임기 4년, 연임 가능하며 일반위원 6명의 임기는 14년 단임이다.

되므로 자금여력이 생긴 금융기관은 우선 단기금리를 낮출 여력을 갖게 되고 나아가 장기금리 역시 서서히 낮아진다.

(2) 금리정책의 효과

금리의 움직임은 우리 경제활동 전반에 걸쳐 큰 영향을 미친다. 따라서 적정한 금리수준의 결정은 매우 중요한 문제이다. 금리가 오르면 사람들은 은행으로부터 대출받기를 꺼리게 된다. 그만큼 부담이 커지기 때문이다. 그러므로 금리인상은 수요를 위축시켜 경기후퇴를 초래할 위험이 있다. 반면 금리인상 조치는 물가안정과 수입억제 효과라는 긍정적 효과도 있다. 반대로 금리가 하락하면 경기는 활성화 되는 대신 경상수지 악화와 함께 물가상승이 우려된다.

한국은행이 기준금리 인하를 통해 시중 장·단기금리의 인하를 유도하면 기업의 투자수요가 증가하고 민간의 내구재 소비도 증가하므로 총수요가 증가한다. 총수요의 증가는 승수효과를 통해 국민소득을 증가시킨다.

23.3.3 최근 통화금융정책의 변화

(1) 통화량 조절정책 vs 금리정책

결국 통화량 조절정책과 금리정책 간의 차이는 정책수단(policy instruments)으로 '통화량을 사용할 것인가?' 혹은 '금리를 사용할 것인가?'의 문제이다. 통화량 조절정책에서는 통화량을 정책수단으로 삼고 금리를 중간목표로 두고 정책목표(targets)는 경제안정에 두고 있다면 금리정책은 직접 금리를 정책수단으로 삼고 있는 점이 다를 뿐이다.

[그림 23-8]은 통화량 조절정책과 금리정책의 차이를 보여주고 있다.

그림 23-8

통화량 조절정책과 금리정책 비교

통화량 조절정책과 금리정책의 근본적인 차이는 정책수단으로 무엇을 사용하느냐 하는 것이다.

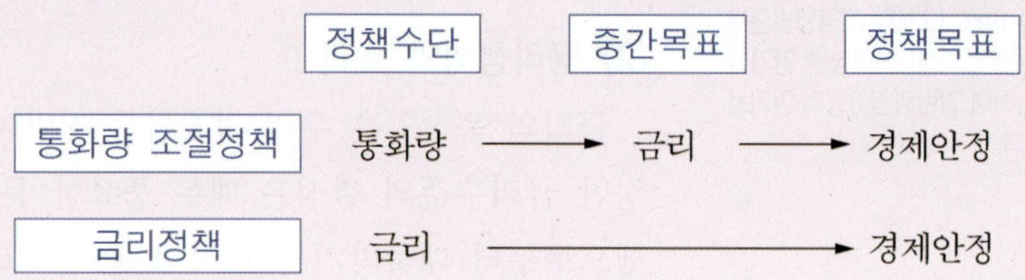

(2) 통화량과 거시경제지표 간의 관계 변화

경제안정화 정책으로 통화량을 사용하기 위해서는 화폐수요가 안정적이어야 하며 동시에 통화지표와 거시경제지표(특히 실질 GDP) 간의 관계가 긴밀해야 한다. 그렇지 않을 경우 통화량 조절정책은 오히려 국민경제의 불안정을 증폭시킬 수 있다.

전에는 경제안정을 위한 통화금융정책수단으로 통화량을 중요시했으나, 최근에는 금리가 보다 중요한 정책수단으로 인식되고 있다. 그 이유는 첫째, 최근 세계경제는 물론 우리 경제 역시 물가상승 위험이 별로 없는 상태이기 때문에 통화량 관리의 중요성이 줄어들었기 때문이다. 둘째, 1980년대 이후 금융산업의 급격한 혁신과 자본의 자유로운 이동을 생각할 수 있다.

새로운 금융상품의 출현과 금융제도의 변화 및 자유로운 자본이동으로 예금통화 간의 유사성 정도가 상당히 불분명해졌다. 그러므로 통화지표의 구성이 쉽지 않고 설사 구성했더라도 통화지표 간의 뚜렷한 경계도 확실치 않게 되었다. 각 통화지표와 소득, 고용, 물가와 같은 거시경제지표와의 연관성 역시 분명치 않게 되었다. 통화지표를 관리한다고 했을 때 과연 거시경제지표를 원하는 수준으로 유도할 수 있느냐? 하는 점이 확실치 않게 되었다는 것이다. 따라서 1990년대 들어서서 통화금융정책수단의 초점이 통화량관리라는 양적관리에서 금리라는 가격관리로 바뀌게 되었다.

그림 23-9

금리정책 하에서의 보완적 화폐공급
기준금리인하정책으로 화폐시장은 초과화폐수요에 놓인다. 정부는 화폐공급량을 늘려줌으로써 화폐시장을 균형으로 회복시키게 된다.

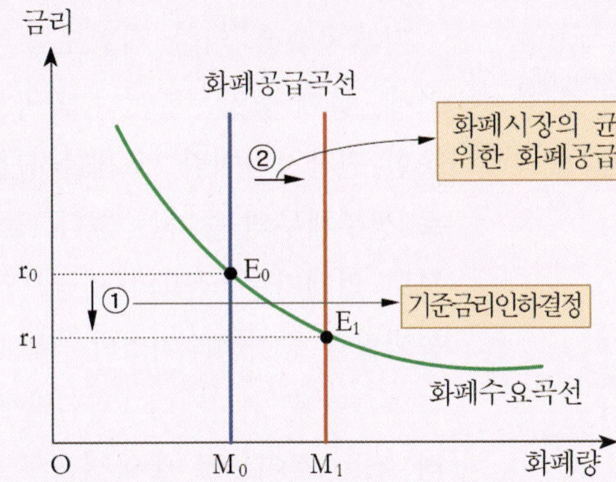

(3) 금리정책을 보완하는 통화량 조절

최근 우리나라를 포함한 대부분의 국가는 총수요관리를 위한 정책수단으로 통화량조절보다는 금리를 조절하는 방식으로 통화금융정책의 방향을 바꾸었다. 예를 들어 한국은행의 금융통화위원회가 기준금리를 현재 1.75% 수준에서 1.50%로 0.25%포인트 인하하기로 결정했다고 하자. 이제 기준금리 인하는 [그림 23-9]에서 보듯이 시중금리를 r_0에서 r_1로 낮춘다. 금리인하로 화폐시장은 초과화폐수요가 된다. 화폐시장의 균형을 위해서 한국은행은 시중에 M_0M_1만큼의 화폐를 더 공급해주어야 한다. 즉, 통화량 조절은 어디까지나 금리정책의 보완조치인 것이다.

23.4 재정정책

23.4.1 정부지출정책

정부지출정책이란 정부지출액을 늘리거나 줄임으로써 경제안정화를 꾀하는 정부의 정책수단 중의 하나이다. 이 문제를 보다 정확히 이해하기 위해서는 정부지출을 위한 재원조달방법을 먼저 살펴볼 필요가 있다.

정부지출재원조달방안 조세, 중앙은행이나 외국으로부터의 차입, 국공채발행을 통한 민간차입

정부지출을 위한 재원조달은 대략 3가지 방법을 통해서 이루어진다. 첫째 조세, 둘째 중앙은행이나 외국으로부터의 차입, 셋째 국공채 발행(bond sale)을 통한 민간차입이다. 조세를 통한 재원조달은 균형재정 하에서의 정부지출이므로 정부채무의 증가는 없다. 둘째와 셋째 방식은 적자재정을 통한 정부지출이므로 언젠가는 국민의 세금으로 상환해야 한다. 동시에 중앙은행 차입이므로 통화량을 증가(해외차입의 경우 역시 차입외환을 중앙은행에 매각하여 사용하게 되므로 통화량 증가)시킨다. 채권발행은 이미 시중에 공급된 민간 자금을 정부가 빌려 쓰는 것이므로 궁극적으로 통화량을 변화시키지 않는다.

(1) 정부지출정책의 소득효과

① 조세증가를 통한 정부지출증가

균형재정 하의 정부지출정책의 소득효과를 [그림 23-10] (a)를 통해 살펴보자. 조세를 더 거두어 정부지출을 증가시켰다면 조세증가로 인한 효과와 정부지출증가로 인한 효과가 동시에 일어난다. 즉, 정부지출증가는 총수요곡선을 AD′으로 이동시키는 반면 조세증가는 총수요곡선을 AD″으로 안으로 이동시키고 동시에 총공급곡선을 AS′으로 이동시킨다. 그러므로 조세를 통한 정부지출증가는 서로 상반된 효과를 일으키므로 소득에 별다른 영향을 미치지 못한다.

② 적자재정을 통한 정부지출증가

[그림 23-10] (b)에서 보듯이 적자재정을 통한 정부지출증가는 총수요를 증가시키므로 총수요곡선이 밖으로 이동하고 국민소득도 증가한다. 케인스의 절대소득가설을 따를 경우 승수효과를 통해 몇 배의 소득증가를 달성할 수 있다.

반면 생애주기가설이나 항상소득가설을 주장하는 사람들은 '일시적 정부지출 증가인가?' 혹은 '영구적 정부지출 증가인가?'에 따라 총수요곡선의 이동이 달라진다고 본다. 일시적 정부지출증가인 경우 소득증가는 임시소득으로 간주되므로 승수효과를 일으키지 못하고 총수요곡선은 거의 밖으로 이동하지 않는다는 주장이다.

그림 23-10

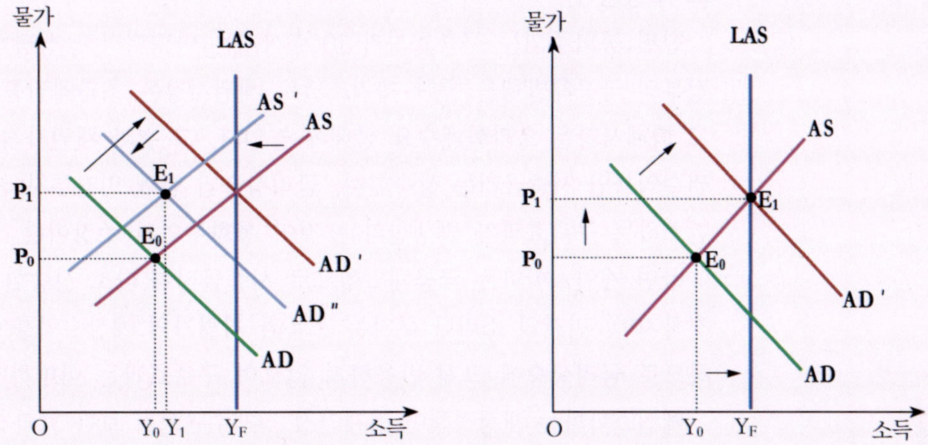

(a) 균형재정 하의 소득효과 (b) 적자재정 하의 소득효과

정부지출정책의 소득효과

정부지출정책은 균형 하의 지출인가 혹은 적자재정을 통한 지출인가에 따라 승수효과가 다르다. 균형재정 하의 정부지출은 조세증가로 승수가 억제되기 때문에 소득증가효과가 크지 않다. 반면 적자재정을 통한 정부지출정책은 소득증가효과가 크다.

(2) 구축효과

구축효과(crowding out effect) 국공채발행을 통한 정부지출증가는 민간의 투자와 소비를 축소시킨다는 주장

국공채발행을 통한 정부지출증가는 민간의 투자와 소비를 위축시키는 '**구축효과**'(crowding out effect)를 발생시킨다는 주장이 있다. 정부가 국공채를 발행하여 정부지출 재원을 조달하면 민간이 지출할 수 있는 소비와 투자자금이 감소하기 때문에 총수요 증가효과가 상쇄된다는 것이다. 이때 민간의 소비와 투자의 감소는 22장에서 살펴본 승수효과를 축소하는 쪽으로 작용하게 된다. 그러므로 구축효과가 크다면 승수효과가 줄어들어 소득증가효과는 거의 소멸되어 버린다. 구축효과의 존재에 대해서는 대부분의 경제학자들이 의견의 일치를 보고 있으나 구축효과의 크기에 대해서는 경제학파 간에 커다란 견해차가 있다.

고전학파는 100%의 완전한 구축효과(perfect crowding out)를 주장한다. 고전학파는 총수요는 총공급과 동일하다는 세의 법칙(Say's law)을 믿고 있으므로 정부지출이 증가하는 만큼 민간의 총수요가 감소한다고 생각하기 때문이다. 그

러므로 국공채발행을 통한 정부지출정책은 소득에 아무런 영향도 주지 못한다고 주장한다.

한편 통화주의는 구축효과가 100%까지는 아니더라도 상당히 크다고 본다. 정부의 국공채발행을 통한 재원조달로 채권시장은 초과채권공급 상태에 놓이고 화폐시장은 초과화폐수요 상태에 놓인다. 그 결과 채권가격은 하락하고 채권수익률인 시중금리는 상승한다. 금리상승과 함께 민간투자와 내구재 소비가 감소하는 구축효과가 발생한다는 것이 통화주의의 주장이다.

반면 케인스학파는 국공채발행으로 시중금리가 다소 상승한다는 사실은 인정하지만, 민간의 소비나 투자는 소득과 기업가의 예상수익률에 더 크게 의존하므로 금리상승에 크게 반응하지 않으며 구축효과는 미미하다고 본다.

케인스학파는 재정정책이 경제안정 정책수단으로 보다 효과적이라고 생각한다. 통화금융정책은 통화량이나 금리의 변화가 투자와 소비에 영향을 주어 총수요를 변경시키는 것이므로 정책효과가 나타날 때까지는 시간이 오래 걸리고 경기침체 시에는 크게 반응도 하지 않는데 반해 재정정책은 그 자체가 총수요를 변동시키는 요인이므로 효과가 직접적이기 때문이다.

(3) 리카도의 등치성정리

정부가 정부지출의 재원조달 방식을 조세에서 국공채발행으로 변경한 경우 소득에 어떤 영향을 미치는가? 이 물음은 일찍이 영국의 고전학파 경제학자 리카도가 제기한 바 있다. 예를 들어 당초 우리 정부는 100조원의 조세를 징수하여 100조원을 모두 정부지출로 사용하기로 했다. 이제 정부가 정책을 바꿔 90조원만 조세로 징수하고 나머지 10조원은 국채를 발행하여 조달하기로 했다고 하자. 재원조달 방식을 바꾸었으나 정부지출이 100조원인 것은 종전과 다름없다.

리카도는 조세가 10조원 감소하여 가처분소득이 10조원 늘었으나 지출은 전과 같다고 본다. 왜냐하면 국민들은 국가채무가 10조원 증가했고 언젠가는 자신들이 세금을 내서 갚아야 한다는 사실을 알고 있으므로 지출을 줄여 향후 세금증가에 대비할 것이기 때문이다. 따라서 정부지출총액의 변화가 없는 국채발행은 국민경제에 아무런 실질적 영향도 미치지 못한다고 주장했다. 이를 **'리카도의 등치성정리'**(Ricardian Equivalence Theorem)라고 한다. 1974년 배로(R.J. Barro, 1944-)는 "정부의 국채발행은 민간의 부(wealth)를 증가시키지 못한

리카도의 등치성정리(Ricardian Equivalence Theorem) 정부지출 총액의 변화 없는 국채발행은 국민경제에 아무런 실질적 영향도 미치지 못한다는 주장

다."고 주장하면서 리카도의 등치성정리를 거시이론의 논쟁점으로 끌어들인 바 있다.

그러나 리카도의 등치성정리에 대한 비판도 많다. 현재의 조세감면자와 미래의 조세부담자가 정확히 일치하지 않을 것이기 때문에 현재 조세감면 혜택을 받은 사람들은 자신의 지출을 증가시킨다는 것이다. 또한 사람들은 미래를 정확히 예측하지 못하기 때문에 자신의 미래 조세부담을 예측하여 지출을 감소하지 않는다는 것이다. 그러므로 조세감소는 가처분소득을 증가시키므로 소비지출이 증가하고 나아가 승수효과를 거쳐 국민소득을 증가시킨다는 것이 비판자들의 주장이다. 2011년 유로존(Euro zone)의 재정위기를 볼 때 재정적자가 누적되어 왔음에도 불구하고 그들 국가의 소비지출이 감소하지 않았음은 리카도의 등치성정리가 현실적합성이 떨어진다는 것을 보여주는 예라고 할 수 있다.

Q & A

Q 학생의 질문

통화정책과 재정정책의 차이점은 통화정책은 통화량에 영향을 미치는 것이며 재정정책은 통화량에 영향을 미치지 않는 정책을 말하는 것인가요? 통화정책의 권한은 중앙은행에만 있는 것인가요? 통화정책이랑 금융정책은 같은 말인지...

A 안교수 답변

통화정책은 중앙은행의 통화량 조절정책을 말하며 금융정책은 중앙은행의 통화정책과 금리정책을 합하여 부를 때 흔히 사용하는 용어입니다. 반면 재정정책이란 정부의 재정운영과 관련된 정책으로 정부지출정책과 조세정책의 두 가지가 있습니다. 정부의 정부지출정책 중에도 통화량에 영향을 미치는 정책이 있는데 예를 들어 한국은행 차입이나 해외차입으로 정부지출이 이루어질 경우에는 통화량이 증가합니다.

23.4.2 감세정책

(1) 감세정책의 효과

감세(tax cut) 방법에는 모든 사람에게 정액을 환급하는 방법, 세율인하 방법 그리고 세액공제를 높이는 방법 등 여러 가지 형태가 있다. 감세 대상으로는 소득세를 감해주는 경우, 부가가치세율 인하 그리고 법인세에 대한 감세 등이 있다. 앞서 소득에 대한 감세정책은 가처분소득을 증가시켜 총수요곡선을 밖으로 이동시키는 동시에 세후 실질임금이 상승한 것과 같으므로 노동공급을 증가시켜 총공급곡선도 밖으로 이동시킨다는 사실을 살펴본 바 있다. [그림 23-11]은 소득세 감세정책의 거시경제효과를 보여주는 것으로 감세정책의 결과 소득이 증가한 것을 알 수 있다.

생애주기가설이나 항상소득가설을 주장하는 사람들은 일시적 감세정책인 경우에는 소득에 미치는 효과가 거의 없다고 주장한다. 왜냐하면 일시적 감세는 일시적인 소득증가를 초래하고 이러한 임시소득의 증가는 소비증가로 이어지지 못하므로 승수효과가 발생하지 않기 때문이다. 그러므로 영구적인 감세정책일 경우에만 [그림 23-11]에서와 같은 소득증가가 일어난다고 주장한다.

그림 23-11

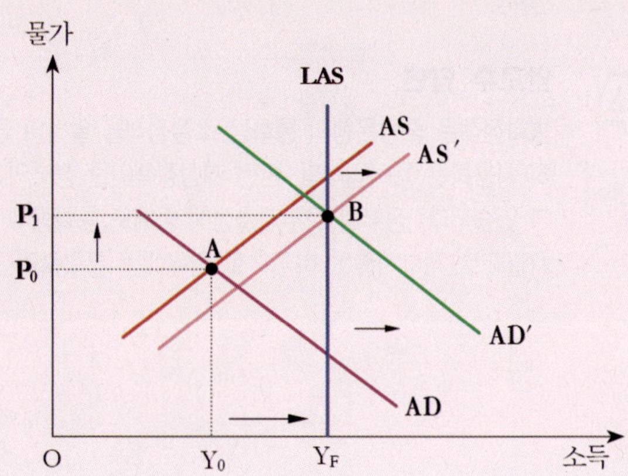

감세정책의 거시경제효과

감세정책은 총수요곡선은 물론 총공급곡선도 이동시킨다.

(2) 래퍼곡선

감세정책은 1980년대 미국의 레이건 행정부에서 많은 논쟁을 불러일으켰다. 감세정책을 둘러싼 논쟁의 핵심은 감세정책으로 조세징수액이 감소할 경우 정부지출 역시 축소될 수밖에 없는데, 이는 고소득층의 세부담을 줄여주는 대신 저소득층의 사회보장비를 축소하는 것으로 소득분배에 역행한다는 비판이다. 이러한 비판에 대해 공급측경제학(Supply Side Economics)의 주창자인 래퍼(A. Laffer, 1940-)교수는 현재의 세율이 최적세율보다도 높은 수준이므로 감세정책을 시행할 경우 오히려 조세징수액이 증가한다고 주장했다. [그림 23-12]는 래퍼곡선을 보여준다.

래퍼곡선(Laffer curve) 세율과 조세징수액 간의 관계를 나타내는 곡선. 래퍼교수는 감세정책은 조세징수액을 증가시킨다고 주장

래퍼는 현재의 세율 T_L 수준을 최적세율인 T^*로 인하할 경우 조세징수액은 TR_L에서 TR^*로 오히려 증가한다고 주장한다. 그 이유로 세율인하는 노동자의 근로의욕을 향상시켜 노동공급이 증가하므로 과세저변이 확대되기 때문이다. 또한 세율인하로 소비와 투자가 증가함으로써 소득이 증가하면 상위의 한계세율이 적용됨으로써 납세액이 증가한다는 것이다. 즉, 세율은 낮아졌으나 총조세징수액은 오히려 증가한다는 것이다. 이러한 래퍼의 주장에 대한 비판은 현재의 세율은 T_L이 아니라 T_A라는 주장이다. 따라서 세율인하는 조세징수액을 더 낮출 뿐이라는 입장이다.

래퍼곡선의 성립여부는 나라마다 다르겠으나 우리나라의 경우 현행세율이 최적세율보다 높은 상태라는 주장과 낮은 상태라는 주장이 팽팽이 맞서고 있다.

그림 23-12

래퍼곡선

래퍼교수는 현행세율이 최적세율보다 높다고 보고 세율인하를 통한 감세정책이 총조세수입을 오히려 증가시킨다고 주장했다.

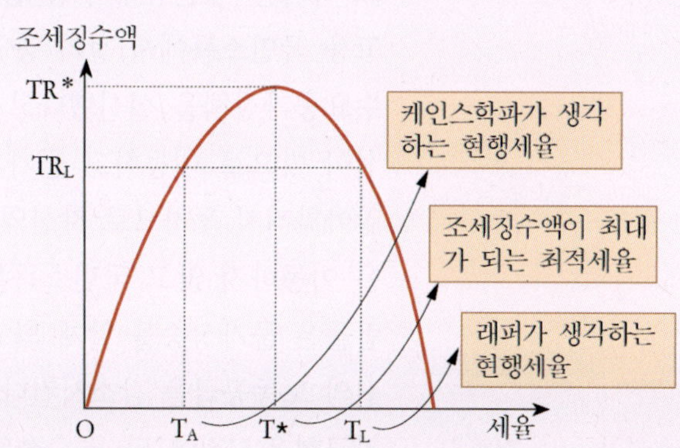

버핏세(Buffett rule) 버핏이 주장했다고 해서 이름 붙여진 부유세. 미국의 경우 부유세 논쟁은 소득세보다 자본이득세에 대한 세율인상에 초점이 있다.

미국의 경우 버핏(W.E. Buffett, 1930-)은 자본이득세(capital gains tax)의 최고세율이 1년 이상 보유한 자산을 매도할 경우 15%인데 비해 소득세 최고세율은 35%로 봉급생활자에게 불공정하다고 주장하면서 자본이득에 대한 부유세(일명 버핏세) 도입을 지지한 바 있다. 현재 우리나라의 소득세 최고세율은 42%로 미국보다 높은 반면 금융자산에 대한 자본이득세는 징수하지 않고 있다. 한편 독일은 보유시기에 따라 자본이득세 최고세율이 50%에 이른다. 스웨덴의 경우 세부담이 지나치게 높아 근로의욕과 경제 발전을 저해한다는 인식에서 소득세율을 낮추고, 상속세와 부유세를 폐지한 바 있다. 전체적으로 볼 때 우리나라의 경우 금융자산에 대한 자본이득세의 점진적 도입이 필요한 시점이라 하겠다.

23.5 장기균형

23.5.1 공급능력이 일정한 경우

이제까지 우리는 총수요정책의 단기효과를 살펴보았다. 그렇다면 장기효과는 어떠한가? 장기균형을 분석함에 있어서는 두 가지 경우를 고려해야 한다. 그 하나는 국민경제의 총 공급능력의 변화가 없는 경우이다. 국민경제가 완전고용 국민소득에서 장기 총공급곡선은 고정되어 있다고 하자. 이제 정부가 총수요증가정책을 실시했다고 하자. [그림 23-13]에서 총수요 증가로 총수요곡선이 밖으로 이동하고 물가가 상승한다. 그러나 노동자들은 아직 물가상승을 알아차리지 못하므로 자신의 노동공급을 바꾸지 않고 있다. 따라서 총공급곡선은 이동하지 않고 국민소득은 단기에는 Y_1로 증가한다. 그러나 장기적으로 사람들은 물가상승을 알게 되고 따라서 실질임금(W/P)이 하락한 것을 깨닫고 자신의 노동공급을 감소시킨다. 그러므로 총공급곡선이 안으로 이동하고 결국 장기균형은 C점이 된다. C점은 종전의 완전고용 국민소득수준으로 정책실시 이전과 동일하고 물가만 상승하였음을 알 수 있다. 즉, 완전고용국민소득 하에서

그림 23-13

공급능력이 불변일 때의 장기균형
완전고용 국민소득하에서 국민경제의 공급능력이 일정한 경우 정부의 총수요확대정책은 일시적으로는 소득을 증가시킬 수 있다. 그러나 장기적으로는 총공급곡선의 안쪽 이동으로 국민소득은 원래수준으로 복귀하고 물가만 상승시킨다.

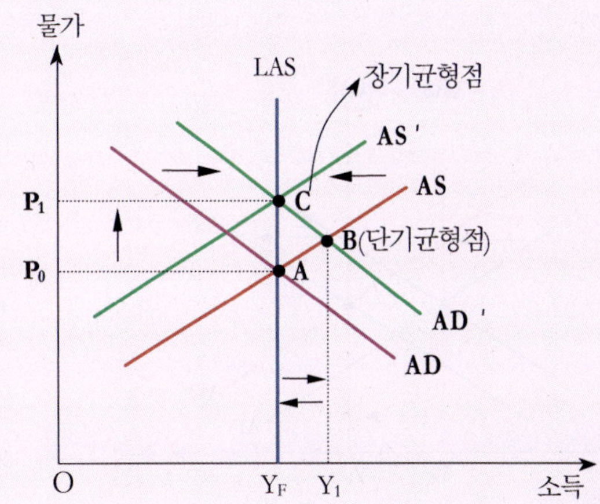

공급능력의 향상이 없는 경우 어떠한 형태의 총수요확대정책도 장기적으로 물가만 상승시킬뿐 소득수준의 상승으로 이어지지 못한다.

23.5.2 공급능력의 향상과 장기균형

국민경제는 장기적으로 노동력의 양적·질적 향상을 실현하고 있고 자본량과 기술변화 역시 향상되고 있다고 하자. 공급능력의 향상과 함께 장기 공급곡선(LAS)은 밖으로 이동한다. 이와 함께 단기 총수요곡선과 총공급곡선 역시 밖으로 이동하면서 국민경제는 장기균형으로 들어간다.

[그림 23-14]는 장기적으로 성장하는 경제에 있어서의 총수요, 총공급곡선의 변화에 따른 장기균형과 물가변화를 비교하여 보여준다. 당초 국민경제는 A점에서 균형에 있었다고 하자. 장기적으로 공급능력의 향상과 함께 LAS곡선이 LAS′로 이동함에 따라 AD, AS곡선이 AD′, AS′로 이동한 경우 새로운 장기균형으로 이동한다. 그림 (a)의 장기균형인 B점이 물가상승 없는 성장이라면 그림 (b)의 장기균형점은 물가상승을 동반한 성장을 보여준다. 점 B와 점 C 간의 차이는 총수요와 총공급의 변화차이 때문이다. 즉, 공급증가보다 수요증가가 지나칠 때 물가상승을 동반한다.

그림 23-14

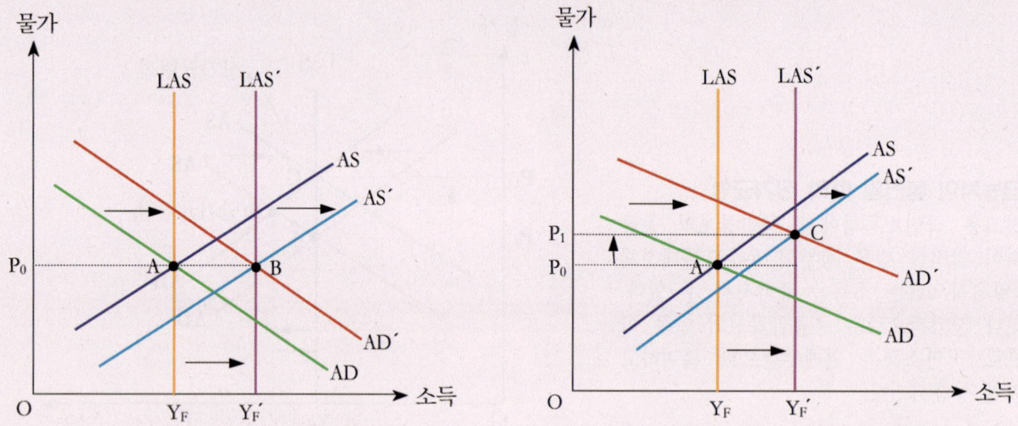

(a) 물가상승없는 장기균형　　(b) 물가상승을 동반한 장기균형

공급능력의 향상과 장기균형

그림 (a)에서 총수요와 총공급곡선이 조화를 이룬 경우 물가상승 없는 장기균형달성, 그림 (b)처럼 총수요의 증가가 총공급의 증가보다 많을 때 장기균형은 물가상승을 동반하게 된다.

Q & A

학생의 질문

총공급곡선에서 임금인상이나 석유 값 상승과 같은 생산요소 가격이 올라가면 총공급곡선이 안쪽으로 이동하죠~ 근데, 정부가 감세조치를 취하면 공급곡선은 밖으로 이동합니다.
(물론, 수요곡선도 이동하고요^^) 같은 임금상승으로 두 가지 다른 결과가 나타난다는 게 찜찜(^^?)하네요.

안교수 답변

임금인상은 기업의 입장에서는 생산비의 상승요인이므로 채산성을 악화시켜 고용감소와 생산감소를 초래합니다. 따라서 공급곡선이 안으로 이동합니다. 그러나 감세조치는 기업의 생산비 조건을 악화시킴 없이 노동자의 실질임금 상승효과를 초래하므로 노동공급이 증가하고 생산증가로 이어지는 것입니다.

복습과 연습

요 약

1. 물가수준이 하락하면 국민경제 전체의 재화와 서비스에 대한 수요량이 증가하므로 총수요곡선은 우하향한다.

2. 총수요곡선을 이동시키는 요인으로는 조세, 정부지출, 통화량, 금리, 순수출, 투자 및 소비심리 등이 있다.

3. 물가가 상승하면 실질임금이 하락하고, 고용이 증가하여 국민경제의 총산출량이 증가하므로 단기 총공급곡선은 우상향한다.

4. 주어진 생산조건(자본량, 기술수준, 자연환경 등) 하에서 국민경제의 산출량수준은 완전고용 국민소득수준에 의해 제한을 받는다.

5. 단기총공급곡선을 이동시키는 요인으로는 생산요소가격, 기술개발, 조세정책 등이 있다.

6. 케인스학파는 정부의 적극적 총수요 관리정책을 옹호하는데 반해 고전학파와 같은 비개입주의는 시장경제의 자기조절능력에 의해 완전고용 국민소득은 저절로 달성되는 것이므로 정부의 총수요정책은 필요 없다고 주장한다.

7. 통화량의 변동이 국민경제에 미치는 파급효과를 흔히 '통화정책의 전달경로'라고 한다.

8. 통화량의 증가는 시중금리를 낮추고, 금리하락으로 투자와 내구재 소비지출이 증가한다. 총수요의 증가는 승수효과를 거쳐 물가상승과 소득을 증가시킨다.

9. 통화량 조절정책은 통화량을 정책수단으로 삼고 금리를 중간목표로 두고 정책목표는 경제안정에 두고 있다면, 금리정책은 직접 금리를 정책수단으로 삼고 있는 점이 다르다.

10. 최근 통화금융정책수단의 초점이 통화량에서 금리로 전환된 이유는 최근 인플레이션 위험이 별로 없다는 점과 금융산업의 급격한 혁신과 자유로운 자본이동으로 통화지표와 거시경제지표(특히 GDP) 간의 연관성이 불분명해졌기 때문이다.

11. 정부지출을 위한 재원조달 방법은 조세, 중앙은행이나 외국으로부터의 차입, 국공채 발행(bond sale)을 통한 민간차입이다.

12. 적자재정을 통한 정부지출증가는 케인스의 절대소득가설을 따를 경우 승수효과를 통해 몇 배의 소득증가를 달성할 수 있다.

13. 고전학파는 완전한 구축효과(perfect crowding out)를 주장하고 통화주의는 구축효과가 상당히 크다고 본다. 반면 케인스학파는 구축효과가 미미하다고 본다.

14. 리카도의 등치성정리에 대한 비판으로는 현재의 조세감면자와 미래의 조세부담자가 정확히 일치하지 않는다는 것, 그리고 사람들은 미래를 정확히 예측하지 못한다는 점이다.

15. 소득세 감세정책은 가처분소득을 증가시켜 총수요곡선을 밖으로 이동시키는 동시에 세후 실질임금이 상승한 것과 같으므로 노동공급을 증가시켜 총공급곡선도 밖으로 이동시킨다. 그 결과

소득을 증가시킨다.

16. 래퍼(A. Laffer) 교수는 현재의 세율이 최적세율보다도 높은 수준이므로 감세정책을 시행할 경우 오히려 조세징수액이 증가한다고 주장했다.

17. 부유세 도입을 주장하는 측은 현재 세율이 최적세율보다 낮은 수준이므로 세율인상은 세수확대와 공평한 분배에 기여한다고 주장한다.

18. 총공급능력의 향상이 없는 상태에서는 단기 총수요, 총공급정책만으로는 완전고용국민소득수준을 향상시키지 못한다.

19. 총공급능력의 향상이 이루어질 경우 거시경제의 장기균형은 보다 높은 소득과 물가변동을 초래할 수 있다.

중요개념

총수요	총공급	단기총수요곡선	단기총공급곡선
완전고용소득수준	통화정책의 전달경로	통화금융정책	금리정책
재정정책	정부지출정책	구축효과	감세정책
리카도의 등치성정리	래퍼곡선	버핏세	거시경제의 장기균형
양적완화	테이퍼링	금융통화위원회	한국은행 기준금리

연습문제

Ⅰ. 다음 물음에 O, X로 답하고 그 이유를 밝히시오.

1. 국민경제의 장기 공급능력 향상 없이 장기적으로 국민경제는 현재의 완전고용 국민소득수준을 넘어서기 어렵다.

2. 한은이 기준금리를 인상하면 총수요곡선은 밖으로 이동한다.

3. 현재 우리나라의 통화금융정책의 기조는 통화량 조절정책이 아니라 금리정책이라고 할 수 있다.

4. 국공채 발행을 통한 정부지출은 통화량을 증가시킨다.

5. 통화량의 증가는 금리를 낮추고 투자와 내구재 소비를 증가시켜 단기적으로 소득을 증가시킬 수 있다.

6. 감세는 수요곡선만 밖으로 이동시킨다.

7. 고전학파는 국공채발행에 의한 정부지출정책의 구축효과가 별로 크지 않다고 믿는다.

8. 정부가 채권을 발행하여 지출하든 한은차입을 통

해 지출하든 후일 세금으로 상환해야 하는 정부의 채무이다.

9. 케인스학파는 불완전고용 상태 하에서는 물가가 상승하면 실질임금이 하락하고 단기적으로 고용이 늘어 산출량이 증가한다고 생각한다.

Ⅱ. 다음 물음에 답하시오.

1. 케인지안(케인스학파)의 입장에서 통화정책의 전달경로를 설명하시오.

2. 통화주의와 케인스학파의 구축효과를 비교하시오.

3. 최근 왜 통화당국의 정책기조가 통화량조절정책에서 금리정책으로 변경되었나?

4. 균형예산 하의 정부지출증가의 정책효과를 검토해 보시오.

5. 감세정책이 조세징수액에 미치는 효과를 케인스학파와 공급측경제학의 입장으로 나누어 비교하시오.

6. 감세정책이 왜 총공급곡선을 밖으로 이동시키는지 설명하시오.

7. 리카도의 등치성정리를 설명하고 문제점을 지적하시오.

8. 다음 중 총수요·총공급곡선의 이동과 관련하여 잘못된 것을 고르시오.
   (1) 임금 및 원유가격 상승은 총공급곡선을 안으로 이동
   (2) 기술개발은 총공급곡선을 오른쪽으로 이동
   (3) 소득세 감세는 총수요곡선을 오른쪽, 총공급곡선은 왼쪽으로 이동
   (4) 정부의 긴축정책은 총수요곡선을 안쪽으로 이동

9. 정부가 1조원의 세금환급을 해주면 국민경제의 소비지출은 1조 5천억원까지 증가할 수 있다고 할 때 그 이유를 잘 설명한 것은?
   (1) 감세는 정부지출을 줄이는 대신 민간 소비지출을 자극한다.
   (2) 감세는 금리를 하락시켜 소비지출과 투자를 자극한다.
   (3) 감세는 가처분소득을 증가시키고 결국 소비와 소득증가 간의 상호작용을 통해 승수효과를 일으킨다.
   (4) 감세는 정부 이전지출을 증가시켜 국민소득의 증가와 추가적 소비지출을 가져온다.
   (5) 감세는 수입상품의 수요를 증가시켜 소비지출을 증가시킨다.

10. 래퍼교수가 세율인하가 오히려 조세징수액을 증가시킨다고 주장할 수 있는 근거는 현행세율이 최적세율보다 높은 수준이기 때문이라는 것이다.(○, ×)

11. 적자재정을 운영하는 정부가 재원을 조달하는 방법으로 보기 어려운 것은?
   (1) 중앙은행 차입 (2) 해외차입
   (3) 주식발행 (4) 채권발행

12. 한국은행이 기준금리를 인상하기로 결정했을 때 일어날 것 같지 않은 사항은?
   (1) 시중금리상승 (2) 통화량 증가
   (3) 총수요 감소 (4) 채권가격 하락

Chapter 24

경제학파 간 경제안정화 논쟁

지금까지 많은 경제학자들이 경제원리와 경제현상 그리고 시장과 정부의 역할에 관해 끊임없이 논쟁을 벌여왔다. 그 가운데 시장경제에 대한 인식과 정부개입에 대해서는 크게 두 가지 견해가 있다. 경제란 살아있는 유기체와 같은 것으로 자기조절능력이 있으므로 정부가 개입할 필요가 없다는 자유주의 사상에 입각한 비개입주의와 국민경제의 안정과 최적화를 위해서는 정부개입이 필요하다는 개입주의가 있다. 결국 이들의 논쟁은 민간경제에 대한 신뢰성, 장기에 대한 인식, 정부실패와 시장실패에 대한 입장차에 따라 다르게 전개될 수밖에 없다. 이제 거시경제학파별로 경제안정화 정책과 관련한 논쟁을 살펴보기로 하자.

24.1 고전학파체계 : 완전고용경제

24.1.1 가정

아담 스미스에서 마셜에 이르는 고전학파 거시경제체계는 다음과 같은 두 가지 가정에 입각하고 있다.

① 경제주체는 합리적이어서 최적화를 추구한다.

② 가격과 임금은 완전 신축적이어서 시장은 항상 균형을 달성한다.

첫 번째 가정보다 두 번째 가정이 보다 많은 논란을 불러일으켰다. 사실 두 번째 가정이 성립하려면 경제는 아무런 불순물도 없는 완전히 깨끗한 상태여야 한다. 다시 말하면 거래비용도 없고, 불완전 정보도 없고, 아무런 제도적·법적 규제도 없는 상태여야 한다.

고전학파는 합리적 인간이 이기심에 따라 자유롭게 경제활동을 한다면 시장 내의 가격(임금 포함)기구에 의해 시장은 균형을 달성한다고 믿었다. 그들도 시장이 균형을 달성치 못하고 변동하는 현실을 경험으로 알고 있었으나 그와 같은 경기변동은 단지 일시적인 현상일 뿐이며 곧 회복된다고 생각했다. 고전학파가 그려낸 세계는 현실에서 우리가 날마다 경험하는 세계라기보다는 자유로운 인간과 시장이 달성할 수 있는 최적상태를 펼쳐 보인 것은 아닐까?

24.1.2 고전학파의 거시균형

(1) 노동시장 : 완전고용

노동수요자인 기업과 노동공급자인 노동자는 모두 명목임금(W)을 물가(P)로 나눈 실질임금(W/P)을 정확히 알고 있으며 실질임금에 의해 노동을 수요하고 공급한다. 즉, 고전학파체계는 사람들이 '**화폐환상**'(money illusion)에 빠지지 않는다고 생각한다. 화폐환상이란 물가변화를 정확히 인식하지 못함으로써 명목가치와 실질가치를 구별하지 못하는 현상을 말한다. 예를 들어 명목임금이

화폐환상(money illusion) 물가변화를 정확히 인식하지 못함으로써 명목가치와 실질가치를 혼동하는 현상

10% 상승했을 때 물가 역시 10% 상승했다면 실질임금은 변하지 않았다. 그러나 화폐환상에 빠진 사람은 명목임금의 상승만 보고 자신의 지출계획을 늘려 잡는다. 화폐환상에 빠지지 않는다면 사람들은 물가변화를 알고 그에 대응하게 된다. 균형노동량은 [그림 24-1]에서 보듯이 완전고용수준 N_F에서 결정된다.

만일 물가가 P_0에서 $2P_0$로 2배 상승했다고 하자. 실질임금이 절반으로 감소했으므로 노동수요는 증가하고 노동공급은 감소한다. 왜냐하면 노동수요자인 기업은 실질임금이 하락했으므로 투입 생산요소를 자본으로부터 상대적으로 싼 노동으로 대체하고자 하기 때문이다. 반면 노동자들은 실질임금이 하락함에 따라 전보다 여가의 기회비용이 싸졌으므로 여가를 선호하는 대신 노동공급을 줄인다. 그러므로 [그림 24-1]에서 BC만큼의 초과노동수요가 발생한다.

고전학파의 체계는 물가와 임금이 완전 신축적이라고 가정하고 있으므로 물가의 2배 상승으로 인한 초과노동수요 상태는 명목임금의 즉각적인 2배 상승으로 일순간에 소멸된다. 즉, 명목임금이 $2W_0$으로 상승하면 실질임금은 $2W_0/2P_0$으로 전(W_0/P_0)과 같게 되고 균형노동량 역시 종전 N_F 수준에서 변하지 않는다.

그림 24-1

고전학파의 노동시장

고전학파는 물가와 임금의 완전 신축성을 가정함으로써 항상 완전고용이 달성된다고 본다. 만일 물가상승으로 실질임금이 하락하면 노동수요는 증가하고 노동공급은 감소함으로써 초과노동수요가 발생하고 명목임금이 즉각 상승한다. 결국 균형노동량은 종전과 같다.

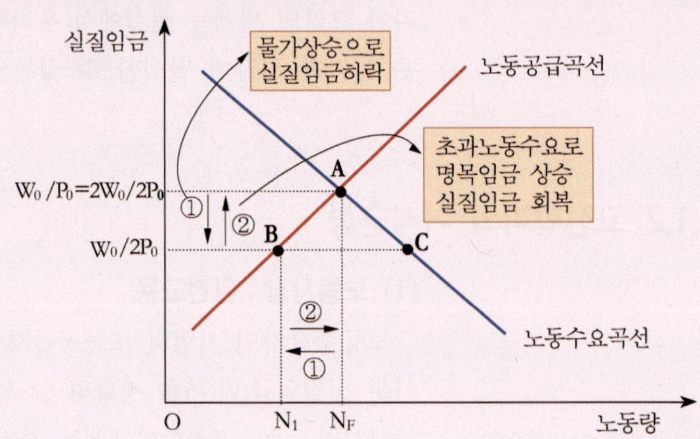

(2) 총공급, 총수요곡선

고전학파체계는 물가가 변하면 명목임금이 즉각적으로 동일한 비율로 변하므로 실질임금이 변하지 않고 따라서 균형노동량도 변하지 않는다. 그러므로 단기에서조차 산출량수준이 변하지 않는다. 고전학파의 총공급곡선은 장기는 물론 단기에서도 동일한 완전고용산출량(국민소득) 수준에서 수직선이다. [그림 24-2]에서 물가가 P_0에서 P_1로 상승하더라도 균형 국민소득은 변하지 않는다. 수직의 총공급곡선은 국민경제의 생산능력이 증가할 때 비로소 밖으로 이동한다.

사실 고전학파는 '세의 법칙'을 신봉하고 있으므로 총수요에 대한 확고한 설명이 없다. 공급이 바로 소득이기 때문이다. 그러나 고전학파의 수요정책 무용론을 살펴보기 위해 암묵적(implicit) 총수요곡선을 생각하면 일반적인 총수요곡선과 마찬가지로 우하향하는 곡선으로 나타낼 수 있다. 총수요곡선은 정부의 수요정책에 의해 상하로 움직인다. [그림 24-2]에서 보듯이 정부가 수요확대정책을 사용하면 수요곡선은 밖으로 이동한다.

그림 24-2

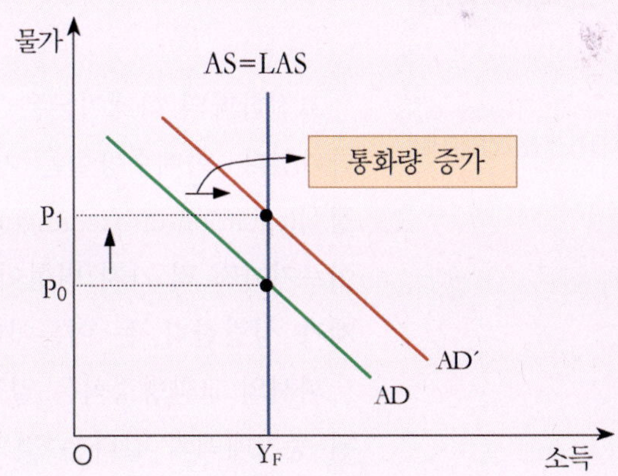

고전학파의 총공급, 총수요곡선

총수요의 증가는 총수요곡선을 밖으로 이동시킨다. 총공급곡선이 수직선이므로 수요의 증가는 물가만 상승시킨다.

(3) 고전학파의 거시균형과 수요정책 무용론

고전학파의 거시균형은 [그림 24-2]에 나타나 있듯이 총공급곡선과 총수요곡선이 만나는 곳에서 결정된다. 정부가 통화량을 10% 증가시키는 수요확대정책을 사용했다고 하자. [그림 24-2]에서 통화량의 증가는 총수요를 증가시켜 총수요곡선은 밖으로 이동한다. 새로운 균형에서 물가만 상승했을 뿐 실질소득 수준은 전과 동일하다. 즉, 화폐환상이 없고 물가와 임금이 완전 신축적이므로 통화량의 10% 증가는 물가와 명목임금을 10%씩 상승시킨다. 실질임금이 변하지 않았으므로 노동의 수요와 공급도 변하지 않고 따라서 균형노동량도 변하지 않는다. 균형노동량이 변하지 않았으므로 총산출량 수준도 완전고용 국민소득에서 일정하다. 결국 명목가치에 불과한 통화량의 증가는 명목변수(물가, 명목임금)에만 영향을 주고 실질변수(소득, 고용)에는 영향을 못 준다. 고전학파의 세계에서 화폐는 실물변수에 대해 중립적(화폐중립성)이며 베일(veil, 화폐베일관)과 같다. 명목변수와 실질변수의 이러한 완전분리를 '**고전학파의 2분성**'(Classical dichotomy)이라고 한다.

고전학파의 2분성(Classical dichotomy) 명목변수는 실질변수에 영향을 미치지 못하고 둘은 완전히 분리되어 있다는 인식

24.1.3 화폐수량설

화폐수량설(The Quantity Theory of Money) 통화량과 물가간에는 비례관계가 성립한다는 이론

고전학파의 화폐이론은 '**화폐수량설**'(The Quantity Theory of Money)로 잘 나타나있다. 화폐수량설은 미국의 경제학자 **피셔**(I. Fisher, 1867-1947)의 **교환방정식**(equation of exchange)에서 시작하여 케임브리지학파의 현금잔고수량설에 이르기까지 몇 가지 변형이 있으나, 기본적으로 '**통화량과 물가 간에는 비례관계가 성립한다.**'는 이론이다.

피셔의 교환방정식은 일정기간 동안 유통된 화폐총량은 같은 기간 동안 거래된 총거래액과 같다는 것으로 식 (24.1)로 표현된다.

$$MV \equiv PT \tag{24.1}$$

화폐유통속도(velocity) 일정기간 동안 화폐 한 단위가 거래에 사용된 회수. 사용회수가 많을수록 유통속도가 빠름

여기서 M은 화폐량, V는 **화폐유통속도**(velocity), P는 물가, T는 거래량이다. 화폐유통속도란 '일정기간 동안 화폐 한 단위가 몇 번의 거래에 사용되었는가?'를 나타내는 것으로 사용회수가 많을수록 유통속도가 빠르다. 거래량 T는

측정이 어렵기 때문에 흔히 실질소득 Y로 대체하여 식 (24.2)와 같은 소득유통속도수량설을 사용한다.

$$MV \equiv PY \tag{24.2}$$

현금잔고수량설(cash balance approach to quantity theory) 케임브리지학파의 화폐수요이론으로 사람들은 명목소득 중 일정비율을 화폐로 수요한다는 이론

케임브리지학파는 **현금잔고수량설**을 주장했는데 이 이론은 케임브리지학파의 화폐수요이론에 기반을 두고 있다. 즉, 사람들은 식 (24.3)과 같이 명목소득 중 일정비율을 화폐로 수요한다는 것이다.

$$M = kPY \tag{24.3}$$

식 (24.3)에서 M은 화폐수요량, k는 명목소득 중 화폐로 보유하고자 하는 비율로서 케임브리지의 k라고도 부르고 마셜의 k라고도 한다. 식 (24.3)에서 $P=(1/kY)M$으로 놓으면 물가는 화폐량에 비례한다는 화폐수량설이 도출된다. 왜냐하면 k는 소득유통속도수량설의 1/V에 해당하는 것으로 단기에는 금융제도와 관행에 의존하므로 안정적이며, Y는 완전고용 국민소득으로 단기에 고정되어 있기 때문이다.

고전학파체계는 앞에서 살펴보았듯이 10%의 통화량증가는 10%의 물가상승으로 연결되므로 화폐수량설이 성립한다. 화폐수량설은 고전학파의 총수요이론이며 동시에 인플레이션이론이라고 할 수 있다.

Q & A

Q 학생의 질문

화폐수량설이라는게 한 경제의 유통되는 화폐량이 물가수준을 결정한다는 거잖아요. 통화주의는 단기에 통화량이 증가하면 가격도 조금 증가하니까 통화량과 물가 간에 비례관계가 있는 거 아닌가요?
또 화폐중립성과 화폐수량설이 차이가 있는 건가요?

A 안교수 답변

비례관계는 상관관계와는 다른 것이지요.
통화량이 10% 증가할 때 물가가 10% 상승해야 비례관계입니다.
화폐중립성이 성립하면 화폐수량설이 성립하는 것이지만 둘은 다른 개념입니다.

24.2 케인스학파

케인스학파는 고전학파의 두 번째 가정은 비현실적이라고 비판한다. 그들은 가격과 임금은 경직적이어서 시장은 불균형에 빠질 수밖에 없으며 따라서 완전고용국민소득수준을 달성하기 위해서는 정부의 총수요관리정책을 통한 시장개입이 필요하다고 본다.

24.2.1 케인스학파의 정책효과

(1) 단기균형

현재 국민경제는 [그림 24-3] (a)에서 보듯이 실질임금이 시장청산임금보다

그림 24-3

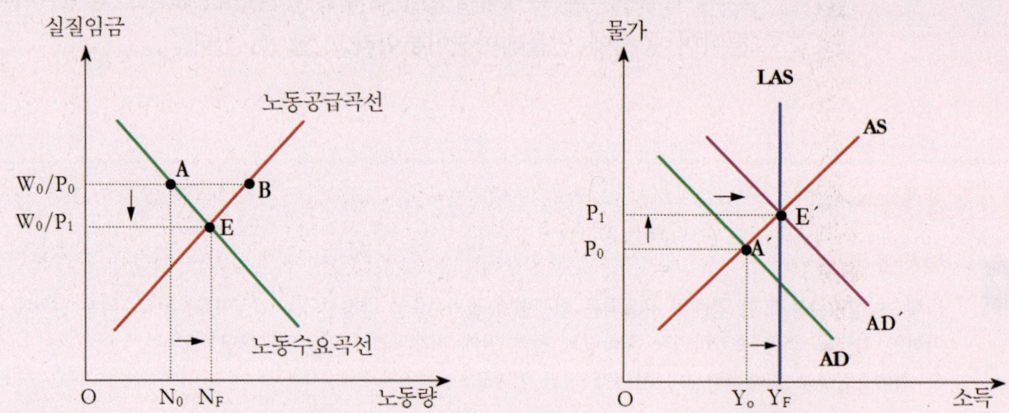

(a) 노동시장 (b) 균형국민소득

케인스학파의 정책효과

케인스는 경기침체와 실업은 물가와 임금의 경직성으로 총수요 부족이 발생하여 생긴 것이므로 총수요를 증가시키는 정책을 사용함으로써 해결할 수 있다고 보았다.

높아 AB만큼의 비자발적 실업이 존재하고, 그림 (b)에서 보듯이 완전고용 국민소득보다 낮은 Y_0에 있다고 하자. 이제 정부가 경기침체를 해소하기 위해 기준금리를 낮추었다고 하자. 금리인하는 투자와 소비를 촉진시켜 총수요를 증가시킨다. 그림 (b)에서 총수요곡선은 밖으로 이동하면서 물가를 상승시킨다. 물가 상승은 그림 (a)에서 실질임금을 낮추고 기업은 노동수요를 증가시킨다. 그림 (a)에서 노동시장의 균형노동량은 N_F로 증가하고 그림 (b)에서 산출량 수준은 완전고용 국민소득 Y_F로 상승한다.

케인스학파 역시 정부의 개입이 없더라도 장기적으로 시장경제는 자기조절 능력에 의해 완전고용 국민소득을 달성한다는 점을 인정한다. 그러나 장기란 얼마나 긴 기간인가? 이쯤에서 '장기란 우리 모두가 죽은 후의 시간이다.'는 케인스의 말을 되새길 필요가 있다. 케인스학파는 장기균형에는 관심이 없고 현재의 경제적 불안정을 해소하는 것이 바로 정부가 해야 할 일이라고 주장한다. 왜 최선을 다해 경제를 안정화시키지 않는가? 케인스학파야말로 **거시경제의 미조정**(fine tuning)을 원하는 사람들이다.

거시경제의 미조정(fine tuning) 케인스학파의 경제안정화노력을 일컫는 말로 최선을 다해 경제안정을 달성하기 위해 총수요정책을 사용해야 한다는 것.

(2) 성장경제의 장기균형

국민경제의 공급능력이 향상되고 있는 성장경제는 [그림 24-4]에서 보듯이 LAS곡선이 밖으로 이동한다. 이때 총수요와 총공급 역시 시간의 흐름에 따라 밖으로 이동할 것이다. 만일 국민경제의 장기균형이 B점에서 이루어지고 있다면 총수요·총공급이 새로운 완전고용 국민소득 Y_F'을 달성하기에 충분할 정도로 이루어지지 못했음을 보여준다. 물론 바람직한 장기균형은 점 C와 같이 새로운 완전고용소득인 Y_F'를 달성하는 것이다. 그러나 성장하는 경제에서 완전고용을 달성할만큼 적절한 총수요, 총공급이 이루어지는 것은 결코 쉬운 일이 아니다. 그렇기에 많은 나라가 실업과 경제적 곤란을 겪는 것 아니겠는가?

24.2.2 통화금융정책 vs 재정정책

케인스학파는 경제안정화 정책수단으로 통화금융정책과 재정정책이 모두 유효하지만 그 중에서 재정정책을 선호한다. 그 첫째 이유는 통화금융정책은 금리에 영향을 주고 금리는 다시 투자와 내구재소비에 영향을 미치는데 정책 시

그림 24-4

성장하는 경제의 장기균형

현재소득이 Y_0로 Y_F에 못미치고 있을 때 성장하는 경제의 장기균형은 Y_F를 달성하기 위한 정책보다 더 강력한 총수요, 총공급정책을 사용해야 한다. LAS곡선 자체가 밖으로 이동하고 있기 때문이다.

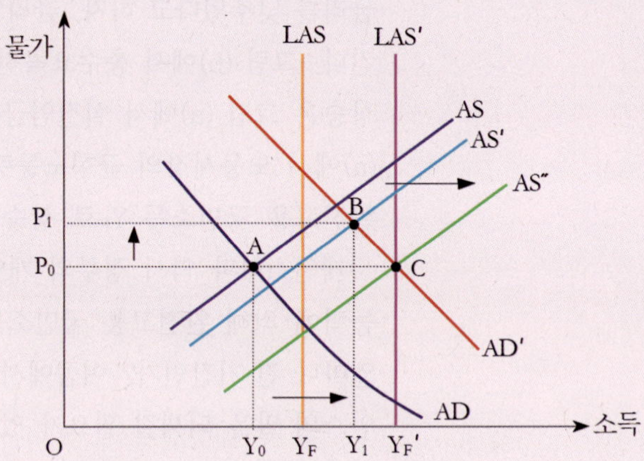

행시점과 정책효과시점 간의 시차가 길다는 단점이 있다. 둘째 이유로는 통화금융정책을 통한 금리조정에 대해 투자와 내구재 소비가 크게 반응하지 못한다는 주장이다. 왜냐하면 소비는 기본적으로 소득수준에 영향을 크게 받으며 투자는 금리뿐 아니라 기업가의 예상수익률, 즉 기업의 시장전망에 크게 좌우되기 때문이다. 특히 국민경제가 침체국면에 빠져있을 때에는 금리수준이 낮아지더라도 소비자는 닥칠 위기에 대비하기 위해 소비계획을 줄이고, 기업은 신규투자를 꺼리게 된다. 그러므로 통화금융정책의 경제안정화정책으로서의 효과가 크지 않다고 생각한다.

재정정책, 특히 국공채발행을 통한 정부지출정책은 그 자체가 총수요의 구성요소이므로 시차 없이 바로 총수요의 증가로 나타나 경기부양효과가 크기 때문에 선호한다. 그러나 정부지출정책에 대해서는 앞서 살펴보았듯이 **구축효과**(crowding out effect)가 발생한다는 비판이 있다. 즉, 정부지출의 증가는 금리상승을 통해 민간의 투자와 내구재소비를 감소시킨다는 주장이다. 이러한 비판에 대해 케인스학파는 금리가 투자와 소비에 미치는 효과가 크지 않기 때문에 구축효과는 무시할 정도라고 반박한다.

그러나 2011년 유로존의 재정위기와 미국, 일본의 재정적자는 재정정책을 통한 경기부양책과 복지지출확대가 남용되어서는 안된다는 분명한 메시지를 보내고 있는 것만 같다.

24.2.3 케인스학파의 총수요관리정책의 한계

공급충격(supply shock) 석유값 폭등, 홍수, 가뭄, 지진 등 공급을 위축시키는 충격. 기술혁신 같은 긍정적 충격도 있음

브레튼우즈체제(Bretton Woods system) 1944-1971년간의 미국 달러 중심의 고정환율제도

1960년대 후반까지 케인스학파의 총수요관리정책은 그야말로 경제적 질병의 만병통치약과 같이 받아들여졌다. 초과수요로 경기과열이 일어나면 총수요를 억제하고, 수요부족으로 경기가 침체국면에 빠지면 총수요를 진작시키면 해결될 일이기 때문이다. 그러나 사건은 뜻밖으로 전개되었다. 1970년대로 접어들면서 세계경제는 석유파동이라는 대규모 '**공급충격**'(supply shock)에 휩싸인 것이다. 당시 국제통화체제는 고정환율제도의 **브레튼우즈체제**가 붕괴되고 변동환율제도로 전환되어 큰 혼란에 빠져있었다.

문제는 석유파동(oil shock)과 같은 공급충격이 주어졌을 때 케인스학파의 총수요관리정책은 속수무책의 딜레마에 빠진다는 점이다. [그림 24-5]는 공급충격에 대한 총수요관리정책의 한계를 보여준다.

그림 24-5

공급충격과 총수요정책의 한계
석유파동과 같은 공급충격으로 총공급곡선이 안으로 이동할 경우 총수요정책의 사용은 더 높은 인플레이션이나 혹은 더 깊은 경기침체를 초래한다는 점에서 한계가 있다.

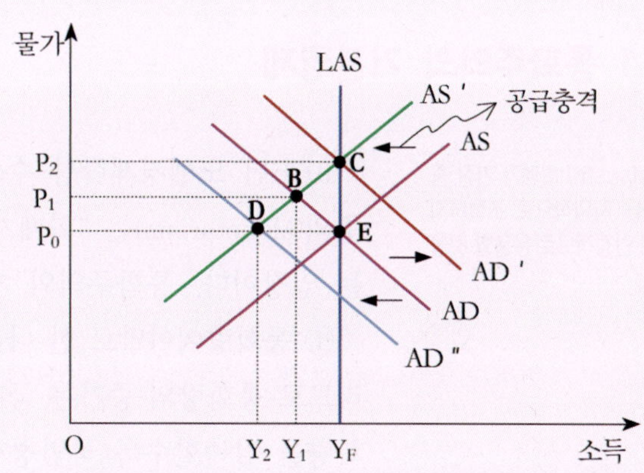

석유파동과 같은 공급충격이 왔을 때 (단기)총공급곡선은 안으로 이동한다. 새로운 균형점 B는 초기 균형점 E보다 소득수준은 낮고 물가수준은 높다. 이제 정책당국이 종전의 소득수준을 회복하기 위해 총수요확대정책을 사용한다면 총수요곡선은 밖으로 이동하고 이때 균형점은 C점이 된다. C점은 종전과 같은 Y_F의 소득수준을 주지만 물가는 더욱 상승한 P_2 상태이다. 반대로 물가를 초기 수준 P_0으로 회복시키기 위해 총수요감축정책을 실시한다면 총수요곡선은 안으로 이동하고 균형점은 D점이 된다. D점은 물가상승은 해소되었으나 소득은 더욱 하락한 Y_2가 되고 만다. 결론적으로 공급충격이 발생하면 케인스학파의 총수요관리정책은 경제안정정책으로서 명백한 딜레마에 봉착하게 된다.

스태그플레이션(stagflation) 경기침체로 실업이 증가하면서 동시에 인플레이션이 일어나는 현상

1970년대의 **스태그플레이션** 시대는 케인스학파에겐 시련의 시기였다. 사람들은 케인스학파의 완전고용을 향한 총수요정책보다 공급곡선을 제자리로 돌려놓는 공급정책과 인플레이션 억제에 관심을 보이기 시작했다.

24.3 통화주의

24.3.1 통화주의의 기본명제

통화주의(Monetarism) 화폐가 가장 중요하므로 통화량을 자의적으로 조절하지 말고 준칙에 의거 안정적으로 운용할 것을 주장

1976년 노벨경제학상 수상자인 **프리드먼**(M. Friedman)으로 대표되는 **통화주의**(Monetarism)는 "화폐가 모든 것을 결정한다." "통화가 가장 중요하다"라는 입장이다. 통화주의의 기본명제(proposition)를 요약하면 다음과 같다.

① 통화량이야말로 한 나라의 경제활동수준을 결정하는 유일한 변수이다. 그러므로 통화량의 증가는 국민경제의 활동을 왕성하게 하는 반면 통화당국이 통화량을 감축할수록 국민경제는 위축된다.

② 통화량의 증가는 단기에는 소득과 물가를 모두 증가시키나 장기적으로는 물가만 증가시킨다. 즉, 통화주의는 화폐수량설이 단기에는 성립하지 않으나 장기에는 성립한다고 본다. 예를 들어 통화량이 10% 증가할 경우 '단기에는 물

가뿐 아니라 소득도 증가한다.'는 점을 인정한다. 그러나 '장기적으로는 물가만 10% 상승하고 소득은 원래수준으로 환원된다.'는 것이다. 우리는 이 시점에서 통화량의 변동은 장기는 물론 단기에서조차도 국민소득에 영향을 주지 못하고 단지 물가만 상승시킨다는 고전학파의 주장을 기억할 필요가 있다.

③ 재정정책은 구축효과가 크므로 경제안정정책으로서의 효과가 작다. 반면 통화정책은 정책효과가 매우 크다. 통화정책의 효과가 강력하기 때문에 통화량을 재량적으로 사용하지 말고 준칙에 따라 안정적으로 유지해야 경제안정을 얻을 수 있다.

24.3.2 통화정책의 장단기 효과

(1) 필립스곡선과 자연실업률 가설

필립스곡선(Phillips curve) 실업률과 인플레이션 간의 상충관계(trade- off)를 나타내는 곡선

자연실업률가설(Natural Rate Hypothesis) 국민경제는 장기적으로 자연실업률 하의 국민소득수준으로 환원된다는 주장

통화주의의 통화정책효과를 살펴보기 위해서는 두 가지 개념을 먼저 알아야 한다. 그 하나는 '**필립스곡선**'(Phillips curve)이고 다른 하나는 **자연실업률가설**이다.

필립스곡선은 뉴질랜드 태생의 **필립스**(A. W. Phillips, 1914–75)교수가 1958년에 발표한 영국의 실업률과 인플레이션 간의 상관관계를 나타낸 것으로 요점은 실업률과 인플레이션 간에는 **상충관계**(trade–off)가 존재한다는 것이다. 즉, 실업률을 낮추기 위해서는 인플레이션을 용인해야 하며, 인플레이션을 낮추려면 실업률의 상승을 받아들여야 한다는 것이다.

'**자연실업률가설**'(Natural Rate Hypothesis)은 프리드먼에 의해서 제시된 것으로 국민경제는 장기적으로 자연실업률 하의 국민소득수준으로 환원된다는 것이다. 즉, 재량적 통화정책을 사용할 경우 단기적으로는 필립스곡선의 상충관계가 성립함으로써 자연실업률을 낮출 수 있으나 장기적으로는 다시 원래의 자연실업률 수준으로 복귀한다는 것이다. 이러한 내용을 조금 더 자세히 살펴보자.

(2) 통화정책의 단기효과

[그림 24–6]은 통화주의의 통화정책의 장·단기효과를 보여준다. 현재 국민경제는 A점에 있다. 즉, 6%의 자연실업률과 4%의 인플레이션 하에 있다. 이때

그림 24-6

통화정책의 장단기효과

수요확대정책은 단기적으로 실업률을 자연실업률 이하로 낮출 수 있으나 노동자들이 물가상승을 알아차리게 되는 장기에는 다시 자연실업률 수준으로 환원되며 인플레이션만 초래한다.

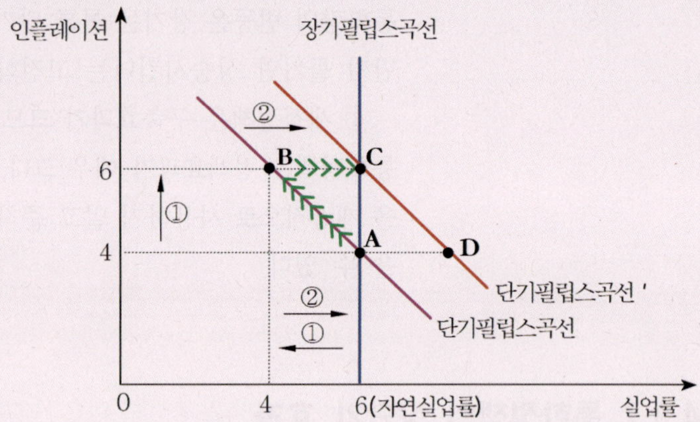

정책당국이 자연실업률을 더 낮추기 위해 통화증가율을 2%포인트 증가시켰다고 하자. 통화량 증가로 금리가 인하되면 민간의 소비와 투자가 증가하고 총수요곡선은 밖으로 이동한다. 총수요의 증가는 물가를 2%포인트 상승시켜 인플레이션은 6%가 된다. 기업은 물가상승과 함께 실질임금이 하락했으므로 노동수요를 증가시킨다. 그러나 노동자들은 단기적으로 물가변동을 정확히 알지 못하므로 자신의 노동공급을 변화시키지 않는다. 즉, 노동자들은 단기적으로 화폐환상에 빠져있다. 단기 균형점은 A에서 B로 이동하고 실업률은 6%에서 4%로 감소하는 대신 인플레이션은 4%에서 6%로 상승한다. 노동자가 일시적으로 화폐환상에 빠진 단기에는 단기필립스곡선을 따라 실업률과 인플레이션 간의 상충이 발생한다. 결국 통화량 증가정책은 단기에는 고용과 소득을 증가시킴으로써 실질적인 효과가 있다.

(3) 통화정책의 장기조정

장기가 되면 노동자들이 물가상승을 알아차리게 되고 자신들의 실질임금이 하락한 것을 알게 된다. 실질임금의 하락에 대해 노동자들은 자신의 노동공급을 감소시키므로 대응한다. 따라서 노동공급곡선은 안으로 이동하고 균형노동량은 원래수준으로 환원된다. 균형노동량이 원래수준으로 환원되면 실업률도 다시 6%의 자연실업률로 복귀한다. 단기필립스곡선은 밖으로 이동하고 장기균형점은 [그림 24-6]의 장기필립스곡선 위의 C점이 된다. 장기적으로는 실업률과 인플레이션 간의 상충관계가 소멸되고 물가만 6%로 2%포인트 상승한다. 장기필립스곡선은 완전고용국민소득에서 수직선이다.

통화량 증가정책은 단기적으로는 소득증가효과가 있으나 장기적으로는 소득에 아무런 영향도 못 주고 다만 물가수준만을 높일 뿐이다. [그림 24-6]의 C점은 A점보다 못한 점이기 때문에 당초 자연실업률을 낮추려고 실시한 통화량 증가정책은 장기적으로 볼 때 바람직한 정책이 아니다.

(4) 반인플레이션 정책과 희생비율

국민경제가 C점에서 A점으로 다시 내려오기 위해서는 통화량을 감축시키는 긴축정책을 실시하여야 하는데, 이때 새로운 단기필립스곡선' 위의 D점을 경유하여 A점으로 복귀하게 된다. 즉, 인플레이션을 낮추기 위해서는 단기적으로 실업률이 상승하는 고통을 수반한다. 이와 같이 인플레이션을 낮추기 위해 치러야하는 비용을 '**희생비율**'(sacrifice ratio)이라고 하는데 희생비율은 '1%의 인플레이션을 낮추기 위해 연 몇 %의 GDP가 감소하는가?'로 나타낸다. 통화주의의 연구에 따르면 미국의 경우 희생비율이 약 5라고 추정한 바 있다.

희생비율(sacrifice ratio) 인플레이션을 낮추기 위해 치러야하는 GDP 감소비율

24.3.3 준칙에 따른 통화정책

(1) 재량 vs 준칙

통화주의가 '재정정책보다는 통화정책이 경제에 미치는 효과가 훨씬 강력하다.'는 사실을 주장한다고 해서 **재량적**(discretionary) **통화정책**을 권하는 것은 결코 아니다. 재량적이란 말은 통화당국이 경제상황에 따라 임의로 통화량을 조절하는 것을 말한다. 통화주의는 오히려 준칙(rule)에 따른 통화정책을 사용할 것을 권고한다. 즉, 정부는 매년 일정한 통화증가율을 정하여 민간에 공포한 후 그대로 시행하는 것이 옳다는 것이다. 예를 들어 연 5%의 통화증가율을 유지하기로 정했다면 비록 경기변동이 발생하더라도 당초 약속한 통화증가율을 변경하지 말고 준칙대로 유지하라는 것이다.

재량적(discretionary) 통화정책 통화당국이 경제상황에 따라 임의로 통화량을 조절하는 것

준칙(rule)주의 통화당국은 매년 일정한 통화증가율을 정하여 민간에 공포한 후 경기변동에 관계없이 약속대로 시행하라는 것

문제는 '통화당국이 연 통화증가율을 어떻게 결정해야 하느냐?'이다. 통화주의는 '**장기경제성장률에 대응하는 일정률**'로 통화량을 증가시키는 것이 최선

의 통화정책이라고 권고한다. 이를 흔히 'k% 준칙'이라고 부른다. 여기서 k%는 물론 나라마다 다르다.

(2) 왜 준칙주의인가?

그 어느 경제변수보다도 통화량이 경제활동수준에 강력한 영향을 미친다고 주장하면서 왜 통화주의는 침체된 경제를 회복시키기 위해 재량적 통화정책을 사용하지 말라는 것인가?

첫째, 통화량의 증가는 장기적으로 인플레이션을 일으킬 뿐 소득증가나 자연실업률을 낮추지 못한다고 믿기 때문이다. 즉, 일시적 소득증대효과에 비해 장기적으로 치르게 될 인플레이션으로 인한 손실이 더 크다는 것이다.

둘째, 통화주의의 민간경제의 자기조절능력에 대한 신뢰 때문이다. 민간경제의 자생력에 의해 경기침체는 곧 해결된다는 믿음이다. 통화주의의 이러한 비개입주의는 고전학파의 자유주의 사상과 맥을 같이하는 것이다. 만일 정부가 준칙을 버리고 재량적 통화정책을 사용한다면 이는 민간경제의 자생력을 해치는 결과가 된다.

셋째, 정책시행시점과 정책효과의 발생시점 간에는 상당한 시차(time lag)가 있기 때문이다. 민간경제의 자기조절능력에 의해 경기침체가 해소된 후에 정부의 재량적 통화정책이 영향을 미치기 시작함으로써 또 다른 교란요인으로 작용할 수 있다는 것이다.

그러므로 통화주의는 민간경제의 자기조절능력을 해치지 않는 것이 중요하며 정부의 정책은 신뢰를 얻을 때 경제안정에 기여할 수 있다고 주장한다. 특히 통화량은 경제활동수준을 결정하는 중요한 변수이므로 임의로 변동시키는 것은 경제를 불안정하게 할 뿐이라는 것이다.

24.3.4 통화주의의 현재 위상

1960년대 후반까지 독보적인 지위를 누렸던 케인스학파는 1970년대에 발생한 스태그플레이션과 함께 그 자리를 통화주의자에게 내주었다. 통화주의는 이후 약 10년간 우리나라를 비롯하여 많은 나라의 거시경제운영원리로써 한 시대를 풍미하였다. 각국은 통화주의의 권고대로 목표통화량 증가율을 유지하는 준칙에 따른 통화정책을 시행했다.

그러나 1980년대 이후 급격한 금융산업과 통화신용제도의 개혁, 새로운 금융상품의 출현, 국제적 자본이동의 확대로 통화의 개념과 범위가 변하면서 통화정책의 준칙을 적용해야 할 통화지표가 불안정해졌다.

앞서 20장에서 살펴보았듯이 1980년대 들어 M1의 성장률은 상당히 불안정한 움직임을 나타냈다. 어느 해 M1은 10% 상승하기도 하였다가 다른 해에는 일부 감소하는 등 불안정했다. 반면 실질 GDP는 꾸준히 상승함으로써 통화지표(M1)와 거시경제지표(실질 GDP) 간의 관계가 약해지기 시작했다. 이에 따라 1990년대부터 거시경제 운영원리는 통화량정책에서 금리정책으로 전환되지 않을 수 없었다.

준칙에 따른 안정적 통화증가율의 유지라는 통화주의의 절대명제가 빛을 잃는다면 통화주의란 도대체 케인스학파와 무엇이 다르단 말인가? 더구나 최근 세계경제는 인플레이션의 위험은 감소한 반면 경기침체가 중요한 이슈가 되고 있기 때문에 통화주의는 더욱 그 빛을 잃고 말았다.

24.4 새고전학파

24.4.1 합리적 기대

합리적 기대(rational expectation) 예상을 형성함에 있어 현재 이용 가능한 모든 정보를 이용하여 예상을 형성하는 방식

'합리적 기대'(rational expectation)는 1961년 미국 경제학자 무스(J. Muth, 1930-2005)에 의해 처음으로 제시된 개념이다. 사람들이 예상을 형성함에 있어 알려진 모든 정보를 이용하여 예상을 형성한다면 그것을 합리적 기대라고 부른다. 즉, 합리적 기대 하에서는 어떠한 정보의 낭비도 없다. 합리적 기대를 옹호하는 사람들은 정보도 하나의 자원이라고 한다면 합리적 경제주체는 '**현재 이용 가능한 모든 정보를 이용하여 기대를 형성**'할 것이라는 인식에서 출발한다. 합리적 기대가설은 현재 이용 가능한 모든 정보를 이용하여 예상을 형성할

체계적 오차(systematic errors) 동일한 실수를 계속 반복할 때 체계적 오차가 발생함

적응적 기대(adaptive expectation) 예상하려는 변수의 과거 정보만을 이용해 예상을 형성하는 방식. 정보의 낭비가 있음

경우 **체계적 오차**(systematic errors)를 일으키지는 않는다는 것이다. 즉, 동일한 실수를 계속 반복하지는 않는다는 것이다.

합리적 기대와 대립되는 기대형성방식으로는 '**적응적 기대**'(adaptive expectation)가 있다. 적응적 기대란 예상하려는 변수의 과거 정보만을 이용해 예상을 형성하는 기대방식이다. 예를 들어 환율을 예측한다고 할 때 적응적 기대는 과거 환율정보만을 이용하여 예측한다. 그러나 합리적 기대는 환율에 영향을 미치는 모든 정보, 예를 들면 과거 환율정보는 물론 물가, 통화량, 금리. 소득, 국제수지, 정부의 정책방향, 시장상황 등의 알려진 모든 정보를 이용하여 예측한다는 것이다. 즉, 정보집합의 크기로 볼 때 적응적 기대의 정보집합은 합리적 기대의 정보집합의 일부분에 지나지 않는다.

합리적 기대의 비판자들은 합리적 기대가 보다 우월한 예상형성방식인 것은 사실이나 현실적으로 정보수집에는 비용이 드는 것이므로 개별 경제주체에게는 비용이 들어가는 합리적 기대보다는 비용이 들지 않는 적응적 기대가 오히려 합리적 선택일 수 있다고 주장한다.

24.4.2 새고전학파의 정책무용론

(1) 새고전학파의 등장

자유주의 경제사상은 통화주의에 의해 부활하는 듯 했으나 통화주의의 쇠퇴와 함께 또다시 표류하고 말았다. 그러나 곧 일단의 뛰어난 젊은 경제학자들이 다시 케인스학파에 대한 도전을 시작했다. 그들은 1995년 노벨경제학상을 수상한 **루카스 주니어**(R. E. Lucas Jr., 1937-)와 그의 동료들인 **사전트**(T. Sargent, 1943-), **월리스**(N. Wallace, 1939-), **배로**(R.J. Barro, 1944-) 등이다. 이들이 합리적 기대를 이용해 고전학파체계의 부활을 시도했다고 해서 합리적 기대이론 혹은 **새고전학파**(New Classical)라고 부른다. **사전트**는 2011년 노벨경제학상 수상자로 선정되었다.

새고전학파(New Classical) 합리적 기대를 도입함으로써 '체계적인' 총수요관리 정책은 장기는 물론 '단기에서조차도' 실질국민소득에 아무런 영향이 없다는 경제사조

(2) 체계적 정책

새고전학파의 이론체계는 고전학파의 두 가지 가정을 그대로 받아들이되 합리적 기대를 도입함으로써 '**체계적인**'(systematic) **총수요관리정책은 장기는 물**

론 '단기에서조차도' 실질국민소득에 아무런 영향이 없다고 주장한다. 여기서 '체계적'이란 말의 의미는 '알려진' 혹은 '일정한 규칙에 따른다.'는 것이다. 체계적 정책의 예를 들어 보자. 정책당국이 '전기에 실업률이 1%포인트 상승했다면 실업률을 원상태로 낮추기 위해 금기에 1%포인트의 통화량 증가정책을 실시한다.'는 규칙을 갖고 있다면 이는 체계적 정책이다.

(3) 체계적인 총수요정책의 무용론

정책당국은 전기에 실업률이 1%포인트 상승했다면 실업률을 원상태로 낮추기 위해 금기에 1%포인트의 통화량 증가정책을 실시한다는 체계적 정책을 공언한다고 하자. 이제 갑작스런 수요 감소로 실업률이 1%포인트 상승했다면 정부는 규칙대로 통화량을 1%포인트 증가시킬 것이다. 체계적인 정책이므로 실업률이 1%포인트 상승했을 때 1%포인트의 통화량증가는 개별 경제주체의 예상 메커니즘에 이미 하나의 정보로 입력되어 있다.

통화량의 1%포인트 증가는 [그림 24-7] (a)에서 총수요를 증가시켜 총수요곡선은 AD에서 AD′로 이동한다. 동시에 통화량의 증가는 물가를 상승시키며 물가상승은 [그림 24-7] (b)에서 실질임금을 낮추고 노동수요곡선을 밖으로 이동시킨다. 동시에 합리적 기대 하의 노동자들은 통화량의 증가를 이미 예상하고 있었으므로 물가상승도 예상하고 있다. 따라서 예상실질임금의 하락은 노동공급을 낮추고 노동공급곡선은 안으로 이동한다. 결국 균형노동량은 전과 같은 N_0이며 명목임금만 W_1로 상승한다. 노동공급곡선의 상향이동은 총공급곡선의 상향이동을 초래하므로 [그림 24-7] (a)에서 AS곡선은 AS′로 이동하고 물가는 P_1으로 상승한다. 실질임금은 종전과 같다. 즉, $W_0/P_0 = W_1/P_1$인 것이다. 체계적 정책은 물가와 명목임금만 상승시켰을 뿐 실질국민소득과 고용량은 종전의 Y_0와 N_0에서 변함이 없다.

결론적으로 합리적 기대 하에서 정부의 체계적 정책은 미리 예견되므로 단기에서조차도 실질소득에 아무런 영향을 미치지 못한다. 이를 새고전학파의 **정책무력성**(policy ineffectiveness)이라고 부른다. 하지만 정부가 예상치 못한 정책을 갑작스럽게 펼칠 경우에는 얘기가 달라진다. 이러한 비체계적인 정부정책은 경제주체에 의해 예견되지 못하므로 정책효과를 나타낼 수 있다. 그러나 새고전학파는 비체계적인 정책이란 결국 국민을 속이는 정책에 불과한 것이라고 비난한다. 정부가 진정 해야 할 일은 신뢰성 있는 정책을 제시하여 국민들이 최

정책무력성(policy ineffectiveness)
합리적 기대 하에서 정부의 체계적정책은 미리 예견되므로 단기에서 조차도 실질소득에 아무런 영향을 미치지 못한다는 새고전학파의 주장

그림 24-7

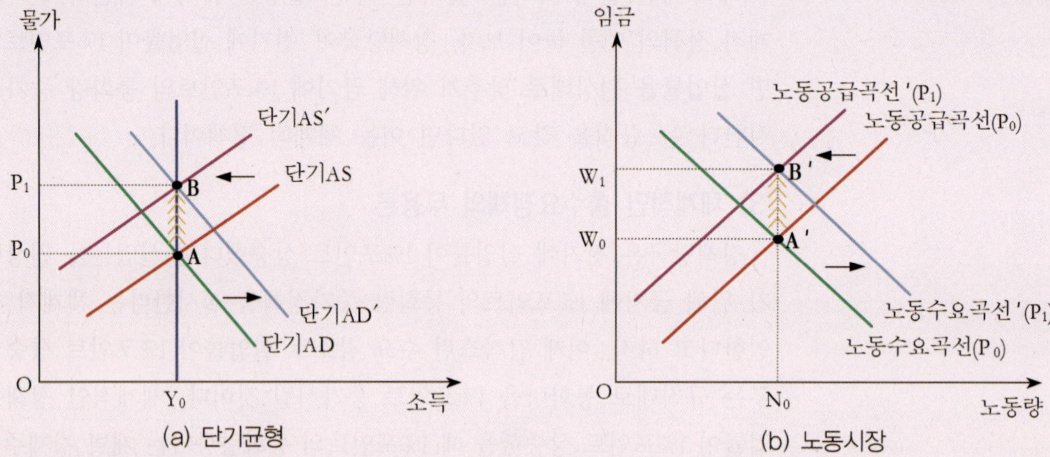

체계적인 총수요정책의 무용론

체계적 총수요확대정책은 합리적 기대를 형성하는 경제주체에 의해 완전히 예견되므로 단기에서조차도 실질변수(소득, 고용)에 아무런 정책효과를 나타낼 수 없다. 그러나 정보획득에 비용이 든다면 과연 사람들은 합리적 기대를 할 것인가?

적화를 할 수 있도록 하는 것이며, 국민이 예측할 수 없는 정책을 사용하여 단기효과를 얻으려는 것은 잘못된 것이라는 비판이다.

24.4.3 새고전학파의 현실적응력 취약

반인플레이션정책(anti-inflation policy) 인플레이션을 낮추기 위한 정책

통화주의는 [그림 24-6]에서 인플레이션을 낮추기 위한 희생비율이 매우 크다고 주장한 바 있다. 그러나 새고전학파는 **반인플레이션**(anti-inflation policy) 정책의 희생비율이 통화주의의 주장처럼 크지는 않다고 주장한다. 정부가 인플레이션을 낮추겠다는 확고한 의지를 천명하고 통화량을 감축하는 정책을 실시한다면 합리적 기대 하의 경제주체는 즉각적으로 예상인플레이션을 낮추게 된다. 따라서 물가하락을 예견한 노동자들은 실질임금 상승과 함께 노동공급을 증가시킨다. 그러므로 [그림 24-6]의 C점에서 D점을 경유하지 않고 곧바로 A점으로 내려올 수 있다는 주장이다.

그러나 1980년대 초 미국 연방준비제도의 볼커(P. Volcker, 1927-)의장이 단

행한 반인플레이션정책은 상당한 수준의 경기침체를 몰고 왔다. 당시의 반인플레이션 정책은 레이건 행정부의 선거공약이기도 했으며 미리 천명되었던 정책이었다는 점에서 이러한 결과는 새고전학파를 곤경에 빠트리기에 충분한 것이었다. 당시의 긴축정책을 통한 반인플레이션 정책은 미리 공언된 정책이었으므로 경제주체에게는 충분히 예견될 수 있었고 따라서 희생비율이 매우 낮았어야 했기 때문이다. 새고전학파의 이론체계는 논리 정연하였으나 현실경제에 대한 설명력은 떨어진다는 비판을 면할 수 없게 된 것이다.

24.5 새케인스학파

24.5.1 임금과 가격경직성의 미시적 기초

케인스학파는 비자발적 실업의 원인이 되는 임금과 물가의 경직성을 사회·제도적 이유에서 찾음으로써 최적화원리에서 볼 때 미흡하다는 비판을 받아왔다. 이러한 비판에 대해 일단의 케인스학파 경제학자들이 경제주체의 합리적 선택이라는 미시적 기초(micro foundation)에 입각하여 경기변동과 비자발적 실업의 원인이 되는 임금과 가격의 경직성을 설명하려고 노력했는데 이들을 **새케인스학파**(New Keynesian)라고 부른다.

새케인스학파(New Keynesian) 경제주체의 합리적 선택이라는 미시적 기초에 입각하여 거시경제체계를 설명하려는 경제사조

새케인스학파의 임금 경직성을 설명하는 이론으로는 앞서 제18장에서 살펴본 바와 같이 효율임금, 암묵적 계약(implicit contract), 장기계약, 내부자-외부자모형(insider-outsider model) 등이 있다. 가격경직성을 설명하는 이론으로는 메뉴비용(menu cost)과 중첩가격결정모형이 있고, 경기변동을 설명하는 또 다른 이론으로는 비'발라'적인(non-Walrasian) 불균형모형으로 조정실패(co-ordination failure)모형이 있다. 새케인스학파는 바로 이러한 여러 요인들 때문에 임금과 가격은 신축적으로 움직이지 못하고 비자발적 실업이 발생하며, 국민경제는 완전고용 국민소득에서 이탈한다고 해석한다. 이들 이론에 대한 자세

한 설명은 제18장 18.1.3 실업과 경기침체에서 논의하였으므로 돌아가서 참조하기 바란다.

24.5.2 총수요외부성과 정부개입

수요충격으로 경기변동이 발생할 때 가격과 임금이 신축적이라면 경기변동폭이 줄어들 것이다. 그러나 새케인스학파는 가격과 임금의 경직성과 조정실패로 경기변동이 발생하고 비자발적 실업이 존재한다고 본다. 그리고 이 모든 시작과 결말이 경제주체의 합리적 선택의 결과라는 점이다. 새케인스학파는 정부가 시장개입을 통해 가격과 임금의 경직성과 조정실패를 보완할 것을 주장한다.

정부의 작은 총수요정책이 어떻게 불황을 해소할 수 있는가? 이에 대해 새케인스학파는 정부의 총수요정책이 불쏘시개가 되어 불황을 극복하게 된다는 **총수요 외부성**(aggregate demand externality)을 주장하였다. 이는 마치 개별 기업의 가격인하가 다른 모든 기업 생산물의 수요증가를 유발하게 되는 것과 같은 이치이다.

총수요 외부성(aggreagate demand externality) 개별기업의 가격인하가 다른 모든 기업 생산물의 수요증가를 유발한다는 것

앞서 18장의 [그림 18-2]에서 만일 기업 i가 가격인하를 단행한다면 사회적 후생은 □RSBU－Zi만큼 크게 증가하는데 이와 같이 개별기업의 작은 가격조정이 사회전체로는 커다란 수요증가를 초래하는 외부효과가 있다는 것이다. 한 마리의 개구리가 울기 시작하면 결국 연못 전체의 개구리가 울어 시끄러울 지경이 되는 것과 흡사한 것이다.

24.5.3 학파별 경제안정화 정책효과 요약

이제 여러분은 자유주의 경제사상이 왜 정부의 개입을 반대하며, 케인스학파가 왜 정부의 시장개입을 옹호하는지 이해했을 것이다. 인류의 경제적 자유를 향한 열정이 식어서도 안 되겠지만 동시에 실업과 불황이 우리가 현실에서 겪고 있는 고통이라고 할 때 케인스학파의 달콤한 처방에서 벗어나기 어려운 측면도 있는 것이 사실이다. 〈표 24-1〉은 지금까지 논의된 경제학파별 주장을 일반론에 의거하여 정리한 것이다.

표 24-1
학파별 경제안정화정책

	고전학파	케인스학파	통화주의	새고전학파	새케인스학파
단 기	X	O	O	X	O
장 기	X	관심 없다	X	X	관심 없다
정부개입	NO	YES	NO	NO	YES

[O: 효과 있다. X: 효과 없다]

24.6 결론: 21세기 경제학을 위하여

1995년 우루과이라운드를 거쳐 세계무역기구(WTO) 체제가 확립되면서 시장근본주의를 표방하는 신자유주의 경제사상이 강력한 목소리를 내었다. 신자유주의는 시장과 경쟁을 중시하는 자유주의에 뿌리를 두고 있으나 보다 구체적으로 자본과 노동의 자유로운 이동을 통한 세계화, 글로벌경제를 추구하는 한편, 감세와 규제완화를 통한 작은 정부야말로 오히려 경제활동을 촉진시킨다는 믿음을 갖고 있다. 즉, 감세와 규제완화를 통해 가처분소득과 소비가 증가하면 경제가 활성화되고 결국 세수증가도 가능하다고 본다. 이렇게 확보된 세수를 이용 경제 인프라를 확충하면 경제활력은 더욱 강화될 수 있다고 주장한다. 시장근본주의를 통한 효율성과 경쟁, 노동유연성 등을 북돋을수록 높은 경제적 성과를 얻을 수 있다는 주장이다.

2000년대 들어와 세계경제는 적절한 규제 없는 금융의 방종과 탐욕으로 거품이 증폭되었고, 결국 2008년 미국 발 '서브프라임(sub-prime)사태'로 세계금융시장은 붕괴위기까지 이르렀다. 일각에서는 세계금융시장의 붕괴와 세계경제 침체를 신자유주의 탓으로 돌리기도 하고 다시 케인스학파의 부활을 말하기도 한다. 그러나 문제의 초점은 신자유주의 때문이었다기보다 국내외적으로 '**규제받지 않은 자유**' 즉 위험을 경시하고 이익만을 추구해온 금융의 탐욕과 도덕적 해이가 바로 문제의 근원이라고 해야 할 것이다.

경제는 유기체와 같아서 자유와 경쟁을 통해 성장하는 것이며 그 기저에는 자유경쟁시장이 있다. 물론 시장을 거스르고 이길 힘은 존재하지 않는다. 자본주의는 시장을 통해 꽃 피었으며 시장과 함께 발전하도록 만들어진 체제이다. 다만 지속적 발전과 안정을 위해서는 시장경제 역시 게임의 규칙이 필요하며 위험회피 장치를 갖고 있어야 한다는 것을 2008년 세계금융 위기는 가르쳐 주었다.

2008년 미국 발 금융위기가 채 가시기도 전에 세계 금융시장은 또 다시 불안과 위기로 빠져들었다. 미국과 유럽, 그리고 일본 등 거의 모든 선진국들의 재정 위기가 위험수위를 넘어섰다는 국제신용평가기관의 경고가 기폭제였다. 미국, 일본, 유럽 주요국의 국가신용등급이 하락하면서 금융시장의 불안감은 증폭되었다. 특히 유로존(Euro zone)은 유로화로 통합되면서 각국은 정책수단으로서의 통화정책을 포기한 상태였기에 그 충격이 더 컸다. 왜냐하면 재정위기로 재정에 여유가 없어 재정정책을 정책수단으로 활용할 여지가 줄었기 때문이다. 통화정책과 재정정책 수단이 무장 해제된 PIGS로 불리는 포르투갈, 아일랜드(이탈리아), 그리스, 스페인의 국가부도 위험이 높았다. 재정적자가 위험수위를 넘어선 이들의 경우 긴축과 경기침체를 수용하는 것 외에 별다른 대안이 없다.

2011년 유럽 발 재정위기는 재정건전성이 얼마나 중요한 것인지 일깨워 주었다. 동시에 케인스학파가 줄기차게 옹호해온 재정적자를 통한 총수요정책에 대해서도 신중한 접근이 요구된다는 인식을 심어주었다. 21세기 경제는 자유시장 중심의 자본주의도 케인스학파의 경제안정화정책도 완벽한 답이 될 수 없다는 것을 입증하고 있다.

선진국경제에 진입한 우리나라 역시 2010년 이후 저성장기조를 나타내며 장기침체로 이어지는 것이 아닌가 하는 우려를 낳고 있다. 그 와중에 복지논쟁과 연금재정 문제, 미중무역전쟁, 한일간의 갈등이라는 복병이 나타났다. 그러나 문제의 해결은 성장에 있다. 성장만이 복지수요를 충족하면서 재정위기를 벗어나는 방안이다. 성장을 위해서는 창의적 사고, 자유로운 경제, 조직보다 개인에 대한 존중이 중요하다. 중진국까지는 경제가 우선일 수 있으나 선진국에서는 인간에 대한 기본적 성찰과 존중이 앞서야 한다. 이제 21세기 경제학은 커다란 도전 앞에서 제기된 과제에 답해야 할 책임이 있다.

복습과 연습

요 약

1. 고전학파는 합리적 인간이 이기심에 따라 자유롭게 경제활동을 한다면 시장 내의 가격(임금 포함) 기구에 의해 시장은 균형을 달성한다고 믿는다.
2. 고전학파는 명목가치에 불과한 통화량의 증가는 명목변수(물가, 명목임금)에만 영향을 주고 실질변수(소득, 고용)에는 영향이 없다고 주장한다.
3. 화폐수량설은 기본적으로 '통화량과 물가 간에는 비례관계가 성립한다.'는 이론이다.
4. 케인스학파는 가격과 임금은 경직적이어서 시장은 불균형에 빠질 수밖에 없으며 따라서 정부의 총수요관리정책을 통한 시장개입이 필요하다고 본다.
5. 케인스학파 역시 장기적으로 시장경제는 자기조절능력에 의해 완전고용 국민소득을 달성한다는 점을 인정한다. 그러나 케인스학파는 장기에는 관심이 없다.
6. 케인스학파는 경제안정화 정책수단으로 통화정책과 재정정책이 모두 유효하지만 그 중에서 재정정책을 선호한다.
7. 공급충격이 주어졌을 때 케인스학파의 총수요관리정책은 딜레마에 빠진다.
8. 통화주의는 통화량이야말로 한 나라의 경제활동수준을 결정하는 유일한 변수이므로 경제 안정을 위해서는 통화량을 준칙에 따라 안정적으로 유지할 것을 권고한다.
9. 필립스곡선은 실업률과 인플레이션 간에는 상충관계(trade-off)가 존재한다는 것이다.
10. 자연실업률가설은 국민경제는 장기적으로 자연실업률 하의 국민소득수준으로 환원된다는 것이다.
11. 1980년대 이후 급격한 금융개혁과 함께 통화량과 거시지표간의 연관성이 약화되면서 통화량 조절정책은 금리정책에 자리를 내주었고 통화주의도 빛을 잃었다.
12. 새고전학파는 합리적 기대를 도입함으로써 '체계적인'(systematic) 총수요관리정책은 미리 예견되므로 장기는 물론 '단기에서조차도' 실질국민소득에 아무런 영향이 없다고 주장한다.
13. 새케인스학파는 케인스학파와 마찬가지로 정부의 총수요정책을 통한 경제안정화정책을 옹호한다.
14. 20세기 말부터 규제받지 않은 시장만능주의와 소득을 넘는 지출로 인한 방만한 재정적자는 결국 2008년 세계금융위기와 2011년 유로존의 재정위기를 초래하였고 21세기 경제학이 나아갈 길을 묻고 있다.

중요개념

고전학파	케인스학파	통화주의	새고전학파
새케인스학파	신자유주의	화폐환상	화폐베일관
화폐수량설	현금잔고수량설	화폐유통속도	고전적 2분성
화폐중립성	거시경제의 미조정	공급충격	스테그플레이션
준칙주의	필립스곡선	자연실업률가설	희생비율
합리적 기대	적응적 기대	체계적 정책	정책무력성
반인플레이션정책	총수요외부성	서브프라임사태	유로존 재정위기

연습문제

Ⅰ. 다음 기술에 대해 O, × 로 답하고 왜 그런지 밝히시오.

1. 화폐환상에 빠지면 물가의 변화를 정확히 알아채지 못한다.
2. 화폐유통속도가 빠를수록 한국은행은 통화공급량을 늘려주어야 한다.
3. 고전학파는 정부지출의 증가는 민간수요를 줄이므로 총수요는 불변이라고 본다.
4. 통화주의는 국채발행에 의한 적자재정은 금리상승을 일으켜 민간의 소비와 투자를 감소시키는 구축효과를 발생시키기 때문에 소득증가 효과가 상당히 작다고 본다.
5. 통화량과 물가 간의 비례관계를 주장하는 이론을 화폐수량설이라고 한다.
6. 고전학파는 통화량과 같은 명목변수의 변동은 명목변수만 변화시킬 뿐 물가, 임금, 소득, 고용 등은 변화시키지 못한다고 본다.
7. 케인지안은 경제불황을 해결하기 위해 총수요 확대정책을 사용할 것을 권고한다.
8. 통화주의는 통화량이야말로 소득에 가장 큰 영향을 미치므로 경제안정화정책으로 재량적 통화정책을 사용할 것을 권고한다.
9. 통화주의가 정부의 재량적 총수요관리정책을 반대하는 이유는 정부개입이 실질경제에 영향을 미치지 못하기 때문이 아니라 그것이 민간경제의 자기조절능력을 저해한다고 믿기 때문이다.
10. 정보수집에 비용이 든다면 합리적 경제주체는 합리적 기대를 하지 않을 수도 있다.
11. 정부의 체계적 정책은 합리적 기대 하에서 단기에서조차 무력하다고 주장하는 학파는 새고전학파이다.

12. 케인스학파와 새케인스학파는 시장의 실패를 가격과 임금의 경직성에서 찾는다.

Ⅱ. 다음 물음에 답하시오.

1. 고전학파의 세계에서는 왜 완전고용 국민소득이 항상 달성된다고 믿는가?

2. 화폐수량설은 고전학파의 인플레이션 이론이라는 주장에 대해 논의해보시오.

3. 왜 케인스학파는 통화정책보다 재정정책을 선호하는가?

4. 공급충격이 왔을 때 케인스학파의 총수요정책이 딜레마에 빠지는 것을 설명하시오.

5. 단기적으로 통화정책이 경제에 미치는 효과가 크지만 민간경제의 자율성과 시장경제의 자동조절 능력을 저해하지 않도록 통화정책을 안정적으로 운영하라고 권고하는 경제학파는?

6. 왜 통화주의는 준칙주의를 권고하는가?

7. 구축효과란 무엇이며 학파별로 어떻게 다른가?

8. 합리적 기대란 무엇이며 왜 체계적 정책은 단기에서조차 실질변수에 아무런 영향을 줄 수 없는가?

9. 1980년대 초 미국의 반인플레이션정책이 왜 새고전학파에게 치명적 타격이 되었는가?

10. 총수요외부성을 설명하시오.

11. 유로존의 재정위기에 대해 부도위기국가들은 왜 통화정책을 통해 해결방안을 강구할 수 없는가?

12. 다음 경제학파 중 정부의 적극적인 시장개입을 옹호하는 학파는?
    (1) 통화주의 (2) 새케인스학파
    (3) 고전학파 (4) 새고전학파

13. 합리적 기대와 적응적 기대에 관한 다음 설명 중 잘못된 것은?
    (1) 이용정보량 측면에서 볼 때 합리적 기대가 더 정보량이 많다.
    (2) 적응적 기대는 과거 자신의 정보만 이용한다.
    (3) 합리적 기대라 하더라도 이용가능한 정보를 모두 사용하는 것은 아니다.
    (4) 적응적 기대는 오차를 계속 수정해 나가는 기대형성방식이다.

14. 화폐환상에 빠진 사람은 실질임금보다는 명목임금에 따라 자신의 경제적 선택을 한다.(○, ×)

연습문제 해답

제1장 O

Ⅰ-1. ×(개인도 독자적인 경제활동을 하면 가계가 될 수 있다.)
2. O
3. ×(평등은 공평의 한 가지 형태일 수는 있으나 동의어는 아니다.)
4. O 5. O 6. × 7. O
8. ×(경제학적 견해는 맞고 틀리고의 문제가 아니다. 가정에 따라 다를 수 있고 가치관에 따라 달라진다.)
9. ×(떨어뜨린 아이스크림은 매몰비용이다.)
10. O 11. O 12. ×
13. ×(독과점규제 등 미시정책에 있어서도 정부의 개입문제는 여전히 중요한 논점이 된다.)

Ⅱ-1. 경제재
2. 토지(자연), 자본, 노동
3. 일단 지출이 되면 더 이상 회수할 수 없는 비용
4. 효율, 공평, 자유
5. 없다.(효율이 중요하면 할수록 자유의 가치 역시 중요해지며 둘은 상호 상충되기도 한다. 효율, 공평, 자유는 조화롭게 추구되어야 한다.)
6. 시장의 실패
7. 기회비용
8. 19,000원(해설: 영화의 기회비용은 치러야 할 영화 값 9,000원+포기한 일의 대가 10,000원이다. 팝콘을 사먹는 것은 또 다른 선택의 문제이다. 팝콘을 선택함에 따른 기회비용은 2,000원이다.)
9. 5천원(합리적 선택은 이익이 6천원인 '경제원론 공부'이며, 이때 기회비용은 선재와의 데이트 5천원이다.)
10. 2
11. ceteris paribus
12. 아니다.(시장 실패의 경우에는 정부의 적절한 시장개입이 필요하며 모든 것을 시장에만 맡겨두기 보다는 정부가 적극적으로 시장에 개입해서 경기과열이나 경기침체, 물가불안, 실업, 소득 불평등과 같은 문제를 해결해야 한다.)

13. 아니다.(정부도 이해당사자 중의 하나일 수 있으며 정부의 경제활동은 수많은 이해관계자에 의해 조정되는 정치적 산물이기도 하다.)
14. ④(진화 경제학은 자연계에서 생물 생태계가 진화하는 것처럼 인간 생태계도 사회 속에서 진화한다고 보고 있다. 그 진화 과정은 항상 효율적인 것이 아니라 비합리적이거나 비효율적일 수도 있다.)
15. 4(만두집을 선택함으로써 포기해야 하는 국수집의 수익, 7,000만원−4,000만원−5,000만원×10%= 2,500만원)

제2장

Ⅰ−1. ×(중상주의는 수출을 장려하고 수입은 억제하는 정책을 주장했다.)
2. ○
3. ×(아담 스미스에 있어 임금은 다시 생존임금수준으로 환원된다.)
4. ×(리카도에 있어서는 곡물가격 상승으로 생존임금 자체가 상승하게 된다.)
5. ○(식량부족으로 새로운 토지가 개간되면서 곡물가격이 상승하면 지대가 상승하고 지주는 차액지대를 확보하는 반면 자본가는 이윤을 잠식당한다.)
6. ○ 7. ○
8. ×(존 M. 케인스이다.) 9. ○ 10. ○
11. ×(이윤율이 감소하는 것이며 잉여가치의 절대액이 감소하는 것이 아니다.)
12. ○ 13. ○ 14. ○ 15. ○ 16. ×

Ⅱ−1. 경제표 2. 보이지 않는 손 3. 교환성향 4. 낙관적
5. 인구의 증가율이 곡물생산증가율보다 높아 곡물가격이 상승하고 생존임금이 상승한다. 곡물가격의 상승으로 비옥도가 낮은 토지에 대해서도 경작이 이루어지게 되고 비옥도가 높은 토지는 전보다 더 많은 차액지대를 얻는다.
6. 곡물가격도 오르기 때문에 생존임금의 절대액은 상승할지라도 생존임금으로 살 수 있는 곡물량은 전과 같다.
7. 한계지의 곡물생산비가 곡물가격이 되는 것이므로 비옥도가 높은 토지는 생산비가 낮아 지대를 얻게 된다. 비옥도가 높을수록 지대가 커지는데 이를 차액지대라고 한다.
8. 4(1급지의 지대는 3만원이 된다.)
9. 생산에 있어서는 자유와 경쟁으로 효율성을 극대화하는 한편 분배에 있어서는 조세제도와

토지소유권 제한 등을 통한 분배개선정책을 제시
10. 노동자가 실제 창출한 가치에서 노동자가 지급받은 임금의 가치를 빼고 남은 것을 말한다.
11. 3
12. 자본주의 사회에서 지난 150여 년 동안 노동자의 실질임금은 지속적으로 상승했다. 자본의 유기적 구성이 고도화되었으나 기업의 평균이윤율은 저하되지 않았다. 산업화의 진전에 따라 대기업이 점차 그 비중을 높여가기는 했으나 실업은 증대되지 않았고 빈곤의 심화 현상도 분배정책을 통해 해결되어 왔다.
13. 주관적 가치학설
14. 고전학파의 객관적 가치학설과 한계효용학파의 주관적 가치학설을 종합
15. 개입주의: 케인스학파, 새케인스학파
비개입주의(자유주의): 통화주의, 새고전학파, 공공선택학파, 공급측경제학, 신자유주의
16. 정책결정의 공정성
17. 5

제3장

Ⅰ-1. ×(수요곡선의 이동으로 나타난다.)
2. ×(대체재이다.)
3. ○
4. ×(스톡이 아니라 flow, 즉 유량이다.)
5. ×(열등재인 경우 수요는 감소한다.)
6. ×(수평으로 합하여 결정)
7. ×(공급곡선이 밖으로 이동하므로 균형가격은 하락한다.)
8. ×(원자재 가격 상승으로 공급곡선은 안으로 이동하고, 소득증가로 수요곡선은 밖으로 이동하여 균형가격은 상승한다.)
9. ×(불안정한 균형도 가능하다.)
10. ○
11. ○(X재 생산으로 자원이 이동하므로 Y재 생산은 감소)
12. ×(가격과 수량 간의 평면이다.)
13. ○

Ⅱ-1. 유량은 일정기간동안의 변화량인데 비해 저량은 일정시점에서 측정한 양.
2. 해당 재화의 가격이 변할 때 수요의 변화를 '수요량의 변화(수요곡선 상의 변화)'라고 하고

해당 재화가격 이외 요인의 변화로 인한 수요의 변화는 '수요의 변화(수요곡선의 이동)'라고 한다.

3. 기픈재는 가격변화에 대한 수요량의 변화로 수요법칙의 예외인 경우이고 열등재는 소득변화에 대한 수요의 변화이다.
4. 임금상승은 생산비를 상승시키므로 공급을 감소시킨다. 따라서 공급곡선은 안으로 이동한다.
5. 2
6. 돼지고기 가격의 상승으로 돼지고기 수요량은 감소, 대체재인 쇠고기 수요는 증가. 한편 소득증가로 쇠고기 수요 증가. 종합하면 쇠고기 수요 증가.
7. 균형가격은 상승, 균형생산량은 불명(수요, 공급곡선 모두 위로 이동).
8. ④
9. 균형가격 5, 균형거래량 10(각자의 주어진 수요함수와 공급함수를 수직으로 더하면 시장수요함수 Q=−2P+20, 시장공급함수 Q=4P−10을 얻을 수 있다. 연립방정식을 풀면 P=5, Q=10을 얻게 된다. 수평이 아니라 수직으로 합하는 까닭은 수요, 공급함수가 P(Y축)이 아니라 Q(X축)에 대해 표현되고 있기 때문이다.)
10. 3
11. 1
12. 2 (공급곡선 이동요인)　13. ×　14. 4

제4장

Ⅰ-1. ○　2. ×(탄력성은 2)

3. ○　4. ×(감소)　5. ○
6. ×(탄력성이 1보다 적을 뿐 음이 아니므로 열등재가 아니라 정상재이다.)
7. ×(보완재는 맞으나 교차탄력성은 −2이다.)
8. ×(직선인 경우에만 공급의 가격탄력성이 1이다.)
9. ×(소득탄력성이 음이다.)
10. ×　11. ○　12. ○　13. ○

Ⅱ-1. 0.25　2. 1.5　3. 2/3　4. (3)　5. 0.5

6. 17/16(여기서 TE=8.5, OE=8 이므로 공급탄력성=TE/OE=8.5/8=17/16 이다. 혹은 기울기의 역수가 1/2이고 곡선 위의 점의 좌표가 (17,8)이므로 공급탄력성 $= \frac{1}{2} \times \frac{17}{8} = \frac{17}{16}$이다.)

7. −0.5
8. 공급자(비탄력적인 곡선을 갖고 있는 쪽이 신축성이 적어 부담이 큼.)
9. ①(교차탄력성을 이용하는 편이 좋다.)
10. ①(수요의 소득탄력성=수요의 변화율(%)/소득의 변화율(%). A의 소득변화율은 (400만원/2000만원)×100%=20%이고 햄버거 수요의 변화율은 (10/20개)×100%=50%이다. 따라서 소득탄력성=50%/20%=5/2.)
11. 1(탄력성=−(1/−2)×(8/4)=1 이다.)
12. 2

제5장

1. ○
2. × (한계효용균등의 법칙이란 각 재화 구입에 지출된 1원의 한계효용이 동일하여야 함을 의미한다.)
3. 한계효용은 체감한다.
4. 증가한다
5. 우하향한다.
6. 4, 20
7. 쥬스 2병, 생수 2병.
8. a재 소비증가, b재 소비감소
9. −1 (화폐 한 단위의 한계효용이 1이므로 한계효용균등의 법칙으로부터 한계효용곡선과 수요곡선이 동일하다. 가격 4와 3에 대응하여 수량이 2와 3이다. 수요곡선의 기울기는 (가격변화)/(수요량변화)이므로 (4 - 3)/(2 - 3) = -1이 된다.)
10. 화폐의 한계효용이 체감하기 때문이다.
11. 한계효용체감의 법칙
12. 2(100/1000>150/2000 이므로 사과를 더 사는 것이 유리)
13. 3

제6장

I −1. ○ (무차별곡선이론은 서수적 효용이론이다.)
2. ○

3. ○(오른쪽 구두와 왼쪽 구두의 경우)
4. ×(종축 비효용재, 횡축 효용재이므로 효용증가 방향은 오른쪽 아래)
5. ○(만일 완전대체적 무차별곡선의 기울기가 예산선의 기울기와 동일하면 두 직선은 포개진다.)
6. ○ 7. ○ 8. ×(밖으로 평행이동)
9. ×(소득효과의 음의효과가 더 작은 재화임)
10. ○ 11. ○ 12. ○ 13. ○ 14. ×(열등재는 소득효과로 파악하는 것임)

II-1. 무차별곡선이 서로 교차하면 모순에 빠진다.
2. 동일한 무차별곡선 위에서 한 재화의 양을 1단위씩 증가해 나갈 때 포기해야 하는 다른 재화의 양이 점점 작아진다는 의미로 재화의 한계효용이 체감하기 때문이다.
3. 생략
4. X=20, Y=0 (예산선 기울기보다 무차별곡선의 기울기가 더 가파르므로 X축에서 모서리 해가 발생한다.)
5. 생략
6. 생략
7. 1
8. ①(스놉효과(snob effect)는 밴드웨건효과와는 반대로 남들이 소비하는 물건을 기피하는 현상을 말한다.)
9. 2
10. 밖으로 조금 이동하되 기울기는 약간 가파르게 변한다.
11. 4(불경기는 소득감소를 의미, 라면과 우동은 대체관계에 있지만 우동은 정상재이다. 두 재화가 동시에 모두 열등재가 될 수는 없다.)
12. 200(무차별곡선이 직선이므로 모서리해가 발생한다.)

제7장

I-1. 재화 1단위당 소요노동시간표

	콩(단위)	직물(단위)
한국	2 (20)	1 (40)
미국	1/2 (80)	4/5 (50)

( )내 숫자는 주당 40시간의 생산량

2. 미국이 콩과 직물 생산 모두 절대우위에 있다.
   미국은 콩 생산에 비교우위가 있고 한국은 직물생산에 비교우위가 있다.
3. 미국은 콩에 특화하여 주당 80단위를 생산하고 한국은 직물에 특화하여 주당 40단위 생산.
4. 콩과 직물의 기회비용표

	콩 1단위	직물 1단위
한국	직물 2단위	콩 1/2단위
미국	직물 5/8단위	콩 8/5단위

5. 한국은 콩 12단위, 직물 3단위 이득.
   미국은 콩 13단위, 직물 2단위 이득.
6. 5/8 < (직물/콩) < 2

Ⅱ-1. 절대우위는 생산성의 절대적 크기를 비교하는 개념인데 반해 비교우위는 기회비용의 개념으로 생산성을 비교하는 개념이다.
2. 유치산업
3. 자국 산업의 보호와 자국의 실업증가를 막기 위해. 문화, 예술, 농업, 교육 등은 비교우위의 대상이 아니라는 생각에서.
4. 최근 국제무역 환경은 자유무역이 진전되면서도 동시에 상호주의가 대두되고 있으며 무역협정은 FTA(자유무역협정)가 주류를 이루고 있다.
5. 체감하기 때문, 일정하다면 생산가능곡선이 직선으로 그려진다.
6. 오목한(concave) 형태.

Ⅲ-1. ×
2. ×(노동생산성의 차이)
3. ○
4. ×(두 나라 모두 무역이득을 얻는다.)
5. ×(체증한다.)
6. ×(일정범위를 벗어나면 교역은 일어나지 않는다.)
7. ○
8. ×(FTA는 2국간 무역협정이다.)
9. ○ 10. × 11. ○
12. ×(환태평양 지역내 자유무역협정이다.)

제8장

Ⅰ-1. ×(균형가격과 수요곡선에 의해 둘러싸인 삼각형이다.)

2. ○(기술수준이나 원료확보 등 생산비 조건이 좋을수록 공급곡선이 밖으로 이동하게 되므로 생산자 잉여의 면적이 커진다.)
3. ×(최저임금을 시장의 균형임금보다 낮게 정할 경우 아무런 실효성이 없고 실업도 증가하지 않는다.)
4. ×(생산자 잉여도 감소한다.)
5. ○(물품세 부과로 공급곡선이 위로 이동한 후의 소비자 잉여와 생산자 잉여의 감소를 살펴보기 바란다.)
6. ○(수요곡선의 밖으로 이동은 소비자 잉여와 생산자 잉여를 모두 증가시킨다.)
7. ○
8. ×(기업의 잉여를 감소시킨다. 노동공급자인 노동자의 잉여를 증가시키는 측면이 있을 것이다.)
9. ○
10. ×(석유 값 폭등으로 공급곡선이 위로 이동하면 소비자 잉여와 생산자 잉여가 모두 감소한다.)
11. ○
12. ×(자유무역>관세부과>폐쇄경제 순이다.)
13. ○

Ⅱ-1. (3)(생산자잉여도 증가한다. 다만 보조금 지급액이 소비자 잉여와 생산자 잉여의 증가 합보다 크므로 사회적 후생이 감소하는 것이다.)

2. 월 식량구입비가 20만 원을 초과하는 가구는 두 정책의 후생효과가 동일하다. 그러나 월 식량구입비가 20만 원 미만인 가구의 경우에는 현금지급정책이 사회적 후생을 증가시킨다. 예를 들어 식량구입비가 월 18만 원 지출되는 가구는 현금지급일 경우 나머지 2만 원을 다른 재화의 구입에 사용할 수 있는 반면 식량구입권 지급인 경우에는 원하지도 않는 식량을 2만 원어치 더 구입해야 하므로 합리적 선택이 이루어지지 못해 후생손실이 발생하게 된다.
3. 1(가격통제로 초과수요가 발생하면 암시장이 생긴다.)
4. 자원의 효율적 이용이라는 측면에서 그렇다.
5. ×(후생이 감소한다.)

6. 균형가격 4, 소비자잉여 4(수요, 공급곡선에 대해 연립방정식을 풀면 균형점을 찾을 수 있다. 균형량 2, 균형가격 4, 이때 소비자잉여는 4×2÷2=4)
7. 1,500원
8. 파레토 최적은 가격 6, 거래량 4일 때이다.
   생산량이 5일 때 후생손실은 1= (7−5) × 1÷ 2이다.

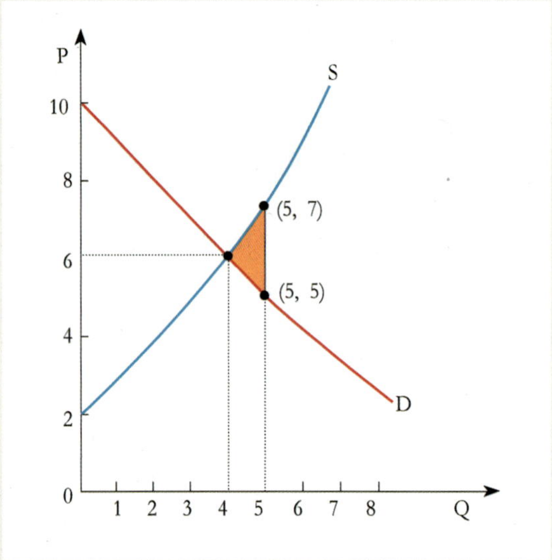

제9장 ○

I −1. ○ 2. ○ 3. ○ 4. ○ 5. ○

6. ×(사회적 한계편익(사적 한계편익)이 사회적 한계비용보다 크다.)
7. ○
8. ×(사적 한계비용과 사회적 한계비용의 괴리는 생산의 외부효과 시 일어나는 현상이다. 소비의 외부불경제가 발생하면 사회적 한계편익이 사적 한계편익과 괴리하여 아래에 위치한다.)
9. ×(술 소비량은 감소하나 사회적 후생은 증가한다.)
10. ×(위쪽에 위치한다.)
11. ○ 12. ○
13. ×(오히려 피구세 부과 방식이 직접규제보다 배출량 축소에 기여하는 쪽으로 작용한다.)
14. ○
15. 수요, 공급식을 연립방정식으로 풀면 정부규제가 없을 때 균형은 (8,10)이다. 그때 후생손실은 빗금친 삼각형 면적인 3=2×3÷2이다. 외부효과를 내부화 한 후 최적점은 (6,11)이 된다.

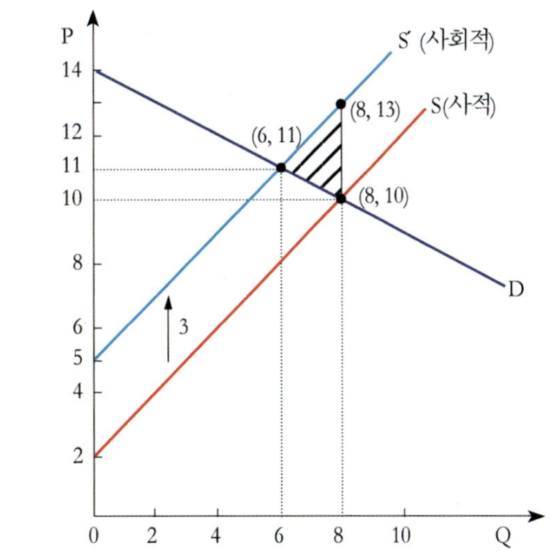

II-1. 피아노를 치는 집이 피해 이웃에 80만 원 이상 100만 원 이하의 보상을 함으로써 해결할 수 있다.

2. 직접규제 하에서 기업은 배출허용량까지 배출을 하는데 비해 피구세의 경우에는 배출량을 줄여 세금을 적게 내려는 유인이 있으므로 총배출량이 줄어들 수 있다.

3. 피구세는 정책당국이 오염수요를 정확히 알아야 실효성이 있다는 문제점이 있고 동시에 오염수요가 변동할 때마다 정책당국이 적절한 세율을 다시 설정해야 하는 번거로움이 있다.

4. 2 5. 4 6. 4

제10장 ○

I-1. ○ 2. × 3. ○

4. ×(배제성이 있으므로 공공재가 아니다.)

5. ○(운임 300달러가 한계비용 50달러보다 크기 때문.)

6. ○ 7. × 8. ○ 9. ○ 10. ○ 11. ○

12. ○(브랜드가치를 보호하기 위해 비대칭정보 하에서는 가격인하를 하지 않을 수 있다.)

13. ○ 14. × 15. ×(실업이 증가한다.)

16. ×(생산성이 높은 근로자가 많이 지원하므로 생산성 높은 근로자를 채용할 가능성이 높은 것이지 반드시 생산성 높은 근로자만 채용하는 것은 아니다.)

17. ○
18. ×(효율임금은 기업의 이윤극대화 임금수준이다.)
19. ○

Ⅱ-1. 비배제성과 비경합성
2. 편익분석이 과장되는 경우가 많기 때문
3. 재산권 설정, 사용료부과, 동기부여, 법적규제
4. 소는 사적 재이고 코뿔소는 공유자원이기 때문
5. 있다.(투자가 많았던 만큼 부실한 음식을 제공하여 자신의 평판을 손상하는 것은 기회비용이 크기 때문이다)
6. 도덕적 해이
7. 노동자가 스스로 받아야 한다고 생각하는 최소한의 임금
8. 효율임금 9. 역선택
10. 3(역선택 문제가 발생)
11. 역선택은 정보를 덜 가진 사람이 원치 않는 선택을 하게 되는 현상임에 반해 도덕적 해이는 정보를 더 가진 사람이 이득을 취하려는 현상이다.
12. 4
13. 2(정보를 가진 쪽도 자신의 장점을 알려야 하므로 항상 유리한 것은 아니다.)
14. 3(제1회 테샛 시험에 출제된 이 문제는 시장이 작동하는 기본 원칙을 묻고 있다. 시장에서는 거래의 규칙이 분명해야 하고 사유재산권도 명확히 확립돼야 한다. ①은 '공유지의 비극' 문제다. 보기 ②④⑤도 마찬가지다. '권한이 있는 사람에게 책임을 물어야 한다.'는 원칙은 정부실패를 예방하는 조치다. '개인들 간에 피해를 입히고 입은 경우가 발생하면 반드시 가해자에게 책임을 묻도록 한다.'거나 '불가피한 경우가 아니면 사유재산권을 인정한다.'는 조치는 거래의 신뢰성을 높인다. (한국경제신문 박주병 연구위원))
15. 1
16. 2(공공재는 비배제성과 비경합성을 동시에 가진 재화. 공공재의 경우 가격이 제로이므로 가격 대신 가치를 고려해야 한다. 공공재는 공동소비가 가능하므로 개별소비자의 공공재 수요량당 가치를 모두 합하게 된다. 시장수요곡선은 개별소비자의 수요곡선을 수직으로 합하여 얻는다.)
17. 5
18. 5
19. 5

제11장

Ⅰ-1. ○(장기는 모든 생산요소가 가변적이며 기업의 전출입이 가능한 시간)

2. × 3. ○ 4. ○ 5. ○ 6. ○ 7. ○ 8. ○

9. ×(경제적 이윤이 제로라는 것은 초과이윤이 없다는 것이지 손해를 보고 있는 것은 아니므로 전출할 이유는 없다. 장기적으로 완전경쟁기업의 경제적 이윤은 제로가 된다.)

10. ○ 11. ×(평균고정비용곡선은 우하향이다.) 12. ○

Ⅱ-1. 단기는 고정생산요소의 투입량을 변경시킬 수 없는 기간으로 기업의 전출입이 일어날 수 없는 기간, 장기는 모든 생산요소가 가변적이며 기업의 전출입이 가능한 기간

2. 농업의 경우 투입노동량을 한 단위씩 증가시켜 나갈 때 노동의 한계생산량이 체감하는 것을 의미.

3. 회계적 비용은 장부상에 반영된 명시적 비용인데 반해 경제적 비용은 기회비용을 의미.

4. 5

5. 규모의 경제가 작용하고 있기 때문에 보다 큰 규모의 최적점 미만에서 생산하는 것이 작은 규모의 최적점에서 생산하는 것보다 생산비를 낮출 수 있다.

6. 3(가변생산요소의 투입량은 조절할 수 있다.)

7. 4(경제적 이윤이 제로이지만 정상이윤은 확보되고 있으므로 퇴출할 필요는 없다.)

8. 4(평균비용곡선은 평균가변비용과 평균고정비용을 합한 것이다.)

9. 4

10. 4 (12장을 공부한 후에 풀면 이해가 더 쉬울 것이다.)

11. 4(수확체감의 법칙이 적용되면 한계생산물곡선이 우하향하는 구간이다.)

12. 1,310만원 13. 9

제12장

Ⅰ-1. ○ 2. ○ 3. ○ 4. ○

5. ×(그들의 생산비 조건이 서로 다르기 때문이다.)

6. ×(MC<P=MR이므로 생산을 증가해야 이익이다.)

7. ○ 8. ○

9. ○(한계비용곡선 중 평균가변비용의 최저점을 넘어서는 부분이 그 기업의 공급곡선이다.)

10. ○ 11. ○

12. ×(독점의 시장수요곡선보다 훨씬 완만한 수요곡선이다.)

13. ○
14. ×(손실을 보는 기업도 있다.) 15. ○
16. ○(독점적 경쟁기업의 장기균형에서는 생산설비가 완전히 가동되지 못한다.)
17. ×(세 곡선이 다 만나는 곳에서 결정)

Ⅱ-1. 장기란 산업 내 개별기업이 고정생산요소의 투입을 조절할 정도의 기간임에 반해 장기균형은 장기라는 시간의 흐름 속에서 산업 내 모든 기업이 더 이상 변화하지 않고 균형에 이른 상태를 의미한다.
2. 가격이 평균가변비용곡선의 최저점보다 낮을 경우 공급량은 제로이고 가격이 평균가변비용곡선의 최저점 이상일 경우 한계비용곡선 자체가 공급곡선이 된다.
3. 독점적 경쟁기업의 한계수입곡선은 종축(가격축)과 수요곡선의 중간을 이은 선으로 그려진다. 그것을 증명하기 위해서는 한계수입의 누적 합은 총수입과 동일하다는 원리를 적용하면 된다.
4. 시장가격(한계수입곡선)과 한계비용곡선이 만나는 곳에서 균형이 이루어지는데 한계비용곡선이 우상향하므로 시장가격(한계수입곡선)이 하락하면 만나는 점은 좌하 쪽으로 이동하게 되고 균형산출량도 감소한다.
5. 5(단기의 경우 완전경쟁기업들 간의 비용조건은 다를 수 있다.)
6. 3(이윤극대화든 손실극소화든 조업은 한계수입이 한계비용과 같은 곳에서 결정되어야 한다.)
7. 5(장기적으로 신규기업의 전입이 일어나면 개별기업이 직면하는 수요는 감소하므로 수요곡선은 안으로 약간 이동한 형태로 바뀐다.)

제13장 ○

Ⅰ-1. ×(가격규제 정책을 사용해야 한다.)
2. ×(가격을 인상하면 수요량이 줄어드는 문제가 있으므로 이윤극대화 원리에 따라야 한다.)
3. ○
4. ×(2배가 된다.)
5. ×(독점기업은 장기균형에서도 독점이윤을 얻을 수 있다.)
6. ○ 7. ○
8. ×(한계수입곡선과 한계비용곡선이 만나는 점에서의 가격과 산출량 수준에서 결정된다.)
9. ○(장기균형으로 갈수록 규모의 경제가 작용하여 생산비를 낮출 수 있어 이윤이 커진다. 크

지 않다면 장기균형으로 움직일 이유가 없을 것이다.)

10. ×(생산자 잉여는 증가한다.)
11. ×(1급의 가격차별에서는 소비자잉여가 독점자에게 이전되는 것이며, 사회적 후생의 변화는 없다.)
12. ○(독점기업은 손실을 얻을 수도 있으나 사회적 후생은 가장 좋다.)

Ⅱ-1. 산출량을 늘리고 가격은 낮춘다.

2. 500만원
3. 규모의 경제에 비해 시장이 협소하여 다른 기업이 진입하지 않기 때문에 자연스럽게 독점이 된 경우
4. 이윤극대화를 위한 산출량이 적기 때문
5. 독점기업의 이윤극대화 균형은 산출량이 적고 가격은 높기 때문이다.
6. 국유화 정책은 독점이윤의 국고귀속이라는 장점은 있으나 국영기업이 빠지기 쉬운 도덕적 해이로 인한 비효율이 발생할 수도 있다.
7. 한계비용설정가격은 MC=수요곡선(D)에서 가격을 결정, 평균비용설정가격은 AC=수요곡선(D)에서 가격을 결정하는 것
8. 비탄력적인 시장
9. 독점가격으로는 생산비용을 보상받지 못해 생산을 중단해야 할 경우라도 차별가격으로는 총수입증가로 타산을 맞출 수 있어 조업할 수 있다.
10. 2(독점기업도 시장 수요곡선에 의해 제약을 받고 있기 때문에 산출량을 줄이지 않고는 가격을 올릴 수 없다.)
11. 4(가격탄력성이 상이해야 효과가 있다.)
12. 1
13. 4 (비행기 1등석과 2등석은 다른 상품이다.)

제14장

Ⅰ-1. ○ 2. × 3. ○ 4. ○ 5. ○

6. ×(참여기업 간에 계약위반의 유인이 항상 내재함으로써 비교적 불안정한 결합)
7. ○ 8. ○ 9. × 10. ○ 11. ○ 12. ○
13. ×(내쉬조건을 만족하고 신빙성없는 위협을 제거한 균형이므로 내쉬균형과 동일할 수도, 그 속에 포함될 수도 있는 개념이다.)

Ⅱ-1. 4　2. 5
3. 3((3, 1)과 (1, 3) 모두 내쉬균형이다.)
4. 3(내쉬균형도 없고, 물론 우월전략균형도 없다.)
5. 5(저가 응찰은 위법이 아니다.)

Ⅲ-1. 내쉬균형: (환율인상, 환율인하) 즉 (15, 8)
2. 서로 싸워 과점이윤을 얻는 것보다 협조하여 독점자가 되어 얻은 독점이윤을 나누는 것이 유리하기 때문
3. 생략
4. 생략
5. 생략
6. A, B마트 모두 세일하는 것이 균형
7. A백화점은 소형, B백화점 역시 소형으로 진입하여 각각 16%, 15%의 수익, 진입저지모형이라 하더라도 저지가 항상 최선은 아닐 수도 있다.

제15장 ○

Ⅰ-1. ○　2. ○　3. ○　4. ○
5. ×(정부의 실패를 우려했다.)
6. ○
7. ×(총수요 중 투자나 소비 특히 투자는 개별경제주체의 장래 경제상황에 대한 예상에 크게 영향을 받으므로 단기적으로 불안정하다.)
8. ○　9. ○　10. ○

Ⅱ-1. 정책목표: 소득, 고용, 인플레이션과 같이 중요한 경제지표의 바람직한 수준, 정책수단: 정책목표를 달성하기 위해 동원되는 수단으로 통화금융정책, 재정정책 등이 있다.
2. 장기는 죽은 후의 시간이므로 생각할 필요가 있겠는가! 그러므로 경제정책은 장기보다는 단기적인 정책효과에 맞춰 운용해야 한다.
3. 회복, 호황, 후퇴, 침체
4. 총수요와 총공급의 결정요인과 주체가 각각 다르기 때문이다.
5. 재정정책(정부지출정책, 조세정책), 통화정책
6. 인력개발, 기술혁신, 자본축적 등

7. 생략
8. 정부개입은 개인의 경제적 자유를 제한하는 것이며 동시에 정부의 실패를 우려하기 때문이다.
9. 2(사회자본은 한 사회가 가지고 있는 그 자체의 경쟁력으로 제임스 콜먼과 로버트 퍼트남, 프랜시스 후쿠야마 등의 학자들에 의해 강조되어 왔다. 로버트 퍼트남은 사회적인 질서를 사회자본의 가장 중요한 요소로 보고 있고, 프랜시스 후쿠야마는 시민의식을 근간으로 하는 사회자본을 평가하면서 투명성과 신뢰를 중요하게 생각한다. 그러나 사회자본이 경제의 효율성과 생산성을 높인다는 점에선 서로 의견을 같이 한다.)

10. 4　11. ○　12. ○

13. ×(노동과 자본은 한계생산성체감의 법칙에 지배를 받으므로 성장요인으로서는 한계가 있다.)

제16장

1. 개별기업 차원에서는 규모에 대한 수익감소, 경제 전체로는 규모에 대한 수익증가
2. 구 소련은 노동과 자본은 풍부하여 초기 성장은 이룩했으나 기술혁신을 달성하지 못해 결국 정체되고 붕괴했다.
3. 산업구조는 급변했음에 비해 노동의 질적변화를 이루어내지 못한 것이 근본원인.
4. (사유재산권 보장과 지적재산권 보호, 자유와 민주적 절차, 개인의 상상력을 자극하는 문화 융성 등)
5. 1인당 자본량의 증가는 자본의 한계생산성 체감으로 결국 성장률은 제로가 된다.
6. 노동과 자본의 한계생산성 체감 때문에
7. 의회지배에 의한 사유재산권 보장과 합리적 납세제도와 같은 제도가 마련되었기 때문
8. 경제성장이 경제내부의 힘이 아닌 외부적 힘에 의해 주어진다는 점과 외생적 기술변화에 대한 명확한 설명이 제시되지 않았다는 것.

9. 4　10. 4

제17장

I -1. ○　2. ○　3. ×　4. ○

5. ×(GDP는 영토개념과 관련이 있으므로 국내체류 외국인의 소득은 포함하고 해외로 나가 활동하는 국민의 소득은 불포함)

6. ○　7. ○　8. ×

9. ○　10. ×　11. ○　12. ○　13. ○　14. ×

Ⅱ-1. 해설: 주입(injection): 국민경제를 확대시키는 수요로 투자, 정부지출, 수출이다. 반대는 누출(leakage)이라고 하는 데 국민경제를 축소시키는 요소로 저축, 조세, 수입이다. 즉, 주입요인들이 증가하면 국민경제는 확대 순환되지만 누출요소들이 증가하면 국민경제는 축소순환을 하게 된다.

2. 생산, 분배, 지출GDP가 동일하다는 것.
3. GDP는 국내의 생산활동지표이며 GNI는 자국민의 소득지표이다.
4. 4%, 풀이: 686.4×(100/110)=624, (624−600)/600=0.04, 0.04×100%=4%
5. 금기 유량으로서의 투자는 다음 기 스톡으로서의 자본량이 된다.
6. 소득분배과정이 정당하다면 그 결과로 이루어진 분배는 비록 불평등하더라도 정당한 것이며 재분배 대상이 아니라는 입장.
7. 생략
8. 공리주의는 소득분배상태가 균등해질수록 근로의욕이 저하되고 결과적으로 전체 소득이 감소함으로써 사회적 후생이 오히려 감소한다는 것을 인식하고 있었기 때문이다.
9. 한 나라의 소득 불평등도를 나타내는 지표로 계수가 클수록 불평등하다.
10. 어떤 상태가 보다 공평한 소득분배 상태인가에 대한 국민적 합의가 쉽지 않다는 점과 분배정책은 필연적으로 근로의욕과 저축, 투자의욕을 꺾어 경제발전을 저해할 것이라는 우려가 있다.
11. 1960, 70년대의 경제발전전략은 수출주도형 공업화의 불균형성장론, 선성장 후분배의 원리를 따름으로써 경제성장에 따른 소득불균형이 심화되었다.
12. 4 　 13. 1
14. ③(GDP는 국내에서의 재화와 서비스의 생산이므로 ①번 서비스 ②번 아파트를 빌리는 데 대한 서비스 ④번 역시 서비스 ⑤번 예금 이자는 직접적인 서비스나 재화의 생산은 아니지만 맡긴 돈이 생산에 도움을 주는 대가로 사용된 것으로 간주되기 때문에 GDP에 포함 ③번의 부동산 가격상승에 따른 자본이득은 생산과정이 발생하지 않았으므로 불포함)
15. 2(두 나라 직원이 모두 해고되었으므로 GNI는 한국과 미국 모두 감소. 다만 한국소재 기업이 철수했으므로 한국 GDP는 감소하나 미국 GDP는 불변.)
16. 3 　 17. 2 　 18. 1 　 19. ○
20. GDP보다는 본래의 가치를 유지하면서 (고정자본 소모를 반영한 것) 생산한 순생산액이 더 의미가 있을 것 같고, 마찬가지로 GNI보다 NNI가 더 의미가 있는 것이 사실이지만 OECD는 고정자본소모는 계산방법이 복잡하고 국가별로 서로 달라 국가간 비교가 어렵고, 국가간 비교에 있어 GNI와 NNI의 차이가 크지 않으므로 GNI를 선호한다고 한다.

제18장

Ⅰ-1. × 2. ○ 3. ○ 4. × 5. ○ 6. ○ 7. ○
8. ○ 9. ○ 10. ○ 11. ○ 12. ○
13. ×(수요견인인플레이션이다.)
14. ×(인플레이션이 발생하는 나라의 수출품가격은 외국에 비해 상대적으로 비싸지고 외국 수입품의 가격은 국내 재화에 비해 상대적으로 싸진다.)
15. ×(소비자물가를 상승)
16. ○ 17. ○ 18. ○ 19. ×

Ⅱ-1. 비전문직, 서비스업 중 숙박음식업, 운수업, 부동산관련 산업 등
2. 실업수당 등 실업자에 대한 지원이 많아 마찰적 실업이 높기 때문이다.
3. 5%
4. 생략
5. 20(풀이: 264/1.1=240, 240−220=20)
6. 생략
7. 조사대상 품목의 포괄범위가 넓은 것은 장점이나 수입재화의 가격변동을 포함하지 못하는 것이 단점이다.
8. 라스파이레스방식은 기준연도의 소비가중치를 매년 그대로 사용하는데 이에 따라 가격하락품목은 과소반영되고 가격상승품목은 과대반영되기 때문이다.
9. 4(자국통화가치 상승은 자국통화표시 수입가격을 낮춰 물가하락에 기여)
10. 2 11. 2 12. 5 13. 4
14. 2(국가대표 선수는 경제활동인구에 포함되나 공익근무요원은 경제활동인구에서 빠진다.)
15. 4 16. 2 17. 2(생산자물가지수가 선행지표이다.)

제19장

Ⅰ-1. ○ 2. ○ 3. × 4. ○ 5. × 6. ×
7. ○ 8. × 9. ○ 10. × 11. ×

Ⅱ-1. 전위효과: 전쟁이나 긴급재난 등으로 재정이 급증한 후 전쟁이나 재난이 종료된 후에도 재정지출이 종전수준으로 돌아가지 않는 성질

파킨슨법칙: 정부 각 기관이 그 기능이나 행정효율과 관계없이 그 자신 계속 팽창하려는 성질
2. 저축이 활발해지고 그 결과 투자재원의 확보가 용이해 경제발전이 촉진된다.
3. 경기침체로 이전지출이 증가하고, 조세징수액이 감소하므로 가처분소득이 증가하여 총수요가 증가한다. 총수요증가로 경기침체 국면이 완화된다.
4. 567만원(비과세 소득공제액 500만원은 연소득 5000만원에서 감한 후 계산)
5. 262만원
6. 교통세: 편익원칙, 양도소득세: 능력원칙
7. 한국은행 차입, 해외차입, 국공채발행을 통한 민간차입.
8. 국가신용등급이란 정부가 발행한 외화국채(國債)에 대해 어느 정도 원금상환 능력을 갖고 있느냐를 평가한 것이며, 국가위험도란 해당 국가에서 기업·공장 등을 운영하는 장기 투자자들을 위해 투자시설의 몰수 가능성까지 광범위하게 고려한 투자 위험도를 말한다.
9. S&P, 무디스, 피치IBCA
10. 3(중앙은행의 통화량 흡수정책이다.)
11. 2 12. 4
13. 2(리카도는 민간이 국채를 자산으로 인식하지 않고 미래부담으로 인식하기 때문에 세금이나 동일하다고 주장했으나 케인스학파는 국채가 자산으로 인식되므로 세금징수 만큼 소비가 감소하지는 않는다고 주장한다.)
14. 2 15. 1

제20장

Ⅰ-1. 4 2. 1
3. 4(유가증권 매각은 통화량 감소에 해당한다.)
4. 4(국채발행은 시중금리를 상승시키는 요인이 된다.)
5. 4(한은의 예금은행 대출확대로 통화량이 증가하여 시중금리 하락.)
6. ○ 7. ○ 8. ○ 9. × 10. ○ 11. ○
12. ○ 13. ○ 14. 3
15. 2(은행대출은 자금의 공급자인 예금자와 자금의 수요자인 대출자 간의 직접 채권채무관계가 아니므로 간접금융이다.)
16. 5(주식과 채권을 합하여 증권이라 한다.) 17. 3 18. ○ 19. ○
20. ×(자본수지 적자는 통화량 감소 요인)
21. ○ 22. 1 23. 2

24. ×(투기적 화폐수요는 금리가 하락할 때 증가한다.)
25. ○ 26. ○
27. ×(명목금리가 상승하는 것이고 실질금리는 변하지 않는다.)
28. 4 {(10,200−10,000)/10,000}×(12/3)×100%=8%, 3개월 간 수익을 1년으로 계산해야 하므로 4를 곱한다.
29. ×(채권가격은 상승한다.)
30. ○ 31. ○ 32. 2 33. 2
34. 3(골드만삭스는 투자은행이고 나머지는 일반 상업은행. 투자은행은 개인고객의 예금은 취급하지 않고 기업을 대상으로 주식, 채권발행이나 투자를 유치한다.)
35. 4 36. 2 37. 4 38. 3 39. × 40. ×

제21장

I −1. ○(경제학에서의 소비는 그 해의 국민소득을 구성하는 소비지출로 새롭게 생산된 재화와 서비스에 대한 소비이며 중고차와 같이 기존 소비품의 재 구매는 소비지출에 포함하지 않는다.)
2. ×(시중금리 상승으로 이자부담이 증가하면 내구재 할부구입은 줄어든다.)
3. ○(생애주기가설은 유동성제약이 없다는 가정 하에 성립하고 있다.)
4. ×(항상소득가설에서는 임시소득은 소비에 영향이 미치지 못한다.)
5. ○
6. ×(지급준비율 인상은 통화량을 감축시킴으로 금리인상으로 총수요 감소 초래.)
7. ○

II −1. 피구효과는 소비는 부(wealth)의 함수라는 주장이다. 물가하락은 실질잔고(M/P, 부)를 증가시키고 이는 소비를 증가시킨다는 것이다.
2. 가속도원리는 소득증가가 투자에 미치는 효과이다. 재고투자가 많을수록 소득증가가 투자증가로 이어지지 못함으로 가속도원리의 효과도 작아진다.
3. 케인스의 소비이론은 다기간에 걸친 소비의 최적화를 간과했다는 문제가 있다. 반면 다기간모형은 예측의 부정확성, 유동성제약, 유산상속 등의 문제를 간과했다는 비판이 있다.
4. 투자의 한계효율 혹은 기업가의 예상수익률
5. 년 10%
6. 소득상승으로 수입이 증가함으로써 순수출은 감소한다.
7. 국내재화의 수출가격은 상대적으로 비싸고 외국재화의 수입가격은 상대적으로 싸다. 따라서 수출은 감소, 수입은 증가함으로 순수출은 감소한다.

8. 평가절하 당시 양국 수출공급의 탄력성이 무한하고 무역수지가 균형부근에 있다는 가정 하에서 우리 수출품에 대한 외국 수입수요의 가격탄력성 ε_d^*와 외국수출품에 대한 우리 수입수요의 가격탄력성 ε_d의 합이 1보다 크면 평가절하가 무역수지를 개선시킨다는 조건
9. J곡선이란 평가절하를 단행했을 때 단기적으로는 가격조정은 재빨리 이루어지지만 수량조정은 서서히 이루어지기 때문에 오히려 무역수지가 악화되다가 시간이 지남에 따라 수량조정이 이루어져 흑자로 전환된다는 주장이다.

   교두보효과는 J곡선효과를 설명하는 이론으로 교두보확보는 많은 비용을 요구하므로 단행하기 쉽지 않고 또 이미 교두보를 확보한 경우에는 희생이 따르더라도 이를 쉽게 포기하지 않는다는 점에서 나온 주장이다. 즉, 평가절하로 가격조건이 유리해진 국가는 그 산업이 대규모 시설투자를 해야 하는 산업인 경우(예, 자동차, 조선, 반도체 등) 고정자산의 투입액이 크므로 쉽게 투자결정을 내리기 어렵다. 반대로 가격조건이 불리해진 국가는 단기적으로 평균가변비용이 커버되는 한 계속 작업을 하는 것이 유리하므로 조업을 중단하지 않기 때문에 발생한다.
10. 3 11. 2 12. 2
13. 3(초기개발비 400만 달러, 개발 후 이익 60%×1000만달러=600만달러 그러므로 개발이 유리. 개발 후 매각수입 1000만달러, 자체생산수입 50%×3000만달러+50%×1000만달러−추가투자비500만달러=1500만달러 따라서 자체생산이 유리. 이때 초기개발비 400만달러는 매몰비용으로 본다.)
14. 3

제22장

1. 재고감소 → 생산증가
2. 정부지출증가 혹은 투자증가
3. 밖으로 평행이동
4. 개방경제에서는 소득증가에 따른 수입유발효과로 소득증가효과가 다소 감소되기 때문이다.
5. 한계소비성향이 클수록 소비와 소득간의 상호작용이 크게 일어나고 오래 지속되기 때문에 승수가 커진다.
6. 5
7. 4
8. 일시적 감세로 소득증가가 일어날 경우 임시소득으로 간주하기 때문에 더 이상 소비증가가 이루어지지 않고 따라서 승수가 발생하지 않기 때문이다.

9. 소규모 개방경제에서의 균형예산승수

$$= \text{정부지출승수} + \text{조세승수}$$

$$= \frac{1}{(1-b+m)} + \frac{-b+m}{(1-b+m)} = 1$$

10. 개방경제의 수출승수

$$\frac{\Delta Y}{\Delta X} = \frac{1}{(1-b+m)} = \frac{1}{(s+m)} \text{ 이다.}$$

11. 25조원 $\left(\frac{-b}{1-b} = \frac{-0.8}{0.2} = -4, \quad 100 \div 4 = 25\right)$

12. Y=C+I+G

Y= 10+0.8Y−0.8T+I+G

0.2Y= 10−0.8(100)+80+100=110

Y=550, 균형국민소득 : 550조원

정부지출승수 $= \frac{1}{1-b} = \frac{1}{1-0.8} = 5$

50÷5=10조원

13. 총지출 AE=C+I+G+(X−M)

=10+0.8(Y−T)+100+150+300−10−0.3Y+0.3T

=10+0.8(900)−0.8(150)+100+150+300−10−0.3(900)+0.3(150)

=925

총생산량이 900이므로 디플레이션 갭에 놓여 있고 거시갭은 25(=925−900)이다.

(참고로 균형소득은 Y=C+I+G+(X−M)에서 Y를 풀면 950이 된다.)

14. 부채가 많은 가계가 풀린 돈을 부채상환에 우선 사용할 것이므로.

15. ○ 16. ○

제23장 ○

Ⅰ−1. ○ 2. ×(안으로 이동) 3. ○

4. ×(국공채 발행을 통한 정부지출은 통화를 환수하였다가 다시 지출하는 것이므로 궁극적으로 통화량에 영향을 주지 않는다.)

5. ○

6. ×(감세는 세후 실질임금을 상승시키므로 노동공급을 증가시켜 총공급곡선 역시 밖으로 이동시킨다.)

7. ×(구축효과가 완전(100%)하다고 믿는다.)
8. ○ 9. ○

Ⅱ-1. 통화량의 증가는 금리를 낮추고, 금리하락으로 투자와 내구재 소비지출이 증가하면 총수요가 증가하고 결국 승수효과를 통해 상당히 큰 소득증가로 이어진다.
2. 통화주의는 국공채발행에 의한 정부지출은 금리를 상승시킴으로 민간의 투자와 소비를 감소시켜 구축효과가 크게 일어난다고 본다. 그러나 케인스학파는 투자는 기업가의 예상수익률에도 의존하고 소비와 저축은 금리보다 소득의 함수이므로 소비가 크게 영향을 받지 않는다고 주장한다.
3. 첫째, 최근 세계경제는 물론 우리 경제 역시 물가상승 위험이 별로 없는 상태이기 때문에 통화량관리의 중요성이 줄어들었고 둘째, 최근 금융산업의 급격한 혁신으로 새로운 금융상품이 출현하면서 관리대상인 통화지표의 범위가 유동적으로 변하고 있고, 셋째, 통화량과 주요 거시지표간의 연관성이 약화되었기 때문이다.
4. 균형예산 하에서는 정부지출 증가는 모두 조세증가로 지출재원이 조달되는 것을 의미한다. 그러므로 조세증가로 인하 소득감소효과와 정부지출증가로 인한 소득증가효과가 동시에 발생한다. 결과적으로 적자재정에 의한 정부지출보다 소득증가 효과가 크게 감소한다.
5. 공급측 경제학은 현재의 세율이 너무 높은 상태이므로 감세정책은 조세징수액을 오히려 증가시킨다고 주장하는 반면 케인스학파는 현재 세율이 낮은 상태이므로 세율의 추가인하는 조세징수액을 더 낮출 뿐이라는 입장이다.
6. 감세는 세후 실질임금을 상승시키므로 노동공급을 증가시켜 총공급곡선 역시 밖으로 이동시킨다.
7. 정부지출총액의 변화 없는 국채발행은 국민경제에 아무런 실질적 영향도 미치지 못한다는 것을 리카도의 등치성정리라고 한다. 리카도의 등치성정리에 대한 비판으로는 현재의 조세감면자와 미래의 조세부담자가 정확히 일치하지 않는다는 점, 자신의 미래 조세부담을 정확히 예측하지 못한다는 점 등이다.
8. 3(소득세 감세는 총공급곡선을 오른쪽으로 이동시킨다.)
9. 3 10. ○ 11. 3 12. 2

제24장 ○

Ⅰ-1. ○
2. ×(유통속도가 빠를수록 적은 통화량으로도 국민경제의 통화수요를 충족시킬 수 있다.)
3. ○(구축효과가 완전히 일어난다.)
4. ○ 5. ○

6. ×(물가, 임금은 명목변수로 영향을 받는다.)
7. ○
8. ×(준칙주의를 주장했다.)
9. ○(단기에 있어서는 실질효과가 있음을 인정하나 민간경제의 자기조절능력을 저해할 것을 우려한다.)
10. ○ 11. ○ 12. ○

Ⅱ-1. 물가와 임금의 안전 신축성을 가정하므로
2. 고전학파는 화폐량의 변화는 물가의 비례적 변화를 일으킨다는 화폐수량설을 받아들인다. 그러므로 화폐수량설로 인플레이션을 설명할 수 있다.
3. 통화정책은 정책의 시차가 길고 금리변화에 대한 투자와 소비의 반응이 덜 민감한데 반해 정부지출정책은 정책시차가 짧고 총수요에 미치는 효과가 직접적이고 강하기 때문이다.
4. 공급충격이 오면 공급곡선이 안으로 이동함으로써 물가가 상승하면서 산출량이 감소하는 스태그플레이션이 발생한다. 이때 총수요확대정책은 물가를 더욱 상승시키고 총수요감축정책은 산출량을 더욱 낮춤으로 딜레마에 빠진다.
5. 통화주의
6. 시장경제의 자율조절능력을 신뢰하며 재량적 총수요정책은 오히려 경제를 불안정하게 한다고 생각하기 때문이다.
7. 국공채발행에 의한 정부지출정책은 금리상승을 유발하므로 민간의 투자와 소비를 감소시켜 정부지출로 인한 총수요증가를 상쇄시킨다는 것이 구축효과이다. 고전학파는 100% 구축효과를, 통화주의는 상당히 큰 구축효과를 주장하는데 반해 케인스학파는 구축효과가 미미하다고 본다.
8. 합리적 기대는 현재 이용할 수 있는 모든 정보를 이용해 기대를 형성하는 것인데, 새고전학파는 합리적 기대 하에서 체계적 정책은 모두 예견됨으로써 정책효과가 발생하지 못한다는 것이다.
9. 새고전학파의 주장대로라면 반 인플레이션 정책의 희생비율이 낮아야 함에도 불구하고 당시 높게 나타났기 때문이다.
10. 총수요외부성이란 새케인스학파가 주장하는 것으로 정부의 작은 총수요정책이 국민경제 전반의 불황을 극복하도록 하는 원동력(불쏘시개)이 된다는 것이다. 개별기업의 가격인하가 결국은 다른 모든 기업 생산물의 수요증가를 유발하게 된다는 것과 같은 맥락이다.
11. 유로존은 유로화로 통화가 단일화되면서 각국은 독자적으로 통화정책을 사용할 수 없기 때문이다.
12. 2
13. 3
14. ○

한글색인

ㄱ

ㄴ

ㄷ

ㅇ

ㅊ

ㅎ

영문색인

J

K

L

M

Q

R

S

안 홍 식(安洪植)

서울대학교 경제학과(1970~1974)
한국은행 근무(1974~1978)
미국 노스캐롤라이나대학교 경제학박사(1978~1983)
미국 일런대학교 경제학과 교수(1982~1983)
미국 리써치 트라이앵글 연구소 연구원(1981~1983)
이화여대 경제학과장, 교학부장(1985~1990)
미국 노스캐롤라이나대학교 객원교수(1990~1991)
이화여대 재무처장, 교무처장(1993~2000)
미국 텍사스A&M대학교 객원교수(2000~2001)
이화여대 사회과학대학장 겸 정책대학원장(2004~2006)
이화여대 대외부총장(2006~2010)
미국 뉴욕 스토니브룩대학교 객원교수(2010~2011)
이화의료원 마곡새병원 건축본부장(2012~2014)
이화여자대학교 최우수 강의교수, 인터넷 강의실 베스트 티쳐상
이화여대 경제학과 교수(1983~2015)
현, 이화여대 경제학과 명예교수(2015~)

[저서]

금과 달러 이야기, 한국경제신문사, 1987
경제와 사회(공저), 이화여대출판부, 1988
사회과학의 이해(공저), 이화여대출판부, 2004
국제금융론(삼영사, 2019, 제7판)
기타 경제학관련 논문 다수

[E-mail] ahs@ewha.ac.kr

저자와의
협의하에
인지생략

경제학원론 [제6판]

2003년 8월 10일 제1판 1쇄 발행
2006년 3월 10일 제1판 5쇄 발행
2006년 8월 10일 전정판 1쇄 발행
2009년 8월 20일 제3판 1쇄 발행
2011년 2월 20일 제3판 4쇄 발행
2012년 2월 20일 제4판 1쇄 발행
2014년 2월 5일 제4판 3쇄 발행
2015년 2월 15일 제5판 1쇄 발행
2019년 8월 5일 제6판 1쇄 인쇄
2019년 8월 10일 제6판 1쇄 발행

저 자 안 홍 식
발행인 고 성 익
조 판 플 러 스

05027
발행처 서울특별시 광진구 아차산로 335 삼영빌딩
도서출판 三 英 社
등 록 1972년 4월 27일 제2013-21호
전 화 737-1052 · 734-8979 FAX 739-2386

정가 35,000원

ISBN 978-89-445-0484-6-93320

역대 노벨경제학상 수상자

횟수	연도	수상자(국적)
	2018	William Nordhaus(USA), Paul Romer(USA)
	2017	Richard Thaler(USA)
	2016	Oliver Hart(United Kingdom, USA), Bengt Holmström(Finland)
	2015	Angus Deaton(United Kingdom, USA)
	2014	Jean Tirole(France)
	2013	Eugene F. Fama(USA), Lars Peter Hansen(USA), Robert J. Shiller(USA)
	2012	Alvin E. Roth (USA), Lloyd S. Shapley (USA)
	2011	Thomas J. Sargent (USA), Christopher A. Sims (USA)
	2010	Peter A. Diamond (USA), Dale T. Mortensen (USA), Christopher A. Pissarides (Cyprus)
41th	2009	Elinor Ostrom (USA), Oliver E. Williamson (USA)
	2008	Paul Krugman (USA)
	2007	Leonid Hurwicz (Poland, USA), Eric S. Maskin (USA), Roger B. Myerson (USA)
	2006	Edmund S. Phelps (USA)
	2005	Robert J. Aumann (Israel, USA), Thomas C. Schelling (USA)
	2004	Finn E. Kydland (Norway), Edward C. Prescott (USA)
	2003	Robert F. Engle (USA), Clive W.J. Granger (United Kingdom)
	2002	Daniel Kahneman (USA, Israel), Vernon L. Smith (USA)
	2001	George A. Akerlof (USA), A. Michael Spence (USA), Joseph E. Stiglitz (USA)
	2000	James T. Heckman (USA), Daniel L. McFadden (USA)
31th	1999	Robert A. Mundell (Canada)
	1998	Amartya Sen (India)
	1997	Robert C. Merton (USA), Myron S. Scholes (USA, Canada)
	1996	James A. Mirrlees (United Kingdom), William Vickrey (USA, Canada)
	1995	Robert E. Lucas Jr. (USA)
	1994	John C. Harsanyi (Hungary, USA), John F. Nash Jr. (USA), Reinhard Selten (Germany)
	1993	Robert W. Fogel (USA), Douglass C. North (USA)
	1992	Gary S. Becker (USA)
	1991	Ronald H. Coase (United Kingdom)
	1990	Harry M. Markowitz (USA), Merton H. Miller (USA), William F. Sharpe (USA)
21th	1989	Trygve Haavelmo (Norway)
	1988	Maurice Allais (France)
	1987	Robert M. Solow (USA)
	1986	James M. Buchanan Jr. (USA)
	1985	Franco Modigliani (Itlay)
	1984	Richard Stone (United Kingdom)
	1983	Gerard Debreu (France)
	1982	George J. Stigler (USA)
	1981	James Tobin (USA)
	1980	Lawrence R. Klein (USA)
11th	1979	Theodore W. Schultz (USA), Sir Arthur Lewis (Saint Lucia, United Kingdom)
	1978	Herbert A. Simon (USA)
	1977	Bertil Ohlin (Sweden), James E. Meade (United Kingdom)
	1976	Milton Friedman (USA)
	1975	Leonid Vitaliyevich Kantorovich (USSR), Tjalling C. Koopmans (Netherlands, USA)
	1974	Gunnar Myrdal (Sweden), Friedrich August von Hayek (United Kingdom, Austria)
	1973	Wassily Leontief (USSR, USA)
	1972	John R. Hicks (United Kingdom), Kenneth J. Arrow (USA)
	1971	Simon Kuznets (USA)
	1970	Paul A. Samuelson (USA)
1st	1969	Ragnar Frisch (Norway), Jan Tinbergen (Netherlands)